DESTINED FOR WAR

Can America and China Escape Thucydides's Trap?

Graham Allison

注定一战

中美能避免修昔底德陷阱吗？

［美］格雷厄姆·艾利森 著

陈定定 傅强 译

上海人民出版社

图书在版编目(CIP)数据

注定一战:中美能避免修昔底德陷阱吗? /(美)
格雷厄姆·艾利森(Graham Allison)著;陈定定,傅
强译.—上海:上海人民出版社,2018
书名原文:Destined for War: Can America and
China Escape Thucydides's Trap?
ISBN 978-7-208-15487-2

Ⅰ.①注… Ⅱ.①格… ②陈… ③傅… Ⅲ.①中美关
系-研究 Ⅳ.①D822.371.2

中国版本图书馆 CIP 数据核字(2018)第 236502 号

责任编辑 王 冲
封面设计 周伟伟

注定一战:中美能避免修昔底德陷阱吗?
[美]格雷厄姆·艾利森 著
陈定定 傅 强 译

出 版 上海人民出版社
         (201101 上海市闵行区号景路 159 弄 C 座)
发 行 上海人民出版社发行中心
印 刷 江阴市机关印刷服务有限公司
开 本 635×965 1/16
印 张 25.25
插 页 4
字 数 267,000
版 次 2019 年 1 月第 1 版
印 次 2025 年 1 月第 10 次印刷
ISBN 978-7-208-15487-2/D·3295
定 价 78.00 元

本 书 赞 誉

修昔底德陷阱提出了一个对世界秩序的重大挑战,即崛起国对于守成国的影响。我饶有兴趣地读了这本书,我希望美中关系成为和平解决自身问题的第五个案例,而不是导致战争的第十三个案例。

——美国前国务卿,亨利·基辛格(Henry Kissinger)

格雷厄姆·艾利森用他一贯的清晰概念,用"修昔底德陷阱"这一概念照亮我们这个时代最伟大的主题:主导国家(美国)怎样避免与崛起国家(中国)陷入战争?艾利森提供了历史的视角,同时也展示了他从内部了解的美国视角,以及他非同寻常的中国视角。

——《邓小平时代》作者,傅高义(Ezra Vogel)

阅读《注定一战:中美能避免修昔底德陷阱吗?》并从中吸取教训有助于拯救数百万人的生命。

——世界经济论坛(World Economic Forum)创始人和
执行主席,克劳斯·施瓦布(Klaus Schwab)

中美两国想要战争么?不。它们可能会因为严重的结构性压力而被迫产生冲突么?是的。值得庆幸的是,艾利森绘制了可以避免直接冲撞的基本线路。《注定一战:中美能避免修昔底德陷阱吗?》所要探讨的问题将会被研究和辩论几十年。

——澳大利亚前总理,陆克文(Kevin Rudd)

格雷厄姆·艾利森是当代国家安全领域一位非常受人尊敬的理论家和实践者,也是应用历史学大师。你可以打赌中国的领导人会读到艾利森关于修昔底德陷阱的警告。我只希望我们对美国的领导人能有同样的把握。每个知情的公民都应该买一本。

——斯坦福大学胡佛研究所高级研究员,《世界战争》作者,尼尔·弗格森(Niall Ferguson)

我们需要去研究书中的论点。灵活的描述、清晰的架构,以及对强大的力量和偶然事件之间无休止的历史辩论的细致总结和探索,使《注定一战:中美能避免修昔底德陷阱吗?》本身就会获得更多关注、辩论和持续的课堂讨论。

——《大国的兴衰》作者,保罗·肯尼迪(Paul Kennedy)

格雷厄姆·艾利森是最敏锐的国际事务观察家之一。他一直将他对历史潮流的深刻理解带到如今最困难的挑战中去,并使我们最棘手的外交政策难题能够被专家和普通公民理解。这就是为什么我作为参议员和副总统时经常征求他的意见。在《注定一战:中美能避免修昔底德陷阱吗?》中,艾利森阐述了我们这个时代一个具有决定性意义的挑战——处理美中之间的关键关系。

——美国总统,乔·拜登(Joe Biden)

这是我读过的关于世界上最重要的关系——美国和中国——的最深刻、最发人深省的著作之一。如果格雷厄姆·艾利森是正确的——我认为他是正确的——美中两国必须吸取这一出色研究中的教训,以便建立一种战略关系,避免爆发一场双方都不会获胜的战争。

——KKR 全球学会主席、美国前中央情报局局长、前中央司令部司令,戴维·彼得雷乌斯(David Petraeus)

美国能避免与中国发生冲突吗?这是我们这个时代的地缘政治问题。这本重要而有趣的书为我们如何避免这样的冲突提供了教训。

——《史蒂夫·乔布斯传》作者,沃尔特·艾萨克森(Walter Isaacson)

在《注定一战:中美能避免修昔底德陷阱吗?》中,艾利森再次作出了伟大的贡献。通过对昨天战争的深刻回顾和对当今国际政治的深刻理解,艾利森不仅向美国和中国的领导人提供了关于落入修昔底德陷阱会产生的后果的警告,而且提出了关于避免这一问题的洞见。对于太平洋两岸的政策制定者、学者和公民来说,《注定一战:中美能避免修昔底德陷阱吗?》都是必读的著作。

——美国前国防部长,阿什顿·卡特(Ashton Carter)

艾利森从戏剧和历史的角度提出了一些关键问题。他的书应该会引起美国思想家的警觉……或许会让我们从"通俄门"、总统推特中转移注意力,如果你想读到最严肃的战略设想,请特别关注最后十页的内容。这本书值得一读。

——美国前中央情报局局长,《密码简报》,

迈克尔·海登(Michael Hayden)

这是一本非常有智慧和重要的书。

——美国有线电视新闻网全球定位系统主持人,

法里德·扎卡利亚(Fareed Zakaria)

这是今夏华盛顿和北京都必读的一本书。

——《波士顿环球报》,尼尔·弗格森

读这本书会让你感觉到不安,艾利森是一位一流的学者,他具有一流政治家的直觉。他赋予修昔底德陷阱以深刻的历史、地缘政治和军事的意义。与其他学者不同,他写得很有趣。艾利森不是一位悲观主义者,他指出娴熟的治国方略和政治敏感性可以使这两个超级大国避免战争。

——彭博社新闻(*Bloomberg News*)

这是一本简短但影响深远的书,敏锐地剖析了这段历史……艾利森说,或许我们可以通过与中国进行谈判来保持长期和平,进而避免战争。

——《华尔街日报》(*Wall Street Journal*)

目 录

第一部分　中国的崛起

第二部分　历史的教训

第三部分　暴风前夕

第四部分　为什么战争是可以避免的?

推荐序 如何超越修昔底德陷阱？

当前的中美关系处于敏感时期。有人认为双边关系已经跌落到1972年尼克松访华以来的最低谷，甚至还会继续跌落。更消极的观点认为——"中美注定一战"，这便是本书的标题。在书中，哈佛大学的格雷厄姆·艾利森（Graham Allison）教授用"修昔底德陷阱"（Thucydides's Trap）比喻中美关系的未来命运。希腊历史学家修昔底德撰写的《伯罗奔尼撒战争史》开宗明义地提出，"战争不可避免的原因是雅典势力的增长和因此而引起的斯巴达的恐惧"（What made war inevitable was the growth of Athenian power and the fear which this caused in Sparta）。修昔底德的这一论断，从历史哲学的高度提出了一个崛起大国和一个守成大国之间竞争与冲突的必然性，即国家实力此消彼长的结构性矛盾将引发战争。艾利森教授看到，在今天的国际体系中，中国实力的上升势必挑战处在霸权地位的美国；从历史的镜像中，他描绘出中美两国间国家利益、恐惧和荣誉的交织与对抗，提出"注定一战"这一悲剧性推论。

这几年，借用"修昔底德陷阱"来形容中美关系困境的言论越来越多。2014年1月，美国《赫芬顿邮报》的子报《世界邮报》创刊号刊登了对习近平主席的专访。在专访中，针对中国崛起后必将与美国、日本等旧霸权国家发生冲突的担忧，习近平主席反驳说，我们都应该努力避免陷入"修昔底德陷阱"，强国只能追求霸权的主张不适用于中国，中国没有实施这种行动的基因。[1]

在世界舆论就"修昔底德陷阱"与中美关系众说纷纭、莫衷一是之际，艾利森教授在2015年9月的美国《大西洋月刊》(*The Atlantic*)杂志上发表长文《修昔底德陷阱：美国和中国正在走向战争吗？》[2]，又于2017年5月在美国出版《注定一战：中美能避免修昔底德陷阱吗？》一书，在2015年长文的基础上加以拓展和澄清，回应了对他的若干批评。

对艾利森的"修昔底德陷阱"论断作出批评并不困难。比如，中国是爱好和平的国家，没有争霸的基因；艾利森等美国学者不了解中国，不应该用西方国际关系模式来解释中国的对外行为；艾利森关于崛起大国和守成大国关系的研究，所举出的历史样本不够丰富，得出的结论过于武断；中美经贸关系对两国都太重要了，用战争来解决中美矛盾会两败俱伤，两国的理性决策者绝对不会愚蠢到这种程度；[3]冷战时期的美国同苏联为避免直接军事冲突，建立了危机管控机制，而中美之间现在也已建立起类似机制，可以避免偶发冲突激化为战争。

自2014年以来，驳斥用"修昔底德陷阱"来比喻中美关系的文章和议论已经很多了。但是，不能不遗憾地指出，自2009年以来，特别是2016年底以来，中美关系的确是在逐渐滑坡。2017年底和2018年初特朗普政府发布的《国家安全战略报告》和《国防战略报告》，将中国定性为"修正主义国家"和"战略竞争对手"，提出"印太地区"概念，加强地区安全同盟，这些都标志着美国对华政策的重大变化。

2018年春天，中美贸易摩擦开始发展为贸易战，美国对中国输美商品的关税层层加码，逼迫中方采取反制措施。中美经贸关系过去被形容为"压舱石"，现在却更像"绊脚石"。美国视南海争端为中国挑战美国全球军事霸权的主要焦点，美国政府在台湾问题上也正在挑衅中国的底线。中共十九大报告提出的向外部世界贡献"中国智慧""中国方案"，为发展中国家提供"全新选择"，被美方认为是对西方价值体系、民主模式和美国世界霸权的强劲挑战。2018年10月4日，美国副总统迈克·彭斯关于特朗普政府对华政策的讲话，对中国现行内外政策进行强烈抨击，威胁要对中国采取更为强硬的措施，进一步坐实了同中国进行全方位竞争的战略态势。

自艾利森明确作出"修昔底德陷阱"论断以来，中美经贸摩擦、地缘战略竞争、政治分歧和战略互疑的深化，至少证明他的论点具有一定的前瞻性，不能被轻易驳倒。有些中国评论甚至承认，中美关系已经陷入"修昔底德陷阱"。[4] 一般中国读者都知道，中美两国实力对比朝中国方面偏移，是中美矛盾加剧的原因。但是，本书并没有将视角停留在这种所谓"政治现实主义"之上，而是借用美国已故政治学者塞缪尔·亨廷顿的"文明冲突论"，强调中美两国在文化价值观、发展道路、政治体制等方面的根本分歧，也是使两国可能陷入"修昔底德陷阱"的重要因素。我认为，本书第三部分的相关论述，是相当精彩、耐人寻味的。

在本书附录2"七个'稻草人'"中，艾利森指出，学术辩论的一个通行做法，是把对方的论点扎成一个"稻草人"（对曲解对方论点的比喻），把它点火烧掉，然后声称驳倒了对方。他说的第一个"稻草人"，就是本书把崛起大国和守成大国的战争视为"不可避免"的。艾利森辩解说，他在书中列举了一些案例，说明崛起大国和守成大国可以避免战争；即使修昔底德撰写的《伯罗奔尼撒战争史》中所谓"不可避免"，也含有夸张意味。那么，为什么本书要以"注定一战"为书名呢？艾利森在一次跟我的私下交谈中，道出了自己的苦衷：美国也有"标题党"，出版社编辑故意用耸人听闻的标题来吸引眼球。其实，它那个带问号的副标题更符合作者的初衷。

无论如何，中美是否终将发生战争或其他形式的全面冲突对抗，是一个真实的命题，无法给出简单的答案。我认为，只有中美两国提出新的战略思路和作出重大政策调整，才能维持中美关系的基本稳定。否则，今后的中美关系将难以逆转地继续滑坡，并形成长期对抗。战争是最坏的、非理性的结局，应当全力避免；但即使没有战争，两国一旦发生政治外交摩擦加剧、军备竞赛升级、局部军事对抗出现、经济合作脱钩、社会交往减少、科技教育交流倒退的现象，也会严重影响两国人民的现实利益和长远福祉。

理解中美关系，除了要深入了解两国国内政治、经济、社会动态之外，还需要关注中美建交 40 年来世界政治的变化。《三国演义》的卷首语写道："天下大势，分久必合，合久必分。"这句话或许也可以用来描述当今的世界政治。冷战结束后，天下大势曾经以"合"为主流，然而现阶段的世界政治正在陷入巨大的漩涡，"分"的逆流迎面而来。一方面，经济全球化是难以逆转的；另一方面，在收入分配领域的不平等、不公正现象日趋严重的情况下，社会认同的割裂将世界政治推向分化，形成反全球化的逆流。经济不平等沿着社会认同的断层线加剧，构成了世界政治新阶段的特征。

世界政治的新变化或许是 20 世纪晚期开始的和平与发展时代中的一段间奏，但也可能会成为一个不稳定的新时代的序曲。这将成为中美关系的重要背景和底色。更大的阴霾可能笼罩中美关系，两国的发展方向也有分道扬镳的危险。这是同全球化大潮中的逆流相呼应的，并非不可想象。

警惕并避免中美关系陷入"修昔底德陷阱"，是值得中美两国有识之士深入思考的紧迫问题。因此，把这本著作带给中国读者是必要的，中国学者对"修昔底德陷阱"理应有自己的解读和回应。陈定定教授和傅强副教授的工作给中国的中美关系研究添薪加火，应当向他们致谢。

王缉思

2018 年霜降时节写于北京大学北阁

注 释

1.《习近平：中国崛起应避免陷"修昔底德陷阱"》，中华网，https://military.china.com/important/11132797/20140124/18313947.html?bsh_bid=343084324532721748，最后访问时间 2018 年 10 月 20 日。

2. Graham Allison, "The Thucydides Trap：Are the U.S. and China Headed for War?", September 23, 2015, https://www.theatlantic.com/international/archive/2015/09/united-states-china-war-thucydides-trap/406756/，最后访问时间 2018 年 10 月 19 日。

3. 参阅 Mary Buffett, "Is The Thucydides Trap for the U.S. and China? A Response to Graham Allison," *Huffpost*, September 29, 2015，https://www.huffingtonpost.com/mary-buffett/is-the-thucydides-trap-fo_b_8217484.html，最后访问时间 2018 年 10 月 20 日。

4. 例如，周方舟：《中美已经掉入"修昔底德陷阱"：中国对美强势挑战与特朗普的超强回应》，2018 年 3 月 23 日，https://www.sohu.com/a/226199326_313170，最后访问时间 2018 年 10 月 20 日。

前　　言

两个世纪前,拿破仑曾警告世人:"让中国沉睡吧,因为她一旦醒来,将震撼整个世界。"今天中国已经觉醒,而世界正为之颤抖。

然而,许多美国人至今仍然否认中国从封闭落后的农业社会到"世界历史的最大参与者"对美国所产生的影响。这本书最大的创意是什么? 它都浓缩在一个词中——修昔底德陷阱。当崛起国威胁要取代守成国地位时,就应该鸣起警钟——危险迫近。中国和美国目前冲突丛生,正处于战争冲突的边缘——除非双方采取艰难且痛苦的行动来避免战争。

随着中国实力的迅速提升,美国长久以来拥有的优势受到了挑战,这两个国家可能会掉入一个致命的陷阱中,这个陷阱最先由古希腊历史学家修昔底德(Thucydides)定义。他曾撰书记叙了 2500 年前一场几近毁灭了古希腊两大城邦的战争,在书中,他这样解释:"使战争不可避免的真正原因是雅典势力的增长以及因此而引起的斯巴达的恐惧。"*

---

* 本句参考的是商务印书馆 1985 年出版的《伯罗奔尼撒战争史》(由谢德风翻译)一书的译文。——译者注

1

这一重要的洞见描述了一种危险的历史模式。我在哈佛大学领导的修昔底德陷阱项目回顾了过去 500 年的历史,发现了 16 个案例,都是一个大国的崛起搅乱了另一个主导国的地位。其中最臭名昭著的例子是一个世纪以前,工业化后的德国挑战了英国在啄食顺序*中的顶端地位。它们之间的竞争所导致的灾难性后果需要用一种新的暴力冲突类型来定义:第二次世界大战。我们的研究发现,这 16 个案例里有 12 个案例都以战争收尾,只有 4 个得以幸免——对于 21 世纪最重要的地缘政治博弈来说,这个比例难以让人欣慰。

本书并不是一部关于中国的专著,而是聚焦于崛起中的中国对于美国以及全球秩序的影响。自第二次世界大战结束 70 年以来,华盛顿所主导的一个以规则为基础的框架已经定义了世界秩序,并造就了一个大国间无战争的时代。现在大多数人视之为一件正常的事情。历史学家称这是一种罕见的"长和平"。现在,一个日益强大的中国正在瓦解这一秩序,故而此时提出和平时代是否终结是很自然的事。

2015 年,我在《大西洋月刊》发表了题目为《修昔底德陷阱:美国和中国在走向战争吗?》的文章。在该文中,我论证了这一历史隐喻,为看清当今中美关系提供了绝佳的视角。从那时起,这个概念就引发了诸多争论。政策专家和领导人们没有直面现实证据,反思并作出可能令双方感到不适但实属必要的调整,而是围绕修昔底德关于战争"必然性"的说法建构了一个"稻草人"。他们以此为基础,争辩称华盛顿和北京之间的战争并非注

---

* 啄食顺序(pecking order),指群居动物通过争斗获取优先权和较高地位等级的自然现象。——译者注

定的。在 2015 年举行的峰会上,奥巴马总统和习近平主席详细讨论了修昔底德陷阱。奥巴马强调,虽然中国崛起带来了结构性压力,但"两国都有能力解决分歧"。同时,用习近平的话来说,他们也承认,"大国之间一再发生战略误判,就可能自己给自己造成'修昔底德陷阱'"。

我赞同这一观点:中美之间的战争不是不可避免的。事实上,修昔底德也会赞同雅典和斯巴达之间本可以没有战争这一观点。从他的书中可以清楚地看出,他所说的"不可避免"只是一种夸张的说法:目的是强调该论断。修昔底德陷阱既不是宿命论,又不是悲观主义。相反,它让我们超越了新闻头条和政府的言辞,认识到北京和华盛顿必须妥善处理结构性压力,以此构建和平的双边关系。

如果好莱坞正在拍摄一部针对中美两国迈向战争边缘的电影,那么再也找不到比习近平和唐纳德·特朗普更好的主角了。这两个人都体现出了各自国家对于实现国家振兴的深切渴望。2012 年,习近平当选为中国领导人,凸显了中国的崛起国角色,而用言语中伤中国的特朗普在美国大选中的胜利显示了守成国的有力回应。习近平和特朗普有着截然不同的个性。但作为两个大国的领导人,他们又有着相似之处。他们:

- 都被一个共同的抱负所驱使:让国家再次伟大。
- 都把另一个国家视为实现梦想的主要竞争对象。
- 都为自己独特的领导能力而自豪。
- 都认为自己在振兴各自国家的事业中扮演着中心角色。
- 都已经宣布了艰巨的国内议程,要求进行根本性变革。
- 都支持国内彻底根除腐败的计划,并直面对方尝试采取的手段,以达到各自的目标。

　　这两个大国之间即将发生的冲突会导致战争吗？中国和美国会步雅典和斯巴达、英国和德国的后尘，使悲剧重演吗？抑或他们会找到一种有效避免战争的方法，然而这种方法是会像一个世纪以前的英美两国一样，还是会像美国和苏联历经的40余载的冷战一般呢？显然，我们无从得知。然而有一点可以肯定，在未来几年中，我们所熟知的修昔底德状态在两国间将会愈发紧张。

　　否认修昔底德陷阱并不能削弱其真实性。承认它也不意味着要欣然接受将要发生的事情。我们应该为了后世子孙，直面这一历史上最残酷的趋势之一，然后竭尽所能迎难而上。

致　　谢

本书成书过程漫长,而且费尽心力,如同一场智识上的奥德赛之旅。一路走来,欠下的感激就够写一篇长文了。从成为戴维森学院(Davidson College)一年级新生,拉班(Laban)教授向我(初次)介绍修昔底德,到如今在哈佛大学每月都会见面的中国工作组,我每天都在学习贯穿于本书的分析方法。我的资深论文导师克兰·布林顿(Crane Brinton)(《革命的剖析》的作者)教我认识历史中的模式。在牛津大学学习分析哲学时,我从A.J.艾尔(A.J.Ayer)、以赛亚·伯林(Isaiah Berlin)、吉尔伯特·赖尔(Gilbert Ryle)和彼得·斯特劳森(Peter Strawson)那里学到了概念框架与现实世界之间的差异。作为一名哈佛大学的博士生,我拥有了一个千载难逢的机会,能够获得三位善用历史来分析当下挑战的学界泰斗的指导,他们分别是亨利·基辛格(Henry Kissinger)、欧内斯特·梅和理查德·诺伊施塔特(Richard Neustadt)。我的博士论文考察了1962年古巴导弹危机,以阐明政府决策的复杂性,以及超级大国核武库所构成的特殊危险,这些核武库在对手之间焊接了牢不可破的纽带。

1

在冷战期间，我有机会学习和帮助人们理解这一切实存在的威胁，并作为顾问、导师和参与者制定战略并最终打败"邪恶帝国"。我有幸为这些人工作过：罗纳德·里根总统和他的国防部长温伯格（Weinberger）（我担任特别顾问）、比尔·克林顿总统和他的国防部长莱斯·阿斯彭（Les Aspen），以及比尔·佩里（Bill Perry）（我担任助理国防部长），从温伯格到阿什·卡特（Ash Carter）（我曾为其国防政策委员会服务）的12位国防部长，从中央情报局局长斯坦·特纳（Stan Turner）（我曾担任特别顾问）到戴维·彼得雷乌斯（David Petraeus），以及更多的同事。

但最重要的是哈佛大学，尤其是哈佛的肯尼迪政府学院，在总体上滋养和塑造了我的思想，特别是这本书中的思想。在20世纪70年代末和80年代，我有幸担任约翰·F.肯尼迪政府学院的"创始院长"。阿尔·卡恩塞尔（Al Carnesale）、小约瑟夫·奈（Joe Nye）和我领导了"避免核战争"的项目，招募了大量的初级教员和博士后，试图了解如何充分限制核竞赛，使致命的对手得以生存。在后冷战时代，我曾担任哈佛大学贝尔弗科学与国际事务中心（Belfer Center for Science and International Affairs）的负责人，在那里许多教职员工和同事向我传授了有关国际事务中最重大挑战的知识。自始至终，我都有幸参与到A.N.怀特黑德（A.N.Whitehead）所说的"年轻人和年长的人在富有想象力的学习追求中走到了一起"的项目中。

我继续从贝尔弗中心中国工作组成员那里有关中国的教程中受益。工作组成员包括霍斯·卡特莱特（Hoss Cartwright）、欧立德（Mark Elliott）、傅泰林（Taylor Fravel）、凯利·西姆斯·加拉格尔（Kelly Sims Gallagher）、保罗·希尔（Paul Heer）、江忆恩（Alastair Iain Johnston）、柯伟林（William

Kirby)、马若德（Roderick MacFarquahar）、梅根-奥沙利文（Meghan-O'Sullivan）、德怀特·帕金斯（Dwight Perkins）、芮效俭（Stapleton Roy）、陆克文（Kevin Rudd）、安东尼·赛奇（Anthony Saich）、傅高义（Ezra Vogel）和文安立（Odd Arne Westad）。为了能透彻理解中国经济，马丁·费尔德斯坦（Martin Feldstein）一直给予我耐心的帮助，是我的主要领路人，同时，理查德·库珀（Richard Cooper）、斯坦利·费希尔（Stanley Fisher）、拉里·萨默斯（Larry Summers）和罗伯特·佐利克（Robert Zoellick）等人也给予了支持。在运用历史进行分析时，与我共同发起哈佛应用历史项目的尼尔·弗格森一直贡献巨大（most valued），大卫·阿米蒂奇（David Armitage）、德鲁·福斯特（Drew Faust）、弗雷德里克·洛格瓦（Fredrick Logevall）、查尔斯·梅尔（Charles Maier）、史蒂夫·米勒（Steve Miller）、理查德·罗斯克兰斯（Richard Rosecrance）和斯蒂芬·范·埃弗拉都提出了充满智慧的建议。

正如温斯顿·丘吉尔所言："写书是一种冒险。一开始，它只是一个玩物和消遣方式。然后它变成了情人，再变成主人，接着成为暴君。最后一个阶段是，就在你即将接受它奴役的时候，终于杀死了怪物并将它示众。"

与我之前的书不同，很多人帮助我杀死了这个怪物。主编乔希·布瑞克（Josh Burek）一直是我灵感、洞察力和奋斗到底决心的源泉。他的得力干将亚当·西格尔（Adam Siegel），在管理研究助理和学生的过程中展现了坚持不懈的优秀精神和过硬的技能，研究助理和学生包括：杰恩·贝克（Jieun Baek）、利奥·本-科林（Leore Ben-Chorin）、埃德尔·迪克斯坦（Edyt Dickstein）、克里斯·法利（Chris Farley）、保罗·弗莱奥利（Paul

Fraioli)、埃莉诺·弗莱奥利(Eleanor Freund)、埃克·弗莱曼(Eyck Freymann)、乔什·戈德斯坦(Josh Goldstein)、苔丝·海尔格伦(Tess Hellgren)、阿琼·卡普尔(Arjun Kapur)、扎卡里·凯克(Zachary Keck)、内森·列文(Nathan Levine)、韦斯利·摩根(Wesley Morgan)、威廉·奥索夫(William Ossoff)、克里安娜·帕帕达基斯(Krysianna Papadakis)、萨姆·拉特纳(Sam Ratner)、亨利·罗马(Henry Rome)、蒂姆·桑多尔(Tim Sandole)和赖特·史密斯(Wright Smith)。特别感谢约翰·马斯科(John Masko)，他在附录1中大胆地编辑了修昔底德陷阱案例文件的初稿。两位杰出的学术新秀作出了重要贡献：本·罗德(Ben Rhode)，他帮助我打开了通向第一次世界大战的大门；还有赛斯·贾菲(Seth Jaffe)，他熟练地评估了修昔底德陷阱在古希腊的原始实例。

鲍勃·布莱克威尔(Bob Blackwill)、尤里·弗里德曼(Uri Friedman)、迈克尔·玛蒂娜(Michael Martina)、吉姆·米勒(Jim Miller)、小约瑟夫·奈、麦克·萨梅耶(Michael Sulmeyer)、马克·托赫(Mark Toher)、文安立(Odd Arne Westad)、阿里·温尼(Ali Wyne)和鲍勃·佐利克(Bob Zoellick)审读了本书部分章节，并提出了宝贵意见。

以上值得尊敬的团队成员为这本书的修正和改进提供了有益的反馈意见。如果还有什么其他的错误，都应由我本人负责。

贝尔弗中心的执行董事加里·萨莫雷(Gary Samore)和帕蒂·沃尔什(Patty Walsh)都极其优秀，因为他们的努力工作使中心在我撰写此书过程中一切运行正常。我的同事本·克雷格(Benn Craig)、阿里尔·德沃金(Arielle Dworkin)、安德鲁·法西尼(Andrew Facini)、安德里亚·海勒(Andrea Heller)、亨利·坎普夫（Henry Kaempf）、西蒙娜·奥汉伦（Simone O'Hanlon)和莎伦·威尔克(Sharon Wilke)都在幕后付出了辛勤的劳动，谢谢你们。

感谢我的经纪人，迈克尔·卡莱尔（Michael Carlisle），他很早就看到本书的潜力，且从未动摇。霍顿·米夫林·哈考特（Houghton Mifflin Harcourt）团队在管理我的手稿和处理我的情绪波动方面值得赞许，该团队的成员有：拉里·库珀（Larry Cooper）、洛里·格拉泽（Lori Glazer）、卡拉·格雷（Carla Gray）、本·海曼（Ben Hyman）、亚历山大·利特尔菲尔德（Alexander Littlefield）、艾莎·米尔扎（Ayesha Mirza）、布鲁斯·尼科尔斯(Bruce Nichols)、塔林·罗德（Taryn Roeder）。

最重要的是，我很感激我的妻子伊丽莎白，她不仅是我一生的挚爱，而且成为了我最好的朋友，也是我在回顾本书每一个章节时最体贴的现实检验者。

引　言

我之所以著此书，并非为了给自己赢得一时的赞誉，而是想以此作为留给时代的财富。

——修昔底德，《伯罗奔尼撒战争史》

我们处于世界之巅。我们已经登极顶峰，并将永葆辉煌。当然，对于我们来说这件事情叫作历史。然而这种历史对他人来说却并不愉快。

——阿诺德·汤因比（Arnold Toynbee），
"回顾1897年维多利亚女王的登基钻禧庆典"

像其他历史学家一样，我经常被问及"历史的教训"是什么。我的回答是，我从历史中学到的唯一一件事情是没有永久的赢家和败者。

——拉玛昌德拉·古哈（Ramachandra Guha）

"哎，如果我们早知道的话。"这是德国总理可以想到的最好的主意了。即使当一位同僚逼问特奥巴尔德·冯·贝特曼·霍尔韦格(Theobald von Bethmann Hollweg)时，他也无法解释他的选择，更无法解释其他欧洲政治家们的选择是如何诱发了迄今为止最具毁灭性的世界大战。到1918年第一次世界大战结束时，参战国都失去了它们为之斗争的一切：奥匈帝国解体，德国皇帝被罢黜，俄国沙皇被推翻，整整一代法国人为之流血牺牲，而英国也失去了它的财富和朝气蓬勃。这一切是为了什么呢？如果我们早知道的话。

近半个世纪以来，贝特曼·霍尔韦格的惋叹一直萦绕在美国总统的心头。1962年，时年45岁的约翰·F.肯尼迪(John F.Kennedy)正值总统的第二年任期，但他仍然尽力履行自己作为总司令的职责。他知道当他按下核武器按钮的时候，在几分钟之内就能杀死数亿人。但这一切是为了什么呢？当时曾有一句标语称："宁肯死去也不被赤化。"肯尼迪拒绝了这种过于简单且错误的两分法。"我们的目标"，正如他所言，必须是"不以牺牲自由为代价的和平，是和平和自由兼得"。问题是，他和其领导的政府如何才能实现这两个目标。

1962年夏天，和家人在科德角(Cape Cod)度假时，肯尼迪阅读了巴巴拉·W.塔奇曼(Barbara W.Tuchman)关于1914年爆发的第一次世界大战的著作——《八月的枪声》(The Guns of August)。塔奇曼追踪了德皇威廉二世及其总理贝特曼·霍尔韦格、英国国王乔治六世及其外交大臣爱德华·格雷(Edward Grey)、俄国沙皇尼古拉二世、奥匈帝国皇帝弗兰茨·约瑟夫一世(Franz Joseph)以及其他人的思想和行为，认为他们如同在深渊中梦游。塔奇曼认为这些人都没有意识到自己所面对的危险。没人想要最后的这场战争。若能从头再来，没有人会重蹈覆辙。因此在反思自己的责任时，肯尼迪发誓如果自己面临灾难性的战争与和平之间的抉择，而且自己的选择至关重要时，他会给出比贝特曼·霍尔韦格更好的答案。

肯尼迪并不能预见未来。1962年10月，在他阅读塔奇曼著作的两个月后，他与苏联领导人尼基塔·赫鲁晓夫（Nikita Khrushchev）进行了人类历史上最危险的对抗。古巴导弹危机始于美国发现苏联企图将核弹头偷运到古巴，该地距佛罗里达州仅有90英里。从外交威胁到美国直接封锁古巴，美苏两国之间都开始了军事动员并出现了几次高风险的冲突，包括美国U‑2间谍飞机在古巴上空被击落等，两国间紧张局势迅速升级。在危机持续了13天的危急时刻，肯尼迪向他的胞弟罗伯特透露，他相信这场危机最终演化成核战争的概率在"二分之一到三分之一之间"。但是，迄今历史学家们并没有找到降低战争概率的方法。

虽然肯尼迪意识到自己处境危险，但他还是重蹈覆辙，作出他知道的实际上会增加战争风险（包括增加核战争风险）的选择。他选择了公开对抗赫鲁晓夫（而不是试图通过外交途径私下解决这一事件），并且画下了一条明确的红线，要求拆除苏联的导弹（而不是给自己留有余地）；威胁进行空袭，摧毁苏联导弹（知道这可能引发苏联对柏林的报复）；最后，在危机的倒数第二天，肯尼迪给了赫鲁晓夫一个时限和最后通牒（即如果苏联拒绝该通牒，肯尼迪将要求美国打响战争的第一枪）。

在作出每一个选择的时候，肯尼迪都明白，他正在加剧危险，未来发生的事件和他人作出的选择可能超出他的控制范围，这可能会导致核弹摧毁包括华盛顿特区（古巴导弹危机期间肯尼迪家人的避难所）在内的美国城市。例如，肯尼迪将美国核武器战备状态提高至二级战备状态，使得美国不易受到苏联先发制人的打击，但同时也拉下了许多核武器的保险栓。在二级战备状态期间，德国和土耳其的飞行员驾驶着装载了核武器的北约武装轰炸机，距苏联的目标不到两个小时。因为核武器的电子锁在当时尚未发明，所以没有任何物理或是技术层面的障碍能够阻止一个决心前往莫斯科并投下核弹的飞行员发动第三次世界大战。

因为没有办法能够远离这些"无法控制的风险"，肯尼迪和他的国防部长罗伯特·麦克纳马拉（Robert McNamara）深入研究组织程序，力求减少事故或疏漏。尽管他们已经作出努力，历史学家仍然发现了数十个在肯尼迪控制范围之外且几乎可以诱发战争的事件。例如，在一次美国的反潜行动中，美军在苏联潜艇周围投放炸药，迫使苏联潜艇浮出水面，这使得苏联舰队的指挥官认为遭到了攻击，差点发射了核武装鱼雷。在另一起事件中，一个 U-2 间谍飞机的飞行员误从苏联上空飞过，导致赫鲁晓夫担心美国正在为先发制人的核打击评估并提取坐标。如果上述任意一个行动引发了第三次世界大战，肯尼迪能够解释他的选择是怎样导致战争的吗？在面对质询时，他能给出比贝特曼·霍尔韦格更好的答案吗？

人类事务中因果关系的复杂性困扰着哲学家、法学家和社会科学家。在分析战争爆发的原因时，历史学家主要关注直接或者最直接的原因。例如，在第一次世界大战中，针对哈布斯堡王朝皇储弗朗茨·斐迪南大公（Franz Ferdinand）的暗杀行动和俄国沙皇尼古拉二世调动军队对抗轴心国的决定。如果古巴导弹危机导致了战争，那么直接原因是苏联潜艇的长官决定发射鱼雷而不是让潜艇下沉，或者是某个土耳其飞行员错误地将核武器投放在莫斯科。毋庸置疑,这些诱发战争的直接原因非常重要。但是史学创立者们认为,导致流血冲突的最明显原因往往掩盖了更为重要的因素。修昔底德告诉我们,比战争导火索更为重要的是奠定战争基础的结构性因素:在这类条件下,可控事件将会逐步升级到无法预见的严重程度,并产生难以想象的后果。

修昔底德陷阱

对于这个国际关系研究中引用最频繁的短语,古希腊历史学家修昔底德将其阐释为:"使战争不可避免的真正原因是雅典势力的增长以及因此而引起的斯巴达的恐惧。"

修昔底德记叙了伯罗奔尼撒战争的历史。这场始于公元前5世纪的冲突吞噬了他的家乡——雅典,并且几乎毁灭了整个古希腊文明。修昔底德曾作为士兵服役,他见证了雅典挑战当时占据希腊统治地位的军事政权——斯巴达。他观察了这两大城邦间爆发的武装冲突,并详细地描述了战争中可怕的伤亡人数。当国力已经被严重削弱的斯巴达终结雅典之时,他却早已辞世,没能见证这场战争的惨痛结局,但这对他来说也未尝不是一件好事。

虽然很多人指出了一系列促成伯罗奔尼撒战争的因素,但修昔底德直接指出了问题的核心。当他把焦点集中在"雅典势力的增长以及因此而引起的斯巴达的恐惧"时,他发现了一些历史上最具有灾难性和最令人困惑的战争根源的主要驱动力。在不考虑动机时,当一个崛起国威胁取代现有守成国时,由此产生的结构性压力就会导致暴力冲突，无一例外。这发生在公元前5世纪的雅典和斯巴达之间，也发生在一个世纪前的德国和英国之间，更是发生在20世纪50年代和60年代的美国和苏联之间，几乎导致了二者之间的战争。

像许多其他国家的人民一样，雅典人认为它的进步是有利无害的。在冲突爆发前的半个世纪里，雅典已经成为古希腊文明的灯塔。雅典拥有哲学、戏剧、建筑、民主、历史和骁勇的海军，以及以往普天之下见过的和没见过的任何东西。它的迅速发展开始对斯巴达产生了威胁，而斯巴达已经习惯了它在伯罗奔尼撒半岛上的主导地位。随着自信心和自豪感的膨胀，雅典人也随之要求自己被尊重，并期望调整安排以反映新的权力现实。修昔底德告诉我们，这些都是对地位变化的自然反应。雅典人怎么可能不认为他们的利益更值得被重视呢？雅典人怎么可能不期望他们在解决分歧方面有更大的影响力呢？

修昔底德也解释说，斯巴达人自然也应该认为雅典人的主张是不合理的，甚至是忘恩负义的。斯巴达有权质问雅典，是谁给雅典的繁荣提供了安全的环境？随着雅典觉得自己的地位愈发重要，并认为自己应该拥有更多话语权时，斯巴达便心生恐惧和不安，并决心捍卫现状。

类似的情形在其他场景中也有所体现，甚至在家庭中都可以看到。当一位血气方刚的年轻人平步青云，让人想到他将会盖过其兄长（甚至其父亲），我们预料会发生什么呢？卧室、衣柜的空间或座位的分配是否应该进行调整以反映地位的变化和年岁的增长呢？在诸如大猩猩这类的有统治首领的物种中，一旦潜在的继任者越来越强大，无论是族群的头领还是其挑战者都作好了最终摊牌的准备。在商业领域，当颠覆性技术允许像苹果、谷歌或优步之类的新贵公司迅速闯入新的行业时，其结果往往是一场激烈的竞争，并导致该行业的老牌公司，例如惠普公司、微软或是出租车运营商去调整和适应它们的商业模式，或是导致老牌公司的消亡。

修昔底德陷阱指的是，当一个崛起国威胁取代现有守成国时，自然会出现不可避免的混乱。这一局面可以发生在任何领域，但在国际事务中这一概念的内涵最为危险。正如修昔底德陷阱最初的实例导致了一场让古希腊为之战栗的战争一样，这一现象在几千年来一直困扰着外交领域。今天，它更是已经将世界上两个最大的国家置于一条无人想要的、通往灾难的道路上，但最终它们可能会证明悲剧无法避免。

中美注定一战吗？

从未见过世界上出现像中国崛起这样造成全球力量平衡发生如此快速的结构性变化。如果美国是一家公司，在第二次世界大战后的几年里，它占据了全球经济市场的 50%。到 1980 年，这一数字下降到了 22%。而中国连续 30 年高达两位数的经济增长使美国在全球经济市场中的份额减少到了现在的 16%。如果按照当前的趋势继续发展，在未来 30 年内美国占全球经济产出的份额将进一步下降到 11%。同期，中国在全球经济中所占的份额从 1980 年的 2% 上升到 2016 年的 18%，并将在 2040 年达到 30%。

中国的经济发展正逐步使之成为一个令人畏惧的政治和军

事竞争者。在冷战期间，随着美国对苏联挑衅的反应愈发迟钝和笨拙，五角大楼曾有此言论："如果我们面对一个真正的敌人，我们将深陷巨大的困境之中。"中国正是这样一个需要认真考虑的潜在敌人。

中美两国陷入战争的可能性似乎不大，因为这显然并非明智之举。然而，回顾自第一次世界大战以来的百年历程，历史证明人类会变得愚钝。当我们说战争"不可想象"时，这是一句关于这个世界上可能发生之事的陈述，还是仅仅是我们有限的思维能构想出来的事物呢？

就目前来看，关于全球秩序的决定性问题是中国和美国能否避免修昔底德陷阱。以往多数符合这一范式的竞争大多以悲剧收尾。在过去的 500 年中，有 16 个大国崛起并威胁取代现有守成国的案例，其中有 12 次导致了战争。幸免于战争的 4 个案例则只是因为挑战者和被挑战者都在行动和态度上作出了巨大且痛苦的调整。

中美两国同样可以避免战争，但前提是这两个国家能够接受以下困难的现实。首先，就目前的态势而言，美国和中国在未来发生战争不仅是有可能的问题，而且很可能比目前所认识到的可能性更大。事实上，就以往历史经验而言，发生战争的可能性比不发生战争的可能性更大。而且，低估战争发生的危险反而会增加战争发生的风险。其次，战争并非不可避免。历史表明，主要的守成国可以在不引发战争的前提下，管理与对手之间的关系，甚至是与那些威胁到自身地位的对手的关系。这些成功和失败的记录为当今政治家提供了许多经验和教训。正如乔治·桑塔亚那（George Santayana）所言，只有那些没有学习历史的人才会被谴责重蹈覆辙。

接下来的章节阐述了修昔底德陷阱的起源，探究其发展的动态过程，并解释它对于当前中美之间竞争关系的影响。第一部分是对中国崛起的简要概述。每个人都知道中国正在发展，但是很少有人意识到它发展的规模或结果。用捷克前总统瓦茨拉夫·哈维尔（Vaclav Havel）的话来说，这件事情发生得太快，我们还没来得及感到惊讶。

第二部分是从历史的广阔视角来解读中美关系的近期发展。这不仅有助于我们了解当前的事件，而且还提供了事态发展趋势的线索。我们的研究将追溯到 2500 年前，当时雅典的迅速发展震惊了占据主导地位的军事强国——斯巴达，进而导致了伯罗奔尼撒战争的爆发。还有，那些发生在过去 500 年间的重要案例也为我们理解崛起国和守成国是如何一步一步走向战争提供了洞见。与当前中美僵局最接近的状况是德国在第一次世界大战前对英国全球霸主地位的挑战，这应当给我们以警醒。

第三部分将探讨当前中美两国关系是否已经处于暴风前夕。我们看到大量媒体报道了中国的"强势"行为和不愿接受第二次世界大战后美国建立的"以国际规则为基础的秩序"，这不禁让人联想到第一次世界大战前 1914 年的人和事。同时，进行一定的自我反思和对照也是应当的。如果中国"像我们一样"——美国大步冲入 20 世纪，信心满满地认为接下来的百年将是美国的时代——那么中美之间的竞争将更加严峻，战争更难以避免。如果它真的沿着美国的脚印，我们应该能看到中国将影响力从蒙古扩展到澳大利亚，就像当年西奥多·罗斯福（Theodore Roosevelt）按照他的喜好塑造了"我们的半球"一样。

不过，中国现在走上了一条与当年美国登顶霸主时所采取的不同道路。但是，从中国崛起的许多方面，我们依然可以找到一些相似之处。那么，中国想要什么？一言以蔽之：让中国再次伟大。十多亿中国人最深切的渴望不仅是使得国家富有，而且要实现国家的强大。事实上，他们的目标是中国足够富强以至于其他国家别无选择，只能承认中国利益并给予中国应该得到的尊重。这一"中国梦"的规模和雄心，足以让我们打消任何认为中国在成为一个"负责任的利益攸关者"后，中美之间的竞争就会自然消退的念头。当考虑到我的前同事塞缪尔·亨廷顿（Samuel Huntington）所提出的"文明冲突论"的观点时，这一点尤其如此。他指出中美两国的价值观和传统在根本上是不同的，具有历史性隔阂，这使得两国间的和解更加难以捉摸。

虽然似乎很难看到目前两国间对抗会得以解决，但是两国发生实际武装冲突似乎也是遥不可及的事。但果真是这样吗？事实上，通往战争的道路比我们所认为的更加多样，战争貌似更可能发生（甚至更为平淡和普通）。从当前中国南海、中国东海以及网络空间的对抗，到一场螺旋式上升并濒临失控的贸易冲突，中美两国间极易爆发双方直接交火的情况。尽管这些情景都不太可能发生，但当我们回忆起暗杀斐迪南大公或是赫鲁晓夫在古巴的核冒险的意外危机之后，我们意识到了"不太可能"和"不可能"之间的差距是如此之小。

第四部分解释了为什么战争是可以避免的。大多数政策界和公众都对战争的可能性抱有天真的自信，而宿命论者则看到一股不可抗拒的力量迅速逼近一个无法移动的物体。不过，双方都不完全正确。如果两国领导人都能研究历史中成败的经验和教训，那么他们将找到丰富的线索，并能够从中形成一个在不发生战争的状态下满足各国基本利益的战略。

一个拥有 14 亿人口和 5000 年历史的文明重返辉煌并不是什么问题。问题是实现的条件，它需要经过一整代人努力管控而营造出长期环境。这种管控的成功不仅仅只需要新的口号、更频繁的首脑峰会或是更多的部门工作会议。要在不引发战争的情况下管理这种关系，就需要双方政府最高层时时刻刻地持续关注。这将需要两国之间高度的相互理解，而这种程度的相互理解自 20 世纪 70 年代亨利·基辛格与周恩来就中美重新建交事宜进行对话后就未曾见过。更为重要的是，这意味着领导人和公众需要在态度和行动上都作出前所未有的根本性变革。为了避免修昔底德陷阱，我们必须愿意去思索那些不可思议的事情，设想那些不可想象之事。中美之间要想避免修昔底德陷阱，就只能去改变历史的弧线。

第一部分
中国的崛起

第一章 "世界历史的最大参与者"

> 你不知道雅典人是什么样的人。他们总是在考虑新的计划,并且很快就能付诸实践。他们制定一个计划后:如果计划成功了,那么这次成功与下一步的行动相比就不算什么了。
>
> ——修昔底德,"科林斯大使在伯罗奔尼撒联盟代表大会上的讲话",公元前 432 年

> 让中国沉睡吧,因为她一旦醒来,将震撼整个世界。
>
> ——拿破仑,1817 年

2011 年 9 月,在戴维·彼得雷乌斯升任美国中央情报局局长后不久,我前往弗吉尼亚州兰利市的办公室见到了这位最成功的当代将军。20 世纪 80 年代,我与他初次相遇,当时他是普林斯顿的博士生,我是哈佛大学肯尼迪学院的院长。从那时起,我们就一直保持着联系,当他在美国军队中一路高升时,我继续着我的学术工作,同时还在五角大楼进行了几次授课。在简单

聊了一些他新工作的事情后,我问戴维,中央情报局的资深特工们是否已经为他打开了一些秘密的"宝盒"——那些包含美国政府最高机密和最不为人所知的文件。他心照不宣地笑着说:"当然。"容我在后文中一一道来。

交流了一会儿之后,我向他询问关于"深度睡眠者"的事情:这些人是与中央情报局建立某种关系的个人,但他们的基本任务是长期生活在国外并有所成就,以便充分了解该国的文化、人民和政府。中央情报局承诺将以一种看不见的方式帮助他们成就事业,但当中央情报局发出任务召唤时——十分隐秘且有可能十年内仅会有一两次——他们将坦诚地详述这个国家正在发生的事情,以及未来有可能发生的事情。

当我打开一份由一位敏锐且富有远见的人撰写的报告时,戴维正站在桌子对面,这份报告可以告诉华盛顿如何对这个最伟大的地缘政治挑战作出回应。正如我对这位新晋局长所言,这个人的成功超出了所有人的预料。这个人亲眼目睹了中国从20世纪60年代的"大跃进""文化大革命"到20世纪80年代邓小平时期市场经济驱动的社会变革。事实上,他与许多中国领导人建立了重要的工作关系,其中包括未来的中国国家主席习近平。

这份报告长达50页,以问答形式呈现。我阅读了它前一部分问题:

- 中国当前的领导人是否在认真考虑,在可预见的未来取代美国成为亚洲的头号强国?
- 中国成为世界头号强国的战略是什么?
- 中国实施其战略的主要障碍是什么?
- 中国成功的可能性有多大?

- 如果中国成功问鼎世界,将会对其亚洲邻国产生什么样的后果? 对美国而言又有什么后果?
- 中美之间的冲突是不可避免的吗?

这个人为这些问题和其他更多的问题提供了非常宝贵的答案。他拉开了美国思考中国领导力的序幕,冷静地评估了这两个国家有一天可能会发生激烈冲突的风险,并为之提供了具有可操作性的情报,这有助于预防意想不到事件的发生。

李光耀当然不是美国中央情报局的特工。他的思想、心灵和灵魂都属于新加坡。但是这位 2015 年与世长辞的政治家拥有着卓越的智慧。我给戴维的报告是《李光耀论中国与世界》(*Lee Kuan Yew:The Grand Master's Insights on China,the United States,and the World*)一书的蓝本。该书是我在 2013 年与罗伯特·布莱克威尔(Robert Blackwill)和阿里·温尼(Ali Wyne)合著的。作为狭小的城市国家——新加坡的创始人和为其服务终生的领导者,李光耀把这个贫穷、无足轻重的小渔村变成了一个现代化大都市。作为华裔,李光耀在剑桥大学接受教育,并把儒家思想和英国上层社会价值观相融合。直到他2015 年辞世,他无疑是世界上最重要的中国观察家。

李光耀对于中国以及整个世界所发生的事情的洞察力,使他成为了每一个国家领导人都渴求的战略顾问,包括从理查德·尼克松到巴拉克·奥巴马在内的每一位美国总统。他对中国的敏锐理解不仅反映了他所谓的"非凡的战略敏锐性"[1](亨利·基辛格如是说),而且反映了他迫切想要了解中国这头睡狮的心情。虽然毛泽东的农业社会主义在经济和政治上的效用并不明显,但中国对于新加坡这个岛国而言仍然是一个庞然大物,新加坡在其阴影下寻求自己的生存方式。李光耀是最早看到中国的真实本性及其全部潜力的人之一。

特别需要指出的一点是，当李光耀研究中国及其领导人时，他们也在对李光耀及其国家进行研究。20 世纪 70 年代末，当邓小平开始考虑带领中国快速进军市场经济时，中国领导人将新加坡视为一个经济和政治发展的实验室。李光耀曾与自己的"北方邻国"中国的国家主席、政府总理、部长以及"政治新星"进行了长达数千小时的直接对话。[2] 从邓小平到习近平，每一位中国领导人都对其尊敬有加。

我从李光耀那里为这位新任中央情报局局长取经，解决了最令人不安的中国发展走向的问题，即中国的巨变对于世界权力平衡而言意味着什么？李光耀的回答十分尖锐："中国对世界平衡的改变是如此巨大，因此世界必须找到新的平衡。不可能假装只把中国当作一个世界舞台的较大参与者。中国是世界历史的最大参与者。"[3]

美国会屈居第二吗？

在哈佛大学国家安全课上，我以一个小测试开始关于中国的讲座。第一个问题要求学生比较中美两国 1980 年和现在的排名。几乎每一次做这个实验，学生们都对他们所看到的事实感到震惊。一张 2015 年的数据图表就能说明这些。

仅在一代人之内，一个此前从未在国际联盟中露面的国家忽然跃居榜首。1980 年，中国的国内生产总值不到 3 000 亿美元；2015 年，这个数字增长到 11 万亿美元——通过市场汇率换

算得出其已成为世界第二大经济体。1980 年,中国的对外贸易
总额不足 400 亿美元;到 2015 年,这一数字增长了近百倍,达到
4 万亿美元。[4] 从 2008 年开始,中国每两年的国内生产总值增量
都要大于印度的整体经济总量。[5] 即使在 2015 年经济增长率较
低的情况下,中国经济每 16 周就能创造出一个希腊的经济规
模,每 25 周就能创造出一个以色列的经济规模。

表 1.1　中国各类数据占美国相应数据的百分比

	1980 年	2015 年
国内生产总值	7%	61%
进　口	8%	73%
出　口	8%	151%
存款准备金	16%	3 140%

以美元作为衡量单位。
资料来源:世界银行。

从 1860 年到 1913 年,美国取得了卓越成就,一举超越英国
成为世界上最大的经济体并震惊欧洲,这一时期美国的年均经
济增长率为 4%。[6] 自 1980 年起,中国的年均经济增长率为
10%。根据金融学的 72 法则,即用 72 除以年增长率,以确定经
济或投资何时会翻一番,由此得出结论是中国经济每 7 年翻
一番。

我们需要着眼于更长远的历史时期,才能理解中国所创造
的这一奇迹是多么不可思议。在 18 世纪,英国孕育了工业革
命,并创造出了现在我们所知的世界。1776 年,亚当·斯密
(Adam Smith)出版《国富论》,解释了历经千百年贫穷之后,市
场资本主义是如何创造财富以及一个新的中产阶级的。17 年
后,英国国王乔治三世(也被称为"疯王乔治",在位期间输掉了

美国独立战争）的使者抵达中国，提议两国建交。在那个时代，英国工人的生产率比中国的工人高得多。[7] 如几百年来的传统一样，中国人口仍然占优势，但是他们十分贫穷。在结束了每天的劳作后，一个中国工人仅能勉强养活自己及其家人，只剩下相对较少的结余来支付国家培养士兵和投资军备的赋税，比如发展能够把国力投射到国界之外的海军等（除了短暂的半个世纪外，中国皇帝 4000 年来都未曾发展过海军）。如今，中国工人的生产率是美国工人的四分之一。如果在未来的 10 年或 20 年里，他们的生产力达到美国人的一半，中国的经济总量将是美国经济的两倍。如果中美两国生产力持平，中国的经济总量将是美国的 4 倍。

这一基本的计算给华盛顿采取行动去"再平衡"中国的体量增长提出了一个根本性问题。在 2011 年，美国国务卿希拉里·克林顿（Hillary Clinton）隆重宣布了美国外交政策中的一个重要"转向"（pivot），把华盛顿的关注点从中东转向亚洲。[8] 用奥巴马总统的话来说："在过去的 10 年内，我们经历了两场耗资巨大且伤亡惨重的战争，美国正在把关注点转向潜力巨大的亚太地区。"[9] 他承诺要加强美国在亚太地区的外交、经济和军事存在，并且表明了美国对于遏制中国在亚太地区影响力的决心。奥巴马总统把在亚太地区的"再平衡"视为他任内的主要外交政策成就之一。

奥巴马总统和国务卿希拉里之下的助理国务卿库尔特·坎贝尔（Kurt Campbell）主管该倡议。2016 年他出版了名为《转向：美国未来在亚洲的治世方略》（The Pivot：The Future of American Statecraft in Asia）的著作，使"伟大的再平衡"不止于设想，有了实现的可能性。尽管他尽了最大努力，然而他没能找到更多的指标来支持其论点。从对总统的注意力跨度、国家安全委员会负责人和助理在会议上所花费的时间、与亚太地区领导人会面的时间、飞行的架次、船舶停靠时间以及预算分配等进行分析，都很难看出亚太地区成为战略转向的迹象。伊拉克和阿富汗正在进行的战争、叙利亚刚刚燃起的战火，以及贯穿整个中东的"伊斯兰国"(ISIS)垄断了政府的外交议程，并主导了奥巴马的8年总统任期。正如奥巴马任期内白宫一名官员回忆的那样："我们从未感觉离开过中东。大约80%的国家安全会议都集中在中东事务上。"[10]

即使美国的注意力没有集中在别处，华盛顿也会竭力去阻止经济引力定律的生效。比较中美两国经济的相对权重如同把两国置于跷跷板的两端。结论是显而易见的，因为它也是痛苦的。美国人一直在争论他们是否应该放松左脚(中东)的施力程度，从而给右脚(亚洲)加压。与此同时，中国经济一直保持着三倍于美国的速度高速增长。因此，美国这一侧的跷跷板已然倾斜，可能很快美国经济的双脚将完全悬空。

国内生产总值(购买力平价)(计量单位：10亿美元)

	2004 年	2014 年	2024 年预计
中 国	5 760	18 228	35 596
美 国	12 275	17 393	25 093

资料来源：国际货币基金组织，经济学人智库。

图 1.1 谁正在再平衡谁？

这正是我课堂测试第一个问题想要说明的问题。第二个问题的答错率更高。问题是：美国什么时候会确切发现自己位居世界第二？中国将在哪一年可能超过美国成为世界第一大汽车市场，又会在哪一年成为世界最大奢侈品市场，乃至全面成为世界上最大的经济体？

大多数学生都惊讶地发现，中国在大多数指标上都已经超过了美国。作为最大的船舶、钢铁、铝、家具、服装、纺织品、手机和电脑生产商，中国已成为世界制造业强国。[11]更令人讶异的是，中国已经成为世界上大多数产品的最大消费国。美国是汽车的发源地，但中国现在是最大的汽车制造商和最大的汽车市场。2015年，中国消费者共计购买了2 000万辆汽车，比美国同期售出的汽车数量多出300万辆。[12]中国也是世界上最大的手机和电子商务市场，并且拥有最多的互联网用户。[13]相较其他国家而言，中国拥有更多的石油进口量、能源消耗量和太阳能安装量。[14]或许对于美国自信心最具有打击性的事件是，自2008年金融危机后，到2016年，中国持续充当着全球经济增长的主要引擎。[15]

但这是不可能的！

对于那些在"美国即世界第一"的世界里长大的美国人来说——大约自1870年以来，每一个美国公民都这么认为——中国取代美国成为世界最大经济体是不可想象的。许多美国人认为他们的经济主导地位是一项不可剥夺的权利，以至于它已经成为他们国家身份的一部分。

美国对其在世界之巅地位的执着,有助于解释2014年在华盛顿召开的国际货币基金组织和世界银行会议上爆发的"风暴"。当时,国际货币基金组织发布了全球经济年度报告。正如媒体报道的那样:"美国现在排名第二。"市场观察网(Market Watch)上的一篇文章"大声叫道":"很难找到好的措辞,我只会说——我们不再是第一了。"[16]更令人沮丧的是,正如英国《金融时报》对国际货币基金组织的信息所作出的总结那样:"现在它是正式的了。2014年,国际货币基金组织估计美国经济规模为17.4万亿美元,中国经济规模为17.6万亿美元。"英国《金融时报》接着指出:"就在2005年,中国的经济规模还不到美国的一半。到2019年,国际货币基金组织预计中国经济规模将超过美国20%。"[17]

国际货币基金组织用购买力平价(PPP)衡量了中国的国内生产总值,这是目前主要国际机构使用的标准,它们的专业职责要求它们对国民经济进行比较。正如美国中央情报局所说,购买力平价"是比较各国经济实力和国民幸福的最佳起点"。国际货币基金组织解释道:"市场汇率更不稳定,即使个别国家的增长率是稳定的,使用市场汇率作为标准也会对总体增长的测算产生相当大的误差。购买力平价通常被认为是衡量一个国家整体幸福感更好的指标。"[18]以购买力平价衡量,中国不仅超过了美国,且占世界国内生产总值的18%左右,而它在1980年仅占世界国内生产总值的2%。[19]

对于那些以美国主导地位为信条的人,国际货币基金组织的声明刺激他们积极探索那些显示"美国仍是第一"的衡量标准。其中包括可以更好地考虑到国民生活质量和福利的人均国

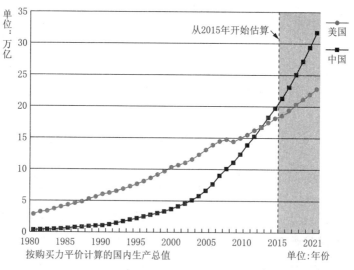

资料来源:国际货币基金组织。

图1.2 中美两国间国内生产总值对比(按各国货币购买力计算)

内生产总值,以及之前基于市场汇率这一旧标准衡量国内生产总值的新依据。[20]因为我有一些受人尊敬的同事并不同意这一观点,我向全球顶尖的教授——中央银行行长、前麻省理工学院教授斯坦利·费希尔(Stanley Fischer)讨教,我们应该如何衡量和对比美国与中国的经济。费希尔撰写过有关宏观经济学的教科书,也曾教过本·伯南克(Ben Bernanke,前美联储主席)教授和马里奥·德拉吉(Mario Draghi,欧洲中央银行行长),他曾任以色列中央银行行长,现任美联储副主席。他的话很有信服力。根据他的判断,购买力平价确实是最好的评价标准,而且不仅仅是可以评估国家的相对经济实力。"在比较国民经济规模时,"他告诉我,"特别是在评估一个国家的相对军事潜力时,作为第一近似值,购买力平价是最好的衡量标准。这一指标可以衡量一个国家可以购买多少飞机、导弹、船只、水手、飞行员、无人机、基地和其他与军事有关的物品,以及它必须用本国货币支付的价格。"[21] 国际战略研究所(The International Institute for Strategic Studies)的权威年度出版物《军事平衡》(*The Military Balance*)对此表示赞同,指出"对中国和俄罗斯来说,用购买力平价来衡量其实力的理由是最充分的"[22]。

在我写这本书的时候,西方媒体对中国经济最常见的报道就是"经济放缓"(slow down)。对精英媒体在2013年至2016年之间关于中国经济的报道进行云搜索后发现,该词是描述中国经济最常见的词汇。[23] 很少有人会停下来问的问题是:比谁慢?在同一时期,美国媒体最喜欢形容美国经济表现的词是"复苏"(recovery)。但请比较一下中国的"经济放缓"与美国的"复苏",中国经济增速是否已放缓至与美国大致相同的水平? 只是高一点点? 还是高更多?

诚然,自2008年金融危机和大衰退以来,中国经济确实放缓了,从2008年之前10年的平均10%的经济增长率降至2015年和2016年的每年6%至7%。但是,虽然中国经济增长比危机前的水平下降了大约三分之一,但全球经济增长却几乎减少了一半。自大衰退以来,"复苏"的美国经济平均每年仅增长2.1%。与此同时,欧盟经济自那时起每年以1.3%的速度增长,并继续停滞不前。日本的情况也是如此,在此期间,日本的平均增长率只有1.2%。[24] 尽管关于中国经济放缓存在不同声音,请记住一个明显的事实:自大衰退以来,世界上40%的增长只发生在一个国家——中国。[25]

罗马可以两周建成吗？

在 1980 年，美国赴华游客还很少。这个国家才刚开始向西方"开放"，赴华旅行仍然很困难。那些去过那里的人发现，这个国家似乎是从遥远的历史中走出来的：幅员辽阔，乡村遍布，变幻莫测，难以捉摸，沉睡未醒。游客们在中国看到了那些破败的竹屋和苏联风格的公寓楼，城市街道上挤满了成群的自行车，骑自行车的人们穿着几乎相同的单调的中山装。冒险从香港过河的游客看到广州和深圳的空地上点缀着一些小村庄。无论走到中国的哪里，美国游客都面临着极度的物资匮乏：中国 10 亿公民中 88% 的人每天的生活费不到 2 美元，这与他们在工业革命前的几千年中所经历的一样。[26]

曾经空荡荡的北京街道现在挤满了 600 万辆汽车。基辛格，这位曾在中国重新向西方开放上发挥关键作用的国务卿，在回顾 20 世纪 70 年代初自己秘密访华时说："想起 1971 年的中国，如果当时有人给我看北京现在的样子，并说 25 年后北京会是这样的话，我会说这绝对不可能。"[27] 深圳现在是一个拥有一千多万人口的大城市，房地产价格与硅谷相当。澳大利亚前总理陆克文（Kevin Rudd）是一位精明的中国观察家，他将中国的爆炸式发展形容为"英国工业革命和全球信息革命同时在中国如火如荼地进行，并将 300 年的时间压缩为 30 年"[28]。

当美国民众抱怨道路建设和维护花费了太长时间时，政府往往会回答"罗马不是一天建成的"。显然，人们忘了将这句话告诉中国人。到 2005 年,这个国家每两周就可以建造出一个与今天的罗马面积相当的城市。[29] 在 2011 年至 2013 年间,中国生产和使用的水泥都超过了美国在整个 20 世纪的产量和使用量。[30] 2011 年,一家中国公司只用了 15 天就建成了一座 30 层的摩天大楼。三年后,另一家建筑公司在 19 天内建造了一座 57 层的摩天大楼。[31] 事实上,中国仅用了 15 年就建成了相当于整个欧洲住房存量的房屋。[32]

当《纽约时报》(*New York Times*)专栏作家托马斯·弗里德曼(Thomas Friedman)第一次看到主办 2010 年世界经济论坛(World Economic Forum)夏季会议的天津梅江会展中心时,他承认自己是十分诧异的。中国人只用了 8 个月的时间就将它建成了。弗里德曼惊愕地注意到了这一壮举,但也感到沮丧。在他位于马里兰州的家附近,华盛顿地铁的工作人员修复"两个位于红线站内有 21 个台阶的小型自动扶梯"几乎用了同样长的时间。[33]

弗里德曼在他的《炎热、平坦和拥挤》(*Hot,Flat,and Crowded*)一书中用了整整一章的篇幅幻想美国可以实施的深远改革,只要它"成为中国一天"。[34] 如今,中国可以在几个小时内完成在美国需要数年才能完成的任务。每天,当我看到我在哈佛大学肯尼迪学院的办公楼和哈佛商学院(Harvard Business School)之间横跨查尔斯河(Charles River)的桥时,我就会想起这一点。整整四年,这座桥一直都在重建中,交通拥堵不堪。2015 年 11 月,北京仅用 43 个小时就重建了规模大得多的 1 300 吨的三元桥。[35] 总体而言,1996 年至 2016 年间,中国共修建了 260 万英里的道路,其中包括 7 万英里的高速公路,连接了 95% 的村庄,并几乎超过美国的 50%,成为公路系统最广泛的国家。[36]

在过去的十年里，中国建设了世界上最长的高铁网：12 000
英里的铁路线，以每小时 180 英里的速度在城市之间运送乘客。
在美国，这条线路相当于从纽约延伸到加利福尼亚州往返两次。
高铁以每小时 180 英里的速度前进，相当于可以在一个多小时
内从纽约市的中央车站到达华盛顿的联合车站，用两个小时就
能从波士顿到达华盛顿。事实上，中国现在拥有的高铁比世界
其他国家加起来还要多。[37]在这十年里，加利福尼亚州一直在极
力争取在洛杉矶和旧金山之间建立一条 520 英里的高速通道。
2008 年，选民们批准了该项目，但该州最近承认，该项目要到
2029 年才能完工，耗资 680 亿美元——比最初的承诺晚了 9 年，
预算多出 350 亿美元。[38]中国计划到那时再完成 16 000 英里的
高铁建设。[39]

除了摩天大楼、桥梁和高铁，还有中国国民生活水平提高而
产生的深远影响。一代人以前，每 100 个中国人中就有 90 人每
天的生活费不足 2 美元。今天，每 100 个人中只有不到 3 个人
是如此。[40]人均收入从 1980 年的 193 美元增加到今天的 8 100
美元以上。[41]世界银行行长罗伯特·佐利克在评估联合国改善
世界最贫穷人口生活的千年发展目标进展情况时指出："在
1981 年至 2004 年期间，中国成功地使 5 亿多人摆脱了极端贫
困。这无疑是历史上克服贫困的最大飞跃。"[42]

中国教育、医疗和相关的指标都反映了中国人民福祉的改
善。1949 年，中国公民的预期寿命是 36 岁，而每 10 个人中就有
8 个人不会读书、写字。到 2014 年，预期寿命增加了一倍多，达
到 76 岁，95% 的人识字。[43]如果中国继续按照目前的发展速度，
数百万人的生活水平将在一生中提高百倍。而按照过去十年美
国人均增长率的平均水平计算，美国人将不得不等待 740 年才

能看到同样程度的改善。正如《经济学人》一再向读者解释的那样，亚洲在私人财富的累积方面，在现代史上第一次超过了欧洲。预计到 2020 年，亚洲的财富将超过北美，中国将成为财富积累（包括家庭金融资产总额）的主要驱动力。[44]

在历史的瞬息万变中，中国的经济增长不仅使数亿人摆脱了贫困，而且产生了大量的百万富翁和亿万富翁。据统计，2015 年中国超过美国成为亿万富翁最多的国家，现在每周都会增加一名新的亿万富翁。[45]尽管中国人是世界上最积极的储户之一——家庭通常将其可支配收入的 30% 以上储蓄起来——但人们很难想象，如果卡尔·马克思（Karl Marx）知道今天有多少中国共产党员穿着普拉达（Prada），他会说些什么。2015 年，中国消费者购买了全球一半的奢侈品。[46]路易威登（Louis Vuitton）、香奈儿（Chanel）和古驰（Gucci）现在将中国视为它们的主要客户。苏富比和佳士得的最高价拍卖会不再在纽约和伦敦举行，而是在北京和上海举行。

STEM* 革命

一代人以前，在教育、科学、技术和创新方面，中国在大多数国家的国际排名中垫底。但是经过 20 年来对该国人力资本的坚定投资，中国已经成为全球性的竞争者。如今，它与美国竞

---

* STEM 是科学（Science）、技术（Technology）、工程（Engineering）和数学（Mathematics）四个词的首字母缩写。——译者注

争,而且在某种程度上,它的表现超过了美国。[47]

国际上公认的比较高中生教育表现的黄金标准是"国际学生评估项目"(以下称 PISA)。在 2015 年的 PISA 测试中,中国在数学方面排在第 6 位,而美国排在第 39 位。中国的得分远远高于经济合作与发展组织(OECD,以下称"经合组织")的平均水平,而美国的得分明显低于经合组织的平均水平。即使是评级最高的美国马萨诸塞州,把它作为国家水平来参与衡量,也只排在第 20 位——比上次 2012 年评级时的第 9 位有所下降。[48]斯坦福大学(Stanford University)最近对进入工程和计算机科学领域的学生进行的比较显示,中国高中毕业生在批判性思维技能方面比美国同学有 3 年的优势。[49]

2015 年,清华大学在《美国新闻与世界报道》(*U.S.News & World Report*)中的排名超过麻省理工学院(MIT),成为世界上排名第一的工科大学。在十大工程学院中,中国和美国各有 4 所。[50]在 STEM 学科(科学、技术、工程和数学)中,中国每年的毕业生人数是美国的 4 倍(130 万比 30 万)。这些学科为推动科学、技术进步和现代经济增长最快的领域提供了核心竞争力。这还不包括目前在美国院校注册的 30 万名中国学生。[51]尽管奥巴马政府在 2009 年发起了著名的"创新教育"(Education to Innovate)倡议,以促进 STEM 教育,但这一差距已经持续了 10 年。在奥巴马政府执政的每一年中,中国大学授予的 STEM 领域博士学位都多于美国大学。[52]

中国教育投资的影响已经在整个中国经济中显现出来。长期以来,中国主要作为廉价消费品的低成本生产国,其在全球高科技制造业增加值总额中所占的份额,已从 2003 年的 7% 增至 2014 年的 27%。记录这一增长的美国国家科学基金会的报告还发现,在同一个十年中,美国在这一市场的份额从 36% 下降到 29%。例如,在高速发展的机器人技术领域,2015 年中国申请新专利的数量是美国的两倍,而且增加了两倍半的工业机器人。[53] 中国现在是世界上生产计算机、半导体和通信设备以及制药设备的领头羊。[54] 2015 年,中国人提交的专利申请总数几乎是排在第 2 的美国人的两倍,中国成为第一个在一年内提交一百多万个专利申请的国家。[55] 按照目前的发展趋势,到 2019 年,中国将超越美国,成为世界研发支出的领头羊。[56] 正如美国艺术与科学学院(American Academy of Arts and Sciences)2014 年的一份研究报告所警告的那样:"如果我们的国家不迅速采取行动来支持其科学事业,它将浪费长期以来作为创新引擎的优势,而创新产生了新的发现,刺激了就业增长。"[57]

作为对这些趋势的回应,许多美国人寻求回避现实,因为他们相信,尽管中国规模庞大,声势浩大,但中国的成功本质上仍是一个模仿和大规模生产的故事。不过,随着时间的推移,越来越难否认中国自身作为创新者的实力在不断增强。以超级计算机为例,白宫科学技术办公室特别指出,超级计算机"对于经济竞争力、科学研发和国家安全至关重要"。[58] 为了确保美国能够保持其在超级计算机领域的"领导地位",奥巴马总统于 2015 年设立了国家战略计算计划(National Strategic Computing Initi-ative),作为其"美国创新战略"的支柱。但自 2013 年 6 月以来,世界上速度最快的超级计算机不是在硅谷,而是在中国。事实上,在世界 500 台速度最快的超级计算机排名中——2001 年时中国不在这一名单上——中国现在有 167 台超级计算机,比美国多两台。此外,中国最大的超级计算机比最接近的美国竞争对手快五倍。虽然中国的超级计算机以前严重依赖美国处理器,但

2016年中国的一台计算机完全是用国内处理器制造的。[59]

2016年，中国另外两项突破向未来发出了令人不安的信号：发射了世界上第一颗量子通信卫星，旨在为其提供前所未有的防黑客通信范围，以及完成了地球上最大的射电望远镜，这种设备具有无与伦比的能力，可以在深空中搜索智能生命。上述每一项成就都表明，中国有能力承担昂贵的、长期的、开创性的项目，并成功地完成这些项目——而这种能力在美国已经萎缩，最近在南卡罗来纳州萨凡纳河（Savannah River）投资数十亿美元却失败的钚再处理项目（尽管纳税人支出50亿美元，但最近的估算表明，该项目每年将耗资10亿美元，并将持续几十年），还有麻省理工学院所谓的密西西比州肯珀县的"旗舰"碳捕获和储存项目（40亿美元的成本超支，最近被推迟了两年多，并面临着不确定的未来）就证明了这一点。[60]

更大的枪管配更大的枪

虽然国内生产总值不是衡量一个国家崛起的唯一标准，但它提供了国家权力的基础结构。虽然国内生产总值不会立即或自动地转化为经济或军事实力，但以史为鉴，随着时间的推移，国内生产总值越大的国家在塑造国际事务方面的影响力就越大。

中国人永远不会忘记毛泽东的那句格言：枪杆子里出政权。他们知道，是中国共产党而不是国民党蒋介石的接班人统治着中国，这只有一个而且是唯一的原因。毛泽东和他的战友们打赢了战争。随着中国经济的发展壮大，中国的枪炮和坦克——

及其21世纪的武器装备——变得越来越好,并与其他大国(尤其是美国)展开新的竞争。就像脸书和优步(Uber)这样的科技初创企业利用颠覆性的创新理念替代了以前占主导地位的公司,中国军方正在开发新的技术,以应对美国几十年来发展起来的战舰、飞机和卫星,而他们开发这些技术的成本只是美国的一小部分。如今,正在追赶大国技术优势的国家不需要重复竞争对手在硬件和其他"传统"平台上所做的投资。新技术带来的改变是不对称的,比如从中国大陆发射的导弹可以摧毁美国的航空母舰,100万美元的反卫星武器可以摧毁价值数十亿美元的美国卫星。[61]

尽管自20世纪80年代末以来,中国平均只将国内生产总值的2%用于国防(美国的军费开支接近4%),[62]但30年来两位数的经济增长使中国的军事能力扩大了8倍。[63]如今,中国的国防预算额按市场汇率计算达到了1 460亿美元(按购买力平价计算的3 140亿美元),仅次于美国,是俄罗斯的2倍。[64]第六章将更详细地讨论中国日益增长的军事实力。现在,只谈论中国在军事上已经取得的一些优势就足够了。对该地区不断变化的军事力量平衡的最权威评估是2015年兰德公司(RAND Corporation)的一项名为"美中军事记分卡"(U.S.-China Military Scorecard)的研究。该研究发现,到2017年,中国将在9个常规能力领域中的6个领域拥有"优势"或"近似对等"于美国:例如,对空军基地或地面目标发动攻击、获取空中优势,以及防止对手使用天基武器。这份报告的结论是,在未来5年到15年内,"亚洲将见证美国主导地位的逐渐边缘化"。[65]与其经济进步一样,中国的军事进步正在迅速削弱美国作为全球霸主的地位,并迫使美国领导人面对美国实力受限的难堪事实。

新的权力平衡

在担任国务卿期间，希拉里·克林顿曾提出，在 21 世纪，均势的概念已经过时。[66]李光耀不同意这一说法。他认为这个想法是理解国家间关系的基础。但是，他解释说："在旧观念中，均势主要指的是军事力量。用今天的话来说，国家力量是经济实力和军事实力的结合，我认为经济比军事更重要。"[67]

这种新的权力平衡被称作"地缘经济学"（geoeconomics），即利用经济工具（从贸易和投资政策到制裁、网络攻击和对外援助）实现地缘政治目标。罗伯特·布莱克威尔（Robert Blackwill）和詹妮弗·哈里斯（Jennifer Harris）在他们 2016 年出版的《另一种战争：地缘经济学与治国之道》（*War by Other Means：Geoeconomics and Statecraft*）中探讨了这一概念。他们认为中国"是世界上最主要的地缘经济学实践者，但它也可能一直是将地区或全球权力投射回重要经济（相对于政治-军事）实践中来的主要因素"[68]。

中国主要通过经济手段实践外交政策，因为坦率地说，它可以做到。它目前是 130 多个国家的最大贸易伙伴，包括所有主要的亚洲经济体。2015 年，中国与东盟成员国的贸易占东盟贸易总额的 15%，而美国仅占 9%。在没有"跨太平洋伙伴关系协定"（Trans-Pacific Partnership，简称 TPP）的情况下，这种不平衡将会加剧，因为中国正迅速采取行动，在一个新兴的共同繁荣地区建立自己的地位。[69]

　　这种地缘经济战略可以追溯到孙子的名言:"不战而屈人之兵,善之善者也。"正如亨利·基辛格在《论中国》中所言,孙子所主张的胜利并"不仅仅是军队打胜仗",而是"实现最终的政治目标",即发动战争时设定的那个目标:"上策并非伐兵⋯⋯而是操纵敌人进入不利境地,断其退路。"[70] 在当今的经济关系中,中国正是这么做的。

　　当然,掌握国际事务需要的不仅仅是经济手段。一个政府不仅必须有经济实力,而且要有能力有效地运用经济手段。在这方面,中国在使用"软实力"这一硬工具方面表现出了独特的优势。当各方慢慢认清事实或决心抵制中国时,中国已经准备好使用其经济实力的"胡萝卜"和"大棒"——根据需要采取购买、出售、制裁、投资等手段,直到它们达成一致。那些依赖中国供应关键进口商品、依赖中国市场出口的国家尤其脆弱:当双方出现分歧时,中国仅需推迟一批进出口货物的交易,并阻碍下一批货物的进出口就可以了。值得注意的案例包括中国在2010年突然停止向日本出口所有稀土(以说服日本归还其扣押的几名中国渔民);2012年,中国对来自菲律宾的香蕉进口进行了长时间的审查,直到香蕉都在码头上腐烂(以此改变菲律宾政府在中国南海黄岩岛争端中得失的盘算)。

　　中国在经济实力平衡方面拥有如此巨大的优势,以至于其他许多国家除了遵从中国的意愿之外别无选择,即让国际体系站在它们一边。例如,2016年,中国认为海牙常设仲裁法院(Permanent Court of Arbitration)就中国与菲律宾在中国南海的争端上作出的不利裁决是无效的,为另一场意志较量奠定了基础。在这场与南海有关的对峙和其他事件中,中国表现出了将魅力、慷慨等结合在一起的能力,达成了能满足自己大部分需求的"妥协"。

当然，比双边讨价还价更好的是建立国际制度，因为它会给设计者以某种优势。美国在第二次世界大战后引领着这条道路，建立了布雷顿森林体系：国际货币基金组织（协调国际金融）、世界银行（向发展中国家提供低于市场利率的贷款）、关税及贸易总协定及其后来演变为的世界贸易组织（促进贸易）。无论是在国际货币基金组织还是在世界银行，有一个国家——而且只有一个国家——对机构治理的任何改革都拥有否决权：美国。

可以预见的是，随着中国经济的增长，中国领导人对这些延续下来的国际制度感到不满，并因此开始建立新的国际制度。在美国多年来拒绝满足中国在世界银行获得更多投票权的要求之后，2013年，中国政府成立了自己的竞争性国际机构——亚洲基础设施投资银行（AIIB，以下称"亚投行"），此举震惊了华盛顿。尽管美国政府强烈要求各国不要加入中国的银行，但有57个国家在2015年该银行成立之前就签署了协议，其中包括一些美国的主要盟友，英国是领头羊。它们对美国说"不"，对中国说"是"，希望得到低于市场利率的贷款和银行资助的大型建设项目合同。它们的动机显而易见：甚至在亚投行成立之前，中国国家开发银行就已经超过世界银行，成为国际发展项目的最大融资机构。[71] 包括中国承诺向亚投行提供的300亿美元启动资金，中国2016年的国际开发融资资产总额比六大西方开发银行加起来还要多1 300亿美元。[72]

这并不是中国第一次不按照西方的规则决定建立自己的国际俱乐部。在2008年金融危机和大衰退之后，中国组织了金砖国家——巴西、俄罗斯、印度、中国和南非——它们都是快速发展的经济体，能在没有美国或七国集团监督的情况下作出决策和采取行动。2014 年，弗拉基米尔·普京（Vladimir Putin）派遣俄罗斯军队进入乌克兰后，美国和欧盟不邀请他参加本应是八国集团（G8）的会议，并宣布他"被孤立"。一个月后，习近平和金砖国家的其他领导人在金砖国家峰会上张开双臂欢迎他。

中国的其他举措也产生了类似的效果。2013 年 9 月，习近平宣布中国打算投资 1.4 万亿美元建设一条"新丝绸之路"，用基础设施将亚洲、欧洲和北非 65 个国家的 44 亿人口连接起来。通过"丝绸之路经济带"和"21 世纪海上丝绸之路"——统称为"一带一路"——中国正在建设横跨欧亚大陆的高速公路、快速铁路、机场、港口、管道、输电线和光缆网络。这些沿着中国古代贸易路线铺设的现代物质联系将促进新的外交、贸易和金融联系。目前，"一带一路"包括 900 个项目，耗资超过 1.4 万亿美元。根据投资者和前国际货币基金组织经济学家任永力（Stephen Jen）的数据，即使将通胀因素考虑在内，这也相当于 12 个马歇尔计划。[73]

事实是，中国的经济网络正在全球蔓延，改变了国际权力平衡，甚至导致美国在亚洲的长期盟友转向中国。李光耀简明扼要地总结说："中国由于其广阔的市场和不断增长的购买力，正在将东南亚国家纳入其经济体系中。日本和韩国也将不可避免地被卷入其中。它正在吸纳国家，却不必使用武力……中国日益增长的经济影响力将非常难以对抗。"[74]或者我们可以用中国版的金科玉律来解释："谁拥有黄金，谁就拥有统治权。"

这些事态的发展对中美两国相对地位产生的影响，在一位最具智慧的美国亚裔人士的一段评论中得到了令人难忘的体现。斯蒂芬·博斯沃思（Stephen Bosworth），曾在美国政府任职 30 年，担任过美国驻菲律宾和韩国的大使。1998 年，他被任命为塔夫茨大学弗莱彻法律与外交学院（Fletcher School of Law and Diplomacy at Tufts University）院长。接下来的十年里，他把注意力从亚洲转移到这个教育机构上。然后，在2009年，奥巴马总统任命博斯沃思为他的朝鲜特使。博斯沃思首次进行了为期两周的亚洲之旅，并与各国总理和总统会晤，他回忆说，那是一次"瑞普·凡·温克尔*的经历"。在"过去的日子"（他指的是1998年以前），当危机或问题出现时，亚洲领导人问的第一个问题总是：华盛顿怎么看？今天，当事情发生时，他们首先会问：北京怎么看？

注　释

1. Henry Kissinger, foreword to *Lee Kuan Yew：The Grand Master's Insights on China，the United States，and the World*（Cambridge，MA：MIT Press，2013），ix.

2 自1976年起至其辞世，李光耀曾33次出访中国；从1990年至2011年，约有22 000名中国官员访问新加坡并学习其国内治理经验。Chris Buckley，"In Lee Kuan Yew, China Saw a Leader to Emulate," *New York Times*，March 23，2015，http://sinosphere. blogs. nytimes. com/2015/03/23/in-lee-kuan-yew-china-saw-a-leader-to-emulate.

3. Graham Allison, Robert D.Blackwill, and Ali Wyne, *Lee Kuan Yew：The Grand Master's Insights on China，the United States，and the World*（Cambridge，MA：MIT Press，2013），42.

4. 参见 World Bank，"Merchandise Imports（Current US $）"，http://data. worldbank. org/indicator/TM. VAL. MRCH. CD. WT? locations = CN；World Bank，"Merchandise Exports（Current US $）"，http://data. worldbank. org/indicator/TX.VAL.MRCH.CD.WT?locations=CN。

5. 事实上中国每两年的国内生产总值增量相当于印度的国内生产总值总量。例如，2012年中国的国内生产总值为8.6万亿美元，2014年达到10.6万

---

* 《瑞普·凡·温克尔》（Rip van Winkle），美国小说家华盛顿·欧文所写的短篇小说，书名也是主角的名字。——译者注

亿美元。在这两年内,中国国内生产总值增长了近 2 万亿美元。与此同时,2012 年印度的国内生产总值是 1.8 万亿美元,2013 年是 1.9 万亿美元,2014 年是 2 万亿美元。国内生产总值的数据(按当期[或者同期]美元计价)来自国际货币基金组织的《世界经济展望》数据库,2016 年 10 月,http://www.imf.org/external/pubs/ft/weo/2016/02/weodata/index.aspx。

6. 根据经济史学家安格斯·麦迪森(Angus Maddison)对国内生产总值增长的历史数据进行计算。"GDP Levels in Western Offshoots, 1500—1899," in Angus Maddison, *The World Economy: Historical Statistics* (Paris: OECD Publishing, 2006), 462—463。

7. 有许多例子能够证明生产力的差距。英国使用珍妮纺纱机使得纱线生产率提高了 66 倍,这是中国同期未能采用的一个关键创新点。Joel Mokyr, *The Lever of Riches: Technological Creativity and Economic Progress* (New York: Oxford University Press, 1990), 221.同期,荷兰的纺织品生产力可与英国相提并论,比中国最发达的长江三角洲地区的生产率高出 6 倍。Bozhong Li and Jan Luiten van Zanden, "Before the Great Divergence? Comparing the Yangzi Delta and the Netherlands at the Beginning of the Nineteenth Century," *Journal of Economic History* 72, no.4 (December 2012), 972.此外,1800 年,西方国家的战争动员力比东方国家高出 5 倍,因此伊恩·莫里斯(Ian Morris)认为"这与英国军队在 19 世纪 40 年代如此轻易地击败中国有很大关系"。Ian Morris, *Why the West Rules—for Now* (New York: Farrar, Straus and Giroux, 2010), 496, 634—635.

8. Hillary Clinton, "America's Pacific Century," *Foreign Policy*, October 11, 2011, http://foreignpolicy.com/2011/10/11/americas-pacific-century.

9. "Remarks by President Obama to the Australian Parliament," November 17, 2011, https://obamawhitehouse.archives.gov/the-press-office/2011/11/17/remarks-president-obama-australian-parliament.

10. "A Dangerous Modesty," *Economist*, June 6, 2015, http://www.economist.com/news/briefing/21653617-america-has-learnt-hard-way-it-cannot-fix-problems-middle-east-barack.

11. Yi Wen, *The Making of an Economic Superpower: Unlocking China's Secret of Rapid Industrialization* (Hackensack, NJ: World Scientific Publishing, 2016), 2.

12. 参见"International Car Sales Outlook," in *Improving Consumer Fundamentals Drive Sales Acceleration and Broaden Gains Beyond Autos*, Scotiabank

Global Auto Report，September 29，2016，http：//www. gbm. scotiabank. com/English/bns_econ/bns_auto.pdf。

13. 参见"As China's Smartphone Market Matures，Higher-Priced Handsets Are on the Rise，" *Wall Street Journal*，April 29，2016，http：//blogs.wsj. com/chinarealtime/2016/04/29/as-chinas-smartphone-market-matures-higher-priced-handsets-are-on-the-rise/；Serge Hoffmann and Bruno Lannes，"China's E-commerce Prize，" Bain & Company，2013，http：//www. bain. com/Images/BAIN_BRIEF_Chinas_e-commerce_prize.pdf；Euan McKirdy，"China's Online Users More Than Double Entire U. S. Population，" *CNN*，February 4，2015，http：//www.cnn.com/2015/02/03/world/china-internet-growth-2014/。

14. Candace Dunn，"China Is Now the World's Largest Net Importer of Petroleum and Other Liquid Fuels，" *US Energy Information Administration*，March 24，2014，http：//www.eia.gov/todayinenergy/detail.php?id = 15531；Enerdata，"Global Energy Statistical Yearbook 2016，" https：//yearbook.en-erdata.net/；Richard Martin，"China Is on an Epic Solar Power Binge，" MIT Technology Review，March 22，2016，https：//www.technologyreview.com/s/601093/china-is-on-an-epic-solar-power-binge/.

15. Stephen Roach，"Why China Is Central to Global Growth，" *World Economic Forum*，September 2，2016，https：//www. weforum. org/agenda/2016/09/why-china-is-central-to-global-growth.

16. Brett Arends，"It's Official：America Is Now No.2，" *Market Watch*，December 4，2014，http：//www. marketwatch. com/story/its-official-america-is-now-no-2-2014-12-04.

17. Chris Giles，"The New World Economy in Four Charts，" *Alphaville Blog*，*Financial Times*，October 7，2014，http：//ftalphaville.ft.com/2014/10/07/1998332/moneysupply-the-new-world-economy-in-four-charts/.

18. 参见 PPP description in GDP methodology in "Definitions and Notes，" *CIA World Factbook*，https：//www. cia. gov/library/publications/the-world-factbook/docs/notesanddefs.html；Tim Callen，"PPP Versus the Market：Which Weight Matters?" Finance and Development 44，no.1（March 2007），http：//www.imf.org/external/pubs/ft/fandd/2007/03/basics.htm。

19. International Monetary Fund，"World Economic Outlook Database."

20. 例如，参见 Tim Worstall，"China's Now the World Number One Economy and It Doesn't Matter a Darn，" *Forbes*，December 7，2014，http：//

www. forbes. com/sites/timworstall/2014/12/07/chinas-now-the-world-num-ber-one-economy-and-it-doesnt-matter-a-darn/；Jeffrey Frankel，"Sorry，but America Is Still No.1，Even If China Is Bigger," *Market Watch*，December 5，2014，http://www. marketwatch. com/story/sorry-but-america-is-still-no-1-2014-12-04。

21. 费希尔继续说："但我们必须认识到，这只是一个初步的估计。特别是对于国际贸易的商品，例如石油，市场汇率提供了一个更好的衡量标准。此外，更重要的是，除了基本的经济能力之外，还有许多其他因素影响着一个国家的军事潜力，包括其对公民征税的政治能力，以及为加强其国家安全态势而投入资源的政治能力。"经济学家查尔斯·金德尔伯格（Charles Kindleberger）强调了这一点，他写道："能否支付赔偿将取决于赔偿数额是否在相当大的范围内，除了使用暴力外，还取决于有关国家是否为此作出了一致并坚定的努力。这不是经济学家容易接受的结论。"参见 Charles Kindleberger，*Manias*，*Panics*，and *Crashes*（New York：Wiley Investment Classics，2005），225—226。

22. International Institute for Strategic Studies，*The Military Balance 2016*（New York：Routledge，2016），495.

23. "放缓"一词是检索 Factiva 数据库中《纽约时报》《华尔街日报》和《金融时报》自 2013 年 10 月 25 日到 2016 年 10 月 25 日标题所得，检索标题的关键词是："中国"（China）+"增长"（growth）或者"GDP"或者"经济"（economy）。

24. 国内生产总值增长数据来自国际货币基金组织。这一时期自大衰退（Great Recession）以来被定义为 2010 年至 2016 年。2016 年的数据是国际货币基金组织提交给世界经济数据库的 2016 年 10 月最新估值。

25. 中国经济占世界经济增长的百分比是通过"国内生产总值和购买力平价"（以 2011 年国际元[International dollar]为基准）计算的，数据来自世界银行的世界发展指数。亦可参见 David Harrison，"The U.S. May Not Be an Engine of the World Economy for Long," *Wall Street Journal*，March 8，2016，blogs.wsj.com/economics/2016/03/08/the-u-s-may-be-an-engine-of-the-world-economy-but-perhaps-not-for-long。哈里森（Harrison）强调，在 2013 年 "中国仅凭一己之力就几乎实现世界经济增长的三分之一"。

26. 参见 World Bank，"Poverty Headcount Ratio at ＄1.90 a Day（2011 PPP）（% of Population），" accessed November 19，2016，http://data.world-bank.org/topic/poverty?locations＝CN。

27. "Beijing to Cut Number of New Cars," *Xinhua*，October 25，2016，http://www.globaltimes.cn/content/1013607.shtml；Hu Shuli，Wang Shuo，and Huang Shan，"Kissinger：China，U.S. Must 'Lead in Cooperation'," *Caixin*，

March 23，2015，http：//english.caixin.com/2015-03-23/100793753.html.

28. Kevin Rudd，"The West Isn't Ready for the Rise of China," *New Statesman*，July 16，2012，http：//www.newstatesman.com/politics/international-politics/2012/07/kevin-rudd-west-isnt-ready-rise-china.

29. Evan Osnos，*Age of Ambition：Chasing Fortune，Truth，and Faith in the New China*(New York：Farrar，Straus and Giroux，2014)，25.

30. 仅在2011年至2013年间，中国生产的水泥量就超过了美国在整个20世纪的生产量。参见 Jamil Anderlini，"Property Sector Slowdown Adds to China Fears," *Financial Times*，May 13，2014，https：//www.ft.com/content/4f74c94a-da77-11e3-8273-00144feabdc0；参见 Ana Swanson，"How China Used More Cement in 3 Years than the U.S. Did in the Entire 20th Century," *Wonkblog*，*Washington Post*，March 24，2015，https：//www.washingtonpost.com/news/wonk/wp/2015/03/24/how-china-used-more-cement-in-3-years-than-the-u-s-did-in-the-entire-20th-century/。

31. Eoghan Macguire，"The Chinese Firm That Can Build a Skyscraper in a Matter of Weeks," *CNN*，June 26，2015，http：//www.cnn.com/2015/06/26/asia/china-skyscraper-prefabricated.

32. Economist Intelligence Unit，"Building Rome in a Day：The Sustainability of China's Housing Boom"(2011)，2，www.eiu.com/Handlers/Whitepaper-Handler.ashx?fi=Building_Rome_in_a_day_WEB_Updated.pdf.

33. Thomas Friedman and Michael Mandelbaum，*That Used to Be Us：How America Fell Behind in the World It Invented and How We Can Come Back*(New York：Macmillan，2012)，3—4.

34. 参见"China for a Day(but Not for Two)," in Thomas Friedman，*Hot，Flat，and Crowded：Why We Need a Green Revolution—and How It Can Renew America*(New York：Picador，2009)，429—455。

35. "Two Days," *Popular Mechanics*，November 20，2015，http：//www.popularmechanics.com/technology/infrastructure/a18277/beijing-overpass-replaced-in-less-than-two-days/.

36. George Fortier and Yi Wen，"The Visible Hand：The Role of Government in China's Long-Awaited Industrial Revolution," working paper，Federal Reserve Bank of St.Louis，August 2016，215，https：//research.stlouisfed.org/wp/more/2016-016.

37. Ibid.

38. 参见 Virginia Postrel，"California Hits the Brakes on High-Speed

Rail Fiasco," *Bloomberg*,June 28,2016, https://www. bloomberg. com/
view/articles/2016-06-28/california-hits-the-brakes-on-high-speed-rail-fiasco;
"Taxpayers Could Pay Dearly for California's High-Speed-Train Dreams,"
Economist,March 27,2016, http://www.economist.com/news/science-and-
technology/21695237-taxpayers-could-pay-dearly-californias-high-speed-dreams-
biting-bullet。

39. Lu Bingyang and Ma Feng, "China to Build Out 45 000 km High-
Speed Rail Network," *Caixin*,July 21,2016, http://english. caixin. com/
2016-07-21/100968874.html.

40. 参见 World Bank, "Poverty Headcount Ratio at $1.90 a Day,"
http://data.worldbank.org/topic/poverty?locations = CN。

41. 根据《世界经济展望》中国际货币基金组织的最新估计,中国人均
GDP 在 2015 年是 8 149 美元,2016 年估值为 8 261 美元。

42. World Bank, "World Bank Group President Says China Offers
Lessons in Helping the World Overcome Poverty," September 15, 2010,
http://www. worldbank. org/en/news/press-release/2010/09/15/world-bank-
group-president-says-china-offers-lessons-helping-world-overcome-poverty.

43. 关于预期寿命增长,参见 Linda Benson, *China Since 1949*, *3rd ed*.
(New York: Routledge, 2016), 28; 现有数据(1960—2014)参见 "Life Ex-
pectancy at Birth, Total(Years)," World Bank, http://data.worldbank.org/
indicator/SP.DYN.LE00.IN?locations = CN。关于识字率,参见 Ted Plafker,
"China's Long-but Uneven-March to Literacy," *International Herald
Tribune*, February 12, 2001, http://www. nytimes. com/2001/02/12/news/
chinas-long-but-uneven-march-to-literacy.html; 现有数据(1982—2015)参见
"Adult Literacy Rate, Population 15 + Years, Both Sexes(%)," World Bank,
http://data.worldbank.org/indicator/SE.ADT.LITR.ZS?locations = CN。

44.《经济学人》援引波士顿咨询集团的研究指出,到 2020 年,亚洲的财富
预计将达到 75 万亿美元,而北美的财富将达到 76 万亿美元。正如波士顿咨
询集团所解释的那样:"美国仍将是世界上最富裕的国家,尽管预计在 2020 年
后,亚太地区(包括日本)将超过北美。"参见"The Wealth of Nations," *Econo-
mist*, June 17, 2015, http://www.economist.com/blogs/freeexchange/2015/
06/asia-pacific-wealthier-europe; "Global Wealth 2016: Navigating the New
Client Landscape," *Boston Consulting Group*, June 2016, https://www.bcg-
perspectives. com/content/articles/financial-institutions-consumer-insight-
global-wealth-2016/?chapter = 2。

45. 参见 Robert Frank，"China Has More Billionaires Than US：Report，" *CNBC*，February 24，2016，http：//www.cnbc.com/2016/02/24/china-has-more-billionaires-than-us-report.html；UBS/PwC，"Billionaires Report，2016，" May 2016，12，http：//uhnw-greatwealth.ubs.com/billionaires/billionaires-report-2016/。该报告发现在 2015 年,中国创造了 80 个十亿级别的富翁,相当于每周创造了大约 1.5 个。

46. Christopher Horton，"When It Comes to Luxury，China Still Leads，" *New York Times*，April 5，2016，http：//www.nytimes.com/2016/04/05/fashion/china-luxury-goods-retail.html.

47. 在由康奈尔大学和世界知识产权组织联合发布的"2016 年全球创新指数"中,中国的中小学教育排名第 4 位,美国排名第 39 位。

48. 在 35 个经合组织国家中,美国在 2015 年排名第 31。然而,值得注意的是,只有四个中国省份参加了 2015 年的评估,而美国的分数反映的是全国的情况。OECD，*PISA 2015 Results*，vol.1：*Excellence and Equity in Education*(Paris：OECD Publishing，2016)。

49. 然而,这项初步研究还发现,随着美国学生的追赶,中国学生的原地踏步,中国学生在大学期间失去了这种批判性思维的优势。该研究部分是基于对中国 11 所大学 2 700 名中国学生的考试。参见 Clifton B.Parker，"Incentives Key to China's Effort to Upgrade Higher Education，Stanford Expert Says，" *Stanford News*，August 18，2016，http：//news.stanford.edu/2016/08/18/incentives-key-to-chinas-effort-upgrade-higher-education/。

50. "Best Global Universities for Engineering，" *U.S. News and World Report*，http：//www.usnews.com/education/best-global-universities/engineering?int=994b08.

51. Te-Ping Chen and Miriam Jordan，"Why So Many Chinese Students Come to the U.S.，" *Wall Street Journal*，May 1，2016，http：//www.wsj.com/articles/why-so-many-chinese-students-come-to-the-u-s-1462123552.

52. National Science Board，"Science and Engineering Indicators，2016" (Arlington，VA：National Science Foundation，2016)，https：//www.nsf.gov/statistics/2016/nsb20161/♯/report.

53. Richard Waters and Tim Bradshaw，"Rise of the Robots Is Sparking an Investment Boom，" *Financial Times*，May 3，2016，http：//www.ft.com/cms/s/2/5a352264-0e26-11e6-ad80-67655613c2d6.html；"World Record：248 000 Industrial Robots Revolutionizing the World Economy，" *International Federation of Robotics*，June 22，2016，http：//www.ifr.org/news/ifr-press-

release/world-record-816/.

54. National Science Board, "Science and Engineering Indicators, 2016."

55. 中国占全球专利申请量的 38%, 相当于紧随其后的美、日、韩三国的总和。参见"World Intellectual Property Indicators 2016," *World Intellectual Property Organization*（2016）7, 21, http://www.wipo.int/edocs/pubdocs/en/wipo_pub_941_2016.pdf。

56. 尽管美国 2012 年支出 3 970 亿美元, 中国仅支出 2 570 亿美元, 但中国的支出预计将在 2024 年猛增至 6 000 亿美元, 而美国的支出仍将低于 5 000亿美元。参见"China Headed to Overtake EU, US in Science & Technology Spending, OECD Says," *Organization for Economic Cooperation and Development*, November 12, 2014, http://www.oecd.org/newsroom/china-headed-to-overtake-eu-us-in-science-technology-spending.htm。

57. Norman R. Augustine et al., *Restoring the Foundation: The Vital Role of Research in Preserving the American Dream*（Cambridge, MA: American Academy of Arts and Sciences, 2014), 7.

58. Thomas Kalil and Jason Miller, "Advancing U.S. Leadership in High-Performance Computing," *the White House*, July 29, 2015, https://obamawhitehouse.archives.gov/blog/2015/07/29/advancing-us-leadership-high-performance-computing.

59. "New Chinese Supercomputer Named World's Fastest System on Latest Top 500 List," Top 500, June 20, 2016, https://www.top500.org/news/new-chinese-supercomputer-named-worlds-fastest-system-on-latest-top500-list/; James Vincent, "Chinese Supercomputer Is the World's Fastest-and Without Using US Chips," *The Verge*, June 20, 2016, http://www.theverge.com/2016/6/20/11975356/chinese-supercomputer-worlds-fastes-taihulight.

60. 参见 Steven Mufson, "Energy Secretary Is Urged to End U.S. Nuclear Fuel Program at Savannah River," *Washington Post*, September 9, 2015, https://www.washingtonpost.com/business/economy/energy-secretary-is-urged-to-end-us-nuclear-fuel-program-at-savannah-river/2015/09/09/bc6103b4-5705-11e5-abe9-27d53f250b11_story.html; Darren Samuelsohn, "Billions Over Budget. Two Years After Deadline. What's Gone Wrong for the 'Clean Coal' Project That's Supposed to Save an Industry?" *Politico*, May 26, 2015, http://www.politico.com/agenda/story/2015/05/billion-dollar-kemper-clean-coal-energy-project-000015。

61. 中国也一直在增强其核武库。在 1964 年成为核大国后的几十年里,北京一直保留着使用小型发射井进行发射的洲际弹道导弹,这使它很容易受到对手的首轮打击。自 20 世纪 90 年代中期以来,中国一直在部署更有生存能力的核力量,最近的举措是布置具备公路机动能力和潜射式的弹道导弹。其结果是,美国被迫接受中美之间的"相互确保摧毁"机制,类似于冷战期间与苏联达成的条件。这反映在 2010 年美国《核态势评估》(Nuclear Posture Review)的一份声明中。该声明称,美国不会采取任何可能对"我们与俄罗斯或中国的核关系稳定"产生负面影响的行动。

62. 自 1988 年以来,中国的军费开支平均占国内生产总值的 2.01%,而美国为 3.9%。参见 World Bank, "Military Expenditure(% of GDP)," http://data.worldbank.org/indicator/MS.MIL.XPND.GD.ZS。

63. 回想一下"72"法则:将 72 除以年增长率,以确定需要多长时间才能翻一番。

64. International Institute for Strategic Studies, *The Military Balance 2016*(New York:Routledge, 2016), 19.

65. Eric Heginbotham et al., *The U.S.-China Military Scorecard:Forces, Geography, and the Evolving Balance of Power, 1996—2017*(Santa Monica, CA:RAND Corporation, 2015), xxxi, xxix.

66. 2012 年 5 月在北京举行的中美战略与经济对话会中,克林顿对记者表示:"我们非常乐观地看待未来。我们相信,无论是帝国主义的遗产、冷战的遗产,还是均势的政治,我们都无法以旧的眼光看待世界。零和思想会导致负和结果。因此,我们正在努力建立一种具有韧性的关系,使我们两国在不存在不健康竞争、竞争或冲突的情况下实现繁荣发展,同时履行我们的国家责任、地区责任和全球责任。"参见"Remarks at the Strategic and Economic Dialogue U.S. Press Conference," *US Department of State*, May 4, 2012, https://2009-2017.state.gov/secretary/20092013clinton/rm/2012/05/189315.htm。

67. 作者对李光耀的采访,2011 年 12 月 2 日。

68. Robert Blackwill and Jennifer Harris, *War by Other Means:Geoeconomics and Statecraft*(Cambridge, MA:Harvard University Press, 2016), 11.

69. Association of Southeast Asian Nations, "External Trade Statistics," June 10, 2016, http://asean.org/?static_post = external-trade-statistics-3; Shawn Donnan, "China Manoeuvres to Fill US Free-Trade Role," *Financial Times*, November 21, 2016, https://www.ft.com/content/c3840120-aee1-11e6-a37c-f4a01f1b0fa1.

70. Henry Kissinger, *On China*(New York:Penguin Books, 2012), 28.

71. James Kynge, "China Becomes Global Leader in Development Fi-

nance," *Financial Times*，May 17，2016，https：//www. ft. com/content/
b995cc7a-1c33-11e6-a7bc-ee846770ec15.

72. 2014 年底，中国国家开发银行和中国进出口银行在国际上的未偿贷款
为 6 840 亿美元，略低于世界银行、亚洲开发银行、美洲开发银行、欧洲投资银
行、欧洲复兴开发银行和非洲开发银行 7 000 亿美元的未偿贷款总额。此外，
中国还提供了约 1 160 亿美元的双边和区域发展融资，使其国际发展融资总额
大大高于其他多边银行。参见 Kevin Gallagher，Rohini Kamal，Yongzhong
Wang，and Yanning Chen，"Fueling Growth and Financing Risk：The Bene-
fits and Risks of China's Development Finance in the Global Energy Sector,"
working paper，Boston University Global Economic Governance Initiative，
May 2016，3—7，http：//www. bu. edu/pardeeschool/research/gegi/program-
area/china-and-global-development-banking/fueling-growth-and-financing-risk/。

73. 参见"Our Bulldozers，Our Rules,"*Economist*，July 2，2016，http：//
www. economist. com/news/china/21701505-chinas-foreign-policy-could-reshape-
good-part-world-economy-our-bulldozers-our-rules；Enda Cur ran，"China's
Marshall Plan,"*Bloomberg*，August 7，2016，www.bloomberg.com/news/ar-
ticles/2016-08-07/china-s-marshall-plan。

74. Allison，Blackwill，and Wyne，*Lee Kuan Yew*，6—7.

第二部分
历史的教训

第二章　雅典与斯巴达

最后,雅典的势力到达了一个尽人皆知的顶峰,并且开始侵犯斯巴达的盟友。正是在此时,斯巴达人感觉到这种形势再也无法让人忍受,决定发动这场战争,动用自己全部的力量来打击雅典,并且如果可能的话,甚至要摧毁雅典的势力。

——修昔底德,《伯罗奔尼撒战争史》

使战争不可避免的真正原因是雅典势力的增长以及因此而引起的斯巴达的恐惧。

——修昔底德,《伯罗奔尼撒战争史》

大学一年级的时候,我选了一门古希腊语课。那一整年我们基本都在学新的字母、词汇、句型和语法。但是我们的教授向我们保证,如果我们努力学习,在第二个学期结束前,我们就能读色诺芬的《长征记》了。而在那之后,他用一个"奖励"来鼓励那些在第二年仍能出类拔萃的人:读懂修昔底德。

我至今还能记得他激动的语调:修昔底德! 他在说出这个

雅典历史学家的名字时带着一种激动和敬畏。对拉班教授来说，古希腊代表着人类文明的第一个高峰。只有掌握了原来的语言我们才能从他所认为的"历史之父"那里取得真经。虽然我们的教授也十分欣赏希罗多德（Herodotus），但他坚持认为修昔底德才是专注于捕捉"历史原貌"的第一人[1]。修昔底德对历史的诠释结合了一个记者对于细节的关注、一个研究者在诸多相互矛盾的解释中对真相的追寻，以及一个历史学家找到隐藏在纷繁复杂事件背后的根本原因的能力。正如拉班教授所教授的，修昔底德是我们现在所称的现实政治或者说国际关系中现实主义的先驱。由于我是一个要研究世界政治的学生，所以我决心要拿下拉班教授所说的"奖励"——最后我也的确得到了。

修昔底德对自己的生平鲜有着墨。我们知道他大约出生于公元前 5 世纪中叶，是雅典——当时最强大的两个古希腊城邦之一——的公民。我们还知道他是一个流亡的将军，在一场大战中流离于地中海地区。那是一场撼动了古代世界的冲突，他的雅典同胞对抗当时最强大的城邦斯巴达，最终的结果是两败俱伤。修昔底德的《伯罗奔尼撒战争史》是那场战争的定调之作，也是西方文明的杰作之一。直到今天，这本书仍然是一本经典，不仅被历史学家和古典主义者们研究，也被世界各地的大学和军事学院的军事家和战略家们探讨。

正如修昔底德在其作品的介绍中所解释的那样，他写作这本战争史的目的是要帮助将来的政治家、军人和公民们理解战争，以使他们能避免前人所犯下的错误："在人类历史的长河中，未来如果不是过去简单的镜像，至少与过去是相似的。如果我写的历史对那些想要知道过去真相来理解未来的人有几分用处的话，那我就心满意足了。"[2]作为一个"应用历史学家"，他的想法与后来的温斯顿·丘吉尔的名言不谋而合:"往回看得越远,往前才能看得越远。"

从修昔底德那里,我和我的二年级同学们了解到在雅典和斯巴达的大战之前存在一个颇长的和平期。我们读到雅典对于民主制度的宝贵尝试以及其前所未有的、在每个领域都有创造性成就的涌现。这些古希腊人发明了哲学、戏剧、建筑、雕塑、历史、海战等等,并且把并非他们自己创造的东西带到了人类历史上前所未有的高度。无论文明如何演进,苏格拉底、柏拉图、索福克勒斯、欧里庇得斯、伊克蒂诺斯(帕特农神庙的建筑师)、狄摩西尼、伯里克利这些人也仍是巨擘。

修昔底德书写了历史,这样我们才能了解这些得以和平共存数十年的城邦如何陷入一场致命的战争。其他观察者或许强调了大致的原因,但修昔底德则是直达事件的核心。他写道:"至于斯巴达和雅典打破休战状态的原因,应该首先描述一下它们相互抱怨彼此的缘由,以及它们几次利益相冲突的事件。"但是,他警告说:"战争的真正原因最有可能被这样的论调所遮蔽。"

在这些诱因之下是一个更为根本的原因,他将关注点聚焦于此。修昔底德告诉我们,让战争"无法避免"的,"是雅典势力的增长以及因此而引起的斯巴达的恐惧"。[3]

这一现象我将之命名为修昔底德陷阱:即当一个崛起国威胁到守成国的主导地位时,会引起严重的结构性压力。在这种情况下,不仅仅是非同寻常的、未曾预料到的事件,哪怕是外交事务上一丁点的寻常火苗,都能够引发大规模的冲突。

修昔底德将这一动因如何把雅典和斯巴达推向了战争解释得很清楚。他写道,雅典和斯巴达在一场驱逐波斯人的大战中联合双方兵力后,开始着手和平地管控双方的战略性竞争。它们成功解决了一系列可能引发战争的危机,其中包括谈成了《三十年和约》。它们认识到了两个城邦文化、政治体制和利益间的巨大差异使得激烈的竞争不可避免。但是它们也知道，战争会带来灾难，因此下定决心要找到避免战争的方式以保全自己的利益。

那么，是什么导致了这两个伟大的希腊城邦最终走向给双方都带来灾难性后果的冲突呢？长达六百多页的《伯罗奔尼撒战争史》的每一页都呈现了最终导致这场毁灭性战争的曲折细节。[4] 关于两大城邦之间以及其他弱小一些的希腊城邦——如弥罗斯（Melos）、麦加拉（Megara）、科西拉（Corcyra）以及其他许多城邦——的外交往来为我们提供了一些颇有指导意义的治国之道。但修昔底德主要的故事主线是把雅典和斯巴达推向战争的作用力：雅典不断的崛起和斯巴达与日俱增的担忧，斯巴达担心雅典会威胁自己在希腊的主导地位。换句话说，修昔底德的主要议题就是修昔底德陷阱，以及由此诱发的古代世界中两个最强城邦间想要避免、却最终没能幸免的一场大战。

崛起国与守成国狭路相逢

在公元前 490 年波斯入侵希腊之前，斯巴达在该地区的主导地位已经持续超过一个多世纪了。斯巴达是一个位于希腊南部伯罗奔尼撒半岛的城邦，在陆上与几个中等大小的城邦相互竞争，同时还得应对国内难以训教的黑劳士 *，这些人口与斯巴

---

* 黑劳士（Helots）是指斯巴达的国有奴隶，主要由斯巴达征服的拉哥尼亚（Laconia）和美塞尼亚（Messenia）等城邦原有住民构成。——译者注

达自身的公民人口比例是 7：1。[5]

在今天，斯巴达仍然是一种尚武文化的象征。从它的家庭到它的政府，其整个社会的组织原则就是要将战斗的活力和力量发挥到极致。斯巴达的当权者只允许身体条件最完美的婴儿生存。他们将年满 7 岁的孩子从家庭中带走，让他们入读军事学院，在那里他们被训练、磨砺，为战争作准备。男子可以在 20 岁时娶妻，但必须继续以营房群居，吃一样的饭，并且每天训练。只有到了 30 岁，为斯巴达城邦服务了 23 年之后，他们才能获得完全的公民身份以及加入议会的权利，这和雅典议会被保守、年长的贵族占领的情况有所不同。斯巴达的公民直到年满 60 岁才能免除兵役。斯巴达把军事价值观——勇气、英勇和纪律——推崇至无以复加的地步。正如普鲁塔克所说，当斯巴达的母亲们将自己的儿子送往战场时，她们告诉儿子们"要么凯旋，要么战死"[6]。

相反，雅典则是一个匍匐在干燥贫瘠的阿提卡海角的港口城市，对自己的文化引以为傲。高耸和人迹稀少的山脉将雅典与希腊大陆隔绝开来。雅典一直以来是个贸易国家，穿过爱琴海来贩卖橄榄油、木材、织物和珍贵宝石的商人源源不断地向这里提供商品。与斯巴达军事国家的状态不同，雅典是一个开放的社会，它的学校接纳来自希腊各地的学生。在几个世纪的强人统治之后，雅典也开始了一个大胆、新奇的政治实验，并称之为"民主"。雅典的议会和五百人会议对所有自由男子开放，并在那里作出所有的重要决定。

在公元前 5 世纪之前，希腊世界基本是没有联系、相互分散的自治城邦。但公元前 490 年波斯的入侵让希腊人前所未有地团结到一起，同仇敌忾。随后的温泉关战役，300 名斯巴达精锐战士以牺牲自己的方式拖延住波斯军队,为后方的希腊联军争取了宝贵时间。在萨拉米斯海战中,一支由雅典率领的联合舰队战功卓越,以一敌三击败了波斯舰队。公元前479年,希腊联合军第二次以绝对的优势击败了波斯军队,而这一次之后,波斯一蹶不振,不再侵犯。

意识到自己在希腊胜利中发挥的关键作用,雅典立志成为希腊最强大的城邦之一。事实上,紧随波斯军队撤退而来的是,雅典城邦经历了惊人的经济、军事、文化等方面的复兴。其经济的繁荣吸引了全希腊的贸易商和海员服务于海洋贸易。随着贸易量的增长,雅典增加了一支商船舰队补充其正式海军,而这个时候,雅典的海军规模已经是离它最接近的对手的两倍了。[7]较远的科西拉是唯一一个有相当规模舰队的希腊城邦,紧随其后的是斯巴达的主要盟友科林斯。但是,这两个城邦都不会对雅典构成真正的威胁,因为雅典人在波斯战争中令人惊叹的胜利已经证明,船员们的技术素养远比舰队的规模重要得多。

在公元前5世纪,雅典逐渐将原来用于打击波斯人的防御性同盟网络转变成了事实上的海洋帝国。雅典要求同盟们承担相应的负担,残忍压制诸如纳克索斯(Naxos)等企图摆脱雅典控制的城邦。到公元前440年前,所有的雅典殖民地,除了偏远的莱斯沃斯(Lesbos)和希俄斯(Chios),都已经放弃了自己的海军,转而付钱给雅典以寻求保护。之后雅典急速扩张在该地区的海洋贸易联系(这种新创建的贸易体制让许多更小的希腊城邦比以往更加繁荣,联系更加紧密)。雅典政府资金充足,资助了一大波文化建设浪潮,涌现了很多之前从未有过的文化工事(比如帕特农神庙),多次排演了索福克勒斯的戏剧。虽然希腊其他一些城邦对此越来越不满,但雅典人却认为他们帝国的扩张竟全是温和无害的。事后雅典人向斯巴达人解释说："我们的帝国并非通过暴力获得，因为盟友们都是自己向我们靠拢的，自发地要求我们领导他们。"[8]

斯巴达人对这样的惺惺作态感到好笑。他们知道雅典人与自己一样既无情又满口谎言。但斯巴达的不信任也反映出两个大国在政治和文化概念上的鲜明反差。斯巴达的政治体制是一种混合了君主制和寡头制的混合型政体。它较少干预遥远国家的事务，而是专注于防范自身城邦内奴隶黑劳士的叛变并维护自己在地区内的主导地位。斯巴达人为自己独特的文化感到骄傲。但与雅典人不同，他们并不寻求其他城邦遵循自己的模式。尽管有着威风凛凛的步兵，斯巴达仍是一个保守的守成大国。[9]正如后来科林斯的大使在斯巴达议会上所说："雅典人痴迷于创新，他们的设计不管是在概念还是执行上都以迅捷著称。你墨守成规，不思求变，当被迫要作出回应时，你就走不了多远了。"[10]

虽然科林斯人的描述有点夸大了，但雅典的大胆确实反映在国家生活的各个方面。雅典人笃信他们在不断推动人类的进步。他们在干涉他国事务时毫无顾忌，推翻希腊内陆城邦的寡头政府并推行民主。他们反复说服中立国家（比如科西拉）加入联盟。最令斯巴达感到不安的是，雅典的野心似乎无穷无尽。正如一位雅典外交官在战争开始前对斯巴达议会直言："这不是我们开的先例，弱者服从强者，这是自古以来就有的规律。"[11]

在波斯撤退之后，为了向天下昭告，斯巴达在希腊世界的绝对主导权，斯巴达掌权者要求雅典不得再修建自己的城墙。这意味着斯巴达有意让雅典暴露于陆上入侵的危险中，如果他们胆敢不服从斯巴达的命令，就要面临斯巴达的惩罚。但是雅典并不想回到这样的状态。雅典人相信他们在对战波斯中的痛苦牺牲已经让他们获得了一定程度的自主权。然而这一拒绝却让斯巴达抓住了雅典不敬的把柄。其他人甚至把这视为雅典要威胁既有秩序的狼子野心。

在当时，雅典不断增长的军事力量对斯巴达并不构成实质性威胁。斯巴达与其同盟者的兵力大约是雅典的两倍。大多数斯巴达人对于自己在希腊邦联中无可争议的军事霸主地位充满自信。尽管如此，随着雅典的力量持续增长，有些人提议要先发制人打击雅典，提醒全希腊谁才是真正的霸主。这些斯巴达领袖的理由是：再让雅典这么毫无阻碍地发展下去，终将会威胁到斯巴达的霸权。尽管最开始斯巴达的议会推翻了最初要宣战的意见，但随着雅典的力量与日俱增，斯巴达内部鹰派的影响力也越来越大。

有一段时间，斯巴达还是相信通过外交手段可以遏制雅典实力的迅速上升。在公元前5世纪中叶，两个城邦几近陷入全面爆发的冲突——即被合称为"第一次伯罗奔尼撒战争"的一系列冲突——之后，它们在公元前446年签订了一个重要的协议来规范它们的关系。这一著名的《三十年和约》为复杂的地区性安全秩序打下了基础。它防止了成员们从一个同盟关系叛变加入另一个同盟，建立了约束性仲裁和不干预的规则和秩序，设立了至今仍在使用的解决各国间纠纷的先例。在接下来的时间里，雅典和斯巴达同意通过双边谈判解决冲突，当谈判失效时，由第三方中立城邦，如德尔斐的神谕，进行约束性仲裁。这一和约将雅典视为一个平等方，斯巴达也可以感到很舒服，因为斯巴达掌控之下的伯罗奔尼撒联盟的主要盟友科林斯、底比斯、麦加拉等就在雅典的家门口。

对这两个城邦而言，和平的果实如此之甜，正如战争的恶果如此之苦。该和约使斯巴达和雅典得以专注于各自的领域。斯巴达精简并强化了自己与友邻的长期同盟关系。雅典则继续用自己强大的海军在爱琴海区域对臣服于自己的城邦进行掌控和盘剥。雅典积攒了大量的战略储备货币，总量达到了前所未闻的 6 000 塔伦特黄金，并且以每年 1 000 塔伦特黄金的速度在增加。即使是斯巴达，这个以坚忍保守著称的社会，也经历了自己小规模的文化复兴。[12]

在这一框架下，希腊世界，从蔚蓝海岸（Côte d'Azur）* 到黑海，经历了一段前所未有的和平时期。但是《三十年和约》并没有解决引起紧张关系的背后原因。它只是将这些根源问题暂时搁置。在这种环境下，正如修昔底德所言，柴堆几乎是不费什么力气就被点着了。

火　花

战争的火花出现在公元前 435 年。起初，一场地方性的冲突看起来并未对雅典的利益产生太大的影响。斯巴达的一个主要盟友——科林斯，与一个中立城邦——科西拉，为了埃庇达诺斯（位于现在阿尔巴尼亚境内的一个偏远地带）而兵戎相向。[13]科西拉刚开始看起来占据优势：在第一次对峙的时候，120 艘战舰开到了科林斯。但是受辱的科林斯马上开始准备第二次对战。科林斯人迅速扩大了自己的海军，从全希腊征募海员，并且

---

　*　蔚蓝海岸，现位于法国东南地中海沿岸。——译者注

很快聚集了一支拥有 150 艘舰船的联合部队。尽管科林斯还是无法与雅典相提并论，但科林斯当时指挥着希腊第二大的舰队。因此，中立的科西拉闻风丧胆，向雅典寻求帮助。

科林斯对远方埃庇达诺斯的举动引起雅典对于斯巴达恶意的恐惧，也让雅典身处一个战略困境。雅典有两个选择，无论选择哪一个都一样糟糕。帮助科西拉会直接激怒科林斯，并且可能违反《三十年和约》。但是如果什么都不做又会有放任科林斯征服科西拉舰队的危险，进而造成海军力量危险地向斯巴达倾斜。

雅典议会的气氛很沉重。雅典人仔细听取了科林斯和科西拉外交官对于各自情况的陈述。这一辩论持续了两天，直到修昔底德所说的雅典"第一公民"伯里克利提出了一个妥协方案：雅典将会派遣一支小型、象征性的舰队到科西拉，并下达命令，除非遭到攻击，否则绝不轻举妄动。不幸的是，这一防御性的威慑尝试事后被证明微不足道，不足以起到威慑的作用，但却大到足以挑起争端。雅典人采取武力的方式彻底激怒了科林斯人。

斯巴达面临着相似的战略两难境地。如果它支持科林斯对科西拉的攻击，雅典就可能认为斯巴达要提升自己的海上力量，可能在准备一场先发制人的战争。但从另一方面来看，如果斯巴达保持中立，它就将冒着雅典成为冲突中决定胜负一方的危险，这将威胁到斯巴达在其他伯罗奔尼撒联盟盟友中的威信。这触及了斯巴达的底线，因为维持与其直接毗邻的周边的稳定对斯巴达控制国内的黑劳士威胁至关重要。

斯巴达和雅典在斯巴达的盟友麦加拉的问题上也有龃龉。公元前 432 年，伯里克利颁布了《麦加拉法令》，即早期的经济战争，通过禁运来惩罚麦加拉对雅典神庙的不敬以及收容逃跑的雅典奴隶的行为。尽管这样做并不违反雅典与斯巴达的和约，但《麦加拉法令》无疑具有挑衅性，被斯巴达解读为另一种对斯巴达所掌控体系的不敬。当斯巴达要求雅典废除《麦加拉法令》时，伯里克利将此视为对自己个人威信的挑战。如果就此妥协，会助长斯巴达打压雅典崛起的勇气。而且，它也将激怒雅典公民，因为他们认为颁布这一法令是国家特有的权力。

斯巴达国王阿基达马斯二世与伯里克利私交甚好。阿基达马斯二世能够从雅典的角度理解当下的情况，他也明白自己的人民更多的是被情绪而非理智驱动。阿基达马斯二世呼吁斯巴达人展现克制的美德，力劝斯巴达议会不要将雅典妖魔化，也不要低估斯巴达政府的回应：“我们一直都是按照敌人已经做好充分计划进行备战的。”[14]

但斯巴达的鹰派不同意。他们辩称，雅典的傲慢无礼已经对斯巴达的安全造成了不可接受的威胁。他们提醒议会雅典对其他希腊城邦频繁的干预——从纳克索斯（Naxos）到尼坡帝（Potidaea），再到在麦加拉和科西拉的危机，并引发人们对斯巴达同盟要崩溃的恐惧。他们要求议会作出强硬回应，强调雅典“应当受到‘不再做好人’和‘变成坏人’的双重惩罚”[15]。

斯巴达的“主战派”观点更简单，并且他们的观点得到了科林斯大使的力挺。科林斯大使在斯巴达议会发表演讲时将雅典不受约束的崛起怪罪于斯巴达的自满：“你们要为这些负责。是你们最先放任他们强化了自己的城邦……是你们等着自己的敌人长到原有的两倍大，却没有将其扼杀在襁褓中。”[16]当科林斯人威胁说如果斯巴达再不作为自己就将退出联盟时，在场的每个斯巴达人肯定都被惊吓到了。它所传达的信息是非常清楚的：那个让斯巴达百年来免受威胁的主要联盟可能因为雅典的崛起而毁于一旦。

在激烈的辩论后,斯巴达议会投票赞成。正如修昔底德所说:"斯巴达投票决定应该宣战,因为他们害怕雅典力量的继续增长,因为他们看到雅典已经控制了希腊越来越多的部分。"[17]现在看来,斯巴达的恐惧其实是没有必要的。但是,当时斯巴达的大部分领导人相信,雅典的强大威胁到了他们的权力和安全,而且几乎没有任何人——甚至包括他们自己的国王——能够劝服他们不要担心。

那么雅典人为什么没有预料到斯巴达人会如何反应呢?修昔底德自己也无法解释为什么伯里克利没能阻止雅典因为麦加拉和科西拉的冲突而最终与斯巴达兵戎相见。但是后来的国际关系史提供了蛛丝马迹。当国家一而再再而三地不能为了真正的国家利益而采取行动时,这往往是因为其政府内部各方没有达成一致,而只能制定出反映各方妥协结果的政策,而不是因为某个连贯一致的高见。尽管伯里克利多次当选,但他并没有多少正式的权力。雅典的法律体系有意被设计成限制任何单个个体的权力,以防止暴君的出现。[18]因此伯里克利是一个政治家,也是个政客。他的影响力也被局限在他游说能力的范围内。

尽管《麦加拉法令》明显导致了雅典与斯巴达关系达到沸点,但伯里克利认为禁运并不是一种挑衅,而是一个必要的妥协,退缩并不可取。[19]由于雅典的民意并不愿意向斯巴达的要求低头,伯里克利意识到废除禁运法令可能比坚持禁运法令更加危险。因此,伯里克利听从了民意,十分不情愿地开始准备战争的计划。

两边都没有明显的军事优势,但两边都对于自己的能力自信过了头,而这才是很致命的。斯巴达最近并没有军事上失败的记忆，也因此对于雅典的海军实力没有一个明确的认知。其中一个发言者在斯巴达议会上说，斯巴达的士兵可以把雅典的土地和粮仓付之一炬，从而饿死雅典人——但他完全忽略了雅典舰队可以通过海上快速补给的事实。与此同时，在花了数十年囤积黄金后，雅典政府坚信自己胜券在握。伯里克利的估算是，雅典在敌人突袭的情况下可以支撑三年——他认为这样的时间要打败斯巴达已经绰绰有余了，比如通过煽动一场奴隶起义就可以置其于死地。在所有的观察者中，只有斯巴达国王阿基达马斯二世有先见之明，他预见到双方都不会有决定性优势，而且双方之间的战争将持续长达一代人的时间。

的确，正如阿基达马斯二世所预料的那样，这场战争具有毁灭性。雅典和斯巴达之间三十年的血战将希腊文化的黄金时代带到了尽头。在波斯战争后发展起来的、基于共同约束基础并由均势而强化的秩序崩塌了，希腊城邦被抛入了暴力的深渊，这恐怕是希腊的戏剧家之前也无法想象的。比如，当雅典攻下弥罗斯后，雅典的士兵屠杀了所有的成年男性，并奴役了女人和孩子——这对于希腊已经遵循了数百年的战争规则而言是一种赤裸裸的违背。这一事件的发生让修昔底德的《弥罗斯对话》成为不朽名篇，这位雅典大使准确地抓住了现实主义的精髓。"我们不必拿冠冕堂皇的套话来搪塞你——我们在帝国中拥有权利，并不是因为我们打败了波斯人 * ；或者说，我们现在攻打你们并

＊　原文 the Mede 指米堤亚人，是生活在伊朗高原的一个民族，在公元前 7 世纪曾统治伊朗西部等广大地区，但在公元前 6 世纪被居鲁士所领导的波斯所灭，最终成为波斯帝国的一部分。该句中雅典人所说的是指在公元前 5 世纪波斯-希腊战争中作为希腊城邦联军的雅典打败对手波斯人，这里的米堤亚人代指波斯人。——译者注

不是因为你们做错了什么。"相反,他解释道:"你们和我们一样明白,只有在势均力敌的关系中才有权利可言。在现实世界里,强者可以为所欲为,弱者则必须忍气吞声。"[20]

最值得注意的是,战争敲响了雅典帝国灭亡的钟声。这场战争虽然以斯巴达的胜利告终,但斯巴达的力量大为削弱,其同盟网络遭到破坏,财富也大大减少。直到两千年后,希腊才重新统一,重振斗志。伯罗奔尼撒战争——修昔底德陷阱的原型案例——是一道分水岭,不仅在希腊历史上,而且在西方文明史上也都留下了浓墨重彩的一笔。

战争不可避免吗?

为什么希腊最大的两个城邦之间的竞争最终导致了一场两败俱伤的战争? 在修昔底德看来,最根本的原因是崛起国和守成国之间存在着结构性压力。随着对抗加剧,雅典和斯巴达对峙不断,在各自的政体中那些最狂热情绪化的声音越来越大,各自的自豪感也越来越强,指责对手造成威胁的言辞也更加尖锐,而希望保持和平的领导人面临愈加严重的挑战。修昔底德找到了导致战争的三大主因:利益、恐惧和荣誉。

国家利益不言自明。国家的生存权和不受他国恫吓自主作出决定的主权是谈论国家安全的试金石。当雅典无休止的扩张"开始侵犯到斯巴达的盟友时",修昔底德解释道,斯巴达"感觉不能再忍受了",除了战争之外别无选择。"恐惧"一词是修昔底德提醒我们结构性压力造成的事实并非故事的全貌。客观条件需要被人类所观察——而我们看待这些条件的视角会受到情感的影响。特别是守成国的恐惧常常催生错误的认知，且会扩大危险，而崛起国的自信会激发对可能性不切实际的期望，同样也会鼓励冒险。

但在利益和认知之外还有修昔底德所说的第三元素——"荣誉"。[21]对很多当代的读者来说，这个词有点做作。但是在修昔底德的概念中，它实际上包括我们现在所说的国家的自我意识（a sense of itself）、国家应得的承认和尊重以及国家自豪感。随着雅典实力在公元前5世纪的增长，它自身的权利意识也变得越来越强。当雅典被像麦加拉和科林斯这样更弱小的希腊城邦挑战时，它们虽是斯巴达盟友，但这并不能成为它们不尊重雅典的理由。在修昔底德的叙事中，由于这三个因素交织得越来越紧密，最终造成了雅典和斯巴达之间不可避免的反复冲突。

虽然雅典和斯巴达都竭尽所能避免冲突，但双方的领导人并不能阻止国家间不断的合纵连横演变成为一场血战。虽然双方都在与对方博弈，但与此同时，双方也在与国内的政治力量作斗争，而国内的人又越来越相信如果不对对方强硬，其结果就是既丢面子又具有毁灭性。最终，雅典和斯巴达的领导人被自己的国内政治所淹没。伯里克利和阿基达马斯二世深深懂得美国研究总统制的最伟大的学者理查德·诺伊施塔特（Richard Neustadt）对美国总统制总结出的深刻见解。"虚弱无权，"他观察到，"是问题的症结。"[22]

修昔底德认为雅典的崛起导致战争"不可避免"，这样的说法对吗？当然不是。他的观点是，由于雅典变得更加强大，斯巴达就变得更加紧张，两个国家选择的路径让战争得以避免变得愈发困难。由于危险增加，雅典的独断变成了傲慢，斯巴达的不安化为了偏执。通过禁止染指对方的势力范围,和约不经意间加速了雅典和斯巴达对剩余中立城邦的争夺。科西拉和麦加拉的危机激化了已经积累了数十年的对抗。

因此,修昔底德陷阱困住了第一批猎物。尽管雅典和斯巴达伟大的政治家和智者们都警告说战争会意味着灾难,但权力平衡的变化使得双方都认为暴力是伤害最小的选择。战争也由此发生。

注 释

1. 在德文原文中,利奥波德·冯·兰克这个词语的表述是"*wie es eigentlich gewesen*"。

2. Thucydides, *History of the Peloponnesian War*, 1.23.6.除一些地方,如这个注释,我将其改为更符合现代英语的句法外,修昔底德的《伯罗奔尼撒战争史》的引文都出自斯特拉斯勒(Strassler)的译本,该译本以克劳利(Crawley)编写的书为蓝本。引文注释中的三个数字分别对应:书名、章节和行数。参见 Thucydides, *The Peloponnesian War*, ed. Robert B.Strassler, trans. Richard Crawley(New York:Free Press, 1996)。

3. Ibid., 1.23.6.对于希腊词汇 anankasai 及其在修昔底德著作中的含义,更加深入的讨论请参见 G.E.M. de Ste. Croix, *The Origins of the Peloponnesian War* (London:Gerald Duckworth & Company, 1972), 51—63。

4.《伯罗奔尼撒战争史》第一卷分析了导向战争的路径。余下的七卷则记录了战争本身。

5. Herodotus, *Histories*, 9.10.1.

6. Plutarch, *Moralia*, 241.

7. Thucydides, *History of the Peloponnesian War*, 2.13.6.

8. Ibid., 1.76.2.

9. Ibid., 1.118.2.

10. Ibid., 1.70.2.

11. Ibid., 1.76.2.

12. Paul Rahe, *The Grand Strategy of Classical Sparta:The Persian Challenge*(New Haven, CT:Yale University Press, 2015), 327—336.

13. Thucydides, *History of the Peloponnesian War*, 1.25.4.修昔底德告诉

我们,这场冲突源自自尊心受到伤害。在公共献祭典礼中,科西拉人否认科林斯人具有优先权,科林斯人因此感到他们被对方蔑视了。

14. Ibid., 1.84.4.

15. Ibid., 1.86.2.

16. Ibid., 1.69.1—4.

17. Ibid., 1.88.1.摘自雷克斯·沃纳(Rex Warner)1972 年的译本。Thucydides, *The Peloponnesian War*, ed. M. I. Finley, trans. Res Warner (New York: Penguin, 1954), 55.

18. 雅典甚至还制定了一种制度——放逐——来驱逐掌握太多权力的领导者。

19. Donald Kagan, *The Peloponnesian War* (New York: Penguin, 2004), 32—34.

20. Thucydides, *History of the Peloponnesian War*, 5.105.2.

21. 在现代学者中,唐纳德·卡根(Donald Kagan)对此的解释最有见地。参见 Donald Kagan, *On the Origins of War and the Preservation of Peace* (New York: Doubleday, 1995); Donald Kagan, "Our Interests and Our Honor," *Commentary*, April 1997, https://www.commentarymagazine.com/articles/our-interests-and-our-honor/。

22. Richard Neustadt, *Presidential Power and the Modern Presidents: The Politics of Leadership from Roosevelt to Reagan* (New York: Free Press, 1990), xix.

第三章 过去五百年

凡人都有这样的习惯：对于自己渴求的东西，尽管很草率，但终其一生而为之；而对于那些自己不想要的东西，则找个冠冕堂皇的理由加以拒绝……战争是个粗暴的老师。

——修昔底德，"为了保卫雅典家园"，公元前424年

凡是过去，皆为序章。

——威廉·莎士比亚

历史本身永远不会重演，但却常常惊人的相似。

——马克·吐温

只有死人才能看到战争的结束。

——乔治·桑塔亚纳

雅典和斯巴达之间的战争即为修昔底德陷阱的典型案例。但几个世纪以来，在许多案例中，后来者都陷入了崛起国与守成

国之间的互动关系中,使事件走向战争的方向。回顾过去的500年,哈佛大学的修昔底德陷阱项目发现了 16 起上升国家挑战现有大国的案例。*其中的 12 个案例均以战争告终。[1]

本章将简要介绍其中 5 场战争发生的路径。按照先近后远的时间顺序,我们首先将探讨 1941 年 12 月日本偷袭珍珠港的理由,然后分析 19 世纪日本崛起的前传,剖析它如何走上战争的道路,即首先与中国的战争,然后与俄国的战争。接下来,我们将探寻奥托·冯·俾斯麦如何纵横捭阖,操纵法国,刺激其领导人发动战争,为德国统一提供关键动力;接着,分析 17 世纪海洋霸主荷兰共和国对英国扩充海军的反应;最后分析 16 世纪哈布斯堡王朝对法国的挑战。

对于那些想知道贸易冲突是否可能升级为核战争的读者,应该仔细研究日本和美国是如何一步一步走向珍珠港的。对于那些认为一国不大可能煽动对手发动战争来推进自己国内议程的人,请想想俾斯麦。对于那些想要知道海军竞争如何将国家推进血腥战争的人,英国与荷兰的历史很有教育意义。

很明显,这些案例之间存在很大不同。一些案例发生在君主制国家之间,而另外一些则是在民主国家之间。在一些案例中,外交信息的沟通需要长达数周,而有些则早已是实时沟通。但是,我们发现在所有的案例中,国家首脑们都要面对竞争对手造成的战略困境,长期处于不确定性和巨大压力之下。当我们回顾这些历史时,一些读者可能会情不自禁地认为这些领导人的判断力不好,很不理智或考虑不周。然而,在仔细思考之后,

---

* 作为哈佛大学贝尔弗研究中心应用历史项目的一部分,完整的修昔底德陷阱案例档案包含在附录 1 中。

	历史时期	守成国	崛起国	竞争领域	结果
1	15世纪后期	葡萄牙	西班牙	全球帝国与贸易	无战争
2	16世纪上半叶	法国	哈布斯堡王朝	西欧陆权	战争
3	16世纪至17世纪	哈布斯堡王朝	奥斯曼帝国	中欧与东地区陆权，地中海地区海权	战争
4	17世纪上半叶	哈布斯堡王朝	瑞典	北欧陆权与海权	战争
5	17世纪中后期	荷兰共和国	英格兰	全球帝国，海权与贸易	战争
6	17世纪后期18世纪	法国	大不列颠	全球帝国与欧洲陆权	战争
7	18世纪后期及19世纪中期	大不列颠联合王国	法国	欧洲海权与陆权	战争
8	19世纪中期	法国与大不列颠联合王国	俄国	全球帝国，中亚和东地中海地区影响力	战争
9	19世纪中期	法国	德国	欧洲陆权	战争
10	19世纪后期至20世纪早期	中国和俄国	日本	东亚地区海权与陆权	战争
11	20世纪早期	大不列颠联合王国	美国	全球经济主导地位与西半球的制海权	无战争
12	20世纪早期	受法国，俄国支持的大不列颠和英国	德国	欧洲陆权与全球海权	战争
13	20世纪中期	苏联，法国和英国	德国	欧洲海权与陆权	战争
14	20世纪中期	美国	日本	海权与亚太地区影响力	战争
15	20世纪40年代至80年代	美国	苏联	全球大国	无战争
16	20世纪90年代至今	英国与法国	德国	欧洲的政治影响力	无战争

我们应该就能理解甚至体会到他们面临的压力、所感受到的恐惧以及为什么作出了那样的选择。

当然，没有任何冲突是不可避免的。但是，考虑到促成战争因素在当时所占的比例之高，有时让人很难能想象还会有其他的可能性。试想一下，我们在听取伯里克利的论战后将如何在雅典议会投票，或者我们将会给予哈布斯堡神圣罗马帝国皇帝查理五世什么忠告，答案很明显，似乎不难想象。

在上面所有这些案例中，修昔底德发现的国家竞争关系发展脉络都表现得很明显，无一例外。我们可以清楚地看到修昔底德陷阱项目中所称的"崛起国综合征"与"守成国综合征"。前者主要是指崛起国自我意识不断增强，要求增加自己的利益以及获得更大的承认和尊重。后者基本上就是前者的镜像，是指既有大国面临"衰落"的威胁时，恐惧感和不安全感不断被放大。国家间外交和家庭中兄弟姐妹之间的竞争几乎如出一辙。我们会发现那些发生在家里餐桌上的事情和国际会议谈判桌上的事情会如人们所预料的方式发展。崛起国的自大不断膨胀（"我说了算"），开始期望要求获得相应的承认和尊重（"听我讲"），并要求获得更大的影响力（"我坚决要求"）。同样不难理解的是既有大国会将新晋大国的这种自负看作对自己的不尊、忘恩负义，甚至是挑衅或者威胁。在希腊语中，过分的自大就是傲慢、过度的恐惧和偏执。

日本与美国（20 世纪中期）

1941 年 12 月 7 日，日本飞机轰炸了位于夏威夷珍珠港的美国太平洋海军总部，造成驻扎在那里的美国舰队大部分舰船沉没。在当时，人们很难想象，一个在经济和海军实力上通通都比不上美国的弹丸小岛国日本会攻击世界上最强大的美国。但是，对于日本来说，其他选择看起来可能会更糟糕。

在此之前，华盛顿曾试图采取金融和贸易制裁等经济手段迫使日本停止对包括中国在内的地区的侵略。日本政府将美国这些限制视为威胁其生存的束缚。尽管日本对此进行过抗议，但美国并未理解这些制裁的后果，或者预料到日本对此的回应。在"袭击"珍珠港事件发生前五天，日本驻美国大使曾向美国发出过明确警告。日本政府认为：日本"正在感受到美国的巨大压力，要求它屈服于美国的立场；而比起屈服于压力，选择战争更好"[2]。华盛顿无视这一警告，仍然满不在乎，相信日本不敢对这支拥有无可置疑优势的军队发动战争。

事实上，通往珍珠港的道路早在半个世纪之前就已经开启了，那时正值美国第一次转向亚洲。在1898年美西战争的战利品中，美国获得了它的第一块重要殖民地：菲律宾和关岛。第二年，国务卿海约翰（John Hay）宣布他所称之为的"门户开放"的政策，宣称美国不允许任何外国势力殖民中国或垄断与中国的贸易。相反，中国应在平等的基础上向所有商业利益（尤其是美国的商业利益）"开放"，利益均沾。

对于当时正在工业化并快速发展的日本而言，那些遥远的大国宣布自己的殖民地享有特权免受"门户开放"新规限制而却阻止"日出之国"（land of the rising sun）一展宏图，这似乎是极其不公平的。英国统治了印度以及世界上其他大部分地方。荷兰已经占领了印度尼西亚。俄国吞并了西伯利亚并攫取了库页岛（Sakhalin Island），将其直接扩展到了日本的边界。欧洲各国还迫使日本退出了它在 1894—1895 年间打败中国而得到的部分土地。在这个时间点上,美国人提议宣布游戏结束? 对此,日本不可能毫无异议。

经过精心准备,日本于 1904 年与俄国开战,轻松击败对手后先后控制了辽东半岛、旅顺港、南满洲铁路和整个库页岛。此时,它已经把中国驱逐出台湾岛,并占领了朝鲜。1931 年,日本人侵中国大陆,深入内陆腹地 500 英里,控制了中国一半多的领土。(代表的典型事件是"南京大屠杀",这一惨无人道的邪恶行径在今天中国每位高中生使用的教科书都有重点讲解。)

在 1933 年,日本宣布了"日本人的门罗主义",即"亚洲是亚洲人的亚洲"。并从宣布之日起,"日本将担负起维持远东地区和平与秩序的责任",后来将此命名为"大东亚共荣圈"。日本的战略反映出它毫不妥协、非赢即输的信念:"如果太阳不是在上升,那么它就是在下降。"[3]

自誉为"门户开放"捍卫者的美国感到日本的野心和行径是不可接受的。正如历史学家保罗·肯尼迪(Paul Kennedy)所说,美国别无选择,只能回应日本的侵略,"认为这是对'门户开放'秩序的威胁,而美国的生活方式正是建立在这一秩序基础上"[4]。美国首先的反应是采取经济而非军事手段。首先,它禁止向日本出口优质废铁和航空燃料。随后,华盛顿又不断加码,先后将铁、黄铜、红铜等必需的原材料纳入禁止出口范围,最后将石油也纳入了禁止出口范围。

事后证明,富兰克林·罗斯福总统 1941 年 8 月的禁运令成为压垮骆驼的最后一根稻草。正如一位重要分析者所解释的那样,"虽然石油并非造成关系恶化的唯一原因,但是它一旦被用作外交武器,就会不可避免地引发战争"[5]。陷入绝望后,日本领导人批准了一项计划，计划对珍珠港实施先发制人的打击，"一拳击倒对方"。这一袭击的策划者——海军上将山本五十六——告诉其政府："在攻打美国和英国的前六个月到一年的战争中，我将疯狂推进，并向你们展示连续不断的胜利。"但他也警告他们："如果战争延续两三年，我对我们最终的胜利没有把握。"6

对于日本的攻击，美国政策制定者感到震惊，谴责日本无端攻击。但是，如果他们仅是感到惊讶，那么他们除了自己外没有别人可责备。7如果他们花一个下午读读修昔底德，然后思考一下雅典颁布《麦加拉法令》的后果，或者考虑一下在1914年之前的10年间，英国为遏制德国崛起所作出的努力（下一章将详细讨论这一事件），就本可以更好地预见到日本将要采取的行动。当然，确实有一些人这样做了。随着1941年制裁加重，美国驻东京大使约瑟夫·格鲁（Joseph Grew）在日记中很有洞见地指出："报复和反报复的恶性循环已经开始……很明显，最终将走向战争。"8

事实上，崛起国和守成国之间的竞争经常因为稀缺资源而加剧。随着经济的不断膨胀，前者会将双手伸向远方来确保必需品供应的安全，而这些必需品中有些是处在后者的控制之下。因此，双方的竞争可能会演化为资源争夺战。试图拒绝一国进口它认为关系到其生死存亡的物资很可能会引发战争。

日本与俄国、中国（19世纪末和20世纪初）

19世纪末和20世纪初，国力上升的日本对中国和俄国的挑战基本上就是珍珠港事件的前传。这种挑战可以追溯到1853年，当时美国海军准将马修·佩里率领他的"黑船"舰队结束了日本两个世纪以来的封闭状态，以及它对欧洲人多次提议通商的抵抗。佩里给日本天皇提了两个截然不同的选择：要么开放日本港口为美国船只提供燃料补给和给养，要么成为其无法理解的现代战争工具的靶子。日本选择了前者，并很快发现自己被现代化深深迷住。

不到 20 年后，日本于 1868 年开始明治维新，掀起了一场追赶西方发展的竞赛。*日本的技术专家遍访世界，寻找可以借用、改进或偷窃的最好工业产品和制造工艺。在他们的帮助下，日本的国民生产总值在 1885 年至 1899 年间几乎增加了两倍。[9]经济上的这种突飞猛进让东京更加下定决心，要与西方平起平坐。随着西方列强在日本邻国继续划分殖民地和势力范围，日本开始感到历史学家入江昭（Akira Iriye）所描述的"一种紧迫感，这既包括由于西方列强咄咄逼人的攻势产生的避免成为牺牲品的被动感，也包括为了加入大国俱乐部而需要扩张权力的使命感。为此，他们必须更加积极地行动起来"[10]。

这种紧迫感加速了日本陆军和海军力量的急剧增长。日本的军事支出从 1880 年占国家预算的 19% 跃升至 1890 年的 31%。[11]随着日本变得更加强大，它对邻国的态度开始变得强硬，其中许多国家是受西方保护的国家。1894 年，中国和日本都派出军队去平息朝鲜叛乱。[12]很快，中日两国发生冲突，日本打败中国，迫使中国先后交出了朝鲜、台湾和辽东半岛，**后者

---

* 在明治维新中，天皇恢复了国家最高权威地位。

** 1894 年日本借朝鲜国内起义进入朝鲜，并挑起甲午中日战争，中国战败后于 1895 年被迫与日本签下丧权辱国的《马关条约》，该条约规定中国放弃在朝鲜的宗主国权益，并承认朝鲜独立，同时将台湾及其附属岛屿、澎湖列岛和辽东半岛割让给日本。后在俄、德、法三国干涉下，日本将辽东半岛归还给中国。——译者注

乃是具有重要战略和贸易价值的旅顺港的所在地。然而，俄国对中国东北有着自己的盘算。莫斯科和它的欧洲盟友们对东京大力施压，以致日本与中国签订《马关条约》仅仅六天后就被迫放弃了对占有中国辽东半岛的要求。在此过程中，俄国向日本明确表示，它不会允许新兴力量侵占其认为"至关重要"的任何领土。[13]

可预见的是，这种脸面尽失及随后的地缘政治影响使日本怒火中烧。1904年，一位著名日本学者写道："通过将中国东北以及最终将朝鲜收入囊中"，俄国"一方面可以在排他性政策下不断增强海军和商业的实力，强大到足以能够统治东方，而另一方面这将使日本的抱负永远落空，慢慢使其陷入饥饿和衰败，甚至在政治上将其吞并"。[14]这一噩梦似乎正在降临，俄国强迫中国租借位于东北基地的旅顺港，并开始着手延长其跨西伯利亚大铁路，将莫斯科和黄海直接连接起来。

在蒙受"1895年耻辱"*后，日本花了十年时间"精心准备与俄国最终的决战"。[15]俄国在不断追求自己战略和商业利益的过程中，将铁路一直修到当年日本在中国决定性军事胜利后获得的土地上。这件事成为日本人的心结，让日本领导人坚信他们不能再顺从西方的要求。因此，1904年完成战争准备后，日本要求俄国将中国东北的几个关键地区的控制权转让给日本。当遭到俄国拒绝后，日本发动了先发制人的打击，并在随后的战争中取得了惊人的决定性胜利。

日本的紧迫感、焦虑、受害者心态及报复心理加深了我们对"崛起国综合征"的理解。最初东京因不够强大而不能反对西方

---

* 1895年，在俄、德、法三国干涉下，日本将辽东半岛归还中国，日本却认为这是受到了大国的侵犯。——译者注

提出的要求,这种蒙辱激起了它强烈的决心,要建立起在啄食顺序中自认为应有的位置。几个世纪以来,这种心理模式在崛起国家中反复出现。

德国与法国(19世纪中叶)

1864年,普鲁士战胜丹麦,1866年又战胜奥地利,这让主导欧洲的法国陷入历史学家迈克尔·霍华德(Michael Howard)所称的"最危险的一种情绪中,即那种一个大国眼看自己正沦落为二流国家的心情"[16]。正如当时一位法国官员所说的那样,"伟大是相对的……一个国家的实力可能仅仅因为周边新势力的增加就会大减"[17]。

普鲁士崛起的速度震惊了巴黎,也使柏林更加自信。随着普鲁士不断将其他邦并入,其人口从1820年时法国的三分之一增长到1870年的五分之四。钢铁产量也从1860年时法国的一半,在10年后飙升到超过法国。[18]普鲁士的军队也正在迅速现代化。到1870年,它已经比法国军队的规模大三分之一。正如那个年代的军事专家所指出的:"法国对此目瞪口呆,无比惊讶。几乎在一夜之间,一个原本面积很小且易于管理的邻居已经变成一个工业和军事巨人。"[19]的确,身在巴黎的法国皇后的话道出了这种情绪,她说她很害怕前夜"入睡时还是法国人,而醒来时则成为了普鲁士人"。[20]

俾斯麦的雄心是建立一个统一的德国。但是讲德语的那些公国们紧紧抓住自己的特权不放,坚称自己是独立国家的统治者。如果不出现让他们因担忧自己存亡而"放弃自己的自私自利"的事情的话，他们永远也不会接受普鲁士的领导。[21] 俾斯麦正确地推测出，与法国的战争会提供这一切所需的东西。他和他的将军也都知道，他们已经作好对付法国军队的准备了。[22]

为了把南方不情愿的王公子孙们团结到共同的事业中，俾斯麦认识到让法国成为他们眼中的侵略者是十分重要的。考虑到法国皇帝拿破仑三世对普鲁士崛起的惊恐，俾斯麦觉得刺激法国人的恐惧并非难事。他果断采取行动，提议由德国霍亨索伦家族的一位王子继承西班牙王位。这实际上会致使法国腹背都处于德国力量的合围之下。正如俾斯麦所预料的那样，这种四面受敌的恐惧吓坏了巴黎。正如那本脍炙人口的俾斯麦传记所指出的那样，法国外交大臣认为"霍亨索伦家族在西班牙王位上的候选资格构成了改变欧洲均势、损害法兰西帝国的举动。法国的荣誉和利益都受到严重伤害"[23]。因此，随着普鲁士威胁的增大，法国国内要求采取应对措施的压力加大，拿破仑也相信他的军队在战斗中会碾压柏林，所以他要求普鲁士国王永远放弃让其亲属继承西班牙王位的权力。[24] 但是，普鲁士拒绝了这一要求。随着两国紧张局势的加剧，埃姆斯电报（是一个半真半假的新闻，俾斯麦将其巧妙操控，加剧了法国的恐惧）进一步助燃了战争烽火，促使拿破仑向普鲁士宣战。正如俾斯麦所预见的那样，普鲁士军队在各邦精锐部队的协助下，迅速击败法国，缔造了一个统一的德意志帝国。

俾斯麦为我们提供了一个如何利用"守成国综合征"的教科书式的经典案例：利用夸大的恐惧、不安全感和对现状变化的恐惧来挑起鲁莽的反应。现代行为科学家已经在心理学层面解释了这一点，指出人们对损失的恐惧（或"衰落"的威胁）超过了对获得收益的希望。这会驱使我们常常冒着非理性的风险来保护我们已有的东西。这尤其表现在"帝国过度扩张"的情形中：大国的"全球利益和义务……远大于该国实力可以同时保护的范围"[25]，国家可能会愚蠢地下血本来试图维持现状。

英国与荷兰共和国（17世纪中后期）

17世纪上半叶是荷兰共和国的"黄金时代"，它一下跃居欧洲海上力量的首位，主导着贸易、航运和金融。然而，随着海军力量不断增强，复兴的英国很快开始挑战荷兰建立的秩序和自由贸易网络。双方都认为竞争事关生死。正如英国学者乔治·埃德蒙森（George Edmundson）所指出的那样，每个国家都"本能地意识到它的命运在海上，掌握海洋是国家生存的必要条件"[26]。双方都认为，在这个零和博弈中只有两种选择："要么一个竞争对手选择自愿服从另外一个对手，要么通过战争的考验来判定双方的实力。"[27]

在17世纪，荷兰的世界地位主要是基于两大支柱：自由贸易和航行自由。一个"无国界"的世界让这个弹丸小国能够将高生产率和高效率转化为巨大的政治和经济价值。而伦敦认为荷兰取得这一伟业是以牺牲英国利益为代价的。正如政治学家杰克·利维（Jack Levy）所说："英国人普遍认为荷兰的经济成功是建立在剥削英国的基础上的。"[28]

不过，在17世纪前半期，英国的实力还太弱，无法挑战荷兰所施加的秩序。但其不满情绪在不断增加，而且在1649年到

1651 年之间，伦敦将舰队规模翻了一番，主力战舰从 39 艘增加到 80 艘，几乎达到与其竞争对手差不多的水平。[29]凭借其日益强大的实力，伦敦宣布对其岛屿周围海域拥有主权，并于 1651 年通过了第一部《航海法案》，赋予其管理殖民地商贸的专属权力，并强制规定英国的贸易只能用英国船只运输。伦敦认为这些激进的政策是合理的，其理由是"经济上的扩张必然要求英国摆脱几乎是荷兰'殖民地'的状态"。[30]另一方面，荷兰领导人约翰·德·威特(Johan de Witt)辩称本国所建立的自由贸易体系既是一种"自然权利，又是国际法"[31]。荷兰还将英国的重商主义政策视作事关存亡的直接威胁，德·威特非常轻蔑地说道：在我们"承认[英国]对海洋想象的主权"之前，"我们会流尽最后一滴血"。[32]

在大打出手之前，双方都试图从这一边缘退回，寻求和解。1651 年，英国人提议建立共同防御协定和政治联盟，但是荷兰拒绝了这一提议，因为这明显是体量大的国家尝试想要在政治上控制他们。为此，荷兰提出了一个经济协议作为回应，但是伦敦担心该协议只会使荷兰已有的巨大优势永久化。最终，自 1652 年开始，双方在不到 25 年的时间里进行了三场战争。如同埃德蒙森总结的那样，这"是双方长期利益冲突造成的不可避免的结果，因为这些利益事关根本，攸关两国福祉"。[33]

这些战争提醒我们，在调整现有安排、制度和关系以反映均势变化时会出现修昔底德陷阱项目所称的"过渡性摩擦"(transitional friction)。在这种互动中，崛起国通常认为制度的变化不够快，并将拖延看作守成国决心遏制它的证据。而守成国认为，崛起国过于雄心勃勃，要求调整的速度超过与其匹配的实力或者超过了安全的范围。

哈布斯堡王朝与法国（16 世纪上半叶）

在 16 世纪初,哈布斯堡家族的势力日益强大,开始威胁到法国在欧洲的支配地位。西班牙国王查理一世(后被称为国王查理五世)在争夺神圣罗马帝国皇位问题上挑战国王弗朗索瓦一世,导致双方的紧张关系已经到了不得不解决的地步。弗朗索瓦和他的随从早就期望将来由自己接替祖父马克西米利安一世(Maximilian I)的王位。

弗朗索瓦一世是西欧占支配地位的陆权国家君主,征服了意大利大部分土地,包括米兰地区。正如教皇利奥十世宣称的那样,他"在财富和实力上超越了所有其他基督教国王"[34]。因此,当教皇选择国王查理而非自己时,弗朗索瓦大怒。用当时重要的历史学家的话来说,这位突然被抛弃的法国国王立即"预言战争的爆发——不是反对异教徒的战争,而是他与查理国王之间的战争"。[35]

在加冕神圣罗马帝国皇帝之后,查理国王迅速将统治扩张到荷兰,即大部分位于现代意大利境内的地区;同时,加大在新世界中的帝国统治,使欧洲成为自 9 世纪以来最接近统一的君主制国家。查理国王主要依靠军事优势,在其所称的"日不落帝国"的广阔疆域内建立了无可争议的统治权。[36]

虽然查理并未公开表示,但许多欧洲人,尤其是弗朗索瓦,怀疑他秘密寻求统治世界。[37]不过,正如一位历史学家所评论的,"不管查理五世是否渴望建立一个普世的帝国","他的统治如此之广，损害的利益如此之多，肯定会激起普遍的不满"。[38]弗朗索瓦领导着这群不满者。查理不仅让法国国王的荣耀黯然失色，而且还通过不断扩张，给人一种哈布斯堡及其盟友要包围法国的前景。[39]

弗朗索瓦经过盘算，发现提升其地位最好的方式就是利用对手的弱点，因此他鼓动自己的盟友侵略哈布斯堡控制下的领土，即现在的西班牙、法国及卢森堡。[40]对此，查理赢得英国军队的帮助来削弱法国的侵略，并派出自己的部队入侵法国控制下的意大利领土，最后与法国进行了一系列胜负未定的战争。法国和西班牙之间的战争断断续续，一直持续，最后发起这场战争的两位统治者都过世了，但是战争还没有结束。

法国和哈布斯堡王朝之间的竞争让我们非常清楚地看到误解、误导国家的多种方式。它无疑与发生在个体身上的情形如出一辙。我们通常将自己看得比实际更温和，并且更容易认为潜在对手有恶意动机。因为国家永远无法确定彼此的意图，所以它们只能转而关注实力。正如罗伯特·杰维斯（Robert Jervis）提出的"安全困境"提醒的那样，[41]一国采取的防御性行动对于其对手来说往往看上去很险恶。一个崛起国对守成国的恐惧和不安全感可能会大打折扣，估计不足，因为它"知道"自己是善意的。与此同时，其对手甚至会将其善意误解为过分要求，甚至是威胁。例如，公元前464年，斯巴达生硬地拒绝了雅典试图救助斯巴达大地震受害者一事就体现了这种倾向。

法国-哈布斯堡的例子也提醒我们联盟的风险与回报。为了对冲不断变化的均势，两国都可以通过加强现有联盟或形成新联盟来应对。每一方都更愿意达成以前曾拒绝的安排，并且每一方都倾向于低估自身利益与新盟友的利益之间的差异，过分夸大成

为伙伴的好处。随着各国越来越关心维护自己的信誉,它们可能
会接受新的盟友,虽然这最终带来的伤害远多于帮助。

弗朗索瓦将盟友作为棋子激怒查理国王,哈布斯堡国王与
英国君主结成联盟,这些事让我们能看到当年斯巴达的影子:当
年它愿意放下对科林斯的敌意,不去理会那些认为两国结盟带
来的问题远比其解决的问题更多的反对意见。事实证明,确实
如反对者所言。

注 释

1. 在我们的研究里,独立变量是在守成国和可以将其取代的崛起国之间
力量平衡(力量的关联性)的快速变化。支配/主导/领导地位可以是对某一地
理区域(例如,16 世纪哈布斯堡王朝所在的欧洲大陆)或是某一具体领域(例如
19 世纪英国对于海洋的控制)而言。这项研究的因变量是战争,依据战争相关
性项目的标准定义战争,即每年至少造成 1 000 人死亡的军事冲突。为了确定
并总结这些案例,我们采用主流的历史记录,特别是,克服对事件进行自己独
创性或个人怪异的解读。在这一项目中,我们试图囊括公元 1 500 年以来守成
国受到崛起国挑战的所有案例。用技术性的话来说,我们找的不是一个代表
性的样本,而是所有个案。因此,正如《牛津政治学方法手册》所言:"如果比较
历史研究者们选择了所有个案,则选择偏差这样的标准问题就不会发生。"详
细的方法论解释参见 http://belfercenter.org/thucydides-trap/thucydides-
trap-methodology。

2. US Department of State, *Papers Relating to the Foreign Relations of
the United States and Japan*, *1931—1941*, vol.2(Washington, DC: US Gov-
ernment Printing Office, 1943), 780.

3. Jack Snyder, *Myths of Empire: Domestic Politics and International
Ambition*(Ithaca, NY: Cornell University Press, 1993), 126.

4. Paul Kennedy, *The Rise and Fall of the Great Powers: Economic
Change and Military Conflict from 1500 to 2000*(New York: Random House,
1987), 334.

5. Charles Maechling, "Pearl Harbor: The First Energy War," *History
Today* 50, no.12(December 2000), 47.

6. Bruce Bueno de Mesquita, *The War Trap*(New Haven, CT: Yale Uni-

versity Press，1987），85.

7. See Roberta Wohlstetter，*Pearl Harbor：Warning and Decision*（Palo Alto，CA：Stanford University Press，1962）；Gordon W.Prange，*Pearl Harbor：The Verdict of History*（New York：McGraw Hill，1986）.

8. Herbert Feis，*The Road to Pearl Harbor：The Coming of the War Between the United States and Japan*（New York：Atheneum，1965），248.

9. B.R.Mitchell，*International Historical Statistics：Africa，Asia and Oceania，1750—1993*（New York：Macmillan，2003），1025.

10. Akira Iriye，"Japan's Drive to Great-Power Status," in *The Cambridge History of Japan*，vol.5：*The Nineteenth Century*，ed. Marius Jansen（Cambridge：Cambridge University Press，1989），760—761.

11. See charts on Japanese military expenditure in J.Charles Schencking，*Making Waves：Politics，Propaganda，and the Emergence of the Imperial Japanese Navy，1868—1922*（Palo Alto，CA：Stanford University Press，2005），47（1873—1889）；104（1890—1905）.

12. 中国应该是应朝鲜国王之邀而出兵朝鲜，而日本是因为不愿意看到中国削弱其建立起来的地区影响力而自己主动出兵介入的。

13. 参见 Kan Ichi Asakawa，*The Russo-Japanese Conflict：Its Causes and Issues*（Boston：Houghton Mifflin，1904），70—82；Peter Duus，*The Abacus and the Sword：The Japanese Penetration of Korea，1895—1910*（Berkeley：University of California Press，1995），96—97。

14. Asakawa，*The Russo-Japanese Conflict*，52.

15. J.N.Westwood，*Russia Against Japan，1904—1905：A New Look at the Russo-Japanese War*（Albany：State University of New York Press，1986），11.

16. Michael Howard，*The Franco-Prussian War*（New York：Methuen，1961），40.

17. Geoffrey Wawro，*The Franco-Prussian War：The German Conquest of France in 1870—1871*（New York：Cambridge University Press，2013），17.

18. Correlates of War Project，"National Material Capabilities Dataset," version 4，1816—2007，http：//www.correlatesofwar.org/data-sets/national-material-capabilities；J.David Singer，Stuart Bremer，and John Stuckey，"Capability Distribution，Uncertainty，and Major Power War，1820—1965," in *Peace，War，and Numbers*，ed. Bruce Russett（Beverly Hills，CA：Sage，1972），19—48.

19. Wawro，*The Franco-Prussian War*，17.

20. Ibid，19.

21. Robert Howard Lord，*The Origins of the War of 1870*（Cambridge：MA：Harvard University Press，1924），6.

22. Ibid.

23. Jonathan Steinberg，*Bismarck：A Life*（New York：Oxford University Press，2011），284.

24. Henry Kissinger，*Diplomacy*（New York：Simon & Schuster，1994），118.

25. Kennedy，*The Rise and Fall of the Great Powers*，515.

26. George Edmundson，*Anglo-Dutch Rivalry During the First Half of the Seventeenth Century*（Oxford：Clarendon Press，1911），5.

27. Ibid.

28. Jack Levy，"The Rise and Decline of the Anglo-Dutch Rivalry，1609—1689"，in *Great Power Rivalries*，ed. William R.Thompson（Columbia：University of South Carolina Press，1999），176.

29. Kennedy，*The Rise and Fall of the Great Powers*，63；ibid.，178.

30. Charles Wilson，*Profit and Power：A Study of England and the Dutch Wars*（London：Longmans，Green，1957），23.

31. Ibid.，111.

32. Levy，"The Rise and Decline of the Anglo-Dutch Rivalry，" 180.

33. Edmundson，*Anglo-Dutch Rivalry*，4.

34. María J.Rodríguez-Salgado，"The Hapsburg-Valois Wars，" in *The New Cambridge Modern History*，2nd ed.，vol.2，ed. G.R.Elton（New York：Cambridge University Press，1990），380.

35. Ibid.，378.对穆斯林"异教徒"进行战争是神圣罗马帝国皇帝的固有职责。

36. Ibid.，380.

37. Henry Kamen，*Spain，1469—1714：A Society of Conflict*，4th ed.（New York：Routledge，2014），64.

38. John Lynch，*Spain Under the Hapsburgs*，vol.1（Oxford：Oxford University Press，1964），88.

39. Rodríguez-Salgado，"The Hapsburg-Valois Wars，" 381.

40. Lynch，*Spain Under the Hapsburgs*，88.

41. Robert Jervis，"Cooperation Under the Security Dilemma，" *World Politics 2*，no.2（January 1978），167—214.

第四章　英　国　与　德　国

如果可能的话，一定要阻止任何国家发展舰队。否则的话，就选择最强的国家做朋友。

——修昔底德，《伯罗奔尼撒战争史》

他们建立了海军，以在国际事务中扮演重要角色。对于他们来说，这不过是件消遣之事，而对于我们来说，则事关存亡。

——温斯顿·丘吉尔，"英国下议院演讲"，1914 年 3 月

作为世界大国和文化大国，德意志的海上力量极其落后，如何弥补这一劣势是一个生死攸关的问题。

——海军元帅艾尔弗雷德·铁毕子上将，

给德皇威廉二世的建议，1899 年

1911 年 10 月 24 日，一位年仅 36 岁的非凡政治人物获任第一海军大臣，成为大不列颠及其帝国的守护者。他出生于布莱

尼姆宫,成长于英国最显赫的家族之一,求学于哈罗公学和英国皇家桑德赫斯特军校,在战场上接受了三场帝国战争的考验,他在 25 岁时便当选为议员,著有 11 本畅销书并撰写了大量的文章。可以说,温斯顿·丘吉尔体现了英国这个统治了世界四分之一人口的岛国的勇敢无畏。

在他上任后的第四天,丘吉尔向其他内阁成员递交了一份备忘录,提醒他们勿忘本职所在。丘吉尔写道:"只有备战才能保卫英国的财富、自然资源和领土。"这与古罗马的警世名言"想要和平,你就要作好战争的准备"不谋而合。充分备战需要正确理解三件大事:"可能引发的威胁"、应对威胁"历史上用以面对该威胁的最佳良策",以及如何最高效地运用当代的"战争物资"。[1]

在 1911 年,上文所说的"可能的威胁"迫在眉睫,难以忽视:德国正在加快军事建设,尤其是海军建设的步伐,其舰队规模比十年前翻了一番。[2] 而应对这一威胁的"最佳良策"也是显而易见的:保持英国的海军优势。根据 1889 年宣布的双强标准,英国要使舰队战舰的数量等于排名第二和第三的两国舰队的数量之和。丘吉尔对于科技创新的开放心态以及将新科技用于海军的决心也确保了对"当代战争物资""最高效的应用"。他不仅督造了更多战舰,而且通过应用先进科技使其更具杀伤力:装备更加精良,配备新的 15 英寸口径大炮,舰船速度更快,以石油而非煤炭为燃料,增加战斗的新式武器——飞机。[3]

在他递交备忘录至第一次世界大战爆发的 1 000 天内,丘吉尔以赫拉克勒斯式(Herculean)的努力保持了英国海上的霸主地位,同时,通过大胆的外交斡旋来缓和与德国的关系,并抓住一切有利条件以防备战争爆发。他的紧迫感源于他坚信,德国海上力量的猛增不仅是对英国国家安全的挑战，而且是对其存亡的威胁。丘吉尔认为，英国战舰"代表着大英帝国的力量、威严、统治权力和实力"。他随后还写道，如果英国海军被摧毁，那么大英帝国将"化为泡影"，整个欧洲将进入"日耳曼人的铁腕统治之下"。他认为，英国"只有"[4]（all we had）海军可以用来避免这样的灾难。

因此，英国陷入了一种痛苦的进退两难境地，对于这种处境，即使是现在的战略家在设计演习时也会极力避免。[5]一方面，英国的海上霸主地位是不可讨论的，否则英国在印度、南非、加拿大等殖民地的前哨基地都将会非常脆弱，更不用说英国本土了。此外，要确保英国的长期安全还要求不能出现掌握西欧控制权的霸权国家。正如丘吉尔之后所说："400 年来，英国的外交政策一贯是对抗欧洲大陆上最强大、最具侵略性和最具主导性的国家。"[6]在陆地上超过对手的霸权国会将其资源投入到建设一支比英国更强大的海军上，而英国海岸线旁的不列颠群岛为侵略英国提供了理想的着陆点。因此，英国政府不会容忍出现挑战其海上霸主地位的势力，也不会容忍任何尝试打破欧洲大陆均势的举动。另一方面，丘吉尔和英国其他领导人都认识到，阻止德国建立支配性的海军力量，或者防止它征服欧洲对手，都有可能导致一场前所未有的可怕战争。

英国人将他们的战略困境看得像世界末日似的，但这么悲观是正确的。回头来看，1918 年第一次世界大战结束时，英国一片废墟，500 年来一直是世界政治中心的欧洲也陷入崩溃。

不过，这场灾难与其说是因为无知，还不如说是因为误判。欧洲领导人非常清楚战争可能会摧毁其社会秩序和经济发展。但是，一场过于理性的主导地位之争产生了结构性压力，这首先表现在德法之间，也存在于德俄之间。在这种情况下，与国家毁灭或者投降等选择相比,政治家们更倾向于冒战争的风险。

可以说,第一次世界大战与几个世纪以来修昔底德式的冲突有着相同的路径和很多相同的情形。英国与许多守成国一样,被焦虑所困扰;而德国则与许多崛起国家(up-and-comers)一样,雄心勃勃,又满怀愤怒。它们之间的激烈对抗,再加上欧洲各国的鲁莽和短视,使萨拉热窝的一场暗杀演变成了一场全球性的灾难。[7]虽然英国在巴尔干半岛的攸关利益并没有受到威胁,但它还是卷入了战火之中,部分是因为错综复杂的联盟关系,但是更主要的则是因为英国担心强大的德国如果在欧洲大陆不受约束,就会威胁到它的生存。

后来,丘吉尔这样写道,尽管英国领导人不相信战争无法避免,并试图阻止战争发生,但发生流血冲突的可能性"一直萦绕在他们的脑海中"。他回顾称,在 1914 年之前的十年里,"那些肩负着保家卫国重任的人同时生活在两个不同的精神世界里",他们既生活在"那个实际的、可见的世界中,心怀大同世界的理想目标,为和平而奔波",也生活在"一个假想的'看不见'的世界"中,看似梦幻,但似乎可以立马成真,阴影叠连,丑陋无比,痉挛不断,呈现出一幅幅深不可测的灾难图景。[8]

1914 年 8 月,丘吉尔的噩梦终于变成了现实。就在欧洲爆发战争的几天前,丘吉尔曾给妻子写信:"每件事都朝着灾难和崩溃的方向发展……一股疯狂的浪潮席卷了基督教世界……但我们都沉浸在一种迟钝的、僵硬的恍惚状态中。"[9]他在信的结尾写道:"我将心甘情愿、满怀自豪地挺身而出,甚至如果需要的话,我愿付出我的生命,以保持这个国家的伟大、威名、繁荣与自由。但是,问题无比棘手,我们必须努力估量出那些不确定、难以计算的情况,以备应对。"[10]

《克劳备忘录》

实际上，在大战爆发的七年前，德法两国走向冲突的无情逻辑已经奠定。那份后来被历史学家称为《克劳备忘录》(Crowe Memorandum)的文献生动地记录了这些。1905年末，英国国王爱德华七世询问他的政府，为什么英国人"对德国一贯表现出不友好的态度"，而德皇威廉二世还恰巧是爱德华的侄子。爱德华七世希望了解，为什么英国对一个曾经被视作潜在盟友的国家如此疑心重重，而现在又如此"急切地追求法国"这一曾被视作英国最大敌人的国家。[11]

负责回答爱德华七世的是英国外交部的顶尖德国问题专家艾尔·克劳(Eyre Crowe)。克劳是英德混血，在德国长大，与德国人成婚并且热爱德国文化。但他很痛恨影响德意志各邦的普鲁士军国主义。当时，"德意志"就是一个各州拼接的大杂烩。直到不久前，它们之间除了拥有共同的语言外鲜有其他共同点。直到1871年，普鲁士宰相奥托·冯·俾斯麦才将这些迥然不同的邦变成了由普鲁士国王（也是现在的德国皇帝）威廉二世的祖父威廉一世领导下的统一国家。克劳对爱德华七世的问题研究了一年，然后在1907年元旦递交了这份外交史上的杰作。[12]

克劳承认，"强大德国的正常活动"对世界有益。他写道，英国应该为德国加入"智识和道德领导权"竞争而感到高兴，并且应该"加入这场竞争"，而不是害怕德国的海外扩张。但是，如果德国的最终目标是"瓦解并取代大英帝国"呢？克劳知道，德国领导人愤怒地否认了"任何颠覆性的阴谋",而且也可能是德国并没有"有意识怀有"这些阴谋。与此同时,英国可能无法信任德国的保证。德国可能会寻求"一种普遍的政治霸权和海上优势来威胁其邻国的独立,并最终威胁到英国的生存。"

最后,克劳得出结论,德国的意图并不重要,其实力才至关重要。不透明的发展政策随时可能转变成获得政治和海上主导权的宏大规划。即使德国在逐步积累权力时并不是出于预先制定的取得主导权的计划,但是它最后获得地位本身也同样令人生畏、备感威胁。此外,无论德国是否有这样的计划,"很显然,建造一支与其国力匹配的强大海军都是明智之举。"德国与日俱增的财富和权力会刺激海军的扩张,而德国海军霸权又"与大英帝国格格不入"。因此,无论德国是否有意识地想要取代英国,英国都别无选择,只能勇敢地面对德国的入侵,并建造一支比德国海军扩张后还要强大的海军。[13]

大英帝国时代的终结?

英国人担心英国会衰落,这是情有可原的。在过去的两个世纪里,这个距离欧洲大陆 20 英里的岛国建立了遍布所有大陆的帝国。到 1900 年,英国囊括了现在的印度、巴基斯坦、缅甸、马来西亚、新加坡、澳大利亚、新西兰和加拿大,以及非洲大陆的大部分地区。[14]它对拉丁美洲、波斯湾和埃及也已有相当大的影响力,有时甚至可以说它控制了这些地区。通过难以匹敌的海军"控制海洋",英国的确统治了一个"日不落的帝国"。

作为工业革命的诞生地，英国已经成为"世界工厂"。到1880年，英国占据了世界制造业产出和贸易的近四分之一。[15]它的投资为全球经济增长提供了动力，其舰队也为全球贸易提供了保障。正如我的同事尼尔·弗格森所言，英国是"世界警察和银行家……是第一个真正的超级大国"。[16]因此，英国将自己视为第一，并期望其他国家将其视为第一。

但是，如果说英国毫无疑问地称霸了19世纪，那么一些英国人就在质疑这一断言在20世纪能否也成立。实际上，这种焦虑的暗流在1897年英国女王维多利亚登基六十周年钻禧庆典时就在涌动。自19世纪30年代以来，作为英国正直和至高无上的化身，维多利亚女王一直稳坐英国王室王位，而她的后代也散布在包括德国在内的欧洲皇室家族中。为了记录当时的情形，当时最著名的作家罗德亚德·吉卜林（Rudyard Kipling）创作了一首诗歌，歌颂英国为世界带来文明的帝国使命。然而，因时代所驱，它被吉卜林更加深思熟虑的作品《退场赞美诗》（Recessional）取代，并引发了一种令人不安的猜想："我们的舰队消失在远洋；火光在沙丘、海岬熄灭；瞧，我们昨日所有的辉煌已归入了亚述、腓尼基之列！万邦的主宰，宽恕我们吧，让我们不要忘怀，永不忘怀！"[17]

就在纪念维多利亚女王登基六十周年钻禧庆典的下一个月，22岁的温斯顿·丘吉尔在他首次正式政治演讲中直面了这种衰落的忧思。他站在一个小小的演讲台上，面对着英国民众坚称，英国人将"继续追求上帝为我们选定的路线，并继续履行我们的使命，在地球的每一个角落实现和平、文明和良政"。丘吉尔不理会那些声称"庆典时我们的帝国已经达到了荣耀和权力的顶峰，我们现在将开始像巴比伦、迦太基、罗马一样走向衰落"的人，说道"他们凄惨的呻吟在撒谎"。相反，英国公民应该团结一致,"用行动表明,我们的精神和活力毫发无损,我们决心维护我们英国人从父辈继承的帝国"。[18]

尽管如此,那些"呻吟者"的确有可以呻吟之处。有明显迹象表明,相对于其他大国,英国正在衰落。[19]1899 年,英国与布尔人(南非荷兰殖民者后代)之间爆发战争。半个世纪以来,英国都没有用现代武器与训练有素的对手作战。但数量不足却意志坚定的布尔人给比他们更强大的敌人带来了一系列羞辱性的失败。正如之前在印度和苏丹一样,丘吉尔贸然参战,结果被布尔人俘虏。全世界的报纸都在关注他后来的逃亡和为自由而战的故事。[20]虽然英国最终赢得了战争,但却付出了巨大的代价,并损害了它的帝国声誉。德国总参谋部仔细研究了布尔战争,得出的结论正如保罗·肯尼迪所言:"英国将发现,它不可能保护印度不受俄军攻击","如果不彻底重组其军事体系,大英帝国将在 20 年内解体"。[21]

与此同时,许多竞争对手正在蚕食英国在科学和工业领域的诸多领先地位,而正是凭借这些优势,英国才牢牢地巩固了1815 年英国与拿破仑苦战之后取得的首要地位。美国内战结束以及 1871 年俾斯麦成功统一德国之后,英国目睹了其他国家采用其技术手段,快速发展经济,并成了自己的竞争对手。[22]伦敦特别担心四个竞争对手:俄国、法国、美国和德国。

俄国拥有欧洲最庞大的陆军和世界第三大海军舰队,工业基础发展迅速,国土面积雄居第一,因此给英国构成了不小的威胁。新建的铁路使莫斯科能以前所未有的速度和广度投射力量,其不断扩张的边界也在逐步接近英国在中亚、西亚和南亚的势力范围。[23]更重要的是,俄国与法国结盟可能使英国不得不同时与两个对手在欧洲和印度多线作战。

法国的工业基础虽然薄弱，但它仍然是英国的竞争对手——事实上，它是世界第二大帝国。英法的殖民地争端导致两国冲突频发，有时甚至造成战争恐慌。1898 年，当意识到自己不可能赢得海战时，法国被迫放弃争夺法绍达（现南苏丹）。但是，在法俄不断扩张海军实力的情况下，维持两强标准依然使英国的预算压力与日俱增。[24]

与此同时，美国已经成为陆上强国，威胁着英国在西半球的影响力（将在第五章和第九章详细讨论）。美国的人口约为英国的两倍，自然资源非常丰富，并且增长欲望强烈，所以其工业实力超过英国是理所当然的。[25]在 1870 年左右，美国经济超过了英国（虽然不包括整个大英帝国），并持续保持优势。截至 1913 年，英国制造业产出仅占全球产出的 13%，低于 1880 年的 23%。相比之下，美国则上升至 32%。[26]在现代化海军的支持下，华盛顿开始更为激进地在西半球提出诉求。1895 年，英美在委内瑞拉边境几乎兵戎相见（见第五章）后，英国首相向财政部长建议，英美之间的战争"很有可能在不远的将来爆发；在此情况下我们必须仔细测算海军的预算"。他警告称，与美国的战争"比未来的俄法联盟更有可能成为现实"。[27]

另一个工业发展非凡的大国离英国更近，其海军野心也在不断膨胀。普法战争胜利和俾斯麦统一德国之后，德国就成了欧洲最强大的陆上强国，其经济实力也非常强大。德英两国出口产品竞争激烈，德国成为英国难以对付的商业对手。不过，在 1900 年之前，大英帝国还只是将德国视为经济而非战略威胁。事实上，当时很多英国政客支持与德国结盟，部分人还试图从中搭桥撮合。[28]

到 1914 年，伦敦的推算完全变了。英国开始与之前的竞争对手俄国和法国（以及后来的美国）一起阻止德国在欧洲获得战略优势。在众多竞争者中,德国成为英国的主要竞争对手,[29]这一演变过程证实了守成国会对崛起国将威胁其安全产生恐惧。以英国为例,这种恐惧主要集中在不断壮大的德国舰队,因为这些舰队只可能是用来对付英国的皇家海军。

"风生水起"的德国

德国的崛起以及其建立海军的决定让英国人寝食难安,但这个故事本身并不复杂,相反在很多方面很简单。德国崛起的故事发生在很短的时间内,它经历了快速甚至是以几乎让人头晕目眩的速度向前发展,而它通往全球大国的道路却被它所认为的不公和贪婪的现有主导大国所阻挡。

自俾斯麦在战胜奥地利(1866 年)和法国(1870—1871 年)后将几十个邦拼连成德意志帝国以来,德国就已经是主导欧洲大陆的经济、军事和文化大国。日耳曼人再也不是其他民族历史中的从属对象,而是他们自己民族伟大故事的主角。

正如美国最伟大的冷战战略家乔治·凯南(George Kennan)所解释的那样,俾斯麦娴熟的外交手腕使德国总是在涉及欧洲利益冲突和结盟时站在多数阵营。他用尽手段使复仇心切的法国被孤立起来,同时和俄国保持着良好的关系。[30]虽然俄国仍然拥有欧洲最庞大的军队,但总体来说,德国拥有最强大和最训练有素的作战部队。[31]

此外,德国和英国实力的跷跷板正在无情地反转。到 1914年,德国人口达到 6 500 万,比英国多 50%。[32]早在 1910 年,德国就成为欧洲主要经济体，并超过了英国。[33]到 1913 年，德国制造业产出占全球 14.8%，超过占比 13.6% 的英国。[34]在统一之前，德国的钢铁产量只有英国的一半；但到 1914 年，其产量翻了一番。保罗·肯尼迪在中国崛起之前的 1980 年写道："到目前为止还有哪两个相邻国家的相对生产力以及综合实力能像英国和德国一样在短时间内发生如此重大变化的吗？"[35]

英国立即感受到了德国的工业增长，德国出口产品已经在英国国内及国外取代了英国产品。从 1890 年到 1913 年，虽然英国对德国的出口翻了一番，但仍只相当于其从德国进口的一半价值，后者则增加了两倍。[36]1896 年的畅销书《德国制造》提醒称："一个巨大的商业国家正在崛起，威胁我们的繁荣，并与我们争夺世界贸易。"[37]

德国不仅在第一次工业革命中的重工业和工厂制品方面超过英国，也在第二次工业革命期间形成的电力和石油化工业领域处于领先地位。

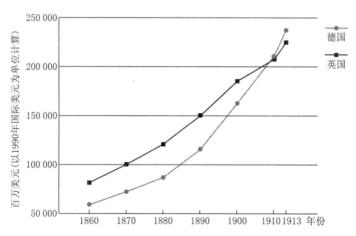

来源：麦迪逊数据库。

图 4.1　德国和英国的国内生产总值（1860—1913 年）

到 20 世纪初,德国的有机化学工业已经控制了全球 90% 的市场。[38] 1913 年,英国、法国和意大利生产和消费的电力总和仅占德国的 80%。[39] 到 1914 年,德国的电话数量是英国的两倍,铁路的数量也几乎是英国的两倍。[40] 在政府的支持下和大学等研究机构的投入下,德国的科学技术已经超越了英国,成为世界第一。[41] 从 1901 年诺贝尔奖第一次颁发到 1914 年,德国共获得 18 个奖项,数量是英国的 2 倍、美国的 4 倍。单在物理和化学两个领域,德国就获得了 10 项诺贝尔奖,数量几乎是英国和美国之和的两倍。[42]

虽然德国经济快速增长,取得了令人瞩目的成就,但许多德国人还是觉得自己受到了不公正的对待。他们认为,未来不应局限于成为欧洲的"大国",而应成为人们所说的"世界大国",即成为拥有足够领土面积、人口和资源的超级大国,这样才能在 20 世纪占据主导地位。美国和俄国是幅员辽阔的陆地大国,英国是拥有庞大舰队保护的巨型海上帝国。为了与这些国家竞争,德国需要一些自己的殖民地,并有相应的手段获得和保护这些殖民地。[43]

当时,包括日本、意大利、美国甚至比利时在内的许多其他国家都走上了帝国之路。然而,德国引人注意的地方是:它渴望改变殖民地的现状,也有与其匹配的国家实力,还强烈地认为自己在迅速瓜分世界过程中晚来一步而被骗,未能得到它应得的那份。[44]

在所有人中,没有人比 1888 年登基的德国新皇帝威廉二世更能体现这种充满怨恨和傲慢的复杂情绪。俾斯麦私下曾把这位君主比作气球:"如果你不紧紧抓住绳子,你永远不知道他会在哪里。"[45] 两年后,威廉二世放开手脚,解雇了统一德国的俾斯麦，并且使柏林成为欧洲强国的首都。[46]新政府破坏了俾斯麦与俄国谈判达成的秘密条约，该条约要求俄国不得加入任何法国针对德国的袭击。随后，巴黎便通过与莫斯科结盟而结束了孤立状态。[47]

为使德国成为世界强国，并将注意力投向欧洲以外的地区，威廉二世要求德国需要世界政策（Weltpolitik）或者说是全球性对外政策。在维多利亚女王登基六十周年的夏天，威廉二世任命伯恩哈德·冯·比洛（Bernhard von Bülow）作为外交部长，并称"比洛将是我的俾斯麦"[48]。比洛对自己的雄心壮志也毫不讳言，他称："德国把土地和海洋割给邻国，把纯正教义所在的天空留给自己的日子已经一去不复返了。我们不想把任何人置于阴影之下，但我们也要求在阳光下拥有自己的位置。"[49]

"世界政策"要求对于德国边境以外世界的关注不亚于对国内政治的关注。尽管在接下来20年中，德国获得的殖民地很不起眼，[50]但世界扩张的愿景激发了德国人的想象力。1897年，德国最著名的历史学家，同时也是一本广受欢迎的杂志的编辑汉斯·德尔布吕克（Hans Delbrück），在面向众多同胞发表演讲时称："在未来几十年里，世界各个角落的大量土地都将被瓜分。而那些仍然空手而归的民族，将在下一代被排除出决定人类精神走向的伟大民族之列。"[51]比洛甚至更直接地指出："问题不在于我们是否想要殖民。"他解释说："而在于不管我们是否喜欢，我们必须殖民。"[52]

德尔布吕克表示，德国在"大国之林"中的"全部未来"主要依靠其成为世界强国，但有一个国家挡住了德国的强国之路。"我们可以与英国一起实行［殖民］政策，也可以不与英国一起，"他断言道，"和英国一起意味着和平，与英国抗衡则意味着战争。"无论哪种情况,德国都不可能"让步"。[53] 德国将不会再被迫接受曾经的强权,而将会在未来世界中提出自己的权利要求。比洛在 1899 年对德国国会称,德国不能再"允许任何外国势力,任何外国庇护神来告诉我们'该怎么办? 世界已经被瓜分了'"。他宣布:"在未来的世纪里,德国要么就是铁锤,要么就是铁砧。"同年,在为一艘战舰下水所作的演讲中,威廉二世同样毫不掩饰地表示:"旧帝国已经衰落,新的帝国正在形成之中。"[54] 迈克尔·霍华德写道:"寻求世界强国地位的德国最终将不会忌惮他们是在一个英国所主导的世界体系中扩张。而恰恰正是这一体系让他们无法忍受,所以他们才下决心要挑战这一体系,与英国平起平坐。"[55]

　　一想到德国可能会把英国挤下世界第一的位子,或至少会和英国平起平坐,德国皇帝就有了极大的心理满足感。威廉二世对英国——他的母亲,也就是维多利亚女王长女的出生地,以及他称之为"该死的家庭"的所在之处——显然怀有复杂的感情。一方面,他能说一口流利的英语,而且非常敬爱他的外祖母维多利亚女王。当女王授予他皇家海军荣誉上将时,他感到非常激动,并且只要一有机会便会自豪地穿着皇家海军的制服。就在 1910 年美国前总统西奥多·罗斯福访问德国时,他还向罗斯福说德国和英国之间的战争是"难以想象的"。他激动地表示:"我在英国长大……我觉得自己在一定程度上是个英国人。"随后他又对罗斯福说:"我崇拜英格兰!"[56]

　　同时,威廉二世也无法掩饰他对英国的怨恨以及与其竞争的野心。玛格丽特·麦克米伦(Margaret MacMillan)2013 年的著作《终结和平的战争》(*The War That Ended Peace*)颇富洞见,揭示了威廉二世的极度不安全感,将其刻画成"一个暗自怀疑自己无法胜任自己必须扮演的超难角色"。他的左臂在出生时就受到了损伤，并在他的余生持续萎缩。他憎恨他的英国母亲坚持认为她的祖国天生就比许多人优越。因此，他为赢得其英国皇室亲戚尊重的努力往往适得其反。虽然威廉二世在位于考斯的皇家游艇俱乐部年度赛事中总是最受欢迎，但他的舅舅（后来的英国国王爱德华七世）却被他盛气凌人的举止激怒，称他为"史上最辉煌的失败"。为了与之竞争，威廉自己在基尔创立了一个更精致的赛船会，以供包括他的侄子沙皇尼古拉在内的欧洲皇室娱乐。[57]但西奥多·罗斯福指出："这位拥有当时最强大军队的帝国领导人其实很在意英国人的看法，充满嫉妒，这就如同一个身家几百万的暴发户试图闯入伦敦的上流社会一样。"[58]

在英国不断衰落这一认知的激励下，威廉二世越来越坚定地要确保德国在阳光下的应有地位。然而，他总结道，统治世界的大英帝国不会给予他或他的国民应有的尊敬，也不会承认德国应有的影响力，除非德国能证明它与英国是平等的，不仅在举办最好的帆船比赛方面如此，在建设海军方面亦应如此。[59]

"我们的未来在海上"

1890 年，美国海军战略家阿尔弗雷德·T.马汉（Alfred T. Mahan）出版《海上力量对历史的影响》一书。马汉以英国为例，将海军力量视为大国成功的决定性因素，因为它是军事胜利、获得殖民地和财富的主要决定因素。这本书迅速流行，从华盛顿传到了东京、柏林和圣彼得堡。没有人比威廉二世本人更热衷于阅读这本书,他在 1894 年表示正在"试图用心去学(此书)"。他要求每一支舰队上的人都阅读此书。[60] 马汉的思想塑造了威廉二世对于德国的未来"取决于海洋"的信念。用历史学家乔纳森·斯坦伯格(Jonathan Steinberg)的话来说,"对威廉二世来说,大海和海军是大英帝国伟大的象征,他既钦佩又嫉妒"[61]。建立与英国相匹敌的海军不仅能使德国实现成为世界强国的使命,而且也能结束它在英国舰队高压下的脆弱地位。

1896 年,威廉二世给南非布尔地区领导人发了一封祝贺胜利的电报,暗示他可以为对抗英国提供支持。此举非常具有挑战性,他很快感受到了英国的重压。伦敦非常愤怒,正如一位英国高级外交官对德国大使所说,任何干预都可能导致战争及"对汉堡和不来梅的封锁"。他还在伤口上撒盐,警告道:"消灭德国商船对英国舰队来说易如反掌。"[62] 这的确是一个无法忽视的残酷事实。德国的战舰还不到英国的一半,当英国舰队能够迫使德国让步时,德国又怎能指望在全球发挥作用呢? 1895 年至 1896 年间英美在委内瑞拉边界问题的危机再次说明了这一点。用威廉二世的话来说:"只有当我们能够用拳头直击它的脸时,英国这头狮子才会退缩,就像它最近在面临美国的威胁时所做的那样。"[63]

1897 年,威廉二世任命艾尔弗雷德·铁毕子为海军负责人,来打造德国的"拳头"。铁毕子向威廉二世表示,如果想让德国与美国、俄国和英国并驾齐驱,成为世界四大强国之一,就需要拥有与之匹敌的强大海军。他警告说,"弥补差距"是一个"生死攸关的问题"。[64] 玛格丽特·麦克米伦认为,铁毕子是"一个社会达尔文主义者,相信决定论,认为历史就是一系列优胜劣汰的生存竞争过程。德国需要扩张,而英国作为主导力量,注定要阻止德国"。[65]铁毕子将这种斗争生动地比喻为商业竞争："那些老牌、实力更强的公司必然会尽早扼杀新兴公司。"在布尔战争后，他指出"这是英德冲突的关键"。[66]

在公开场合，铁毕子强调德国需要扩大海军以保护本国的商业贸易，[67]但私底下，威廉二世和铁毕子都认为德国海军的主要目标应是对抗英国的统治地位。1897年6月，就在维多利亚女王登基六十周年庆典当月，铁毕子指出："德国目前最危险的敌人是英国。它也是我们为何如此迫切地需要加强海军力量以提升政治权力的原因。"[68]

铁毕子的最终目标是让德国海军能"与英国海军实力相当"。[69]但是，意识到建设与英国相当规模的海军需要时间，他认为即使是小型舰队也可能是一个重要的"政治权力因素"。因为英国过度扩张，不得不派遣舰队在世界各地巡航，还要防范德国迅速袭击其沿海城镇，这就会让它更加尊重德国。[70]此外，根据铁毕子所说的"风险理论"，如果德国舰队强大到足以重创英国皇家海军，使它容易受到其他大国的攻击，便可以阻止英国攻击德国。这一战略的核心在德国《第二次海军扩军法案》中得到了清晰的解释："德国必须拥有强大的舰队，使得即使拥有强大海权的国家在与德国作战后也难以保持其在世界上的地位。"[71]比洛认为，从德国开始建设海军到舰队能够抵御英国攻击之间将存在一个"危险地带"[72]，"我们必须像毛毛虫那样小心行事，直到化蛹为蝶"[73]。

在舰队足够强大之前，德国将尽力避免与英国发生战争。而且，在新舰队能迫使英国承认德国的新地位之前，任何安全安排都毫无意义。同时，比洛希望英国能与俄国开战，这样英国就无暇顾及德国增强经济和海军实力的举动。最终，一旦德国的海军实力成为既定事实，英国将被迫接受新的现实。[74]

铁毕子向威廉二世保证，庞大的舰队将激发德国的爱国主义并使国家团结。他善于调动公众舆论支持拟议的海军计划，并游说国会支持该决定。1898年，德国通过《第一次海军扩军法案》，计划建造19艘战舰。翌年，铁毕子向威廉二世建议加快海军扩张项目，并向他描述了一个诱人的前景：英国将会失去任何"攻击我们的意愿，并将会对陛下的海军力量作出让步……以执行海外大政策"。威廉二世听后，欣然同意。因此，1900年签署了《第二次海军扩军法案》，将德国舰队的未来规模扩大了一倍，总共达到38艘。[75]

1904年6月，当国王爱德华七世参加基尔赛舟会访问德国时，他的侄子在帝国游艇俱乐部为他举办了一次晚宴。与铁毕子努力掩饰德国的野心不同，威廉二世很乐于向他的舅舅展示德国海军。很明显，德国的造舰计划正朝着能够与英国匹敌的方向前进。他在祝酒辞中对他的舅舅说："当我还是个小男孩的时候，就被允许参观朴茨茅斯和普利茅斯……两座港口蔚为壮观，里面停泊的英国舰船让人骄傲，我很羡慕。后来我就希望建造这样的舰队，在长大后拥有和英国一样优秀的海军。"[76]就在威廉二世一番炫耀之后不到一个月的时间，英国就制定了第一套正式对德战争计划。[77]

"大多数国家都恃强凌弱"

早在1900年，英国海军部就承认德国将在几年内超越俄国，成为仅次于英国和法国的世界第三大海军强国。英国海军部意识到，这意味着英国需要重新考虑两强标准，并在北海部署舰队来平衡德国。[78]

1902年，英国第一任海军部长援引德国1900年《第二次海军扩军法案》，对内阁称："我确信，新的强大的德国海军正在以与我们一战为目标周密地进行扩充。"[79]同年，海军情报主任得出结论，英国将"不得不为北海的控制权而战，就像我们在17世纪与荷兰作战那样"。尽管一些英国人和德国人一度接受铁毕子关于德国舰队是出于保护德国商业的理由，但这的确只是借口。正如保罗·肯尼迪指出的那样，当伦敦意识到德国舰队的真正目标是英国自己时，"其对英德关系产生的影响是灾难性的，且是不可挽回的"[80]。

英德关系恶化的同时，欧洲内外的权力格局也正在迅速变化，英国也在重新评估其在全球的地位。[81]面对越来越多的崛起国，英国逐渐承认它再也不能做到在世界每一个角落都保持海上霸权了。美国、日本、俄国等国家的舰队都在日益增多，但只有德国的海军仅隔英国几百海里。[82]英国海军默默地将西半球霸主地位让给美国，并于1902年结束了"光荣孤立"政策，与日本建立防务同盟关系，以减轻英国在远东地区的压力。[83]

虽然英日同盟主要针对俄国，但同时也使英德不再需要就德国的中国问题达成谅解，并开启了英法更大合作的大门。英国和法国都意识到日俄已经在战争边缘，双方也都不希望自己被各自的盟友拖入这场冲突中。[84]它们还都看到了解决两国间其他长期争端的机会，于1904年签署了解决殖民地问题的《英法协约》(Entente Cordiale)。英法并未形成联盟，但德国仍认为这威胁到了其外交地位。因此，德国非常不明智地试图通过在摩洛哥的挑衅离间英国和法国。但是不出所料,反而适得其反,使伦敦和巴黎走得更近。

与此同时,在远东地区,日本于 1905 年在中国东北和朝鲜的争夺中击败了俄国。俄国舰队的覆灭意味着德国在世界海军强国中排名上升至第三,仅次于英国和法国。[85] 俄国的衰落起初对英国来说似乎是个好消息,因为这意味着莫斯科对伦敦的利益构成的威胁减少了。但同时也意味着,俄国在一段时间内难以帮助法国对抗德国。在这种背景下,德国很有可能会打破欧洲均势。[86]

英国是会让德国改写欧洲秩序,还是会捍卫现状呢? 安全利益决定了英国会选择后者。艾尔·克劳曾经这样描述英国在保持欧洲均势中的角色——防止出现任何一个国家主宰欧洲大陆,并几乎视之为一种"自然法则"。负责英国军事规划的一个高级官员曾警告:"毫无疑问,在可预见的将来,德国和欧洲之间会为争夺控制权而进行一场大规模的斗争。"[87] 英国开始采取行动,以使这种斗争的结果更加有利于自己。《英法协约》并没有规定英国要保护法国,但是在 1905 年至 1906 年间,伦敦和巴黎便开始了秘密的军事会谈。1907 年,英国与俄国签署了一项搁置殖民地争端的协定,从而在英国和法俄同盟之间建立了一个三边同盟,即所谓的《三国协约》。

因此,在日俄战争之后,英国的关注重心是崛起中的德国成为欧洲霸主的可能性。如果德国控制了欧洲大陆,那么它将能够调动足够的资源来削弱英国的海上霸权,使英国容易受到他国入侵。[88] 正如爱德华七世在 1909 年所说,如果英国在未来的斗争中孤军奋战,"德国将有能力一个接一个地摧毁它的敌人,如果我们袖手旁观,它之后还是可能会攻击我们"[89]。

柏林则从日俄战争中吸取了不少教训。日本在旅顺港对俄国舰队先发制人的打击（40年后珍珠港事件的前兆）让德国人看到了英国偷袭基尔北海舰队时可能采取的模式。他们还反复分析了1807年英国在哥本哈根的突袭，当时英国赶在拿破仑之前俘获了丹麦舰队。正如历史学家乔纳森·斯坦伯格指出的那样，威廉二世"毫无保留地相信"这种攻击的可能性。1904年底，德国驻英国大使都不得不亲自向他保证这并不是迫在眉睫的事情。1907年初，当基尔传出英国即将发动袭击的谣言时，紧张的父母纷纷带着孩子离开了学校。不过，德国人的担忧并非完全没有根据。套用亨利·基辛格的话来说，即便是偏执狂也有敌人。1904年10月上任的第一海军大臣——海军上将约翰·"杰基"·费希尔（John "Jacky" Fisher）确实在许多场合建议英国海军应该像当年先发制人打击丹麦海军那样摧毁德国舰队。1904年底，他第一次向爱德华七世提出该建议，当时国王的回答是："我的上帝，费希尔，你一定是疯了！"但是四年后，当费希尔再次解释这个想法时，爱德华七世比之前更认真听了。费希尔认为用好战的言辞来威慑对手是避免战争的最好办法，但这样做却使德国领导人有了更加充分的理由加倍增加海军投入。[90]

然而，颇具讽刺意味的是，德国海军司令基本上还是误判了他的行为对对手的影响。铁毕子原以为，英国不会意识到德国在北海军力的不断增长，也无法通过外交上的重新结盟来使其他对手保持中立，以及避免向德国作出让步。这两个假设都被证明是错误的。[91]铁毕子还认为，英国既不能把自己的舰队集中起来对付德国，也不愿意投入与德国海军造舰项目相当的预算。在这一点上，他再次被证明是错误的。[92]

实际上,英国做了德国认为它不会做的所有事情,而且做得更多。费希尔领导了皇家海军的重组,集中力量应对德国威胁。1906 年,他写信给爱德华七世:"我们唯一可能的敌人是德国。德国的全部舰队都集中在距离英国仅几个小时航程的范围内。因此,我们必须在距离德国几个小时航程的范围内保持强于德国两倍的舰队。"[93]与法国、日本和美国(以一种不太正式的方式)结盟意味着,费希尔能够安全地实施他的海军再平衡政策,投入英国 75% 的战舰去对抗德国的舰队。[94]

在 1907 年的备忘录中,克劳建议单方面要求德国停止其海军扩张只会鼓励德国以更快的速度建设海军。德国人只懂一种语言:行动。英国应该表现出超越德国的决心,迫使其认为实施的海军计划是徒劳的。无疑,这种做法与爱德华七世的想法不谋而合,他曾经这样评论他的侄子:"威廉是一个恃强凌弱的人,而大多数恃强凌弱的人一旦被制服,都是懦夫。"[95]

英国不仅扩大了舰队的规模,而且费希尔还发展出了一种新型战舰——"无畏号"(Dreadnought)战舰。"无畏号"战舰于 1906 年首次下水,比任何之前的战舰都速度更快、排水量更大、装甲更坚固,其 12 英寸口径的大炮更是使火力和打击距离增加了一倍。[96]其他国家如果想要与英国竞争的话,必须建造自己的"无畏号"战舰。铁毕子在 1905 年初获悉了英国的新武器计划。当年秋天,他便向国会提交了一份新的扩军补充计划,要求将海军开支在 1900 年《第二次海军扩军法案》的基础上增加 35%,并规定每年建造两艘"无畏号"战舰。此外,他还靡费巨资,开始为扩建基尔运河作准备,以便德国能够迅速地将"无畏号"战舰从波罗的海部署到计划中的北海战场。[97]

费希尔犀利地指出了走向冲突过程中将要发生的重要事

件。[98] 1911 年，他预言，随着基尔运河的扩建，英德之间将会爆发战争。他认为，德国会在一个有三天假的周末突然袭击，并预测"世界末日之战"的日期是 1914 年 10 月 21 日。（事实上，真正的第一次世界大战爆发早于该日期的两个月前——1914 年 8 月，即基尔运河开通一个月后的一个假日周末 *。)[99]

在两国民众日益高涨的狂热和焦虑的驱动下，英德之间的海军竞赛愈演愈烈。德国多次颁布海军扩军法案，扩大舰队规模，加快舰船建造速度。德国这样做的目的可能是为了紧跟英国的脚步，例如发展"无畏号"战舰等；抑或是由于在国际舞台上受到了羞辱，比如 1906 年的丹吉尔危机，1908 年德国对"被包围"的担忧，1912 年的阿加迪尔危机。[100]

1908 年至 1909 年，英国指责德国以高于其公开宣称的速度秘密建造海军。德国拒绝了双方相互监督的提议，引发了英国的担忧，因为它只能通过估测其造船能力来判断德国的威胁。现在轮到英国被可能遭受突袭的恐惧所笼罩了。同时应本国热衷于"入侵文学"(invasion literature)的英国民众的要求加快海军建设。[101] 尽管帝国国防委员会曾在 1903 年和 1908 年称皇家海军仍能保卫本土，但公众还是要求英国建造更多"无畏号"级别的舰船。经过了最初的疑虑后，财政大臣大卫·劳合·乔治(David Lloyd George)最终提出通过加税来支持海军建设，他指出："我们并不打算让英国的海上霸权受到威胁，因为它不仅事关英国的生死存亡，而且在我们看来，对整个西方文明的切身利益都是必不可少的。"[102]

---

* 假日周末（holiday weekend）是指某个与节日相连的周末。——译者注

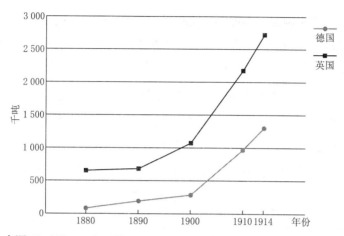

来源：Paul Kennedy，*The Rise and Fall of the Great Powers*。

图 4.2 德国和英国战舰吨位：1880—1914 年

《克劳备忘录》警告称，德国在殖民地就像一个"职业的勒索者"，让步只会使其得寸进尺。英国只有像在东非法绍达危机后对法国所做的那样，保持"坚定立场"，才有可能改善英德关系。[103]但是，由于铁毕子的"风险舰队"（克劳认为该舰队将威胁英国并最终迫使英国承认德国的全球地位）也是如此认为，英国的坚定立场和外交调整最终未能产生预期效果。

随着时间的推移，德国越来越热衷于宣扬自己受害者的身份和即将到来的灾难。[104]在 1908 年波斯尼亚危机中，奥匈帝国吞并波斯尼亚和黑塞哥维那引起国际社会反弹，迫使德国对其在维也纳的盟友进行援助。德国媒体称，"爱好和平"的德国被英、俄、法同盟包围，它只能依赖于当时急需德国支持的奥匈帝国。[105]当时，奥匈帝国内部的民族分歧越来越严重，巴尔干半岛的纠纷威胁到奥地利的领土，而塞尔维亚——维也纳最大的心病——得到了俄国的支持。与英国一样，德国也担心其盟友的垮台会使德国容易受到对手的侵略。1907 年，可能是为了进一步拉拢其他国家、对抗德国爱德华七世访问欧洲，而威廉二世则对着 300 名听众说，他的舅舅是"撒旦，你无法想象他是一个怎样的撒旦！"[106]

比较爱德华七世和威廉二世对英国决心抵制德国入侵所产生后果的理解非常有价值。两人都认为英德对抗不是基于民族界限而划线的，而且都把对抗归因于对方的嫉妒。1908 年，爱德华七世认为英国继续保持强大和时刻警惕将使德国"接受不可避免的事实，从而与英国友好相处"。但他错了：到 1912 年，威廉二世的观点更为致命，他愤怒地称，出于对"我们日益壮大的恐惧"，英国将支持德国的对手，与"欧洲的日耳曼民族"展开"即将到来的生存之战"。[107]因此，国家之间的联盟变得更加紧密，成为亨利·基辛格所称的"末日外交机器"，最终导致后来的巴尔干暗杀事件（萨拉热窝事件）演变成了一场世界大战。

1911 年夏天，英德两国已经濒临战争边缘。当时德国向摩洛哥的阿加迪尔港口派出海军舰艇"黑豹号"，以建立位于大西洋的海军基地，因而挑战了法国在摩洛哥的统治地位。法国请求英国给予支持。英国内阁担心德国的目的是让巴黎难堪，破坏英法关系。在一次演讲中，劳合·乔治明确表示，战争比不光彩的投降更可取，后者将削弱英国的大国地位。德国最终作出了让步，维持了和平，但许多德国人觉得英国并没有作出相应的让步，由此对英国的失望和愤怒情绪与日俱增。[108]德国的大部分民众和领导人相信殖民地对于国家存亡至关重要，而目前似乎攸关德国生死的扩张计划可能会受阻，并带来致命的后果。[109]

在阿加迪尔危机发生之前，丘吉尔曾担任内政大臣，他认为，如果法国受到德国的攻击，英国应当保护法国。他赞同劳合·乔治直截了当的说法，并很高兴地看到"那个恃强凌弱的家伙正在让步"。英国的实力和对抗侵略的决心似乎阻止了德国人在危机中有"任何新的挑衅行为",正如丘吉尔对他的妻子所说,"一切都将变得顺利和令人欢欣鼓舞"。但是,战争的危险仍然真实存在。丘吉尔知道,对英国来说,这场冲突的真正利害关系并不是摩洛哥或比利时的独立,而是防止"法国被普鲁士容克贵族蹂躏和掠夺,这对整个世界来说是毁灭性的灾难,对英国来说是致命的打击"[110]。

在1911年危机的几个月后,丘吉尔被任命为第一海军大臣,他对于政府的准备不足感到非常震惊,于是将注意力转向了弥补英国的弱点。他的"脑海里充满了战争的危险",用之后马丁·吉尔伯特(Martin Gilbert)的话来说,他完全致力于使英国"在海上无懈可击⋯⋯每一个缺陷都必须得到改善,每一个缺口都必须得到填补,每一个意外都必须事先预料到"。但对丘吉尔来说,准备并不意味着宿命论。虽然他尽其所能使英国随时准备战斗,但他绝不认可"战争无法避免理论",而是希望通过推迟"邪恶之日"的到来以阻止冲突发生。因为随着时间的推移,外围社会积极力量的发展可能会起到作用,比如更和平的"民主力量"可能取代德国政府中的容克贵族。[111]

因此,丘吉尔竭尽全力地减缓或阻止英德海军军备竞赛。1908年,威廉二世拒绝了英国限制军备竞赛的建议;从1909年到1911年,英德之间的相关讨论没有取得任何进展。但丘吉尔并没有打消这一念头。1912年1月,他告诉威廉二世的信使欧内斯特·卡塞尔爵士(Sir Ernest Cassel),如果德国放缓发展海军的步伐,将会带来"立刻的缓和"。卡塞尔建议威廉二世承认英国海军的优势,放缓海军计划,以换取英国保障德国的殖民地诉求,英德也可以避免相互攻击。当卡塞尔回国向威廉二世汇报这些时，威廉二世听了之后"像孩子一样被迷住了"。但是，当英国战时外交部长理查德·霍尔丹（Richard Haldane）对德国进行后续访问时，德国只愿意放缓海军项目的建设步伐来换取英国在欧洲战争中保持中立。英国无法同意德国这一改变均势的做法。尽管英国愿意保证不加入任何针对德国的进攻，但威廉二世愤然拒绝了英国的立场。[112]

1912年3月12日，威廉二世批准了一项增加三艘战舰并要求德国舰队保持高度戒备状态的海军扩军补充法案。一周后，丘吉尔向议会宣布，英国将取消两强标准。此后，英国将在"无畏号"战舰领域保持与主要竞争对手16：10的优势。此外，丘吉尔还宣布，德国《海军扩军法》的补充法案每增加一艘战舰，英国就会新建两艘。他还提出"海军假日"暂停计划，以对德国暂停其海军项目的举动作出相应回应。例如，丘吉尔曾公开假设称，如果1913年德国放弃建造三艘船，英国就会放弃建造五艘船来回应德国的举动。德国拒绝了丘吉尔的提议（他在次年重申了这一提议），认为英国企图保持自己的统治地位，并削弱德国国内对海军的支持。尽管如此，一年后的1913年2月，由于缺乏增加海军开支的政治支持，铁毕子不得不宣布基本上接受英国提出的16：10的标准。[113]

海军竞赛似乎已经结束。尽管德国成功地大幅缩小了其军舰吨位与英国的差距，即从1880年的7.4：1，到1890年的3.6：1，再到1914年的2.1：1，[114]但在战争发生时，英国仍有20艘"无畏舰"，而德国只有13艘。[115]尽管德国在财政和外交上付出了巨大的代价，但它的海军建设并没能赶超英国。事实上，正如丘吉尔后来所言，德国的海军计划"缩小了协约国之间的分歧。铁毕子把铆钉钉进他的战船时，英国人的意见也统一起来……基尔和威廉港的锤子正在打造出一个反对德国并最终将其推翻的国家联盟"[116]。

英德的海军竞赛是否导致了第一次世界大战？事实上并没有，军备竞赛并不必然产生冲突。正如迈克尔·霍华德所言，"近代史上持续时间最长，或许也是最激烈的军备竞赛"是1815年以后英法两国海军之间长达90年的较量，但那次竞赛不是以战争，而是以《英法协约》的方式结束的。[117]

然而，英德军备竞赛的确在许多方面奠定了第一次世界大战的基础。虽然德国日益增长的经济挑战并没有使两国之间的战略竞争不可避免（或阻止英国精英们将德国视为可能的盟友），但德国海军的发展及其接近英国的地理位置对英国构成了一种特有的生存威胁。英国人对德国海军计划的不信任和担忧促使伦敦将柏林视为自己的主要敌人。一旦这一概念确立，便塑造了英国对德国其他举动的认知。虽然英国有着许多竞争对手，但只有德国有能力打破欧洲的平衡，并打造威胁英国生存的海军力量。[118]虽然铁毕子在1913年接受了英国在北海的优势，但英国清楚他的让步主要是由于国内和财政上的限制，因此如果条件发生变化，他的计划也会发生相应变化。[119]有人说英国在海军竞赛中取得了"胜利"，但这并没有减轻英国对德国威胁的担忧。因此，当1914年德国入侵法国和其他低地国家（荷兰、比利时、卢森堡）时，战争可能使德国在欧洲大陆取得统治地位，进而威胁英国的生存。

另外，将其与修昔底德式的互动变化相对照是理解1914年英德为何爆发战争的关键。一方面，德国的崛起正在引起英国的恐惧，而另一方面，德国会发现俄国对自己的利益也构成了愈加紧迫的威胁，因为俄国的崛起对德国作为欧洲陆上最强国家的地位构成了挑战。[120]虽然之前1905年日俄战争的失败和一段时间内的国内革命动乱给俄国造成了毁灭性的打击,但它此时正在成为德国边境上一支已经恢复元气的现代化军事力量。1913年,俄国宣布开展扩大军队规模的"宏伟计划"。可以预料,照此发展到1917年,俄国军队的数量将是德国的三倍。德国计划通过两场战争迅速击败法国,然后再转向东方应对缓慢移动的俄国这一庞然大物。到1914年,法国的大量投资会使俄国铁路系统得以发展,其军队动员周期将缩短至两周,而非德国计划中估计的六周。[121]

俄国的快速发展和流行的"欧洲终有一战"的宿命论使许多德国领导人保持激进态度。一些领导人支持预防性战争,认为德国仍有机会打败俄国,并可以借此打破欧洲对德国形成的"包围"。1914年机会降临了,德国可以选择要么削弱俄国在巴尔干地区的影响力,要么军事上提前打败俄国。[122]

6月28日,奥匈帝国皇帝弗朗茨·约瑟夫(Franz Joseph)的侄子、王位第二继承人斐迪南大公在波斯尼亚被一名塞尔维亚民族主义者暗杀。在随后奥匈帝国和塞尔维亚之间的对抗中,俄国支持塞尔维亚。7月,德国政府给维也纳开出了一张臭名昭著的"空头支票",即奥匈帝国可以放心,德国将会"全力支持"对塞尔维亚的报复,即使这将导致"严重的欧洲问题"。[123]

1914年,德国愿意冒与俄国和法国开战的风险,主要是因为担心如果奥匈帝国不击溃其在巴尔干半岛的敌人,那么德国唯一的盟友将会崩溃,在之后与俄国的战争中德国可能将陷于孤军奋战的境地。由于德国的支持,奥匈帝国在7月23日向贝尔格莱德发出了严厉的最后通牒,其中包括要求塞尔维亚允许奥匈帝国特工进入其领土追捕暗杀者的团伙网络。德国知道奥匈帝国是故意将最后通牒设计成让人无法接受的。奥匈帝国驻贝尔格莱德大使收到指示，无论塞尔维亚如何回复，"一定会爆发战争"。经过一周断断续续的外交努力，事件不断发酵，人们开始担心之前决定的后果，变得不知所措。当威廉二世度假回来，得知塞尔维亚接受了奥匈帝国的所有要求时，他告诉战争部长，这消除了"所有开战的理由"。战争部长则回应道，他的国王"再也不能将事件玩弄于股掌之间了"。[124] 同日，奥匈帝国对塞尔维亚宣战了。

在如今被称为"七月危机"的事件中，英国与德国、德国与俄国之间都呈现出修昔底德式互动，彼此相互叠加，交错联动。德国决定支持自己的盟友，以防止崛起中的俄国的威胁，这进而导致德国对俄国及其盟友法国宣战。为了迅速击败法国，德国司令部制定的迅速击败法国的作战计划要求德国进攻卢森堡和比利时。但是，德国通过入侵比利时借道打垮法国的做法触及了英国的底线。

德国可能打败法国这件事又让英国担心其几个世纪一直试图阻止的欧洲霸权将会出现。德国公然无视比利时的中立地位让英国的公众舆论大为震动，因为英国于 1839 年签订的《伦敦条约》（Treaty of London）要求英国保护比利时的中立地位，同时这也使之前对是否参战存在分歧的执政党自由党团结一致。不过，英国参战的主要原因是，如果德国成功地成为欧洲霸主，英国至关重要的国家利益将会受到侵犯。显而易见，安全因素是将英国和德国卷入战争的重要因素。正如 8 月 3 日英国外交大臣爱德华·格雷（Edward Grey）向议会发表声明时所说的，英国不能容忍"整个西欧……在一个单一的力量统治之下"[125]。

正如保罗·肯尼迪巧妙描述的那样，英国和德国的领导人认为 1914 年的冲突"已经进行了至少 15 年或 20 年"，冲突的开端是"因为前者希望保持现状，而后者则出于防御性和进攻性的动机，希望改变这种现状"。[126]

"扭转致命潮流"

1914 年事件的矛盾之处在于，一方面欧洲各国多年来战争警告不断，积极备战，但另一方面又对欧洲大陆如此迅速地陷入混乱十分震惊，两者错位严重。[127]6 月 28 日，弗朗茨·斐迪南大公被刺杀。7 月 9 日，英国外交部最高级别的官员则怀疑"奥地利是否会采取任何严肃的行动"，并预计"风暴（将）会过去"。直到 7 月 25 日奥地利向塞尔维亚发出最后通牒之前，丘吉尔和内阁的注意力还主要集中在爱尔兰内战的威胁上。[128]不到两周之后，欧洲已经陷入战争。

德国于 8 月 2 日入侵卢森堡，8 月 4 日入侵比利时。当天，英国要求德国在伦敦时间晚上 11 点之前从比利时撤军，丘吉尔也在海军部等待最后通牒时间的到来。当大本钟敲响 11 下，英国并没有收到德国保证信守比利时中立地位的承诺后，丘吉尔马上采取行动，"开战电报"飞向世界各地的英国海军舰艇，要求"开始对德国作战"。[129]

虽然结构性压力使得毁灭欧洲的战争更有可能发生，但并非不可避免。尽管许多政治家后来相信欧洲必有一战，但丘吉尔并非其中之一。不过，即使像丘吉尔这样深厚造诣的历史学家和决策者，也很难理解他和同僚们的所作所为。在发出"开战电报"的十年后,丘吉尔出版了多卷本的《世界危机》。他的分析精辟,文字优美,详尽解释了"我是如何竭尽全力完成这些危险职责中自己所肩负的那部分职责的"。[130]

战争本可以避免吗?丘吉尔承认思考这一冲突根源时"会让人普遍感受到个人是无法掌控国际事务的"。但是,他不相信决定论。他指出,各方本有机会缓解合理的安全担忧,以防止"或至少(推迟)完全放弃外交手段",并可能阻止卷入战争的"致命潮流"。他进一步想象到:"通过多花些努力,牺牲一些物质利益,采取一些让人着迷的姿态,软硬兼施,我们英国就能实现让法德最终和解以及形成一个巨大联盟从而保证欧洲的和平与繁荣吗?"他表示:"我无法回答。"[131]

在丘吉尔反思这种困境的一个世纪之后,对于英国如何能够在保护英国重要利益的同时也能阻止这股潮流将欧洲拖入战争的问题至今仍然没有一个简单确切的答案。[132]虽然将英德的情况套用到当代中美关系上肯定不太准确,但却仍然会引起人们的不安。与德国一样,中国也觉得自己曾在弱势时被强国欺骗,从而失去了应有的地位。同时,中国也有改变现状的意愿和手段。

与此同时,与英国一样,美国小心翼翼地守护着自己在世界舞台上的主导地位,并决心抵抗中国试图改变全球政治秩序的企图。两国都自然地认为自己的行为公正且合理,而对方则是可疑和危险的。我们将在下一章中了解到,如果美国人意识到西奥多·罗斯福领导下的崛起中的美国在这个发展阶段其实更加贪婪和好战,那么他们或许更能理解中国。

尽管美国咄咄逼人,但英国还是成功地避免了与崛起中的美国发生战争,不但两国旧伤得到弥合,而且还为两国未来的密切关系奠定了基础。然而，轻易相信产生这种幸运结果的不寻常因素会重演是很不明智的。现在无论是在华盛顿还是在北京，都存在一种不恰当的乐观情绪，认为一切正常，这反而很有可能会导致两国的结局更接近英国和德国的遭遇，而非英国和美国的"大和解"。

在当今世界，巨大灾难降临欧洲，大国在 21 世纪的激烈竞争也可能重蹈覆辙，这些都在促使我们效仿丘吉尔的模式。我们应该发挥想象力问问两国领导人，改变他们所认为必不可少的东西能否"扭转我们所处时代的致命潮流"。我们应该祈祷，我们将能够避免重蹈德国总理贝特曼·霍尔韦格关于欧洲战争起因的可悲答案："啊，如果我们早知道的话。"[133]

注　释

1. Martin Gilbert, *Churchill：A Life*（London：Heinemann, 1991）, 239.

2. David Evans and Mark Peattie, *Kaigun：Strategy, Tactics, and Technology in the Imperial Japanese Navy, 1887—1941*（Annapolis, MD：Naval Institute Press, 1997）, 147.

3. 就在就任第一海军大臣的两个月内，丘吉尔宣布"从事作战飞行"应该是"最光荣的，因为对英国年轻人而言，这是可以从事的最危险的职业"。他以身作则，亲自学习飞行驾驶。为了确保有可靠的石油供应新战舰，丘吉尔主导政府购买了盎格鲁—波斯（Anglo-Persian）石油公司（后来更名为英国石油公司）的多数股权。Gilbert, *Churchill：A Life*, 240—241, 248—249, 251—253, 259—261. Winston S.Churchill, *The World Crisis*, vol.1（New York：Scribner, 1923）, 125—148.

4. Churchill, *The World Crisis*, 123—124.

5. 在哈佛大学肯尼迪学院的研讨会上，我发现即使有一个世纪的"后见之明"，国家安全方面的专家和军官仍然难以制定出可行的计划使英国摆脱这一困境。

6. 丘吉尔认为："从历史的角度来看，虽然人物、事件（facts）、环境和条件在不断变换，但是这四个世纪的目的始终如一，足以成为任何种族、民族、国家或者人民所能展现的最引人注目的一页。而且,从任何角度来看,英国走的都是一条更加艰难的道路:英国曾经面对西班牙菲利普二世,在威廉三世和马尔伯勒领导下对抗法国路易十四,曾对抗法国拿破仑,对抗德国威廉二世,而面对以上每一种情况,英国本都可以加入更强大的一方,享受它胜利的果实,而且这么做也非常诱人。然而,我们总是选择那条更艰难的道路,加入较弱的一方,与它们联合起来,然后击败和阻止欧洲大陆上出现军事暴君,无论他是谁,也不管他领导的是哪个国家。因此,我们维护了欧洲的自由,保护了充满活力而多元的社会的发展,并在四场恐怖的战争之后崛起。此后,英国的声望与日俱增,帝国的版图不断扩大,也使低地国家安全地保持了独立。"Winston S.Churchill, *The Second World War*, vol.1: The Gathering Storm(Boston: Houghton Mi in, 1948), 207.

7. 导致战争的因素和事件极其复杂,且常常充满不确定性。其中一直以来被认为起到很大作用的因素包括:男子汉的荣誉准则;精英对内部失序可能会引发爱国战争的恐惧;民族主义;社会达尔文主义式的态度和战争不可避免的宿命论,甚至是其升级版;"对于进攻的狂热";对导致外交僵化的军事动员的组织约束;很多其他因素。任何一个单一的模型都不足以解释战争这样如此复杂的事件。参见 Christopher Clark, *The Sleepwalkers: How Europe Went to War in 1914*(London: Allen Lane; New York: Penguin Books, 2012), xxi—xxvii; Margaret MacMillan, *The War That Ended Peace: How Europe Abandoned Peace for the First World War*(London: Pro le Books, 2013), xxi—xxii, xxx—xxxi, 605. 本章的目的不是评判相互冲突的历史学派的主张,或者将其归咎于特定的历史人物,也不是"解释"战争的各种复杂情况。反之,本章努力阐明修昔底德式的压力是如何使英国和德国陷入一场永久改变世界的冲突中的。

8. Churchill, *The World Crisis*, 17—18.

9. 强调字体是作者后加的。Gilbert, *Churchill: A Life*, 268.同时参考克里斯托弗·克拉克(Christopher Clark)关于"1914 年的主角们为何都是梦游者,他们时刻警惕却视而不见,整日魂牵梦萦却对他们即将放纵于世上的可怕现实熟视无睹"的评论。Clark, *The Sleepwalkers*, 562.关于德国军队的战争梦如何"成为噩梦,随即又成为现实"的讨论,参见 Stig Förster, "Dreams and Nightmares: German Military Leadership and the Images of Future Warfare, 1871—1914," in *Anticipating Total War: The German and American Experiences, 1871—1914*, ed. Manfred F.Boemeke, Roger Chickering, and Stig Förster(Washington, DC: German Historical Institute; Cambridge and New York: Cambridge University Press, 1999), 376。

10. Gilbert，*Churchill：A Life*，268.

11. 具体而言，正如之后政府所记录的，国王"反复表达自己的不安，认为我们一直对德国不友好，而与此相对照的是，我们热切追求法国，对它有求必应"。Paul M.Kennedy，*The Rise of the Anglo-German Antagonism*，*1860——1914*（London and Boston：Allen & Unwin，1980），402—403，540n73；K.M. Wilson，"Sir Eyre Crowe on the Origin of the Crowe Memorandum of 1 January 1907，" *Historical Research* 56，no.134（November 1983），238—241.

12. MacMillan，*The War That Ended Peace*，115—116.

13.《克劳备忘录》全文参见"Memorandum on the Present State of British Relations with France and Germany"，January 1，1907，in *British Documents on the Origins of the War*，*1898——1914*，vol.3：The Testing of the Entente，ed. G.P.Gooch and H.Temperley（London：H.M.Stationery Office，1928），397—420。已退休的外交部常务副部长托马斯·桑德斯勋爵（Lord Thomas Sanderson）曾对克劳的分析提出异议，但是他曾被视作"对德国举起大棒"之人，因此克劳的观点占了上风。参见 420—431，和 Zara S.Steiner，*Britain and the Origins of the First World War*（New York：St.Martin's Press，1977），44—45。关于备忘录重要性的讨论，参见 Kissinger，*On China*，514—522。

14. Kennedy，*The Rise and Fall of the Great Powers*，224—226.

15. 伦敦也是世界金融资本的中心。Ibid.，226，228.

16. Niall Ferguson，*Empire：How Britain Made the Modern World*（London：Allen Lane，2003），222，240—244；Kennedy，*The Rise and Fall of the Great Powers*，226.

17. MacMillan，*The War That Ended Peace*，25—28，37.

18. 事实上，丘吉尔两年前就发表了第一次演讲，反对道德卫道士关闭伦敦核心区各类酒吧的企图。然而，他后来称自己 1897 年的演讲为"我第一次（正式的）演讲"。Robert Rhodes James，ed.，*Winston S.Churchill：His Complete Speeches*，*1897——1963*，vol.1（New York：Chelsea House Publishers，1974），25，28；Richard Toye，*Churchill's Empire：The World That Made Him and the World He Made*（London：Macmillan，2010），4—5；Gilbert，Churchill：A Life，71—72.

19. Aaron Friedberg，*The Weary Titan：Britain and the Experience of Relative Decline*，*1895——1905*（Princeton，NJ：Princeton University Press，1988）；Kennedy，*Anglo-German Antagonism*，229.

20. 关于丘吉尔在南非冒险经历的最新描述，参见 Candice Millard，*Hero of the Empire：The Boer War*，*a Daring Escape*，*and the Making of Winston*

Churchill（New York：Doubleday，2016）。

21. Kennedy，*Anglo-German Antagonism*，265.

22. Kennedy，*The Rise and Fall of the Great Powers*，198，226—228.正如肯尼迪所言:"世纪末的国际事务观察家认为经济和政治变化的节奏正在变快,因此可能使国际秩序比以往更加具有不确定性。均势变化不断出现,导致不稳定,也经常引发战争。修昔底德在《伯罗奔尼撒战争史》中写道:'使战争不可避免的真正原因是雅典势力的增长以及因此而引起的斯巴达的恐惧。'但是19世纪最后25年,影响大国体系的变化较之前更为广泛,更加迅速。全球贸易和通信网络意味着科技突破或制造业生产的新进步能够在几年之内从一块大陆传播到另一块大陆。"

23. Kennedy，*The Rise and Fall of the Great Powers*，227，230，232—233.

24. Hew Strachan，*The First World War*，vol.1（Oxford and New York：Oxford University Press，2001），13;亦可参见 Kennedy，*The Rise and Fall of the Great Powers*，219—224。

25. Kennedy，*The Rise and Fall of the Great Powers*，242—244.

26. Ibid.，202.

27. Kenneth Bourne，*Britain and the Balance of Power in North America，1815—1908*（Berkeley：University of California Press，1967），339.

28. Kennedy，*The Rise and Fall of the Great Powers*，209—215；Kennedy，*Anglo-German Antagonism*，231.

29. MacMillan，*The War That Ended Peace*，55，129—130.

30. George F. Kennan，*The Decline of Bismarck's European Order：Franco-Russian Relations，1875—1890*（Princeton，NJ：Princeton University Press，1979），97—98，400.

31. Kennedy，*The Rise and Fall of the Great Powers*，212.

32. Ibid.，199.

33. 1910年德国的国内生产总值是2 100亿美元,英国的国内生产总值（不包括帝国其他地区）是2 070亿美元(以1990年国际美元为单位计算)。参见"GDP Levels in 12 West European Countries，1869—1918," in Maddison，*The World Economy*，426—427。

34. Kennedy，*The Rise and Fall of the Great Powers*，211.

35. Kennedy，*Anglo-German Antagonism*，464.

36. Ibid.，293.

37. MacMillan，*The War That Ended Peace*，101—102.亦可参见 Clark，

The Sleepwalkers，164—165。

38. Ivan Berend，*An Economic History of Nineteenth-Century Europe*：*Diversity and Industrialization*（New York：Cambridge University Press，2012），225.

39. Clark，*The Sleepwalkers*，165.

40. Bernard Wasserstein，*Barbarism and Civilization*：*A History of Europe in Our Time*（Oxford and New York：Oxford University Press，2007），13—14.

41. Modris Eksteins，*Rites of Spring*：*The Great War and the Birth of the Modern Age*（Toronto：Lester & Orpen Dennys，1994），70—72.与德国和美国高等教育形成鲜明对比的是，英国精英大学及其毕业生厌恶商业和工业，关于这一点的讨论参见 Martin J.Wiener，*English Culture and the Decline of the Industrial Spirit*，*1850—1980*（Cambridge and New York：Cambridge University Press，1981），22—24。

42. 为了对德国科学创造力的程度有一个直观的理解，读者可以思考这样一个事实：此刻你身体中一半的氮原子最初都是通过哈伯法（Haber-Bosch process）从大气中"做"（fix）出来的，而哈伯法是 1913 年发明的，生产了当今人类一半食物所需的化肥。Robert L.Zimdahl，*Six Chemicals That Changed Agriculture*（Amsterdam：Elsevier，2015），60.

43. Kennedy，*The Rise and Fall of the Great Powers*，194—196；MacMillan，*The War That Ended Peace*，54—55.

44. 如果说德国在瓜分世界时晚来一步，那么这在很大程度上是因为俾斯麦本人对殖民冒险主义讳莫如深，他把德国视为有其他优先事项的"饱和"大国。在 19 世纪 80 年代"争夺非洲"的过程中，他指着一张欧洲地图对一位探险家说："我的非洲地图就在欧洲。这里是俄国，这里是法国，我们正处于中间；这是我的非洲地图。"MacMillan，*The War That Ended Peace*，80—82；Kennedy，*The Rise and Fall of the Great Powers*，211—213.关于被拒绝拥有与国家实力相称的全球地位而不满的一个例子，参见 General Friedrich von Bernhardi's bestseller *Germany and the Next War*（New York：Longmans，Green，1912）。在"成为世界大国还是衰落"一章中，他向他的读者们解释道："我们已经为民族团结以及我们在欧洲强国中的地位参加了最近的一系列大战；现在，我们必须作出决定，我们是否希望成为并维持一个世界帝国，是否要为使那些应该得到认可但到目前为止还未获得认可的德国精神和观念获得承认而努力。"

45. Strachan，*The First World War*，6.

46. 威廉二世是出于内部事务原因而非外交政策原因而将俾斯麦解职。参见 Robert K.Massie, *Dreadnought: Britain, Germany, and the Coming of the Great War*(New York: Random House, 1991), 92—99。

47. MacMillan, *The War That Ended Peace*, 74.

48. Kennedy, *Anglo-German Antagonism*, 223—225.

49. Emphasis added. Clark, *The Sleepwalkers*, 151.

50. "世界政策"本身也没有确定的定义。Clark, *The Sleepwalkers*, 151—152; Strachan, *The First World War*, 9—11; MacMillan, *The War That Ended Peace*, 78—81.

51. Clark, *The Sleepwalkers*, 151.

52. 比洛将反对者比作那些人们常说的决心阻止下一代成长的专横父母。Kennedy, *Anglo-German Antagonism*, 311.

53. Jonathan Steinberg, "The Copenhagen Complex," *Journal of Contemporary History* 1, no.3(July 1966), 27.

54. 强调字体是作者所加。MacMillan, *The War That Ended Peace*, 83—84.

55. Michael Howard, *The Continental Commitment* (London and Atlantic Highlands, NJ: Ashfield Press, 1989), 32.

56. 维多利亚本人也是三岁之前只说德语。Massie, *Dreadnought*, 3; MacMillan, *The War That Ended Peace*, 58, 84; Joseph Bucklin Bishop, *Theodore Roosevelt and His Time: Shown in His Own Letters*(New York: Scribner, 1920), 253—254.在柏林见面不久后,威廉二世和罗斯福在爱德华七世的葬礼上再次相见。爱德华七世的儿子、威廉二世的表兄弟乔治五世继承了王位。

57. 基尔一直不如考斯(Cowes)华丽。当听说威廉二世在登基初期因爱德华七世对身为皇帝的自己不够尊敬而动怒后,维多利亚女王的耐心也被消磨得差不多了。"我们一直与威廉非常亲密",她写道,但是"假装私下对待他和在公共场合时一样尊称'皇帝陛下'简直是痴人说梦"。MacMillan, *The War That Ended Peace*, 60—65, 84—86; Massie, *Dreadnought*, 152—159.

58. 罗斯福也指出威廉二世对其舅舅的矛盾心理,"(他)真心喜爱并尊敬爱德华七世,同时又因为嫉妒而非常不喜欢他,一会儿是这种感觉,一会儿又被另一种感觉占据,并且表现在了言语中"。Bishop, *Theodore Roosevelt and His Time*, 254—255; MacMillan, *The War That Ended Peace*, 86.威廉二世对于被承认的诉求体现在崛起国和守成国之间关系的国家层面。正如乔纳森·斯坦伯格(Jonathan Steinberg)所指出的:"年纪较轻的兄弟或者暴发户要获得承认,那根本不是一个可以讨论的事,因此英国从未满足德国的需求,甚至在一般意义上的外交方面也未达成'协议',这并不意外。对于一个准备好为几个南太平洋岛屿或者一块丝毫不会有损国家利益的北非领地而宣战的国家而言,根本不可能简单地通过现有的国际和解手段解决问题。德国人想要的是他们认为英国拥有的东西,但他们又同时希望不摧毁英国。因为如果只有摧毁大英帝国才能达到目的,德国就不能享受(平等的)待遇了。"参见 Steinberg, "The Copenhagen Complex," 44—45。

59. 关于威廉二世对航海的又一比喻如何预示着其自身舰队的建设,参见 MacMillan,*The War That Ended Peace*,72。

60. 马汉的观点获得了西奥多·罗斯福的认同,其书也成为之后 20 年支持美国海军扩张的圣经。MacMillan,*The War That Ended Peace*,87—89.

61. Steinberg,"The Copenhagen Complex," 43.

62. Clark,*The Sleepwalkers*,149.

63. Kennedy,*Anglo-German Antagonism*,224.

64. Kennedy,*The Rise and Fall of the Great Powers*,196,215.

65. MacMillan,*The War That Ended Peace*,93.

66. Steinberg,"The Copenhagen Complex," 25.

67. Kennedy,*Anglo-German Antagonism*,225;Massie,*Dreadnought*,180.

68. MacMillan,*The War That Ended Peace*,93;Kennedy,*Anglo-German Antagonism*,224.

69. Kennedy,*The Rise and Fall of the Great Powers*,212;Kennedy,*Anglo-German Antagonism*,422.

70. Kennedy,*Anglo-German Antagonism*,224.

71. 正如玛格丽特·麦克米伦所指出的:"这说明了铁毕子目光短浅,他似乎认为英国人不会注意到这一明显的暗示,即他们已经被德国盯上了。"MacMillan,*The War That Ended Peace*,94;Archibald Hurd and Henry Castle,*German Sea-Power:Its Rise,Progress,and Economic Basis*(London:J.Murray,1913),348.

72. 1897 年,威廉二世要求政府准备对英国作战的秘密计划,该计划要求采取突袭方式,攻占中立国比利时和荷兰,然后以它们作为入侵英国的踏板。乔纳森·斯坦伯格认为,尽管该计划在海军中有"强烈的拥护者",但铁毕子认为,直到德国舰队更强大之前,这样的入侵是"疯狂的"。Steinberg,"The Copenhagen Complex," 27—28.

73. MacMillan,*The War That Ended Peace*,94—95.

74. 战后,铁毕子宣称:"按照英国统治世界愿望而缔结的条约永远不会符合德国的基本需要。对于缔结条约而言,平等本该是其前提。"MacMillan,

The War That Ended Peace，78—79，95—96；Kennedy，*Anglo-German Antagonism*，226—227.

75. 虽然建造一支宏大的舰队需要时间，但威廉二世还是期待他能按照自己的方式行事。正如他向法国大使所说的那样，当 20 年之后海军建成之时，"我就不会这样说话了"。MacMillan，*The War That Ended Peace*，90，93，95—99；Massie，*Dreadnought*，176—179；Strachan，*The First World War*，11—12.

76. MacMillan，*The War That Ended Peace*，89—90；John Van der Kiste，*Kaiser Wilhelm II：Germany's Last Emperor*（Stroud，UK：Sutton，1999），121—122；Holger H.Herwig，"*Luxury*" *Fleet：The Imperial German Navy，1888—1918*（London and Atlantic Highlands，NJ：Ashfield Press，1987），51.

77. Van der Kiste，*Kaiser Wilhelm II*，122；Herwig，"*Luxury*" *Fleet*，51.

78. 正如保罗·肯尼迪所言："铁毕子推定德国可以在英国没有注意或者无法作出反应的情况下在国内水域内建造一支令人生畏的强大海军，但这从一开始就是错误的。"Kennedy，*Anglo-German Antagonism*，251—252.

79. Matthew S.Seligmann，Frank Nägler，and Michael Epkenhans，eds.，*The Naval Route to the Abyss：The Anglo-German Naval Race，1895—1914*（Farnham，Surrey，UK：Ashgate Publishing，2015），137—138.

80. 英国对德国海军计划越来越担心，与此同时英国对德国外交政策的态度也普遍变得更加不友好。到 1901 年时，由于已经注意到德国对英国阳奉阴违，特别是在所希望的在华伙伴关系一事上尤为如此，内阁中英德联盟的支持者失去了之前合作的兴趣。Kennedy，Anglo-German Antagonism，225，243—246，252.

81. Ibid.，243—246，265.

82. MacMillan，*The War That Ended Peace*，129.威廉二世和铁毕子宣称德国被孤立了，但正如其外交部曾经评论的那样："对于类似的举动，如果英国媒体更关注德国海军力量而不是巴西的话——威廉二世认为这看起来是不公平的——毫无疑问，这是由于德国海岸线距离英国更近而巴西距离更远。"Kennedy，*Anglo-German Antagonism*，421.

83. Friedberg，*The Weary Titan*，161—180.

84. Kennedy，*Anglo-German Antagonism*，243—246，249—250.

85. George W.Monger，*The End of Isolation：British Foreign Policy，1900—1907*（London and New York：T.Nelson，1963），163.

86. Howard，*Continental Commitment*，33—34.

87. Kennedy, *Anglo-German Antagonism*, 310.

88. Ibid., 424—429.

89. John C. G. Röhl, *Kaiser Wilhelm II：A Concise Life*（Cambridge：Cambridge University Press, 2014）, 98.

90. 1905 年，费希尔私下称，恐吓敌人是避免战争的最好办法："如果你在国内外不断这么做，那你就已经准备好每支队都可以立即在最前线作战，同时打算'首先出击'，先打击敌人的腹部，再当他蹲下时踢他，并用油锅烹煮俘虏（如果有的话），折磨他的女人和孩子，这样的话，人们就会远远地离开你。尤利乌斯·恺撒所说的'如果你想要和平，就要备战'，仍然是千真万确的。"但是，就在同一年，一位海军大臣公开宣布"皇家海军将在对手甚至没有时间看到报纸上宣战消息之前就首先进行打击"，之后德皇试图让英国政府训斥这位政府官员。威廉二世对他的几位海军将领所说的话很好地总结了他对此的反应："那些在英国威胁持续存在情况下认为需要加快海军装备计划的人是正确的，而那些害怕英国并想要避免我们舰队快速发展的人是在让德国人失去未来。"除了向国王建议采取防御性攻击之外，费希尔还在 1905 年告诉这位海军大臣的领导，"如果你想粉碎德国舰队，我现在已经准备好了。如果你要等五六年，这将是一个更为艰巨的任务"。首相则表示，费希尔应该要知道："我们不想粉碎德国海军，而是对此作好准备。"费希尔回应道："很好，记得我警告过你。"战争结束后，费希尔抱怨英国"既没有皮特也没有俾斯麦这样的人来下令"像当年摧毁丹麦舰队那样摧毁"德国舰队，但是没有证据表明海军内部真正考虑过这种选择。Arthur J. Marder, *From the Dreadnought to Scapa Flow*, vol.1（London and New York：Oxford University Press, 1961—1970）, 111—114；Steinberg, "The Copenhagen Complex," 30—31, 37—39；William Mulligan, "Restraints on Preventative War Before 1914," in *The Outbreak of the First World War：Structure, Politics, and Decision-Making*, ed. Jack S. Levy and John A. Vasquez（Cambridge：Cambridge University Press, 2014）, 131—132；MacMillan, *The War That Ended Peace*, 118—119；John Arbuthnot Fisher, *Memories*（London and New York：Hodder and Stoughton, 1919）, 4—5.

91. MacMillan, *The War That Ended Peace*, 99.

92. 铁毕子也未能预料到英国海军在战争中最终采取的战略，即封锁德国而不是发动决战以及是德国的潜艇而非昂贵的战舰将在战争中更加有效。MacMillan, *The War That Ended Peace*, 88, 94, 99. 德国国内也有人注意到了铁毕子计划中的缺陷，正如保罗·肯尼迪所言："随着时间的推进，这些批评都被证明是正确的；但是铁毕子以及相信他的德皇却拒绝承认这些质疑，认为不管怎样，双方的竞争都将继续下去。"Kennedy, *Anglo-German Antagonism*, 419.

93. Marder，*From the Dreadnought to Scapa Flow*，74.

94. Strachan，*The First World War*，17.

95. MacMillan，*The War That Ended Peace*，86.人们认为德国不愿意达到同等的造船水平是因为"缺乏民族精神"，正如丘吉尔后来写道："这再一次证明勇敢的民族应该推进取代虚弱、过度文明的和平主义社会的步伐，因为这种社会不能够继续维持其在世界事务中的一席之地。"Churchill，*The World Crisis*，34.

96. Strachan，*The First World War*，17—18.

97. MacMillan，*The War That Ended Peace*，116—117.

98. 参见 Marder，*From the Dreadnought to Scapa Flow*，67。

99. Massie，*Dreadnought*，407.

100. Ibid.，183.

101. Kennedy，*Anglo-German Antagonism*，443—444；Steinberg，"The Copenhagen Complex，" 40.

102. 自由党领导的政府包括从保守党倒戈的温斯顿·丘吉尔面临广泛的游说压力，要求增加海军开支。这种游说不仅包括广为人知的支持建造八艘新无畏级战舰的爱德华七世，也包括"我们要八艘，我们不要等"的流行口号。1909 年，政府作出了妥协，誓言在当年建造四艘无畏级战舰，并且下一年如果认为有必要的话再建造四艘。劳合·乔治的新税制引发了政治动荡，但自由党最终获得了胜利，预算支出法案也得以通过。MacMillan，*The War That Ended Peace*，127—129；Strachan，*The First World War*，26.

103. 关于克劳的观点的讨论，参见 Clark，*The Sleepwalkers*，162—164。

104. 正如休·斯特罗恩（Hew Strachan）所言："用'偏执狂的'和'宿命论的'这些表述来形容 1905 年之后的德国似乎并无不当之处。"Strachan，*The First World War*，20.

105. Kennedy，*Anglo-German Antagonism*，445.

106. Barbara W.Tuchman，*The Guns of August*（New York：Macmillan，1962），2.

107. 1908 年，爱德华七世对费希尔谈到英德对抗造成的生疏感："我们抛弃本该是我们天然盟友的撒克逊人而去选择凯尔特人是有悖于本来的原则的，但是我必须承认，某一个由前者构成的国家和民族嫉妒心极强，不幸地成为我们最充满敌意的敌人。"但他希望英国的警惕能够解决一切麻烦："如果我们像现在这样继续加大油门干，他们会接受最终的必然结果的，会和我们友好相处。不过，我们必须永远也不能放松对整个北海的警惕！"Arthur J.Marder，*Fear God and Dread Nought：The Correspondence of Admiral of the Fleet Lord*

Fisher of Kilverstone, vol.2（London：Cape，1956—1959），170.在收到德国驻伦敦大使报告英国不会接受德国"粉碎"法国成为大陆霸主的当日，威廉二世对外交部长表示："出于仇恨和嫉妒，英国将毫无疑问地站在法国和俄国一方对抗德国。在即将进行的生存之战中，欧洲的日耳曼民族（奥地利、德国）将与斯拉夫人（俄国人）和他们的拉丁裔（高卢人）支持者进行对抗，而盎格鲁-撒克逊人将和斯拉夫人站在一边。其原因是一丝嫉妒和对我们日益强大的恐惧。"Fritz Fischer, *Germany's Aims in the First World War*（New York：W.W. Norton，1967），32；Holger H.Herwig, "Germany," in *The Origins of World War I*, ed. *Richard F.Hamilton and Holger H.Herwig*（Cambridge and New York：Cambridge University Press，2003），162—163.

108. Churchill, *The World Crisis*, 43—48；Marder, *From the Dreadnought to Scapa Flow*, 239—241；Strachan, *The First World War*, 25—26；Gilbert, *Churchill：A Life*, 233—235；Annika Mombauer, *Helmuth Von Moltke and the Origins of the First World War*（Cambridge and New York：Cambridge University Press，2001），126.

109. 伯恩哈迪（Bernhardi）的《德国与下一场战争》（1912 年）就是在这种环境下诞生的，这本好战的畅销书讲述了德国追求成为世界大国但屡屡受挫的故事。正如伯恩哈迪所言："我们不仅需要广泛的政治基础来实现我们国家物质方面的全面发展，达到与其智识重要地位相匹配的水平，我们还必须为我们不断增加的人口获得空间，为不断增长的工业获取市场。但是，当我们朝着这个方向每走一步时，英国就会坚决地反对……既然斗争就如同彻底调查国际问题那样是必要和不可避免的，那我们就必须不惜任何代价斗争到底。"因此，所有伯恩哈迪的英国读者都有充分的理由担心德国推翻英国所坚定支持的现状和欧洲均势的决心："世界历史上没有什么是静止不变的……要维持现状显然是不可能的，虽然外交常常试图这样做……必须完全摧毁法国使其再也无法阻挡我们的道路……自维也纳会议以来形成的欧洲的均势原则几乎成了神圣不可僭越之事，但它是完全不合理的，我们必须完全漠视它。"

110. 容克是指普鲁士贵族。在阿加迪尔危机之前，丘吉尔对德国的态度一直都更为乐观些。1908 年时，丘吉尔与劳合·乔治一样，对增加海军开支持谨慎态度。他后来写道，尽管"从狭义上讲"他和劳合·乔治对德国海军预计的增长持怀疑态度是正确的，但是他们就这种增长"对于未来命运大潮影响的预判是绝对错误的"。Gilbert, *Churchill：A Life*, 233—236；Churchill, *The World Crisis*, 33，43—48；Massie, *Dreadnought*, 819.

111. 在阿加迪尔危机期间，英国领导人曾担心德国突然袭击，但英国的舰队显然非常分散而且脆弱。英国内阁意识到唯一知道海军的秘密战争计划的是费希尔的继任者,而他当时正在度假。丘吉尔发现海军部拒绝为海军易受攻击的弹药库提供武装保护,因此他主动命令陆军保护这些弹药库。他下令截获可疑通信,发现"德国陆军和海军当局正在对我们进行详细而科学的研究"。1911 年 8 月,丘吉尔草拟出了未来德国将如何进攻法国这一极富先见之明的想法。1914 年,他的一位同事将这份备忘录描述为"预言的胜利!"费希尔虽已退休,但仍是新任海军大臣的热心顾问。Gilbert, *Churchill: A Life*, 234—237, 240—242; Marder, *From the Dreadnought to Scapa Flow*, 242—244; Churchill, *The World Crisis*, 44—67.

112. 丘吉尔还向卡塞尔补充道,如果德国人顽固不化,"除了礼貌和备战,我看不出其它可能"。Gilbert, *Churchill: A Life*, 198, 242—245.要求英国中立一直是 1909 年至 1911 年间夭折的英德对话的僵持点。英国外交部担心,德国试图利用海军谈判作为手段使英国在未来德国寻求大陆霸权的过程中保持中立。新上任的德国首相特奥巴尔德·冯·贝特曼·霍尔韦格缺乏足够的影响力来迫使铁毕子真正削减他所热衷的海军项目。参见 Steiner, *Britain and the Origins of the First World War*, 52—57; MacMillan, *The War That Ended Peace*, 122—124, 507—509; Strachan, *The First World War*, 23; Marder, *From the Dreadnought to Scapa Flow*, 221—233。

113. 铁毕子私下强调,这个比例不适用于巡洋舰。Patrick Kelly, *Tirpitz and the Imperial General Navy* (Bloomington: Indiana University Press, 2011), 326—351, 345; MacMillan, *The War That Ended Peace*, 507—509; Massie, *Dreadnought*, 821—823, 829—831.

114. Kennedy, *The Rise and Fall of the Great Powers*, 203 引用,比例计算自 Niall Ferguson, *The Pity of War* (New York: Basic Books, 1999), 84。

115. MacMillan, *The War That Ended Peace*, 129.

116. Massie, *Dreadnought*, xxv; MacMillan, *The War That Ended Peace*, 129—130.

117. Michael Howard, *Empires*, *Nations and Wars* (Stroud, UK: Spellmount, 2007), 5—6.

118. MacMillan, *The War That Ended Peace*, 129—130; Kennedy, *Anglo-German Antagonism*, 231; Steiner, *Britain and the Origins of the First World War*, 57—59.

119. 到 1913 年,海军军备竞赛已成为英国对德国崛起恐惧的表现,而不仅仅是恐惧的原因。外交大臣爱德华·格雷意识到:"铁毕子所说的并不重要,他之所以那样讲并不是因为热爱我们'美丽的眼睛',而是因为扩充德国军队还得需要额外的 5 000 万。" Massie, *Dreadnought*, 829.英德两国中的一部分人确实感受到 1912 年到 1914 年间英德关系有所改善,但因此就认为英德"缓和"是不切实际的。参见 Kennedy, *Anglo-German Antagonism*, 452。

120. 正如海军预算反映了德国对英国的态度一样,德国的陆军预算也真切地反映了德国对俄国的担忧。1898 年,德国海军开支还不到陆军预算的五分之一;到 1911 年,其占比已经扩大到一半以上。在 1904 年到 1912 年间与英国的海军军备竞赛中,德国海军的预算增长了 137%,而陆军只增长了 47%。但在这之后,钟摆又摆了回来:从 1910 年到 1914 年,海军预算增长了不到 10%,而陆军的经费则飙升了 117%。参见 Herwig, "Luxury" *Fleet*, 75; Quincy Wright, *A Study of War*(Chicago: University of Chicago Press, 1965), 670—671。

121. 到 1914 年,四分之一的法国投资流向了迅速工业化的俄国。此外, 1914 年俄国海军的开支比 1907 年增加了两倍,超过了德国。Strachan, *The First World War*, 19, 62—63.

122. 1912 年 12 月,德国总参谋长赫尔穆特·冯·毛奇(Helmuth von Moltk)敦促德皇向俄国开战,"越快越好"。德国外交部长回忆称,1914 年春天,毛奇告诉德皇"只有进行预防性战争,我们才有可能打败敌人,同时在战争后依然安然无恙",否则的话,他不知道该如何对付恢复武装的俄国。不久之后的 5 月,毛奇告诉他的奥地利同僚:"再等下去就意味着我们的机会减少了。"在最严重的七月危机时,毛奇向德皇威廉二世表示他们"不再会像我们现在那样痛击法国和俄国了,因为目前法国和俄国的军力扩张还未完成"。在弗朗茨·斐迪南大公遇刺前一个月,德皇威廉二世自己曾考虑在俄国完全重新武装之前进行攻击是否明智之举。他的首相贝特曼·霍尔韦格曾这样说道,俄国"越来越强大,像噩梦一样压在我们身上",他甚至建议不要在他的庄园里种植任何树木,因为它们可能很快就会落到俄国手中。1914 年夏天,他认为"如果战争不可避免,那么现在将比以后更有利"。Holger H.Herwig, *The First World War: Germany and Austria-Hungary, 1914—1918*(London: Bloomsbury, 2014), 20—24.亦可参见 Clark, *The Sleepwalkers*, 326—334。

123. 奥匈帝国外交部长向内阁报告称,"即使我们对塞尔维亚的军事行动会导致一场大战",柏林也将支持维也纳。Herwig, *The First World War*, 17.

124. 德皇在 7 月初支持维也纳的决定也源于他对在最近几次危机中没有勇敢面对敌人而受到羞辱的顾虑有关。他认为这是终结俄国在巴尔干地区影响力的好机会,即使这导致了与俄国的战争。当德皇收到大使报告,称奥地利准备就斐迪南大公遇刺一事进攻塞尔维亚,他表示:"要么现在,要么永远也不要。"7 月下旬,随着英国加入战争的可能性越来越大,贝特曼·霍尔韦格和德皇试图限制奥匈帝国入侵塞尔维亚的程度,建议"在贝尔格莱德就停止",但毛奇撤回了他发给维也纳的建议,并称奥地利和德国应该立即动员起来反对俄国。Herwig, *The First World War*, 17—30; MacMillan, *The War That Ended Peace*, 522—533. 对于德皇在1914年7月时在多大程度上积极寻求与俄国开战尚不清楚。很可能仅仅是奥地利在巴尔干的影响力超过俄国他就已经心满意足了。但是,在有必要的情况下,他肯定愿意就此争端与俄国一战。参见 John C.G.Röhl, "Goodbye to All That(Again)? The Fischer Thesis, the New Revisionism and the Meaning of the First World War," *International Aairs* 91, no.1(2015), 159。

125. Howard, Empires, *Nations and Wars*, 111; Kennedy, *Anglo-German Antagonism*, 462; Massie, *Dreadnought*, 901—902, 905.在对这场战争的描述中,丘吉尔将1914年德国的挑战比作当年西班牙帝国、路易十四帝国和拿破仑帝国的挑战,英国曾将欧洲从这些帝国的"军事统治"下拯救出来。Churchill, *The World Crisis*, 1—2.

126. Kennedy, *Anglo-German Antagonism*, 470.

127. MacMillan, *The War That Ended Peace*, xxiii—xxv, 593.

128. Gilbert, *Churchill: A Life*, 261—264.

129. 丘吉尔曾告诉内阁,战争是"文明国家难以想象的可怕灾难",但他仍是英国介入战争以保卫法国的最有力的支持者之一。在个人层面上,他也喜欢战争的刺激。战争期间,丘吉尔亲自指挥军队。在那封警告妻子"灾难和崩溃"的信中,他也承认"我很感兴趣,也准备好了,而且感到很开心"。他的一位密友也记录了之后他对此的看法,,他曾惊呼道:"我的上帝! 这是鲜活的历史。我们正在做的和说的每件事都是激动人心的——想想吧,它们将被世代相传! 为什么我不会为了这个世界能给我的任何东西而退出这场光荣而美妙的战争(眼睛闪闪发光但略带焦虑,唯恐'美味'一词在我耳边阵阵发响)。我说,不要重复'美味'一词——你明白我的意思。"Gilbert, *Churchill: A Life*, 268—275, 281, 283—286, 294—295, 331—360; Churchill, *The World Crisis*, 245—246.

130. Churchill, *The World Crisis*, vi.

131. 有趣的是,丘吉尔并不认为格雷事先明确宣布英国将介入战争会有助于阻止战争的发生,因为他认为这样的声明缺乏政治支持,并将导致政府垮台。他认为不可能放弃法国和俄国,而且在"最后的危机中,英国外交大臣除了他已经做的之外什么也做不了"。Churchill, *The World Crisis*, 5—6; Winston S.Churchill, *The World Crisis: The Aftermath*(London: T.Butterworth, 1929), 439—444.

132.试图回答这个问题需要反事实推理。"如果"是烧脑的思维游戏,让人忍不住去探究烧脑难题,但对许多主流历史学家来说却不那么舒服。然而,它们是应用历史学的一个主要部分。事实上,正如哈佛大学应用历史项目所证明的(至少让我满意),反事实推理是所有历史学家评估各种原因相对重要性的核心,其困难在于在推理过程中既要明确又要缜密。

133. 在七月危机中,贝特曼·霍尔韦格曾谈道:"超越人类力量的宿命正在笼罩着欧洲和我们的人民。"事实上,贝特曼·霍尔韦格很清楚自己在发动战争中扮演的角色。不到一年之后,他私下承认了自己永远的内疚:"这种想法从未离开过我,我一直生活在这种想法中。"参见 Herwig, *The First World War*, 23, 30。虽然贝特曼·霍尔韦格宣称的无知是虚伪和自私的,但它也揭示了另一个悖论:即使参与者意识到自己有意识的决定可能会带来灾难性的后果,他们也可能会被深层的力量所驱使,以至于后来他们会觉得自己已经无能为力了。

第三部分
暴风前夕

第五章　想象一下中国和我们一样

雅典人不可能享受和平与安静，也不允许任何人这样做。

——修昔底德，"科林斯大使在伯罗奔尼撒
联盟代表大会上的讲话"，公元前 432 年

根据自然法则，实力界定统治的边界，人人都会统治他所能统治的。我们并没有创造这项法则。当我们掌权时，我们发现了它，并将它留给后人。

——修昔底德，"弥罗斯对话"，公元前 416 年

但愿上苍赐我们天赋，让我们能看自己就像别人看我们一样。

——罗伯特·彭斯（Robert Burns）

美国人喜欢向中国人说教：变得"更像我们些"。也许，美国人应该对这种愿望更加小心。历史上，新兴霸主是如何表现的

呢?更具体地说,就在一个多世纪前,当西奥多·罗斯福带领美国进入他极为自信的美国世纪时,华盛顿是如何行动的呢?

1897年4月19日,一名38岁的非凡政治人物加入了威廉·麦金利(William McKinley)总统的政府,成为美国海军二号人物。此人便是罗斯福,出生于纽约上流社会家庭,受教于哈佛大学,接受了在达科他恶土(Dakota Badlands)牛仔生活的考验,任职纽约市警察局长磨炼性情,身为公共知识分子,出版了15部引起广泛讨论的图书。用他的一位重量级拳击陪练的话来说,罗斯福是"一个强大、坚韧的人,很难被伤害到,更难被拦住"[1]。

上任海军助理部长七天后,罗斯福给麦金利总统发了一份很长的私人信函(没有被接受),描述当时海军的现状、快速建设的必要性(为确保西半球的和平),以及西班牙控制古巴带来的危险,因为古巴与美国近在咫尺。[2]到任不足一个月,这位新任海军助理部长在没有通知其老板,即麦金利总统的情况下还向海军战争学院的领导层,即当时政府负责战争规划的中枢部门发出了指示。他们需要起草作战计划,以防与西班牙在古巴,或与日本在夏威夷发生战争(因为1893年美国帮助推翻了与日本友好的夏威夷王国)。[3]

虽然当时美国刚刚登上世界舞台,但罗斯福深知未来的一百年应该是美国的时代,他决心尽一切努力去实现这一目标。他坚信决心是命运的侍女,抓住一切机会,有时甚至制造机会,用自己的方式来定义这个世纪。在他执掌华盛顿后的十年里,美国对西班牙宣战,将西班牙从西半球驱逐出去,并获得波多黎各、关岛和菲律宾;以战争威胁德国和英国,除非它们同意以美国条款解决争端;为建造运河,支持哥伦比亚的起义,以建立新的国家——巴拿马;宣称自己是西半球的警察,声称必要时有权随时随地进行干预——这一权利在他执政的七年里行使了9次。[4]

在此之前,从未有总统像他那样从根本上改变了美国在世界上的角色。罗斯福带领他的国家重新认识了作为一个美国人意味着什么。他坚持认为,国家的伟大取决于两大要素:在国内外推进文明,以及实现这一目的的力量,尤其是那些散发着力量、勇气和战斗意志的人组成的优秀军队。

罗斯福把那些坚毅的殖民开拓者(settler)奉为英雄,他们忍受着牺牲,依靠自己的坚韧、自信、机智和使用暴力的意愿生存下来。在他的叙述中,"边疆生活的主要特征是定居者和红种人之间无休止的战争"[5]。对这个满是书生气、身患哮喘、出身上流社会、先读预科后再读哈佛大学的人而言,罗斯福毕业之后在达科他恶土生活的岁月对其成长颇具塑造性。在那里,他发现自己天天直面威胁,经历着达尔文式的生存考验。他与印第安人和亡命之徒肉搏,多次中枪、失血,甚至险些丧命——但在其他人流血身亡后得以幸存。在他看来,与其他经历相比,这段经历使他变得更男人。而且,这段经历也使他相信,那些不能或不愿为自己而战的人,必然会被那些愿意为自己而战的人所统治。他作为海军助理部长在他的第一次公开演讲中说:"所有最伟大的比赛都是战斗。"他警告说:"一旦一个种族失去了顽强拼搏的美德,那么,无论它还能保留什么,无论它在商业、金融、科学或艺术领域多么精通,它都失去了与最优秀的人自豪地平起平坐的权利。种族的怯懦,就像个人的怯懦一样,是不可原谅的罪。"[6]罗斯福四卷本的《征服西部》(*Winning of the West*)清楚地表明了他的美国主义信条。第一卷是在他31岁时出版的,详细描述了在"天命观"的驱使下，美国在整个美洲大陆不断扩张的过程。这种"天命观"坚信"美国合并周边所有土地实际上是完成上帝赋予这个国家必然的道德使命"[7]。罗斯福将它的重要性与美国内战和奴隶解放相提并论，称美国的西部扩张是讲英语民族促进"世界蛮荒之地"文明进步的"最高和最伟大的成就"。[8]

此外，对于罗斯福来说，美国的使命并不止于太平洋海岸。他与想法一致的军方和国会人士一道，举起了扩张主义的旗帜，不仅要将西班牙从古巴和西半球赶出去，还要让美国成为大西洋和太平洋上的强国。正如罗斯福在夏威夷政变后所说的："我相信应该拥有更多的舰船，我相信最终会把欧洲的所有势力都从这片大陆上赶走，我不想看到我们的国旗在它升起的地方降下。"[9]

要宣称"美洲是美国人的美洲"就需要军事力量的支撑，尤其是海军优势。作为哈佛大学的学生，罗斯福对1812年战争进行了严谨的学术研究，随后出版的专著《1812年战争中的海战》（*The Naval War of 1812*）后来成为解释这场冲突的权威著作。美国海军战争学院院长将该书列为必读书，并分发给美国海军所有军舰的舰长。罗斯福的分析有一个最重要的发现。"一个简单的事实是，"这位未来的总统写道，"拥有3∶2军事优势的一方，必然获胜。"[10]

对于读过《1812年战争中的海战》的人而言，没有人会惊讶这位新任海军助理部长会极力主张建立一支更强大的海军作为美国全球力量的支柱。就职七周后，他在海军战争学院的演讲中说，"备战是和平最可靠的保证"，并警告说，美国"如果要保持自尊，就不能静止不动"。外交是"一件好事"。但他坚持认为：

"那些希望看到一国与其他国家和平相处的人如果依赖的是一支由一流战舰组成的一流舰队,而不是靠聪明人设计出的任何仲裁条约,那才是睿智的。"[11]

随后,美国采取了罗斯福的建议。1890 年,美国海军没有任何战列舰。但到了 1905 年,海军已经建造了 25 艘战列舰,成为一支重要的海上力量。[12]英国也意识到它不想在美国的后院与美国作战,尤其是考虑到崛起的德国离英国本土更近。

相比于扩大地盘,美国更乐于使用其新获得的经济和军事实力增强其日益增长的影响力。虽然罗斯福望着西面的加拿大(仍是大英帝国的领土)很是惆怅,但大多数扩张主义者并不认为在美洲获得更多的领土是可行的。相反,美国可以接受在自己主导的半球内存在一群对自己尊重、恭顺和不受外国势力干涉的邻国。这清楚地表明,美国在其半球势力范围内的利益是没有商量余地的,并以罗斯福所说的"权力以及使用权力的意愿和准备"[13]为后盾。

对那些反对他计划的人,罗斯福无法容忍。在他看来:"文明的每一次扩张都有助于和平……一个文明大国的每一次扩张都意味着法律、秩序和正义的胜利。"[14]即使承认美国的行为是出于自身利益,罗斯福也坚持认为,扩大美国的影响力将改善那些尚未有能力管理自己的人的生活。对于这一点,他为美国占领菲律宾辩护的理由很有代表性,即被历史学家阿尔伯特·温伯格(Albert Weinberg)颇具讽刺地称为"国际利他主义的阳刚之气"。罗斯福呼吁他的同胞们要认识到"我们对生活在野蛮状态的人们的责任,要确保将他们从枷锁中解放出来",以及"我们只能通过摧毁野蛮状态本身来解放他们"。罗斯福说了一些能让拉迪亚德·吉卜林(Rudyard Kipling)和塞西尔·罗兹(Cecil

Rhodes)微笑的话，他说"传教士、商人和士兵都可以在这场毁灭和随后人们的进步中发挥作用"[15]。

如今，许多美国人听到这些帝国主义或者种族主义的话，会觉得有些不舒服——尽管人们在21世纪仍可听到这些回声，宣称美国在维护以规则为基础的自由主义秩序中所肩负的责任。与同时代的大多数美国人一样，罗斯福认为，文明的进步对所有社会都"充满着持久的利益"，因为对于"任何一个尚未拥有高度文明的民族所能发生的最好的事情，就是从美国或者欧洲的观念吸收经验并受益"[16]。他所称的"我们对世界的责任"要求美国追随英国、法国和德国的脚步，传播"文明和基督教思想"。[17]正如他在第一次国情咨文中所承诺的那样，美国将"为菲律宾做一些以前从未有人为热带地区人们做过的事，让他们适合建立那种真正自由的国家所流行的自治"[18]。

在罗斯福看来，上帝已经在呼吁美国担负起西方文明守护者和传道者的角色，发挥其独特的作用。在"扩张"文明的使命下，罗斯福还扩大了美国帝国的版图，这让其全球竞争对手心神不安。正如我的同事约瑟夫·奈(Joseph Nye)所写的那样："罗斯福是第一位有计划地将美国力量投射到全球的总统。"[19]从加勒比海到菲律宾，从委内瑞拉到巴拿马，再到阿拉斯加，他要像父辈控制边疆那样取得对西半球的控制，向世人传递美国新获得的实力和远大目标。

在这些历史事件中，有四件大事充分体现了美国崛起的轨迹，体现了美国想要成为世界强国——唯一的世界强国——的强烈欲望。正如罗斯福所说："摆在我们面前的20世纪，呈现出多种国家命运。如果我们无所事事，如果我们仅仅追求怠惰的安逸和不光彩的和平，如果在激烈的竞争中必须冒着生命和失去他们所珍视的东西的危险才能取胜,而我们选择退缩,那么那些更勇敢和更强大的民族就会超过我们,统治世界。"[20]

美西战争

早在罗斯福加入麦金利政府之前,他就渴望与西班牙开战。对于一个相信"每一个真正的爱国者……都应该期待有朝一日没有任何欧洲强国占据美洲一寸土地"[21]的人来说,西班牙在距美国仅 90 英里的地方哪怕占据一个池塘都是一种侮辱。不过,罗斯福并不是第一个被古巴地位问题激怒的美国决策者。1823年,美国国务卿约翰·昆西·亚当斯(John Quincy Adams)将古巴比作一个苹果,它将打破与西班牙的"非自然联系",使其落入美国人手中。[22]然而,尽管经常发生动乱和一系列独立运动,西班牙仍然又控制了古巴 70 年。[23]

罗斯福打算打破这种"非自然"的联系。他坚持认为,美国需要"把西班牙人赶出古巴",尽管他在 1895 年的一封信中提到,他的第一个愿望是"与英国立即开战,以征服加拿大"。[24]罗斯福反西班牙的立场使新当选的麦金利总统对任命他为海军助理部长持保留态度。因为麦金利在就职演说中明确表示要避免"发动征服战争",以及拒绝"领土侵略的诱惑",并指出"在几乎所有的突发事件中,和平都比战争更可取"。[25]

麦金利对罗斯福的担忧并非毫无根据。在加入政府后的几周内,罗斯福曾对马汉说:"除非我们明确地把西班牙赶出那些岛屿(如果我有办法,明天就能完成),否则我们将永远被那里的麻烦所威胁。"[26] 威廉·伦道夫·赫斯特（William Randolph Hearst）和约瑟夫·普利策（Joseph Pulitzer）旗下当时的主流报纸也在叫嚣战争。有一句话广为人知，赫斯特曾对他的插图画家说："你提供图片，我提供战争。"[27]

在罗斯福就任海军助理部长四个月后，向麦金利提交了一份完整的入侵计划，并承诺在六周内取得胜利。[28] 很快，罗斯福就有机会实施美国入侵古巴的计划了。1898 年 2 月 15 日，美国军舰"缅因号"在哈瓦那港沉没，造成 266 名美国人丧生。但是，尽管面临来自罗斯福、媒体和愤怒公众的压力，麦金利总统仍拒绝立即进行报复，而是下令调查沉没的起因。罗斯福被气得脸发红。事实上，在该事件发生几周前，他还曾对一位同事说："我一直期待并积极促成我们对古巴的干涉。"[29] 此时，他怒斥道："'缅因号'上被谋杀士兵的鲜血，要的不是赔偿金，而是完全的赎罪，而这只有把西班牙人赶出'新世界'才能实现。"[30] 他还对他的连襟说，总统的"脊梁骨还不如一块巧克力饼干"[31]。

随后，官方调查出炉，沉船是由一颗水雷引爆造成的。这样麦金利别无选择，只能宣战。[32] 罗斯福立即辞去了海军助理部长的职务，在美国陆军中获得了陆军中校的职位，并组织了美国第一个志愿骑兵团——"狂野骑士"（the Rough Riders）。罗斯福和他的骑兵在圣胡安战役中荣立奇功：他们在 1898 年 7 月 1 日交火混战中帮助夺取了圣胡安山。在激战中，罗斯福展现了他之前书中所描述的男子汉气概。一名战友惊叹于他"在弹片爆炸中移动……西奥多喜欢站起来，或者四处走动，吸闻战斗的芬芳气息"。罗斯福后来回忆起那场战役，认为那是他一生中最伟大的一天。[33]

在 8 月底之前，美国打败了西班牙，并在 12 月签署了和平条约。对西班牙来说，条件很苛刻：古巴获得了独立，西班牙把波多黎各、关岛和菲律宾割让给美国。[34]战争结束后，历史学家布鲁克斯·亚当斯（Brooks Adams），也是罗斯福的密友，宣称1898 年的事件将成为"我们历史上的转折点"。展望未来，他预计"我们可能会主宰世界，因为最近没有哪个国家已经主宰世界……我期待着接下来的十年，因为这十年可能达到美国的鼎盛时期"[35]。

实施门罗主义

在美西战争之后，罗斯福短暂地做了一段时间的纽约州州长，然后接受邀请，加入麦金利班底，作为副总统候选人参选1900 年选举。麦金利和罗斯福在竞选中轻松获胜。但是，1901年 9 月，一名刺客刺杀了麦金利，使仅仅工作 6 个月的罗斯福被推进总统办公室。他的前任之前信心不足，做事畏手畏脚，让他沮丧多年，但当他担任总统的第一年，机会便出现了，可以充分展现美国实力、主张美国权利。机会出现在 1902 年，当时由于委内瑞拉拒绝偿还长期债务，德国在英国和意大利的支持下，开始对委内瑞拉实施海上封锁。随后，德国加大施压，击沉了委内瑞拉船只，并威胁要袭击卡贝略港（Puerto Cabello）。

罗斯福意识到了传记作家埃德蒙·莫里斯（Edmund Morris）所描述的"远方掠食者的捕食圈"，怀疑德国在委内瑞拉寻求建立永久性的海军哨所。罗斯福抓住这个机会，向欧洲发出了一个明确无误的信号。[36]他警告柏林，如果德国不在十天内撤回船只,美国"在必要时有义务以武力干涉"[37]。随后,他要求欧洲人通过仲裁解决与委内瑞拉的分歧,并将安排仲裁。他通知德国大使西奥多·冯·霍勒本(Theodor von Holleben):"告诉德皇,打牌时虚张声势并不可靠,打扑克是美国的全民游戏,我已经准备好了,接受你的挑战。"为了确保德皇抓住要点,他继续说:"如果他不立即从委内瑞拉海域撤回军舰,我将毫不犹豫地命令部队摧毁它们。"[38]罗斯福甚至警告德皇:"在这个世界上,如果德国与美国发生冲突,没有比加勒比海对德国更不利的地方了。"[39]

罗斯福要求德国遵守詹姆斯·门罗(James Monroe)在1823年提出的"门罗主义",即西半球不再允许欧洲殖民或外国干涉。[40]门罗主义虽然影响广泛,但最初它只是一种抱负,而不具有操作性,而且从提出到19世纪结束一直如此。由于美国缺乏实施的手段,门罗主义没有阻止英国1833年从阿根廷手中夺取福克兰群岛 *,没有阻止英国在尼加拉瓜保持相当规模的海军存在,也没有阻止英国在1895年临时占领位于科林托的尼加拉瓜港口。德国人也对这一主义不屑一顾,他们不时派军舰到海地这样的小国解决贸易争端。[41]

早在当总统之前,罗斯福就已经下定决心要给门罗主义装上牙齿。英国军队占领科林托后,罗斯福担心委内瑞拉会成为下一个目标。"如果我们允许英格兰以赔偿的名义侵略委内瑞拉,那就会和之前的科林托如出一辙,"他写信给支持扩张主义的游说团体成员亨利·卡伯特·洛奇(Henry Cabot Lodge)参议员,"我们在美洲的霸权就结束了。"[42]对于格罗弗·克利夫兰

---

* 阿根廷称"马尔维纳斯群岛"。——译者注

(Grover Cleveland)总统不愿对在委内瑞拉的英国人采取强硬立场，罗斯福备感失望。他后来观察到，"主和派的喧嚷使我相信这个国家需要一场战争"[43]。最终，克利夫兰政府警告英国不要违反门罗主义，从英属圭亚那侵入委内瑞拉也主张的领土，并称"现在美国实际上已是这块大陆的主人，美国的法令就是这些臣民的法律，并且由它决定介入"。英国人意识到克利夫兰是认真的，于是勉强同意通过仲裁来确定适当的边界，而不是考验美国人的底线，坚持以实际主张的争议领土为基础。[44]

罗斯福对此很满意，强调美国已"强大到足以在外交事务中发挥其应有的影响力"，并对那些质疑美国因为英国在南美一些偏远地区的行动而威胁英国是否明智（或合法）的人，表示很不屑。罗斯福写道，门罗主义"根本不是一个法律问题，而是一个政策问题……争辩说它是不可能被承认为国际法的一项原则，纯属白费口舌"[45]。

在与柏林和伦敦的对峙中，罗斯福展现了同样的决心。他的最后通牒说服两国从委内瑞拉水域撤出，并在海牙法庭解决了争端，达成了美方满意的条款。这些结果证明罗斯福的决定是正确的："门罗主义应该被视为美国外交政策的最重要特征。"但是，他还警告说："如果我们只是口头上主张门罗主义而没有后盾给予支持，那么其结果可能比什么都不做还要糟糕，而只有极其优秀的海军才能为门罗主义提供坚实的后盾。"[46]美国海军在加勒比海地区的优势要比语言更有说服力。后来，他对芝加哥的听众说："如果美国说话言辞温和，同时还有一支保持高强度训练的高效海军，那么门罗主义就会走得很远。"很快，世界就会知道罗斯福打算将门罗主义带到多远。[47]

巴 拿 马 运 河

16世纪以来，欧洲列强一直梦想有一条连接大西洋和太平洋的运河。但是，多次试图建设的努力都被证明是徒劳的。在19世纪80年代，法国经过认真考虑，开始建设这项工程。该项目由著名的费迪南·德·莱赛普（Ferdinand de Lesseps）领导，他在19世纪60年代曾修建了苏伊士运河。不过，因一连串的失败，这项工程陷入困境。美国和英国在巴拿马和其邻国尼加拉瓜建造运河的项目同样也未能取得进展。随着美国实力的增长，罗斯福发誓要在其他国家跌倒的地方取得成功，并确保这条通道由美国控制。

对罗斯福来说，为了确保国家安全也需要一条穿越中美洲的运河。如果没有它，驻扎在大西洋海岸的美国军舰必须航行14 000英里，用两个月绕道智利合恩角，才能到达西海岸保护美国在太平洋的利益（反之亦然）。例如，在美西战争期间，驻扎在皮吉特湾的战舰"俄勒冈号"在美西战争中要经过整个北美和南美才能到达古巴。[48]在罗斯福看来，建立运河是"必要的"，他不允许任何国家阻碍运河的建设——法国等远方大国不可以，哥伦比亚等二流国家当然就更不可以了，尽管自1821年以来哥伦比亚就一直将巴拿马当作一个省控制着。

当哥伦比亚政府拒绝罗斯福在其巴拿马领土上修建运河的提议时，罗斯福不接受"不"的回答。他后来说道："我拿到了地峡，开凿了运河，然后让国会辩论的就不是是否建运河，而是在辩论我的做法。"[49]批评者指责他制造了一场革命，在一场可耻的炮舰外交事件中占领了哥伦比亚的一部分。罗斯福毫无歉意，称："到目前为止，在我担任总统期间，在外交事务中所采取的最重要的行动就是关于巴拿马运河的行动。"[50]

历史学家戴维·麦卡洛（David McCullough）将这一连串事件称为罗斯福总统当政时"重要和广为人知的故事素材"。在他关于运河建设的权威著述中这样写道，对罗斯福来说，"无论首先、最后，还是永远，这条运河都是美利坚合众国实现全球使命关键的——必不可少的——途径"[51]。正如罗斯福对国会所说："如果曾有过一个政府可以称得上是受到了文明的委托，去实现一项符合人类利益的成就，那么美国修建这条跨洋运河做的就是这样的事。"[52]

1903年8月，哥伦比亚参议院出于对财政条款和主权的担忧，一致否决了美国修建运河的条约。罗斯福对这种"令人沮丧的无知"感到气愤。他对国务卿海约翰说："我认为不该让波哥大﹡的长腿大野兔一直挡着未来文明的康庄大道。"[53]为此，罗斯福"决心做他应该做的事而无需顾忌他们"[54]。

起初，罗斯福对1846年美国和哥伦比亚的条约进行了富有想象力的解读，提出实际上美国已经获得了修建运河的许可。"我觉得我们在道德上肯定是正义的，"罗斯福向美国参议院的一个盟友吐露道，"根据1846年的条约，这在法律上是正当的，同时立即进行干涉并告诉他们运河是要建的，不能横加阻止，这样做也是合理的。"[55]但是，当法国工程师兼商人菲利普·比诺-瓦里拉（Philippe Bunau-Varilla）带来消息，说巴拿马正酝酿一场革命时，罗斯福改变了策略。

﹡ 波哥大是哥伦比亚的首都。——译者注

在白宫 1903 年 10 月 9 日的一次会议上,比诺-瓦里拉(他在运河修建方面有重大的经济利益)直接问总统,美国是否会支持反对哥伦比亚统治的巴拿马起义。罗斯福对此表示反对,但也拒绝表示美国将保护其所谓的盟友哥伦比亚免受独立运动的影响。相反,他说道:"一个已经完成其使命的政府对我没有什么用处。"他后来说,如果比诺-瓦里拉当时没有领会到他的信号,那么他"会是一个多么迟钝的人呀"。[56]

在证实比诺-瓦里拉所说的潜在革命准确无误后,罗斯福派出海军舰艇到巴拿马海岸跟踪事态发展,并命令陆军为美国可能的登陆作好准备。[57]国务卿海约翰将这些准备告知了比诺-瓦里拉。到 11 月 2 日,已经可以在科隆城海岸看到美国"纳什维尔号"(USS Nashville)军舰,而另外 9 艘炮艇也将很快到达巴拿马的大西洋和太平洋两岸。[58]

11 月 3 日,叛军发表了自己的独立宣言。一支海军陆战队的特遣队登陆并封锁了主要的铁路,以防止哥伦比亚军队抵达巴拿马城,同时美国船只阻止哥伦比亚的海军援军登陆。罗斯福还警告哥伦比亚政府,如果它试图反对巴拿马独立,那么它将在其领土上看到美国军队。在巴拿马叛军宣布独立不到 72 小时后,美国第一个承认这个新国家,并与其建立了外交关系。[59]

比诺-瓦里拉迅速开展谈判,与美国达成条约,授予美国对未来运河的"永久"权利。作为回报,美国将一次性预先支付 1 000 万美元,然后每年支付 25 万美元。罗斯福的国务卿私下承认,这项协议"非常令人满意,对美国非常有利,而且我们必须承认,不管我们怎么看,对巴拿马都不那么有利"[60]。在随后的岁月里,这种安排被证明更加不平衡。例如,巴拿马每年从运河获得的收益只有 25 万美元,而美国财政部在 1921 年从运河获得的利润约为 100 万美元,1925 年接近 1 400 万美元,1928 年至 1930 年每年超过 1 800 万美元。[61] 此外,这还不包括运输成本下降带来的好处:对于美国消费者来说,产品变得更便宜了,而同时美国产品在国外市场的竞争力也更强了。到 1970 年,每年的通行费超过了 1 亿美元。到了 20 世纪末,根据吉米·卡特(Jimmy Carter)总统签署的一项条约,美国终于将所有权归还巴拿马,当时运河的通行费已经达到了 5.4 亿美元。[62] 总体而言,将美国根据最终条约每年支付给巴拿马的金额与美国(或者法国)按照此前六个(不那么强迫的)版本的合同相比较,罗斯福条件苛刻的合同很可能让巴拿马每年失去其国内生产总值 1.2 到 3.7 倍的收入。[63]

不过,在他临终之际,罗斯福仍坚持认为,巴拿马革命是人民渴望独立和运河的自然表现。[64] 但是,即使是那些为这个结果欢呼雀跃的罗斯福的支持者,也认为这种观点就是一派胡言。罗斯福的战争部长伊莱休·鲁特(Elihu Root)告诉罗斯福:"你知道自己有诱奸嫌疑,最终自己证明了自己犯有强奸罪。"[65]

阿拉斯加边界争端

大约在他鼓励巴拿马独立运动的同时,罗斯福还因为加拿大西部与后来所称的美国阿拉斯加州的边界问题,挑起了与其北方邻国加拿大——以及它的支持者英国——的争执。

从地图上,我们可以清楚地看到阿拉斯加边界争端的结果:一条"肥尾巴"从阿拉斯加主体部分向南伸出了大约 500 英里,将加拿大土地与太平洋分开。1867年，美国从俄国购买阿拉斯加时，加拿大不列颠哥伦比亚省与阿拉斯加狭长地带就界线不清，美国继承了这种模糊状态。多年来，美国一直对于边界模糊状态表示满意。[66]虽然在1871年英属哥伦比亚加入加拿大联邦后，曾偶尔有过几次要明确边界的尝试，但是都没有实现。事情直到1897年加拿大育空地区发现黄金后才有变化。突然之间，边界定义的问题变得紧迫起来，原因很简单：黄金在加拿大，但美国控制了从海洋到克朗代克的主要路线，而这个地方几乎是无法从陆上到达的。加拿大声称，它的边界不应该（像美国的做法那样）离海岸30英里，而是应该离海岸附近的小岛30英里。这种对边界的解释使得加拿大拥有直接入海口，并拥有朱诺、斯卡格威、林恩运河和冰川湾的所有权。[67]

罗斯福对加拿大人的主张表示怀疑，认为加拿大的主张"完全站不住脚，这就好比他们现在索要马萨诸塞州南部的楠塔基特岛那样没有道理"[68]。为了捍卫美国的领土主张，罗斯福派去了军队，并威胁说，如果需要的话，将采取"严厉"的行动。私下里，他警告英国大使，如果加拿大或英国试图阻挠，那将是"让人不愉快和危险的"。[69]但是，战争部部长鲁特恳求罗斯福将边界争端交由国际法庭裁决，并向他保证法庭只会认可美国的立场，这样罗斯福才同意交由国际法庭处理。鲁特遵守诺言，每一方选择三名法官，因此可以确保裁决的最坏结果就是3∶3平手。为了万无一失，罗斯福任命了三个志同道合的亲密盟友——洛奇（Lodge）、鲁特和前参议员乔治·特纳（George Turner）——尽管规则要求选择"不偏不倚的法学家"。但是，毫无疑问，加拿大的两名成员也会这样投票。[70]这使得代表加拿大方面的第三个、也是最后一个专员——英国首席大法官阿尔弗斯通（Alverstone）——成为关键的一票。

鲁特向罗斯福保证，英国（通过阿尔弗斯通）将支持美国的主张，因为这显然符合他们的利益。鉴于英国在解决 1895 年和 1902 年委内瑞拉争端时表现出的顺从，英国政府不会在这样的次要问题上与美国对抗。尽管如此，罗斯福还是让最高法院大法官小奥利弗·温德尔·霍姆斯（Oliver Wendell Holmes Jr.）借访问伦敦的机会警告英国负责殖民地的大臣，如果仲裁委员会陷入僵局，"我将禁止今后进行任何仲裁"。他还指示海约翰提醒伦敦，如果仲裁庭"现在"无法达成协议，美国将被迫"采取行动，那将不可避免地伤及英国自豪感"[71]。罗斯福对自己的法庭成员说得更加直白，"我希望你们认真裁决，"他建议道，"但是，万一英国那边找些似是而非、强词夺理的理由进行反对，我会派遣一队美国正规军到斯卡格威，占领争议领土，并以美国的武力和实力控制住它。"[72]

伦敦在压力下屈服了。1903 年 10 月，仲裁法庭作出了 4∶2 的裁决，美国的全部诉求取得了彻底的胜利。阿尔弗斯通投下了关键的一票。两名加拿大委员拒绝签署最终裁决，抗议他们"无力阻止"美国和英国的阴谋。加拿大历史学家诺曼·潘灵顿（Norman Penlington）称，在加拿大，这一判决"燃爆了该国历史上最严重的愤怒之一"。媒体称，加拿大被"牺牲""欺骗"和"抢劫"了，嘲笑阿尔弗斯通为了满足这位贪得无厌的美国总统而出卖加拿大。[73] 而另一方面，《华盛顿晨报》（*Washington Morning Post*）报道称，罗斯福和他的政府班子"将这一判定看作在美国一代人的时间里取得的最伟大的外交成就"[74]。美国仅仅通过对加拿大几点小小的让步，就保有了完整的沿海地带：阿拉斯加狭长地带的 2.5 万平方英里的海岸和岛屿，还有一大片当时处于原始状态后来成为美国最大国家森林公园的聪格斯（Tsongas）荒野。在一切尘埃落定之后，罗斯福从加拿大获得的这块土地让美国领土差不多增加了一个罗德岛的面积。[75]

美国取得了对西班牙、德国和英国的胜利，在从阿拉斯加到委内瑞拉的广大地区都占据着支配地位。随后，罗斯福在其1904年的国情咨文演讲中宣布，美国已经承担起周边地缘和平和稳定的责任。对于将来，罗斯福说道："在美洲，与世界上其他地方一样，当出现长期的不当行为或者不能掌控的局面，造成文明社会关系的松动弱化，最终都会要求某个文明国家进行干预。在西半球，坚持门罗主义的美国，不管自己有多么不情愿，都可能被迫在出现上述公然情形时行使国际警察的权力。"[76]这一表态被称为门罗主义的罗斯福推论（the Roosevelt Corollary to the Monroe Doctrine）。

在其总统任期的最后几年，罗斯福明确了他眼中的"不当行为或不能掌控的局面"。当多米尼加共和国、洪都拉斯和古巴等国因动乱威胁美国的商业利益时，他便派遣军队，进行干预。当他发现墨西哥政府让人反感时，便试图推翻它，但以失败告终。其继任者威廉·霍华德·塔夫脱（William Howard Taft）总统则鼓励那些以美国为基地的墨西哥革命者拿起武器有组织地反抗墨西哥总统波费里奥·迪亚斯（Porfirio Díaz），当这些革命者废黜迪亚斯时，美国给予支持，而后来发现这些革命者也开始给美国制造麻烦时，美国又支持政变推翻了他们。从宣布门罗主义的罗斯福推论到20世纪30年代中期富兰克林·罗斯福提出"睦邻政策"，拒绝其堂兄兼前任如此热衷的干涉主义时，美国海军陆战队或军舰在这30年的时间里对拉丁美洲进行了21次干预。

该图为 1903 年《蒙特利尔星报》的一幅政治漫画，将"美国之鹰"画成一只秃鹫，象征美国在巴拿马和阿拉斯加行动之后又在寻找新的猎物。

美国的侵略
"美国之鹰"："让我看看，现在还有什么猎物。"
《蒙特利尔星报》

离任后，罗斯福告诉一位朋友："如果我必须在铁血政策和不痛不痒的无味政策之间作出选择，那么我支持铁血政策。这不仅有利于国家，也有利于世界的长远发展。"[77]但是，罗斯福的"文明使命"和"警察权力"的影响却激怒了西半球的许多人。[78] 1913 年，阿根廷政治领导人曼纽尔·乌加特（Manuel Ugarte）向新当选的总统伍德罗·威尔逊直言，现在很多拉丁美洲国家都"已经进入了放纵那些最邪恶本能的开放季，到处肆虐而不受责罚，而这些邪恶的本能行为因为违背公共责任和公众意见，在美国国内是不会被纵容的……由于这些行为，美国正逐渐变成我们中最不受欢迎的国家"。迪亚斯早捕捉到了这种情绪，他的那句哀叹广为人知："可怜的墨西哥！离上帝这么远，离美国这么近。"[79]

现在，当我们看到北京在其周边的新一轮主张和要求，是不是能让我们听到几丝罗斯福在加勒比海地区行动的回声？如果今天中国表现出当年美国一半的苛刻，美国领导人会像当年英国领导人那样聪敏地找到一种方式去适应吗？回顾有关的已有记录，我们发现习近平主席和罗斯福总统之间的差异要比相似之处更引人注目。然而，几乎没有迹象表明美国人准备接受当年英国的命运。看着各种趋势线，修昔底德可能会说：系好安全带——好戏还在后头。

注 释

1. Edmund Morris, *The Rise of Theodore Roosevelt* (New York: Coward, McCann & Geoghegan, 1979), 21.

2. Memorandum to President William McKinley, April 26, 1897, in *The Selected Letters of Theodore Roosevelt*, ed. H.W.Brands (New York: Cooper Square Press, 2001), 129—130.

3. Morris, *The Rise of Theodore Roosevelt*, 572—573.

4. 在西奥多·罗斯福的总统任期内，美国在哥伦比亚采取了三次干预行动，在洪都拉斯和多米尼加共和国采取了两次干预行动，在古巴和巴拿马各采取了一次干预行动，关于这些干预行动和到 1935 年为止的其他干预行动的总结，参见 William Appleman Williams, *Empire as a Way of Life* (New York: Oxford University Press, 1980), 102—110, 136—142, 165—167; Barbara Salazar Torreon, "Instances of Use of United States Armed Forces Abroad, 1798—2015," Congressional Research Service, October 15, 2015, https://www.fas.org/sgp/crs/natsec/R42738.pdf。

5. Theodore Roosevelt, "Expansion and Peace," in *The Strenuous Life* (New York: P.F.Collier & Son, 1899), 32.

6. Theodore Roosevelt，"Naval War College Address," Newport，RI，June 2，1897，http://www. theodore-roosevelt. com/images/research/speeches/tr1898.pdf.

7. Albert Weinberg，*Manifest Destiny：A Study of Nationalist Expansionism in American History*（Baltimore：Johns Hopkins University Press，1935），1—2.

8. Theodore Roosevelt，*The Winning of the West*，vol.1（Lincoln：University of Nebraska Press，1995），1，7.

9. Gregg Jones，*Honor in the Dust：Theodore Roosevelt，War in the Philippines，and the Rise and Fall of America's Imperial Dream*（New York：New American Library，2012），24. 罗斯福发表此番讲话近 70 年后，C.范恩·伍德沃德（C.Vann Woodward）提出，美国享有的"自由安全"，即"自然恩赐"的太平洋、大西洋和北冰洋屏障，以及 19 世纪 80 年代美国商船在大西洋上运送货物时得到英国海军的保护，这对美国实力的增长和扩张主义倾向起到了重要作用，"只要自由的土地（freeland）是肥沃和适合耕种的，"伍德沃德写道，"只要安全不仅免费，而且持久（strong）和有效，世界似乎就成了专为美国准备的牡蛎，这丝毫不足为奇。"参见 C.Vann Woodward，"The Age of Reinterpretation，" *American Historical Review* 66，no.1（October 1960），1—19。

10. Theodore Roosevelt，*The Naval War of 1812*（New York：Modern Library，1999），151. 第一次出版时间是在 1882 年。

11. Roosevelt，"Naval War College Address."

12. Charles Kupchan，*How Enemies Become Friends：The Sources of Stable Peace*（Princeton，NJ：Princeton University Press，2010），74.

13. Edmund Morris，*Theodore Rex*（New York：Random House，2001），184.

14. Roosevelt，"Expansion and Peace，" 29.

15. Weinberg，*Manifest Destiny*，429—430.

16. Theodore Roosevelt，"The Expansion of the White Races：Address at the Celebration of the African Diamond Jubilee of the Methodist Episcopal Church，" Washington，DC，January 18，1909，www. theodore-roosevelt. com/images/research/speeches/trwhiteraces.pdf.

17. Theodore Roosevelt，"Fourth Annual Message，" December 6，1904，UCSB American Presidency Project，http://www.presidency.ucsb.edu/ws/?pid=29545；Roosevelt，"The Expansion of the White Races."

18. Theodore Roosevelt，"First Annual Message，" December 3，1901，UCSB

American Presidency Project，www.presidency.ucsb.edu/ws/?pid＝29542。

19. Joseph Nye，*Presidential Leadership and the Creation of the American Era*(Princeton，NJ：Princeton University Press，2013)，23。

20. Theodore Roosevelt，"The Strenuous Life," April 10，1899，http://voicesofdemocracy.umd.edu/roosevelt-strenuous-life-1899-speech-text/。

21. Theodore Roosevelt，"The Monroe Doctrine," *The Bachelor of Arts* 2，no.4(March 1896)，443。

22. Louis Pérez Jr.，*Cuba in the American Imagination：Metaphor and the Imperial Ethos*(Chapel Hill：University of North Carolina Press，2008)，30。

23. 从19世纪60年代开始，西班牙面临古巴国内一系列独立运动："十年战争"(1868—1878年)、"小规模战争"(the Small War)和最后的"独立战争"(1879—1880年)，美国都对这些运动进行了干预。

24. Morris，*The Rise of Theodore Roosevelt*，513。

25. 参见 William McKinley，"First Inaugural Address," March 4，1897，Avalon Project，Yale Law School，http://avalon.law.yale.edu/19th_century/mckin1.asp。

26. 罗斯福在两封信中表达了"把西班牙人赶出古巴"的愿望：Morris，*The Rise of Theodore Roosevelt*，513，526。关于他对马汉的评论，参见 Letter to Alfred Thayer Mahan，May 3，1897，in Brands，*The Selected Letters of Theodore Roosevelt*，133。莫里斯描述了麦金利对罗斯福"将寻求让美国卷入战争"的不安。参见 *The Rise of Theodore Roosevelt*，560。

27. Ben Procter，William Randolph Hearst：*The Early Years，1863—1910*(New York：Oxford University Press，1998)，103。

28. Morris，*The Rise of Theodore Roosevelt*，586。

29. 参见 Letter to Hermann Speck von Sternberg，January 17，1898，in Brands，*The Selected Letters of Theodore Roosevelt*，168。

30. Morris，*The Rise of Theodore Roosevelt*，607。

31. Jones，*Honor in the Dust*，10。

32. 调查没有具体指控西班牙或者古巴的实施者，但很清楚，爆炸是水雷引发的外部原因造成的。此后，这一直是一个争议点；随后的调查表明，爆炸实际上是偶然的。

33. Mark Lee Gardner，Rough Riders：*Theodore Roosevelt，His Cowboy Regiment，and the Immortal Charge Up San Juan Hill*(New York：HarperCollins，2016)，175；Morris，The Rise of Theodore Roosevelt，650。

34. 1898年5月，美国船只在马尼拉湾摧毁了西班牙舰队，取得了出乎意料的迅速胜利,数月后古巴问题也得到了正式解决。在这场战争结束后,美国支付给菲律宾 2 000 万美元,然后占领了菲律宾群岛,导致了美菲战争的爆发,从 1899 年开始一直持续到 1902 年。与此同时,新解放的古巴只是名义上的独立,该国新宪法赋予美国控制古巴与其他国家的关系,并保证美国拥有维持秩序,并进行"干预"的权利。美国在 1906—1909 年、1912 年和 1917—1922 年通过干预行动行使了这一权利。

35. Daniel Aaron, *Men of Good Hope*: *A Story of American Progressives* (New York: Oxford University Press, 1951), 268.

36. 在描述罗斯福总统任期的这段时间时,历史学家理查德·科林 (Richard Collin) 写道:"罗斯福的主要任务是让欧洲相信美国是认真的。"参见 Richard Collin, *Theodore Roosevelt*, *Culture Diplomacy*, *and Expansion*: *A New View of American Imperialism* (Baton Rouge: Louisiana State University Press, 1985), 101。在其他地方,科林指出罗斯福希望"阻止一个强大的德国在加勒比海地区取代一个弱小的西班牙。罗斯福的大棒……是针对欧洲的,而不是针对拉丁美洲的"。参见科林的 *Theodore Roosevelt's Caribbean*: *The Panama Canal*, *the Monroe Doctrine*, *and the Latin American Context* (Baton Rouge: Louisiana State University Press, 1990), xii。有关罗斯福怀疑德国对委内瑞拉企图的详细描述,也可参见 James R. Holmes, *Theodore Roosevelt and World Order*: *Police Power in International Relations* (Washington, DC: Potomac Books, 2006), 165—167。

37. Morris, *Theodore Rex*, 186—187.

38. Edmund Morris, "A Few Pregnant Days," *Theodore Roosevelt Association Journal* 15, no.1 (Winter 1989), 4. 关于这件事的详细记录,参见莫里斯的 *Theodore Rex*, 183—191 和 "A Few Pregnant Days," 2—13。

39. Morris, "A Few Pregnant Days," 2.

40. "门罗主义"宣称,西半球国家"不应被任何欧洲大国视为未来殖民统治的对象",并警告称,美国"只能将任何欧洲大国的干预视为对美国不友好的表现"。参见 James Monroe, "Seventh Annual Message," December 2, 1823, UCSB American Presidency Project, http://www.presidency.ucsb.edu/ws/?pid=29465。

41. Stephen Rabe, "Theodore Roosevelt, the Panama Canal, and the Roosevelt Corollary: Sphere of Influence Diplomacy," in *A Companion to Theodore Roosevelt*, ed. Serge Ricard (Malden, MA: Wiley-Blackwell, 2011), 277; Ernest May, *Imperial Democracy*: *The Emergence of America as a Great Power* (Chicago: Imprint Publications, 1961), 33, 128; Robert Free-

man Smith，"Latin America，The United States and the European powers，1830—1930," in *The Cambridge History of Latin America*，vol.4：1870 to 1930，ed. Leslie Bethell（Cambridge：Cambridge University Press，1986），98—99.

42. Lars Schoultz，Beneath the United States：*A History of U.S. Policy Toward Latin America*（Cambridge，MA：Harvard University Press，1998），112.

43. Letter to Henry Cabot Lodge，December 27，1895，in Brands，*The Selected Letters of Theodore Roosevelt*，113. 大约在同一时间，罗斯福还声称："如果出现混乱，我将尝试亲自插手此事。"参见 Brands，*The Selected Letters of Theodore Roosevelt*，112。

44. 关于 1895 年争端的详细描述，参见 Schoultz，Beneath the United States，107—124。

45. Roosevelt，"The Monroe Doctrine," 437—439.

46. 参见 Theodore Roosevelt，"Second Annual Message," December 2，1902，UCSB American Presidency Project，www.presidency.ucsb.edu/ws/?pid=29543/。

47. Collin，Theodore Roosevelt's Caribbean，121. 在加勒比海，美国海军的优势明显：12 月份时有 53 艘战舰，而德国只有 10 艘，参见 Morris，"A Few Pregnant Days," 7。

48. Rabe，"Theodore Roosevelt，the Panama Canal，and the Roosevelt Corollary," 280；Warren Zimmerman，*First Great Triumph：How Five Americans Made Their Country a World Power*（New York：Farrar，Straus and Giroux，2002），426.

49. Theodore Roosevelt，"Charter Day Address," UC Berkeley，March 23，1911. 参见 *University of California Chronicle*，vol.13（Berkeley，CA：The University Press，1911），139。

50. Rabe，"Theodore Roosevelt，the Panama Canal，and the Roosevelt Corollary," 274.

51. David McCullough，*The Path Between the Seas：The Creation of the Panama Canal，1870—1914*（New York：Simon & Schuster，1977），250.

52. 参见 Theodore Roosevelt，"Special Message," January 4，1904，UCSB American Presidency Project，www.presidency.ucsb.edu/ws/?pid=69417。

53. 参见 Schoultz，*Beneath the United States*，164；Collin，*Theodore Roosevelt's Caribbean*，239。虽然是哥伦比亚参议院正式否决了继续推动该计

划,但罗斯福却指责该国总统若泽·马罗金(José Marroquín)没有利用自己的影响力去推动通常只是"走过场的"参议院批准该条约。

54. William Roscoe Thayer, *The Life and Letters of John Hay*, vol.2 (Boston:Houghton Mifflin, 1915), 327—328.

55. Morris, Theodore Rex, 273. 科林详细描述了提交罗斯福的法律备忘录,该备忘录支持这一结论,参见 Collin, *Theodore Roosevelt's Caribbean*, 240—243。

56. 参见 Morris, *Theodore Rex*, 275; Rabe, "Theodore Roosevelt, the Panama Canal, and the Roosevelt Corollary," 285。

57. 为了核实比诺·瓦里拉所说的革命是否真的可能发生,罗斯福在白宫会见了他这一年早些时候秘密派遣到巴拿马去评估局势的两名军官。他们假扮成游客,在该地区进行了广泛的侦察,并报告说,叛乱的筹划工作确实正在进行之中。

58. Morris, *Theodore Rex*, 282—283; McCullough, *The Path Between the Seas*, 378—379.

59. 美国保持了其军事存在,向哥伦比亚人发出信号,不要干预,同时提醒巴拿马人,他们脆弱的独立依赖于美国的持续支持。罗斯福对于该革命的确切参与程度和对该革命的了解一直是争议的根源。详细的原因,参见 Morris, *Theodore Rex*, 270—283; Schoultz, *Beneath the United States*, 165—168; Collin, *Theodore Roosevelt's Caribbean*, 254—268; McCullough, *The Path Between the Seas*, 349—386。

60. Schoultz, *Beneath the United States*, 175.

61. Noel Maurer and Carlos Yu, "What T. R. Took:The Economic Impact of the Panama Canal, 1903—1937," *Journal of Economic History* 68, no.3(2008), 698—699.

62. 这笔收入大部分用于支付运河的运营和维护费用。参见 McCullough, *The Path Between the Seas*, 612; Eloy Aguilar, "U.S., Panama Mark Handover of Canal," Associated Press, December 14, 1999, http://www. washingtonpost. com/wp-srv/pmextra/dec99/14/panama.htm。

63. Noel Maurer and Carlos Yu, *The Big Ditch:How America Took, Built, Ran, and Ultimately Gave Away the Panama Canal*(Princeton, NJ: Princeton University Press, 2010), 89—92.

64. 罗斯福说:"巴拿马人民长期以来一直对哥伦比亚共和国不满,他们只因有缔结条约的前景才保持沉默,因为对他们来说,那是一个至为重要的问题。而当这份条约显然已经无望时,巴拿马人民就会像一个人那样一起站起来反抗。"一位参议员对此反驳道："是的，这一个人就是罗斯福。"McCullough, *The Path Between the Seas*, 382. 后来，罗斯福指出："有人说我在巴拿马煽动叛乱……我不必挑拨离间，只要把脚抬起来就行了。"参见 Frederick S.Wood, *Roosevelt As We Knew Him*（Philadelphia：J.C.Winston，1927），153，引自"TR on the Panama Revolution of 1903," *Theodore Roosevelt Association Journal* 15，no.4（Fall 1989），5. 正如莫里斯和科林所指出的那样，罗斯福经常提醒批评他的人，在过去几十年里，巴拿马面临过无数次革命企图，哥伦比亚政府经常请求美国帮助维持秩序。Morris, *Theodore Rex*，273；Collin, *Theodore Roosevelt's Caribbean*，327. 科林进一步强调，1855 年后，"美国海军舰艇总是在巴拿马或者附近执勤，在叛乱时，这些部队通常会增加。美国海军的存在不是外来入侵，而是哥伦比亚政策和外交的中心，传统上是应哥伦比亚的要求，因为一直有着存在矛盾的巴拿马能够起到对哥伦比亚主权法律的实际保障作用。参见 Collin, *Theodore Roosevelt's Caribbean*，267。

65. Rabe, "Theodore Roosevelt, the Panama Canal, and the Roosevelt Corollary," 287.

66. 长久以来，正确的边界都是个问题：1825 年俄国和英国签署的一项条约确立了英国对该争议领土的大部分控制权，但俄国地图并未反映该条约的坐标。这些地图成为事实上的领土界线指南，而英国从未反对在"官方"和"实际"领土边界之间留下巨大的差距。

67. 参见 Tony McCulloch, "Theodore Roosevelt and Canada：Alaska, the 'Big Stick,' and the North Atlantic Triangle, 1901—1909," in *A Companion to Theodore Roosevelt*, ed. Serge Ricard（Malden, MA：Wiley-Blackwell, 2011），296—300；Christopher Sands, "Canada's Cold Front：Lessons of the Alaska Boundary Dispute for Arctic Boundaries Today," *International Journal* 65（Winter 2009—10），210—212。

68. Elting E. Morison, ed., *The Letters of Theodore Roosevelt*（Cambridge, MA：Harvard University Press, 1954），530. 正如参议员亨利·卡伯特·洛奇所解释的那样："没有哪个有一点自尊的国家"会愿意放弃已经成为宝贵领土的东西。洛奇称："没有哪一位美国总统会想过要这样投降，你完全可以放心，西奥多·罗斯福是不会投降的。"参见 John A.Munro, ed., *The Alaska Boundary Dispute*（Toronto：Copp Clark Publishing, 1970），4。

69. Howard Beale, *Theodore Roosevelt and the Rise of America to World Power*（Baltimore：Johns Hopkins University Press, 1956），113—114.

70. For a description of the selection of the tribunal's members, see

Norman Penlington，*The Alaska Boundary Dispute*：*A Critical Reappraisal* (Toronto：McGraw-Hill，1972)，70—81.

71. William Tilchin，*Theodore Roosevelt and the British Empire*：*A Study in Presidential Statecraft* (London：Macmillan，1997)，44.

72. Wood，*Roosevelt As We Knew Him*，115.

73. 参见"Statement by the Canadian Commissioners"in Munro，*The Alaska Boundary Dispute*，64；Canadian reactions in Penlington，*The Alaska Boundary Dispute*，1，104. 对阿尔弗斯通的指控也是由该法庭的加拿大成员提出的，正如特纳参议员所回忆的那样："阿尔弗斯通勋爵和他的加拿大同事之间的辩论是激烈而尖刻的，后者在辩论中暗示，阿尔弗斯通勋爵是在英国政府出于外交原因坚持下才放弃了加拿大的案子。"参见 Wood，*Roosevelt As We Knew Him*，120；Penlington，*The Alaska Boundary Dispute*，108。

74. Munro，*The Alaska Boundary Dispute*，86.

75. Frederick Marks III，*Velvet on Iron*：*The Diplomacy of Theodore Roosevelt* (Lincoln：University of Nebraska Press，1979)，163n37.

76. Roosevelt，"Fourth Annual Message."

77. Robert Osgood，*Ideals and Self-Interest in America's Foreign Relations* (Chicago：University of Chicago Press，1953)，144.

78. 对美国的消极态度和看法在不同的来源中都被讨论过。有三个例子："到 20 世纪初，整个拉美社会已经越来越担心，美国的计划包含了美国主宰(dominance)的目标。"(Thomas O'Brien，*Making the Americas*：*The United States and Latin America from the Age of Revolutions to the Era of Globalization* [Albuquerque：University of New Mexico Press，2007]，127)；到 20 世纪 20 年代，"对北方庞然大物的不信任和批评达到了历史最高水平"(Stuart Brewer，*Borders and Bridges*：*A History of US-Latin American Relations* [Westport，CT：Praeger Security International，2006]，99)；而 1898—1933 年则是一个对美国充满"敌意"的时期(Alan McPherson，ed.，*Anti-Americanism in Latin America and the Caribbean* [New York：Berghahn Books，2006]，14)。

79. 参见 John Hassett and Braulio Muñoz，eds.，*Looking North*：*Writings from Spanish America on the US，1800 to the Present* (Tucson：University of Arizona Press，2012)，46；"Porfirio Díaz，"in *The Oxford Dictionary of American Quotations* (New York：Oxford University Press，2006)。

第六章　中国想要什么？

不但当代,而且后世,也会对我们大加赞美,因为我们的权力已被见证和记录……我们勇敢而胆大,将每一片海洋和陆地踏在脚下,身后的任何地方,无论福祸,都留下了永不磨灭的丰碑。

>　　　　　　　——修昔底德,"伯里克利在阵亡战士
>　　　　　　　　国葬典礼上的演说",公元前 431 年

夫天处乎上,地处乎下,居天地之中者曰中国,居天地之偏者曰四夷。四夷外也,中国内也。

>　　　　　　　——石介,《中国论》,公元 1040 年

实现中华民族伟大复兴,就是中华民族近代以来最伟大的梦想。

>　　　　　　　——习近平,2012 年

习近平主席想要什么? 一言以蔽之:"使中国再次伟大。"

实际上，对于那些世界著名的中国观察家来说，他的这一雄心自从他成为国家主席的那一刻就已经显露无疑。李光耀知道中国极其渴望恢复往日的辉煌，并有着不屈不挠的决心。当中国学者被问及习近平和他的同僚是否认真地相信，在可预见的未来，中国可以取代美国作为亚洲的主导国家，他们一般会说些"这很复杂……一方面……另一方面"这样的话。但在李光耀先生2015年去世前不久参加的一次会议上，我问了他这个问题，他瞪大了眼睛，目光锐利，充满怀疑，仿佛在说："你在开玩笑吧？"他直截了当地说道："当然，为什么不呢？他们怎么可能不渴望成为亚洲及世界的头号强国呢？"[1]

在所有外国观察家中，李光耀是第一个对习近平发表看法的人，说"要关注这个人"。李光耀总理还拿自己与习近平主席作比较，这是他半个世纪以来唯一一次在评价外国领导人时这么做。他们两人都备受磨炼，在灵魂深处留下深深烙印。对于李光耀来说，当日本在1942年入侵新加坡时，"整个世界坍塌了"。"那是，"他回忆道，"我一生中受过的最重要的政治教育。"最重要的是，"在三年半的时间里，我亲眼目睹了权力的意义"。[2]与此相似，习近平在"文化大革命"中挣扎求生。反思这些经历后，李光耀指出："几乎没有掌握过权力的人以及那些一直远离权力的人，很容易把权力看得很神秘。"与他们相比，习近平学会了"忽略肤浅的东西：鲜花、荣耀和掌声"。正如他所言："我看到了看守所，感受到了人情冷暖。我更深刻地理解了什么是政治。"[3]

习近平有着李光耀所称的"钢铁般的内心"（iron in the soul）[4]，使他在"文化大革命"之后脱颖而出。李光耀还将习近平比作纳尔逊·曼德拉（Nelson Mandela）："一个极能控制情绪的人，不让自己个人的不幸或者苦难影响自己的判断。"[5] 无疑，这一比较是将习近平和国际领导人相比较中最与众不同的一次。

同样，对于中国的愿景，习近平有着钢铁般的意志。他的"中国梦"结合了繁荣与权力——相当于西奥多·罗斯福（Theodore Roosevelt）对美国世纪的"秀肌肉"看法与富兰克林·罗斯福（Franklin Roosevelt）充满活力的"新政"（New Deal）的结合。这一梦想抓住了亿万中国人求富、变强和受人尊敬的强烈渴望。习近平非常自信中国能实现三大目标：保持经济奇迹，培养出热爱国家的公民，以及在世界事务中不再向其他国家卑躬屈膝。尽管大多数观察家对这些远大抱负产生怀疑，但是李光耀与我都不会打赌习近平不可能实现。正如李光耀所说："这种重新被唤醒的天命是一股极其强大的力量。"[6]

"使中国再次伟大"意味着：

- 重回中国在亚洲的主导地位，这种地位是中国在西方入侵之前就享有的。
- 恢复中国历史上沿着边界以及毗邻海洋的影响力，从而使其他国家顺从中国，这种顺从一直是大国都有的追求。
- 赢得其他大国在处理世界各种事务中的尊重。

这些国家目标的核心是将中国视为宇宙中心的文明信条。在古汉语里，"中国"一词的意思是"中央王国"。"中央王国"不是指在其他的、敌对的王国中间，而是居于天地之间的所有王国的中间。李光耀曾这样总结中国人的世界观：他们都"记得这样一个世界，在这个世界中，中国曾是主导国，其他国家是它的附庸，带着朝贡礼品前来北京朝贺"[7]。在他们这一叙事中，西方在近几个世纪的崛起只是历史的一个异常现象，反映出中国在面对帝国霸权时技术和军事上的薄弱。习近平已经向他的国民承诺:这种事情不会再发生了。

中 国 的 世 界

作为世界上最古老的从没有中断过的文明古国,中国人民有着一种独特的悠久历史感。除了中国之外,没有其他国家的领导人在解释决策时会"援引千年历史事件中的战略原则"[8]。1969 年,当胜选总统理查德·尼克松(Richard Nixon)出乎所有人意料地选择哈佛大学教授亨利·基辛格作为他的国家安全事务助理时,基辛格的新上司告诉他,自己想探索并开拓与中国的关系。基辛格自己之前的专业和著述主要是研究欧洲历史,而不是亚洲。由于知道自己需要速成,他首先从他的哈佛大学同事费正清(John King Fairbank)的周末辅导课开始,后者是美国的现代中国研究的创立者和泰斗。费正清总结道,中国传统的外交政策包括三个关键原则:要求取得区域"支配地位",坚持邻国承认并尊重中国固有的"优越性",愿意使用这一支配地位和优越性来协调与邻国"和谐共存"。[9]

从费正清那里,基辛格学到了"对武力胁迫的厌恶深深扎根于儒家教义"。对中国来说,"军队是最后的手段"。费正清还解释说,中国的国际秩序概念反映了其国内治理方式。他曾这样经典地总结道:"中国人往往认为他们所认为的对外关系与其内部倡导的社会和政治秩序有着相同的原则,是后者的外化。"因此,"中国的对外关系是等级制的、不平等的"。正如它压制了不同意见并要求所有人民屈服于中央政府的权力一样，它也期望地区大国屈服于北京膝下。[10]

最后，费正清还教导基辛格，中华文明从深层上来说是一个民族中心主义和文化至上主义的文明，将自己视为所有有意义的人类活动的顶峰。"中国皇帝被认为是天下政治等级秩序的塔尖，所有其他国家的统治者在理论上都作为附庸服务于他。"[11]在这个体系中，如同中国内部的儒家社会体系，秩序或者和谐源于等级制。国家与个人的根本义务是孔子的训教："恪守本分。"因此，外邦的统治者必须承认他们（较低）的地位，行叩头大礼，将前额碰到地面。这一历史久远的规矩讲述了一段非常真实的历史——在数千年的历史中，中国一直是亚洲的政治、经济和文化霸主，它周边分布着"许多相对弱小的国家，它们吸收中国文化，赞赏中国的伟大"。基辛格了解到，对于中国领导人来说，这"构成了宇宙的自然秩序"。[12]

中国的外交政策反映了其文明的向心性指向，传统上一直试图维持国际等级制度，而不是通过军事征服扩大边界。正如基辛格在离任之后所写，中国意识到它应该"超越它的地理范围……不一定意味着与周边民族的敌对关系"。同时，"像美国一样，中国认为自己扮演着特殊的角色"，但是，它"从未赞成美国的普遍主义，将其价值观传播到世界各地"。相反，它"致力于直接将野蛮人控制在其家门口，争取像朝鲜这样的国家承认它的特殊地位，作为回报，赋予后者诸如边贸权利等好处"。总之，中国"通过文化渗透而扩大，而不是通过传教士的热情"。[13]

当19世纪上半叶清朝与工业化的西欧列强面对面相遇时，中国千年的统治地位就戛然而止了。在接下来的几十年里，中国经历了军事失败、受外国势力介入的国内战争、经济殖民化和外部大国的领土占领——首先是欧洲帝国主义者，然后是日本。

在这段时期的大部分时间里，外国势力在中国的影响力都大于中国政府。在 19 世纪 30 年代，当清朝政府试图禁止英国商人向中国人出售鸦片时，英国在 1839 年发动了第一次鸦片战争 *，迅速打败清朝军队，并给予其重创。当清政府来求和时，英国人利用优势逼迫他们签订了《南京条约》，将香港岛割让给英国，开辟五个与外国人通商的口岸，并且给予英国公民地方法律的豁免权。[14] 随后的《虎门条约》强迫清政府承认英国是与中国平等的国家。十几年后的 1856 年，法国人加入英国的行列，发动了第二次鸦片战争，最终在 1860 年将清朝皇家园林圆明园烧毁殆尽。被打败的中国人被迫将外国商人引诱他们吸食鸦片的活动合法化，并允许外国传教士向中国人传教。[15]

外国军舰也有权在中国河流上自由航行，深入中国的腹地。有一次，一艘炮舰深入中国内陆达 975 英里的长江上游。[16] 经验丰富的外交官芮效俭（Stapleton Roy）出生于南京，在 1991 年至 1995 年间担任过美国驻华大使，曾这样回忆道："从 1854 年到 1941 年，美国的炮舰在中国内河穿梭游弋，保护美国人的利益。就在 1948 年，当时正值中国国内战争时期，年仅 13 岁的我曾乘着一艘美国驱逐舰从南京撤离到上海。当时，这艘驱逐舰在长江上逆流而上，行驶了大约 200 英里，直达中国当时的首都南京。"[17]

清政府通过发展军事来捍卫中国主权的努力被证明是徒劳

---

* 1839 年，英国以商务受阻和英国臣民生命受到威胁为由作出派遣舰队去中国的决定，但是鸦片战争真正打响是在 1840 年。——译者注

的。几个世纪以来，中国把日本视为一个朝贡国（tributary state）。但在1894年，现代化的日本向中国发动进攻，夺取了中国台湾以及藩属国朝鲜。五年后，中国的"义和团起义"在"扶清灭洋"的口号下，攻击外国在中国的租界。作为回应，一支由八个帝国主义列强组成的联军开始入侵中国的主要城市，并到处"烧杀抢掠"。[18]一个名叫司快尔（Herbert G. Squiers）的美国外交官将偷来的艺术品和瓷器装满了几列火车车厢，据传言其中一些现在还保存在纽约大都会博物馆。[19]

虽然精疲力尽的清政府统治者尽力苟延残喘，但是在1912年，这个让人备感耻辱的王朝终于崩溃，国家也陷入一片混乱。中国开始出现军阀割据，国内战争持续近40年。1937年，日本利用了这一弱点，扩大侵略并占领了中国的大部分地区，在战争中野蛮残暴地杀死了多达两千多万中国人民。今天，中国的每一个高中生在课本上都会学到这些，都会为这个"百年耻辱"深感羞辱。这一历史教训是清楚无误的：永远不要忘记——永远不要再重演！

直到1949年毛泽东领导的中国共产党夺取胜利，中国的受害者状态才最终结束。虽然此时这个曾经宏伟壮丽的国家已是满目疮痍，但至少最终还是回到了中国人民的手中。因此，毛泽东可以自豪地宣称："中国人民站起来了！"

尽管开展的"大跃进"运动造成饥荒，发动了"文化大革命"，毛泽东的成就依然是共产党领导合法性的核心：是他领导的中国共产党把中国从国外帝国主义的统治中拯救出来。而今天，在经历了30年的经济增长之后，中国相信它最终将回到自己在世界中的适当位置。但是，要恢复之前的地位，中国不仅要变得富有，更要变得强大，这样才有可能实现。

实现"中国梦"

按照新加坡国家领导人李光耀的观点,一个国家领导人必须"向他的人民描绘出他对未来的愿景,并将这一愿景转化为政策,说服人民这些政策值得他们支持,最后激励他们帮助他将此付诸实施"。[20] 在勾勒出"中国梦"的大胆愿景之后,习近平积极地动员其支持者从四个相互关联的领域实施这项极其雄心勃勃的议程:

- 恢复党的活力,清除腐败,重建使命感,重新树立其在中国人眼中的权威。
- 复兴中国人的民族主义和爱国主义,灌输他们做中国人的自豪感。
- 设计第三次经济革命。习近平知道,为了维持中国历史上不可持续的增长率,这一革命将必然要求进行结构性改革,会带来政治上的痛苦。
- 重组与重建中国军队,以便其能如习近平所说,"能打仗,打胜仗"。

对于大多数国家元首来说,这些举措中的任何一项都要花不止十年的努力才能完成。但是,习近平和他的团队已经选择同时解决这四个领域的问题,并认为它们是高度相互依赖的。许多西方参与讨论的人,包括对中国友好的顾问,都提醒中国领导人任务过重。事实上,一些严肃的学者断定中国不会在 2017 年秋季完成目标。正如澳大利亚前总理陆克文(他从 20 世纪

80 年代时就认识习近平，当时两人还都是低级政府官员）所说，习近平有着"深深的国家使命感，对国家有清晰的政治愿景"，而且"是非常在乎效率的人"。[21]

中国官员敏锐地意识到他们面临的障碍。例如，习近平的主要经济顾问刘鹤——我已经认识他 20 年了，因为他曾是哈佛大学肯尼迪政府学院的学生——有一个超过 20 个问题的清单，其中包括：人口问题（中国会未富先老吗？）；培育创新面临的挑战；在国有企业减员增效的同时保持社会稳定；在保持环境宜居的条件下满足能源需求。他对每个问题的分析都比我读过的任何一个西方观察家的分析更有深刻的见地，更细致入微。在意识到这些风险之后，习近平和中国共产党决定继续在各个方面全力推进。

在我与刘鹤长时间的交谈中，发现他的这种信心可以追溯到 2008 年华尔街引发的全球金融危机。[22]他回顾了中国应对这一挑战的表现，不带丝毫吹嘘。作为世界上最大的经济体之一，中国是唯一成功渡过危机的，并在随后的大衰退中没有陷入负增长。[23]由于他们拒绝"华盛顿共识"去放开中国的金融市场，所以当 2008 年危机来袭时，中国领导人有更多的工具可以应对——而且他们使用了这些工具。和奥巴马政府一样，2009 年中国官员提供了前所未有的 5 860 亿美元财政刺激*。结果，现在中国人在主要城市之间可以乘坐高速列车。相比之下，他们问，美国的 9 830 亿美元注入资金得到了什么？[24]

---

* 中国官方称"4 万亿"人民币，该数字基本与中国官方数字一致。——译者注

为了说服中国领导层其他人和他的同胞"中国梦"并不仅仅是个口号，习近平还打破一条最重要的政治生存法则：不要在同一句话中提出明确的目标和完成日期。在 2012 年成为中国国家主席的一个月内，习近平宣布了两个大胆的目标和具体的最后期限。为实现"中国梦"，中国将实现"两个一百年的奋斗目标"。第一，到 2021 年庆祝中国共产党建党 100 周年时，全面建成"小康社会"（比 2010 年人均国内生产总值翻一番，达到 1 万美元左右）。第二，到 2049 年中华人民共和国成立 100 周年之际，中国建成富强、民主、文明、和谐的社会主义现代化国家。*

略显仓促的是，第一个目标的截止日期是在 2021 年。国际货币基金组织称，如果中国达到这一目标，其经济规模将比美国（以购买力平价衡量）高出 40%。[25]如果中国在 2049 年达到第二个目标，其经济规模将是美国的三倍。而且，在习近平的计划中，经济发展只是"中国梦"的基础。美国商人罗伯特·劳伦斯·库恩（Robert Lawrence Kuhn）是能够跟中国领导人交往的西方人之一。库恩指出，当他们彼此交谈时，习近平的团队强调排名第一不仅是指在经济方面，而且还包括国防、科学、技术和文化方面。[26]让中国再次伟大并不仅仅是让它变得富有的问题。习近平的意思是让它变得强大，让人为它感到

---

* 值得注意的是，中国的官方和政府公文有目的地选择了他们的经济标准。在公开评估中国经济规模时，官方几乎总是使用市场汇率（MER）来衡量国内生产总值，而不是购买力平价，以使经济规模看起来更小，更不具有威胁性。在闭门私密的场合，在比较中国和美国时，他们使用购买力平价（参见第一章的讨论）。在这种情况下，中国的"两个一百年奋斗目标"是以市场汇率衡量的。以购买力平价衡量，第一个目标早已经实现。

骄傲，并使党成为整个事业的主要推动者，再次成为人民尊敬的先锋队。

习近平的担忧

在掌权后不久，习近平向他亲密的同僚们提出了一个反问："为什么苏联会解体？"正如他不厌其烦地提醒他们时所说的，"这对我们来说是一个深刻的教训"。经过仔细分析，习近平得出了结论，戈尔巴乔夫犯了三个致命错误。他在改革国家经济之前放松了对社会的政治控制。他和他的前任允许共产党腐败，最终内部塌陷。他将苏联军队"国有化"，要求指挥官宣誓效忠国家，而不是党及其领导人。结果，这"解除了党的武装"。当反对者起来推翻这个制度时，按照习近平的说法，没有人"有胆量站起来进行抵抗"。[27]

习近平看到，在"致富光荣"成为这个时代的口号之后，几乎每个致力于获取财富的人都变得富有了。这其中包括许多共产党领导人、政府官员和军官。随着奢华炫富之风使这种财富变得显而易见，人民理所当然地开始质疑党的核心道德价值观和对其使命的忠诚度。正如习近平警告党的官员所说的："理想信念动摇是最危险的动摇。理想信念滑坡是最危险的滑波。一个政党的衰落，往往从理想信念的丧失或缺失开始。"[28]它还会破坏公众的信心和信任。

在讨论戈尔巴乔夫的命运时，习近平和李光耀得出了相同的结论。用李光耀的话说："当天，戈尔巴乔夫在莫斯科对群众说：不要害怕克格勃，我深吸了一口气。他坐在一个由一堆该死的东西堆成的恐怖机器的顶部，然后他说：不要害怕。"李光耀对戈尔巴乔夫的结果并不感到惊讶，因为"他没有学会游泳就跳进了泳池的深水区"。为了表达得更全面些，李光耀进而补充道："在被爱戴和被害怕之间，我始终认为马基雅维利（Machiavelli）是对的。如果没有人害怕我，我将毫无意义。"[29]

实现习近平"中国梦"的第一要务是要使强大的共产党成为中国的先锋队和守护者。上任后不久，习近平告诉他的政治局同事，"人心向背关系党的生死存亡"。他直言不讳地告诫他们："腐败可以亡党。"他还引用孔子的话，发誓要将"以德治国与依法治国相结合"。[30]习近平并不是随便说说，吓唬人。他发起了一场规模空前的反腐活动，由王岐山领导。在王岐山的领导下，由值得信赖的助手领导的 18 个工作组直接向习近平报告。自2012 年以来，共有 90 多万名党员受到纪律处分，4.2 万名被开除党籍和刑事起诉。这包括 170 名高级别的"大老虎"，其中包括数十名军队高官，18 名现任或者曾任中央委员会委员的官员，甚至包括前常委。[31]在开展这项运动时，习近平和他的内部圈子也在制定一项战略，以推进依法治国的方式将其制度化。

与戈尔巴乔夫的开放性思想（glasnost）——思想的开放——形成鲜明对照，习近平要求意识形态上统一，加强对政治话语的控制。他坚持媒体应该大力倡导党的利益。同时，习近平着手巩固党在中国治理中的中心地位。习近平执政后不久，一篇发表在《人民日报》的署名评论阐述了他的观点："在中国做好事情和实现'中国梦'的关键在于党。"[32]

让中国再次骄傲

习近平知道只有一个廉洁的党是不够的。即使在邓小平1989 年之后的市场经济改革提升了经济的增长速度时，党仍然在努力阐释其存在的理由。中国人民为什么要允许党管理他们呢？党的答案是习近平"中国梦"的第二个要点：重建十几亿中国人的国家认同和自豪感。对于很多中国人来说，马克思主义的"社会主义新人"概念总是显得格格不入。事实证明，民族主义是一个更加有效、持久的本土概念。[33]

习近平正在将党重新塑造为 21 世纪的传统文明的继承者——一个有着让人骄傲的文明的守护者，认为历史注定他们就是来统治众生的。"几千年前，中华民族走出了一条不同于其他国家的道路，"习近平说道，"我们开创了'具有中国特色的社会主义'。这不是巧合，而是由我国历史遗产决定的。"[34]汉学家欧立德（Mark Elliott）强调："从帝国到共和国有着一条清晰的分界线，中华人民共和国已经成为清朝的继承者。"[35]

习近平掀起了中国古代传统思想的复兴，命令全国官员参加对孔子和其他中国哲学家思想有"精彩解读"的讲座，以鼓励"民族自信心"的建立，同时宣布"中国共产党人始终是中国优秀传统文化的忠实继承者和弘扬者"。[36]就像罗马帝国的辉煌成为意大利文艺复兴时期的灵感一样，中华民族的"盛世"辉煌，即清朝衰落之前的那个时代，现在已成为当代中国自豪感的源泉。因此，这个具有强烈回首过去意味的用语"复兴"（rejuvenation）——

对习近平的"中国梦"来说如此重要——也可以翻译为文艺复兴的"复兴"（renaissance），这并非巧合。

与此同时，"勿忘国耻"一词已经成为一个口头禅，用来培养以受害者身份为基础的爱国主义。党通过唤起人们对过去在日本和西方铁蹄之下的耻辱"来创造团结感。同时，它还通过激起这种耻辱感来界定中国人的身份，这种身份与美国现代性完全不容"。[37]

在20世纪90年代，许多西方思想领袖欢庆"历史的终结"，认为以市场为基础的民主国家取得了明显的胜利，一些观察家相信中国也走上了民主政府的道路。然而，今天中国很少有人会说政治自由比恢复中国的国际地位和民族自豪感更重要。正如李光耀尖锐地指出的那样："如果你认为中国会出现某种民主革命，那么你错了。"然后，他直言不讳地答道："中国人希望看到一个复兴的中国。"[38]只要习近平能履行承诺，恢复中国往日的辉煌，党的未来（和他自己）似乎就是安全的。

维持不可持续

习近平知道中国人民对党的全方位统治的支持在很大程度上仍然取决于实现高水平经济增长的能力，那种其他国家从来没有取得过的快速经济增长。但是，中国要继续实现非凡的经济表现需要一直保持着独特的"走钢丝"状态。习近平明确承诺，到2021年每年6.5%的经济增长速度，有人将这个目标形容为"维持不可持续"。

对于中国必须采取什么措施在未来多年维持这样的速度增长是有共识的。这一共识的主要部分在中国最近的五年经济计划中作了阐述,包括:加快向国内消费驱动需求的转变;重组或关闭低效的国有企业;加强科技基础以推动创新;培育中国企业家精神;避免出现不可持续的债务水平。

以中国现在所处发展阶段来看,中国还需要更多年的高速增长才能赶上世界上最发达经济体的生活水平。中国的人均收入仍然不到韩国或西班牙的三分之一,是新加坡或美国的五分之一。不过,随着它稳步地从基础产品的生产逐步走向更高价值产品和服务的生产,其收入应该会增加。习近平对"中等收入陷阱"保持高度警惕,许多发展中国家都陷入这种陷阱,因为工资上涨削弱了它们在制造业的竞争优势。这是他所谓的"供给侧改革"的动力,其目的是通过国内消费和服务来重新平衡中国的出口导向型经济。事实上,2015年中国服务业增长8%,在国内生产总值中的占比首次超过50%。[39]

为了减少国有企业中的低效率现象,北京已经承诺将"无情地对僵尸企业开刀"。"僵尸企业"即那些从严格意义上说已经无力偿还债务但仍在运营的公司。在这一过程中,将裁减400万个工作机会。[40]与此同时,"中国制造2025"计划要求提高中国产品的质量和技术含量。

习近平还下定决心,力争中国在21世纪中叶成为科学、技术和创新领域的世界领导者。他加大研发投入,孵化科技初创企业,并要求进行"机器人革命"。(2016年,中国雇用的机器人比其他任何国家都要多。)[41]他认为,中国政府的集权使它比西方竞争对手更具内在优势,因为它"可以集中力量办大事"。[42]与近年来的美国不同,如果需要的话,中国可以维持长达十年或更长时间的投入，正如它在成为高铁、太阳能、超级计算机和其他领域领导者过程所展现的那样。

习近平同样致力于恢复宜居生活环境，解决猖獗的环境污染。有人估计环境污染每天造成 4 000 名中国人死亡。[43]北京的雾霾在一些季节变得非常糟糕，政府在像奥运会或二十国集团会议这些大事之前都不得不关闭煤炭发电厂和工厂。一些河流饱含工业废物，2014 年温州的一条河居然着起了火。据世界银行估计，中国的环境越来越不宜居，每年造成国内生产总值几个百分点的损失。[44]为了扭转这一趋势，中国已经着手实施自然资源保护协会所称的"最绿色的五年计划"：33 个目标中有 16 个与环境有关，而且所有这些都是强制性的。[45]

国际货币基金组织将企业债称为"中国经济中的一条重要断层线"，目前其规模相当于国内生产总值的 145%。[46]但是，这些债务中的一部分可以转移到政府，后者有着低得多的债务率，仅占国内生产总值的 17%。[47]中国也谨慎地朝着货币更加自由流动的方向迈进，对资本的管制变得更少。与此同时，一些中国人认为西方式的那种不受管制的赌场方式很危险，它使得全球金融系统对国家经济政策影响过大，因此在试图避免出现这种危险。

许多西方分析家也强调独生子女政策带来了严重的后果。虽然该政策有助于在一代人的时间内使五亿人从赤贫中解脱出来，但却使中国面临严重的人口问题（习近平在 2015 年终止了独生子女政策）。尽管如此，新进入劳动力市场的人数在 2041 年前仍将持续增加。随着另外 3 亿中国人从农村贫穷地区迁移到新城市，以及工人生产生活的日益延长，中国仍有数十年来缓解这一风险。[48]

对于习近平计划的范围之广和抱负之高,大多数西方经济学家和许多投资者都对此不看好。但是,正是他们中的大多数在过去30年里都赌跌中国,损失了不少钱。正如里根总统经济顾问委员会主席马丁·费尔德斯坦(Martin Feldstein)所说:"并非所有这些政策都必须取得成功……如果有足够多的政策取得了成功,未来几年6.5%的增长并非不可能。"[49]

与国内改革相对应的是,中国在全球经济中的角色也发生了类似的戏剧性变化。2013年,习近平宣布了一项时间长达数十年、耗资高达几万亿美元的倡议——"一带一路"(One Belt, One Road,简称OBOR)。该项目的目标是建立一个遍及欧亚大陆以及大多数印度洋沿岸国家的运输和技术网络。这一计划将会有效地出口一部分中国超额产能,为建筑、钢铁和水泥等行业提供缓冲。因为随着中国陆续完成许多重大优先基础设施项目,这些行业近年来一直处在勉强维持的挣扎状态。该倡议规划的海外项目非常庞大:从长达1 800英里、耗资460亿美元、贯穿巴基斯坦的公路、铁路和管道走廊,到缅甸的水电大坝和锡矿,再到位于非洲之角吉布提的新建海军基地,中国正在以前所未有的速度在这些国家推进。

但是,"一带一路"不仅仅是简单地(改道)输出过剩工业产能。正如原来的丝绸之路不仅刺激贸易,还刺激了地缘政治的竞争(包括19世纪使英国与俄国争夺中亚控制权的"伟大的游戏")一样,"一带一路"将允许中国将权力投射到多个大陆。"一带一路"承诺将欧亚大陆上的国家整合为一体,反映了地缘战略权力平衡转向亚洲的愿景。对于这一点,这与一个世纪前地缘政治创始人哈尔福德·麦金德(Halford Mackinder)的主张不谋而合。1919年,麦金德将欧亚大陆命名为"世界岛",并说出了那句非常著名的话:"谁统治了世界岛,谁就统治了世界。"[50]
到 2030 年,如果中国能够实现目前的目标,麦金德的欧亚大陆
构想可能会首次成为现实。"一带一路"高铁将缩短时间,从鹿
特丹到北京的货运时间将从一个月缩短到两天。麦金德的远见
甚至可能会让马汉(Mahan)海权中心地位的论断黯然失色,后
者支配战略家的思维已经长达一个多世纪(正如我们在第四章
和第五章中看到的那样)。

传递给美国的信息:别管闲事

一旦中国主导的经济市场与实体基础设施将邻国融入到中
国较大的共同繁荣区域中,美国第二次世界大战后在亚洲确立
的地位将无法维系。当被问到中国想要传递给美国什么样的信
息时,一位中国同行答道:避让。他的同事则给出了更坦率的两
字总结:别管闲事(Butt out)。

作为谙熟历史的务实主义者,中国领导人认识到,自第二次
世界大战以来,美国扮演着地区稳定与安全的维护者角色,而这
对于亚洲崛起至关重要,包括中国自己。但他们认为,随着将美
国带到亚洲的潮水消退,美国必须随其离去。就像 20 世纪初英
国在西半球的角色逐渐消失一样,美国在亚洲必须担负起地区
内有历史性影响的超级大国角色。正如 2014 年习近平在欧亚
领导人会议上所说的:"亚洲的事情归根结底要靠亚洲人民来
办,亚洲的问题归根结底要靠亚洲人民来处理,亚洲的安全归根
结底要靠亚洲人民来维护。"[51]

最近，试图说服美国接受新现实的尝试在中国南海表现得最为激烈。该海域面积约与加勒比海相当，与中国大陆、中国台湾以及东南亚的六个国家接壤，包括数百个岛屿、珊瑚礁和其他地形地貌，其中许多岛屿在涨潮时处于水下。在 20 世纪中叶，当中国主要聚焦内部事务时，其他国家宣称拥有中国南海的岛屿，并在那里从事建设项目。例如，1973 年 9 月，南越正式吞并南沙群岛的十个岛，并派出数百人部队捍卫其主张。[52]

由于担心其利益遭到邻国的破坏，1974 年中国从南越手中夺回了离其边境最近的西沙群岛。[53] 2012 年，中国从菲律宾手中夺回了黄岩岛（Scarborough Shoal）的控制权。自那时起，中国一直在主张对整个南海独自拥有所有权，并重新划定了该地区，再次强调包含 90% 区域的"九段线"。如果这被其他国家承认，其邻国注意到这将创造出一个"南中国湖"。

中国还在该海域的岛礁上着手重要建设项目，在南沙群岛七种不同地貌上建设了前哨基地。到 2015 年 6 月，相比于越南的 80 英亩、马来西亚的 70 英亩、菲律宾的 14 英亩，中国已经收回了超过 2 900 英亩的土地。[54] 作为这种努力的一部分，中国已经建造了相应的港口、简易机场、雷达设施、灯塔和辅助建筑（support buildings），[55] 所有这些都扩大了中国船只和军用飞机的覆盖范围，并使中国能够使用雷达和监视设施覆盖整个地区。

五角大楼非常清楚推动这些工作的动因。正如国防部最近的一份报告所指出的那样，中国"最新的填海造地和建设将使它在这些前哨基地停泊吃水更深的船只；将其在中国南海执法和海军存在的范围进一步向南扩张；并且有可能用于飞机作战——可能是作为航空母舰飞机的替代跑道（divert airstrip）——这使中国在该海域的航空母舰拥有持续战斗能力"[56]。

中国的长期目标也很明确。几十年来，它一直对美国间谍船在其边界附近水域的行动感到恼火。中国声称，根据《联合国海洋法公约》，美国船只在中国专属经济区活动时必须获得中国的许可，该专属经济区指从中国海岸线延伸 200 海里的地区——美国断然拒绝了这一要求。尽管如此，这些建在中国南海地貌上的雷达设施、跑道和港口将使中国更容易跟踪美国执行监视任务的船只。同时，在该地区投射力量的能力也将使中国对每年通过中国南海的 5.3 万亿美元的贸易活动拥有更大的影响力。[57]随着美国力量逐渐被排挤出这些水域，中国也正在将东南亚国家纳入其经济轨道，并将日本和澳大利亚吸引过来。到目前为止，未动一枪一弹，中国一直是成功的。但是，如果有必要打的话，习近平打算打赢。

"能打仗，打胜仗"

尽管在他的议程上还有其他挑战，但习近平同时也在重组和重建中国军队。俄罗斯最重要的中国军事专家安德烈·科科欣（Andrei Kokoshin）称其"规模和深度前所未有"。[58]

但是，习近平认为有必要确保军队对党的绝对忠诚，特别是对其领导人的忠诚。预料到他其他的影响深远的举措会遇到阻力，习近平需要知道他可以依靠哪些手握枪杆子的人，因为政治权力来自枪杆子。正如汉学家柯伟林（William Kirby）指出的那样："在现代中国政治历史上的每一个重大转折点，军队都起着决定性的作用。"[59]习近平的目标是建立一个新的军队指挥体系，能够对党的军队施加有效的控制。他希望指挥官"坚定不移地坚持党的绝对领导"，特别是司令官。[60] 在反腐运动的混乱中以及随后的重组高层军事将领中，他仔细挑选了他信任的、无论发生什么都会和他站在一起的忠诚军官。

习近平还相信，"能打仗，打胜仗"（fight and win）的军队对于实现"中国梦"的其他方面至关重要。"为了实现中华民族的伟大复兴，"他主张，"我们必须确保国家繁荣和军队强大的统一。"[61] 所有大国都建立了强大的军队，"强军梦"对中国来说尤其重要，因为它谋求能够克服外国势力插手中国带来的屈辱。

1991 年，在伊拉克"沙漠风暴"行动期间，中国领导人对美军的破坏性效果感到震惊。这种观点在 1999 年北约科索沃战争期间（美国隐形轰炸机意外轰炸了中国驻贝尔格莱德大使馆）得到了加强。中国军方持续研究美国在战争方面取得的最新进展，包括使用无人机进行情报收集和空袭。1991 年，美国在一个月内击败萨达姆·侯赛因（Saddam Hussein）的军队，战斗死亡人数不到 150 人。在这场短暂的、双方差距悬殊的战争中，美国人享有军事规划者所称的"全光谱技术优势"，整合了天基导航和监视系统等新技术、远程精确制导炸弹以及防雷达的隐形飞机。组织方式的变革也为美国利用这些新工具的能力提供了支持，使三军——陆军、海军和空军——得以更好地协同行动。美国还采用"外科手术"的方式将伊拉克军队的指挥和控制系统作为攻击目标，基本上让伊拉克指挥官失明和失聪。[62] 看到这种奇观，中国领导人决心要获得技术能力以应对并最终超越他们有时称之为"美国魔术"的东西。这些军事抱负在中国研究学者迈克尔·皮尔斯伯里（Michael Pillsbury）为国防部所作的那份经常被引用的评估报告中有所体现。[63]

1996年台海危机也给了中国军方一些经验教训。由于担心台湾正在走向"独立"，中国的"导弹试验"将台湾包含在内，威胁台湾经济所依赖的商业航运。对此，克林顿总统派出两艘航空母舰到达该地区。这是自越南战争以来美国在亚洲最大规模的军事力量部署。最后，中国政府别无选择，只能撤退。这件事在美国几乎没有引起多大波澜。但是在中国，它激起了百年屈辱的痛苦回忆，导致军方领导人发誓，要采取一切必要行动来避免这种侮辱再次发生。

习近平如今的军事改革基本上是1986年《戈德华特-尼科尔斯法案》的翻版，在海湾战争和20世纪90年代其他军事冲突之前，美国就成功实施了该法案，以此来提升联合作战水平。中国正在将情报、监视和侦察能力整合到陆、空、海全部武器的谱系上。而且，它已经用其五个新的战区司令部取代了传统的七个以内部为重点的军区，来负责对外部敌人进行联合行动。[64]

习近平将腐败视为对军队的生存威胁，采取了大胆的措施，打击猖獗的贪污行为，其中包括买卖军衔。在这一旗帜下，习近平让人民解放军历史上的——之前是自治的——权力中心再次完全对党负责。他取消了军队的四个总部。这次大调整将四个总部重组为十五个独立的机构，直接向中央军委报告，而习近平是中央军委主席。

这样的官僚机构改组通常不是一件对未来有重要影响的事件。但是在习近平的改革中，中国是极其认真的，这次改革的重点是致力于建立一支现代化的军事力量，能够接受所有敌人——特别是美国——的挑战，并击败它们。虽然中国的军事规划者们没有预测要发生战争，但是他们正在准备的战争是中美在海上的对抗。在屈辱百年中统治中国的列强都是依赖海军霸权做到的。正如一位中国的分析家警告说："无视海洋是我们犯下的一个历史性错误。现在甚至在未来，我们……会为这个错误付出代价。"[65]习近平决心不再犯同样的错误，加强人民解放军海军、空军和导弹部队这些对于控制海洋至关重要的力量，同时裁减 30 万军队，削弱陆军（ground force）在军队内的传统支配地位。[66]与此同时，中国的军事战略家正在为海上冲突战略作准备，采取"前沿防御"战略，控制住"第一岛链"内的海域，该岛链上起日本，穿过台湾岛，延伸至菲律宾和中国南海。[67]美国海军战争学院（US Naval War College）教授詹姆斯·霍姆斯（James Holmes）和吉原恒淑（Toshi Yoshihara）指出，与之前的德皇威廉二世和西奥多·罗斯福一样，"那种认为国家的伟大源自海权的马汉式想法迷住了很多中国战略家"。因此，他们总结道，我们应该预料到中国"高度重视在近海海域作战并赢得胜利"。[68]

美国前国家安全顾问布伦特·斯考克罗夫特（Brent Scowcroft）是第一位解释 1996 年美国航母迫使中国撤退造成中国屈辱后果的人。中国之后的军事采购清单是可以预见的：武器系统要确保，如果再次与美国发生这种对抗，北京将占上风。如今，中国的武器库中有一千多枚舰载和路基反舰导弹，使任何美国军舰都无法在中国海岸线千里之内采取军事行动。62 艘潜艇在附近水域巡逻，装备鱼雷和导弹，可以攻击水面舰艇。一系列反卫星武器使中国有能力干扰甚至摧毁美国在这一地区的情报收集、监视和通信卫星。这些能力汇合到一起削弱了美国自 1942 年中途岛战役以来就长期拥有的太平洋军事优势地位。美国不再完全控制着中国沿海长达数千英里宽海洋的水域和空域。通过发挥不对称的优势，中国还充分利用了接近战场的地理优势，正如一名海军规划人员所指出的，这相当于给

100 万艘航母提供了陆地。使用数百万美元的导弹,它就可以攻击和击沉价值数十亿美元的航母。

中国通过部署"反介入/区域拒止"军事能力来威胁美军航空母舰和其他大型军舰,不断地将美国海军推出中国临近海域。美国舰队仍然继续宣示他们的军事存在,偶尔在台湾海峡和中国南海进行自由航行巡逻。美国也发出信号,发生战争时,其航母将保持在"第一岛链"之外——使它们超出中国陆基导弹的射程范围。从这个距离来看,舰载机将无法达到中国大陆的目标。因此,美国海军一直在努力寻找使这些航空母舰和舰载飞机发挥作用的方式。五角大楼这样做的主要努力体现在"空海一体战"的学说中。[69]它要求空军派遣装备防空导弹的远距离轰炸机摧毁中国陆基反舰导弹的电池——从而使美国的航空母舰能够安全地靠近中国的边界加入战斗。正如在第八章中进一步讨论的那样,空海一体战有许多缺点,比如导致僵局的急剧升级。

正如在第一章所讨论的那样,2015 年兰德公司的权威研究"美中军事记分卡"发现,到 2017 年,在 9 个常规军事能力方面,中国将在 6 个对台湾摊牌至关重要的方面具有"优势"或"近似对等",而在中国南海冲突中将有 4 个方面具有"优势"或"近似对等"。该研究得出的结论是,在接下来的 5 到 15 年间,"亚洲将会见证美国处于支配地位的边界逐渐后退"。[70]这将会给美国带来一场实际上可能会失败的传统冲突。

当然,仅仅因为中国希望能够"能打仗和打胜仗"并不意味着它想要打仗。而且,很显然,它不想。但是追求其目标时,它与美国的竞争会因文化差异而加剧。这种文化冲突从未像现在这样对世界产生重大影响。

注　释

1. Allison，Blackwill，and Wyne，*Lee Kuan Yew*，2.

2. Ibid.，133.

3. Evan Osnos，"Born Red," *New Yorker*，April 6，2015，http://www.newyorker.com/magazine/2015/04/06/born-red.

4. Allison，Blackwill，and Wyne，*Lee Kuan Yew*，17.

5. Ibid.

6. Ibid.，2.

7. Ibid.，3.

8. Kissinger，*On China*，2.

9. John K. Fairbank，"China's Foreign Policy in Historical Perspective," *Foreign Affairs* 47，no.3（1969）；总结请参见 Eric Anderson，*China Restored：The Middle Kingdom Looks to 2020 and Beyond*（Santa Barbara，CA：Praeger，2010），xiv。

10. John K. Fairbank，"Introduction：Varieties of the Chinese Military Experience," in *Chinese Ways in Warfare*，ed. Frank A. Kiernan Jr. and John K. Fairbank (Cambridge，MA：Harvard University Press，1974)，6—7；John K. Fairbank，"A Preliminary Framework," in *The Chinese World Order：Traditional China's Foreign Relations*，ed. John K. Fairbank（Cambridge，MA：Harvard University Press，1968)，2，4.

11. Kissinger，*On China*，2—3.

12. Ibid.，9—10，15.基辛格曾是研究世界秩序的学生,他的博士论文以《重建的世界》为名出版,主要分析了维也纳会议。他大加赞赏欧洲大国协调和均势外交的好处,使欧洲获得百年和平。这种全球秩序的外交观念贯穿了基辛格的思想。参见 Henry Kissinger，*World Order*（New York：Penguin Books，2014)。

13. Kissinger，*On China*，17，529.

14. 该条约在一艘名为"康沃利斯号"的炮舰上签署。该舰沿长江向上航行,在俘获清政府装满税银的驳船后停泊在南京附近的长江上。

15. 中国被迫开放了十多个通商口岸,并割让上海和广州的部分地区给法国和英国。Jonathan D. Spence，*The Search for Modern China*（New York：W. W. Norton，1990)，158—162，179—181；John K. Fairbank，*Trade and Diplomacy on the China Coast：The Opening of Treaty Ports，1842—1854*（Cambridge，MA：Harvard University Press，1964)，102—103，114—133.

16. Kemp Tolley，*Yangtze Patrol：The U.S. Navy in China*（Annapolis，

MD：Naval Institute Press，2013），30.

17. Stapleton Roy，"The Changing Geopolitics of East Asia，" working paper，Paul Tsai China Center，Yale Law School，July 25，2016，5，https：//www. law. yale. edu/system/fles/area/center/china/document/stapletonroy _ fnal.pdf.

18. James L. Hevia，"Looting and Its Discontents：Moral Discourse and the Plunder of Beijing，1900—1901，" in *The Boxers，China，and the World，* ed. Robert Bickers and R. G. Tiedemann（Lanham，MD：Rowman & Littlefeld，2007），94.

19. Diana Preston，*Besieged in Peking：The Story of the 1900 Boxer Rising*（London：Constable，1999），31；"Gift from Peking for the Museum of Art：H. G. Squiers to Present Bronzes and Curios to This City，" *New York Times，* September 3，1901，http：//query. nytimes. com/gst/abstract. html/？res = 9A07E7DE153DE433A25750C0A96F9C946097D6CF.

20. Allison，Blackwill，and Wyne，*Lee Kuan Yew，* 114.

21. Kevin Rudd，"How to Break the 'Mutually Assured Misperception' Between the U.S. and China，" *Hufngton Post，* April 20，2015，http：//www.huffingtonpost.com/kevin-rudd/us-china-relations-kevin-rudd-report_b_7096784.html.

22. 参见 Liu He's discussion paper from the Belfer Center for Science and International Affairs，"Overcoming the Great Recession：Lessons from China，" July 2014，http：//belfercenter.org/publication/24397。

23. 虽然印度自 2008 年以来平均每年增长约 7%,但它不是"主要经济体",因为它在金融危机时期还不是世界十大经济体之一。

24. 美国总统乔治·W.布什和巴拉克·奥巴马提供的经济刺激计划和银行救助基金共计 9 830 亿美元。

25. International Monetary Fund，"World Economic Outlook Database，" October 2016.

26. Robert Lawrence Kuhn，"Xi Jinping's Chinese Dream，" *New York Times，* June 4，2013，http：//www.nytimes.com/2013/06/05/opinion/global/xi-jinpings-chinese-dream.html.

27. Osnos，"Born Red."

28. Chun Han Wong，"China's Xi Warns Communist Party Not to Waver on Ideology，" *Wall Street Journal，* July 1，2016，http：//www.wsj.com/articles/chinas-xi-exhorts-communist-party-to-hold-fast-to-marxism-1467380336.

29. Allison，Blackwill，and Wyne，*Lee Kuan Yew，* 121.

30. 参见"Xi：Upcoming CPC Campaign a 'Thorough Cleanup' of Unde-sirable Practices," *Xinhua*，June 18，2013，http：//news.xinhuanet.com/eng-lish/china/2013-06/18/c_132465115.htm；Zhao Yinan，"Xi Repeats Anti-Graft Message to Top Leaders," *China Daily*，November 20，2012，http：//usa.chinadaily.com.cn/epaper/2012-11/20/content_15944726.htm；Macabe Keliher and Hsinchao Wu，"How to Discipline 90 Million People," *Atlantic*，April 7，2015，http://www.theatlantic.com/international/archive/2015/04/xi-jinping-china-corruption-political-culture/389787/。

31. *China Economic Review* online corruption database，http：//www.chinaeconomicreview.com/cartography/data-transparency-corruption；"Visu-alizing China's Anti-Corruption Campaign," *ChinaFile.com*，January 21，2016；"Can Xi Jinping's Anti-Corruption Campaign Succeed?" *CSIS China Power Project*，http：//chinapower.csis.org/can-xi-jinpings-anti-corruption-campaign-succeed/。

32. Joseph Fewsmith，"Xi Jinping's Fast Start," *China Leadership Monitor*，no.41，Spring 2013，http://www.hoover.org/sites/default/fles/uploads/docu-ments/CLM41JF.pdf。

33. 习近平的"中国梦"唤起了人们恢复往日的辉煌（greatness）的观念。这种观念源自中国文学和思想史，至少可追溯到 12 世纪。这种对复兴的渴望是中国百年耻辱时期主要的政治推动力。清代学者冯桂芬在 1860 年讨论英法时就在唤起这种想法："彼何以小而强，我何以大而弱？……中华之聪明智巧，必在诸夷之上……然则有待于夷者，独船坚炮利一事耳。"对于同年开始的"洋务运动"来说，这种观念也是一个希望的源泉，以便在经济上"复兴"中国并且在军事上击退帝国列强。然而，就像反复出现的噩梦一样，这个许诺的梦想（promised dream）在它能够实现之前就被打碎了。参见 Ryan Mitchell，"Clearing Up Some Misconceptions About Xi Jinping's 'China Dream,'" *Hufngton Post*，August 20，2015，http：//www.huffingtonpost.com/ryan-mitchell/clearing-up-some-misconce_b_8012152.html；Jonathan D. Spence，*The Search for Modern China*（NewYork：W. W. Norton，1990），197。

34. Didi Kristen Tatlow，"Xi Jinping on Exceptionalism with Chinese Characteristics," *New York Times*，October 14，2014，http://sinosphere.blogs.nytimes.com/2014/10/14/xi-jinping-on-exceptionalism-with-chinese-characteristics/。

35. Mark Elliott，"The Historical Vision of the Prosperous Age（*sheng-shi*）," *China Heritage Quarterly*，no.29，March 2012，http://www.chinaher-itagequarterly.org/articles.php?searchterm=029_elliott.inc&issue=029。

36. Jin Kai, "The Chinese Communist Party's Confucian Revival," *Diplomat*, September 30, 2014, http://thediplomat.com/2014/09/the-chinese-communist-partys-confucian-revival/.

37. Geoff Dyer, *The Contest of the Century* (New York: Vintage Books, 2014), 150—152.

38. Allison, Blackwill, and Wyne, *Lee Kuan Yew*, 14.

39. Dexter Roberts, "China Trumpets Its Service Economy," *Bloomberg Businessweek*, January 28, 2016, http://www.bloomberg.com/news/articles/2016-01-28/china-trumpets-its-service-economy.

40. Gabriel Wildau, "China: The State-Owned Zombie Economy," *Financial Times*, February 29, 2016, https://www.ft.com/content/253d7eb0-ca6c-11e5-84df-70594b99fc47.

41. Ben Bland, "China's Robot Revolution," *Financial Times*, June 6, 2016, https://www.ft.com/content/1dbd8c60-0cc6-11e6-ad80-67655613c2d6.

42. "Xi Sets Targets for China's Science, Technology Mastery," *Xinhua*, May 30, 2016, http://news.xinhuanet.com/english/2016-05/30/c_135399691.htm.

43. *Associated Press*, "Air Pollution in China Is Killing 4,000 People Every Day, a New Study Finds," August 13, 2015, https://www.theguardian.com/world/2015/aug/14/air-pollution-in-china-is-killing-4000-people-every-day-a-new-study-fnds.

44. World Bank, *Cost of Pollution in China: Economic Estimates of Physical Damages* (Washington, DC: World Bank, 2007), http://documents.worldbank.org/curated/en/782171468027560055/Cost-of-pollution-in-China-economic-estimates-of-physical-damages.

45. John Siciliano, "China Deploys Green 'SWAT Teams' to Meet Climate Goals," *Washington Examiner*, March 19, 2016, http://www.washingtonexaminer.com/china-deploys-green-swat-teams-to-meet-climate-goals/article/2586271.

46. "China Must Quickly Tackle Rising Corporate Debt, Warns IMF Ofcial," *Reuters*, June 10, 2016, http://www.reuters.com/article/us-china-imf-debt-idUSKCN0YX029.

47. Martin Feldstein, "China's Next Agenda," *Project Syndicate*, March 29, 2016, https://www.project-syndicate.org/commentary/china-growth-through-pro-market-reforms-by-martin-feldstein-2016-03.

48. United Nations, Department of Economic and Social Affairs, Population Division, *World Urbanization Prospects: The 2014 Revision*, *Highlights*（ST/ESA/SER.A/352）, https://esa.un.org/unpd/wup/publications/fles/wup2014-highlights.pdf.

49. Martin Feldstein, "China's Latest Five-Year Plan," *Project Syndicate*, November 28, 2015, https://www.project-syndicate.org/commentary/china-new-fve-year-plan-by-martin-feldstein-2015-11?barrier = true.

50. Halford Mackinder, *Democratic Ideals and Reality: A Study in the Politics of Reconstruction*（New York: Henry Holt, 1919）, 186.

51. Xi Jinping, "New Asian Security Concept for New Progress in Security Cooperation: Remarks at the Fourth Summit of the Conference on Interaction and Confidence Building Measures in Asia," Shanghai, May 21, 2014, http://www.fmprc.gov.cn/mfa_eng/zxxx_662805/t1159951.shtml.

52. Bill Hayton, *The South China Sea*（New Haven, CT: Yale University Press, 2014）, 71.

53. Toshi Yoshihara, "The 1974 Paracels Sea Battle: A Campaign Appraisal," *Naval War College Review* 69, no.2（Spring 2016）, 41.

54. US Department of Defense, "Asia-Pacifc Maritime Security Strategy"（August 2015）, 16, http://www.defense.gov/Portals/1/Documents/pubs/NDAA%20A-P_Maritime_SecuritY_Strategy-08142015-1300-FINALFORMAT.PDF.

55. Derek Watkins, "What China Has Been Building in the South China Sea," *New York Times*, February 29, 2016, http://www.nytimes.com/interactive/2015/07/30/world/asia/what-china-has-been-building-in-the-south-china-sea-2016.html.

56. US Department of Defense, "Asia-Pacifc Maritime Security Strategy," 17.

57. 美国的贸易在 5.3 万亿美元总额中占 1.2 万亿美元。Bonnie Glaser, "Armed Clash in the South China Sea," Council on Foreign Relations, April 2012, 4, http://www.cfr.org/asia-and-pacifc/armed-clash-south-china-sea/p27883.

58. Andrei Kokoshin, "2015 Military Reform in the People's Republic of China: Defense, Foreign and Domestic Policy Issues," Belfer Center for Science and International Affairs, October 2016, vi, http://belfercenter.org/publication/27040.

59. Regina Abrami, William Kirby, and F. Warren McFarlan, *Can China Lead?*（Boston: Harvard Business Review Press, 2014）, 179.

60. "President Xi Stresses Development of PLA Army," *Xinhua*，July 27，2016，http://news.xinhuanet.com/english/2016-07/27/c_135544941.htm.

61. Jeremy Page，"For Xi，a 'China Dream' of Military Power," *Wall Street Journal*，March 13，2013，http://www.wsj.com/articles/SB100014241278873241285045783487740405463 46.

62. 伊拉克的指挥控制系统受到的影响如此之大，以致萨达姆·侯赛因最终被迫让通信员驾驶摩托车将他的命令送到前线。Fred Kaplan，*Dark Territory：The Secret History of Cyber War*（New York：Simon & Schuster，2016），22—23。

63. 皮尔斯伯里为美国国防部净评估办公室所作研究的部分内容：Michael Pillsbury，*China Debates the Future Security Environment*（Washington，DC：National Defense University Press，2000）。亦可参见 *Chinese Views of Future Warfare*，ed. Michael Pillsbury（Washington，DC：National Defense University Press，1997）。

64. 正如科科欣所指出的是："同时控制几个省份的'主要军区'的指挥官和政治委员，是维护北京中央政权的重要因素。这些指挥官和政治委员由解放军总政治部控制，直接向中央军委主席报告。当出现国内危机的情况下，'主要军区'的指挥官和政治委员会有很多机会对位于这些地区的省份实施紧急控制……当他们考虑到军事改革的深度时，党和国家高级官员所面临的核心问题之一……是军队在提供更有效利用军事力量追求外交政策利益的能力与保留解放军在解决内部危机中的角色之间的相互关系。"参见 Kokoshin，"2015 Military Reform in the People's Republic of China," 22—23，24。

65. Yang Yong，quoted in Dyer，*The Contest of the Century*，25.

66. "中国人民解放军"名字中的"军"(army)是军队的通称，包括空军和海军以及三种地面部队[后三种美国称之为"陆军"(army)]。

67. M. Taylor Fravel，"China's Changing Approach to Military Strategy：The Science of Military Strategy from 2001 to 2013," in Joe McReynolds，*China's Evolving Military Strategy*（Washington，DC：Jamestown Foundation，2016），59—62；Toshi Yoshihara and James Holmes，*Red Star over the Pacific：China's Rise and the Challenge to U.S. Maritime Strategy*（Annapolis，MD：Naval Institute Press，2010），60.

68. Holmes and Yoshihara，*Red Star over the Pacific*，18.

69. 2015 年，国防部将"空海一体战"改名为"全球共享空间中的联合和机动联合概念"(JAM-GC)，尽管它仍被广泛称为"空海一体战"。Sam Lagrone，"Pentagon Drops Air Sea Battle Name，Concept Lives On," *USNI News*，Jan-

uary 20，2015，https：//news. usni. org/2015/01/20/pentagon-drops-air-sea-battle-name-concept-lives.

70. Eric Heginbotham et al.，*The U.S.-China Military Scorecard：Forces，Geography，and the Evolving Balance of Power，1996—2017*（Santa Monica，CA：RAND Corporation，2015），xxxi，xxix.

第七章　文明的冲突

我们的政府形式不是效仿邻国而来的……在对待战争态度方面，我们也不同于我们的对手……在看待友谊方面，我们也与大多数人截然不同……我们的付出在那些与我们没有共同价值观的人那里是无法得到对等的回报的。

——修昔底德，"伯里克利在阵亡将士国葬典礼上的演说"，公元前 431 年

思忖一下两国国民在性格上的巨大差异，那是一种你无法洞察的差异，因为你们从来没有考虑过你们在雅典人那里会遇到什么样的对手，他们与你们有着天壤之别。

——修昔底德，"科林斯大使在伯罗奔尼撒联盟代表大会上的讲话"，公元前 432 年

我认为，在新世界中冲突的主要根源将不会存在于意识形态或者经济领域。将人类截然分离的将是文化……文明的冲突将主导全球政治。

——塞缪尔·亨廷顿，《文明的冲突》，1993 年

1793 年，当乔治·马戛尔尼勋爵（Lord George Macartney）从伦敦长途跋涉来到北京时，他简直像一个来自火星的天外来客。作为乔治三世（King George III）的信使，马戛尔尼肩负着建立大英帝国与清朝外交关系的任务。然而，他遇到的中国官员对于他是什么人、从哪里来和谈论的话题一概不知，更对马戛尔尼"外交关系"的提议全无概念。中国从来没有和其他任何一个国家建立过类似的关系——不仅未曾允许任何国家在其国土上开设大使馆，也从未向国外派驻过大使。中国政府甚至没有设置外交部。[1]而且，这些已经身处他们之中的"红毛番鬼"（red haired barbarians）甚至不能讲他们的语言，这简直是耻辱中的耻辱。马戛尔尼的翻译是一位来自那不勒斯（Naples）的牧师，对英语也一窍不通。为了交谈，翻译把东道主的汉语官话翻译成拉丁语，而马戛尔尼几十年前在三一学院（Trinity College）学习过这门语言，这样才勉强得以理解。[2]

伦敦曾指示马戛尔尼在北京建立永久性外交使团，为英国货物开辟新的港口和市场，并通过谈判在广东这个沿海省份建立一个更灵活的贸易体系。马戛尔尼还打算租一个场地，以便英国商人可以在那里全年经营，而且他还打算收集关于中国"目前实力、政策和政府"的情报。[3]为了给清朝统治者留下深刻的印象，并对英国出口的商品产生兴趣，马戛尔尼为中国皇帝带去了一系列有英国代表性的先进产品，包括火炮、战车、望远镜、瓷器、纺织品和镶有钻石的手表。[4]

从英国出发后 9 个月，马戛尔尼一行终于来到了位于热河的承德避暑山庄，在那里他们等待着觐见乾隆皇帝。[5]但从两人最初的相遇开始，马戛尔尼便已经确信交流不可能成功。根据几千年以来的中国习俗，平民在看到神圣的皇帝时被要求跪伏在地上,叩头九次。对此,马戛尔尼建言他会遵循英国的礼仪,在中国皇帝面前有如在英国国王面前一样单膝跪地行礼。他进一步提出,一位和他同等级别的中国官员也应该在他带来作为礼品的英王乔治三世肖像前做同样的致礼。接待马戛尔尼的中方人员对此嗤之以鼻。"这样的对等是不可能的,"法国学者兼政客阿兰·佩雷菲特(Alain Peyrefitte)这样总结道,"只有一个皇帝——天子,其他的君主只不过是'小王'而已"[6]。正如马戛尔尼所看到的那样,他从世界上最强大的国家来到一个贫穷落后的国家,他正在以一种两国互相平等的态度对它施以援手。然而,在东道主的眼里,这位英国的代表却被看作一个附庸国派来朝拜天子的人。

招待马戛尔尼的东道主们让他在承德等了六天,之后在1793 年 9 月 14 日凌晨三时许,他们唤醒英国使团,让他们在黑暗中走了三英里后到达宫廷,在皇帝现身之前他们又在那等了整整四个小时。[7]当得到接见时,马戛尔尼按照英国觐见礼仪,单膝跪下行礼。然而,中国官方对这一事件的记载却有所不同——"及至殿上,不觉双跪俯伏。"[8]

马戛尔尼转交了乔治三世给乾隆皇帝的亲笔信,信中概述了他的提议。马戛尔尼预计在转交信函之后一周左右就会与中国同行谈判,讨论细节。然而,对于东道主来说,这次会面意味着英国成功献上了贡品。他们建议马戛尔尼在天气变冷前回国。[9]几天后,在他惶恐不安、不断要求之下,才收到了皇帝的书面回复。信中提到乔治国王"远在重洋,倾心向化",并认识到他的使者"航海来廷,叩祝万寿",但皇帝断然拒绝了马戛尔尼的所有提议。具体地说,在北京设立外国使馆的请求"断不可行"。承认"特因天朝所产茶叶、瓷器、丝巾为西洋各国及尔国必需之物"，中国允许外国商人按目前的安排继续在广州的港口开展贸易。但额外的通商地点和一块英国人可以常年居住的场地则是不可能的。

在对这次会面的看法上，皇帝在信中总结说："若云仰慕天朝，欲其观习教化，则天朝自有天朝礼法，与尔国各不相同。尔国所留之人即能习学，尔国自有风俗制度，亦断不能效法中国，即学会亦属无用。"[10]拿着这封回信，马戛尔尼只得乘船返回伦敦。

如果将这样一次没有成功机会的碰面称作巨大的失败（epic failure），那是不公平的。马戛尔尼的外交使命没有建起两国之间的桥梁，而是暴露了中国和西方之间的鸿沟。虽然今天北京和世界各国都维系着贸易和外交关系，但这两种古代制度之间的基本差异仍然存在。尽管全球化让贸易往来变得顺畅，但却无法抹去原始的断层线。

文 明 的 冲 突

在马戛尔尼出使中国两百年之后，美国政治学家塞缪尔·亨廷顿在《外交事务》杂志上发表了一篇具有里程碑意义的文章，题目为《文明的冲突》。该文认为，冷战后世界冲突的根本原因不再是意识形态、经济或政治上的，而是文化上的。亨廷顿预言："文明的冲突将主导全球政治。"[11]亨廷顿的论文引来了猛烈的抨击。在他写作时，当时的社会文化氛围越来越呈现出政治正确（politically correct）的趋势。在这种文化中，大多数学者都在通过研究分析尽可能降低文明和文化的差别。这篇文章的批评者挑战了亨廷顿的"文明"概念，并质疑了他对不同文明之间界限的解释。

然而，在这篇文章发表后的几年里，政策制定共同体将这个仍然难以界定的文明概念纳入了战争研究，尤其是在西方民主国家和恐怖组织如"基地组织"和"伊斯兰国"之间正在进行的战争的研究中。在一个较小但仍然可观的程度上，这个概念也塑造了政策制定者、军事规划者和研究中美关系学者的思维——以及这两个超级大国之间发生暴力冲突的危险。

亨廷顿把文明定义为一种构成文化组织最广层次的实体。他写道："文明是人类最高层次的文化归类和最广层次的文化认同，人类以此与其他物种相区分。文明既是由那些共同拥有的客观因素如语言、历史、宗教、习俗、制度等界定的，也是由人们主观的自我认同来定义的。"文明可以包括几个民族国家，也可以只有一个民族国家，可以与其他文明重叠，也可以包括亚文明。根据亨廷顿的描述，中国和其他几个国家构成了"儒家文明"，而美国则融入了一个由多个国家组成的群体，共同组成了"西方"文明。亨廷顿承认，"（文明之间的）界限很少是清晰明了的"，但仍然是"真实存在的"。[12]

亨廷顿并不排除未来在同一文明内群体之间发生暴力冲突的可能性。他的观点是，在一个后冷战的世界里，文明断层线不会在走向自由世界秩序的过程中消失——正如亨廷顿的学生之一、政治学者弗朗西斯·福山（Francis Fukuyama）在他1989年发表的《历史的终结》[13]中所预言的那样——反而只会更加明显。亨廷顿承认："相异并不一定意味着冲突，冲突并不一定意味着暴力。然而，几个世纪以来，正是不同文明之间的差异引发了时间最长和最激烈的冲突。"14

亨廷顿希望纠正西方"普世"价值观的神话。他说这不仅是幼稚的，而且对其他文明——尤其是以中国为中心的儒家文明——是有害的。他写道："可能存在一种'普世文明'（universal civilization）的观念是西方的想法，与大多数亚洲社会的特殊主义（particularism）是完全对立的，后者强调人与人之间的区别。"15这也就是说，西方相信一些基本价值观和信仰——包括个体主义、自由主义、平等、自由、法治、民主、自由市场和政教分离——应该得到全人类的接受。相反，亚洲文化珍视他们独特的价值观和信仰，这使他们与其他人（文明）区别开来。

亨廷顿用《文明的冲突与世界秩序的重建》一本书的篇幅论证他的观点，指出西方社会和儒家社会有着五种不同倾向。首先，正如他所指出的，儒家文化反映了一种民族精神，它强化了"权威、等级制度、个人权力和利益的从属地位、共识的重要性、避免对抗、'爱护面子'，以及普遍来说国家高于社会、社会高于个人的地位"。他指出这些态度与"美国对自由、平等、民主和个人主义的信仰"是不同的。而且，他强调美国人"不信任政府、反对权威、提倡制衡，鼓励竞争，并将人权神圣化"。16

亨廷顿还观察到，中国作为最主要的儒家文化是根据种族来定义身份的："中国人是有着同一'种族、血统和文化'的人。"他颇带挑衅地指出："对于中国人和那些生活在非中国社会中的华人来说，'镜子测试'（mirror test）成为辨别他们是谁的测试方法：'去照照镜子吧。'"这一中国文化的概念既狭隘又非常广阔，因为它使中国政府相信："具有中国血统的人，即使是另一个国家的公民，也是中华共同体（Chinese community）的成员，因此在某种程度上也服从中国政府的权威。"17

与这种观点相一致,亨廷顿认为,中国对外事务的看法实质上是其内部秩序概念的延伸,二者都体现了儒家强调的通过等级制实现的和谐,其中中国的领导人居于等级顶端。正如孔子所说的:"天无二日,土无二王。"[18]但是,在中国向外投射其内部秩序的同时,它却几乎从骨子里不相信外部对于其内部事务的任何干涉。正如18世纪马戛尔尼那次失败的访华之行所揭示的那样,在"耻辱世纪"(century of humiliation)很久之前,中国人就对登上中国海岸的外国人十分警惕。他们禁止登陆者学习汉语或生活在普通人之中。这种怀疑的思绪一直持续至今。美国历史学家克兰·布林顿(Crane Brinton)在《革命的解剖》(*Anatomy of a Revolution*)一书中记录了一件轶事,体现出这种怨恨是如此之深:"我们美国人将长期承受在上海一处公园里因一块'华人与狗不得入内'的招牌而招致的指责。"[19]同样,上海某位干部告诉我的一位同事,当每一个中上阶层的家庭都有一个美国男仆时(houseboy),他就知道中国又富起来了。在亨廷顿看来,过往的记忆激起了"中国领导人和学生的广泛共识:美国试图从领土上分割中国,从政治上颠覆中国,从战略上遏制中国,从经济上挫败中国"[20]。

最后,亨廷顿声称,作为一个已经存在了几千年的社会,中国人的思维方式在根本上不同于西方人。正如他所说,中国人"倾向于以几百年甚至几千年为单位来思考他们社会的进化,并优先考虑如何将长期收益最大化"。亨廷顿把这与"美国忘记过去、忽略未来、集中关注当下利益最大化以确保首要地位的信念"[21]进行了对比。

亨廷顿的五个儒家文明特征肯定是全面的,它们的确识别出了几个世纪以来持续贯穿中国文化的坚实脉络。更重要的是,它们提供了不同指向的道路,而在某些方面这些特征与西方国家(如美国)的文化并不相容。当然,被一个拥有共同价值观的竞争对手击败——例如英国不情愿地看着"暴发户"美国在超越其权力的同时很大程度上保留了其文化、宗教和政治信仰——是一回事,而被一个价值观迥异的对手超越则的确是另外一回事。希拉里·克林顿代表大多数美国人说道:"我不希望我的子孙后代生活在一个由中国统治的世界里。"[22] 为了理解文化倾向的广泛差异如何转化为对抗,我们需要更仔细地审视美国人和中国人对政府性质和目的的不同看法。

美 国 与 中 国

我们是谁? 我们在世界上应有的地位是什么? 在我们社会内部以及我们与其他国家的关系中,是什么构成了秩序? 对这些艰深问题的简短回答可能会引起嘲讽,但它们突出了美国和中国之间的根本差异。即使不考虑修昔底德陷阱的结构性压力,这些差异——在某些情况下,这些差异是完全相反的——就会使中美关系变得更加难以处理。

尽管存在许多不同之处,美国和中国至少在一个方面是相似的:两国都极度强调自身的各种优越性。两国都把自己视为例外——从字面上看,就是没有同伴。虽然穆罕默德·阿里(Muhammad Ali)那句"我是最伟大的"(I am the greatest)准确地抓住了美国人的自大,但是中国将自己看作上天与人之间独一无二的联系,这也许更自负。两个第一的冲突将使调整变得非常痛苦。那么,是让中国人做到理性接受一个"天有二日"的宇宙论更难,还是让美国接受必须与另一个可能的超级大国一起共处的事实更难呢? 李光耀对美国适应新现实的能力持怀疑态度:"美国被一个自己长期蔑视为颓废、软弱、腐败和笨拙的亚洲民族所取代,虽然不是在世界范围内而只是在西太平洋地区,这在情感上对美国来说仍是很难接受的。美国人的文化优越感将使这一调整变得尤为困难。"[23]

在某种程度上,中国的例外主义比美国的影响更为广泛。学者哈里·盖尔伯(Harry Gelber)解释道:"中华帝国把自己看作文明世界的中心,而中国士大夫也根本没有想过现代意义上作为某个国家的'中国'或者某个文明的'中华文明'。对他们来说,只有汉族人,除此之外,都是野蛮人。从定义上来说,任何不文明的事物都是野蛮的。"[24]陆克文指出,中国人对自己文明的韧性和成就引以为豪,这种例外主义影响着他们特有的思维方式,并"产生了一种自我崇敬的哲学思想"。[25]

表 7.1 美国与中国,文化的冲突

	美　国	中　国
自我感知	"第一"	"宇宙中心"
核心价值	自由	秩序
关于政府的看法	必要的恶（necessary evil）	必要的善（necessary good）
政府形式	民主共和国制	反应式权威主义（responsive authoritarianism）
对待典范	传教士的（missionary）	无法效仿的（inimitable）
对待外国人	包容	排斥
时间认知范围	当下	永恒
改变	发明	恢复与演变
对外政策	国际秩序	和谐等级制(harmonious hierarchy)

美国人也崇尚他们的文明成就，尤其是政治上的成就，几乎达到了宗教般狂热的地步。该国的革命历史赋予其追求自由的激情，寰宇之内无人能比，铭记于美国政治信条的精髓——《独立宣言》(Declaration of Independence)——之中，《独立宣言》宣称"人人生而平等"，"造物主赋予了他们若干不可剥夺的权利"。《独立宣言》规定，这些权利包括"生存权、自由权和追求幸福的权利"，而且这些并非观点的问题，而是"不言而喻"的真理。在老威廉·皮特(William Pitt the Elder)试图向英国国会上院同事解释究竟是什么鼓舞了美国殖民者发动革命时，他发现："这种独立的精神激励着美利坚民族……其实这并不是什么新事物；它是而且一直都是他们确立的原则。与金镣铐和肮脏的富裕相比，他们更喜欢贫穷的自由；他们将捍卫自己作为人——作为自由人——的权利。"[26]正如20世纪美国伟大的社会历史学家理查德·霍夫施塔特(Richard Hofstadter)所说："作为一个国家，我们没有意识形态，而是成为一个民族——这是我们的命运。"[27]

相反，中国遵从孔子的第一戒律："恪守本分。"[28]对于中国人来说，秩序是核心的政治价值，除此以外便是混乱。和谐秩序是由一个等级制度所衍生的，社会中的每个人不仅处在一个位置上，而且知道自己的位置。在中国古代，皇帝处于等级制度的顶峰，维持秩序。正如基辛格所解释的："中国皇帝既是政治统治者，也是形而上学的概念……皇帝被视为一切大大小小事物实现'大同'(Great Harmony)的关键。"[29]自由，正如美国人理解这一术语一样，会扰乱等级制度，招致混乱。

中美之间在哲学上的这些差异体现在两国看待政府的理念之中。美国的思想被概括在美国革命期间被广为阅读的托马斯·潘恩(Thomas Paine)的小册子《常识》(*Common Sense*)中。潘恩在书中解释说:"每个国家的社会都是福祉,但政府即使在最佳状态下,也是一种必要的恶(necessary evil);在最糟糕的状态下,更是一种无法忍受的恶。"[30]当然,尽管对权威的严重不信任一直鼓舞着美国的开国元勋们,但他们仍然认识到社会需要一个政府。否则,谁来保护公民免受外国威胁,或者国内罪犯对他们权利的侵犯?但他们也进退两难——一个强大到足以履行其基本职能的政府会有暴政的倾向。为了应对这一挑战,他们像理查德·诺伊施塔特(Richard Neustadt)所指出的那样,设计了一个"机构分离,权力分享"(separated institutions sharing power)的政府。[31]通过有意在行政、立法和司法部门之间制造持续的斗争——尽管这意味着拖延、僵局甚至是功能失灵——对滥用权力进行制衡。正如路易斯·布兰代斯(Louis Brandeis)法官非常有说服力的解释那样,他们的目的"不是为了提高效率,而是为了避免专制政府的出现"。[32]

中国人关于政府的概念及其在社会中的作用与美国人几乎犹如云泥之别。历史已经让中国人明白秩序的首要地位,以及政府在实现秩序过程中不可或缺的地位。正如李光耀所说:"中国的历史和文化记录表明,当有一个强大的中心(北京或南京)时,这个国家就是和平的和繁荣的。当中心薄弱时,各省及其下属的县域则由少数军阀经营。"[33]因此,在美国人看来是一种"必要的恶"的强大中央政府,于他们的中国同行而言,则是推动国内外秩序和公共产品的主要行为体。

对美国人来说,民主——民有、民治、民享的政府——是唯一合法的政府形式。这就要求政府保护公民的权利,并允许他们追求繁荣。正如托马斯·杰斐逊(Thomas Jefferson)所说:

"共和制是唯一一种不与人类的权利进行公开或秘密战争的政府形式。"[34]美国人认为，任何政府的政治合法性只能源于被统治者的首肯。

对此，大多数中国人并不赞同这一观点。他们认为政治合法性来自绩效。在他的题为《两个政治体系的故事》的 TED 演讲中，上海风险投资家李世默向民主的假定优势发起挑战。他说："我以前曾被人问道：'这个政党的合法性来自哪里？'我回答道：'政府的能力算吗？'"李世默继续提醒听众："我们都知道这一事实。1949 年，当共产党掌权时，中国仍处在战争的泥沼，被外国侵略得支离破碎，那时人们的平均寿命仅有 41 岁。而今天，中国是世界上第二大经济体，一个工业强国，人民生活日益富足。"[35]简而言之，绩效证明一党制的制度是正当的。

美国政府被认为是民主共和政体，而中国可能最好应被描述为反应式权威主义。政治合法性理念的竞争已成为中美关系中的一个痛点所在。基辛格恰到好处地总结道："美国原则是普世的这一信念给国际体系带来了一个具有挑战性的因素，因为这意味着如果政府不去实践这些原则，那么它们就不完全具有合法性。"[36]他接着解释了我们认为理所当然的这一信条是如何在那些按照美国价值观应该感到自己身处愚昧政治制度、等待救赎的国家中产生怨恨的。不用说，这种正义在中国并不受欢迎。

在国际上推销它们的基本政治价值时，美国和中国也有着截然不同的方式。美国人相信人权和民主是普遍的愿望，只需要以美国为榜样（有时是帝国主义的推动），便到处都能实现。因此，亨廷顿把美国称为"传教士国家"（a missionary nation），一个被这种信念所驱动的国家，即"非西方人民应该致力于实现民主、自由市场、有限政府、人权、个体主义、法治等西方价值观，并在其制度中体现"[37]。就像西奥多·罗斯福在20世纪之交所说的那样，美国权力的传播代表了文明本身的传播；21世纪初的大多数美国人认为，民主权利将使世界上任何一个地方的任何一个人受益。在整个20世纪，华盛顿的领导人已经把这个信念转化为一项外交政策，试图推动民主事业，有时甚至试图强加给那些未能接受民主的人和国家。

相比之下，中国人相信别人会尊敬他们，欣赏他们的美德，甚至试图模仿他们的行为。但是中国人并不试图让他们皈依这些价值。正如基辛格所指出的："中国没有输出自己的信念，而是让其他人过来求之。中国人认为，只要承认中国政府的宗主权，邻国人民就可以从中国和中华文明的接触中获益。不予承认则是野蛮人。"[38]

中国领导人也深深猜忌美国试图演变中国。作为中国市场经济的开创者，邓小平警告中国共产党的同僚们："他们所谈论的人权、自由和民主，仅仅是为了维护那些强大的、富有国家的利益，这些国家利用它们的力量去欺凌弱国，追求霸权主义，实行强权政治。"[39]

中国对外国政治制度的态度与对外国人的看法大体一致。美国社会是包容性的，中国社会则是排外的。作为一个"移民国家"，大多数美国人为任何人都能成为美国人的事实而自豪。正如乔治·华盛顿（George Washington）在1783年所写的那样："美国的胸怀不仅是开放的，不仅要接纳有钱人和体面可敬的陌生人，而且要接纳受到民族和宗教压迫与迫害的所有人；如果他们举止得体，尽得其乐，我们将欢迎他们分享我们所有的权利和特权。"[40]相比之下，要想成为中国人就必须生下来就是中国人。

美国劳动力市场开放、多样、灵活。这赋予美国在全球人才竞争中的显著优势：2016年，在价值超过10亿美元的87家美国创业公司中，有一半是由移民创立的。[41]

美国和中国对于时间认知范围——它们对过去、现在和未来的感觉——犹如白天和黑夜之间的不同。美国人期待在2026年庆祝建国250周年，而中国人则自豪地指出他们的历史已经跨越了五千年。美国人将1776年7月4日作为国家诞生的时间点，但中国没有有纪录的起点。因此，不像其他国家沿着盛衰兴亡的轨迹来追踪它的发展，中国将自己视为宇宙的一个固定部分：过去如此，将来亦是如此。美国领导人会参考"美国实验"，有时他们随意的政策在某种程度上就是遵循这样的原则产生的。相比之下，中国领导人将自己视为神圣遗产的受托人，并据此采取相应的行动。

出于更宽泛的时间观念，中国人小心区分急性与慢性、急迫与重要，正如邓小平在处理与日本的钓鱼岛问题时一样。美国政策对新闻周期和大众舆论的要求更加敏感，他们寻求能够迅速解决问题、清单列举式的政策计划。中国人在战略上则是有耐心的：只要趋势朝着对他们有利的方向发展，他们就可以安静而耐心地等待问题的解决。

美国人认为自己是问题解决者。这反映出他们的短视主义，他们将各种问题都看作不相关的，予以分别处理，而且当即就要解决——如此他们就可以转向下一个问题了。用李光耀的话说："当美国人失败的时候，他们会振作起来，重新开始。美国文化就是从零开始，然后打败你。为此，你需要什么样的心态呢？这源自他们的历史。他们进入一个空旷的大陆，并充分利用它。"[42]美国曾被称为"失忆合众国"（United States of Amnesia），对他们来说,每天都是新的,每一次危机都是"前所未有"的。这与中国人的制度记忆形成鲜明对比,中国人认识到太阳底下没有新鲜事。

事实上,中国人相信许多问题只能被加以管控,而且每一个解决方案必然会产生更多的问题。因此,挑战是长期的,而且是反复的。今天他们面临的问题来自过去一年、十年甚至是一个世纪的演变。如今采取的新的政策行动也会对持续的演变造成影响。例如,自1949年以来,台湾一直被反动的民族主义者所统治。中国领导人坚持认为台湾是中国不可分割的一部分,他们愿意实施一项长期战略,包括扩大经济与社会关联,以逐步将台湾岛整合回中国(大陆)。

与修昔底德陷阱最相关的中美分歧来自互相竞争的世界秩序观念。海内外的中国人都相信通过等级制度建立和谐。中国对待本国人民的方式对于理解中国成为世界主导国家时如何处理与其他国家的关系很有启发意义和代表性。美国的民主理想目前只是运用到对外政策层面。一方面,美国人渴望一种国际法治,这种法治实质上是美国国内法治的放大版。另一方面,他们认识到在全球"霍布斯丛林"(Hobbesian jungle)中的权力现实,在这种环境里做狮子比做羔羊更好。华盛顿常常试图通过描绘一个美国作为立法者、警察、法官和陪审团的"仁慈霸主"(benevolent hegemon)的世界来协调这种紧张关系。

美国敦促其他大国接受"以规则为基础的国际秩序"。但从中国人的角度看,这似乎不过是美国人制定规则,其他人只是服从这一秩序罢了。美国参谋长联席会议前主席马丁·登普西(Martin Dempsey)指出:"有一点令我困惑的是,每当我和中国人谈论国际标准或行为准则时,他们必然会指出这些规则是在他们缺席世界舞台时作出的。他们现在不再缺席世界舞台，因此这些规则需要与他们重新协商。"[43]

如果亨廷顿是正确的——我也相信如此——文明之间的差异会越来越大（而非变小），对冲突而言越来越重要。作为冲突的根源，如今在中国和美国的政治家应该对他们将成之事采取更谦卑的态度。误解易发，移情和共识却难以实现。在一个全球化的世界里，在即时沟通和快速旅行便捷得让马戛尔尼出使简直如同石器时代的现在，"文明的冲突"不仅可以塑造未来的外交，而且可以塑造战争的进程。

战略文化冲突

在塑造美国对华政策时，从基辛格到布伦特·斯考克罗夫特（Brent Scowcroft），再到奥巴马总统的国家安全顾问汤姆·多尼伦（Tom Donilon），美国的政策制定者们注意到他们的中国同行看待使用军事力量方面的一些显著特点。在决定是否、何时、如何攻击对手时，中国领导人都是理性而务实的。因此，"情境逻辑"（logic of the situation）为回答下列问题提供了最佳的初始指南，即中国何时可能被威慑住而不敢对美国采取军事行动，或者它将如何应对威胁或攻击。然而，除此之外，政策制定者和分析家们已经确定了五个假设和偏好，这为预测中国在对抗中可能的战略行为提供了进一步的线索。

首先，无论是在战争还是和平状态，中国都是毫不掩饰地采取现实政治（realpolitik）战略。这使得中国政府变得很灵活，因为它较少受到先前理论的限制，并且在很大程度上不受那些指出其矛盾的批评者的影响。例如，当基辛格抵达中国时，他发现与其对话者对意识形态泛泛而谈，对中国的国家利益则相当坦率。而在 1973 年，尼克松和基辛格觉得有必要为与中国的妥协建立框架，结束越南战争，实现"光荣的和平"（peace with honor），并确保一个"适当间隔"（decent interval）来缓和美国国内的政治反应。毛泽东则认为不必假装与资本主义的美国建立关系是为了强化中国相对于苏联的共产主义地位，因为他在某种程度上支持一个更大的国际社会主义运动。

可以说，中国对待国际政治的实用主义态度的确让它比美国占有一定优势，中国的整体战略世界观亦是如此。中国的决策者们认为一切事物都是与其他事物相互联系的。在孙子的传统中，战略情境的演变环境是至关重要的，因为它决定了这种情形的"势"。"势"在西方没有直接对应的翻译，最接近它的描述是在某个选定的时刻，任何情形所固有的"潜能"（potential energy）或"势头"（momentum）。它包括地貌和地形、天气、力量平衡、意外、士气以及许多其他元素。基辛格解释道："每一个因素都会影响到其他因素，这会导致势头和相对优势的微妙变化。"[44] 因此，一个老练的战略家会耐心地"观察和塑造战略形势的变化"，并只在最佳状态下行动。然后，他以"势如张弩"（孔子的原话）之势，精准地把握时机给予迅速打击，汹涌而下，势不可挡，像"以碫投卵"一样击败对手。[45] 对观察者来说，结果似乎是不可避免的。正如汉学家弗朗索瓦·朱利安（François Jullien）所言，如果一个战略大师的行动"在理想时刻发动，甚至是不会被察觉的：那么通向胜利的过程是预先可以确定的"[46]。或者像孙子所说："如转圆石于千仞之山者，势也"[47]。

对于中国的战略家来说，战争主要集中于心理和政治领域；军事活动是次要的。在中国人的思维中，对手对战场情况的感知可能和事实本身一样重要。例如，创造和维持一个如此优越的文明形象，以至于它就是"宇宙中心"，可以震慑挑战中国统治地位的敌人。中国相对于外部国家的绝对经济规模也起到了震慑它们的作用——通过准许或拒绝贸易即为一例。如果心理上的威慑和经济刺激失败了，可以让中国边界之外的"野蛮人"互相抗衡，但在这种情况下除了中国之外没有赢家。侵蚀敌人的物质能力和士气，迫使它进入没有出路的境地，比在战场上打败它要好得多。

中国人追求的不是在一场决定性的战争中获胜，而是通过渐进的行动来逐步提高自己的地位。再次引用基辛格的话："很少有中国政治家会冒一次要么全赢要么全输的冲突风险；精心谋划多年更接近他们的风格。西方传统强调了英雄主义力量的决定性冲突，中国的理想强调微妙、间接和有耐心地积累相对优势。"[48]在一个很具有启发性的类比中，来永庆（David Lai）通过比较国际象棋和中国人的同类游戏——围棋——来说明这一点。在国际象棋中，玩家试图支配中心并征服对手。而在围棋中，玩家试图包围对手。如果国际象棋大师可以预见之后的5—6步，围棋大师则能预见20—30步。在与对手来往的广泛关系中，中国战略家避免冒失地过早冲向胜利；相反，他们的目标在于建立增量优势。来永庆解释说："西方传统强调武力的使用，战争的艺术在很大程度上只限于战场，而战斗的方式就是'硬碰硬'。相比之下，围棋背后的哲学是夺取相对收益，而不是寻求完全消灭对手。"他还给出了明智的提醒："用国际象棋的思维玩围棋是很危险的。一个人可能会变得过于咄咄逼人，以至于他会把自己的力量拉得很薄弱，并会在战场上暴露出他脆弱的部分。"[49]

目前，美国关于所谓的"灰色地带"冲突的争论（在俄罗斯被称作"混合战争"）显然是几个世纪以来一直被忽视的，而中国已经完善了五十多个战争阴影区（shades of warfare），在这些阴影区投入实际作战部队是最后的手段。正如《孙子兵法》所解释的那样："'不战而屈人之兵'是最高的胜利形式。"[50]中国历史上国内的政治动乱和互相竞争的王国之间的斗争历史使战略家们倾向于采用非战争手段。

当然，承认这些战略倾向只是第一步。为了避免与中国的战争，或是在一场冲突开始后引导其发展方向，美国领导人还需要考虑华盛顿和北京不同的战略世界观会怎样将它们卷入战争，以及这种差异会如何形成冲突。两国都认为当下最紧张的问题在于中国南海。要理解战略"错位"（misalignment）将可能如何导致那里的悲惨结局，我们必须充分认识中国对这一地区的看法。

中国怎么看待南海问题？

中国正在恢复在东亚的权力和影响力，从中国的角度来看，美国在西太平洋的地位正在衰落。中国在该地区的行动使美国加速撤退，而这一情况最明显的体现是在中国南海地区。

几十年来，美国人一直错过东亚的发展大势，套用罗伯特·伯恩斯（Robert Burns）的话来说，尤其是因为"像别人看我们那样看待自己"很困难。实际上,自尼克松以来的每一位总统都认为美国欢迎中国加入国际经济和政治秩序。但正如基辛格坦率地指出,他所见到的每一位中国领导人都认为美国的战略是在"遏制"中国。如果是这样的话,奥巴马政府高调宣传从欧洲和中东"转向"亚洲的政策只会强化中国对美国意图的这种高度务实的解读。2011年,时任国务卿希拉里描述了这一转变:"第二次世界大战之后,我们致力于建立一个全面而持久的跨大西洋的制度和关系网络,它的收益已经超出投入很多,而且也将继续如此。现在是美国作为一个太平洋国家进行类似投资的时候了。"[51]

鉴于中国领导人的现实政治思维,这一声明对中国的影响是可以预测的,在随后几年的外交接触中也不可能错过。2014年,陆克文和布伦特·斯考克罗夫特分别在中国展开了广泛的对话,他们对中国领导人惊人的"共识"持有相同观点。根据两位政治家的说法,中国领导人认为美国与中国打交道的大战略涉及五大目标:孤立中国、遏制中国、削弱中国、从内部分化中国以及破坏中国的领导力。正如陆克文所解释的,这些信念"来自中国的结论:美国没有,也永远不会接受中国政府的基本政治制度的合法性"。而且,根据陆克文的观点,这是建立在"一个极深的'现实主义'的中国结论基础上的,即美国将永远不会放弃其作为具有支配地位的区域和全球大国的地位,并将尽其所能保持这一地位"。[52]

从中国的角度来看,美国在中国南海针对中国的行动——包括在2013年鼓励菲律宾向位于海牙的常设仲裁法庭提起诉讼,在中国拒绝了法院有利于菲律宾的裁决后又召集国家齐声谴责中国,以及美国高度宣传的在该海域的自由航行行动——为这种观点提供了足够多的证据。因此,美国继续"下国际象棋"，而中国则重新安排了其围棋棋盘上的棋子，通过在附近的地区实现渐进但势不可挡的变化，来有条不紊地结束美国的侵犯。

随着中国南海竞争的发展，对手双方的基本战略假设和盲点将影响其走势。因此，在我们试图评估它将如何发展时，特别是中国是否会使用致命的军事力量来推进它的利益时，我们可以从中华文明、中国文化和战略传统中发现什么线索吗？

首先，很明显，中国将以长远的眼光看待与美国在中国南海的僵局，将其理解为历史演变的一部分，并期望未来将受到地理、经济和注意力跨度等现实的影响。因此，中国人将在与美国的"长期博弈"中耐心等待，这是一场稳步增长优势的竞赛，他们相信中国将在该地区战胜美国。虽然美国有时会关注中国南海或东海的事件，但中国期待最终美国将转回到中东正在进行的战争，或是俄罗斯对欧洲的威胁，或者国内问题上。

同样可以肯定的是，中国政府在评估中美之间的军力关系时将会是不加感情的、非常现实的，从而预测任何潜在军事遭遇的结果。因为中国的军事能力至少需要十年或更长时间才能与美国的军事力量相抗衡，即使在离中国最近的战场上，北京也会对任何针对美国的武力使用持谨慎的态度。取而代之的是，中国会逐步改变中国南海陆地和水域的现状以及适应它遭受的阻力，正如在围棋比赛中一样，中国将积累并赢得压倒性优势。

其次，中国的"战略"具有中国特色，把军事力量作为其外交政策的一个次要工具，追求国家目标的实现胜过在战争中取得胜利。它将加强与邻国的外交和经济联系，并利用经济杠杆来鼓励在其他问题和领域的合作。通过这样的做法，中国希望增加对周边国家的影响，不过这也会破坏邻国和美国之间的关系。

它甚至可能试图"以蛮治蛮"来阻止一个针对中国的平衡联盟的形成——例如，让日韩对抗，或者俄美对抗。随着时间的推移，北京将实现其力量优势，该地区的其他国家将只能接受其主导地位，这不仅是不可避免的，而且是不可抗拒的。

虽然中国把战争当作最后的手段，但如果中国断定长期趋势不再是有利的，或者它正在失去讨价还价的能力，它就可能会通过一场有限的军事冲突来教训对手。正如政治学家泰勒·弗拉瓦尔（Taylor Fravel）在对 1949 年以来 23 次领土争端研究中所表明的那样，中国只对三个国家使用了武力。正如这些案例所表明的，如果中国认为在国内动乱时对手正在改变其力量平衡，那么就更有可能诉诸武力。在分析中国 1962 年对印度的攻击、1969 年与苏联的冲突和 1979 年与越南的冲突后，弗拉瓦尔还证明，中国倾向于使用自己的军事力量对抗实力相当的对手，而与较弱的对手则更愿意谈判。[53]

最后，只要中国南海的发展总体上有利于中国，中国就似乎不太可能使用军事力量。但是，如果相关力量的趋势向不利于中国的方向改变，就可能引发有限的军事冲突，即使冲突一方是像美国这样更大、更强的国家。下一章将重点介绍这样的冲突可能会如何发生。

注　释

1. Samuel Kim, *China, the United Nations, and World Order* (Princeton, NJ: Princeton University Press, 1979), 38.

2. Helen H. Robbins, *Our First Ambassador to China: The Life and Correspondence of George, Earl of Macartney, and His Experiences in China, as Told by Himself* (New York: E. P. Dutton, 1908), 175.

3. Alain Peyrefitte, *The Immobile Empire*, trans. Jon Rothschild (New York: Knopf, 1992), 10.

4. Kissinger, *On China*, 37.

5. J. R. Cranmer-Byng, ed., *An Embassy to China; being the journal kept by Lord Macartney during his embassy to the Emperor Ch'ien-lung, 1793—1794* (Hamden: Archon Books, 1963), 117.

6. Peyrefitte, *The Immobile Empire*, 170.

7. Ibid., 220.

8. Ibid., 206.

9. Ibid., 227, 306.

10. 乾隆皇帝敕谕英吉利国王的圣旨(1793 年 9 月)请见 *The Search for Modern China: A Documentary Collection*, ed. Pei-kai Cheng, Michael Lestz, and Jonathan Spence (New York: Norton, 1999), 104—106。

11. Samuel Huntington, "The Clash of Civilizations?," *Foreign Affairs* 72, no.3 (Summer 1993), 22.

12. Ibid., 24.

13. Francis Fukuyama, "The End of History?," *The National Interest*, no.16 (Summer 1989), 3—18.

14. Huntington, "The Clash of Civilizations?," 25.

15. Ibid., 41.

16. Samuel Huntington, *The Clash of Civilizations and the Remaking of World Order* (New York: Simon & Schuster Paperbacks, 2003), 225.

17. Ibid., 169.

18. Ibid., 234.

19. Crane Brinton, *The Anatomy of a Revolution* (New York: Vintage Books, 1952), 271.

20. Huntington, *The Clash of Civilizations*, 223.

21. Ibid., 225.

22. Jeffrey Goldberg, "The Obama Doctrine," *Atlantic*, April 2016, http://www. theatlantic. com/magazine/archive/2016/04/the-obama-doctrine/471525/.

23. Allison, Blackwill, and Wyne, *Lee Kuan Yew*, 42.

24. Harry Gelber, *Nations Out of Empires: European Nationalism and the Transformation of Asia* (New York: Palgrave, 2001), 15.

25. Kevin Rudd, "The Future of U.S.-China Relations Under Xi Jinping: Toward a New Framework of Constructive Realism for a Common Purpose," Belfer Center for Science and International Affairs, April 2015, 12, http://

belfercenter.org/files/SummaryReportUSChina21.pdf.

26. William Pitt, Earl of Chatham, Speech in House of Lords, January 20, 1775, http://quod.lib.umich.edu/cgi/t/text/text-idx? c = evans; idno = N11389.0001.001.

27. Richard Hofstadter, *Anti-intellectualism in American Life* (New York: Alfred A. Knopf, 1963), 43.

28. Kissinger, *On China*, 15.

29. Ibid.

30. Thomas Paine, *Common Sense: Addressed to the Inhabitants of America* (Boston: J. P. Mendum, 1856), 19.

31. Neustadt, *Presidential Power and the Modern Presidents*, 29.

32. *Myers v. United States*, 272 US 52 (1926).

33. Lee Kuan Yew, "Speech at the Abraham Lincoln Medal Award Ceremony," Washington, DC, October 18, 2011, https://www.mfa.gov.sg/content/mfa/overseasmission/washington/newsroom/press_statements/2011/201110/press_201110_01.html.

34. Thomas Jefferson letter to William Hunter, March 11, 1790.

35. Eric X. Li, "A Tale of Two Political Systems," TED Talk, June 2013, https:// www. ted. com/talks/eric _ x _ li _ a _ tale _ of _ two _ political _ systems/transcript? language = en.

36. Kissinger, *World Order*, 236.

37. Huntington, *The Clash of Civilizations*, 184.

38. Kissinger, *On China*, 17.

39. Kissinger, *World Order*, 230.

40. George Washington, "Address to the members of the Volunteer Association and other Inhabitants of the Kingdom of Ireland who have lately arrived in the City of New York," December 2, 1783, http://founding.com/founders-library/american-political-figures/george-washington/address-to-the-members-of-the-volunteer-association-and-other-inhabitants/.

41. Yoree Koh, "Study: Immigrants Founded 51% of U.S. Billion-Dollar Startups," *Wall Street Journal*, March 17, 2016, http://blogs.wsj.com/digits/2016/03/17/study-immigrants-founded-51-of-u-s-billion-dollar-startups/.

42. Allison, Blackwill, and Wyne, *Lee Kuan Yew*, 22—23. Of course, this is not entirely accurate: the American continent may have been undeveloped when Europeans arrived, but it was not "empty."

43. "Notes from the Chairman: A Conversation with Martin Dempsey," *Foreign Affairs*, September/October 2016, https://www.foreignaffairs.com/interviews/2016-08-01/notes-chairman.

44. Kissinger, *On China*, 30.

45. Sun Tzu, *The Art of War*, trans. Samuel B. Griffith (London: Oxford University Press, 1971), 92.

46. François Jullien, *The Propensity of Things: Toward a History of Efficacy in China*, trans. Janet Lloyd (New York: Zone Books, 1999), 26.

47. Sun Tzu, *The Art of War*, 95.

48. Kissinger, *On China*, 23.

49. David Lai, "Learning from the Stones: A Go Approach to Mastering China's Strategic, *Shi*," US Army War College Strategic Studies Institute, May 2004, 5, 28, http://www.strategicstudiesinstitute.army.mil/pubs/display.cfm?pubID=378; Kissinger, *On China*, 23—24.

50. Sun Tzu, *The Art of War*, 14—16.

51. Clinton, "America's Pacific Century."

52. Rudd, "The Future of U.S.-China Relations Under Xi Jinping," 14.

53. M. Taylor Fravel, *Strong Borders, Secure Nation: Conflict and Cooperation in China's Territorial Disputes* (Princeton, NJ: Princeton University Press, 2008).

第八章　走　向　战　争

在参战前,请先想想战争中不可预测的成分会有多么巨大的影响吧。先行动,然后等待灾难,这种顺序颠倒是战争中常见的错误。

——修昔底德,"雅典大使在伯罗奔尼撒
联盟代表大会上的讲话",公元前432年

永远、永远、永远也不要相信会有顺利和简单的战争,也不要相信任何踏上这趟奇怪旅行的人能够预测到将要遭遇的大风大浪。让战争狂热冲昏了头脑的政治家们必须认识到,信号一旦发出,他们就不再是政策的主人,而是不可预见和无法控制事件的奴隶。

——温斯顿·丘吉尔

战争充满偶然性。人类的其他活动都不像战争那样给偶然性这个不速之客这么大的活动范围。它增加了各种情况的不确定性,扰乱了事件的进程。

——卡尔·冯·克劳塞维茨

经过漫长的战争，当中国领导人几乎无法控制自己的国家时，他们是否有胆量攻击曾经彻底击败日本并在五年前通过投掷原子弹来结束第二次世界大战的超级大国呢？1950年，当美国军队将朝鲜军队推向中国边境时，道格拉斯·麦克阿瑟将军无法想象这样的情景。但是，毛泽东却这么做了。麦克阿瑟对此非常惊讶。中国军队迅速将美国军队压制回到战争伊始朝鲜和韩国的分界线。这条38度线至今仍是朝鲜和韩国的分界线。到战争结束时，已有近300万人丧生，其中包括36 000名美军士兵。

同样地，在1969年，对于边界的小争端，苏联领导人无法想象中国会采取先发制人的打击来对付拥有压倒性核优势的大国。但这恰恰是毛泽东在中苏边境冲突时所做的事情。这样的行动向世界展示了中国"积极防御"的理论。毛泽东准确地告诉世界：中国永远不会被吓倒，即使是那些能够将中国消灭的对手。

在未来几年，是否会因为中美军舰在中国南海发生碰撞、台湾推动"独立"运动、中日钓鱼岛争端、朝鲜的不稳定，甚至是螺旋式经济争端，导致中美都不希望的战争发生？对于大多数读者而言，这些似乎很难想象——因为很明显，这些事件的后果将与任何一方所希望获得的收益不成正比。[1]即使是主要在海上和空中进行的无核战争也可能导致双方成千上万的战斗人员死亡。而且，这场战争将对经济产生巨大影响。根据2016年兰德公司的研究，经过一年无核的严酷战争，美国国内生产总值可能减少10%，中国国内生产总值则可能降低35%——这与大萧条时的情形相当。[2]如果进入核战争，那么两国都可能被完全摧毁。中国和美国领导人都知道他们不能让这种情况发生。

然而，不明智或不想要并不意味着不可能。战争仍旧会发生，即使领导人决心避开它们。其他的事件或行动缩小了领导人的选择范围，迫使他们作出冒险发动战争的选择，而不是默许不可接受的替代方案。伯里克利不希望与斯巴达发生战争。威廉二世并不想与英国开战。毛泽东最初反对金日成在 1950 年对韩国的进攻，因为他担心事件扩大。但事件往往要求领导者在高风险和更高风险之间作出选择。一旦军事机器开启，误解、误判和纠缠可能会将冲突升级到远远超出任何人的最初意图的程度。

为了更好地了解这些危险，华盛顿和北京已经开发了场景分析、仿真模拟和战争游戏。它们通常始于意外事件或事故。然后，分别扮演中国或美国的人以此为起点，开始进行模拟。参加这些演练的人一再感到惊讶，发现小火花常常容易导致大规模战争。本章回顾了中国经历的小规模冲突的四个历史案例，总结了战争规划者用来理解冲突来源的四个概念，并勾勒出五条可能导致当今两个大国开战的路径。

朝鲜半岛，1950—1953 年。 1950 年 6 月 25 日，朝鲜战争爆发。到第四天，朝鲜占领了韩国首都首尔。不出一个月，韩国军队已经到了投降的边缘。

就在这千钧一发之际，一支由联合国授权、主要由美国人组成的部队赶来营救。在驻日盟军最高司令道格拉斯·麦克阿瑟将军的领导下，三支美国陆军部队在 B‑26 和 B‑29 轰炸机支持下参战，这些战机曾经轰炸过日本的大部分地区。在接下来的三个月里，他们将朝鲜人赶回了"三八线"。

麦克阿瑟的部队希望在圣诞节前结束战争，但他们几乎没有考虑中国的反应,越过了"三八线",迅速向朝鲜与中国边界的鸭绿江方向前进。朝鲜半岛很有可能最后在由美国政府支持的首尔政府的统治下实现统一。美国情报机构无视中国宣传机构的反复警告和被俘中国军队所展现出来的战术信号,否认了中国可能介入朝鲜战争的可能性。当时,中国结束国内战争不到一年。这场战争使国家蒙受灾难,350万人因此丧生。[3]一个仍旧深受战争影响的政权为什么要冒着存亡的风险来攻击一个曾迫使日本帝国无条件投降的核大国呢?[4]

然而,在11月初,麦克阿瑟突然发现了一支有30万人的强大的中国军队,他们正在猛力攻击美国及其盟友的军队。美军措手不及,伤亡惨重。美国第一骑兵师的一个团在短短几个小时内就失去了600名士兵。在接下来的几个星期里,被麦克阿瑟及其他指挥官所轻视的"农民军队",不仅阻止了盟军的进攻,而且还将联合国部队击退至"三八线"。[5]

在自以为胜券在握的战争中战败后,麦克阿瑟呼吁总统哈里·杜鲁门(Harry Truman)授权他对中国使用核武器。[6]杜鲁门不仅没有接受这位桀骜不驯的五星上将的计划,还将他解职。战争陷入僵局,又持续了两年多。直到1953年,杜鲁门的继任者德怀特·艾森豪威尔总统(Dwight Eisenhower)才签署了停战协议。正如历史学家 T.R.费伦巴赫(T.R. Fehrenbach)指出的那样:"一百多年来,中国军队总是被轻视,既没有技巧和手段,又缺乏战斗的意志。"[7]以后再不会如此了。

中苏边境,1969年。 就在中国突然对美国及其盟军发起冬日突袭的19年后,中国战胜了世界第二大超级大国。在20世纪60年代后期,中苏局势最为紧张。此时,在西伯利亚冰冻的乌苏里江沿岸有争议的边界地带，这两个国家发生了一连串小事件。据《人民日报》报道，毛泽东称苏联军队"正在行动"，并且苏联"一次又一次地"加强其部队力量，以制造一个"针对中国的包围圈"。[8]

在一系列行动和回应中，双方开始沿着边界增加军队部署，形成65万多名中国士兵与29万名苏联士兵和1 200架飞机对峙的局面。毛泽东曾威胁要进行一场大规模的"人民战争"，这将是"人民力量和士气的竞争"。阿卡蒂·舍甫琴科（Arkady Shevchenko）是叛逃西方级别最高的苏联官员，根据他的描述，苏联政治局被"数百万中国人入侵的噩梦"吓坏了，这使苏联领导人"几乎发疯"。[9]

苏联军队的装备和训练要好得多，而且他们因有空军的支援而占有优势。此外，他们拥有一个超过10 000枚核武器的军火库，包括莫斯科已部署到边境地区的50万吨当量的SS‐12战术核导弹。虽然中国在1964年对核装置进行了测试，但只开发了少量弹头，并且无法将它们发射以对抗莫斯科。直到1968年11月，毛泽东还亲口承认，中国"从某种意义上说，仍然是一个无核国家。即使是有了这么一点核武器，我们也不能算作核国家。如果要打仗，我们必须使用常规武器"[10]。许多苏联军方领导人认为，先发制人的核打击是结束中国不断增长的威胁的唯一途径。事实上，苏联对进攻中国如此认真，以至于悄悄地向尼克松政府求助，以评估美国的反应。正如时任美国国家安全顾问的基辛格事后深思所言："当时苏联比我们预想的更可能发动先发制人的打击。"[11]在华盛顿警告它不会袖手旁观之后，莫斯科才搁置了这个选项。[12]

尽管如此，面对愤怒的苏联，毛泽东采取了一种意想不到的策略:他戳了一下这只(北极)熊。中国军方策划了一场"迅雷不及掩耳之势"的攻击,给了莫斯科一个"痛苦的教训"。[13] 1969年3月2日,解放军在乌苏里江的珍宝岛伏击了苏联边防部队,随后又发动了第二次袭击,以30名中国人为代价,杀死了91名苏联人。[14]

为什么中国会施行这一策略呢? 对于毛泽东来说,这是防御性行动的最后手段,展现了中国更广泛的"积极防御"战略概念,或毛泽东所说的"通过决定性接触进行防御"。[15]中国人计划的伏击更多的是为了进行心理上而不是军事上的打击。正如迈克尔·格尔森(Michael Gerson)所总结的那样,其目标是"阻止未来苏联对中国的侵略或胁迫",并且"面对苏联正在逼近的威胁,有说服力地表现出中国的勇气、决心和力量"。[16]

台海危机,1996年。 在毛泽东之后,为了向对手发出强烈信息,中国还继续冒着造成更大战争的风险,选择使用军事手段。1996年,由于担心台湾地区领导人李登辉破坏长期存在的"一个中国"原则并走向独立,北京再次采取了军事行动。1996年,台湾地区领导人选举时,中国大陆在开展军事演习时试射导弹。这些导弹试射范围将该岛包含在内,并威胁其所依赖的商业航运。

在这种情况下,克林顿政府的强烈反应出乎中国人的意料。美国派遣"尼米兹号"航空母舰和"独立号"航母战斗群增援台湾。但是,北京的判断加深了美国军事规划者对中国咄咄逼人的冒险倾向,加上意外或误解可能会引发战争的方式的认识。[17]

今日的中国南海。 如第七章所述,从海岸线向外遥望,中国领导人们看到的是中国海。在他们看来,美国海军舰艇在其水域长期存在以及沿着其边界所进行的日常侦察飞行都是不正常的。这种不受欢迎的遗留习惯源自第二次世界大战。随着中国逐渐具备了能力,它已经在试图迫使美国后退。因此,例如在2013年12月,当美国导弹巡洋舰"考本斯号"正在观察中国人民解放军海军的第一艘航母"辽宁号"首次部署航行时,"考本斯号"舰长收到了来自"辽宁号"指挥官命令他们离开相关海域的严厉信息。"考本斯号"舰长回应称他们正在国际水域进行恰当且合法的操作,并忽略了该信息。几分钟后,一艘解放军海军船只截断了"考本斯号"的航线,留给其舰长两个选择:要么猛撞船只,要么采取规避行动,避免碰撞,但这么做会让中国人觉得美国似乎退缩了。这位舰长选择了后者。[18]

"考本斯号"事件是近年来中国人民解放军海军船只和飞机采取的强势行动,冒着造成"意外"碰撞的危险,也要测试美国军官的极限。就美国海军而言,它已经指示其船只在面对这些战术动作时要避免对抗和形势升级。然而,美军并不总是能成功做到这样。在2001年4月,一架美国侦察机在海南岛附近与一架中国战斗机相撞,当时这架战斗机正在拦截美国侦察机以展示中国对这些情报搜集飞行的抗议。中国飞行员遇难,而美国飞行员被迫在中国境内紧急着陆,这次事件引发了乔治·W.布什政府的第一次国际危机。紧急着陆后,美国飞行员被中国人拘留,于10天后被释放。但飞机被扣留的时间更长,以至于中国人有机会提取其绝密的监视技术。从那以后,中国人民解放军一直在改变其邻近水域的格局和力量平衡。通过建造岛屿、部署导弹以及在中国南海建造飞机场,中国正在地面上创造新的事实,由此对美国在这些关键海上通道的军事力量造成了更大的威胁。

总之，以上四个案例表明，在考虑中国何时以及如何使用武力时，单纯考虑我们会采取何种行动是不够的。对中国领导人来说，军事力量只是多种交战方式中的一个工具，他们可以先发制人地突袭更强大的对手，而后者则通常不会那么做。

火花、背景条件、催化剂和升级阶梯

在战争情境中，分析者借用了美国森林管理局（US Forest Service）熟知的基本概念。纵火犯只是引起火灾的小部分原因。丢弃的香烟、闷燃的营火、工业事故和闪电是更常见的来源。幸运的是，在森林中以及在国家间的关系中，大多数火花都不会引发大火。

背景条件通常决定哪些火花将变成火灾。美国森林管理局使用"斯莫基熊"（Smoky the Bear）广告警告野营者和徒步旅行者"只有你能够防止森林火灾"。在注意防范火星的同时，该机构还会在长时间干旱或极端炎热时段发布额外的警告，甚至偶尔会关闭高风险区域。此外，它还管理着可燃化学品、丙烷罐和储气库的储存，随着条件的恶化，储存管理会变得越来越严格。

在如今的中美关系中，相关的背景条件从地理、文化和历史延伸到两国政府在最近的军事接触实例中吸取的教训。与德国和英国不同，美国和中国在地理上位于地球的两侧。中国战略家意识到这一事实，有时会提醒美国人，目前中美两国船只在加勒比地区几乎不可能发生意外碰撞。他们说，如果美国海军在中国东海和南海效仿前例，只在自己的半球内活动，那么与中国船只相撞的风险就不复存在了。此外，五角大楼的规划者所称的"距离的障碍"（tyranny of distance）也引发了人们质疑美国能否在这些水域中支撑对中国的作战。

然而，最相关的背景条件是崛起国和守成国之间的修昔底德综合征，这在中美之间已经完全显现。事实上，鉴于中国曾经历百年耻辱，尤其是在日本侵略者和占领者暴行之下所引起的愤怒，这些综合征特征就更加凸显了。因此，中日两国在中国东海的岛屿争端带来了特殊的风险。如果安倍晋三政府或其继任者成功修改日本的和平宪法并加强其军事能力，包括以有力的登陆来夺取有争议的岛屿，中国将不仅仅是关注事态发展而已了。

"历史，"基辛格在他的第一本书中观察到，"是国家的记忆。"[19]这种记忆在很大程度上决定了未来的国家决策。美国和中国军方都注意到，美国自第二次世界大战以来所参战的五次大型战争中有四场已经输掉，或者至少未能取胜。[20]（朝鲜战争最多算平局，越南战争输了，伊拉克战争和阿富汗战争不太可能有好结果。只有乔治·H. W.布什总统在1991年的战争可以算得上是一个明显的胜利，他迫使萨达姆·侯赛因统治的伊拉克从科威特撤退。）根据该记录，前国防部长罗伯特·盖茨（Robert Gates）明确地说道："在我看来，未来任何一位建议总统再次派遣美国地面部队进入亚洲、中东或非洲的国防部长，都应该像麦克阿瑟将军如此巧妙的表达那样：'应该好好检查一下大脑。'"[21]近几十年来，美国人以及派遣美国军队参与战争的政策制定者都越来越不能容忍在战斗中失去美国人的生命。这种伤亡情绪的影响是严重的：军事规划者现在因为考虑到士兵的风险而排除了所有类别的行动，而政治家们越来越少提及胜利，转而越来越多谈及保护军队。

就像汽油之于火柴，催化剂可以将意外碰撞或第三方挑衅转变为战争。有一组催化剂被克劳塞维茨称为"战争迷雾"。克劳塞维茨将修昔底德对战争的理解延展为"机会之事"（an affair of chances），在《战争论》（*On War*）一书中，他观察到"战争充满不确定性。四分之三决定战争行动的因素包裹在要么增加要么减少不确定性的迷雾中"[22]。不确定性意义深远，当大量事实建议指挥官或政策制定者谨慎行事时，不确定性会导致他们采取咄咄逼人的行动，反之亦然。

1964年，北越的船只在北部湾水域袭击了美国用于情报收集的驱逐舰"马多克斯号"，两天之后，美国情报部门报告该舰遭到了第二次袭击。受到北越的大胆挑衅后，时任国防部长罗伯特·麦克纳马拉（Robert McNamara）说服国会通过了《东京湾决议案》*，实际上就是对北越宣战。几十年后，麦克纳马拉才得知有关这次袭击的报告并不正确。正如麦克纳马拉所写的那样："最终，约翰逊总统授权进行轰炸，以回应他认为已经发生的第二次袭击。"虚假警报在使美国走上在越南战败的道路上发挥了关键作用。[23]

同时，让人"震惊和敬畏"的破坏性武器的出现使得迷雾和不确定性更加严重。随着对命令和控制系统的攻击，包括对于数据和通信定位必不可少的卫星的攻击，敌人可能会使一个国家的军事指挥系统瘫痪。在1991年与萨达姆·侯赛因的"沙漠风暴"战争中，美国军队展示了该选项的1.0版本。

---

    * Gulf of Tonkin，东京湾，是北部湾的旧称。——译者注

他们摧毁了萨达姆的情报系统，并切断了他与伊拉克指挥官之间的通信联系。萨达姆的军队孤立无援，只能原地待命，使得美国飞机能够攻击他们，就像一些飞行员所注意到那样，宛如"瓮中捉鳖"。

反卫星武器是军事规划者期望在任何美中冲突中发挥重要作用的催化剂。它长期以来一直是科幻小说的主题，如今，这种武器已成为无法改变的事实。2007 年，中国成功摧毁了一颗气象卫星，并以不那么戏剧性的方式定期测试其反卫星能力。卫星几乎在每一次美国的军事行动中都起到了至关重要的联络作用，从预警对手的导弹发射、提供图像和天气预报到规划行动，无处不在。全球定位卫星几乎为所有军队的精确制导武器提供"精准定位"（precision），并让船只、飞机和地面单位知道它们在战场上的位置。美国比任何竞争对手都更依赖这项技术。没有它，总司令不能将命令传递到地面上的作战单位、海上的船只以及它们之间的所有人。反卫星武器囊括所有区域，从在太空里丢弃轨道碎片，到能够物理性摧毁目标的"动能"物质，再到使用更静悄悄的系统——用激光来堵塞卫星或者使其"眼花缭乱"——从而使其无法工作。

网络空间为破坏性的技术提供了更多的施展机会，这些技术一方面可以提供决定性的优势，另一方面也可能带来不受控制的风险升级。攻击性网络武器的细节仍然是高级机密并且在不断发展。但在某些情况下，公众已经对它们有了些许了解，例如美国对伊朗核计划的网络攻击。[24] 美国主要的网络空间组织——美国国家安全局（the National Security Agency）和美国网络司令部（US Cyber Command），以及中国的类似机构现在可以悄悄地使用网络武器关闭军事网络和关键的民用基础设施,如电网。此外,通过使用代理和搭建由受控计算机(compromised computers)组成的国际网络,他们可以掩盖网络操作的起源,降低受害者识别攻击者的能力。

与反卫星武器一样,网络武器可以破坏指挥-控制系统以及攻击现代军队所依赖的信息,从而在战斗中创造决定性优势,并且不会发生流血事件。不过,这提出了一个危险的悖论:攻击者认为将遏制冲突的行动对受害者来说可能是鲁莽和挑衅的。即使物理战场仍局限于中国南海,但网络能力允许每个战斗人员进入对方脆弱的基础设施——例如关闭电网、医院或部分金融系统。同样,扰乱沟通的网络攻击会加剧战争的迷雾,增加误判的可能性并造成混乱。

虽然美国和中国现在拥有的核武器库都可以使自身在对方的第一次攻击中幸存,并且仍然能进行报复,但两者都无法确定其网络武器库是否能够抵御一次严重的网络攻击。例如,中国发起的针对美国军方网络的大规模网络攻击可能会暂时削弱华盛顿应对其网络攻击的能力,甚至是指挥-控制和监视系统的操作能力。这会产生一种危险的"要么使用,要么失去"的状态,在此情况下,每一方都会在被攻击之前,主动寻求攻击对方电脑网络中的关键链接。

北京或华盛顿的某些团体可能会要求进行小规模的网络攻击,向对手的武器平台(bow)进行隐蔽的射击,这样不会造成任何伤亡,也不会引起公众恐慌,但可以发出对军队或民用基础设施进行大规模网络攻击的信号。但是,如果对手没有这样诠释这种行为,那么网络领域中针锋相对的升级就会随之而来。双方都抱着"要么使用,要么失去"的心态,每个人都担心自己的弱点,要么可能误解正在进行的攻击,要么在其自身网络武器仍然完好无损的情况下进行不正当的报复。

网络空间中一系列危险的催化剂可能会在无意中使美国和中国陷入冲突。首先，否认和干扰行动可以使调查人员充分相信中国没有参与任何一次攻击，从而让第三方对此负责。中国可能会在社交媒体上使用虚假的人物，指派媒体组织或在恶意软件中指控虚假人员，以分散美国调查人员的注意力。如果这样做是有效的，它将使战争迷雾更加厚重。

另一个催化剂可能涉及危害敏感网络的保密性。有些网络是显而易见的，例如那些核指挥-控制的操作。然而，对于其他的，各方可能会看法非常不同。以中国的"长城防火墙"为例，这是一套硬件和软件的集合，使北京能够监控和限制大量的在线内容。华盛顿可以使对中国"长城防火墙"至关重要的一套系统瘫痪，将其作为一个适度的私人警告。但对于认为掌握控制公民信息能力是至关重要的中国领导人来说，这种行动可能会被误解为意在挑动政权更迭。

与最直接的战争工具，特别是核弹相比，网络武器给人不易察觉且精确的承诺，但这些承诺都是靠不住的。系统、设备和"事物"之间不断增加的联系会产生多米诺骨牌效应。由于无法确定一个受黑客袭击的系统将如何影响其他系统，因此攻击者很难精确地量身打造其军事行动的效果以及避免行动意外升级。2016 年，全球运行着 180 000 个由互联网连接的工业控制系统。[25] 随着所谓的物联网（包括全球约 100 亿台设备）的激增，可攻击的目标数量正在迅速增长。网络领域的间接损害所造成的致命性和破坏力可能与传统战争中的一样严重。例如，黑客攻击军事目标可能会在无意中使医疗或金融综合系统瘫痪。虽然美国网络指挥官多次断言，在网络攻击中，美国具有最强的攻击力，但是他们也承认美国处于最透明的玻璃房内。

在 20 世纪 60 年代，美国著名未来学家赫尔曼·卡恩（Her-man Kahn）［彼得·塞勒斯（Peter Sellers）的电影《奇爱博士》（Dr. Strangelove）曾恶搞过这位冷战战略家］提出了一个从"次危机演习"到全面核战争的 44 个梯级升级阶梯。[26] 卡恩的第一级是"表面上的危机"——火花。他解释说，在危机中，两国很少会参照理论所说的那样，按顺序攀登阶梯。背景条件和催化剂可能使它们跳级。当它们向上移动时，每个国家都将评估其相对于对手的每一级位置，并比较其与上方梯级的收益。这反过来可能会促成接受僵局或失败而不是升级到更具破坏性的战争水平。通常，一个国家在一些梯级拥有优势，但是在更高的梯级却处于劣势。虽然每个国家都更愿意停留在有优势的梯级，但是当敌人在冲突上升至更具破坏力的梯级才拥有优势时，它必须找到一个让对手可以接受的条款。

诺贝尔经济学奖得主托马斯·谢林（Thomas Schelling）将核超级大国之间的基本战略竞争比作"胆小鬼博弈"。20 世纪50 年代在寻求刺激的青少年玩的经典游戏中，两个高速车改装者相互对抗，每个人都将他的汽车左轮放在道路的中心线上。他们全速相向而行，奔向对方。首先转向的是懦夫，另一个则取得胜利。如果双方都没有转向，那么汽车相撞，双方死亡。

各国可以通过舰船"挤撞"和飞机"盘旋"来占领，或者用建造岛屿等方式迫使对手玩这种致命的游戏：继续前进并冒着致命的碰撞风险，或者以屈服为代价来避免。一味妥协而不承受冲撞风险的国家会被一步一步地从道路或是海上通道上完全清理出去。每一方都知道这一点,并知道对方也都明白。因此,正如谢林告诉我们的那样,没有热战的战略冲突本质上是承担风险的竞赛。这种状态可以说服其对手更加致力于实现其目标,或者更加鲁莽地追求其目标,可以迫使对手更负责任,然后屈服。

海上的意外碰撞 *

潜在的火花都是些稀松平常之事,但这更让人细思极恐。目前,美国及其盟友的战舰和飞机比以往任何时候都更接近他们的对手中国。在中国南海的争议水域,美国海军导弹驱逐舰定期在中国控制的岛屿附近执行航行自由行动。假设在例行行动中,一艘美国驱逐舰经过了中国建造的美济礁(Mischief Reef)附近,中国在该岛已经修建了飞机跑道并安装了防空系统和导弹防御系统。(在想象这个场景以及接下来将发生的其他场景时,读者可能需要参考图8.1。)当驱逐舰靠近有争议的地点时,中国海岸警卫队的船只就像在"考本斯号"事件期间那样去拦截它。然而,与那次遭遇不同的是,美国驱逐舰拒绝转向(或是无法及时这样做),与一艘中国船发生碰撞,并将其击沉,造成全体船员丧生。

----

* 从本节小标题开始,本章余下内容均是作者根据自己的假设推演的中美可能会开战的五种场景。——译者注

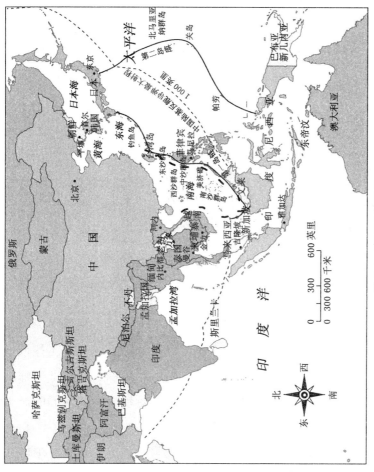

图 8.1 中国及其周边

中国政府现在有三种选择。温和的做法是，允许美国驱逐舰离开该地区并采取外交渠道抗议其行动，避免局势升级。另一极端做法是，中国可以采用一种以牙还牙的方法，使用驻扎在美济礁上的飞机或导弹击沉驱逐舰。但是，拒绝成为"胆小鬼"，同时也不想局势升级，北京可以选择其所谓的中间路线。当美国驱逐舰试图离开该地区时，一艘解放军海军巡洋舰挡住了它的路，坚持要求驱逐舰进入中国领海并要求其船员投降，并为海岸警卫队人员的死亡伸张正义。

中国可能会认为，通过采取与2001年海南附近撞机事件中释放美国飞行员类似的外交解决方案，局势将得到缓解。然而，从美国的角度来看，中国对驱逐舰的拦截首先造成了冲突。投降会产生深远的影响：如果美国军方不站出来捍卫自己的海军所进行的行动，那这将给包括日本和菲律宾在内的美国盟友发出什么信息呢？

不愿意通过投降来破坏其可信度，驱逐舰本可以将挡道的中国舰船击沉。或者，为了避免进一步的流血事件，美国可以选择通过炫耀武力使巡洋舰不战而退。在与华盛顿的领导人协商后，夏威夷的美国太平洋司令部可以命令附近的飞机飞往该地区，派遣驻扎在日本的航空母舰进入中国南海，并将 B-2 轰炸机向前部署到关岛。美国官员认为，这些行动将表明他们的严肃态度，同时避免了升级的风险。

北京却不这么认为，特别是在战争迷雾的笼罩下。中国认为，美国已经击沉了中国船只。现在，数十架美国飞机高空盘旋，威胁要袭击中国巡洋舰、其他海军舰艇或附近岛屿的军事设施。考虑到公众的强烈抗议，中国领导人特别清楚美国造成的任何进一步流血事件都会迫使他们激烈地报复。

但事件超出了北京的控制范围。随着美国战斗机赶来协助处于困境的驱逐舰,中国的防空部队十分惊慌,向正在赶来的飞机开火。美国飞机采取绝望的闪避动作,驱逐舰开始向岛上的中国防空营地开火。遭到袭击后,该地的中国指挥官用岛上的反舰导弹轰炸了驱逐舰。这些导弹命中目标,杀死了数百名水手并击沉了这艘战舰。那些幸存的人现在被困在小型救生艇上。

中国领导人迫切希望避免与美国发生全面战争,他们声称他们的行动是适当的,是防御性回应,因为击沉中国海岸警卫队船只的美国驱逐舰是侵略者。美国官员对中国击沉价值 30 亿美元的驱逐舰并杀死数百名美国水手的行为感到震惊。虽然对与中国开战持谨慎态度,但是白宫战情室的人却无法让步:在有线电视新闻和社交媒体上关于这艘舰船残骸的视频使让步变得不可能。国会中许多人呼吁政府根据之前被称为"空海一体战"的原则批准战争计划,对中国大陆的导弹和雷达系统进行大规模空袭。但是由于意识到对中国大陆的袭击会引发战争,所以取而代之的是,总统授权太平洋司令部摧毁中国在中国南海争议岛屿上的军事基地。总统认为这是一个合适的回应,因为这些岛屿对于击沉驱逐舰负有直接责任。此外,铲除这些军事基地将使美国船只能够营救在附近搁浅的水手们。最重要的是,这样的行动只针对中国的岛礁,大陆不受影响。

中国领导人却没有区分这些差别。多年来,他们告诉公众,中国对这些岛屿拥有无可争议的主权。对他们来说,这些岛屿是中国不可分割的一部分,而美国刚刚攻击了它们。(美国人应该记得,日本袭击珍珠港既不会影响美国本土,也没有影响到美国任意一州,但是仍旧促使一个国家团结一致,发动了战争。)许多中国人要求中国领导人命令中国人民解放军摧毁美国在关岛、日本和其他太平洋地区的军事基地。有些人希望中国攻击美国本土。没有人呼吁中国保持克制。数百万人民在社交媒体发帖提醒政府，在被其他主权国家羞辱了一个世纪后，执政的共产党曾经作出承诺："没有下次。"

尽管如此，中国领导人还是希望能够避免战争。但是，如果中国开始攻击美国在关岛或日本的军事基地，杀死士兵和平民，并引发对中国大陆的报复性攻击，战争将不可避免。为了对美国攻击中国岛屿基地的行为作出恰当的回应，中国领导人批准了中国人民解放军新战略支援部队负责人提出的另一项计划：使用激光、电子和动能武器摧毁所有位于危机区域上空的美国军用卫星或使之瘫痪，并通过网络攻击来使整个亚太地区的美国指挥-控制系统瘫痪。其目标是使局势降级：中国领导人希望美国能够退让。

但从美国的角度来看，这些"盲目的"攻击与第一阶段协同攻击美国航空母舰及从日本赶来的打击群毫无分别——对于后者，中国人民解放军花费了数十年来研发"航母杀手"反舰弹道导弹。这艘 9 万吨级的航空母舰是一个由 5 500 名水手组成的漂浮城市，美国称之为美国主权领土，它实在是太大以至于美国无法承受失去其的代价。总统不愿意承担风险。根据参谋长联席会议的建议，总统不情愿地批准了能够在短时间内随时拯救航母的唯一计划——一个基于"空海一体战"原则的战争计划。在中国袭击后，通过仍能使用的卫星，美国军方开始摧毁中国的"杀伤链"*，即北京能够通过多种卫星和监视系统，精确地用反

---

* "杀伤链"（kill chain）是军事术语，用以描述攻击的各个阶段，主要包括发现、定位、跟踪、瞄准、打击和最终摧毁目标等几个阶段。——译者注

舰导弹瞄准美国航母。美国还使用大规模巡航导弹和隐形轰炸机对中国大陆的解放军导弹基地和空军基地进行攻击,因为它们随时能够用来击沉处于第一岛链内的美国舰艇。

这些攻击恰恰引起了他们打算避免的事情。中国大陆正受到攻击,可能就要失去用于操作反舰武器的瞄准系统,中国要么使用它们,否则就会失去它们。中国领导人批准攻击射程内的所有美国战舰,包括航母群。美国飞机和海军护航拦截了飞向航空母舰的中国轰炸机和战斗机,但对是蜂拥而至的DF-21D 弹道导弹,即所谓的"航母杀手",由于太多而无法应对。这些导弹足够达到击沉航母的目标,杀死船上 5 500 名船员中的大部分人——远远超过珍珠港事件的死亡人数。在中国南海上,通过网络和太空武器进行"胆小鬼博弈"已经使星星之火变成了咆哮之火。

台湾寻求"独立"

在台湾,辛勤工作的人口达到了 2 300 多万,他们将台湾的市场经济规模发展到菲律宾、泰国或越南的两倍。虽然台湾想要"独立",但北京尽一切努力阻止它这么做。没有其他国家准备就此问题与中国作战。

假设台湾地区领导人在接受《纽约时报》采访时,宣布台湾将申请成为"联合国的正式成员"(中国政府长期以来一直反对这一举动),并拒绝所谓的"九二共识",即双方已同意"一个中国"概念,但是允许各自表述。对此,中国大陆采取了加强版的台海危机应对措施,通过向台湾海域进行密集炮火进攻来"测试"弹道导弹和巡航导弹,严重破坏了台湾岛通向世界的商业航运,而这是该岛的生命线。当台湾当局仍然拒绝撤回其会员申请时,中国使用包括布雷无人机在内的其他武器,进一步扰乱进出台湾的航运。

作为一个小岛,台湾70%的粮食和包括能源在内的大部分自然资源都依靠进口。[27] 持续的封锁将导致台湾经济陷入停滞并导致大规模粮食短缺。尽管反对台湾加入联合国的申请,但是美国政府认为自身仍然有义务阻止台湾被扼死。许多亲台的美国国会议员要求白宫派遣航空母舰到台湾援助,就像比尔·克林顿在1995—1996年危机期间所做的那样。[28] 但是美国政府知道中国的反舰弹道导弹现在会对任何进入该地区的美国航母构成严重威胁,并且美国公众无法再承受另一场战争了。

取而代之的是,美国太平洋司令部为经过受影响海域的商业航运提供护航,展现了一种支持台湾但不愿意战斗的姿态。(读者会记得,这种象征性的策略是如何让雅典事与愿违的,当时它以最小的威慑来支持科西拉。)护航活动使美国军舰有可能被中国导弹火力蓄意或意外地击沉,这有可能将至少一千名美军立刻杀死,并引发报复行动。在这种情况下,中国反舰导弹——表面上是正在进行的拦截试验的一部分——击沉为民用船舶进行护航的美国两栖船坞运输舰穆萨号(John P.Murtha)。近800名船员和海军陆战队员因此全部牺牲——超过美国在伊拉克战争第一年失去的人数。

中国坚持认为击沉是偶然的;穆萨号只是被飞向随机目标海域的导弹射中。但在华盛顿,国防部长和联合参谋长敦促总统不要被这种解释所欺骗,授权太平洋司令部执行其海空一体作战计划,以打击解放军部署在大陆的反舰导弹发射场。

在这个或相关案例中,美国近期军事干预和战斗伤亡史将在塑造华盛顿反应方面发挥巨大作用。考虑到其前任在伊拉克和阿富汗深陷泥潭的情况,总统可能会反对战争。而且,敏感地察觉到民粹主义和孤立主义情绪的抬头,总统可能不愿意尊重国家对台湾的承诺。即便如此,800 名水手和海军陆战队士兵在一次戏剧性事故中丧生很有可能震惊美国民众,促使美国人要求进行报复。

面对穆萨号的沉没,总统承受着来自军事和政治顾问的压力,并同意向中国大陆上的反舰和其他弹道导弹系统发动先发制人的打击。由于中国的常规导弹和核导弹都被保存在同一地点,并且他们的指挥-控制系统是相互串联的,北京错误地认为美国正试图通过首次突然核打击清除其核武库。

中国尝试"通过升级来降级紧张局势"——这是奥威尔学说(Orwellian doctrine),仍旧是俄罗斯军事战略的一大支柱——向冲绳以南的一片空海域发射了一枚陆基核弹道导弹。核门槛已经跨过。虽然在此次打击中没有造成伤亡,但是从这里将走向全面核战争。

第三方挑起的战争

中美冲突的火花不一定由美国或中国的军事力量所挑起。相反,它可能是因与第三方盟友发生冲突或者是第三方盟友内部发生冲突造成的。2010 年就接近这种情况,当时朝鲜击沉了韩国战舰"天安号"，造成 46 名韩国船员丧生。中国支持朝鲜与此事无关的声明。与此同时，首尔坚持要求平壤承担责任。最终，朝鲜和韩国及其盟友都从冲突边缘退了回来。但是，在如今新的背景条件和催化剂条件下，目前尚不清楚是否会如此容易地避免战争，特别是在如果涉及的第三方对朝鲜半岛几十年来缓慢但无休止的紧张局势不太了解的情况下。

除了韩国之外，在中国附近的另一个主要的美国盟友是日本，这个在第二次世界大战后有和平主义历史的国家，近年来其政治却变得越来越军事化。保守派日本政界人士对于修改美国强加给他们的和平宪法，措辞愈加强烈。他们也一直在反对中国在中国东海和南海的主权主张。东京与北京在历史上就是竞争对手，在它与北京的危机中，东京采取的任何行动都将被这些历史记忆以及日本政府对军事化的态度转变所塑造。

有可能造成一触即发的爆发点是钓鱼岛。它位于中国东海，周围有着宝贵的渔场、贸易路线和潜在的石油储备资源。美国在第二次世界大战后暂时控制了这些岛屿，但是在 20 世纪 70年代早期将这些岛屿送给日本。日本声称自 19 世纪以来一直拥有这些岛屿。但在 20 世纪 70 年代，中国也声称拥有这些岛屿的主权。中国船只定期通过这些水域，使北京和东京的紧张局势升级，并冒着可能引发连锁反应的碰撞风险。

考虑一下兰德公司最近研发的战争游戏所提供的故事情节场景吧。[29]一群日本极端民族主义者乘坐民用船只前往钓鱼岛。在社交媒体上，他们解释说他们将前往黄尾屿，即其中一个较小的岛屿，他们打算代表日本政府声索和占领该岛。他们登岛并开始建造不明建筑。他们企图改写中国的剧本，并将自己的活动直播到世界各地。中国迅速作出反应，海岸警卫队在数小时内抵达,逮捕了这些异议者并将他们带回中国大陆接受审判。日本会允许他们在中国法院接受审判吗?它可以。但与丢脸相比,日本向该地区派遣了一些自己的海岸警卫队船只,以拦截载有被捕的极端民族主义者的船只,并阻止他们被带到中国。

随着中国人民解放军海军和日本海上自卫队向该地区部署战舰和战斗机,事态不断升级。任何一方都不会后退。更糟糕的是,一些日本船只运来陆战两栖部队,登陆占领黄尾屿,为民族主义行为双倍下注。小规模冲突已经演化为军事上的对抗。日本首相紧急与美国总统通话,提醒美国总统,东京希望美国维护70年之久的《美日共同防御条约》,并指出美国高级官员一再确认美国的承诺适用于钓鱼岛。[30]

随着对峙进入第三天,总统和他的国家安全委员会必须作出决定:美国是否全心全意地支持日本的请求,在有争议的岛屿上空投放空军力量来保护地面上的日军?还是有一个更加克制的手段,既能满足日本人,又不会激怒中国而进一步加剧紧张的海军对峙?总统选择后者,指示总部设在日本的美国航空母舰打击群占领在中国人民解放军陆基航母杀手导弹射程之外的巡逻站,同时保持飞机和潜艇与日本船只保持足够近的距离,以便在事态进一步恶化之前给予援助。

事态确实变得更糟了。第二天早上,在钓鱼岛拥挤的水域,一艘中国驱逐舰与一艘日本渔船发生碰撞,不久,双方的战斗机都嗡嗡地向对方战舰发出挑衅。当日本船长因担忧其船舶安全,射杀了正在低空飞行的中国飞行员后,对峙爆发成了一场短暂而血腥的海战,而中国人民解放军海军战舰,作为回应,击沉了日本船只。

此时,双方都处于战争的边缘,美国也是如此,它能够利用其隐藏的攻击潜艇击沉中国船只，或者将其航空母舰的空军部队投入行动。然而，在此关键时刻，在作出下一个决定之前，意外发生了。占领钓鱼岛和在其周围的日军突然间和总部失去了所有联系。

网络攻击严重扰乱了日本军方的指挥-控制系统。美国和日本立即指责中国。袭击者甚至留下了相关黑客进攻留下的迹象。华盛顿或美国太平洋司令部对于下一步该做什么几乎没有犹豫。为了防止日本海军在无法与外界沟通的情况下被歼灭，美国潜艇用鱼雷将钓鱼岛海域的三艘解放军海军战舰击沉。至此，战争开始了。

但是，如果不是解放军发起了网络攻击呢？如果这是俄罗斯精心安排的一次虚假行动，试图让美国和中国卷入冲突，以便使华盛顿与其在乌克兰的博弈中分心呢？当世界各地的情报机构了解真相时，为时已晚。莫斯科的表现非常出色。

从钓鱼岛开始，随着中国在中国东海其他海域对日本船只进行越来越多的攻击，战争区域开始蔓延。东京迫切希望美国履行派遣航母打击群参战的承诺。如果华盛顿这么做了，那么事态将无法挽回：美国海军皇冠上的宝石被摧毁了，船上所有生命都将丧生，这些悲剧将迫使美国政府加大对中国军队的报复性攻击，造成全面的太平洋战争。

朝 鲜 问 题

所有人都认识到朝鲜是一颗滴答作响的定时炸弹。在任何时候,朝鲜都可能崩溃,国家陷入混乱,这不仅仅威胁着美国和中国的重要国家利益,还有韩国和日本的。朝鲜政权每在位一年,其核武库就会越来越大。目前平壤被认为有大约 20 枚弹头,到 2020 年可能达到 100 枚。[31] 与此同时,朝鲜的导弹计划继续推进,并且正迅速获得将一个或更多核弹头射向韩国、日本、位于关岛和冲绳的美军基地,甚至是夏威夷的能力。对于许多美国战略家来说,这是绝不允许朝鲜穿越的红线。对于中国而言,韩国打败朝鲜并将美军带到中国边境的情景在如今与在 1950 年一样无法接受。但如果平壤政府垮台,很难想象一位拒绝派遣军队恢复半岛和平的韩国总统可以生存下来。事实上,据报道,美国目前的战争计划要求美国和韩国军队向北进军,以稳定朝鲜并最终重新达到国家统一。

虽然这些问题已在之前的美国和中国官员的"第二轨道"对话中进行了详细讨论,两国政府却没有认真考虑降低因应急计划竞争所带来的风险,这些计划可能使美国和中国军队互相攻击。分析人士已经确定了十几条战争路径,这些路径始于朝鲜政权的崩溃。就我们的目的而言,我们将分析其中三个。

首先,如果朝鲜在政权更迭时没有明确的继承人,军方可能会出现权力争夺,引发内战并使国家陷入混乱。在随后的权力真空中,控制着沿韩国边界部署的数千门火炮的朝鲜军事指挥官可能会指责首尔,并威胁要摧毁距离边境仅 30 英里的首都。由于担心朝鲜军事指挥官真的会这么做,美国飞机将寻求先发制人地打击摧毁其控制下的炮兵。与此同时,中国担心绝望的朝鲜指挥官对首尔的轰炸将为美国和韩国军队提供借口,使美韩联军入侵并重新统一半岛。在华盛顿不知情的情况下,焦虑的北京决定派遣特种部队进入该区域——一个他们可能会被美国大炮攻击的区域——以控制朝鲜。北京将认为美国对其部队的攻击是蓄意的和报复性的。在不知道他们杀害了中国军队的情况下,美国指挥官会作出升级局势的回应。

朝鲜日益复杂的中程导弹将导致第二阶段的发展。随着朝鲜在政权更迭时陷入混乱,美国人竭尽全力摧毁能够向韩国、日本或美国领土关岛发射核弹头的武器系统。美国联合特种作战司令部长久以来的任务就是要确保"失控核武器"(loose nukes)的安全,并且训练他们在那些缺乏控制的朝鲜指挥官将这些武器倒卖到国际武器市场之前进入朝鲜,控制他们的核武设施。但由于这些武器所在的地点被认为靠近中国的边界,很有可能在美军到达时,他们会发现中国的特种部队已经在那里。正如联合特种作战司令部前负责人雷蒙德·托马斯将军(Raymond Thomas)警告的那样,试图确保朝鲜的核武器安全将导致中国和美韩军队之间的"垂直运动会"(vertical track meet)。[32] 每个国家的特种作战部队在不知道对方存在的情况下,可能会发现自己陷入了导致大量人员死亡的交火中。尽管这一结果是偶然的,但每一方都将这种交战视为有必要的报复,以回应另一方的蓄意伏击。

最后,由于担心其边境不稳定,中国可能派遣大量军队进入朝鲜,以稳定该地区,并在其与美国及其盟友韩国之间建立一个缓冲国。韩国政府受到了来自民间的巨大压力,希望以自己的政治方式改变朝鲜政权,因此也可能向北进军。由于驻扎在韩国的美国军队和飞机与韩国军队在军事行动计划中融为一体,因此美国和中国军队将像 1950 年那样直接交战。原因无需解释。

从经济冲突到军事战争

贸易冲突可以升级为一场最后以核武器在对手领土上爆炸而结束的热战吗？不太可能，但又并非不可能：想想珍珠港吧。

想象一下，一个刚刚上任的美国政府，决定要扭转中国经济将超过美国的趋势。新总统的经济团队为他作了分析，明确地指出问题的症结所在——中国在贸易协议、货币、知识产权、工业补贴和低价出口上采取人为措施。为了公平竞争，总统命令他的财政部长将中国列为"汇率操纵者"，这需要华盛顿与中国进行谈判。随着谈判的开始，总统发推文称，自 2001 年中国首次加入世界贸易组织以来，双边贸易逆差增长了 250% 以上，现在已经超过了 3 450 亿美元。[33] 在当天晚些时候的新闻发布会上，他发布了一份来自其经济顾问委员会的报告，称在过去的15 年里，中国在加入世界贸易组织时获得的特许权的帮助和支持下，中国与美国的贸易顺差为 3.86 万亿美元。他说"现在不仅需要改变，还需要补偿"，同时要求中国承诺在两年内消除盈余。随着财政部官员之间的谈判破裂，国务卿也提醒他对应级别的中国官员，1930 年的"贸易法案"允许总统对来自"歧视"美国国家的特定进口产品实施高达 50% 的制裁。

作为对这一威胁的回应，中国同意停止干预货币市场。但由于中国政府一直在回购人民币，因此收回对人民币的支持会导致该货币价值大幅下跌，进一步阻碍美国商品在中国的销售。与此同时，中国海关官员开始有选择性地延迟美国食品的通关，声称它们未通过卫生检疫——迫使美国将其运回国内或让它们烂在码头上。一些在华的美国工厂开始出现"自发性"怠工、停工和抗议活动。中国还开始抛售一些其持有的超过1万亿美元的美国国债，引发债券市场动荡和利率上升。

当投资者开始抛售美股时，全球市场作出反应，主要指数急剧下跌，债券市场波动性大幅上升。尽管市场出现动荡，华盛顿仍坚持在贸易中对抗中国，要求"平等贸易，消除赤字"。

为了支撑这一立场，白宫发布了两份报告，媒体称之为经济炸弹。第一份报告来自国家情报总监（Director of National Intelligence），详细介绍了中国通过购买美国企业和跨国公司、技术许可、投资硅谷初创企业和与关键买家来建立市场关系等方式来主导半导体产业。在这些领域中，中国已经找到了绕过美国外国投资委员会（the Committee on Foreign Investment in the United States）的办法。该委员会是一个秘密的跨部门小组，旨在保护美国国家安全免受外国经济干预。第二份报告是美国财政部关于中国大规模网络经济"窃取"的报告。基于美国情报数据，该报告评估了被"窃取"的知识产权价值为1.23万亿美元。总统要求全额赔偿。他宣布，直到收到付款，他才停止对正在利用被盗知识产权的中国公司征收关税，包括电信公司华为和家电制造商美的。中国进行了报复，对美国同等价值产品征收关税。

随着制裁不断升级，美国金融市场遭遇了一系列类似于2010年"闪电崩盘"的网络故障，当时高频交易员导致股市在半小时内损失了1万亿美元（虽然它很快得到恢复）。[34]与那个单一事件不同，这种"闪电崩盘"在一周内反复发生，尽管每次市场都得以恢复，但他们都没有收回损失。在调查原因时，联邦调查局（FBI）发现恶意软件已插入关键财务系统。虽然数字签名指向中国,但调查局不能忽视伪装的可能性。调查人员得出结论,如果恶意软件被激活,其损害将不仅仅是暂时的服务暂停,还会造成交易记录和财务账户丢失。

财政部长告诉总统,即使是有关恶意软件的谣言也可能引发对美国整个金融体系完整性的质疑,并引起恐慌。对于总统来说,这让人联想起 2008 年美国政府对金融业的拯救,因为它担心一家大银行的失败会产生连锁反应,导致整个系统崩溃。[35]

当白宫正在审议时,外国黑客在美国三大银行的网络中激活了恶意软件。这则消息是毁灭性的:成千上万客户的账户信息被永久删除。他们在网上查询余额,发现他们的账户已经消失——实际上,他们破产了。他们的故事被社交媒体和电视节目传播出去。由于担心可能成为下一个目标,数百万美国人试图从银行和共有基金中提取他们的终身积蓄。这甚至使那些没有受到攻击的金融机构陷入瘫痪。总统和他的顾问开始以预警式的方式思考,有些人回忆起美联储前主席本·伯南克(Ben Bernanke)在 2008 年发出的警告,除非立即采取果断行动,"我们可能在周一失去经济"。[36]

为了阻止中国的网络战士制造更多的伤害,总统决定对其进行网络攻击。但是,尽管美国网络司令部作出了最大的努力,攻击仍只是部分有效,更多的金融机构仍遭到了黑客攻击。总统的军事顾问建议空袭摧毁所有已知的中国网络战部队地点。

希望避免与中国发生热战,总统对五角大楼的秘密作战能力进行了深入了解。他命令军方使用迄今为止尚未公开的无人机袭击中国最出色的网络部队。除了隐身,无人机还使用了被设计师形容为哈利·波特隐形斗篷的"自适应伪装",使其融入周围环境。[37]通过使用此选项,美国试图创造"看似合理的、不知情的推诿理由"。

总统的愿望被证明是错误的。中国人已经彻底渗透到美国军方的计算机网络中，他们不仅知道隐形无人机，而且还知道它们被预先部署在了日本嘉手纳空军基地（Kadena Air Base）。确信美国是这次袭击的根源，北京反击了，对嘉手纳发动了导弹袭击，杀死了大量美国军人（以及一些他们的家人）以及周围社区的数百名平民。

日本公众坚持要其政府——以及美国盟友——对中国这一无端的袭击作出回应。随着事件的螺旋式升级超出了华盛顿和北京的控制，贸易战已经成为一场热战。

美国和中国之间的战争并非不可避免，但它还是有可能发生的。确实，正如这些情景所表明的那样，中国崛起所带来的潜在压力为那些偶然的、无足轻重的事件引发大规模冲突创造了条件。在面对反霸凌、履行长期以来的条约承诺或者要求获得应得到的国家尊重等时，双方领导人所作出的抉择可能陷入他们知道其存在但认为自己可以避免的陷阱里。新技术的不断发展，从反卫星武器和网络武器到那些名称处于保密的其他技术，直到它们在实际冲突中被运用，人们才会完全了解它们的倍增效益。就目前的发展轨迹来看，在未来几十年里，美国和中国之间发生灾难性战争不仅是可能的，而且比我们大多数人所预见的更有可能发生。

注　释

1. 为了支持这一说法，一些人引用了柯庆生（Thomas Christensen）的"中国挑战"理论。柯庆生有效地解释了全球经济和政治的变化是如何降低中美之间爆发大国战争的可能性的。但他也承认，这种冲突仍然有可能发生。此外，他认识到，中国不断增长的军事优势将使成功应对双边关系中的挑战（如领土争端)变得更加困难。参见 Thomas Christensen，*The China Challenge：Shaping the Choices of a Rising Power*(New York：W.W.Norton，2015)，尤其是第二章("This Time Should Be Different：China's Rise in a Globalized World")和第四章("Why China Still Poses Strategic Challenges")对这些问题进行了广泛的讨论。

2. David Gompert，Astrid Cevallos，and Cristina Garafola，*War with China：Thinking Through the Unthinkable*(Santa Monica，CA：RAND Corporation，2016)，48—50，87.

3. Benjamin Valentino，*Final Solutions：Mass Killing and Genocide in the Twentieth Century*(Ithaca，NY：Cornell University Press，2005)，88.

4. P.K.Rose，"Two Strategic Intelligence Mistakes in Korea，1950：Perceptions and Reality，" *Studies in Intelligence*，Fall-Winter 2001，57—65.

5. T.R.Fehrenbach，*This Kind of War：A Study in Unpreparedness*(New York：Macmillan，1963)，184—196.

6. 正如费伦巴赫(Fehrenbach)所描述的,麦克阿瑟的想法是派遣足够接近中国大陆的海军以激起中国的武力回应,然后可以此作为核武器升级的借口。

7. Fehrenbach，*This Kind of War*，192.

8. Michael Gerson，"The Sino-Soviet Border Conflict：Deterrence，Escalation，and the Threat of Nuclear War in 1969，" Center for Naval Analyses，November 2010，17，https://www.cna.org/CNA_files/PDF/D0022974.A2.pdf.

9. Ibid.，16—17，44.

10. Nicholas Khoo，*Collateral Damage：Sino-Soviet Rivalry and the Termination of the Sino-Vietnamese Alliance*(New York：Columbia University Press，2011)，144.

11. Kissinger，*On China*，219.

12. Kissinger，*Diplomacy*，723.

13. Gerson，"The Sino-Soviet Border Conflict，" iii.

14. Fravel，*Strong Borders，Secure Nation*，201.

15. Ibid.

16. Gerson，"The Sino-Soviet Border Conflict，" 24.

17. 参见 Wallace Thies and Patrick Bratton，"When Governments Collide in the Taiwan Strait，" *Journal of Strategic Studies* 27，no.4(December 2004)，556—584；Robert Ross，"The 1995—96 Taiwan Strait Confrontation，" *International Security* 25，no.2(Fall 2000)，87—123。

18. 参见 Jane Perlez，"American and Chinese Navy Ships Nearly Collided

in South China Sea," *New York Times*, December 14, 2013, http://www.nytimes. com/2013/12/15/world/asia/chinese-and-american-ships-nearly-collide-in-south-china-sea.html。

19. Henry Kissinger, *A World Restored: Metternich, Castlereagh, and the Problems of Peace, 1812—22* (Boston: Houghton Mifflin, 1957), 331.

20. 正如亨利·基辛格在2014年接受美国国际公共广播电台（PRI）的《世界》（*The World*）栏目的采访时所说："美国自第二次世界大战以来已经卷入了五场战争，但只有其中一次达到了既定目标；另一场战争以僵局结束，剩下三次则是我们单方面撤退。我所指的是第一次伊拉克战争（海湾战争）——我们实现了我们的目标；朝鲜战争——以一种僵局告终；还有越南战争、第二次伊拉克战争和阿富汗战争——我们单方面退出了。"参见"Henry Kissinger Would Not Have Supported the Iraq War If He'd Known What He Knows Now," *PRI*, September 11, 2014, http://www.pri.org/stories/2014-09-11/henry-kissinger-would-not-have-supported-iraq-war-if-hed-known-what-he-knows-now。

21. "Remarks by Secretary of Defense Robert Gates at the U.S. Military Academy at West Point," February 25, 2011, http://archive.defense.gov/Speeches/Speech.aspx?SpeechID=1539.

22. Carl von Clausewitz, *On War*, ed. Peter Paret, trans. Michael Eliot Howard (Princeton, NJ: Princeton University Press, 1989), 101.

23. Robert McNamara, *In Retrospect: The Tragedy and Lessons of Vietnam*, 2nd ed. (New York: Vintage, 1996), 128—143.

24. 参见 David Sanger, Confront and Conceal: Obama's Secret Wars and Surprising Use of American Power (New York: Crown Publishers, 2012)。

25. "Kaspersky Lab Discovers Vulnerable Industrial Control Systems Likely Belonging to Large Organizations," Kaspersky Lab, press release, July 11, 2016, http://usa. kaspersky. com/about-us/press-center/press-releases/2016/Kaspersky-Lab-Discovers-Vulnerable-Industrial-Control-Systems-Likely-Belonging-to-Large-Organizations.

26. Herman Kahn, *On Escalation: Metaphors and Scenarios* (New York: Penguin, 1965), 39.

27. Audrey Wang, "The Road to Food Security," *Taiwan Today*, July 1, 2011, http://taiwantoday.tw/ct.asp?xItem=167684&CtNode=124; "Taiwan Lacks Food Security Strategy," *Taipei Times*, July 26, 2010, http://www.taipeitimes.com/News/editorials/archives/2010/07/26/2003478832.

28. 参见 Ross, "The 1995—96 Taiwan Strait Confrontation," 87—123。

29. 这一场景基于兰德公司为《外交政策》杂志组织的一次军棋推演。参见 Dan De Luce and Keith Johnson, "How FP Stumbled Into a War with China—and Lost," *Foreign Policy*, January 15, 2016, http:// foreignpolicy.com/2016/01/ 15/how-fp-stumbled-into-a-war-with-china-and-lost/。

30. 奥巴马总统在 2014 年明确表示："我们对日本安全的条约承诺是绝对的,《《美日共同防御条约》》第 5 条涵盖日本管理的所有领土,包括钓鱼岛。"特朗普总统就职后不久便重新确认了这一承诺。参见"Joint Press Conference with President Obama and Prime Minister Abe of Japan," April 24, 2014, https://obamawhitehouse. archives. gov/the-press-office/2014/04/24/joint-press-conference-president-obama-and-prime-minister-abe-japan; "Joint Statement from President Donald J. Trump and Prime Minister Shinzo Abe," February 10, 2017, https://www.whitehouse.gov/the-press-office/2017/02/10/joint-statement-president-donald-j-trump-and-prime-minister-shinzo-abe。

31. Jeremy Page and Jay Solomon, "China Warns North Korean Nuclear Threat Is Rising," *Wall Street Journal*, April 22, 2015, http://www.wsj. com/articles/china-warns-north-korean-nuclear-threat-is-rising-1429745706; Joel Wit and Sun Young Ahn, "North Korea's Nuclear Futures: Technology and Strategy," U.S.-Korea Institute at SAIS, 2015, http://38north.org/wp-content/uploads/2015/02/NKNF-NK-Nuclear-Futures-Wit-0215.pdf.

32. Eli Lake, "Preparing for North Korea's Inevitable Collapse," *Bloomberg*, September 20, 2016, https://www. bloomberg. com/view/ articles/2016-09-20/preparing-for-north-korea-s-inevitable-collapse.

33. "Trade in Goods with China," US Census, http://www.census.gov/ foreign-trade/balance/c5700.html.

34. Michael Lewis, *Flash Boys: A Wall Street Revolt* (New York: W. W. Norton, 2014), 56—88.

35. Andrew Ross Sorkin, *Too Big to Fail: The Inside Story of How Wall Street and Washington Fought to Save the Financial System—and Themselves*, updated ed. (New York: Penguin Books, 2011), 59.

36. Andrew Ross Sorkin et al., "As Credit Crisis Spiraled, Alarm Led to Action," *New York Times*, October 1, 2008, http://www. nytimes. com/ 2008/10/02/business/02crisis.html.

37. David Hambling, "How Active Camouflage Will Make Small Drones Invisible," *Popular Mechanics*, November 14, 2015, http://www.popular mechanics. com/flight/drones/a18190/active-camouflage-make-small-drones-invisible/.

第四部分
为什么战争是可以避免的？

第九章　通往和平的十二个方法

战争是邪恶的，这是一个人尽皆知的命题，在这个问题上再做文章就显得有些乏味。没有人因为无知而被迫参与其中，也不会因为恐惧就能置身其外。如果双方都恰好选择了错误的时间采取行动，和平的建议将对此无济于事。如果我们给予了建议但却看到时局的恶化，这就是我们处在关键节点上最亟待解决的问题。

——修昔底德，"赫莫克拉提斯
对西西里人的演讲"，公元前 424 年

幸运的是，逃离修昔底德陷阱不仅仅是关于理论的问题。在过去的 500 年中，至少有 4 个成功的案例，其中崛起国和守成国成功地驾驭了各自国家的巨轮，从而在没有发生过战争的情况下穿过险滩。

第一个案例发生在 15 世纪末至 16 世纪初，当时的西班牙日益崛起并最终取代葡萄牙成为世界海上霸权。第二个案例，也是最新的案例，则是冷战结束后德国跃居欧洲主导地位。这

些正面叙述中最具有启示性的另外两个案例发生在 20 世纪：其一是美国取代英国成为世界霸主；其二是苏联的崛起威胁了美国作为单极大国的地位。以上这四个案例，都为力图使中国成为第五个"不战"而崛起的案例的领导人们提供了丰富的经验，并让中国的这种情况成为了第五个案例。

西班牙与葡萄牙（15 世纪后期）

在 15 世纪的大部分时间里，葡萄牙的舰队统治着海上贸易航线，使得其在伊比利亚半岛的对手和邻国——西班牙的卡斯蒂利亚王国（the Kingdom of Castile）——被笼罩在其阴影之下。葡萄牙的盛极一时反映了它历史的发展。1249 年，葡萄牙的子民成为第一批脱离了穆斯林统治的欧洲人，并建立了一个国家，其疆域大部分沿着当今葡萄牙的边界。此后，在 1348 年，黑死病夺去了该国三分之一的人口，仅留下些许体力劳动者去耕种这块多岩石的土地。[1]有进取心的葡萄牙人转向大西洋，并适时地成为了欧洲技术最强和最成功的渔民。葡萄牙的海上实力在 1415 年后得到进一步增强，此时葡萄牙在直布罗陀海峡附近夺取了第一块海外领土。* 为了积累国家实力并光耀故土，伟大的航海家——亨利王子（prince Henry）——支持新航海技

---

* 1415 年，葡萄牙国王若昂一世占领了休达（Ceuta），该地区成了葡萄牙人的领地。休达位于非洲西北部地区马格里布（al-Magrib）的最北部，在直布罗陀海峡附近的地中海沿岸，与摩洛哥接壤。它的面积大约为 18.5 平方千米。——译者注

术,包括轻型快捷帆船的发展,改进了船用索具并绘制详细的地图。[2]凭借着在航海科学领域的先锋影响,葡萄牙基本上可以被视为"发起了欧洲扩张运动"。[3]1488 年,葡萄牙的探险者是第一批为了寻找通往印度的新航道以及利润丰厚的香料贸易而绕过好望角的欧洲人。

在 15 世纪的大部分时间里,葡萄牙可以自由地确立其优势地位,因为西班牙的卡斯蒂利亚王国正忙于内部冲突。[4]但是在1469 年这一情况因年仅 17 岁的阿拉贡王国(the Kingdom of Aragon)的斐迪南(Ferdinand)和年仅 18 岁的卡斯蒂利亚王国的伊莎贝拉(Isabella)的联姻而发生了改变,这使两个王国合并成一个统一的西班牙王国。他们从摩尔人*手中夺回了被侵占的土地,夺回了格拉纳达(Granada)**,同时在 1492 年,他们将摩尔人彻底地从伊比利亚半岛驱逐出去——这一年,他们赞助的热那亚的航海家克里斯托弗·哥伦布(Christopher Columbus)开始了他的首次航行。

随着内政的稳定,西班牙的经济开始增长。1474 年到 1504年间,西班牙王室的税收增长了 30 倍。[5]一个富裕、崛起的西班牙正大胆地在海外寻求黄金、香料并建立新的贸易关系——正如它的邻国葡萄牙近一个世纪以来所做的那样。西班牙的机遇是偶然的。随着 1460 年航海家亨利的去世,葡萄牙对于创新的

---

* 摩尔人(Moors),指中世纪伊比利亚半岛(今西班牙和葡萄牙)、西西里岛、撒丁尼亚、马耳他、科西嘉岛、马格里布和西非的穆斯林居民。历史上,摩尔人主要指在伊比利亚半岛的伊斯兰征服者。711 年,摩尔人入侵基督教的伊比利亚半岛(今天的西班牙和葡萄牙)。——译者注

** 格拉纳达是今天西班牙安达卢西亚自治区内格拉纳达省的省会,曾是摩尔人在伊比利亚半岛的最后一个堡垒。——译者注

资助下降，并且严格禁止出口造船和制图技术。在 15 世纪 80 年代，其他国家已经开始利用这些技能，并且在对大西洋的掌控方面同葡萄牙旗鼓相当。当哥伦布找到亨利王子的继任者若昂二世（King John II），游说其出资支持向西航行，寻找通往印度的新航道并为王室开疆增税时，若昂二世拒绝了这一提议。所以哥伦布转而向斐迪南和伊莎贝拉寻求帮助，请求赠予其三艘船，册封其为海军上将以及他所发现土地的总督，并索取该殖民地所产出税收的十分之一。[6]西班牙的国王和王后同意了这一请求。[7]

当哥伦布凯旋时，若昂二世意识到自己犯了巨大的错误。由于哥伦布的发现，西班牙成为葡萄牙在海外和海上航线中的强势敌手，威胁到葡萄牙现实的垄断地位。两个国家都担心爆发冲突的可能性，尤其是在新发现的土地上，因为两个国家的领导人都担心这两个军事强国间的全面战争将消耗巨大的人力和财富。[8]

幸运的是，斐迪南和伊莎贝拉决定向上帝在人间的最高代表——教皇亚历山大六世（Alexander VI）（碰巧，教皇拥有西班牙血统，最近在西班牙的支持下当选）——上诉。作为仲裁者，教皇亚历山大六世从南北极点出发划定了一条从北到南的线，把西半球分成两部分。其中边界以西的土地归西班牙所有，以东的领土归葡萄牙所有。这一不公平的安排偏袒西班牙，因此葡萄牙最初拒绝了教皇的提议。尽管如此，它还是促成了两国在 1494 年签署《托尔德西里亚斯条约》（Treaty of Tordesillas）。（该条约所划定的线路从今天的巴西穿过，也解释了为什么今天的巴西人说葡萄牙语，而其他南美洲大部分人都说西班牙语。）两国领导人都宣称这是一次胜利，西班牙将其在探险项目中的股份合法化；葡萄牙也证实了其宣称的通往印度的首选路线。正如历史学家 A.R.迪士尼所言（A. R. Disney），《托尔德西里亚斯条约》"成为帝国的基本宪章，很好地定义了 18 世纪中各个领域里'征服'的意义"。[9]

教皇对于这些势力范围的界定对条约中条款的遵守起到了激励的作用。每个国家的统治者都服从教皇的权威，教皇具有把国王逐出教会的最高权力。这些国家都把自己的殖民征服行为视作使异教徒皈依基督教的使命。事实上，当英国、法国和荷兰的新殖民主义者在随后的几十年中出现时，西班牙和葡萄牙都是把梵蒂冈认可的框架当作更为牢固的现状的守护者。因此，西班牙和葡萄牙两国在长达一个世纪的时间里几乎不存在明显的敌对关系。

方法 1：更高的权威可以在不发生战争的情况下帮助解决对抗。 自从荷兰法学家雨果·格劳秀斯（Hugo Grotius）在 17 世纪创造了民族国家构成的单一的、全球性的社会这一理念以来，理论家们一直梦想着一个由国际法管辖的世界。第二次世界大战后，政治家们通过创建联合国来努力实现这一理念。《联合国宪章》建立了一个国际法和组织的框架，从理论上来说，由安理会对其成员进行监督。然而，当时的五大国——美国、苏联、中国、英国和法国——每个国家都坚持保留本国对安理会决定的单边否决权。

《联合国宪章》要求每一个成员国都接受对各自行为的限制，包括对其他成员国使用军事力量的限制。然而，对这些限制进行解释的权利被留给了各成员国。《联合国宪章》第 51 条赋予各国"自卫权"。美国在 2003 年对该条款加以新的阐释，称其对伊拉克的攻击是"先发制人的自卫"行为,并声称萨达姆·侯赛因拥有大规模杀伤性武器,并造成了"迫在眉睫的威胁"。最近,奥巴马总统延伸了这一条款,他单方面下令对 7 个国家中美国所认定为"恐怖分子"的组织发动攻击。[10]

根据国际法支持者提供的说法,在过去的 70 年里,国际社会已逐渐稳定地认可了"基于规则的体系"。现实主义者并不同意这一观点,尤其是当考虑到使用军事力量的时候。他们指出,当强国基于自身的国家利益作出选择时,便会一再藐视该体系。例如,2016 年美国领导了大规模谴责中国的运动,指责中国全部驳回常设仲裁法院(Permanent Court of Arbitration)关于推翻北京对中国南海主张的裁决。一些观察家认为,美国此举是伪君子的作风,因为在 20 世纪 80 年代,当中央情报局炸毁尼加拉瓜港口,企图推翻当地的桑地诺(Sandinista)政府时,华盛顿同样也拒绝接受国际法院的宣判。[11] 显然,在这一点上,服从国际权威具有很大的局限性。然而,在国家能被说服从而服从某一超国家权威或法律框架的约束和决议时,正如西班牙和葡萄牙在 15 世纪所做的那样,这些因素能够在管理可能演化为战争的冲突中发挥重要作用。

德国与英国、法国(20 世纪 90 年代至今)

亨利·基辛格指出了命运的讽刺性转折:"在击败了妄想统治欧洲的德国 70 年后,当时的胜利者现在却出于经济原因,乞求德国领导欧洲。"[12] 1989 年,在柏林墙被推倒后,时任英国首相玛格丽特·撒切尔敦促美国总统乔治·H.W.布什阻止德国统一,警告说:"德国人将得到希特勒通过战争都无法得到的和平。"[13]事实上,尽管一个更强、更统一的德国有时会引起愤恨,但德国崛起并主导欧洲的势头已然在没有发生战争的情况下出现了,而且其与任何欧洲邻国都不可能发生军事冲突。这些变化的原因是具有启发性的。

第二次世界大战以苏联军队占领德国东部、以美国为首的西方国家占领德国西部而结束。这一划分为许多欧洲战略家提供了解决"德国问题"的方法,这一问题是 20 世纪的两次世界大战产生的根源。正如丘吉尔所说,当铁幕"横跨欧洲大陆时",苏联和"自由世界"间的竞争成为了欧洲的主要分裂线。作为回应,美国成立了北大西洋公约组织(以下称北约)。北约第一任秘书长经常提到的俏皮话是:北约的使命是"把苏联人挡在外面,把美国人拉进来,把德国人压下去"。[14]

像让·莫内(Jean Monnet)、罗伯特·舒曼(Robert Schuman)等明智的欧洲领导人下决心不再重复国际政治的模式一样,这一模式曾让欧洲在 20 世纪成为屠宰场,他们在欧洲国家之间建立了深厚的经济相互依赖关系,尤其是在法国和德国之间。这一贸易网络很快发展成欧洲共同市场(European Common Market),在这一市场内,商品自由流通且免除关税。这一发展成为一个更加宏大的欧洲项目的基石,该项目旨在建立一个凌驾于各国主权之上的超国家的欧洲机构。在建立欧盟支柱之一的欧洲煤钢共同体的条约中,莫内将其描述为"奠定了维护和平而不可或缺的欧洲联盟的第一项切实的基础"[15]。一些富有远见的政治家策划了这一计划,甚至想象着一个类似于美国联邦形式的统一欧洲。然而,包括德国在内的每位成员似乎都同意，德国仅仅作为一个附属的合作伙伴。在反省了纳粹政权所犯下的大屠杀以及其他反人类罪行后，德国人也不信任自己，并且轻易地接受了自己在这一欧洲机构中的附属地位。

但是在冷战结束前夕，当柏林墙倒塌时，德国统一的前景出现了。西德的欧洲盟友们则坚决反对德国统一。时任英国首相撒切尔夫人和时任法国总统密特朗反复游说美国总统布什，敦促他阻止德国统一。正如法国驻德国大使公开宣称的那样，德国统一将"产生一个由德国主导的欧洲，不论是东方阵营还是西方阵营都不愿看到这种情况发生。"[16] 尽管如此，布什和他的国家安全团队仍然推动这一计划向前发展。他们坚持认为，统一的德国仍然是北约的成员国，而非苏联领导人戈尔巴乔夫（Mikhail Gorbachev）所寻求的解除武装或成为中立国。对于布什来说，一个由德国领导的欧洲机构将成为其眼中"统一且自由的欧洲"的核心。[17]

正如撒切尔夫人和密特朗所预见的那样，德国日益增长的经济实力使其在欧洲大陆占据了主导地位。1989 年，德国的国内生产总值大致相当于英国和法国的总和；如今，德国的国内生产总值比英法的总和还要多出 40%。[18] 当欧共体（European Community）转变成欧盟（European Union）时，大多数成员国放弃本国货币并创造了共同的货币——欧元，欧洲央行也自然地选址在德国。虽然德国的崛起优势如此明显，但它很快就采取了睦邻团结的政策。正如德国著名学者海尔加·哈夫腾多恩教授（Helga Haftendorn）所说，欧盟允许德国的崛起并获取更大的利益，但要创造"一个'欧洲化的德国'，而不是一个'德国化的欧洲'"。[19]

目前，这个欧洲实验仍有不确定性。当全球金融危机引发了欧元中的矛盾（即空有一个共同货币政策，却没有一个共同财政机构），并迫使德国救助希腊以及其他国家时，许多人预测这将是欧洲共同货币的终结。然而欧元依旧存在。随着欧洲被来自"阿拉伯之春"运动的骚乱国家的难民包围时，欧元怀疑论者再次提出他们的口号，宣称"欧元即将终结"。2016 年 6 月英国决定离开欧盟的"脱欧"公投，对大多数人来说是后冷战全球秩序即将瓦解的最后征兆。但正如欧洲项目的设计者们所构想的那样，虽然威胁欧盟生存的危机是不可避免的，但欧盟并不会因此瓦解。事实上，从他们的角度来看，危机为强化因政治阻力而无法实现的一体化提供了机会，使政治一体化成为可能。

德国虽然是一个经济强国，并且其作为政治领导者也日益活跃，但在军事上仍然存在缺陷。1945 年，作为消灭纳粹的一部分，德国被强制解除武装并进行去军事化。美国的安全保障，尤其是美国的"核保护伞"在德国重新统一之后仍然继续存在，通过消除德国提升军事能力的需求来安抚德国的邻国。随着时间的推移，德国领导人通过接受国际秩序的后现代概念，将安全视为事物必然的一种自然状态，从而使这种状态合理化。与大多数的欧洲军队相比，今天的德国军队更具有象征性和仪式性，而非作战性。从这个意义上来说，一个军事上被"阉割"的德国在国际政治中并非一个"正常"的国家。

方法 2：国家可以被内嵌在更大的经济、政治和安全制度中，这些制度约束了历史上所定义的"正常"行为。德国是一个集经济、政治巨人和军事侏儒于一体的典型代表。它与其邻国在经济上进行一体化，并受到美国霸主"核保护伞"的安全保障。如果经济压力、移民和民粹主义的结合使得欧盟分崩离析，那么一个日益强大的德国仍然不会对邻国构成威胁吗？如果美国削弱甚至撤回北约的安全措施，我们会看到包括德国在内的欧洲军事力量的重新国有化吗？如果这种情况发生，修昔底德陷阱的逻辑会使德国与其邻国之间存在爆发战争的可能性吗？或者换句话说，德国文化的变迁是否内化得太深，使德国人不可能再恢复其军事传统了呢？[20]

美国与英国（20 世纪早期）

西奥多·罗斯福成功带领美国取代英国成为西方世界的主导国家反映了权力相关因素的变化。在 19 世纪的最后 30 年里，美国从内战的灰烬中崛起，跃升为一个经济巨人。1850 年，英美两国的人口大致相当。到了 1900 年，美国人口的数量是英国的两倍。[21]美国经济在 1870 年超越了英国，并在 1914 年增长至英国的两倍多。[22]1880 年，英国占全球制造业总产出的 23%。到了 1914 年，英国的市场占有率跌落至 13%，美国则增长至 32%。[23]

英美关系在经过了美国独立战争之后依旧保持紧张态势。在 1812 年的战争中，英国人焚烧了白宫，而美国则袭击了英属加拿大。许多美国人（包括西奥多·罗斯福在内）都没有忘记，英国曾在美国内战期间认真地考虑支持南方邦联州（Confederacy）。[24]随着美国实力的增长，其对于被尊重和扩大影响力的诉求也随之增长。1895 年，当委内瑞拉和英属圭亚那之间发生领土争端时，时任美国国务卿理查德·奥尔尼（Richard Olney）要求英国接受美国门罗主义（Monroe Doctrine）的仲裁，即承认"美国在这块大陆上拥有实际主权"[25]。英国一开始拒绝了美国的要求，英国殖民大臣约瑟夫·张伯伦（Joseph Chamberlain）坚称"英国是一个领土面积大于美国的美洲力量"。[26]但当美国总统格罗弗·克利夫兰（Grover Cleveland）暗示以战争相逼时，英国最终同意了美国的仲裁。[27]

在收到克利夫兰的消息后，英国首相索尔兹伯里勋爵（Lord Salisbury）对财政部长说，与美国的战争"在不远的将来已经不仅仅是一种可能性"。因此他指示海军部进行预算审查，并警告说美国将是一个比法俄同盟更加可能的对手。[28]虽然美国海军相较于英国皇家海军来说规模仍然较小，但它正在不断壮大中，尤其是在美国-西班牙战争以及罗斯福胜选后，这一发展势头更加强劲。英国海军大臣（First Lord of the Admiralty）塞尔伯恩伯爵（Earl of Selborne）清楚地描述了这一场景："如果美国人愿意为他们能轻易负担得起的东西花钱，他们就能逐步建立一支海军，并且远比英国的规模大。"[29]

面对着越来越多的挑战者，同时深陷南非战争的泥沼，英国无法应对所有威胁。尽管美国是其最强大的敌手，但德国和俄国也对其构成了更近的威胁。而且，与此不同，在欧洲英国可以在竞争性大国中间充当平衡者的角色。而西半球没有美国的对手，因此英国难以指望寻找美国的对手作为英国的盟友。英国的加拿大自治领本身就没有能力保卫自己。[30]

这些艰难的境况使得英国领导人养成了适应性心态（ac-commodation mindset），其目的在于避免与美国的军事冲突，哪怕是付出任何代价。海军部是当时英国国家安全政策制定的总基地。在1904年，当时级别最高的海军军官，第一海军大臣杰克·费希尔，直截了当地告诉他的上司，英国应该"用一切手段来避免这样的战争"，他警告说："英国几乎不可能逃过被美国击溃和羞辱的结局。"此外，他还进一步指出了羞辱的含义："无论发生什么样的争执或出于何种原因，加拿大都逃脱不了它的命运。"[31]正如塞尔伯恩伯爵总结的那样："如果能避免的话，我永远不会跟美国发生争执。"[32]与英国要员们的态度相符的是，英国给予美国关于英国"两强标准"（Two-Power Standard）*的豁免权，这一标准使英国维持了与两个最大竞争对手相媲美的战列舰数量。[33]

此外，英国海军部意识到，如果他们不减少其他地区（包括英国本土）的军事部署来把资源向美国倾斜，则无法撼动美国在西半球的主导地位，因此英国海军部有意忽视了军方在对美战争中一再要求保卫加拿大的作战计划。相反，海军部建议维持良好的英美关系。[34]英国承认了这一令人不安的现实，并对于西半球的争端作出了连续让步。因此，历史学家安妮·奥德总结道："到1903年底……英国默许了美国从委内瑞拉到阿拉斯加的霸权地位。"[35]在某种程度上，英国愿意向美国屈服的行为反映了两国不仅共享同样的种族和语言的遗产，而且拥有同样的政治文化和治理模式。但是冰冷的现实主义是主要的驱动力。[36]

面对离自己更近、更为危险的威胁时，英国的选择是接受限制。如果俄国和德国在这一时期没有表现出强烈的威胁性，英国会对美国采取更强硬的手段吗？我们无从得知。但很明显的是，此时的权力平衡已被打破，英国没有把战争看作一种限制美

---

* "两强标准"正式记录于英国1889年《海军防御法案》（Naval Defense Act），即英国海军实力不应低于任何两个海军强国加起来的海军力量。——译者注

国崛起的可行手段。正如英国首相索尔兹伯里勋爵在 1902 年深刻反省的那样:"这是非常悲哀的,但是我认为美国仍然会百尺竿头更进一步,英美之间的鸿沟无法挽回了。如果我们当初干涉了美国内战,那么我们就有可能把美国的力量降到可控的比例。但在国家的发展中,这种机会稍纵即逝,不会再有。"[37]

在比较英国对于德国和美国这两个崛起国的反应时,20 世纪最伟大的国际历史学家欧内斯特·梅认为"英国对美国作出的让步"是"导致后来一切发生的关键",同样重要的是,"德国则选择了将独立、发展海军和军事力量置于其他一切目标之上"。虽然罗斯福总统可能对轻微冲突饶有兴致,但梅认为他"谨慎地避免犯下德皇威廉二世般的错误,不能威胁到英国的实际安全"。英国可以说服自己,美国海军可能会在西半球或东亚服务于英国的利益。这一决断显然是受到了两国间广袤的大西洋的推动,海洋将两国分割开来,削弱了美国对英国的直接安全威胁。相较之下,德国则更为接近英国本土,其发展海军显然意图阻止或打击英国。面对这样具有挑战性的情况,梅指出:"英国选择了必要的抉择,即在每一场争端中都向美国让步,并给予美国应有的尊重。"到了 1906 年,当英国新的自由党政府上台时,时任外交和联邦事务大臣爱德华·格雷(Edward Grey)宣布,保持与美国的良好关系已经成为英国的"基本国策"。[38]

英国领导人在不牺牲英国核心国家利益的情况下,找到了满足美国不合理需求方式的技巧,这是一个娴熟外交技巧的教科书范例。以历史学家们所称的"伟大和解"为基础,英国弥合了两国间长期存在的敌意。因此在 1914 年战争爆发时,英国能指望美国成为其战争物资和资金的关键来源。在德国潜艇开始攻击美国舰艇时,华盛顿与伦敦一道加入了战争。如果英国没能获得美国的贷款和物资供应,以及后来与美国建立军事伙伴关系,德国很可能在第一次世界大战中获胜。在凡尔赛和谈中,英美两国也站在同一战线上。战后,美国制定了《华盛顿海军条约》,对每个国家的海军军舰数量进行了限制,英国在该条约中与美国有同等地位。但英国的战争债务使得其无法建立起一支能与美国相抗衡的海军。[39] 在不到一代人的时间里,世界再次被战争所吞噬,英美两国仍然作为亲密的盟友并肩作战,并在第二次世界大战后共同努力塑造和平,巩固了两国间仍可称为"特殊"的关系。

方法 3:精明的政治家做应该做的事情,并能区分需求和欲望。残酷的事实很难被忽视。随着美国在所有的重要方面超越英国,美国人走自己道路的决心变得更加明显。从在委内瑞拉的争端到与加拿大争夺阿拉斯加,英国可以精心挑选一场战争,或是随机发动战争。但是英国知道战争的代价是巨大的,胜利的可能性很小。此外,它还面临着邻近本土的其他更为严重的战略威胁。因此,英国明智地作出了最好的选择,在不牺牲自己的核心利益的情况下,设法满足美国的需求。英国此举给美国统治阶级留下了两国可以共同分享利益的印象,同时最大限度地减少了它们在利益上的分歧,从而为未来的更大合作(以及伦敦的更大利益)铺平了道路。在其全球帝国如此坚定地与自我意识联系在一起的时候,英国可能很容易——也可能是错误地——认为其在美洲的安全利益至关重要。但事实并非如此。英国把舰队从西半球转移的举措并没有削弱其国际地位或危害其安全体系,这一举动被证明是第一次世界大战前自身力量的及时重新平衡,同时延长了其在国际事务中的影响力。

方法 4:时机至关重要。机会之窗往往会出乎意料地打开,然而会在没有警告的情况下关闭。英国首相索尔兹伯里勋爵敏锐地观察并捕捉到了这一点。如果英国领导人在 1861 年得出结论说,崛起的大陆霸主美国将对英国的核心利益造成不可容忍的威胁,那么明智的选择可能是在美国内战中代表南方邦联进行干预,并将美国的实力"降低"到"可控制的比例"。如果英国这样做的话,20 世纪初在美国领土上可能存在两个较弱的、敌对的甚至是交战的国家。在这种情况下,英国拥有加拿大的制海权和安全位置,它可能发现美国领土内的两国在委内瑞拉、阿拉斯加和其他地区的领土争端中有更少的索求。但不论是在国家的历史还是个人的生活中,机会一旦错过就不能重来。

预防性干预对个人来说是一个经典难题,对于民主国家来说,这会变得尤其令人烦恼。当干预成本最低且行动效率最高时,行动的需要是模糊的和不确定的。在所有国家都看到了行动的必要性,且支持或默许开展行动时,有效干预的成本已经上升,有时甚至达到了令人望而却步的水平。对政府来说,尤其是对民主政府来说,许多政党在行动之前必须达成一致。因此无论是应对日益强大的竞争对手,还是频繁发生的人道主义灾难,预防性干预这一难题没有找到平衡点,反而是其更倾向于拖延,而不是真正起到预防作用。

方法 5:文化的共性有助于防止冲突。因为英国和美国共享一种语言和政治文化,有影响力的英国人可以以此安慰自己说,尽管英国在大多数领域都已雄风不再,但它的价值观将保持主导地位。他们可以驳斥那些认为英国要么与美国一战,要么面临自身生活方式和历史使命消亡的观点。恰恰相反,许多英国人抱着这样一种想法："讲英语的民族"将继续统治世界。正如第二次世界大战前英国首相哈罗德·麦克米伦（Harold Macmillan）所说的："这些美国人代表了新罗马帝国，我们英国人则像古希腊人，必须教他们如何去变强。"[40]

苏联与美国（20世纪40年代到80年代）

苏联在第二次世界大战后严重挑战美国全球领导地位的想法对当今大多数美国人来说是难以想象的。自从苏联在1991年解体后，美国人把俄罗斯看成一个衰落的力量：软弱又迷茫；最近，弗拉基米尔·普京领导下的俄罗斯，像是被愤怒蒙蔽了双眼。命令-控制型（command-and-control）经济和政治模式一再表现出它们早已失效。因此，当我让哈佛大学的学生去读20世纪中旬最受欢迎的经济学教科书保罗·萨缪尔森（Paul Samuelson）的《经济分析基础》（1964年版）时，他们都感到十分困惑。因为这本书预测，到1980年中期，苏联的国民生产总值（GNP）将超过美国。[41]

20世纪带有一系列世界大战的烙印：第一次世界大战、第二次世界大战和第三次世界大战的幽灵，后者很可能是最后一次人类战争。在最后一场战争中，交战方都认为胜利的赌注是如此之高，以至于每个国家都准备冒着数以百万计的国民死亡的危险去击败另一个国家。经过近40年斗争，柏林墙于1989年倒塌了；华沙条约组织于1990年解体；在1991年的圣诞日，苏联帝国最终分崩离析。冷战最终以苏联的悲鸣而告终，而不是以双方所想的最后一次核战争而终结。这是第二次世界大战以来美国一次罕见的胜利。自1945年以来美国所投入的热战其进展都一塌糊涂,冷战缘何能如此成功地被化解?政治家们能从中得到何种启示呢?

"冷战"这个词是由乔治·奥威尔(George Orwell)在其著作《1984》里面创造的。在历史上最致命的战争之后,美国和苏联都精疲力竭了。这场冲突迫使它们作为盟友作战,因为战胜纳粹德国需要合作。(正如丘吉尔所说的,如果希特勒入侵地狱,他"至少也会在下院为魔鬼说几句好话"。[42])很明显,在把东欧国家从纳粹手中解放出来后,苏联军队将留在那里。而美国的政策制定者正努力钻研第二次世界大战后世界的策略,因为在这个世界上,它的盟友正成为其最大的敌人。

这一战略的基础是对苏联的摩尼教徒式的看法。政治家们引用了美国国防部长詹姆斯·福里斯特尔(James Forrestal)的话,把苏联描述成"和纳粹主义或法西斯主义一样的与民主不相容的敌人"。[43]仅在第二次世界大战欧战胜利纪念日的九个月后,乔治·凯南(George Kennan)(当时是美国驻苏联大使馆的代办)从莫斯科向美国发回一封"长电报"(Long Telegram),在电报中他警告说,信奉扩张主义的苏维埃共产主义是一种"狂热的政治力量,它认为与美国之间不会有永久的和平"。凯南说,苏联共产党认为"如果要保存苏联的力量,那么破坏美国社会、抛弃美国传统方式、摧毁美国国际权威都是必要的"。[44]面对这样的对手,美国只能摧毁它或者改造它,才能得以生存。

战后初期苏联的侵略行动验证了美国政策制定者的这一假设。1948年苏联支持下的捷克斯洛伐克政变、1949年中国共产党人的胜利,以及1950年开始的朝鲜战争,这一系列活动中都有共产主义的影子。1949 年，苏联测试了第一颗原子弹，打破了美国对"绝对武器"的垄断控制。[45]尽管苏联的经济在第二次世界大战中遭到破坏，但苏联社会在第二次世界大战后恢复的比第一次世界大战后快得多。[46]在第二次世界大战结束后的第一个十年里，苏联经济翻了一番，在下一个十年内又增加了一半。[47]苏联经济增长带来的新财富主要用于军事开支。正如冷战期间美国高级情报官员、而后任国防部长一职的罗伯特·盖茨（Robert Gates）所说："苏联在 25 年的时间里进行了史上规模最大的军事建设，对国际权力平衡产生了深远的影响。"[48]结果是，当赫鲁晓夫在 1956 年发表著名的演讲"历史就在我们身边，我们将埋葬你"的时候，没有人因此发笑。

在核时代之前，这样的威胁将引发全面战争——一场热战，像美国、英国及其盟友刚刚与纳粹德国进行的那场激烈的战争。在那场战争中，敌人的无条件投降是最低的作战目标。但是，尽管美国声称有机会在第二次世界大战后立即进攻并击败苏联——事实上美国也认真考虑了这一选择——但它最终没有这么做。[49]在苏联试射了第一颗原子弹之后，美国战略家们开始苦苦思索与苏联的竞争，他们知道之前所熟悉的战争形式很快就会过时。[50]

在短短四年的时间里，美国外交史上出现了最大的战略想象力的飞跃，从凯南的"长电报"和国务卿乔治·马歇尔在哈佛大学的毕业演讲（后来发展为"马歇尔计划"），到保罗·尼采（Paul Nitze）的"美国国家安全委员会第 68 号文件"（NSC-68）（一份奠定了美苏军备竞赛基础的绝密备忘录）。我们现在称之为"智者"的美国领导人为了准备一场从未面对过的新形式战争，制定了一个全面的战略。[51]克劳塞维茨教导我们，战争是国际政治的其他手段的延伸。[52]当对外政策、外交和谈判手段已经尽了一切努力来确保国家的利益之后,陆军、海军和空军可以用其他手段继续施加影响。但是如果军队的直接干涉会有导致国家灭亡的风险呢? 在此情形之下,必须探索替代性方案。因此,他们发明了"冷战"作为战争的新手段,想方设法减少主要战斗人员之间的直接交火。除了直接的军事攻击,美国和苏联在每一个方位上都进行了系统且持续的互相攻击。这些攻击包括经济战、信息战、隐蔽行动,甚至韩国的代理人战争(苏联飞行员对美国部队进行秘密轰炸)、越南(苏联士兵在那里操纵空中防御系统击落数十架美国飞机)、安哥拉和阿富汗(其中中央情报局支持的地方穆斯林游击队秘密地与苏联军队作战)。

在进行这种新形式的战争时,双方都认识到,"冷"冲突很容易变成"热"战争。为了防范这种风险,它们暂时接受了许多不可接受的事实,这些包括苏联影响下,东欧国家、中国、古巴和朝鲜的共产主义政权。此外,双方围绕美苏竞争编织了一个错综复杂的限制性网络——肯尼迪总统称之为"关于现状的不稳定规则"。[53]例如,为了降低突然进行核打击的风险,双方通过军控谈判提高透明度,并增加了双方对于对方不会发动第一次打击的信心。为了避免飞机或船只的意外交火,双方商定空中和海上的精确规则。随着时间的推移,两位竞争者默契地同意"三不原则":不使用核武器,不直接攻击对方的武装力量,不在对方公认的势力范围内进行军事干涉。[54]

对于21世纪的美国学生来说,也许冷战最令人吃惊的是,美国居然有一个持续了40年之久的、连贯的、两党共同的大战略。现在大多数人都记得"遏制"战略。事实上,美国有一个复杂的冷战战略,它建立在三大理念之上。第一个理念认为苏联是美国核心利益的存在性威胁——或者说是对美国的国家存亡的威胁。苏联军队威胁要吞没欧洲和亚洲的主要国家，就像公元 7 世纪时伊斯兰势力如野火般蔓延一样。苏联不仅巩固了作为帝国外部疆域被控制的东欧国家，而且威胁要颠覆和破坏美国的欧洲盟友（包括希腊、法国和意大利）的内部团结和政权稳定。正如"美国国家安全委员会第 68 号文件"所说："苏联不同于以前的追求霸权的国家，它被一种新的狂热信仰所激发，与我们美国的意识形态截然相反，并试图把它的绝对权威强加给世界其他国家。"尽管缺乏积极的反应，美国战略家仍然认为，共产主义扩张很快会引发毁灭性的战争和社会经济的消耗殆尽。

美国冷战战略的第二大理念回答了关于美国外交政策目标的根本问题。正如"美国国家安全委员会第 68 号文件"直截了当地指出的那样，冷战的目的是"保持美国作为一个基本制度和价值观完整的自由国家"。这句话值得我们驻足反思。在一个许多国家将"美国领导权"视为一种需求的世界中，美国需要作为全球警察来保卫那些不能或不愿意去保卫自己的国家，"美国国家安全委员会第 68 号文件"冷战专家对"美国第一"的明确承诺将被视为一种不合时宜且对国际主义者具有强烈冒犯性的辞令。但是这些政治家没有对此道歉：美国作为一个自由国家的生存和成功不仅仅是美国人应该关心的问题，而且是美国人最为关心的问题。这是美国实力在世界上实现任何更大目标的必要前提。

第三个理念建立在第二个理念的基础之上。它呼吁美国转变其历史上对于纠缠错落的同盟关系的厌恶态度。虽然美国可以选择撤退到美国本土这一堡垒里，正如它在第一次世界大战之后和前几个世纪所做的那样，但冷战专家判断这条道路在日益相互联系的世界中不再可行。美国为其生存和福祉考虑,需要建立一个新的国际秩序。但与第一次世界大战后的威尔逊总统的浪漫主义形成鲜明对比的是,威尔逊认为第二次世界大战是可以结束"所有战争的战争",冷战战略家们认识到,从苏联的威胁中幸存下来将是一个长期工程——非常长期的工程。

　　冷战事业的基础应该是经济和战略(两个)重心:欧洲和日本。在一系列措施涌现出来的时候,这些务实且富有远见的战略家创造了"马歇尔计划"(重建欧洲)、国际货币基金组织、世界银行和关税及贸易总协定(提供基本的全球经济秩序);北大西洋公约组织和美日同盟(确保欧洲和日本深深地融入到反对苏联的运动中);以及联合国——它们都是一个全球秩序的组成部分,它们试图一步步地花上几十年时间来建立全球秩序。这一秩序旨在击败苏联这一对手,从而首先推动美国的和平、繁荣和自由事业的发展,然后扩展到它的盟友,最后惠及其他国家。

　　在对抗苏联时,这一战略寻求同时在三线作战中赢得胜利:遏制苏联扩张,阻止苏联破坏美国重要利益,破坏共产主义的理念和实践。遏制,即阻止苏联获得进一步发展的能力。更重要的是,这种遏制的目的是击败马克思主义关于历史上不可避免的发展的言论。苏联的扩张可以被阻止,这种阻止可以不采取与苏联军队直接对抗的方式,而是通过威慑来达成——使用威胁手段来报复苏联的侵略,将会给其增加不可接受的损失。

　　对苏联这个对手的破坏开始表现在美国领导的自由市场民主国家胜过苏联命令-控制型经济和政治模式,比独裁政治更好地满足公民的需求。它也试图通过干预苏联盟国的内政来放大苏联战略中的矛盾,例如鼓励像波兰这样的苏联邻国或中国这种盟国发展民族主义——美国相信国家认同比"社会主义新人类"的梦想更持久。此外，通过劝说苏联领导人在《联合国人权宣言》和《赫尔辛基协定》中对普世观念作出书面承诺，美国的战略提升了自由和人权的价值，自信地认为这些都是人类应有的财富。为了给这些努力锦上添花，美国在苏联及其卫星国内部进行了公开和隐蔽的行动，以破坏共产党的意识形态和政府。[55]

方法 6：除了核武器之外，太阳底下没有新的东西。一些观察家称 21 世纪与过去的日子有太大的不同，以至于先前的经验教训已经不再适用。当然，此前很难找到像当前一样高度发展的经济一体化、全球化和无所不在的全球传播的先例，或者是从全球气候变化到宗教极端主义的全球性威胁。但是正如我的同事卡门 · 莱因哈特（Carmen Reinhart）和肯尼思 · 罗戈夫（Kenneth Rogoff）在对过去 8 个世纪中 350 次金融危机的分析中提醒我们的那样，此前每一代人都认为自己遭遇的这次危机是不同于以往的。[56]莱因哈特和罗戈夫支持修昔底德的观点，他们认为只要人类社会尚存，我们就可以预见人类事务的重复模式。毕竟，在第一次世界大战前的十年里，欧洲最畅销的书籍之一就是英国作家诺曼 · 安杰尔（Norman Angell）的《伟大的幻觉》（*The Great Illusion*）。它说服了成千上万的读者，包括许多像伊舍子爵（Viscount Esher，因英军在 1902 年底结束的布尔战争中表现不佳，他受命负责重建英国军队）这样身居高位的大人物。书中的观点阐述到，经济上的相互依赖使战争成为一种幻觉：此事"无关紧要"，因为"好战的人并不会在地球上传承"。[57]

然而，最关键的是，20 世纪末期和 21 世纪早期与先前的任何时代都不一样：核武器这种东西从未有过先例。爱因斯坦在美国向广岛和长崎投放原子弹之后说到，核武器"改变了一切，除了我们的思维方式"。然而,随着时间的推移,那些对核武器负有责任的人们的想法在改变。政治家们知道,如今装有核弹的军火库,其威力将会超过历史上所有战争中使用的所有炸弹。他们知道一场全面的核战争可以真正消灭地球上的生命。因此,核武器拥有国际关系研究者所说的"水晶球效应"。[58]任何一个考虑对具有二次核打击能力的国家发动核攻击的领导人,都必须面对本国数亿国民被杀的惨状。无可厚非,这一点已经反复地迫使他们重新思考自己的决断。[59]

方法7:"相互确保摧毁"战略(MAD) * **使全面战争变得疯狂。** 在1949年试爆了第一颗核弹之后,苏联迅速发展出了一个庞大和复杂的核武器库,并创造了核战略家们公认的"相互确保摧毁"战略。这说明了美国和苏联都不可能在敌人发动致命的核反击之前,用首次核打击摧毁对手所有的核武器。在这样的条件下,一个国家击败另一个国家的决定是一种自杀性的选择。

从技术层面上来说,实际上,美国和苏联(现在的俄罗斯)是一对不可分割的连体双胞胎。虽然每个人都有头脑和思维,而且想要自主行动,但他们的骨干已经融合成一体。在他们共同的胸腔中跳动着一颗共用的心脏。在心脏停止跳动的那一天,二者会毫无疑问地同时死亡。正如这个比喻所带来的尴尬和不适感一样,它抓住了冷战时期美国与苏联关系的决定性事件,并且它仍然是许多21世纪的美国人不知道冷战为何结束的决定性事实。美国和俄罗斯都保留着超级大国时期的核武器库。因

---

* 一种以确保相互摧毁(即相互威慑)为基础的核政策,认为核战争的结果是同归于尽,强调加强第二次核打击的能力,以遏制对方发动核战争。——译者注

此，无论俄罗斯多么危险、多么应该被扼杀在襁褓中，美国都必须努力找到与之共存的方法，否则就面临共同的死亡。里根总统经常引用的一句话是："一场核战争是不可能赢的，因此核战争永远不应该被发动。"[60]

如今，中国也发展出了强大的核武器库，并且参照美国，也创造了一个 21 世纪版本的"相互确保摧毁"战略。美国在部署弹道导弹防御系统时认识到了这一现实，即不得不移除对俄罗斯和中国的防御系统（在当前条件下，针对中俄两国部署更多的防御武器是不可行的）。[61] 因此，在第二种情况下，正如丘吉尔关于苏联的评论那样，一个"极度的讽刺使安全将会变成'恐怖'之子，并将成为'灭绝'的孪生兄弟"。[62]

方法 8：超级核大国之间的热战不再是一个可行的选项。
"相互确保摧毁"战略在美苏竞争间所施加的约束与美国的战略家们对如今的中国的思考息息相关。从 20 世纪 50 年代到 20 世纪 80 年代，苏联向超级大国地位的迈进创造了一个被公认为"两极世界"的概念。两个国家都认为保全自己的生存需要消除或转化对方。但如果里根总统是对的，这一点必须在没有战争的情况下实现。

不论是此前的对苏战略还是现在的对华战略，有一点是让美国不愿接受但又无法否认的：一旦两个国家拥有无懈可击的核武库，热战就不再是一个可行的选项。两国必须在外交政策中将这一残酷的事实考虑进去。重要的事情需要重复一遍：我们是不可分割的连体婴儿。这意味着双方都必须妥协，即使它们会觉得无法忍受，但还是必须限制自己和盟友采取可能升级到全面战争的行动。

冷战将这一真理渗透到美国国家安全委员会面对苏联时的心理和行动中。但是如今,许多政策制定者把这看作"古代历史"。当代美国领导人中没有人参与过那次历史。很少有人有过这种经历。虽然中国在建造超级大国核武器库方面进展缓慢,但不像普京治下的俄罗斯那样,中国近年来从未进行过核试验。不过个别中国军官仍然引用毛泽东主席当年的大胆声明,声称即使在核交战中失去了3亿名公民,中国仍然能存活。[63]

美中两国需要在领导人之间进行反复的、坦诚的对话——在军事官员之间开展交流讨论,使得双方意识到双方威胁或使用核武器会引起战争——借此帮助双方领导人理解战争不再是可行选项这一不自然的事实。如何使两国领导人都意识到这一重大观念所产生的影响,仍然是一个更大的挑战。

方法9:超级核大国的领导人仍然必须准备冒着打一场他们可能不会赢的战争的风险。"核悖论"是无可避免的。 在一个被"相互确保摧毁战略"约束的竞争中,没有国家可以赢得核战争,但这不是问题的终结。自相矛盾的是,每个国家都必须表现出愿意冒着输了这场战争的风险,否则就会在博弈中成为输家。回顾第八章所提到的"胆小鬼博弈",而且考虑这一悖论中的每一种条件。一方面,如果战争爆发,两个国家都会输。对于理性领导人来说,选择让亿万人民死亡是毫无价值的。从这个意义上讲,在古巴导弹危机中,肯尼迪总统和赫鲁晓夫主席是在防止共同灾难的挣扎中成为了伙伴。这是两国的约束,两国领导人都知道这一点。因此,另一方面,如果任何一个国家都不愿意冒险发动(或输掉)一场核战争,那么它的对手可以通过创造条件,即迫使更负责任的大国在妥协或冒着升级为战争的风险两者之间作出选择，从而实现任何目标。因此，为了保障核心利益和价值，领导者必须愿意选择冒毁灭性风险的途径。

幸运的是，在美国和中国之间的经济和网络竞争中可以看到类似的、不那么致命的互动。在 2012 年总统竞选期间，共和党候选人米特·罗姆尼（Mitt Romney）宣布："在我当选总统的第一天，我将认定中国为汇率操纵国，并采取适当的对抗措施。"[64] 政治和经济建制派拒绝了他的威胁，认为鲁莽的言论可能会引发一场灾难性的贸易战。该机构同样拒绝了唐纳德·特朗普（Donald Trump）总统在 2016 年总统竞选期间的类似威胁。但如果在任何情况下，华盛顿都不愿意与中国进行贸易对抗的话，中国领导人怎么会停止"像拉小提琴一样玩弄美国，一路微笑着去银行"（用罗姆尼的混合隐喻）[65] 或"掠夺我们的国家"（正如特朗普所说）[66]，如货币贬值、补贴国内生产商、保护他们自己的市场。正如美国必须愿意冒险与中国进行经济战，以激励保护其经济利益的约束因素，华盛顿也必须保留核战争的选择，以可靠地阻止像中国这样的真正的、潜在的对手。

通过整理以上案例，又可以延伸出另外三个具有参考价值的方法。

方法 10：紧密的经济相互依赖加剧了战争的成本，也因此降低了战争的可能性。 在第一次世界大战之前的几十年里，英国和德国的经济变得如此紧密地交织在一起，以至于一方不能在不伤害自身的情况下将经济创伤强加给另一方。许多人希望这紧密的贸易和投资网络能防止战争，但他们错了。当战争真的爆发时，柏林和伦敦所遭遇的经济后果是非同寻常的。

同样地，当前美中经济关系如此互相依赖，以至于它们创造了类似"相互确保摧毁"的局面,而其被称为"经济'相互确保摧毁'"(MAED,Mutually Assured Economic Destruction)。[67]美国是中国最大的出口市场,中国则是美国最大的债权国。如果战争阻止美国购买中国商品,中国也不买美元,那么对双方经济和社会的影响几乎肯定会超过战争所能带来的任何收益。在安杰尔于第一次世界大战前提出的类似论点的基础上,"经济'相互确保摧毁'"的支持者提出了两个进一步的考虑。一些人认为安杰尔的观点是对的。第一次世界大战中各方所付出的代价远远超过胜利者所获得的收益。如果给予他们重复选择的机会,没有人会选择战争。既然现在已经清楚了,下一次政治家们会更聪明。另一些人则强调了之前的事例与目前美中经济关系的差异。贸易和投资水平与第一次世界大战前的水平相当,但供应链将不可或缺的生产商与不可替代的消费者联系得更加紧密,几乎所有在美国销售的产品,从苹果手机到波音飞机,都是由中国的零部件制造而成的。

此外,中国政府在开放的全球市场上下了"宇宙赌注",它可以出售其产品,并在每天抵达的油轮上运送石油,为工厂、汽车和飞机提供动力。所有这些都是维持经济增长率所必需的。美国不仅是中国产品的主要市场。三分之二的中国石油进口横跨美国海军为监护人和最终仲裁者的海洋,而且美国的这种地位将会持续到长远的未来。因此,美国和中国之间的战争必将意味着两个经济体的终结。即使那些认为"经济'相互确保摧毁'"夸张的人也会同意这一观点,即日益紧密的经济关系在这两个社会中创造了具有影响力的行为体,它们在生产关系中拥有巨大的利益,这也鼓励它们成为提倡和平的游说团体。

方法 11：联盟可能是致命的吸引力。 从斯巴达对雅典的反应到英国对德国的反应，在修昔底德陷阱的案例文件中的例子显示了挑战规则的崛起国动态使得各方寻求盟友作为平衡。在过去的十年中，中国领导人对他们的自信心提升所产生的负面反应感到惊讶。日本、韩国、越南甚至印度，不仅对美国更加关心，而且它们之间也更加合作。历史上，这样的联盟力求建立均势，以维护区域和平与安全。但这种联盟也会产生风险——因为联盟关系是双向的，第一次世界大战前几十年更是生动地展示了这一点。如第四章所述，欧洲政治家在试图防止流血事件时，建造了一个"世界末日机器"，这种机器可以引发一场无关紧要的暗杀，进而引发一场大战。

历史记录也告诉我们，并非所有条约都是平等的。防御性联盟是有条件的，例如雅典向科西拉承诺，若科西拉受到非挑衅性攻击，它将帮忙科西拉进行防守。另一端，德皇给奥地利皇帝的"空白支票"为他在 1914 年引发战争的鲁莽冒险壮胆。虽然《美日共同防御条约》第 5 条中美国的承诺并不等同于德皇对奥地利的保证，但要求大多数美国外交官解释为什么这样承诺的问题就能让他们一筹莫展。鉴于中国不断增长的力量在该地区创造了对美国保护更大的需求，华盛顿的政策制定者必须仔细审查在美国与亚洲盟国的协议中美国必须要承担的是什么。

方法 12：国内的绩效表现是决定性的。 国内事务比国际事务更重要，至少是同等重要。其中三个因素最重要：经济表现创造国家权力的子结构；治理能力让国家为达到目标调动资源；而国家的精神维持前两个因素。随着时间的推移，经济更强大、政府更有能力和团结一致的国家对其他国家的选择和行动产生更大的影响。如戴蒙·鲁尼恩（Damon Runyon）提道：虽然比赛并不总是偏向迅速者，战斗不总是偏向强者，但这应该是下赌注的方式。

英国见证了美国的经济规模从1840年英国的一半增长到19世纪70年代的平等规模，到1914年成为英国经济的两倍。如前所述，这推动了海军部的现实主义者采取了妥协政策。如果美国经济蹒跚，国家分裂为二，或者其政府腐败或其政治因分歧而瘫痪、爆发内战，英国在西半球的角色可能一直会持续到20世纪。

如果苏联能够保持美国经济增长速度的两倍，成为世界上领先的经济强国，而共产主义意识形态被证明有能力克服民族主义，建设"社会主义新人"。莫斯科就不仅可以巩固在欧洲的地位，而且可以巩固在亚洲的霸权地位。如果它的伙伴——中国——通过"解放战争"成为共产主义扩张的先锋，正如大多数美国政策制定者看待越南战争一样，一个共产主义的巨无霸可能会掩盖美国主导的"自由世界"。如果资本主义的危机被视为20世纪30年代第二次世界大战之后几十年里持续大萧条的原因，一方面，西欧国家可能会屈服于社会主义明显不可阻挡的吸引力，另一方面，它们可能被克格勃颠覆。

幸运的是，这些只是如果。相反，正如凯南所预见的，自由市场和自由社会证明了其更有能力给人们提供想要的经济、政治和个人利益。尽管经历了几十年惊险和可怕的崛起，苏联的失败是因为它所坚守的命令-控制型经济和缺乏竞争性的极权主义政治。

有了这些过去的方法，我们该何去何从？

注 释

1. "在 14 世纪黑死病发生前夕，葡萄牙大约有 150 万人口，平均每平方千米大约有 17 个居民。然而，在 1348 年，这个数字下降到二分之一到三分之一之间，并在这个水平上保持轻微的变化，直到大约在 1460 年，葡萄牙的人口数量才开始复苏。"参见 Armindo de Sousa，"Portugal," in *The New Cambridge Medieval History*，vol.7：*c.1415-c.1500*，ed. Christopher Allmand（Cambridge：Cambridge University Press，1998），627。令人难以置信的是，更多的葡萄牙人可能死于鼠疫："根据记载，葡萄牙的鼠疫死亡率估计高达三分之二，甚至十分之九。"参见 Peter Linehan，"Castile，Navarre and Portugal," in *The New Cambridge Medieval History*，vol.6：*c.1300-c.1415*，ed. Michael Jones（Cambridge：Cambridge University Press，2000），637。

2. A. R. Disney，*A History of Portugal and the Portuguese Empire from Beginnings to 1807*，vol.2：*The Portuguese Empire*（New York：Cambridge University Press，2009），40.

3. H. V. Livermore，"Portuguese Expansion," in *The New Cambridge Modern History*，2nd ed.，vol.1：*The Renaissance*，*1493—1520*，ed. G. R. Potter（Cambridge：Cambridge University Press，1957），420.

4. Joseph Pérez，"Avance portugués y expansion castellana en torno a 1492," in *Las Relaciones entre Portugal y Castilla en la Época de los Descubrimientos y la Expansión Colonial*，ed. Ana María Carabias Torres（Salamanca，Spain：Ediciones Universidad de Salamanca，1994），107.

5. Alan Smith，*Creating a World Economy：Merchant Capitalism，Colonialism，and World Trade，1400—1825*（Boulder，CO：Westview Press，1991），75.

6. Christopher Bell，*Portugal and the Quest for the Indies*（London：Constable，1974），180.

7. 值得注意的是，斐迪南和伊莎贝拉在哥伦布的第一次尝试中，拒绝了他的赞助请求，最终重新考虑并同意资助他的航行。

8. 葡萄牙已经无力负担二十年前与卡斯蒂利亚王国作战的高昂代价。卡斯蒂利亚王国的继承战争在 1475 年至 1479 年间打响，就卡斯蒂利亚—阿拉贡联盟是否会被允许的问题进行了战争。如果卡斯蒂利亚内战重新认可伊莎贝拉作为下一个卡斯蒂利亚女王，联盟将继续存在。如果胡安娜（Juana）的支持者（嫁给葡萄牙国王阿方索五世（king Alfonso V））赢得了战争，卡斯蒂利亚将与葡萄牙合并。当然，葡萄牙是站在胡安娜的宝座上而不是伊莎贝拉的。因此，我们不认为这是修昔底德陷阱的范式，因为葡萄牙并非害怕与阿拉贡统一的卡斯蒂利亚王国会作为一股崛起的力量入侵葡萄牙，而是葡萄牙人企图把卡斯蒂利亚王国纳入版图。有关进一步的细节，见附录 1 的注释 2。

9. Disney，*A History of Portugal and the Portuguese Empire*，48.

10. 在他的两个任期内，奥巴马授权在阿富汗、伊拉克、叙利亚、利比亚、巴基斯坦、索马里和也门进行军事行动。同时，美国特种作战部队为打击至少 8 个其他国家的恐怖分子提供了行动支持。参见 Mark Landler，"For Obama，an Unexpected Legacy of Two Full Terms at War，" *New York Times*，May 14，2016，http：//www. nytimes. com/2016/05/15/us/politics/obama-as-wartime-president-has-wrestled-with-protecting-nation-and-troops.html。

11. 在尼加拉瓜的案例中，当法院作出有利于尼加拉瓜的裁决，判决美国进行赔偿时，美国拒绝了，并否决了 6 项联合国安理会要求其遵守法院裁决的决议。美国驻联合国大使珍妮·柯克帕特里克（Jeane Kirkpatrick）在驳回法院的意见时，恰当地总结了华盛顿对这一问题的看法，认为这是一个"半合法、半司法、半政治的机构，国家有时可以接受，有时可以不接受"。参见 Graham Allison，"Of Course China，Like All Great Powers，Will Ignore an International Legal Verdict，" *Diplomat*，July 11，2016，http：//thediplomat.com/2016/07/of-course-china-like-all-great-powers-will-ignore-an-international-legal-verdict/。

12. Jacob Heilbrunn，"The Interview：Henry Kissinger，" *National Interest*，August 19，2015，http：//nationalinterest. org/feature/the-interview-henry-kissinger-13615.

13. Philip Zelikow and Condoleezza Rice，*Germany Unified and Europe Transformed：A Study in Statecraft*（Cambridge，MA：Harvard University Press，1995），207. 根据最近解密的内阁办公室文件，撒切尔在 1990 年警告布什政府说，英国与苏联的联盟是在欧洲保持"德国权力的基本平衡"的需要。参见 Henry Mance，"Thatcher Saw Soviets as Allies Against Germany，" *Financial Times*，December 29，2016，https://www. ft. com/content/ dd74c884-c6b1-11e6-9043-7e34c07b46ef。

14. Jussi M. Hanhimaki，"Europe's Cold War，" in *The Oxford Handbook of Postwar European History*，ed. Dan Stone（Oxford：Oxford University Press，2012），297.

15. John Lanchester，"The Failure of the Euro，" *New Yorker*，October 24，2016，www.newyorker.com/magazine/2016/10/24/the-failure-of-the-euro.

16. Andrew Moravcsik，*The Choice for Europe：Social Purpose and State Power from Messina to Maastricht*（Ithaca，NY：Cornell University Press，

1998), 407.

17. 1989 年,在德国美因茨的演讲中,布什宣称:"永远不能否认对自由的热爱。世界已经等待了足够长的时间。这次时机是对的。让我们一起把欧洲变得完整而自由。"参见 George H. W. Bush, "A Europe Whole and Free," Remarks to the Citizens in Mainz, Germany, May 31, 1989, http://usa.usembassy.de/etexts/ga6-890531.htm。

18. International Monetary Fund, "World Economic Outlook Database."

19. Helga Haftendorn, *Coming of Age: German Foreign Policy Since 1945* (Lanham, MD: Rowman & Littlefield, 2006), 319.

20. 类似的问题可以参考第二次世界大战后现代日本的反常现象。

21. Bradford Perkins, *The Great Rapprochement: England and the United States, 1895—1914* (New York: Atheneum, 1968), 9.

22. 参见"GDP Levels in 12 West European Countries, 1869—1918," "GDP Levels in Western Offshoots, 1500—1899,"和"GDP Levels in Western Offshoots, 1900—1955," in Maddison, *The World Economy*, 427, 462—463。

23. Kennedy, *The Rise and Fall of the Great Powers*, 200—202, 242—244.

24. 英国在一定程度上受到亲美舆论的劝阻。Ernest R. May and Zhou Hong, "A Power Transition and Its Effects," in *Power and Restraint: A Shared Vision for the U.S.-China Relationship*, ed. Richard Rosecrance and Gu Guoliang (New York: Public Affairs, 2009), 13.

25. Schoultz, *Beneath the United States*, 115.

26. May and Hong, "A Power Transition and Its Effects," 12.

27. 事实上,英国制定了一项条约来对未来所有的分歧进行仲裁,美国政府签署了这项条约,但美国参议院拒绝了。Perkins, *Great Rapprochement*, 12—19; J.A.S. Grenville, *Lord Salisbury and Foreign Policy: The Close of the Nineteenth Century* (London: Athlone Press, 1964), 54—73; May, *Imperial Democracy*, 52—53, 56—59, 60—65.

28. Bourne, *Britain and the Balance of Power in North America*, 339.

29. Ibid., 351.

30. May and Hong, "A Power Transition and Its Effects," 12—13.

31. 塞尔伯恩讲述了他对费舍尔激烈言论的些许震惊:"他说……他不会浪费一个人或花一英镑来保卫加拿大。他也确实这样做了。"在费舍尔重新分配舰队的情况下,皇家海军在美洲的存在数量急剧减少。Friedberg, *The Weary Titan*, 161—198.两年内,加拿大的土地防御由加拿大人自己承担,最后的英国军队撤出加拿大。Bourne，*Britain and the Balance of Power in North America*，359—389.

32. Selbourne made this comment in 1901. Bourne，*Britain and the Balance of Power in North America*，351.

33. 塞尔伯恩向内阁成员明确表示："我认为现在的标准才是真正的标准，而不是任何其他公开发表的标准。" Friedberg，*The Weary Titan*，169—180.

34. Ibid.，161—165，169—174，184—190.

35. Anne Orde，*The Eclipse of Great Britain：The United States and British Imperial Decline，1895—1956*（New York：Saint Martin's Press，1996），22.

36. May and Hong，"A Power Transition and Its Effects,"13.一些美国人也相信一种天然的英美关系的交融，尽管美国人口比英国要少。

37. MacMillan，*The War That Ended Peace*，38；May and Hong，"A Power Transition and Its Effects,"13.

38. May and Hong，"A Power Transition and Its Effects,"11—17.

39. Ibid.，14—17.

40. George Will，"America's Lost Ally,"*Washington Post*，August 17，2011，https://www.washingtonpost.com/opinions/americas-lost-ally/2011/08/16/gIQAYxy8LJ_story.html?utm_term=.3188d2889da3.

41. Paul Samuelson，*Economics：An Introductory Analysis*，6th ed.（New York：McGraw-Hill，1964），807.

42. Churchill，*The Second World War*，vol.3：*The Grand Alliance*（Boston：Houghton Mifflin，1950），331.

43. James Forrestal letter to Homer Ferguson，May 14，1945. See Walter Millis，ed.，*The Forrestal Diaries*（New York：Viking Press，1951），57.

44. "长电报"的全文可以从乔治华盛顿大学的国家安全档案中获得，http://nsarchive.gwu.edu/coldwar/documents/episode-1/kennan.htm。

45. Bernard Brodie et al.，*The Absolute Weapon：Atomic Power and World Order*，ed. Bernard Brodie（New York：Harcourt，Brace，1946）.

46. Mark Harrison，"The Soviet Union After 1945：Economic Recovery and Political Repression,"*Past the Present* 210，suppl. 6（2011），103—120.

47. 参见"GDP Levels in Former Eastern Europe and USSR，1820—1949"and"GDP Levels in Former Eastern Europe and USSR，1950—2002,"in Maddison，*The World Economy*，476—477。

48. Robert Gates，*From the Shadows：The Ultimate Insider's Story of*

Five Presidents and How They Won the Cold War (New York：Simon & Schuster，1996)，29.

49. 美国高级官员在冷战的前十年至少考虑过两次预防性战争。随着争论的进行，预防性战争对于迫使苏联接受国际核武器控制至关重要，并能在苏联发展强大的核能力之前实现持久和平。在 1950 年初的朝鲜战争中，海军部长弗兰西斯·马休斯宣称："为了和平，我们应该愿意，并宣布我们的意图，付出任何代价，甚至是战争的代价，迫使苏联进行和平合作。"1954 年，在担任原子能机构主席后不久，戈登·迪恩(Gordon Dean)写道："我们作为自由世界的国家，能允许苏联人达到如此的实力地位吗？为了达到这个目标，苏联会这样做的，所有向往自由的人们都不会否认苏联拥有这种可怕的能力，但当和平的希望变得渺茫时，人们会采取行动，迫使苏联打开铁幕，停止她的巨大武器计划……很明显，这是 1953 年到 1954 年的大问题。"最终，无论是杜鲁门还是艾森豪威尔都没有接受这些论点，而杜鲁门则非常讽刺地说："除了和平，你不会用战争'阻止'任何东西。"

50. 正如伯纳德·布罗迪(Bernard Brodie)所说："到目前为止，我军的主要目的是赢得战争。从现在起，它的主要目的必须是避免战争，除此之外几乎没有其他有用的用途。"参见 Brodie et al.，*The Absolute Weapon*，76。

51. 乔治·马歇尔在哈佛大学的演讲文本可以从经合组织(OECD)获得，http：//www. oecd. org/general/themarshallplanspeechatharvarduniversity5june-1947.htm；"美国国家安全委员会第 68 号文件"的文本，"United States Objectives and Programs for National Security，"可以从美国科学家联合会获得，http：//fas.org/irp/offdocs/nsc-hst/nsc-68.htm. 有关美国战后国家安全战略和表现的详细概述，参见 Graham Allison，"National Security Strategy for the 1990s，" *in America's Global Interests：A New Agenda*，ed. Edward Hamilton (New York：W. W. Norton，1989)，199—211。

52. Clausewitz，*On War*，87.

53. Graham Allison，"Second Look：Lesson of the Cuban Missile Crisis，" *Boston Globe*，October 26，1987，http：//belfercenter.org/publication/1334/second _ look.html.

54. John Lewis Gaddis，*The Long Peace：Inquiries into the History of the Cold War* (New York：Oxford University Press，1987)，237—241.

55. 关于冷战期间美国战略和干涉主义形成的权威历史，参见 John Lewis Gaddis，*Strategies of Containment：A Critical Appraisal of Postwar American National Security Policy* (New York：Oxford University Press，1982)，and Gaddis's *The Cold War：A New History* (New York：Penguin)，2005。关于

苏联和美国在这一时期对第三世界国家的干预的确切描述,参见 Odd Arne Westad, *The Global Cold War：Third World Interventions and the Making of Our Times*（Cambridge：Cambridge University Press，2005）。关于美国冷战期间旨在改变国外政权的秘密行动有启发性的叙述历史,参见 Stephen Kinzer, *Overthrow：America's Century of Regime Change from Hawaii to Iraq*（New York：Times Books，2006），111—216。

56. Carmen Reinhart and Kenneth Rogoff, *This Time Is Different：Eight Centuries of Financial Folly*（Princeton，NJ：Princeton University Press，2009）.

57. 参见 Howard Weinroth, "Norman Angell and *The Great Illusion*：An Episode in Pre-1914 Pacifism," *Historical Journal* 17, no. 3（September 1974），551—574.

58. Harvard Nuclear Study Group, *Living with Nuclear Weapons*（Cambridge，MA：Harvard University Press，1983），43—44.

59. 20 世纪的后半期出现了一系列案例,如果修昔底德在世,将会把他的重点转移到国家面临的变化中去,而不是整体的权力平衡,即军事力量的决定性维度。在第七个案例中,当一个竞争者站在获得核武器的门槛上,并且及时地构成一个真正的存在威胁的核武库时,核武装的对手认真考虑先发制人的攻击。1949 年底,在苏联测试其第一颗原子弹之后,美国空军参谋长敦促杜鲁门总统授权"先发制人的进攻"来解除莫斯科的武装。当中国接近核临界点时,苏联计划进攻中国,甚至向美国咨询这一选择。如印度和中国、巴基斯坦和印度、朝鲜和美国[最近退休的国防部长阿什顿·卡特(Ashton Carter)强烈建议]间的战争一样。只有一个国家执行了这样的计划:以色列。在一个"积极的反扩散政策"下,它在 1981 年摧毁了一个伊拉克核反应堆,在 2007 年摧毁了叙利亚核反应堆,并继续设计一个威胁攻击伊朗的核计划。在这条故事线中,我们听到了第一次世界大战的回声。俄国急于完成主要的新铁路线,使其迅速向德国边境转移庞大的军队,这使德国总参谋部惊恐不安。建设完成后,如果发生战争,德国将被迫同时在东西方作战。如今,网络战略家们开始寻找突破,例如,可以允许一个国家关闭对手的核发射系统——创造类似的先发制人的攻击动机。

60. Ronald Reagan, "Statement on the 40th Anniversary of the Bombing of Hiroshima," August 6, 1985, UCSB American Presidency Project, http://www.presidency.ucsb.edu/ws/?pid=3897.

61. "只有俄罗斯和中国有能力在美国领土上进行大规模弹道导弹袭击,但这不太可能,这不是美国弹道导弹防御系统的重点。"参见 US Department

of Defense，"Ballistic Missile Defense Review Report，" February 2010，4，http：//www.defense.gov/Portals/1/features/defenseReviews/BMDR/BMDR_as_of_26JAN10_0630_for_web.pdf。

62. Winston Churchill，"Never Despair，" House of Commons，March 1，1955，http：//www. winstonchurchill. org/resources/speeches/1946-1963-elder-statesman/never-despair.

63. Philip Taubman，"Gromyko Says Mao Wanted Soviet A-Bomb Used on G.I.'s，" *New York Times*，February 22，1988，http：//www.nytimes.com/1988/02/22/world/gromyko-says-mao-wanted-soviet-a-bomb-used-on-gi-s. html? pagewanted = all.

64. Susan Heavey，"Romney：Obama Going in 'Wrong Direction' on China，" *Reuters*，February 16，2012，http：//www.reuters.com/article/usa-campaign-china-idUSL2E8DG26A20120216.

65. Michael Warren，"Romney on China's Currency Manipulation，" *Weekly Standard*，October 12，2011，http：//www.weeklystandard.com/romney-on-chinas-currency-manipulation/article/595779.

66. Nick Gass，"Trump：'We Can't Continue to Allow China to Rape Our Country，'" *Politico*，May 2，2016，http：//www. politico. com/blogs/2016-gop-primary-live-updates-and-results/2016/05/trump-china-rape-america-222689.

67. 其中利用这个词语形容美中关系的包括 Ian Bremmer，"China vs. America：Fight of the Century，" *Prospect*，April 2010，http：//www. prospect-magazine. co. uk/magazine/china-vs-america-fight-of-the-century；David Rapkin and William Thompson，"Will Economic Interdependence Encourage China's and India's Peaceful Ascent?" in *Strategic Asia 2006—2007：Trade，Interdependence，and Security*，ed. Ashley J. Tellis and Michael Wills（Seattle：National Bureau of Asian Research，2006），359；and James Dobbins，David C. Gompert，David A. Shlapak，and Andrew Scobell，*Conflict with China：Prospects，Consequences，and Strategies for Deterrence*（Santa Monica，CA：RAND Corporation，2011），8—9，http：//www. rand. org/pubs/occasional _ papers/OP344.html。

第十章　我们该何去何从？

> 很多时候人们有能力预见前面的危险。但是他们听任了诱使他们陷入不可挽回的灾难的想法……因为他们自己的愚蠢，而不是不幸。
>
> ——修昔底德，"雅典人对弥罗斯人的演讲"，
>
> 公元前 416 年
>
> 我们可能创造了一个科学怪物。
>
> ——理查德·尼克松

根据华盛顿的计划，本章应该为美国在与中国的竞争中提出一个新战略，包括一份承诺与北京建立和平与繁荣关系的待办事项清单（to-do list）。但试图将这一挑战勉强套用于该模式只能说明一件事：未能理解本书所讨论的困境的本质。

美国目前最需要的不是一个新的"中国战略"——或者这些日子华盛顿所采取的战略——而是应该认真地停顿反思。如果因中国崛起而产生的结构性转变引发真正的修昔底德陷阱的困境，那么呼吁"更强大"或"肌肉发达"的战略转向将会比服用特

强装阿司匹林来治愈癌症更没什么价值。如果美国继续做它一直在做的事情，未来的历史学家将把美国的"战略"与英国、德国和俄国的领导人在梦游一般进入1914年时的幻想进行对比。

对于一个拥有14亿人口的5 000年文明来说，没有"解决方案"可以使其迅速复苏。这是一种状况，一个必须经过一代人管理的长期状况。构建一个与此挑战相匹配的战略方针需要多年的、甚至是多方面的努力。其战略难度将不低于从凯南的"长电报"到尼采的"美国国家安全委员会第68号文件"的四年辩论，直到最终形成美国的冷战战略。这将需要像"智者"头脑那样敏锐的洞察力。简而言之，它将要求一些远远超出我们自中国改革开放以来所看到的任何东西。这本书希望在今天引发类似的争论。为此，本章为那些寻求逃离修昔底德的陷阱、避免第三次世界大战的人提供了一系列原则和战略选择。

从结构性现实出发

俾斯麦夸大了他所说的治国之道，即实质上是要倾听上帝的脚步声，然后在他走过的时候抓住他的衣服。但是治国之道更重要的是跟随历史的潮流而不是制造历史潮流。领导者越明确地了解潜在的趋势，他们越能成功地塑造历史。

在华盛顿，官员们在碰到问题时提出的第一个疑问是：该怎么办？但"不要只站在那里，做点什么"是政治条件反射，而不是战略思考。战略思维要求先诊断后开方。如果外科医生在首次讨论您的症状后，立即准备将您送入手术室，您一定会反对。同样，尽管危机的紧急情况反复出现，而且政治压力显得很明确，但任何一位总统都不应该认真对待那些尚未首先深刻理解当前挑战的政策顾问的建议。

当尼克松和基辛格开始探索通往中国的开放之路时，没有人想到，在他们的有生之年，中国能构建出一个像美国一样强大的经济体。他们关注的重点在美国的对手苏联身上，他们的目的是扩大中苏在共产主义集团中的分裂。这一策略奏效了。但是当尼克松接近生命的尽头、反思事件的进程时，他向他的朋友和前演讲撰稿人威廉·萨菲尔（William Safire）透露："我们可能创造了一个科学怪物。"[1]

中国已经变成一个庞然大物。以衡量经济表现的最佳标准来看，在罗纳德·里根成为总统后的 35 年里，中国的经济规模是从美国经济规模的 10%，飙升至 2007 年的 60%，2014 年美中经济规模同等，而如今则上升至 115%。如果按目前的趋势继续下去，到 2023 年，中国经济规模将比美国大 50%。到 2040 年，中国的经济规模将是美国经济规模的近 3 倍。[2] 这意味着中国将拥有 3 倍的资源用于影响国际关系。

这种巨大的经济、政治和军事优势将创造一个超越美国政策制定者现在能够想象的世界。美国的国际秩序观念始于美国军事的霸主地位。但是，为什么华盛顿拥有当今世界上占主导地位的军事力量呢？因为在过去的 30 年里，它在国防上的投入比所有竞争对手多几倍。2016 年美国国防预算超过了中国、俄罗斯、日本和德国的国防预算总和。美国为什么能够主导并制定第二次世界大战后世界秩序的规则呢？虽然许多美国人都想夸耀是因为他们的智慧、美德或魅力，但事实是，国家的压倒性实力是决定性因素。

全球经济的巨大变化正在使这个由美国主导的世界秩序越

来越难以维持。在 2008 年金融危机和全球经济衰退之后的几年里，各国领导人都坚持认为他们的首要任务是经济增长。然而，世界主要经济体的增长率已经暴跌。美国经济增长停滞不前，平均仅为 2%。欧盟经济表现更糟，直到 2016 年，国内生产总值总量仍低于衰退前的水平。

唯有一个主要的经济体保持增长。尽管自 2008 年金融危机以来，中国的经济增长率有所下降，但中国的平均年增长率仍然超过 7%。因此，自 2007 年以来，整个世界经济增长的 40% 都来自一个国家。在比较两个竞争对手的力量时，最重要的不是绝对增长，而是相对增长：你成长的速度比我快多少。通过这种"增长差距"，中国的表现更令人印象深刻。自金融危机以来，中美之间的这种差距实际上已经扩大——从 2007 年之前的 10 年平均比美国快 6%，到此后几年的 7% 以上。

治国方略中最根本的挑战是认识到"国际环境的变化很有可能会破坏国家安全，无论是何种威胁形式或表面看起来多么合法，都必须抵制它"[3]。更强大更有实力的中国对美国来说是个挑战吗？"军事首要地位"对于保障美国的重要国家利益是否至关重要？美国能否在一个由中国制定规则的世界中茁壮成长？一个由中国重塑国际秩序的世界？当我们认识到新的结构性现实时，我们不仅愿意提问，而且愿意回答那些激进而且肯定令人不安的问题。

应 用 历 史

应用历史是一门新兴学科，试图通过分析历史先例和类比来阐明当前的困境和选择。主流历史学家从一个事件或时代开始，试图提供事情发生的经过和原因。应用历史学家从当前的选择或困境开始，分析历史记录，以提供观点、激发想象力，找到揭示未来可能发生的状况的线索，提出合理的干预措施，并评估可能出现的结果。在这个意义上，应用历史是衍生出来的：依赖主流历史，就像工程学依赖物理学或医学依赖生物化学一样。在我们编写的《应用历史宣言》中，我的同事尼尔·弗格森（Niall Ferguson）向我提议，白宫应建立一个历史顾问委员会，类似于经济顾问委员会。[4]它的第一个任务是回答关于中国崛起的三个关键问题。

第一个问题是，美中竞争是什么样的？在犹如患有失忆症的美国，一切都被宣布为"史无前例"。但应用历史学家们问：我们曾经见过这样的事吗？如果是的话，在早期的事件中发生了什么？从这些案例中我们能得出什么见解或方法来处理当前的问题？这些历史学家当然会告诫繁忙的政策制定者不要轻率地进行类比。想要找到一个引人入胜的先例（例如，德国的崛起），断定中国的崛起"就像那样"，并直接采用这种药方，这本身就是一个陷阱。正如我已故的同事欧内斯特·梅不厌其烦说的那样，差异至少与相似之处一样重要。[5]

虽然 21 世纪确实带来了一些独特的问题（而本书认为，中国崛起的规模、速度和幅度在一些重要的方面是前所未有的），但它们都存在重要的相似之处——尤其是在修昔底德陷阱的案例文件中的例子。作为应用历史最具影响力的现代实践者，亨利·基辛格警告说："历史当然不是一本提供预先测试食谱的烹饪书。"它可以"阐明行为在类似情况下的后果"，但"每一代人都必须发现，对于自己来说，事实上哪些情况具有可比性"。[6]

我们白宫历史顾问委员会应该回答的第二个问题是：我们是如何迎来我们现在所称的"中国挑战"的？我们今天看到的只是一张快照而已，如果让我们看完整部电影的话，我们对此问题还会这么想吗？从长远的角度来看待当前的竞争有助于揭示问题的复杂性。它还提醒我们，即使问题已经"解决"，潜在的问题可能会持续数年。回顾将我们带到这现状的一系列场景，将有助于政策制定者抵制一种美国倾向，这种倾向只关注他们当下看到的事情，让过去的事情过去，只着眼于未来，立即寻求问题的答案：怎么办？

第三个问题是，外国利益相关者如何看待同样的事件演变？正如著名历史学家迈克尔·霍华德所指出的："我们对现在的所有信念都取决于我们对过去的看法。"[7]政策制定者不仅有责任在行动前理解即将到来的问题的相关历史，他们还必须试着了解外国同行如何理解这段历史。

认清美国冷战后对华战略的本质矛盾

虽然"转向亚洲"是奥巴马政府最引人瞩目的外交政策举措之一，但事实上，这主要是冷战结束后，美国在共和党和民主党的支持下，对中国采取的策略的一种修辞性的重新包装。[8]这种策略被称为"既接触又提防"（engage but hedge）。[9]它的根本缺陷是它准许一切，无一禁止。

从官僚主义的角度来说，这种主义允许每个政府部门都遵循其自然倾向。一方面,国务院和财政部进行"接触"——从贸易、金融和技术转移到教育和气候,热烈欢迎中国成为国际协议和机构的一员。有时,它们指责中国的做法不公平,但他们最为优先的事情仍然是与中国建立关系。因此,美国官员通常会忽略中国持续的人为操控行为,或者接受北京作为"发展中"国家的特许条款的要求。另一方面,国防部和情报界"提防"。他们努力保持军事优势,加强与关键盟友和朋友的联系,特别是日本、韩国和印度,开发情报资产,并准备好会与对手产生冲突,他们不允许发言,但他们开发特定的武器系统并制定作战计划。

本质上,这一战略设想了一个跟随德国和日本脚步的中国。与这些国家一样,中国有望在以美国为主导的基于规则的国际秩序中接受其地位。当被要求解释他们的理论时,支持者们认为,随着中国越来越富裕,它将在其获得认可的国际体系中获得更大的利益,从而及时成为"利益攸关者"。[10] 此外,随着中国人越来越富裕,在自我管理方面,他们要求有更大的发言权,为我们在日本、韩国等地看到的那种民主改革铺平道路。

在 20 世纪 70 年代和 80 年代间,当美国政策制定者面临的决定性挑战是击败苏联时,通过支持其经济增长,甚至帮助其建立军事和情报能力来强化中国具有一定的逻辑性。但是,当冷战结束以及苏联在 1991 年解体时,美国战略家应该听取基辛格所提出的基本挑战,并反思国际环境的根本变化将如何损害美国的重要利益。[11] 然而,大多数人都沉浸于胜利之后的庆祝与遗忘之中。在新的"单极时代"的宣言和"历史终结"的宣言中,其中所有国家都会接受美国的安排,在美国设计的国际秩序中扮演以市场为基础的民主国家的角色。在这张宏图上,中国只是一个被抛在脑后的想法。

李光耀评估了美国的"既接触又提防"策略，发现了两个致命的缺陷。首先，中国不会成为一个西方民主国家。他直言不讳地说："如果它这样做，就会崩溃"。其次，将中国与德国和日本进行比较，忽略了后两者先在热战中被击败，之后被美国军队占领，并统治了一段时间，美国高级指挥官甚至制定了它们的宪法。相反，用李光耀的话来说，中国将坚持"作为中国被接纳，而不是西方的荣誉成员"[12]。

反思所有的战略选择
——包括那些丑陋的选择

只有在政治和官僚机构中扎根，一个"战略"（在一案例中，即"既接触又提防"）才能在无论是民主党还是共和党执政的三届政府中存活下来。无疑，与中国接触，对于雇用低成本中国工人生产商品的美国公司以及购买商品的美国消费者来说，都有巨大的利益。以防备这样一个巨大对手为理由，五角大楼能够维持6 000亿美元的年度预算和军事服务所依赖的主要武器系统。

问题是，是否存在明显不同的战略备选方案，这些方案与当前的战略相比可能是可行的和可取的。为了激发读者、国家安全官员以及其他负责美国对华政策的战略界人士的想象力，本章最后简要介绍了四种潜在的战略选择。这些战略从容纳（基本上是从20世纪英国政策到美国的指针）延伸到政权更迭，甚至国家分裂（正如英国可能与美国打交道，在内战中协助南方邦联一样，以及有些人认为美国正在鼓励乌克兰进入西方的怀抱一样）。大多数的战略选择可能看起来有些失礼或不明智，但总的来说，它们为美国提供了更广泛的机会来应对一个崛起的中国。

容纳

容纳并不是一个贬义词。反对者试图将其与绥靖政策混为一谈。但这两者在战略领域并不是同义词。容纳是通过调整与严肃竞争者的关系来适应新的权力平衡的一种有力的措施——实际上，这是在不诉诸军事手段的情况下，充分利用不利的趋势。容纳有两种：特别的和谈判的。

英国政府19世纪末和20世纪初对美国的政策——在政府断定它必须不惜任何代价避免战争的情况下——提供了一个"特别的容纳"的例子。它展示了如何能带着一种清晰的优先感优雅地进行特别容纳，在某种程度上帮助新兴的超级大国意识到重叠利益的方式。正如我们在第九章所看到的，英国对美国的"宽容选择"是避免战争的关键因素。例如，在委内瑞拉的领土争端中，英国最终同意了美国的要求，即英国接受门罗主义下的仲裁。同样，英国也免除了美国的"两强标准"，该标准要求英国承诺维持海军力量等于下两个最大竞争对手的总和。

罗斯福、丘吉尔和斯大林在《雅尔塔协议》中绘制了战后欧洲边界，该协议说明了谈判性调节的可能性（和陷阱）。在1945年的雅尔塔会议上，美国、英国和苏联基本上当场接受了军事事实。预料到公众对他们给苏联太多的让步的批评，丘吉尔和罗斯福说服斯大林接受《关于被解放的欧洲宣言》——一项大国承诺允许东欧国家自由选举和进行民主治理的声明——以换取各国对苏联1941年的边界和莫斯科在波兰组织的卢布林政府的承认。[13] 但是，当一个从未允许在自己国家举行选举的独裁者不出所料地违反该协议时，罗斯福被指控背叛。

如果它正在探索容纳战略，美国会同意吗？例如，减少其对台湾的承诺，以换取中国在中国南海和东海的让步？[14] 美国和中国在朝鲜半岛的未来上能达成共识吗？即美国将从韩国撤军，以换取中国在朝鲜的无核化，并承认首尔权威下的统一半岛？美国会承认中国在其周边的实际影响力吗？

削弱

在一国内部煽动政权更迭，甚至是使其自身分裂的策略，将要求华盛顿领导人提出更多的设想。如果美国试图削弱其崛起的对手，它会采用什么手段？它会公开质疑中国共产党的合法性，就像罗纳德·里根在1983年直率地称苏联为"邪恶帝国"一样？这可能不像听起来那么极端。正如陆克文所指出的，中国领导人长期以来一直认为华盛顿永远不会真正接受中共政府的合法性。[15] 那么华盛顿为什么要假装接受呢？如果美国领导人甚至宣称他们对中国政府的根本反对，为什么不进一步采取行动，尝试对此做一些事情呢？

中国现在拥有世界上最多的互联网用户。智能手机使中国人能够看到超越国界的世界，像旅游业和国外的新兴精英教育一样。当给定一个选择，中国人可以自由地去任何他们选择的网站，购买他们想要的东西，随意旅行。华盛顿可以利用这种新生的政治自由倾向。在冷战期间，美国发动了一场公然和秘密的运动，削弱了苏联政府及其意识形态基础的合法性。如今的政策制定者可以借鉴以往的经验在中国实现政权更迭。美国可以在中国培养和鼓励"持不同政见"的团体，就像冷战期间对苏

联占领的欧洲或苏联本身所做的一样。在美国学习的中国人自
然会被自由、人权和法治等概念所感染。当他们回到中国时，可
以鼓励他们发动政治变革。

在一个极端的选择中，美国军队可以暗中训练和支持分离
主义叛乱分子。在中国，裂缝已经存在。新疆，中国西部传统的
伊斯兰地区，已经有一个活跃的维吾尔分离主义活动，负责对北
京发动低级叛乱活动。美国对这些分离主义者的支持是否会使
北京陷入与整个中亚和中东的宗教激进组织的冲突？如果是这
样，这些可能会变成类似苏联干涉阿富汗时，美国支持的圣战组
织"自由战士"耗尽苏联的困境？

美国以一种微妙而集中的努力来强调中国共产主义意识形
态的核心矛盾，随着时间的推移，美国可能会进一步参与削弱政
权，鼓动台湾、新疆、西藏和香港存在的"独立"活动。通过分裂
中国内部，并让北京卷入维持国内稳定的挑战，美国可以避免或
至少大幅延迟中国对美国统治地位的挑战。

通过谈判获得"长和平"

若可谈判，美国和中国会同意在四分之一世纪的时间内，在
一些竞争领域施加相当大的限制，让双方都可以自由地在其他
领域寻求优势。从伯里克利在公元前445年与斯巴达人签署的
《三十年和约》到20世纪70年代的美苏缓和，历史上的竞争对
手已经找到了接受无法忍受（但暂时不可改变）的情况的方法，
以便把重点放在更紧迫的优先事项上，特别是它们的内政。

尼克松和基辛格通过谈判达成一系列协议，才产生了美国
和苏联政府称之为"缓和"的意愿，这反映出他们意识到了美国
需要喘息的空间来修复由越南战争和民权运动驱动的国内分

裂。这些安排包括《战略武器限制条约》(SALT),该条约冻结了竞争对手建造的最致命的核导弹;《反弹道导弹条约》(ABM),其要求每个竞争者放弃对抗对手导弹的防御,从而默许其社会处于脆弱的、容易受到对方破坏的状态;以及《赫尔辛基协议》,该协议使得欧洲协议合法化。正如基辛格解释的那样,缓和的一个关键因素是联合:美国在苏联认为重要的问题上作出让步,例如承认民主德国,莫斯科则对华盛顿认为重要的问题保持克制——包括进入西柏林和容忍美国在越南爆炸事件的升级。

这些协议的政治成本是巨大的。分析者仍然对这些协议的优点存在分歧。有些人庆祝他们建立一个新的国际秩序,在这一秩序下莫斯科和华盛顿都放弃了推翻对方政权的野心。然而,其他人认为这些协议主要是争取了时间来证明哪个社会和政府制度更优越。1981 年加入里根政府的后一种观点的支持者认为,在与苏联领导人谈判进一步协议的同时,试图削弱邪恶帝国的制度,这不矛盾。

在中美对抗的现阶段,两国政府都面临着巨大的国内需求。从中国的视角来看,进步是在几十年和几个世纪内达成的,而不是几天和几个月。在历史上,它展现出在较长时期内搁置争议的能力,就像在 1978 年邓小平向日本提出将东海岛屿的争议搁置一代人的时间。[16]美国人往往不那么耐心。然而,潜在共识的选单是漫长而丰富:一个条约,旨在冻结中国南海和东海的争端,确认在所有国际水域中所有船舶的航行自由,将网络攻击限制在商定的领域并排除其他领域(例如,关键基础设施),或禁止彼此用特定形式干扰对方内政。

与冷战期间缓和的情况一样,美国和中国可以将议题联系起来,达成协议,在对方更重视的问题上作出让步。例如,美国可以同意通过结束国务院关于中国的年度人权报告以缓和对中国人权状况的批评,以及停止与达赖喇嘛的高层会晤,以换取中国限制为了得到经济收益而进行的间谍活动。如果北京准备从中国南海的岛屿上拆除反舰和防空导弹,华盛顿可以停止中国领导人长期以来所要求的限制美国沿中国边境,特别是在中国海南岛的军事设施附近的监视行动。中国可以同意结束在中国东海钓鱼岛附近的定期巡逻,以换取美国停止在中国南海的挑衅性自由航行活动。美国可以建议中国停止在中国南海的岛屿建设,接受对其潜艇舰队和反卫星武器现代化的限制,并减少其两栖作战能力,以换取美国减缓甚至停止发展常规全球即时打击能力,推迟部署或去除在韩国和日本的先进导弹防御系统,并承认中国对西沙群岛的主权。如果中国迫使平壤结束对核武器和远程导弹的进一步试验,美国可以限制甚至停止向台湾出售武器并从韩国撤军。[17]

重新定义关系

2012 年,习近平向奥巴马总统提议,共同发展一种"新型大国关系",其中中国和美国将尊重彼此的核心利益。对于习近平而言,"核心利益"意味着尊重彼此的实际影响范围,他认为这不仅包括台湾和西藏,还包括中国在南海的主张。奥巴马政府不愿意接受这些条款,否决了这一提法,特朗普总统也同样冷漠无情。[18]但是,美国可以提出自己对"新型大国关系"的看法。

在冷战的最后几年里,在只有里根总统和戈尔巴乔夫总统以及他们的翻译出席的私人散步中,里根开始提出一个问题:如果地球被敌对的火星人入侵,那么苏联和美国将如何应对?[19]最初,苏联的翻译误解了里根的意思,他的翻译引起了人们的注意:里根是否告诉戈尔巴乔夫,火星人刚刚入侵地球? 在困惑被厘清之后,里根追问了这个问题。他的目的是强调其他致命对手共同的核心利益。

如果我们追随里根的领导,美国和中国如今面临类似外星人入侵的威胁吗——挑战如此严峻,以至于双方被迫共同合作? 一个人不用多想就能肯定地回答。所有人都面临四大主要威胁:核战争、核无政府状态、全球恐怖主义(尤其是宗教极端主义的威胁)和气候变化。在面对这些问题时,两个大国所共享的重要国家利益要比分裂两国的利益大得多。

因"相互确保摧毁"战略所不可避免的逻辑,如果美国和中国陷入发动全部核武器的战争中,两国都将从地图上消失。因此,它们最重要的利益是避免这样的战争。此外,它们必须寻找妥协和约束的组合,避免可能会无意中导致这种可怕结果的重复的"胆小鬼博弈"。

核无政府状态本身就构成了巨大的威胁。一个许多国家已经获得了庞大的核武库的世界意味着一些冲突将动用到核武器,而且一些核武器将落入恐怖分子的手中。印度和巴基斯坦之间的核战争可能造成数亿人死亡,造成全球环境的破坏。朝鲜出售核武器给下一个类似"基地"组织的分子,以及该装置于纽约或北京爆炸,将从根本上改变我们的世界。

肯尼迪总统在 1963 年认识到了这种威胁,并预测到了 20 世纪 70 年代将会有 25 个或 30 个核武器国家。了解到这对美国的生存和繁荣发展意味着什么,他启动了一系列围绕《核不扩散条约》的倡议。[20] 这些努力共同推动了历史的发展。如今没有 25 个或 30 个国家,但只有 9 个拥有核武器的国家。多亏中国和俄罗斯的合作,谈判成功地将伊朗的核野心搁置了 10 年或更长时间。尽管如此,核武器和核材料的积累,特别是在朝鲜和巴基斯坦,正大大增加了核恐怖主义的风险。没有哪个国家能够比中国和美国能更好地应对这些挑战,尤其是如果它们一致行动并能说服俄罗斯加入它们。解决朝鲜和巴基斯坦的扩散威胁,不仅可以减少核恐怖主义的危险,还可以减少韩国和日本等国家的国家级核扩散危险。但如果它们不这样做,我们应该会在我们有生之年的某个时刻,在孟买、雅加达、洛杉矶或上海这样的城市看到核弹爆炸。[21]

其他类型的大型恐怖主义对美国和中国构成的威胁较小但仍然是非同寻常的。20世纪下半叶驱动技术的发展是工程和物理的整合,产生了从计算机芯片到以网络控制核弹的一切。在21世纪,工程学与基因组学和合成生物学的结合与其类似,它不仅给我们提供了针对特定癌症的奇迹药物,而且还给了我们一个可以被一个暴戾的科学家用来杀死数十万人的生物武器。[22]在2003年的"非典"和2014年的非洲埃博拉瘟疫中,大自然本身提供了对于这种危险的预演。现在想象在生物技术实验室的恐怖分子,创造对抗生素有抗性的天花病原体并把它释放在昆明或是芝加哥的一个机场。任何一个国家单独行动都无法应对这种危险。通过双边情报共享、国际刑警组织等多边组织以及制定全球标准来进行广泛合作至关重要。[23]

这个未来启示录的第四个启示是温室气体的持续排放,以至于全球气候变得与人类正常生活不相容。科学家警告说,当温室气体的浓度达到百分之450时,我们可能会看到全球平均温度升高3华氏度,造成灾难性后果。若单独行动,美国和中国无法在自己的境内做任何事情来应对这场慢性灾难。虽然中国和美国是两个主要的碳排放国,但如果它们其中一国将碳排放量减少到零而其他所有国家继续目前的进程，那么对全球气候的影响将仅推迟几年。习近平主席和奥巴马总统在制定促成2016年巴黎协议的美中协议时承认了这一事实，该协议要求各国在2030年之前限制碳排放，并在此后开始减少碳排放。虽然世界都在庆祝这一协议，而且是理所当然的，但是这也突出了两个严酷的现实。首先，利用现有技术，实现这些目标是不可能的。其次，即使所有国家都履行了承诺，全球变暖也会加剧（尽管速度比我们什么都不做要慢）。[24] 作为世界上最大的两个经济体，美国和中国负有特殊的责任以及优势，领导国际社会走出这场生存危机。

这四个挑战似乎令人畏惧，甚至不可逾越。但幸运的是，一系列双赢的机会可以证明合作的好处，并激励美国和中国应对更大的威胁。全球贸易和投资已经毫无疑问地制造了更大的馅饼，而两国也能分到更大一块的收益。在它们与其他国家之间，以及在它们自己的社会中，如何分这个馅饼是另一个争论正在加剧的问题。对经济一体化的支持不再是毫无疑问的，特别是当越来越多的人认为，全球化已经遗忘了他们，于是产生了民粹主义、民族主义和仇外心理。尽管有很多差异，美国和中国都有共同利益来管理这些新兴力量，确保它们不会破坏全球经济结构。

这个星球上最活跃的"十亿黄金"居民中新兴的全球意识是难以捉摸的，但无疑是真实的。这在历史上从未有过，他们已经开始分享认知、规范和实践。无处不在的通信网络已经缩小了全球范围，让各地的精英们几乎可以立即了解到所有事情。智能手机带来来自地球各个角落的图像和文字。任何地方的爆炸、飓风和发现都会影响各地的意识。全球精英和普通公民都有国际旅行的经历，这现在已经是司空见惯的事。大约 80 万中国最优秀和最聪明的人出国接受教育，30 万人在美国留学。如何让新生代的"国际主义者"的观点与其同胞的民族主义或民粹主义的倾向协调一致，是一个难题。寻找能够将国际主义者对世界的了解转化为新的合作形式的方法仍然是最吸引人的机会。[25]

注　释

1. 当尼克松使用流行的文化表达时，实际上他指的是弗兰肯斯坦的怪物。参见 William Safire, "The Biggest Vote," *New York Times*, May 18, 2000, http://www.nytimes.com/2000/05/18/opinion/essay-the-biggest-vote.html。

2. Belfer Center estimates, based on data（1980—2016）from International Monetary Fund, "World Economic Outlook Database," October 2016.

3. Kissinger, *Diplomacy*, 812.

4. Graham Allison and Niall Ferguson, "Establish a White House Council of Historical Advisers Now," Belfer Center for Science and International Affairs, September 2016, http://belfercenter. org/project/applied-history-project.

5. 为了提醒我们类比推理的危险，梅坚持认为，当一个先例或类似物看起来特别引人注目时，人们应该停顿一下，在页面中间画一条线，并将"相似"和"不同"分别列为列标题。如果无法在每个标题下列出三个显著特点，他们就会服用阿司匹林并咨询专业历史学家。

6. Henry Kissinger, *White House Years*（New York: Little, Brown, 1979）, 54.

7. Allison and Ferguson, "Establish a White House Council."

8. 20 世纪 90 年代中期，由国际安全事务助理秘书长约瑟夫·奈起草的"美国国防部的东亚—太平洋安全战略"提出了一个"既接触又提防"的说法。一方面，它认为，如果美国把中国当作敌人，我们将确信有一个敌人。因此，它建议中国参与并融入国际体系。同时，它认识到这种努力失败的巨大风险。因此，另一方面，该战略要求通过加强与日本的关系和维持"10 万名军事人员来进行对冲……促进我们的区域战略利益，并提供美国承诺和参与不减的证据"。参见 Department of Defense, *The United States Security Strategy for the*

East Asia—Pacific Region，1998，59—60。

9. 有关其演变的概述，参见 Richard Weixing Hu，"Assessing the 'New Model of Major Power Relations' Between China and the United States," in *Handbook of US-China Relations*，ed. Andrew T. H. Tan（Northampton，MA：Edward Elgar Publishing，2016），222—242。

10. Robert Zoellick，"Whither China：From Membership to Responsibility；Remarks to the National Committee on U.S.-China Relations," New York City，September 21，2005，https：//2001-2009.state.gov/s/d/former/zoellick/rem/53682.htm.虽然有些人误解佐利克说中国是一个负责任的利益相关者，但他很清楚这是一个愿望，而不是一个成就。

11. Kissinger，*Diplomacy*，812.

12. Allison，Blackwill，and Wyne，*Lee Kuan Yew*，13，3.

13. Kissinger，*Diplomacy*，410—416.

14. 查尔斯·格拉泽提倡这样一种"大交易"，参见 Charles Glaser，"A U.S.-China Grand Bargain?," *International Security* 39，no.5（Spring 2015），49—90。

15. Rudd，*The Future of U.S.-China Relations Under Xi Jinping*，14.第 7 章中更详细地叙述了陆克文对于中国领导人如何看待美国的分析。

16. 在 1978 年，邓小平针对钓鱼岛僵局说："如果这个问题被搁置一段时间，如 10 年，没有关系。我们这一代人是没有足够的智慧去寻找这个问题的共同语言。我们的下一代肯定会更聪明。他们肯定会找到一个人人都能接受的解决办法。"参见 M. Taylor Fravel，"Explaining Stability in the Senkaku（Diaoyu）Islands Dispute," in *Getting the Triangle Straight：Managing China-Japan-US Relations*，ed. Gerald Curtis，Ryosei Kokubun，and Wang Jisi（Tokyo：Japan Center for International Exchange，2010），157。

17. 莱尔·戈德斯坦在他的"合作螺旋"概念中探索了这些内容和其他思想，参见 Lyle Goldstein，*Meeting China Halfway：How to Defuse the Emerging US-China Rivalry*（Washington，DC：Georgetown University Press，2015）。

18. 关于习近平的这一概念的叙述，参见 Cheng Li and Lucy Xu，"Chinese Enthusiasm and American Cynicism over the 'New Type of Great Power Relations,'" *China-US Focus*，December 4，2014，http：//www.chinausfocus.com/foreign-policy/chinese-enthusiasm-and-american-cynicism-over-the-new-type-of-great-power-relations/。虽然奥巴马政府官员没有正式拒绝习近平的建议，但在 2014 年底，中国开始在南海建设岛屿之后，总统和他的助手们停止使用这一用语。参见 Jane Perlez，"China's 'New Type' of Ties Fails to Sway

Obama," *New York Times*，November 9，2014，https：//www.nytimes.com/2014/11/10/world/asia/chinas-new-type-of-ties-fails-to-sway-obama.html。

19. Jimmy Orr，"Reagan and Gorbachev Agreed to Fight UFOs，" *Christian Science Monitor*，April 24，2009，http://www.csmonitor.com/USA/Politics/The-Vote/2009/0424/reagan-and-gorbachev-agreed-to-fight-ufos.

20. 参见 Graham Allison，"The Step We Still Haven't Taken to Create a Nuke-Free World，" *Atlantic*，March 23，2014，https://www.theatlantic.com/international/archive/2014/03/the-step-we-still-havent-taken-to-create-a-nuke-free-world/284597/。

21. 参见 Graham Allison，*Nuclear Terrorism：The Ultimate Preventable Catastrophe*（New York：Henry Holt，2004）。

22. Susan Hockfield，"The 21st Century's Technology Story：The Convergence of Biology with Engineering and the Physical Sciences，" Edwin L.Godkin Lecture，John F. Kennedy Forum，Harvard Kennedy School of Government，March 12，2014，iop.harvard.edu/forum/21st-centurys-technology-story-convergence-biology-engineering-and-physical-sciences.

23. 参见 *World at Risk：The Report of the Commission on the Prevention of WMD Proliferation and Terrorism*（New York：Vintage Books，2008）。

24. 对《巴黎协定》及其随附的个别国家承诺（INDCs）的性质分析指出："2030 年后将全球变暖限制在目前 INDCs 水平低于 2 摄氏度的挑战是令人畏惧的。保持合理的机会达到将气温上升维持在 2 摄氏度以下需要大幅度进步或是通过国家、地方以及非国家行为，额外地减低目前的个别国家承诺的水平。"Joeri Rogelj et al.，"Paris Agreement Climate Proposals Need a Boost to Keep Warming Well Below 2°C，" *Nature* 534，June 2016，631，636，http://www.nature.com/nature/journal/v534/n7609/full/nature18307.html。

25. 关于这方面可能性的探索，参见 Kishore Mahbubani and Lawrence Summers，"The Fusion of Civilizations，" *Foreign Affairs*，May/June 2016，https：//www.foreignaffairs.com/articles/2016-04-18/fusion-civilizations。

结　　论

> 在人类历史的长河中，未来如果不是过去简单的镜像，至少与过去是相似的。如果我写的历史对那些想要知道过去真相来理解未来的人有几分用处的话，那我就心满意足了。
>
> —— 修昔底德，《伯罗奔尼撒战争史》

在哈佛大学任教 50 年以来，我看着数以千计富有智慧的学生与教授来了又离去。数以百计命中注定伟大之人碌碌无为，不过又有数以百计看似天资平庸之人获得了成功。第一印象经常是不准确的，人生路上往往会有意想不到的曲折和转变。

亨利·基辛格就是一个很好的例子。当我 1964 年在哈佛大学开始我的研究生学业时，他是我的导师。基辛格出生于德国一个小镇上的犹太家庭，他为了逃离纳粹的统治来到美国，加入了美国军队，后因《退伍军人法》(G.I Bill) 得以进入哈佛大学学习，并最终成为一名教授。他注定有一天会成为与尼克松一道策划向中国打开大门的美国国家安全顾问吗？任何在 20 世纪 40 年代或者50年代有这样想法的人简直是疯了。同样，比尔·盖茨在哈佛大学完成两年学业后退学，追寻自己的计算机梦，这样的热情最终成就了微软公司（Microsoft）。马克·扎克伯格这样一名普通的学生，为了室友之间的交流，耗费他大部分的时间创造了一款线上工具，这个工具被爆炸式传播，变成了脸书。

我们应该如何看待这些结果？希腊伟大的剧作家，如索福克勒斯，他的悲剧作品在古希腊文学作品中占据了主导地位，他认为命运就是（一切结果的）答案。在他们的剧作中，俄狄浦斯被众神设定要弑父娶母。他在剧中的角色别无选择。不过修昔底德不这么认为。他对待人类事务有着截然不同的理念。事实上，他重新定义了历史学——人才是主要行为体，而不是神。命运掌控着双手，但人才是游戏的玩家。

他记载的历史客观地记录了伯里克利和他的雅典同胞根据自己的自由意志所作出的选择。如果当初作出不同的选择，其结果也会大不相同。的确，他重构同盟代表大会的目的是要教导未来的政治家们不要轻易接受命运的安排，而是要作出更明智的选择。雅典人不必在公元前430年向斯巴达开战。事实上，公民大会几乎有一半人投票反对会引发战争的结盟。难道参与过《三十年和约》谈判的伯里克利没有预见到科林斯和科西拉之间的冲突吗？难道伯里克利不知道应该采取行动化解它们的冲突，避免它们陷入战争吗？

第一次世界大战过后，时任德皇威廉二世宰相的贝特曼·霍尔韦格试图以"德英战争注定要发生"的说法来开脱自己的责任。但在处理同一件事时，一位精明如俾斯麦的政治家可能会找到与俄国维持秘密同盟的办法，或许甚至与英国结盟，以避免冲突。

在1936年,希特勒撕毁《凡尔赛条约》并派兵占领莱茵非军事区以威胁欧洲。如果英国和法国派遣一个师的军队来维护该条约——就像丘吉尔当时大力支持的那样——德国军队可能就会撤退,那么德国的军官(那些曾经强烈反对希特勒鲁莽行动的军官)可能就会推翻他的统治,由此第二次世界大战可能永远不会发生。

古巴导弹危机展现出了一种与过往历史明显不同的事实——这个教训是与当前中美关系所面临的困境最相关的。从当时美国与苏联所采取行动的记录来看,不难发现有数十条可供选择的道路会导致华盛顿与莫斯科之间爆发核战争。[1]例如,来自土耳其或者德国的北约飞行员,开着可能搭载核弹的F-100轰炸机——有可能由于错误操作或是精神问题——自发驾机飞向莫斯科并将核弹抛下;一艘游弋在加勒比海、搭载了核弹头的苏联潜艇可能会将美国的反潜艇行动视为全面进攻。那位指挥官要求莫斯科允许其在没有取得进一步授权或者密码的情况下,向美国城市发射武器(核弹)。

为了应对这种不可避免的核对抗风险,肯尼迪不顾他的顾问们的一再要求,选择给赫鲁晓夫更多的时间来考虑、适应和调整。因此,当美国的一架U-2间谍飞机在危机的最后一个星期六在古巴上空被击落时,肯尼迪为尝试通过最后的外交策略化解危机,推迟了报复性攻击。在这样做的过程中,他精心调制了一种独特的“政治鸡尾酒”,“配方”包含公开协议、私下的最后通牒和秘密的“甜头”—— 所有这些都违背了国家安全委员会(National Security Council)多数成员的建议。如果赫鲁晓夫同意从古巴撤出导弹(他声称这是保护古巴免受美国入侵所必需的),美国将保证不入侵古巴。私人的最后通牒是给赫鲁晓夫

24 小时的时间作出回应,之后美国威胁要以空袭清除导弹。秘密的"甜头"则是,尽管(双方声称)不会有交换条件,但是如果苏联从古巴撤走导弹,美国在土耳其的导弹将在 6 个月内撤离。

肯尼迪知道,为避免这种僵局而采取的积极步骤可能付出高昂的代价,包括在政治敏感问题上作出妥协,推迟一些虽然不是必要但却很重要的倡议。但他的结论是,这是值得付出的代价。用他的话说,古巴导弹危机的持久教训是:"最重要的是,核大国在捍卫我们自己重大利益的同时,必须避免迫使对手在屈辱的撤退和核战争之间作出选择。"[2]

为了作出类似的明智选择,美国领导人需要把认真思考和努力工作结合起来。他们可以从以下四个核心思想开始。

明确重大利益。捍卫美国的切身利益首先取决于对这些利益的定义。把每件事都当作最重要的就等于没有一件事是重要的。然而,这是华盛顿的自然反应。在中美两国之间的这场史诗般的斗争中,美国领导人必须分清哪些是生死攸关的,哪些只是点缀搭配的。[3]例如,维持美国在西太平洋的首要地位真的是一个重要的国家利益吗? 美国人愿意为阻止中国在南海岛屿的行动,或者甚至为阻止中国统一台湾而"承受压力"吗? 这些可不是反问句。与国家优先事项脱节的地缘政治项目——甚至是危机应对措施——必定失败。

德国哲学家尼采教导我们:"忘了自己原本的目标是人类最常见的一种愚蠢表现。"在清楚地思考美国在世界上的作用时,我们无法改进智者们在冷战时期所下达的命令。正如在第九章中提到的,这意味着要保持美国"作为一个拥有基本制度和价值观的自由国家不受到破坏"。美国(要做到这点)并不需要为菲律宾或越南在南海的每一项主张辩护，甚至不需要保卫菲律宾。但是要避免与中国发生核战争。

理解中国正在努力做什么。按照肯尼迪的建议，美国领导人还必须更好地理解和领会中国的核心利益。直面冲突时，平日里言辞强硬的赫鲁晓夫也得出结论——他可以在古巴的核武器问题上妥协。同样，思想家毛泽东在为中国利益服务时，也善于让步。习近平和特朗普一开始都主张利益最大化。美国政府越了解中国的目标，就越能为解决分歧作好准备。问题仍然在于心理投射：即使是经验丰富的美国国务院官员也经常错误地认为中国的切身利益是美国切身利益的镜像（mirror）。他们最好去读读《孙子兵法》："知己知彼，百战不殆；不知彼而知己，一胜一负；不知彼，不知己，每战必殆。"[4]

在国际关系中，冷战已被视为一种不可行的选择——这是一种几乎不惜一切代价都要避免的选择。但在苏联解体 25 年之后（华盛顿和莫斯科之间重现焦虑之时），旧的美苏关系中相互信赖的因素值得我们反思。装腔作势会制造模糊，坦率则会使事情变得清晰。"我们会埋葬你！"和"邪恶帝国"表明的立场非常鲜明，但这种刻薄的描述并没有使有意义的接触、坦率的对话甚至是建设性的妥协停止。如果说（这些描述）有什么作用的话，那就是它们使领导人得以从道德制高点上安全地进行谈判。

中美两国不应被动、激进地进行"应该外交"（呼吁对方表现出更好的行为），也不应冠冕堂皇地谈论地缘政治准则，而是应该毫不留情地追求各自的国家利益。在高风险的关系中，可预见性和稳定性——而不是友谊——最为重要。美国应该停止玩"让我们伪装自己"的游戏。

正如我们在第一章中看到的，美国的许多人一直在假装中国的崛起并没有真正意义上的那么惊人。他们还一直没有正视中国关注经济增长背后的原因。中国作为亚洲第一大国的崛起——以及它成为世界第一的愿望——不仅反映了经济增长的重要性，而且反映了一种与中国认同紧密相关的至上主义世界观。在他的"给我孩子的信"中，惠特克·钱伯斯发现了他认为的革命共产主义的哲学动力："这是人类另一种可供选择的伟大信仰……这是一种相信人的心智能够取代上帝，成为世间创造性智慧的愿景。它相信人的理性智慧是解放人类心智的唯一力量，它重新定位了人的命运，改造了人类的生活和这个世界。"[5]＊第七章强调了将中国和西方隔开的截然不同的文明价值观，这是一个令人不快的现实，礼貌的外交往往掩盖了这一现实。

作好战略规划。 在如今的华盛顿，战略思维被边缘化，甚至被嘲笑。克林顿总统曾经深思过，在这个瞬息万变的世界里，外交政策已经成为爵士乐的一个版本：即兴创作的艺术。美国最聪明的总统之一——巴拉克·奥巴马——最愚蠢的言论之一是，他声称，考虑到今天的变化速度，"我甚至不需要乔治·凯南"[6]。尽管精心制定战略并不能保证成功，但缺乏连贯、可持续的战略必将导致失败。

如今，华盛顿的政策制定者在对待战略时，甚至常常连假装认真对待都不愿意了。相反，他们强调中国、俄罗斯或伊斯兰激进主义带来的挑战，他们说："我们的努力路线是……"国家安全战略文件被忽视。在过去的 10 年里，我还没有遇到过读过他国

　＊　钱伯斯是苏联叛逃的间谍，后来成为一个狂热的反共分子，并于 1984 年被里根总统授予自由勋章。

的国家安全战略的美国国家安全团队高级官员。

因此，如今指导华盛顿关于中国事务议程的不是"美国国家安全委员会第 68 号文件"，也不是里根政府的修订版——"国家安全决定指令第 75 号文件"（NSDD-75），而是宏大的、具有政治吸引力的、并附有一系列行动清单的政治理想。在任何情况下，一个认真的策略家都会判断，美国所能作出的任何合理承诺，都无法实现既定目标。因此，目前的努力注定要失败。

在中国问题上，美国的政策本质上是坚持现状，即第二次世界大战后建立的"美国治下的和平"（Pax Americana）。华盛顿一再准确地提醒中国人，这是有史以来亚洲国家——特别是中国——持续时间最长的和平时期，经济上也取得了最大幅度的增长。但是，当潜在的经济力量平衡向有利于中国的方向急剧倾斜时，这种现状是无法维持的。因此说实话，美国真正的战略其实是给予希望。

构思和制定一项与这一挑战相称的大战略，不仅需要政府高级官员投入政治资本，而且需要他们的聪明才智。与奥巴马的言论相反，如今的美国国家安全战略确实需要凯南，以及当代与马歇尔、艾奇逊、范登堡、尼采和杜鲁门同样水平的人物。

把国内的挑战放在核心位置。如果习近平和特朗普听取李光耀的意见，他们将首先关注最重要的问题：他们各自的国内问题。当今美国国家安全面临的最大挑战是什么？对美国在世界上的地位最大的威胁是什么？这两个问题的答案都可以从美国政治制度的"失败"中找到。而问中国同样的问题，所得到的答案是一样的：治理的"失败"。两国社会中诚实的观察者越来越能认识到，无论是"衰微的"（西方）民主制度，还是"反应式"权威主义，都无法经受 21 世纪最严峻的考验。

　　谈到美国,我是一个天生的乐观主义者,但我担心美国的民主正在显现出致命的症状。华盛顿特区(Washington DC)的"DC"已成为"功能失调的首都"(Dysfunctional Capital)的首字母缩略词:在这片沼泽地里,党派之争变得有害,白宫和国会之间的关系使预算和对外协议等基本职能瘫痪,公众对政府的信任几乎消失。这些症状的根源在于公共道德的衰落、合法化和制度化的腐败、教育程度低和注意力分散的选民以及目标是"博眼球"的媒体——所有这些根源都因数字设备和平台而恶化了,这些数字媒介哗众取宠,削弱了人们的思考能力。正如亚伯拉罕·林肯所预言的那样:"一个自相纷争的家庭不会长久。"如果总统没有展现更强有力和更坚定的领导,统治阶层不能恢复公民责任感,美国可能会步欧洲的后尘,走上衰落的道路。

　　同时,我也赞同李光耀对中国"治理系统"的"批评"。技术正在使其目前的治理制度过时。拥有智能手机的年轻城市居民不会接受中国官员持续的管理,这些官员把追踪每一个公民作为无处不在的"社会信用"体系的一部分。李光耀指出了中国不易改变的一系列障碍:法治的缺失;对地方的过度控制;限制想象力和创造力的文化习惯;一种"通过警句和 4 000 年来的文字来塑造思维,让人以为所有值得说的话都已经被说过了,古人说得更好"的语言;以及无法"吸引和吸收来自其他社会的人才"。[7]他给出的处方并不是美国式的民主(他认为这会导致中国崩溃),而是在一个有着强大领导人的政府中恢复传统的为官之德(mandarin virtues)。

　　进一步套用这一"数字隐喻"(digital metaphor),这两位竞争对手还必须重新考虑他们的应用程序(apps)在 21 世纪的适用性。尼尔·弗格森在他的《文明》一书中指出了六种"杀手级应用"——在 1 500 年后使西方和世界其他地区在社会繁荣程度上存在差异的理念和制度。它们分别是竞争、科学革命、产权、现代医学、消费型社会和职业道德。[8]尽管注意到自 1970 年以来中国与西方的大融合，但是如果缺乏第三款"杀手级应用程序"——保障私人产权，中国能否继续发展，尼尔对此表示怀疑。我担心美国的职业道德已变得平庸，同时消费社会也正在衰落。

如果每个社会的领导人都能意识到他们在国内面临的问题的严重性，并给予这些问题应有的优先地位，官员们就会发现，设计一种"在亚洲共享 21 世纪"的道路并不是他们最严峻的挑战。

他们会认识到这一现实吗？其中一个或者这两个国家都会鼓起想象力和毅力来迎接国内的挑战吗？在这样做的情况下，他们是否有足够的技巧在保护自己的切身利益的同时避免走向战争？想要这样做的政治家们会发现，没有什么是比重读修昔底德的《伯罗奔尼撒战争史》更好的开始了。

他们会成功吗？哎，如果我们早知道的话。然而，我们知道莎士比亚是对的：我们的命运"不由星星决定，而在于我们自己"。

注　释

1. Graham Allison and Philip Zelikow, *Essence of Decision*：*Explaining the Cuban Missile Crisis*, 2nd ed. (New York：Longman，1999).

2. John F. Kennedy, "Commencement Address at American University," June 10，1963，https：//www. jfklibrary. org/Asset-Viewer/BWC7I4C9QUmL-G9J6I8oy8w.aspx.

3. 参见 Robert Ellsworth, Andrew Goodpaster, and Rita Hauser, *America's National Interests*：*A Report from the Commission on America's National Interests*(Washington，DC：Report for the Commission on America's National In-

terests, 2000)。

4. Sun Tzu, *The Art of War*, 84.

5. Whittaker Chambers, "A Witness," in *Conservatism in America Since 1930: A Reader*, ed. Gregory Schneider (New York: New York University Press, 2003), 141.

6. David Remnick, "Going the Distance: On and Off the Road with Barack Obama," *New Yorker*, January 27, 2014, http://www.newyorker. com/magazine/2014/01/27/going-the-distance-david-remnick.

7. Allison, Blackwill, and Wyne, *Lee Kuan Yew*, 10.

8. Niall Ferguson, *Civilization: The West and the Rest* (New York: Penguin, 2011), 12.

附录1　修昔底德陷阱案例文件

	历史时期	守成国	崛起国	竞争领域	结果
1	15世纪后期	葡萄牙	西班牙	全球帝国与贸易	无战争
2	16世纪上半叶	法国	哈布斯堡王朝	西欧陆权	战争
3	16世纪至17世纪	哈布斯堡王朝	奥斯曼帝国	中欧与东欧地区陆权、地中海地区海权	战争
4	17世纪上半叶	哈布斯堡王朝	瑞典	北欧陆权与海权	战争
5	17世纪中后期	荷兰共和国	英格兰	全球帝国、海权与贸易	战争
6	17世纪后期至18世纪中期	法国	大不列颠	全球帝国与欧洲陆权	战争
7	18世纪后期至19世纪中期	大不列颠联合王国	法国	欧洲海权与陆权	战争
8	19世纪中期	法国与大不列颠联合王国	俄国	全球帝国、中亚和东地中海地区影响力	战争
9	19世纪中期	法国	德国	欧洲陆权	战争

	历史时期	守成国	崛起国	竞争领域	结果
10	19世纪后期至20世纪早期	中国和俄国	日 本	东亚地区海权与陆权	战争
11	20世纪早期	大不列颠联合王国	美 国	全球经济主导地位与西半球的制海权	无战争
12	20世纪早期	受法国、俄国支持的大不列颠联合王国	德 国	欧洲陆权与全球海权	战争
13	20世纪中期	苏联、法国和英国	德 国	欧洲海权与陆权	战争
14	20世纪中期	美 国	日 本	海权与亚太地区影响力	战争
15	20世纪40年代至20世纪80年代	美 国	苏 联	全球大国	无战争
16	20世纪90年代至今	英国与法国	德 国	欧洲的政治影响力	无战争

下面是16个守成国与崛起国的主要案例。欲具体了解哈佛大学修昔底德陷阱项目并获取更多相关材料,请访问:http://belfercenter.org/thucydides-trap/。

一、葡萄牙与西班牙

时间:15世纪后期

守成国:葡萄牙

崛起国:西班牙

竞争领域:全球帝国与贸易

结果:无战争

在15世纪的大部分时间里,葡萄牙依靠地理大发现和世界贸易,使它的传统对手与邻居——西班牙卡斯蒂利亚王室黯然失色。但直至 15 世纪 90 年代，一个统一的、复苏的西班牙开始挑战葡萄牙的贸易主导地位，并且宣布其在新大陆的殖民霸权，这一度使这两股伊比利亚势力在战争边缘徘徊。最终教皇的干预和 1494 年签署的《托尔德西里亚斯条约》才勉强避免了一场毁灭性的冲突。

15 世纪中期，航海家亨利（Henry），同时作为葡萄牙王子，成为了葡萄牙对外探索的主要支持者与推动者。他在新航海技术方面大量投入，同时派遣葡萄牙海军远征淘金，培养新的贸易伙伴关系，并且沿途传播基督教。因为葡萄牙的主要竞争对手——卡斯蒂利亚*——正全神贯注于王位继承所引发的战争，以及对伊比利亚半岛上剩余的伊斯兰据点的重新征服，所以葡萄牙的贸易优势是稳当的。亨利王子因此"可以不受干扰地执行他联动的扩张政策"[1]，覆盖地区包括马德拉群岛、亚速尔群岛和西非沿海地区。1488 年，葡萄牙对海洋的主导达到了顶峰。当时葡萄牙著名的航海探险家巴尔托洛梅乌·迪亚斯（Bartolomeu Dias）成为第一个绕过非洲好望角的欧洲人，为后来通往印度和富饶的东印度群岛开辟了一条新航路。

虽然葡萄牙帝国仍在继续扩张，但它的对手卡斯蒂利亚王国也摆正了自己位置，开始挑战葡萄牙的霸权。天主教君主、卡斯蒂利亚王国的伊莎贝拉一世和阿拉贡王国的斐迪南二世于 1469 年举行了王朝联姻，使两个王国合二为一，在西语世界中迅速实现了权力的集中。[2]1492 年，斐迪南二世和伊莎贝拉一世终于重新夺回伊比利亚半岛的最后一个公国——格拉纳达。

---

* 即旧西班牙王国。——译者注

虽然葡萄牙在海外扩张中仍保持着优势（西班牙帝国的扩张最远只到加那利群岛），但没过多久西班牙的崛起就令葡萄牙统治势力感到担忧。1492 年，西班牙重新夺回格拉纳达后，葡萄牙担心"胜利的卡斯蒂利亚家族可能会踏足北非，从而威胁到葡萄牙在那儿的布局"。[3]

尤其是在著名航海家克里斯多弗·哥伦布（Christopher Columbus）于 1492 年发现新大陆之后，葡萄牙的忧虑与日俱增。哥伦布首先向葡萄牙寻求支持，然而却遭时任国王若昂二世（John Ⅱ）拒绝。接着他转而求助斐迪南和伊莎贝拉。后者对哥伦布给予了极大支持，所取回报便是从他声称发现土地的收入中抽取十分之九。[4]这也使西班牙转向了海外帝国竞争的道路。

两方之间的均势格局顷刻间就发生了变化。经济史学家亚历山大·祖卡（Alexander Zukas）认为："很显然，因为这片从前被欧洲人称为无主的土地，西班牙和葡萄牙之间的冲突很快就会爆发。"[5]的确，当西班牙坊间开始传言葡萄牙国王约翰"认为哥伦布发现的大陆属于他……并即将率领舰队夺取"时，两国之间的战争一触即发。[6]

15 世纪 70 年代，卡斯蒂利亚家族王位继承战争的阴影仍挥之不去。当时卡斯蒂利亚、阿拉贡和葡萄牙之间的斗争持续五年陷入了僵局，西班牙最后求助作为西班牙后裔的教皇亚历山大六世（Pope Alexander Ⅵ）来进行裁决，以期获得同情。亚历山大在佛得角群岛的西部划分了一条长约 320 英里的界线，并且判定界线以东发现的新岛屿属于葡萄牙，以西则划归西班牙。[7]但因为在新大陆的获利太少，同时自己通往印度和非洲的贸易路线被限制，葡萄牙人怒不可遏，拒绝遵守这份裁决。[8]

作为避免战争的最后尝试，西葡双方最终同意修改教皇的提议并于 1494 年签署了《托尔德西里亚斯条约》。条约将界线移至约西经 46 度的位置,穿过今天的巴西东部,有效保障了葡萄牙通往印度和非洲的贸易路线。历史学家 A.R.迪士尼(A. R. Disney)称,该条约"成为约束帝国的基本宪章,划分了它们各自的领地范围,尤其在 18 世纪发挥了重要影响"[9]。尽管对这个广阔的美洲大陆进行了进一步的探索,该协议仍然存在,并显示西班牙在美洲的交易得到了更好的结果。[10]

为什么葡萄牙在意识到西班牙的发现很可能打破均势格局后,双方仍未开战呢? 原因之一便在于约翰二世很清楚,葡萄牙"无力与西班牙再打一场战争了"[11]。反之亦然,西班牙因刚重新夺回格拉纳达,在经济和军事上存在极大限制。而且卡斯蒂利亚继承战争无疑给本来决定性的胜利浇了一盆冷水。但更重要的是,亚历山大教皇对西葡以革出教会相威胁,此举对任何天主教君主来说都是毁灭性的打击。因此,教皇最终能使双方规避战争的很大一部分原因在于相比均势格局,两国更在乎自身政权的合法性。

《托尔德西里亚斯条约》也历经了时间的考验。[12]尽管西班牙和葡萄牙后来仍不断进行竞争,但它们排除了新大陆的其他势力,实现了在该区域双方的利益共享。随着在经济和军事领域被英、法、荷兰逐渐超越,西葡两国更加倾向于梵蒂冈核准的地位,成为现状的维护者。[13]

二、法国与哈布斯堡王朝

时间:16 世纪上半叶

守成国:法国

崛起国：哈布斯堡王朝

竞争领域：西欧陆权

结果：哈布斯堡－瓦卢瓦战争（1519—1559 年），包括意大利战争（1521—1526 年）

　　西班牙国王查理五世（King Charles）于 1519 年被选为神圣罗马帝国的皇帝，标志着哈布斯堡家族的崛起，并对法国在欧洲的主导权形成挑战。出于对哈布斯堡王朝合围之势的恐惧，同时为保证自己在西欧的影响力，法国国王弗朗索瓦一世（Francis Ⅰ）联合盟友入侵了哈布斯堡控制的地区，从而开始了长达 40 年断断续续的陆权争夺战，最后以哈布斯堡王朝获胜而告终。

　　在分裂、吞并了近半个勃艮第公国（1477 年）和布列塔尼公国（1491 年）之后，法国在 16 世纪初成为西欧主导的陆权国家。它的繁荣兴旺甚至让利奥十世教皇（Pope Leo Ⅹ）在 1519 年宣称弗朗索瓦一世"拥有远超其他基督教国王的财富和权力"[14]。同年，弗朗索瓦一世还是继马克西米利安一世（Maximilian Ⅰ）之后成为下一任神圣罗马帝国统治者的有力竞争者。但是竞选腐败致使这一头衔落到了西班牙哈布斯堡王朝继承者——查理五世——的头上。他的当选给崛起中的哈布斯堡王朝带来了极大的利益，而对弗朗索瓦而言，这是"战争的预兆——并非针对异教徒，而是他与查理二人之间的战争"[15]。

　　在弗朗索瓦看来，查理的当选带来了太多的恐惧。二人间一长串相互交织的矛盾冲突，包括纳瓦拉（弗朗索瓦声称属于哈布斯堡王朝）、勃艮第（查理声称属于法国）和米兰公国的控制权，都意味着此次查理占据着新的优势，也给法国的势力带来了极大的威胁。这也极大地提高了其未来被哈布斯堡王朝土地包围的可能性。[16]

随着其对神圣罗马帝国境内哈布斯堡地区、荷兰、弗朗什孔泰（Franche-Comté）、现今的意大利地区和新大陆的西班牙帝国领土统治的巩固加强，查理五世，这位西班牙国王的影响力和他的邻居的焦虑都在与日俱增。历史学家约翰·林奇（John Lynch）评论道："无论查理五世是否渴望建立一个统一的帝国，事实是，即使不考虑存在争议的领土，例如米兰和勃艮第，他的领地已经太过广泛，损害了太多的利益，也激起了广泛的怨恨。"[17] 历史学家罗伯特·克内克特（Robert Knecht）表示，弗朗索瓦在查理加冕成为神圣罗马帝国皇帝之前就已经表达过这些忧虑，而这么做的原因主要是"如果查理会成功，扩张自己的国家和统治，那么这将对我造成不可估量的危害"[18]。

为遏制查理的崛起，弗朗索瓦敦促他的盟友们入侵纳瓦拉（部分位于今天西班牙的东北部和法国西南部）和卢森堡在哈布斯堡王朝控制下的地区。针对这一行为，查理借助英格兰和教宗的支持来反击对法国的侵略，并成功入侵了法国在意大利的区域。弗朗索瓦本人则在 1525 年帕维亚战役中兵败被俘虏，后被囚禁于马德里。为获得释放，他不得不在 1526 年的《马德里条约》中宣布放弃对意大利、勃艮第、佛兰德斯和阿图瓦的所有权。查理日益增长的权力和对法国君主的侮辱性待遇给整个欧洲带去了震动，也使弗朗索瓦在回到巴黎之后更轻易地就和他国组成了反抗联盟。他的盟友甚至包括了一些几乎不会参与进来的伙伴：新任教皇克雷芒七世（Clement VII）、奥斯曼帝国统治者苏丹·苏莱曼（Sultan Suleiman）（见案例三）。然而，这对阻止查理 1527

年入侵意大利是远远不够的。随后便有了令人震惊的"罗马劫掠"(sack of Rome),同年5月克雷芒教皇本人也被俘获。

法国与哈布斯堡王朝之间的斗争,断断续续持续到了16世纪50年代后期,甚至伴随着奥斯曼帝国崛起威胁到了哈布斯堡王朝的统治。最终,因为都耗尽了国内的财政,双方才同意搁置敌对状态。这一段长时间的和平也为新任西班牙哈布斯堡王朝君主菲利普二世(Philip Ⅱ)铺平了道路,让其享受到了"在一众信奉基督教的国家中无可争议且至高无上的地位"[19]。而法国则花费数年平定本土的宗教战争。随着菲利普四世(Philip Ⅳ)逐渐意识到法国在路易十三(Louis ⅩⅢ)治下的崛起,双方的矛盾在17世纪早期仍旧延续着。在路易十三的继承者、"太阳王"路易十四(Louis ⅩⅣ)的领导下,法国再次成为了欧洲大陆的超级霸主。

三、哈布斯堡王朝与奥斯曼帝国

时间:16世纪至17世纪

守成国:哈布斯堡王朝

崛起国:奥斯曼帝国

竞争领域:中欧与东欧地区陆权、地中海地区海权

结果:奥斯曼-哈布斯堡战争,包括苏莱曼一世战争(wars of Suleiman the Magnificent)(1526—1566年)、十五年战争(Long War)(1593—1606年)和土耳其扩张战争(Great Turkish War)(1683—1699年)

奥斯曼帝国的领土和资源在16世纪早期的迅速扩张对哈布斯堡主导的欧洲现状造成了威胁,特别是当土耳其

扩大到东部欧洲和巴尔干的野心成为现实时。这种扩张使两个大国在一系列战争中相互对抗，这包括奥斯曼帝国夺取了东部欧洲的大部分地区，并确立了帝国崛起至大陆的主导地位。

1519年，凭借强大的哈布斯堡王朝，查理五世当选为神圣罗马帝国皇帝。"一个普遍的君主制似乎成为一种现实。在这个君主制中，哈布斯堡王朝统治着一个联合的、再次统一起来的天主教基督王国。"[20]五年后（见案例二），当查理在意大利战争中击败法国时，他在欧洲、哈布斯堡王朝控制下的奥地利、西班牙、意大利南部和今天的荷兰取得了主导地位。1525年，在绝望中，被征服的弗朗索瓦一世寻求与那些曾是敌人的欧洲大国建立同盟：苏莱曼大帝统治下的奥斯曼帝国。用历史学家哈里尔·伊纳尔哲克（Halil Inalcik）的话来说，奥斯曼帝国对弗朗索瓦而言是"唯一能保证欧洲国家抗衡查理五世的力量"[21]。

奥斯曼帝国的野心是不可否认的。在上一个世纪的中期，马哈穆德苏丹（Sultan Mehmed the Conqueror）已将拜占庭、君士坦丁堡的首府洗劫一空，在整个基督教欧洲中灌输了对"更加激进的征服政策"[22]的恐惧。16世纪时，第二次奥斯曼-威尼斯战争将奥斯曼帝国变成了一个强大的海军力量，到1515年，它拥有超过400艘船只，到1520年早期则在黑海建立了一百多个船坞。[23]在弗朗索瓦恳求的8年前，奥斯曼帝国完成了对马穆鲁克帝国的征服，吞并了现代埃及、叙利亚和阿拉伯半岛，并将苏丹的领土和税基加倍。安德鲁·赫斯（Andrew Hess）说，这些征服"无法估量地强化了奥斯曼帝国"，也在伊斯兰世界中提供了经济利益和宗教合法性。[24]通过他们新建立的海军力量和财富，奥斯曼人将他们的影响范围扩展到地中海,并向西北扩展到维也纳。[25]在维也纳的城墙外,矗立着查理的神圣罗马帝国。

1526 年,苏莱曼在莫哈奇之战(the Battle of Mohács)中袭击了匈牙利,占领了其领土的三分之一。匈牙利国王路易二世(King Louis Ⅱ)在撤退期间死亡。正如理查德·麦克肯尼(Richard Mackeney)所说,随着苏莱曼走向奥地利边境,查理被似乎是"隐形的战无不胜的"侵略者抢占了先机。1527 年,他召集了卡斯蒂尔议会(西班牙立法机关)"组织必要的防御手段,以对抗土耳其人"[26]。查理知道,这些人的最终目标是神圣罗马帝国本身。历史学家布兰登·西姆斯(Brendan Simms)写道:"他们的主要敌人哈布斯堡王朝和支持他们的德国王子在那里受到了决定性的打击。而且,只有占领德国,苏莱曼才能证明奥斯曼对罗马帝国遗产的主张是正确的。"[27]

点燃了这两个大国之间战争的火花来得很快。在路易二世去世后,由于担心奥斯曼人利用匈牙利的权力真空乘虚而入,哈布斯堡大公斐迪南一世本人宣布自己为匈牙利和波西米亚的国王。苏莱曼在斐迪南的匈牙利王位继承中的主要对手——特兰西瓦尼亚的佐波尧·亚诺什(John Zápolya)——的支持下,在1529 年对维也纳进行围攻,以示回应。

斐迪南两次击退了奥斯曼在维也纳的进攻,但未能在匈牙利夺取更多的领土,也没能在地中海取得任何显著的海军胜利。在这之后,斐迪南于 1547 年被迫在阿德里安堡(Adrianople)签订令人屈辱的休战条约。其条款要求他放弃大多数哈布斯堡王朝对匈牙利的要求,并向名义上仍是哈布斯堡王朝的那些地方进贡。他们还提到查理五世不是"皇帝",只是"西班牙之王",允许苏莱曼宣称自己是世界上真正的"恺撒"。[28]

奥斯曼帝国的胜利巩固了它作为欧洲政治格局中主要参与者的地位。尽管在 1571 年的勒班陀战役（Battle of Lepanto）中海军遇到了的挫折，帝国仍将在下一世纪继续测试其在中部欧洲和地中海扩张的极限。直到 1699 年那场土耳其扩张战争结束时，萨沃伊的尤金王子（Eugene of Savoy）设法夺回了匈牙利的大部分，并在欧洲决定性地逆转了奥斯曼帝国的扩张。奥斯曼帝国漫长的衰落将一直持续到 20 世纪。

四、哈布斯堡王朝与瑞典

时间：17 世纪上半叶

守成国：哈布斯堡王朝

崛起国：瑞典

竞争领域：北欧陆权与海权

结果：三十年战争的部分（瑞典的参与，1630—1648 年）

在 1619 年他当选为罗马皇帝时，斐迪南二世是中欧最强大的统治者。他的帝国继承了教皇的权威，从地中海延伸到德国北部。然而，他攀向权力时恰逢帝国遭遇有史以来最大的威胁之一：北部路德教的崛起。斐迪南试图摧毁孤立的路德宗教会叛乱（Lutheran rebellion）并重申哈布斯堡王朝的统治，最终演变成了三十年战争。这也让他与该地区增长最快的国家瑞典发生了冲突。

在 17 世纪上半叶期间，为了应对德国北部省份的新生叛乱，神圣罗马帝国以外的一些新教势力——包括英格兰和荷兰共和国——自愿为一个军事强大的新教国家提供资金，以对抗德国北部的帝国将军阿尔布雷赫特·冯·华伦斯坦(Albrecht von Wallenstein)。第一个得到机会的国王是丹麦的克里斯蒂安四世(Christian Ⅳ)。被打败后,克里斯蒂安一直被驱赶到丹麦群岛,使神圣罗马皇帝斐迪南二世更加强大,成为整个德国和欧洲其他地区的统治力量。华伦斯坦抵达波罗的海沿岸后,计划通过建造哈布斯堡北部舰队来控制波罗的海,极大地令该地区崛起最迅速的大国瑞典极度震惊。

通过与丹麦、俄国和波兰的战争,瑞典国王古斯塔夫·阿道夫(Gustavus Adolphus)成为欧洲最有能力的指挥官之一。通过将经济增长、军事创新和领土扩张相结合,古斯塔夫把瑞典从一个贫穷落后的国家变为欧洲最强大的国家之一。1590 年至 1630 年,瑞典小的省级军队从 15 000 人增加到 45 000 人。[29] 使用大炮和征兵制度(欧洲首例)的创新,帮助其建立了一台运转良好的军用机器。[30] 他在 1617 年取得了对俄国的决定性胜利,并在 1625 年取得了对波兰-立陶宛联邦的胜利,这使瑞典能够统一控制波罗的海。在 1629 年夺得波兰的一片土地之后,瑞典几乎控制了"波罗的海南岸的每一个重要的港口"。[31]

瑞典扩张主义面临着哈布斯堡王朝的挑战。正如英国历史学家塞缪尔·加德纳(Samuel Gariner)所说,华伦斯坦"长期以来一直对此种危险——来自瑞典对他的威胁——保持着警惕……因为没有人会认为当波罗的海南部海岸正形成一股巨大的军事力量时,古斯塔夫会袖手旁观"。[32] 历史学家彼得·威尔逊(Peter Wilson)称,华伦斯坦"将帝国海军计划视为纯粹的防御",以保护哈布斯堡在北欧的统治地位,因为他"真正担心的是瑞典的干预"。[33]

哈布斯堡家族认为防御措施比计划更具挑衅性。古斯塔夫游说国会在德国进行武装干涉,理由是哈布斯堡王朝试图遏制瑞典的增长并对瑞典安全构成迫在眉睫的威胁。古斯塔夫开始认为军事僵局是"不可避免的"。[34] 根据布兰登·西姆斯的说法,古斯塔夫在瑞典国会提出,最好"先发制人,以便快速切换,并将战争的负担转移到敌人身上"。[35] 1627 年,他告诉他的贵族们:"一波又一波的到来,天主教联盟距离我们越来越近。它们暴力地征服了丹麦的大部分地区,如果我们没能够及时有力地抵抗他们,我们必须要担心他们可能会大军压境。"[36] 正如许多崛起大国面临被既有权力遏制一样,古斯塔夫指责敌人的理由正是他将要做的事情:继续扩张并制造军事威胁。

虽然主要是出于安全利益的动机,但古斯塔夫通过宣称自己是反对天主教帝国的新教徒的支持者而获得了财政支持。这种方法使他赢得了欧洲各地的资助。巴黎——试图中止哈布斯堡王朝的政权,并希望能够在由瑞典主导的未来战后秩序中保持影响力——也提供了重要支持。[37] 因此,历史学家迈克尔·罗伯茨(Michael Roberts)认为:"新教事业也成为了瑞典的事业;德国北部沿海地区也关乎瑞典的利益。"[38] 1630 年 7 月,古斯塔夫在波兰-德国边境附近的乌泽多姆开始了他的突袭。瑞典人享受了早期的成功,占领了波美拉尼亚并向内陆移动。古斯塔夫的野心随着他力量的增长而增长:他决心"阉割皇帝",并"确保皇帝永远无法再次构成危险"。[39]

虽然古斯塔夫本人在行动中丧生,但瑞典赢得了决定性的胜利,特别是在 1636 年维特斯托克战役(the Battle of Wittstock)中。在战争期间,瑞典军队占领了德国的一半,其胜利反映在1648 年的《威斯特伐利亚和约》(the Peace Treaty of Westphalia)中。瑞典成为北欧最强大的国家,也是欧洲大陆第三大国(位于俄罗斯和西班牙之后)。历史学家称瑞典的伟大时代一直持续到18世纪初。

五、荷兰共和国与英格兰

时间:17世纪中后期

守成国:荷兰共和国

崛起国:英格兰

竞争领域:全球帝国、海权与贸易

结果:英荷战争(1652—1674年)

当荷兰共和国的独立性在1648年的《威斯特伐利亚和约》中得到充分承认时,它已经成为欧洲最杰出的贸易大国。它在海洋和新生殖民帝国的统治地位很快使自己与英国人爆发冲突,英国人扩大了他们在北美的财产以及他们在东印度群岛的贸易影响。在海上的几次英荷战争中,荷兰共和国的统治地位一直持续到两国在1688年"光荣革命"中联合起来。

借助贸易站遍及丝绸之路沿线、南美洲、西非、日本和太平洋岛屿以及印度的殖民地和后来成为纽约的地方,17世纪中叶的荷兰共和国在国际商贸领域是世界领导者。它利用这种力量构建了一个"无国界"的世界秩序,这一世界秩序使小小的荷兰能够将高生产力和效率转化为巨大的政治和经济力量。因此,利润丰厚的贸易路线使国有荷兰东印度公司(Dutch East India Company)在全球香料贸易中发挥了主导作用。

可以说作为欧洲大陆最先进的海员,荷兰人建立了一支海军，以配合他们庞大的海外贸易帝国。然而，英国试图扩大自己的贸易份额和海洋控制权，不久之前它在美国东部沿海地区建立了竞争殖民地。英国人还开始寻找机会与他们自己的东印度公司进行香料贸易，同时扩大他们的海军舰队（从 1649 年的 39 艘主要船只到 1651 年的 80 艘）以保护英国航运。到了 17 世纪 50 年代，英国的军事人员（从 1470 年到 1600 年一直保持在 2 万人到 3 万人）增加了一倍以上，达到 7 万人，并且在英国内战之后更加趋于专业化。[40]

英格兰关于荷兰经济霸权的设计是显而易见的。在即将到来的战争之前，英国将军乔治·蒙克（George Monck）就与荷兰人作战问题说道："这个或那个原因有什么关系？我们所需要的是比现在的荷兰拥有更多的贸易。"[41]正如历史学家 J.R.琼斯（J.R. Jones）解释的那样，"激进的外国和商业政策"也是查理二世的部长们"增强权力、加强皇室权威"的一种方式。[42]

荷兰官方准确感知到了英国对商业力量和军事手段的不懈追求，这使他们极度担忧。正如历史学家保罗·肯尼迪所说，荷兰力量"牢牢地扎根于贸易、工业和金融世界"[43]。若不加控制，英国可能会减少荷兰对海洋的控制并威胁这个小国的大国地位。[44]

因此，表面上的经济冲突演变成地缘政治冲突。根据政治学家杰克·利维（Jack Levy）的说法，这个时期的特点是"商业竞争向战略竞争转化从而引发战争……尽管有人将前两次英荷海战作为'纯粹商业化'来解读，但纯经济的解释有误导性。事实上，经济冲突的升级潜力在很大程度上是由于经济和战略问题之间的密切联系"。[45]历史学家乔治·埃德蒙森同意这一观点，并这样写道，两国都"本能地意识到海洋决定命运，掌握海洋是国家存在的必要条件"[46]。

1651 年,荷兰人拒绝了英国在一项协议中联合反对大陆天主教势力的意图,这项协议可能是为了获得进入荷兰的贸易。作为回应,一个越来越有信心的英国议会通过了第一个《航海法案》,禁止任何由第三方船只携带的进入英国的欧洲进口商品,并禁止外国船只从英国或其亚洲、非洲或美洲的殖民地进口产品。这个立法的目标在伦敦或海牙都不是秘密:大部分荷兰航运都专注于这类活动。

社会学家伊曼纽尔·沃勒斯坦(Immanuel Wallerstein)在描述英格兰的行为时解释说:"由于荷兰人实际上是霸权主义,因此只有两种可能的方式来加强英国商业:国家对英国商人的援助或国家对外国商人的限制……很难看出如何避免对力量的军事考验。即使英国人认为他们是防御性的,对荷兰人的挑衅也太大了。"[47]第二年,两国在北海的紧张局势加剧,当时的对抗状态使英国对荷兰宣战,开始了 1652 年和 1674 年间三次英荷海战的第一次。尽管冲突的结果是英格兰获得了纽约,海军也得到急剧扩张(从查理一世 1649 年执政到 1660 年恢复,增加了 200 艘以上的军舰),[48]但荷兰海军仍是欧洲最强大的海军力量,在 1667 年突袭梅德韦港(Raid on the Medway),重创了英格兰。

最终,荷兰海洋与贸易的霸权地位保持稳固,英荷冲突随着荷兰王子奥兰治亲王威廉(William of Orange)的入侵以及随后的 1688 年"光荣革命"而结束。两国继续共同反对威廉的大敌——法国的路易十四。

六、法国与大不列颠

时间:17 世纪后期至 18 世纪中期

守成国:法国

崛起国:大不列颠

竞争领域:全球帝国与欧洲陆权

结果:九年战争(1689—1697 年)、西班牙王位继承战争
(1701—1714 年)、奥地利王位继承战争(1740—1748 年)和
七年战争(1756—1763 年)

在路易十四统治期间,法国成为欧洲的"卓越权力"。[49]
然而,大不列颠(Great Britain)在繁荣的美洲殖民地和"光
荣革命"的鼓舞下,很快就在一系列战争中挑战法国的优势
地位。起初,英国的力量和其与法国的斗争主要来自它与
荷兰共和国的联盟。但是随着英国继续成长为一个威胁法
国大陆和殖民地优势的贸易和海军力量,它们的冲突延伸
到全球,并以大不列颠获得无可争辩的帝国霸权结束。

尽管路易十四 17 世纪后期在欧洲占据主导地位,但他对法
国绝对安全的不断追求使他与欧洲各国的大反抗联盟发生冲
突。虽然严格来说,他与邻居和平相处,但路易十四在 16 世纪
80 年代通过夺取境外的斯特拉斯堡、卢森堡和卡萨莱缓冲区系
统地强化了自己的地位。这些成果加上军备增强,表明了他进
一步征服的野心。虽然已拥有欧洲最大的军队(到 1689 年,也
是其最大的海军),但路易十四仍强化了法国堡垒,准备了 36 个
步兵营,并且通知了另外 14 万人作为备用。[50]

他的野心让他的邻居们感到警惕。1686 年,荷兰王子奥兰治
亲王威廉(1650—1702 年)鼓励哈布斯堡神圣罗马帝国皇帝利奥
波德一世(Leopold Ⅰ)组建奥格斯堡联盟,旨在进一步遏制法
国扩张。1688 年 9 月,法国人跨过莱茵河进入菲利普斯堡。威

廉担心法国人会影响他的岳父，即信奉天主教的英格兰国王詹姆斯二世（the Catholic James Ⅱ），其中许多国民都对这个天主教王朝的前景感到忧虑。他也知道，没有詹姆斯的英格兰可能成为压制法国崛起的强大盟友。在路易十四横渡莱茵河不到6周后，威廉在众多英国同情者的支持下入侵英格兰。詹姆斯逃离，1689年，新教徒威廉成为英格兰国王，他的妻子成为玛丽王后（Queen Mary）。

1689年初，为回应路易十四在上个秋季跨过莱茵河，奥格斯堡联盟开始行动起来。英国现在通过共同领导与荷兰共和国结盟，成为奥格斯堡联盟在对抗法国的九年战争（1689—1697年）中主要的合作伙伴之一。用历史学家德里克·麦凯（Derek McKay）和H. M.斯科特（H. M. Scott）的话来说，正如人们所知道的那样，威廉的"光荣革命"发挥了决定性作用，让英国以军事力量以及外交和海上力量出现在大陆舞台上。[51]

根据历史学家乔治·克拉克爵士（Sir George Clark）的说法，威廉和他的奥格斯堡领导人——神圣罗马帝国皇帝——"把这场战争视作一次契机，将法国的权力降低到欧洲其他国家可以接受的水平"。[52]尽管战争最终成功地阻止了路易十四的领土规划，但1701年的敌对状态仍在继续，威廉和哈布斯堡重新联合起来阻止路易十四让一位波旁王子继承西班牙王位的企图。该联盟无法阻止路易十四的孙子登上王位，但它成功地迫使路易十四在《乌德勒支和约》（Treaty of Utrecht）中将新大陆的领土割让给了英国。

部分是因为其对乌德勒支的收购，英国在18世纪初从其殖民地获得了巨大的经济利益。根据历史学家劳伦斯·詹姆斯（Lawrence James）的说法，"英国对北美出口从18世纪20年代后期平均每年 52.5 万英镑上升到 20 年后超过 100 万英镑"[53]。英国也受益于根据荷兰模式所进行的一系列金融改革。[54]英国的增长让其竞争对手法国非常担忧。正如历史学家罗伯特和伊莎贝尔·图姆斯（Isabelle Tombs）所写的那样，"法国官员"被英国的金融力量"吓呆"了，并对其"深深着迷"。[55]这种经济增长也被证明是英国进一步军事扩张的序幕：在西班牙王位继承战争之后，英国海军舰队的实力超过了法国和西班牙海军实力的总和。[56]英国的金融力量使其能够在冲突发生时迅速筹集资金。正如罗伯特和伊莎贝尔·图姆斯所指出的那样，尽管法国拥有强大的陆地部队，英国"可以在必要时超越法国，把国民生产总值中战争开支比例提升至其敌人的五倍"。[57]

英国在北美的殖民帝国的迅速发展导致与法国在贸易和领土权利方面的冲突日益加剧。因此，1740 年的奥地利王位继承战争（在这场中欧冲突中，法国为摧毁其长期敌人哈布斯堡王朝而战，而英国则为捍卫哈布斯堡王朝而战。）蔓延到美洲大陆。1748 年，埃克斯拉沙佩勒以哈布斯堡和英国的胜利结束了这场冲突，但这场胜利并没有减少法英竞争，根据英国历史学家劳伦斯·詹姆斯的观点，这种竞争"在 1748 年后持续并加深。法国人仍然相信，他们对手的长期目标是扼杀他们的贸易并征服他们的殖民地"。[58]使法国人恐惧的是，英国在奥地利王位继承战争期间和之后进行了大规模的军事扩张，在 1740 年至 1760 年间军费开支增加了 500%，而法国只增加了 150%。[59]

1756 年，法国和英国的竞争在七年战争中被重新点燃。1763 年英国击败法国结束这场战争，导致了北美和欧洲均势格局的重新调整。即使它很快就会失去大部分美洲帝国——这在很大程度上是因为有法国的干预——英国已然超过了法国，成为欧洲最大的帝国力量,这个地位将维持到拿破仑时代。

七、大不列颠联合王国与法国

时间:18 世纪后期至 19 世纪中期

守成国:大不列颠联合王国

崛起国:法国

竞争领域:欧洲海权与陆权

结果:法国革命战争(1792—1802 年)、拿破仑战争(1803—
1815 年)

通过独创性和对海洋的控制,英国在 18 世纪末期已经
领先其竞争对手,成为欧洲主要工业化国家之一。但从法
国大革命开始,重新焕发活力的法国军事机器再次崛起。
在拿破仑的统治下,法国接管了欧洲大部分地区并威胁到
英国的霸权地位,这导致英国和法国陷入暴力对抗。然而,
通过为欧洲的反拿破仑军队提供资金,并在海上出色地战
斗,英国成功地避免了法国的入侵,加速拿破仑最终的下野。

在 18 世纪 80 年代,英国的创新浪潮加速了国内工业化和
殖民贸易的蓬勃发展,商船运输在 1782 年到 1788 年间翻了一
番。[60]到了 1793 年,英国可以依靠这条线上的 113 艘船来保护
这些贸易利益,压制着法国 76 艘同样负责欧洲主要商业经济的
船只。[61]然而,没过多久,这个小岛国就迎来了英吉利海峡另一
侧对手的新挑战。

虽然法国经济在 1789 年革命后的几年里依然落后,但其非
凡的政治发展和军国主义的高涨对欧洲的现状构成威胁。[62]出

于对日益激进的革命和路易十六国王（King Louis ⅩⅥ）及其妻子玛丽-安托瓦内特（Marie-Antoinette）安全的忧虑，神圣罗马帝国皇帝利奥波德二世（Leopold Ⅱ）和普鲁士国王弗雷德里克·威廉二世（Frederick William Ⅱ）于1791年发布了《皮尔尼茨宣言》（Declaration of Pillnitz），呼吁欧洲列强在皇室成员处于危险之中时向法国宣战。作为一个警告，这个宣言可能会加速冲突，因为法国激进分子感到受到威胁，于4月宣布战争并成功入侵奥属尼德兰。

尤其因为法国"宣称要以疏远和警告君主及其权力所依赖的整个社会等级制度为目标"[63]，这场运动在欧洲君主制国家引起了恐慌。法国军事组织、意识形态和侵略性的相应转变证实了欧洲的担心：该国的激进主义无法被遏制。法国从贵族向军事领导的转变使委员会获得了新的人才，并提高了服役的积极性；仅在1792年，军队就招募了18万名新兵，而第二年的普遍征兵计划则进一步扩大了队伍并提高了革命热情。[64]

这种崛起中的军事力量和激进政治的结合在英国引起了特别的恐慌。在1793年向众议院发出的一封信中，国王乔治三世（King George Ⅲ）要求"进一步扩大他的海上和陆地部队"，作为反制法国的一种手段，"法国所表现出的扩张野心，将始终对欧洲的整体利益构成威胁，尤其是当它那些完全颠覆所有公民社会和平与秩序的主义开始散播时。"[65]根据英国历史学家威廉·多伊尔（William Doyle）所说，虽然法国入侵低地国家已引起英国的注意，但1793年1月国王路易十六被处决是最后一根稻草，激励英国人采取行动，促使英国"设计一个反对法国的大联盟"。[66]到了1793年初，这个欧洲大国联盟参与到战争中，试图扭转法国不断占领领土的局面。这些努力被证明是不成功的：

法国通过吞并荷兰、意大利北部以及对美国路易斯安那领土的短暂收购，在 18 世纪 90 年代仍扩大了其领土范围。

当拿破仑·波拿巴（Napoleon Bonaparte）在 1799 年"雾月政变"（Coup of 18 Brumaire）中夺取政权，并开始试图控制整个欧洲时，英国人对法国扩张主义的担忧升至了生存威胁的高度。[67]具体而言，拿破仑于 1797 年告诉督政府，法国"必须摧毁英国君主制，或者等着被它摧毁"，并承诺"歼灭英格兰。这样做，欧洲就在我们脚下"。[68]英国也严肃对待这些威胁。"我们每天都认为波拿巴会尝试他的威胁入侵，"[69]乔治三世（George Ⅲ）在 1803 年坦白说。即使拿破仑近期未能入侵，他在欧洲大陆的进步也加强了英国长久以来的信念，即英国自身安全需要避免一个欧洲霸权的形成，在欧洲陆地缺乏竞争对手会使其将资源投入转向海上舰队。正如军事历史学家迈克尔·莱吉尔（Michael Leggiere）所说，总理威廉·皮特（William Pitt）采取的策略不仅要"通过迫使法国放弃征服这些低地国家来恢复欧洲的均势"，而且还要使英国成为"垄断全球贸易的海上大国"。[70]

对英国来说幸运的是，拿破仑从未发展过可以取代英国在海上统治地位的海军。1805 年，霍雷肖·纳尔逊（Horatio Nelson）中将在特拉法尔加打败了法国舰队，使拿破仑入侵英国的希望破灭，保证了英国作为欧洲反拿破仑的财力支持者的安全。此后，随着拿破仑继续在欧洲大陆扩张，同时导致大量公共债务堆积，英国的经济和外交优势变得越来越明显，伦敦成为欧洲反拿破仑的伟大希望。正如保罗·肯尼迪所解释的那样："只要英国提供补贴、弹药，甚至部队可以保持独立，巴黎政府就永远不能确定其他大陆国家会永远接受法国的统治。"[71]拿破仑的地位第一次被撼动是在 1812 年入侵俄国失败。随后他遭遇了更大规模的失败，并于 1815 年在以英国为首的反法联军的滑铁卢战役中最终战败。

八、法国与大不列颠联合王国与俄国

时间：18 世纪后期至 19 世纪中期

守成国：法国（陆地）与大不列颠联合王国（海洋）

崛起国：俄国

竞争领域：全球帝国、中亚和东地中海地区影响力

结果：克里米亚战争（1853—1856 年）

在整个 19 世纪上半叶，俄国在稳步获得领土和军事力量的同时，给欧洲带来了恐惧。法国和英国作为在中东和南亚区域网络的全球贸易的既定参与者，尤其对圣彼得堡借奥斯曼帝国之机努力进行发展感到震惊。这些紧张局势在克里米亚战争中达到了高潮，这场冲突证明了英国和法国的统治地位，揭示了俄国崛起背后的潜在弱点。

在俄国-土耳其战争（1806—1812 年和 1828—1829 年）之后，俄国取得了非常丰富的定居点，增加了它在东欧和高加索的保护地，并扩大了进入黑海的通道。这些战争以及俄国在波斯和东欧的战役促成了其领土的大规模扩张：俄国在 18 世纪末和 19 世纪前半期收购了全部或部分现代芬兰、波兰、格鲁吉亚、阿塞拜疆和亚美尼亚，危险地逼近欧洲权力中心。[72]随着俄国领土的增长，其军事力量也在增长：到了 1820 年，其军事规模已经是法国或英国的两倍，1853 年，俄国军事规模已远超二者总和。[73]

俄国每前进一步，人们便会愈发害怕俄国可能会把欧洲的

"病人"(沙皇称呼奥斯曼帝国)置于自己的保护之下而威胁全球均势格局。[74] 1829 年,圣彼得堡和君士坦丁堡签订的《亚得里亚堡条约》(Treaty of Adrianople)使英国驻俄大使海特斯伯里勋爵(Lord Heytesbury)相信,俄国将很快使奥斯曼帝国"像任何印度王子顺从(英国东印度)公司那样,顺从沙皇的命令"。[75] 正是本着这种精神,英国和法国在 1831 年至 1833 年的埃及-奥斯曼战争中对奥斯曼帝国方面进行了外交干预,它们担心奥斯曼帝国可能会在俄国的压力下变得脆弱。

俄国屡屡企图夺取奥斯曼帝国的权力,并在东欧宣称其影响力,正如历史学家布伦丹·西姆斯所说的,这一举措使英国相信,俄国不仅要"分割奥斯曼帝国,而且要统治整个欧洲"[76],并确保控制达达尼尔海峡,从而使俄国黑海舰队在地中海占有一席之地。这个所谓的"东方问题"对英国海军的统治地位构成了强烈威胁。英国的一些人甚至认为俄国可能挑战英国在印度的殖民统治力量。[77]

亨利·基辛格对英国和法国的焦虑给出了一个解释:"关于俄国的一切——它的绝对主义,它的规模,它的全球野心和不安全感——对传统的欧洲国际秩序概念构成了潜在的挑战。"[78] 基辛格认为,这种焦虑也明显地存在于法国和英国的公众之中。举一个生动的例子,当时流行的法国旅游出版物描述俄国拥有"过度和巨大"的野心,"设计对其他国家实行暴政"。[79] 直到它在战争的熔炉中被测试,俄国和其竞争对手才认识到这些描述是完全站不住脚的。[80]

1853 年,沙皇尼古拉一世(Nicholas Ⅰ)要求阿卜杜勒米吉德苏丹(Sultan Abdulmejid)承认俄国作为对君士坦丁堡和圣地东正教徒的保护地位。英国外交官试图调解这一争端,但最终未能达成《奥斯曼协议》的和解协议。当外交手段失败时,苏丹向俄国宣战。沙皇迅速采取攻势,派出部队占领多瑙河公国(当今的摩尔多瓦和罗马尼亚),并在克里米亚首都塞瓦斯托波尔建立他的黑海舰队。在俄国人成功摧毁了锡诺普的奥斯曼舰队之后,英国和法国已经打算停止观望。尽管沙皇的声明与此相反,但两国都担心奥斯曼帝国的崩溃以及之后的权力真空期俄国将乘虚而入。对于英国来说,俄国占领君士坦丁堡将对其在地中海的地位构成不可容忍的威胁。出于对俄国扩张的恐惧,英国和法国开始联合起来,包括派遣一支舰队进入黑海并发出最后通牒,要求俄国退出多瑙河公国。在俄国拒绝后,法国和英国对俄国宣战并派遣一支远征军到克里米亚。

技术和组织的落后在战斗中拖了俄国的后腿。驻扎在塞瓦斯托波尔的俄国部队最终战败。这不仅打破了俄国军事优势的幻想,提升了法国和英国的威望和信心,而且挽救了奥斯曼帝国的又一个 65 年。正如海军历史学家亚当·兰伯特(Adam Lambert)所总结的那样:"英国、法国和俄国在全球范围内为控制欧洲而战,这一殊荣暂时归法国。而世界在英国人手里又停留了两代人的时间。"[81]

九、法国与德国

时间:19 世纪中期

守成国:法国

崛起国:德国

竞争领域:欧洲陆权

结果:普法战争(1870—1871 年)

在拿破仑三世（Napoleon Ⅲ）统治下，用历史学家保罗·肯尼迪的话来说，法国在19世纪下半叶成为西欧首屈一指的陆地强国，表现出"强大和自信"[82]。但不久，普鲁士的奥托·冯·俾斯麦，一位掌握着加速经济增长的罕见技能的政治家，追求建立统一的德国并夺取法国的地位。虽然俾斯麦认为必要的战争是为了团结德国各州，但法国却将冲突视为限制普鲁士崛起的手段。一年的战争证明了俾斯麦的战略远见，巩固了德国作为一个伟大统一的国家的地位。

1850年，法国的殖民帝国遍布世界各地，从太平洋群岛和加勒比地区到西非和东南亚。其国内制造业经济是欧洲大陆最具活力的。[83]到了1860年，其军事开支超过了除俄国以外的其他所有竞争对手，其海军规模如此巨大，以至于保罗·肯尼迪指出："有时候……这在英吉利海峡的另一边都会引起恐慌。"[84]同样到1860年，法国对克里米亚的军事干预和第二次意大利独立战争使巴黎成为欧洲大陆的主要安全守护者。然而，这种卓越被证明是短暂的。10年后，拿破仑三世（Napoleon Ⅲ）会面临欧洲有史以来最伟大的军事机器之一：奥托·冯·俾斯麦的普鲁士。

在1864年击败丹麦、1866年击败奥地利后，如历史学家迈克尔·霍华德所说的："法国处于一种危险的情绪中，作为一个强国它看到自己的实力下降至第二位。"[85]虽然普鲁士在1820年的人口只有法国人口的三分之一，但19世纪60年代的兼并使这一比例在1870年达到了近五分之四。"多亏了普鲁士人对普遍征兵制的使用"，俾斯麦也积累了"一支比法国规模大三分之一的军队"。[86] 一位法国历史学家后来称，自薛西斯*的传奇军队以来，从未看到一支类似于俾斯麦这样的有着 120 万士兵的部队。[87] 普鲁士的工业崛起同样令人生畏，其钢铁产量从 1860 年是法国的一半增长到 10 年后超过了它。[88] 俾斯麦还开发了轨道铁路运输系统。根据历史学家杰弗里·瓦沃（Geoffrey Wawro）的说法，这些快速发展"是令人震惊的，它对法国权威构成了威胁，并预示着未来法国权力的全面消亡"。[89] 因此，"普鲁士在 1866 年后统治（法国）的内政外交"，这并不是什么秘密。[90]

俾斯麦的目标是将普鲁士主导的北德意志联邦和南德意志的巴登、符腾堡州、巴伐利亚州和黑森州区域联合起来。[91] 作为战略大师，他总结说，对法国的战争会使独立的南德意志诸邦投入普鲁士的怀抱，这将是朝向德国统一迈出的重要一步。正如俾斯麦后来声称的那样，"我并不怀疑在建立统一德国之前必须发生一场法德战争。"[92]

普鲁士所要做的就是挑起战争。意识到拿破仑三世对普鲁士东部崛起的警惕，俾斯麦找到了一个契机，即通过威胁将德意志霍亨索伦家族（House of Hohenzollern）的亲王推为西班牙王位继承人，来进一步激起法国人的恐慌。[93] 若是如此，法国将腹背受敌。

霍亨索伦的王位候选人和埃姆斯电报（俾斯麦曾经操纵的一个半真半假的新闻，其暗示了普鲁士国王和法国大使之间的对峙）促成了拿破仑三世决定在 1870 年 7 月向普鲁士宣战。在决定这样做的时候，法国犯了一个在守成国中常见的战略错误：它认为迅速采取行动将会阻止崛起国超越其地位，但实际上加

---

* 即波斯王。——译者注

速了它最担心的命运逆转。1870 年,法国对它可以消除普鲁士的威胁仍然有信心(事实证明这是不正确的),但是,在普鲁士进一步崛起之前,它需要进行一场预防性战争。[94]就像俾斯麦预料的那样,因为德国南部各邦国认为法国是侵略者,所以它们加入了北德意志邦联。"毫无疑问,"迈克尔·霍华德认为,"法国是直接的侵略者,俾斯麦并没有直接挑拨法国发动战争。"[95]在一场决定性的胜利之后,一个统一的德国出现了,它拥有整个欧洲大陆最强大的军队。正如布兰登·西姆斯所写的那样:"以任何标准衡量,它都是庞然大物。"[96]因此,一场让俾斯麦一举跻身伟大政治家行列,但最终导致拿破仑三世被捕和流亡的战争,最初看起来似乎是法国的一个好选择,其对于普鲁士也是一样的。

十、中国和俄国与日本

时间:19 世纪后期至 20 世纪早期

守成国:中国和俄国

崛起国:日本

竞争领域:东亚地区海权与陆权

结果:甲午战争(1894—1895 年)和日俄战争(1904—1905 年)

进入 19 世纪的最后十年,两个大国统治了亚洲大陆:清朝统治下的中国——几个世纪以来的地区大国,还有俄罗斯帝国——一个在亚太地区长期存在野心的欧洲大国。但自 1868 年明治维新以来,这两个国家都面临着迅速现代化的岛国——日本——所带来的新威胁。到 1905 年,中国和俄国已经分别在两场对抗野心勃勃的日本的破坏性战争中遭到挫折。双方都不得不与一个新兴的太平洋国家抗衡，而后者的增长没有任何放缓的迹象。

快速的经济增长和军事的进步促进了日本在 19 世纪后期的崛起：国民生产总值在 1885 年至 1899 年间几乎增长了两倍，随着明治天皇建立了一支强大的常备军和海军，军费开支急剧增加。[97]1880 年，军费支出占日本年度财政预算的 19%；到了 1886 年，这个数字上升到了 25%；而在 1890 年，军费支出占比上升到了 31%。[98]

与西方大国和中国相比，日本日益强大的实力强化了其领导层对其在该地区从属地位的不满，这鼓励他们"必须更加积极地行动起来"以扩大日本的影响力。[99]军事力量的增强使得日本领导人认真考虑在太平洋岛屿和亚洲大陆扩张领土，这将直接挑战中国的地位以及俄国在该地区众所周知的布局。但为了有效地投放自己的力量，日本人需要一个大陆的立足点：那就是朝鲜半岛。

从 19 世纪 70 年代开始，日本对朝鲜的政策不断演变成为了反映日本政府作为一股崛起力量的日益增强的信心和自信的晴雨表。起初，这些政策主要侧重于推动朝鲜改革，加强朝鲜政府及其下属机构来反对中国干预，扩大日本的影响力，同时逐渐地让朝鲜疏远中国。正如日本历史学家彼得·达斯（Peter Duus）写道，朝鲜的战略意义"不仅仅因为它毗邻日本，而且因为它无法抵御外敌……如果朝鲜仍然'落后'或'不文明'，它将继续羸弱下去，如果它继续羸弱下去，它将会成为吸引外国捕食者的猎物"[100]。然而历史学家入江昭（Akira Iriye）指出，在 1894 年的中日甲午战争前夕，日本的目标"不再是维持中日之间的平衡，而是瞄准了中国在朝鲜半岛上的影响力"[101]。

日本对西方(特别是俄国)在东亚影响力的长期担忧,坚定了其日益强烈的决心。天皇担心俄国可能对日本的迅速崛起作出反应,利用其新建的西伯利亚铁路(1891 年开始建造)来干预朝鲜半岛,甚至入侵日本。[102] 日本陆军元帅、内阁总理大臣山县有朋(Yamagata Aritomo)在 1893 年直截了当地说:"中国和朝鲜都不是我们的敌人,英国、法国和俄国才是。"[103]

1894 年,朝鲜爆发东学党起义,这迫使朝鲜高宗请求清朝军队帮助平息暴乱。日本自然不愿看到其在朝鲜苦心经营的势力影响被中国压过一头,随即派遣自己的军队与清朝军队发生直接冲突。随着天皇的军队迅速将清朝军队从平壤赶出去,接着在与清朝的北洋水师的对抗中取得了意想不到的胜利,并到达中国东北,向西北进军中国领土 *,他的对手们被日本军方充足的战争准备所震惊。一年后,中日甲午战争在北京被迫签订《马关条约》后落下了帷幕,该条约承认了朝鲜的独立(名义上是这样,实际上是让朝鲜脱离与清朝的藩属关系转为日本的附庸国),将台湾岛、澎湖列岛和辽东半岛割让给日本。

日本对俄罗斯试图遏制其实力扩张的担忧是有先见之明的。俄国、法国和德国三国对日本压倒性的胜利以及条约中激进的条款内容感到不安,它们在条约签订之后立即展开三国干涉,陷入难堪中的日本勉强同意了三国的干预,被迫归还辽东半岛给中国,从而让俄国避免遭受日本扩张的威胁。

但是,它也使日本坚定了消除俄国威胁的决心。"自遭受1895 年俄国干预的耻辱以来,"历史学家 J.N.韦斯特伍德(J. N.

---

* 原文即为"marching northwest into Chinese territory",这里遵从原文,译作"向西北进军中国领土"。——译者注

Westwood)写道,日本政府"一直慎重地准备着与俄国进行最终的决战"。[104] 日本的准备工作做得极其充分,在甲午战争后的十年里,天皇海军的兵力几乎增加了3倍,而陆军人数增加了9倍。[105] 作为对俄国在三国干涉中获得了法国和德国的支持的回应,日本试图通过在1902年与英国结成英日同盟以避免欧洲对日本的进一步牵制。此时的日本已经决心将俄国势力从中国东北剔除。

由于无法就俄国撤军问题达成一致,日本于1904年2月在旅顺港(位于中国东北沿海)对俄国舰队进行突然袭击,为期一年半的日俄战争就此爆发。日本军队再次取得了令人信服的胜利,并在为此签订的《朴茨茅斯条约》中,顺利实现了让俄国势力退出中国东北的目标。随着在中国东北战胜俄国,日本在其通往太平洋霸权的道路上又清除了一个障碍。

十一、大不列颠联合王国与美国

时间:20世纪早期

守成国:大不列颠联合王国

崛起国:美国

竞争领域:全球经济主导地位与西半球的制海权

结果:无战争

在19世纪的最后几十年里,美国的经济实力超过了世界上居于首位的帝国——大英帝国,而它不断壮大的舰队是英国皇家海军令人不安的潜在对手。随着美国开始在西半球维护自己的霸主地位,英国要维持影响深远的殖民帝国,不得不面对着更加紧迫的威胁和挑战,最终英国接受了美国的崛起。英国的让步使美国能够在西半球和平地取得支配地位，这次伟大的和解为两次世界大战中的美英联盟奠定了基础，两国之间旷日持久的"特殊关系"现在被视为理所当然。

在19世纪的最后30年里，美国已经从内战的废墟中复苏，成为经济大国。美国的国内生产总值在19世纪70年代初超过了不列颠，并于1916年超过整个大英帝国的经济总量。[106] 在1890年至1914年间，快速发展的美国的能源消耗和钢铁生产水平相较于英国提高了两倍，其所有关键的工业化指标都是如此。[107]美国的信心随着经济发展不断提升，华盛顿在西半球也变得越来越自信，坚持介入欧洲和拉丁美洲国家争端的仲裁。美国不断膨胀的区域性角色引起了对即将发生大国冲突的担忧。1895年末，美国卷入英国与委内瑞拉之间的领土争端，对于此举将招致英美战争的担忧，在纽约证券交易所引发了恐慌。[108]1896年1月，英国首相索尔兹伯里勋爵（Lord Salisbury）警告他的财政部长："与美国的战争已经不仅仅是可能发生，战争不会在今年爆发，但会在不远的将来爆发。"[109]

与皇家海军相比，美国海军仍然很弱小，但它正在成长，特别是在美西战争期间以及在强硬的西奥多·罗斯福担任总统之后，美国海军船只的总吨位在1900年至1910年之间几乎增加了两倍。[110]英国第一海军大臣在1901年承认："如果美国人选择为他们轻易就能买得起的东西付钱，他们可以逐渐建立一支和我们规模相当的海军，并且在接下来的时间超越我们。"考虑到这一现实，他认为"如果我能尽量避免的话，我将永远不会和美国发生争吵"[111]。

令英国陆军部惊愕不已的是，英国海军部悄悄地将美国排除在"两强标准"（Two-Power Standard）*之外，这一标准要求皇家海军实力必须至少与第二大和第三大海军实力总和相当。海军部忙于应对离本土更近的威胁，并尽其所能避免制定与美国开战的应急计划。1904年，第一海军大臣在海军部告诉他的文职长官，英国应该"使用一切可能的手段来避免这样的战争"，因为"在任何可能的情况中，它都无法逆转美国的压倒性优势，无法逃脱耻辱的失败"。因此，为战争作准备完全是在浪费时间。[112]

索尔兹伯里表示，许多英国人深感遗憾的是未能及早处理美国的威胁："这是非常令人伤心的，但我担心美国一定会继续发展，没有什么能恢复我们之间的平衡。如果我们当时插手了美国内战，那么我们就有可能将美国的力量削弱到可以控制的范围。但是对于一个国家来说，机会稍纵即逝。"[113]

英国不是通过战争来挑战美国的崛起，而是通过适应美国的崛起，创造了"伟大的和解"。因为在其他地方，英国要面对更多凶险和临近的威胁；而在整个西半球，没有任何美国的竞争对手可以作为英国的盟友，为了保卫大英帝国的财产，英国别无选择，只能迁就美国人。许多英国人认为，美国对加拿大和拉丁美洲主权争端的领土要求，对利润丰厚的捕鱼权的获取，以及对未来巴拿马运河的控制都是不合理的。根据历史学家安妮·奥德的说法，"到1903年时，在英国作出一系列妥协的情况下，美国也没有作出任何让步。英国只能默许美国在西半球的霸权，从

---

* 1889年英国政府通过《海军防御法案》，正式确立海军"两强标准"。——译者注

阿拉斯加到委内瑞拉"[114]。

英国人反感美国人是有道理的,美国对整整一个世纪的自由安全缺乏感激之情。[115]但伦敦愿意选择妥协来弥合两国之间的长期敌意,这足以让 1914 年第一次世界大战爆发时,美国可以成为英国物资和战争经费的基本来源。美国在第一次世界大战期间的贷款和支持,以及华盛顿作为英国盟友最终派兵加入战争,这在击败德国的过程中被证明是决定性的因素。

十二、英国与德国

时期:20 世纪早期

守成国:受到法国、俄国支持的大不列颠联合王国

崛起国:德国

竞争领域:欧洲陆权与全球海权

结果:第一次世界大战(1914—1918 年)

在俾斯麦统一德国后,德国成为了欧洲大陆最主要的军事和经济大国。它的进一步崛起威胁到英国的工业和海军霸权地位,并有可能使欧洲均势失衡。尽管最初的目的是赢得英国的尊重,但德国不断上升的海上力量引发了与英国激烈的海军竞赛。英德两国的对抗,以及东方崛起的俄国与德国之间的又一个修昔底德陷阱,在巴尔干地区冲突转变为第一次世界大战的过程中,发挥了至关重要的作用。

1860 年至 1913 年间,德国在全球制造业中的份额从 4.8%上升到 14.8%,超过了其主要竞争对手英国——其份额从

19.9％下降到13.6％。[116] 在1870年统一之前，德国的钢铁产量仅仅是英国的一半；到1914年，它的产量便上升至英国的两倍。[117] 到19世纪80年代，俾斯麦在非洲得到了殖民地的财富，在中国、新几内亚和南太平洋的几个岛屿上也建立了贸易前哨站。这些资产与英国或曾经的法兰西帝国所拥有的规模完全不能相比，可俾斯麦自己也不是一个狂热的帝国主义者。但是，德国新皇帝威廉二世在1890年赶走了俾斯麦，并决定让他的国家成为"世界大国"——而谋求这一地位，必然需要一支强大的海军。

在19世纪90年代，德国海军上将阿尔弗雷德·冯·铁毕子为德国海军挑战欧洲最强海军力量——英国的地位设定了一条发展路线。虽然德国的意图仅仅是确保英国人对其的尊重，但其海军建设还是激起了英国领导人的恐慌，并引发了激烈的军备竞赛。第一海军大臣塞尔伯恩伯爵在1902年强调了这种担忧："我确信，强大且焕然一新的德国海军正在小心翼翼地建立起来，就是为了和我们作战……（英国驻德国大使认为）在决定海军政策时，我们不能忽略德国人的恶毒仇恨或德国海军昭然若揭的野心。"[118]

德国的新舰队不仅影响英国的海军政策，还影响到整个国际前景。正如历史学家玛格丽特·麦克米伦所说："德国打算将海军竞赛作为迫使英国展现友好的一种手段，但它不仅促使英国超过德国，而且还让英国放弃了它的'光荣孤立'政策，选择与法国和俄国结盟。"[119] 德国日益强大的力量使其不仅能够消灭欧洲大陆的竞争对手，还能控制英国的海岸线——与任何对英国海军霸权的挑战一样，英国都会认为这是一个不可接受的威胁。

在俄国力量不断增长的同时，柏林面临着第二个修昔底德陷阱。到1910年左右，俄国已经从早先日俄战争的失败和国内不断酝酿的革命动乱中恢复过来。在德国的边界上，现在的俄国似乎正在崛起为一个复兴的现代军事力量。1913年，俄国宣布扩大军队的"总体规划"（grand program），并于次年正式颁布实施。据其预计，到1917年俄国军队的数量将是德国的三倍。德国的双线作战计划打算先速战速决击败法国，然后才开始处理行军缓慢的俄国军队的威胁。但法国对俄国具有战略意义的铁路所给予的支持，已经威胁到德国的整个战争计划。到1914年，法国的大量投资使俄国铁路系统快速发展完善，俄国军队的动员时间缩短到两周，而不是德国原计划的六个星期。[120]

俄国的迅速崛起，以及普遍关于欧洲最终战争的宿命论，激发了德国政治和军事领导层的狂热态度。许多人提出了趁着仍有机会击败俄国的时候，发动一场预防性战争，特别是战争的胜利可能会让德国摆脱俄国、法国和英国的"围剿"。[121]1914年6月，斐迪南大公在萨拉热窝被刺杀后，德国向维也纳开了一张臭名昭著的"空白支票"。而这张支票表达了在奥匈帝国没有粉碎其在巴尔干地区的敌人，以及未来与俄国的冲突中无能为力的前景下，对德国唯一盟友垮台的担忧。[122]

自战争爆发以来，学者们一直在争论如何划分第一次世界大战的责任；有些人甚至完全无视这个问题。[123]虽然直接指出罪魁祸首必然过分简化了问题，但一组修昔底德式的对手（德国和英国，德国和俄国）对将奥匈帝国和塞尔维亚之间的地区冲突演变成一场持续多年的大陆冲突负有主要责任。

1914年，伦敦和柏林之间、柏林和莫斯科之间的修昔底德式的同步行为，开始相互交错。德国决心支持其盟友、应对俄国崛起的威胁,从而确保自己的生存,这导致其对沙皇及其盟友法国宣战。在威胁要摧毁法国和推翻欧洲均势的情况下,德国越过了英国的红线。用历史学家保罗·肯尼迪的话来说:"就英国和德国政府而言,1914—1918 年的冲突基本上是由于前任大国试图维持现状,而后续大国出于进攻和防御的目的采取措施来改变现状。从这个意义上讲,伦敦与柏林之间的战争,不过是至少 15 年、20 年前发生事件的延续。"[124] 在诸多引发战争的原因中,没有一个像修昔底德陷阱一样具有破坏性。

十三、苏联、法国、英国与德国
　　时间:20 世纪中期
　　守成国:苏联、法国、英国
　　崛起国:德国
　　竞争领域:欧洲海权与陆权
　　结果:第二次世界大战(1939—1945 年)

　　德国在阿道夫·希特勒的带领下,经济实力、军事实力和民族自豪感同时复苏,违反《凡尔赛条约》并蔑视法国和英国维持的战后秩序。在寻求生存空间(Lebensraum)*时,希特勒有条不紊地扩大了纳粹对奥地利和捷克斯洛伐克的统治。法国和英国认识到德国野心的过程太过缓慢,在希特勒入侵波兰之后才对其宣战。如果没有第二次世界

---

　　* Lebensraum 是一个德语单词,意指生存空间。在 1897 年,德国地理学家拉采尔提出国家有机体学说,之后提出了生存空间的概念作为一个政治词语。其之后被纳粹和其他民族主义者所利用,认为一个民族应当尽可能地扩张自己的生存领域。

大战后期数百万的苏联和美国军队扭转战局，它们将无法阻止德国对欧洲大陆的统治。

在第一次世界大战中取得胜利后，法国和英国的统治阶层花费了整个 20 世纪 20 年代来重建经济和军事力量，而德国不得不服从于两国，其实力的发展因《凡尔赛条约》的条款而受阻。该条约规定了严厉的经济赔偿，并对德国军事力量施加了严格的限制，禁止它拥有飞机、坦克，以及禁止其军队人数超过 10万。德国被迫放弃其海外殖民地和 13% 的欧洲领土（以及其人口的 10%），并同意盟国占领其工业核心区——莱茵。[125] 对德国人的骄傲最具破坏性的是"战争罪责条款"，该条款将战争的责任完全归咎于德国。虽然"几乎所有的德国人都非常愤慨"[126]，但所谓的"奴隶条约"[127] "基本保持了德国经济和地理上的完好，并保持了国内的政治团结和再次成为一个大国的潜力"[128]。在 20 年后的世界大战中，阿道夫·希特勒将利用这种力量再次推翻欧洲秩序。

希特勒"不遗余力"地推动德国崛起。[129] 1933 年，在他的国家社会党赢得选举后，希特勒开始通过非民主的手段巩固自己的权力。他为自己辩护，呼吁将"德国举国之力"集中在重整军备的单一目标上，以确保他眼中德国人民的"生存空间"，正如保罗·肯尼迪所说的那样："他想要整个中欧和整个俄国，直到伏尔加河畔的土地来作为德国的生存空间，从而为德国的自给自足和强国地位提供保证。"[130] 德国的军事建设进行得很快，当希特勒成为总理时，法国和英国在国防方面的投入是德国的两倍，到了 1937 年德国便扭转了这一比例，其国防支出相当于英法总和的两倍。[131] 德国迅速的装备整顿体现在其军用飞机的生产上：1933年，德国生产了368架飞机，但到1938年，其产量增加到5 235架，超过法国和英国的总产量。[132]德国军队从1936年的39个师扩展到1939年的103个师，总数为276万人。[133]

起初，德国重整军备遭到了其未来对手"漫不经心"[134]的回应，它们"几乎没有立即认识到危险"[135]。尽管温斯顿·丘吉尔进行了反复严正的警告，德国"不惧怕任何国家"，并且"在以某种德国历史上前所未见的方式武装起来"，但英国首相内维尔·张伯伦(Neville Chamberlain)认为希特勒只是试图纠正在凡尔赛犯下的错误，并默许了1938年9月德国在慕尼黑吞并苏台德地区。[136]然而在1939年3月，希特勒决定占领捷克斯洛伐克的剩余领土时，张伯伦的焦虑与日俱增——这表明了希特勒的野心不止于此。张伯伦反问道："这是一次旧危机的结束，还是一个新的开始？这是对一个小国家的最后一击，还是对其他国家故技重施？这实际上是朝着试图用武力统治世界的方向迈出的一步吗？"[137]然而，正如亨利·基辛格所解释的那样，法国"变得如此消极，以至于无法行动起来"[138]。斯大林认为，与德国签署互不侵犯条约能让苏联的利益最大化，其中包括一项关于瓜分东欧的秘密协议。[139]

在同意与斯大林达成协议一周后，希特勒入侵波兰，英国和法国随即于1939年9月3日宣战，第二次世界大战自此开始。不到一年，希特勒就占领了法国以及西欧和斯堪的纳维亚半岛的大部分地区。尽管英国挫败了德国的空袭，但它还是在欧洲大陆上一败涂地。1941年6月，希特勒背叛了斯大林并入侵了苏联。四年之后，当德国被击败时，欧洲大陆的大部分地区已经被摧毁，而它的东半部将在接下来的40年里，处于苏联的统治之下。如果没有美国，西欧不可能得到解放，而它们将继续依赖美国的军事力量。希特勒发动的战争,就此成为了有史以来世界上最为血腥的战争。

十四、美国与日本
　　时期:20世纪中期
　　守成国:美国
　　崛起国:日本
　　竞争领域:海权与亚太地区影响力
　　结果:第二次世界大战(1941—1945年)

　　日本帝国在中日战争和日俄战争中获得了决定性胜利,且拥有着包括朝鲜和中国台湾在内的日益增长的势力范围,这使其势力不断增强,在20世纪成为侵略型霸权主义国家。随着日本的扩张,特别是其势力进入中国后,威胁到了美国在太平洋地区所倡导的"门户开放"政策,美国因此在20世纪30年代变得越来越敌视日本。在美国试图通过限制原材料进口来遏制日本后,日本袭击了珍珠港,将迄今为止仍不情愿参战的美国人拉进了第二次世界大战中。

1915年,日本首相大隈重信(Okuma Shigenobu)利用日本新近获得的影响力,向中国征收"二十一条"关税,以求增强日本在亚太地区的经济和属地霸权。这些要求不仅对中国构成了严峻的挑战,也对1899年美国实行"门户开放"政策后所建立的地区秩序构成了极大的挑战。国务卿亨利·史汀生(Henry Stimson)担心日本的要求将威胁到这种秩序以及依赖于此的美国式的生活方式。[140]

为了追求"东亚新秩序"，日本在 1931 年无缘无故发起了一场挑衅战争，以此夺取中国东北。这场战争延伸到了中国的心脏地带，在 1937 年的南京大屠杀中达到了高潮。虽然美国认为日本对其盟友的侵略令人惊愕，但总统富兰克林·罗斯福最初保持克制，即使日本轰炸了美国一艘在南京附近营救美国人的船只，也未采取行动。

然而，在接下来的几年里，美国开始加大对中国的援助力度，并对日本实施日益严厉的经济制裁。由于岛国几乎完全依赖于进口关键原材料，如石油、橡胶和废铁，而且因为它认为领土扩张对于获得自然资源和未来成为强国至关重要，所以日本的领导层认为这种遏制是一种致命的威胁。正如日本大使野村吉三郎（Kichisaburo Nomura）于 1941 年 12 月 2 日告诉华盛顿的那样："日本人认为……他们正被美国置于严峻的压力下，至屈从于美国的立场；而这样的话，与其屈服于压力，不如打仗。"[141]

因为日本与欧洲的轴心国、维希法国和苏联就殖民地问题进行了谈判，这将使得它们在东南亚更容易进行扩张，所以美国中止了与日本的谈判。根据历史学家理查德·斯托里（Richard Storry）的说法，华盛顿确信日本正在"重新划分亚洲的势力范围，以此将西方排除在外"。[142] 随着制裁收紧，美国驻东京大使约瑟夫·格鲁（Joseph Grew）在他的日记中深刻地指出："恶性循环的报复与反报复正在进行中……显然最终的结果是战争。"[143]

罗斯福在 1941 年 8 月对日本实行石油禁运被证明是战争的最后一根稻草。正如前国务院官员查尔斯·马希林（Charles Maechling）解释说："虽然石油不是造成关系恶化的唯一原因，但一旦被作为外交武器使用，它将使得敌对状态不可避免。美国在没有充分考虑可预见的爆炸性后果的情况下，毫无顾忌地切断了强大对手的补给生命线。"[144]绝望中，日本领导人批准了一项计划，对珍珠港的美国太平洋舰队进行先发制人的"淘汰打击"，为夺取东南亚和荷属东印度资源丰富的领土扫清障碍。正如学者杰克·斯奈德（Jack Snyder）所指出的那样，日本的战略反映了它"不进则退"的信念，而且鉴于美国"固有的贪婪本性"，日本与美国的战争是"不可避免的"。[145]

回顾过去，美国政治家们意识到了石油禁运政策的鲁莽。正如后来的国务卿迪安·艾奇逊（Dean Acheson）所说，美国对日本意图的误解并不是基于"日本政府在亚洲的企图，不是我们的禁运激起的敌意，而是东条英机（General Tojo）为了实现他的目标，将要承担令人难以置信的高风险。华盛顿没有人意识到，东条英机和他的政权不是将征服亚洲视作其个人野心的达成，而是将其视为政权的生存问题。对他们来说，这是一个生死攸关的问题"。[146]日本对珍珠港的袭击在短期内取得了阶段性成功，日本继续享受着对美国和英国的巨大战术胜利，但战争最终导致它在 1945 年几乎完全被摧毁，而日本在东亚的战争造成了数千万人丧生。

十五、美国与苏联

时期：20 世纪 40 年代至 80 年代

守成国：美国

崛起国：苏联

竞争领域：全球大国

结果：无战争

在第二次世界大战之后，美国成为世界上无可争议的超级大国。它的国内生产总值占据着世界国内生产总值的一半，拥有强大的常规军事力量，并且垄断了人类历史上从未有过的最具破坏性的战争手段：核弹。然而，美国的霸权很快就受到了其在第二次世界大战中的盟友——苏联——的挑战。虽然两国经常关系紧张，但冷战却成为历史上避免修昔底德陷阱最成功的案例之一。通过发展武装冲突之外的军备竞赛，美苏两大国和平地控制着历史上风险最高的大国竞争。

第二次世界大战之后，苏联人以极大的代价从纳粹统治中解放了东欧国家，这让他们觉得有权从第二次世界大战后的东欧废墟中划出一个势力范围。通过部署军事顾问和情报官员来指派当地政客，建立全新的共产主义政党，策划政变并镇压不同政见，苏联建立了一个延伸到德国中部的帝国。用丘吉尔的话说："从波罗的海的什切青到亚得里亚海边的特里亚斯特，一个横贯欧洲大陆的铁幕已经降落下来。"

美国的政策制定者很快就明白，正如历史学家约翰·加迪斯（John Gaddis）所写的那样，苏联寻求的"不是在欧洲恢复权力平衡，而是像希特勒一样彻底地统治这个大陆"[147]。在欧洲拥有了支配一切的至高地位，斯大林可以轻松地在全球范围内传播他的"革命帝国"共产主义。在第二次世界大战欧战胜利纪念日后的9个月，1946年2月乔治·凯南的"长电报"出炉；不到两周之后，温斯顿·丘吉尔发表了"铁幕演说"，确定将苏联共产主义视作西方的生存威胁。海军部长詹姆斯·福里斯特尔代表了许多美国政策制定者的观点，他写道，苏联共产主义"与民主不相容,因为它依赖于用武力实现目标的意愿"。[148]

到 1949 年,苏联通过试验自己的原子弹成功地打破了美国的核垄断局面。8 年后,苏联发射了人造地球卫星,这是第一颗进入太空的人造卫星,击破了美国在科学和技术方面假定的领先优势。与此同时,苏联经济开始飙升:到 1950 年,其工业生产水平比战前增加了 173%,而 1950 年至 1970 年间,每年平均经济增长(至少如官方报告显示)为 7%,[149] 这使人们担心苏联可能在经济上与美国相匹敌甚至超过美国。[150] 保罗·萨缪尔森在 20 世纪 60 年代最畅销的经济学教科书《经济分析基础》一书中预测,苏联国民生产总值将在 20 世纪 80 年代中期超过美国。[151] 虽然萨缪尔森的预测从未实现过,但苏联在军费开支和钢铁生产两个关键领域确实超过了美国,其均发生于 20 世纪 70 年代初期。[152]

为应对这一挑战,美国采用了除炸弹和子弹之外的所有传统战争工具,以及许多非传统的战争工具。这种对抗因此被称为冷战。[153] 尽管有一些千钧一发之际(例如古巴导弹危机)和几次代理人战争(发生在韩国、越南、阿富汗和其他地方),但双方之间避免了公然的直接冲突。[154] 历史学家就冷战从未走向热战的原因提出了各种解释,大多数人都将之归因于核毁灭带来的恐惧[155],而有些则强调美国和苏联之间的地理距离[156],或者是侦察计划的增加减少了发生危险误解的可能性[157]。许多人指出,两国共同认可了双方竞争之上的限制条件,这使它们能够利用除直接冲突之外的各种形式相互打击。[158] 使两大国脱离战争的另一个因素是围绕核武器而开展的合作文化,其始于 1972 年签署的《第一阶段限制战略武器条约》(SALT Treaty),并于 20 世纪 80 年代的里根-戈尔巴乔夫峰会达到高潮。这些峰会不仅降低了核事故的风险,而且还建立了两国间信任的基准。

随着时间的推移,美国持续 40 多年的遏制战略取得了成功。市场经济的民主国家,与提倡命令-控制的独裁主义内部矛盾之间形成了鲜明的对比,后者在几十年内掏空了苏联政权。在"大炮和黄油"*都无法提供的情况下,苏联在 1991 年解体,20 世纪后期最典型的修昔底德式冲突在没有流血的情况下结束了。

十六、英国和法国与德国

时间:20 世纪 90 年代至今

守成国:英国与法国

崛起国:德国

竞争领域:欧洲的政治影响力

结果:无战争

在冷战结束时许多人预计,一个重新统一的德国将恢复昔日的霸权野心。尽管他们的判断是正确的——德国注定要恢复自己在欧洲的政治和经济实力,但它的崛起在很大程度上仍然是良性的。意识到修昔底德陷阱是如何让他们的国家陷入泥潭后,德国领导人找到了一种新的方式来施加自己的权力和影响:领导一个统一的经济秩序,而不是以军事为主导。

当联邦德国总理赫尔穆特·科尔(Helmut Kohl)在冷战结

---

* 即军事发展和经济发展。——译者注

束提出德国统一问题时，欧洲的领袖——英国和法国，在面对一个新兴强大的德国出现的前景时，显得犹豫不决。对于许多战略家来说，第二次世界大战结束后分割德国，可以永久解决导致两次世界大战的"德国问题"。在描述北约对欧洲的三重使命时，有句玩笑话经常被提到，就是"把苏联人赶走，让美国人进来，让德国人倒下"[159]。

英国和法国的焦虑很容易理解：一个重新统一的德国将成为西欧人口最多的国家，成为欧洲的经济发动机。依照此种想法，法国驻德国大使在 1989 年辩称，德国的重新统一"将产生一个由德国统治的欧洲，无论是东方还是西方，没有人愿意看到这样"[160]。英国首相玛格丽特·撒切尔则想得更远，她私下向老布什总统提出了这些担忧，她担心"德国人会在和平中得到希特勒在战争中无法得到的东西"[161]。为了对抗这种威胁，撒切尔和法国总统弗朗索瓦·密特朗（François Mitterrand）讨论了加强英法联盟的问题。例如，密特朗认为"英法双边的军事甚至是核能方面的合作，对于德国是一种平衡"[162]。根据前外交官、学者菲利普·泽利科（Philip Zelikow）和前国务卿康多莉扎·赖斯（Condoleezza Rice）的说法，"欧洲人，特别是法国人，认为德国的任何复兴都必须与欧洲的体系相结合，这才能使德国不会危及法国"[163]。

正如欧洲领导人所预见的那样，德国确实能够凭借其强大的经济实力，迸发出欧洲最为强大的政治声音，其填补了苏联解体所留下的权力真空。然而值得注意的是，德国的复兴和平地发生了。随着时间的推移，英国和法国也站到了德国的一边。正如亨利·基辛格最近观察到的那样："在击败德国、宣称支配欧洲 70 年后，如今的战胜国们正在恳求德国领导欧洲，这在很大程度上是出于经济原因。"[164]那么这是怎么发生的呢？

德国的和平崛起主要得益于其宏伟远大的战略，即通过公开表达自己的善意和寻求与昔日对手的相互依赖，来消解欧洲的怀疑。最重要的是，德国领导人有意识地选择不去重新发展本该与国家经济实力相称的军事存在。

随着德国实现经济霸权，成为欧洲一体化市场的主导者，领导位于法兰克福的欧洲中央银行，这条新路径变得尤为明显。正如前英国贸易大臣斯蒂芬·格林（Stephen Green）所指出的那样，德国将其权力主要用于影响欧洲的政治经济："德国绝没有表现出在国际外交事务中扮演任何战略角色的意愿，而英国和法国都认为扮演这种角色是理所当然的。"[165]正如国际关系学者赫尔加·哈夫腾多恩所描述的那样，一体化战略"通过强调将德国复兴的潜力融入一个新欧洲的重要性，来抵消德国在势力和主权方面的扩张，创造一个'欧洲化的德国'而不是'德国化的欧洲'"[166]。

当然值得注意的是，德国在统一之前就开始追求经济一体化。[167]此外，德国决定放弃军事扩张以适应其经济影响力，无疑受到了美国作为地区安全保障和欧洲稳定力量的影响。然而无论它的出发点是什么，德国最终向它昔日的对手证明了自己的可靠，正如政策分析家汉斯·昆德纳尼（Hans Kundnani）在《德国力量的悖论》一书中所描述的一种全新的民族精神，即"一种经济自信和军事节制的奇怪混合……从地缘政治角度来说，德国是一个良性因素"[168]。

最近，由于全球金融危机的影响，以及来自叙利亚和中东的移民和难民的大量涌入造成了欧洲的不稳定，这使得现有的欧洲体系和德国的领导地位受到质疑。然而，无论欧洲的未来如何，或者美国在欧洲大陆的安全存在出现了异于历史的情况，德国在权力过渡的关键时刻的做法，为寻求避免修昔底德陷阱的大国提供了持久而重要的教训。德国已经认识到，增加国防开支以适应经济发展很容易引发冲突，而且需要持续的善意姿态才能克服敌对国家之间根深蒂固的恐惧。通过展现自己的稳定和开放、追求与昔日对手的融合，以及放弃更传统的炫耀权力的意愿，德国迄今为止成功地逃脱了修昔底德的陷阱。

注　释

1. Pérez, "Avance portugués y expansion castellana en torno a 1492," 107.

2. 在我们将此案例作为"无战争"结果的陈述中，值得一提的是，葡萄牙人确实在卡斯蒂利亚王位继承战争中进行了斗争，这场冲突是在 1475 年至 1479 年之间就卡斯蒂利亚-阿拉贡联盟是否被允许的问题展开的。如果这场卡斯蒂利亚内战再次确认与阿拉贡王国斐迪南结婚的伊莎贝拉成为下一位卡斯蒂利亚女王，那么这个联盟将会继续存在。如果胡安娜的支持者（与葡萄牙国王阿方索五世结婚）获胜，卡斯蒂利亚将与葡萄牙统一。当然，葡萄牙是为了将胡安娜带到王位而战的。因此，我们将这场战争理解为葡萄牙企图吞并卡斯蒂利亚作为自己的遗产，而不是卡斯蒂利亚与阿拉贡的统一引发了葡萄牙的侵略，从而将这场战争定义为修昔底德陷阱。还有另一个问题将这场战争与 1494 年的修昔底德陷阱案分开。在 17 世纪 70 年代，葡萄牙的海外帝国以及由此产生的财富增长速度远高于卡斯蒂利亚。在战争之前，葡萄牙在西非的"黄金海岸"发现黄金的消息已经散布开来，同时葡萄牙在亚速尔群岛和佛得角的殖民农业利润丰厚也广为人知。战前发布的一系列罗马教皇诏书批准了葡萄牙人控制这些土地。葡萄牙进入战争后，伊莎贝拉女王袭击了葡萄牙在非洲的领地，试图削弱葡萄牙的实力。这些努力最终都没有成功，葡萄牙在战争结束时成为了占主导地位的殖民大国。这一统治地位在 1479 年的《阿尔卡索瓦条约》(Treaty of Alcáçovas)中得到巩固。因此，虽然我们强调的 1492 年"无战争"情景清楚地显示了在西班牙崛起威胁葡萄牙统治的阶段西葡双方的谈判，卡斯蒂利亚王位继承战争是在两个权力都不断增长的时代进行的：尽管西班牙在欧洲大陆不断获得领土，但葡萄牙殖民地的崛起威胁到了西班牙的海外扩张。

3. Malyn Newitt, *A History of Portuguese Overseas Expansion*, 1400—

1668 (London：Routledge，2005)，56.

4. Christopher Bell，*Portugal and the Quest for the Indies* (London：Constable，1974)，180.

5. Alexander Zukas，"The Treaty of Tordesillas," in *Encyclopedia of Western Colonialism Since 1450* (Detroit：Macmillan Reference，2007)，1088.

6. Bell，*Portugal and the Quest for the Indies*，183.

7. Stephen Bown，*1494：How a Family Feud in Medieval Spain Divided the World in Half* (New York：Thomas Dunne Books，2012)，146—147.

8. 考虑到当时人们对美洲地理的了解甚少，国王约翰对教皇分界线的坚定立场是难以理解的。到了 1494 年，双方都没有确切地知道美洲是否存在，更不用说知道现代巴西的一部分是位于东经 46 度。然而，克里斯托弗·贝尔(Christopher Bell)假设 1494 年之前大西洋的葡萄牙探险家在偏离既定航线时，可能意外发现了土地，然后回来告诉国王。因此，国王约翰对 1493 年的罗马教皇诏书提出质疑，可能是因为"他已经知道南半球有横跨大西洋的土地，无论是岛屿还是陆地，它都适合被殖民化，并且它在西经 36 度附近被发现"。Bell，*Portugal and the Quest for the Indies*，186.

9. Disney，*A History of Portugal*，48.

10. 斐迪南·麦哲伦(Ferdinand Magellan)1521 年的环球航行显示，哥伦布实际上并未找到向东印度群岛的西行路线，而是一个新的广阔的美洲大陆。

11. Bown，*1494*，155.

12. 事实上，它是如此有效，以至于推动了第二个类似条约的产生。1529 年，葡萄牙和西班牙通过《萨拉戈萨条约》(*Treaty of Zaragoza*)解决了摩鹿加群岛主权的分歧，这是第二条将葡萄牙与西班牙领土分开的经线，尽管这次是在太平洋地区。

13. Jonathan Hart，*Empires and Colonies* (Malden，MA：Polity Press，2008)，28.

14. Rodríguez-Salgado，"The Hapsburg-Valois Wars," 380.

15. Ibid.，378.与穆斯林"异教徒"进行战争是神圣罗马皇帝所固有的责任。正如政治科学家戴尔·科普兰(Dale Copeland)说的那样，弗朗索瓦预测即将到来的冲突的能力，使得其有意对哈布斯堡帝国发起预防性战争以阻止其崛起。*The Origins of Major War* (Ithaca，NY：Cornell University Press，2000)，215.

16. Henry Kamen，*Spain，1469—1714* (New York：Routledge，2014)，65；Copeland，*The Origins of Major War*，381.

17. John Lynch, *Spain Under the Hapsburgs*, vol. 1 (Oxford: Oxford University Press, 1964), 88.

18. Robert Knecht, *Francis I* (Cambridge: Cambridge University Press, 1982), 72.

19. Rodríguez-Salgado, "The Hapsburg-Valois Wars," 400.

20. Brendan Simms, *Europe: The Struggle for Supremacy* (New York: Basic Books, 2013), 10.

21. Halil İnalcık, *The Ottoman Empire: The Classical Age, 1300—1600* (London: Phoenix Press, 2001), 35.

22. Caroline Finkel, *Osman's Dream: The Story of the Ottoman Empire, 1300—1923* (New York: Basic Books, 2006), 58.

23. Andrew Hess, "The Ottoman Conquest of Egypt (1517) and the Beginning of the Sixteenth-Century World War," *International Journal of Middle East Studies 4*, no.1, 67; Colin Imber, *The Ottoman Empire, 1300—1650* (New York: Palgrave Macmillan, 2009), 293.

24. Hess, "The Ottoman Conquest of Egypt," 70.

25. Ibid., 55.

26. Richard Mackenney, *Sixteenth-Century Europe: Expansion and Conflict* (New York: Palgrave Macmillan, 1993), 243.

27. Simms, *Europe*, 11.

28. Imber, *The Ottoman Empire*, 54.

29. Geoffrey Parker, *Europe in Crisis, 1598—1648* (Ithaca, NY: Cornell University Press, 1979), 70.

30. Ibid., 210—211.

31. Michael Roberts, "Sweden and the Baltic, 1611—1654," in *The New Cambridge Modern History*, 2nd ed., vol. 4, ed. J. P. Cooper (New York: Cambridge University Press, 1970), 392—393.

32. Samuel Rawson Gardiner, *The Thirty Years' War, 1618—1648* (London: Longmans, Green, 1912), 105.

33. Peter Wilson, *The Thirty Years War: Europe's Tragedy* (Cambridge, MA: Harvard University Press, 2009), 431.

34. Erik Ringmar, "Words That Govern Men: A Cultural Explanation of the Swedish Intervention into the Thirty Years War" (PhD diss., Yale University, 1993), 157.

35. Simms, *Europe*, 15.

36. Michael Roberts, *Gustavus Adolphus* (London：Longman，1992)，59—60.

37. 杰弗里·帕克(Geoffrey Parker)认为，古斯塔夫的管理基本上是为了勒索来自法国的大规模金融支持，因为担心瑞典的成功可能会阻止法国退出战后定居点："没有法国的帮助，古斯塔夫仍可能会占据统治地位，从而可以重新绘制德国地图，而法国是不会冒着这样的风险的……法国特使……承诺向瑞典每年提供 100 万里弗，为期五年，为'保卫波罗的海、商业自由，以及解放被神圣罗马帝国压迫的国家'而开战。这份合约立即被公布，并附上一份法国当场支付 30 万里弗的报告，引起了轰动。它被广泛称赞为瑞典外交的主线。"参见 Parker, *Europe in Crisis*, 219。

38. Roberts, "Sweden and the Baltic, 1611—1654," 392.

39. Wilson, *The Thirty Years War*, 462.

40. Kennedy, *The Rise and Fall of the Great Powers*, 63, 56.

41. Wilson, *Profit and Power*, 107.

42. J. R. Jones, *The Anglo-Dutch Wars of the Seventeenth Century* (New York：Routledge, 1996), 8.

43. Kennedy, *The Rise and Fall of the Great Powers*, 67.

44. 重要的是要记住，在史密斯对重商主义经济学进行解读之前两个权力还没有承认自由贸易导致互利的可能性。F.L. 卡斯滕(F.L. Carsten)解释说："荷兰人正在对英国海洋进行系统的统治，或者缺乏系统的想法，荷兰人称之为自由海洋原则，无论他们的商业力量是什么，他们都支持这种至高无上的原则。只有经过多年并开放新的可能性之后，它才开始意识到，世界贸易本身可以扩大，资本主义和竞争国家双方可以茁壮成长而不会相互摧毁。"参见 E. H. Kossmann, "The Dutch Republic," in *The New Cambridge Modern History*, 2nd ed., vol. 5：*The Ascendancy of France*, *1648—1688*, ed. F. L. Carsten (Cambridge：Cambridge University Press, 1961), 283。

45. Levy, "The Rise and Decline of the Anglo-Dutch Rivalry," 176, 189.

46. Edmundson, *Anglo-Dutch Rivalry During the First Half of the Seventeenth Century*, 5.

47. Immanuel Wallerstein, *The Modern World-System II：Mercantilism and the Consolidation of the European World-Economy*, *1600—1750* (Berkeley：University of California Press, 2011), 77—78.

48. Wilson, *Profit and Power*, 78.

49. John A. Lynn, *The Wars of Louis XIV*, *1667—1714* (Harlow, UK：

Longman，1999)，17.

50. Kennedy，*The Rise and Fall of the Great Powers*，99；Sir George Clark，"The Nine Years War，1688—1697，" in *The New Cambridge Modern History*，2nd ed.，vol. 6：*The Rise of Great Britain and Russia*，*1688—1715*，ed. J. S. Bromley (New York：Cambridge University Press，1970)，223.

51. Derek McKay and H. M. Scott，*The Rise of the Great Powers*，*1648—1815*(London：Longman，1983)，46."光荣革命"不仅指威廉对詹姆斯的处置,而且还指一系列宪法改革,赋予议会更多权力。威廉一般很满意去批准这些,因为他的首要任务是利用英国资源与法国开战。

52. Clark，"The Nine Years War，" 230.

53. Lawrence James，*The Rise and Fall of the British Empire*(New York：St. Martin's Press，1996)，66.

54. John Brewer，*The Sinews of Power*：*War*，*Money and the English State*，*1688—1783* (London：Unwin Hyman，1989)，xvii.

55. Robert Tombs and Isabelle Tombs，*That Sweet Enemy*：*The French and the British from the Sun King to the Present* (London：William Heinemann，2006)，51.

56. James，*The Rise and Fall of the British Empire*，58.

57. Tombs and Tombs，*That Sweet Enemy*，45.

58. James，*The Rise and Fall of the British Empire*，66.

59. Tombs and Tombs，*That Sweet Enemy*，46.

60. Kennedy，*The Rise and Fall of the Great Powers*，120.

61. David Chandler，*The Campaigns of Napoleon*(New York：Macmillan，1966)，208.

62. 根据历史学家弗朗索瓦·高诺斯(François Crouzet)的说法,18 世纪后期的法国,经济发展与英国几乎无法相比。"这种决定性的英国人的智慧和创新意愿的优越性是加剧了两个经济体在 18 世纪下半叶之间结构性差异的基本事实。"参见 François Crouzet，*Britain Ascendant*：*Comparative Issues in Franco-British Economic History* (Cambridge：Cambridge University Press，1990)，12。

63. William Doyle，*The Oxford History of the French Revolution* (Oxford：Oxford University Press，2002)，197.

64. Ibid.，198，204—205.

65. William Cobbet，ed.，*Cobbett's Parliamentary History of England*：*From the Norman Conquest*，*in 1066*，*to the Year 1803*，*vol. 30* (London：

T. C. Hansard，1806），239.

66. Doyle，*The Oxford History of the French Revolution*，200—202.

67. 到1815年，拿破仑将法国军队扩大到1789年的三倍多。参见 Kennedy，*The Rise and Fall of the Great Powers*，99。

68. Charles Downer Hazen，*The French Revolution and Napoleon*（New York：Henry Holt，1917），251—252.

69. Norman Longmate，*Island Fortress：The Defense of Great Britain*，1603—1945（London：Hutchinson，1991），291.

70. Michael Leggiere，*The Fall of Napoleon*（Cambridge：Cambridge University Press，2007），2.

71. Kennedy，*The Rise and Fall of the Great Powers*，124.

72. 这种扩张速度在俄国历史上并不是前所未有的：俄国"从1552年到1917年，每年的扩张量比许多欧洲国家的整个领土（平均每年10万平方千米）都要大"。参见 Kissinger，*World Order*，53。

73. Correlates of War Project，"National Material Capabilities Dataset." 参见 Singer，Bremer，and Stuckey，"Capability Distribution，Uncertainty，and Major Power War，" 19—48。

74. Orlando Figes，*The Crimean War：A History*（New York：Metropolitan Books，2010），40.

75. Ibid.

76. Simms，*Europe*，221.

77. Figes，*The Crimean War*，48.

78. Kissinger，*World Order*，50.

79. Astolphe de Custine，*Letters from Russia*，ed. Anka Muhlstein（New York：New York Review of Books，2002），647.

80. Alexander Polunov，Thomas Owen，and Larissa Zakharova，eds.，*Russia in the Nineteenth Century：Autocracy，Reform，and Social Change，1814—1914*，trans. *Marshall Shatz*（New York：M. E. Sharpe，2005），69.

81. Adam Lambert，*The Crimean War：British Grand Strategy Against Russia，1853—56*（Manchester，UK：Manchester University Press，1990），27.

82. Kennedy，*The Rise and Fall of the Great Powers*，120.

83. Ibid.，149.

84. Ibid.，183.

85. Howard，*The Franco-Prussian War*，40.

86. Wawro，*The Franco-Prussian War*，19.

87. Howard，*The Franco-Prussian War*，22.

88. Correlates of War Project，"National Material Capabilities Dataset." 参见 Singer，Bremer，and Stuckey，"Capability Distribution，Uncertainty，and Major Power War，" 19—48。

89. Wawro，*The Franco-Prussian War*，19.

90. Simms，*Europe*，241.

91. Steinberg，*Bismarck*，281—282.

92. Otto von Bismarck，*Bismarck*，*the Man and the Statesman*，*Being the Reflections and Reminiscences of Otto*，*Prince von Bismarck*，*Written and Dictated by Himself After His Retirement from Office*，trans. A. J. Butler（New York：Harper & Brothers，1898），57.

93. 学界存在着一个争论：俾斯麦有多大机率会利用霍亨索伦的王位候选资格来与法国开战。然而学界普遍认为俾斯麦确实渴望战争，而无论是阴差阳错还是早有预谋，王位候选资格都是普鲁士谋求与法国对抗的核心所在。

94. Jasper Ridley，*Napoleon III and Eugenie*（New York：Viking，1980），561.

95. Howard，*The Franco-Prussian War*，40.

96. Simms，*Europe*，243.

97. Mitchell，*International Historical Statistics*，1025.

98. 参见日本军事开支图表，Schencking，*Making Waves*，47（1873—1889），104（1890—1905）。

99. Iriye，"Japan's Drive to Great-Power Status，" in *The Cambridge History of Japan*，vol.5：*The Nineteenth Century*，ed. Marius Jansen（Cambridge：Cambridge University Press，1989），760—761.

100. Duus，*The Abacus and the Sword*，49.

101. Iriye，"Japan's Drive to Great-Power Status，" 764.

102. S.C.M. Paine，*The Sino -Japanese War of 1894—1895：Perceptions*，*Power*，*and Primacy*（Cambridge：Cambridge University Press，2003），77.

103. Stewart Lone，*Japan's First Modern War：Army and Society in the Conflict with China*，*1894—95*（London：St. Martin's Press，1994），25.

104. Westwood，*Russia Against Japan*，11.

105. Schencking，*Making Waves*，104.

106. Adam Tooze，*The Deluge：The Great War*，*America*，*and the Remaking of the Global Order*，*1916—1931*（New York：Viking，2014），13.

107. Kennedy，*The Rise and Fall of the Great Powers*，200—201.

108. May, *Imperial Democracy*, 57—59.

109. Bourne, *Britain and the Balance of Power in North America*, 339.

110. Kennedy, *The Rise and Fall of the Great Powers*, 203.

111. Bourne, *Britain and the Balance of Power in North America*, 351.

112. Friedberg, *The Weary Titan*, 197.

113. MacMillan, *The War That Ended Peace*, 38.

114. Orde, *The Eclipse of Great Britain*, 22. See also May and Hong, "A Power Transition and Its Effects," 12—13.

115. 在对"自由安全"的描述中，C.范恩·伍德沃德指出："管辖和保卫大西洋的昂贵海军是由英国人控制并出资，而美国人则享受着额外的安全保障，却没有增加他们自己的防务成本。"Woodward, "The Age of Reinterpretation," 2.

116. Kennedy, *The Rise and Fall of the Great Powers*, 202.

117. Kennedy, *Anglo-German Antagonism*, 464.

118. Seligmann, Nägler, and Epkenhans, eds., *The Naval Route to the Abyss*, 137—138.

119. MacMillan, *The War That Ended Peace*, xxvi.

120. 到 1914 年，法国总投资的四分之一都流向了快速工业化的俄国。Strachan, *The First World War*, 19, 62—63.

121. Herwig, *The First World War*, 20—24.

122. 这位德国皇帝担心，在最近的危机中，他会因没有直面自己的敌人而感到耻辱，而他看到了一个很好的机会来结束俄国在巴尔干半岛的影响力，即使这导致了与莫斯科的战争。Herwig, *The First World War*, 21—24；MacMillan, *The War That Ended Peace*, 523.

123. 举个例子，Clark, *The Sleepwalkers*, xxi-xxvii, 561。

124. Kennedy, *Anglo-German Antagonism*, 470.

125. Margaret MacMillan, *Paris 1919: Six Months That Changed the World*（New York: Random House, 2003）, 465.

126. Richard J. Evans, *The Third Reich in Power*, *1933—1939*（New York: Penguin, 2005）, 4.

127. Kennedy, *The Rise and Fall of the Great Powers*, 288.

128. William Shirer, *The Rise and Fall of the Third Reich: A History of Nazi Germany*（New York: Simon & Schuster, 2011）, 58.

129. Evans, *The Third Reich in Power*, 705.

130. Kennedy, *The Rise and Fall of the Great Powers*, 305; Antony Be-

evor, The Second World War (London: Weidenfeld & Nicolson, 2012), 5.

131. Stephen Van Evera, *Causes of War: Power and the Roots of Conflict* (Ithaca, NY: Cornell University Press, 1999), 95—96.

132. Kennedy, *The Rise and Fall of the Great Powers*, 324.

133. Zara Steiner, *The Triumph of the Dark: European International History, 1933—1939* (New York: Oxford University Press, 2011), 835.

134. Beevor, *The Second World War*, 4.

135. Gerhard Weinberg, *A World at Arms: A Global History of World War II* (New York: Cambridge University Press, 2005), 22.

136. Winston Churchill, *Never Give In!: Winston Churchill's Speeches*, ed. Winston S. Churchill (New York: Bloomsbury, 2013), 102—103.

137. "Speech by the Prime Minister at Birmingham on March 17, 1939," Yale Law School Avalon Project, http://avalon.law.yale.edu/wwii/blbk09.asp.

138. Kissinger, *Diplomacy*, 294.

139. 参见 Beevor, *The Second World War*, 17—21。

140. Kennedy, *The Rise and Fall of the Great Powers*, 334.

141. US Department of State, *Foreign Relations of the United States and Japan*, 780.

142. Richard Storry, *Japan and the Decline of the West in Asia, 1894—1943* (London: Macmillan, 1979), 159.

143. Feis, *The Road to Pearl Harbor*, 248.

144. Maechling, "Pearl Harbor," 47.

145. Snyder, *Myths of Empire*, 126, 5.

146. Dean Acheson, *Present at the Creation: My Years in the State Department* (New York: Norton, 1969), 36.

147. Gaddis, *The Cold War*, 15.

148. 参见福莱斯特给霍莫尔·费格逊的信, Millis, ed., *The Forrestal Diaries*, 57。

149. Wilfried Loth, "The Cold War and the Social and Economic History of the Twentieth Century," in *The Cambridge History of the Cold War*, vol. 2, ed. Melvyn Leffler and Odd Arne Westad (New York: Cambridge University Press, 2010), 514.

150. 美国国务卿约翰·福斯特·杜勒斯开始担心,"如果我们不能在某种程度上复制共产党为提高生产力标准而进行的集中建设,那么在世界大部分地区遏制共产主义将是非常困难的"。参见 H. W. Brands, *The Devil We Knew:*

Americans and the Cold War（New York：Oxford University Press，1993），70。

151. Samuelson，*Economics*，807.

152. Correlates of War Project，"National Material Capabilities Dataset"；Singer，Bremer，and Stuckey，"Capability Distribution，Uncertainty，and Major Power War，"19—48.

153. 无论是来自"修正主义"学派的学者，还是认为受人尊敬的冷战斗士如乔治·凯南，都认为美国对苏联的威胁反应过度了，大量的历史证据支持这一观点。然而，修昔底德陷阱并不要求守成国对崛起国的看法是理性的，也不需要对方的威胁和自己的实力相称。它只是要求崛起国至少在某种程度上正在变强，而且它的崛起足以引发守成国的恐惧，本案例很好地满足了这两种情况。

154. 在两国进行秘密作战的罕见案例中，当苏联飞行员在朝鲜战争期间对韩国进行轰炸时，出于担心核升级可能带来毁灭性后果，他们不愿意承认这一点。

155. 参见 Campbell Craig and Fredrik Logevall，*America's Cold War*（Cambridge，MA：Harvard Belknap，2009），357；Melvyn Leffler，*For the Soul of Mankind*（New York：Hill and Wang，2007），465；Gaddis，*The Cold War*，261。

156. 参见 Gaddis，*The Long Peace*，225。

157. Ibid.，232.

158. 参见 Graham Allison，"Primitive Rules of Prudence：Foundations of Peaceful Competition，"*in Windows of Opportunity：From Cold War to Peaceful Competition in US-Soviet Relatio*ns，ed. Graham Allison，William Ury，and Bruce Allyn（Cambridge，MA：Ballinger，1989）。

159. Jussi M. Hanhimaki，"Europe's Cold War，"in *The Oxford Handbook of Postwar European History*，ed. Dan Stone（Oxford：Oxford University Press，2012），297.

160. Moravcsik，*The Choice for Europe*，407.

161. Zelikow and Rice，*Germany Unified and Europe Transformed*，207.

162. Moravcsik，*The Choice for Europe*，408.

163. Zelikow and Rice，*Germany Unified and Europe Transformed*，47.

164. Heilbrunn，"The Interview：Henry Kissinger."

165. Stephen Green，*Reluctant Meister*（London：Haus Publishing，2014），299.

166. Haftendorn，*Coming of Age*，319.

167. 正如马丁·德德曼指出："将复兴中的德国经济安全稳定地融入西欧

的目标,在没有达成任何正式和平协议的情况下失败了。对于一个曾经好战的国家,欧洲选择了通过经济一体化解决问题:1951 年建立了煤钢共同体,1957 年建立了欧洲经济共同体。这意味着,在第二次世界大战后的 45 年里,德国经济实力的恢复并没有对欧洲构成政治或军事威胁(而日本的经济超级大国地位已经引起了其亚洲邻国的警惕)。"参见 Martin Dedman, *The Origins and Development of the European Union*, *1945—2008*(New York:Routledge, 2009),2。

168. Hans Kundnani, *The Paradox of German Power*(London:C. Hurst, 2014),102—103,107.

附录 2 七个"稻草人"

在学术辩论中,学者们经常倾向于攻击"稻草人",而不是对一个已经阐明的论点提出异议。

这个模式很简单:树立一个"稻草人",把它点燃,然后声称已经驳斥了这个论点。

为了批驳 2015 年 9 月《大西洋月刊》的一篇预述本书观点的文章,批评人士一再将同样的七个"稻草人"烧成灰烬。

1. 必然性:修昔底德陷阱声称,崛起国和守成国之间的战争是不可避免的。

正如《大西洋月刊》那篇文章及本书所描述的,修昔底德陷阱并没有宣称战争是不可避免的。事实上,在案例文件(附录 1)的 16 个案例中,有 4 个案例没有发生战争。此外,正如我所指出的那样,即使是在修昔底德的《伯罗奔尼撒战争史》中,他对"不可避免"这个词的使用也显然是一种夸张的说法。

2. 临界点、绊脚线或转折点:在权力过渡期间,双方到达了一个特定的临界点却没有引发战争——所以修昔底德是错误的。

修昔底德陷阱并没有假设战争最有可能发生的时刻。修昔底德式的动态在一方势力崛起过程中出现,在双方实力旗鼓相当时出现,在一方力量超过另一方之后也会出现。

3. 选择偏差:作者只是为了符合修昔底德陷阱的结论而精心挑选案例,他只选择了导致战争的案例。

案例文件包含了我们在过去几年里所能找到的所有实例,在这些例子中,一个主要的崛起国威胁要取代现有的守成国。因为案例文件包括整个领域的所有案例(相对于代表性的样本),所以它不受选择偏差的影响。关于修昔底德陷阱方法论的详细讨论,请参见 http://belfercenter. org/thucydide/thucydides-trap-methodology。

4. 缺少的案例:修昔底德陷阱的案例文件是不全面的。

修昔底德陷阱的案例文件是开放的。自从我在 2015 年的《大西洋月刊》上发表了这篇文章之后,修昔底德陷阱项目的网站邀请读者提出更多的案例,这些案例可以来自世界各地、可以来自不太重要的国家,可以来自不同的时代。就这次调查而言,越多的案例越好,因为额外的案例可以为崛起国和守成国的基本动态提供更多的见解。读者可以访问 http://www.belfer-center.org/thucyditraptrap/case-file 以提供案例。

5. 规模过小的样本:修昔底德陷阱的案例文件提供的资料太少,不足以支持有关法律或规律的主张,或者供社会科学家研究使用。

同意。但本研究的目的是探索一种现象,而不是提出什么金规铁律或是为统计学家创建一个数据集。

6. 但是……:案例文件中的事件和问题要比文章所述复杂得多。

当然,它们总是这样。

7. 原创性:修昔底德陷阱的概念不是原创的。

事实上,它之所以被称为修昔底德陷阱,应该表明了我们同意这种说法。正如网站上所指出的,自修昔底德之后,其他学者也为我们理解霸权挑战作出了贡献。

"知世"系列

特殊侵权责任研究

刘士国◎著

上海人民出版社

序

我国侵权责任立法有三个里程碑:一是 1986 年《民法通则》,在将民事责任独立成章的同时,用专节规定了侵权责任(第六章"民事责任"第三节"侵权的民事责任"),确立了中国侵权责任法的基本框架,对国家赔偿责任、产品责任、高度危险责任、环境污染责任、公共场所与道旁施工责任、工作物责任、饲养动物损害责任、监护人责任、共同侵权责任用专条作出原则性规定,加之法人一章中关于企业法人对其法定代表人和工作人员经营活动的责任,共计十种特殊侵权责任类型,原则上确立了我国特殊侵权责任法的体系。二是 2009 年通过的《侵权责任法》,以《民法通则》侵权责任规定为基础,对每一种具体的侵权责任作出了比较详尽的规定,增加规定了医疗侵权这一特殊侵权责任的种类,以用人单位责任涵盖了法人对其工作人员执行职务的责任,并规定个人劳务关系中的侵权责任,进一步完善了中国侵权责任法特别是特殊侵权责任法的体系。但是鉴于当时正在修订《国家赔偿法》,加之《民法通则》关于国家赔偿的规定依然有效,侵权责任法没有对国家赔偿责任作出规定。三是 2020 年通过的《民法典》,以侵权责任法为基础,形成《民法典》的侵权责任编,尤其对特殊侵权责任的种类在侵权责任法基础上作了必要的修改,增加规定破坏生态责任和生态环境修复、惩罚性赔偿等新内容,使特殊侵权责任法的规定更加完善。一个世界先进的具有中国特色的《民法典》侵权责任编已经形成,与此相适应的中国《民法典》侵权责任编法理体系,特别是其中的特殊侵权责任法理体系的构建,无疑是中国民法理论研究的重要课题。

综观世界,在工业社会和当代信息社会以及数字经济时代,侵权责任法获得空前发展。这其中最主要的是产品责任、环境污染责任、汽车交通事故责任、医疗侵权责任、高度危险作业责任。这五种侵权责任相对于在《法国民法典》和《德国民法典》制定时期的马车时代,称"新生的侵权责任"。以往仅称前四种是新生的侵权责任,是就"二战"前的情况而言的,显然不符合"二战"后核电事业的发展引发的核能事故等高度危险作业的实际。大陆法系的其他国家主要是在民法典之外通过特别法规范新生的侵权责任,英美法系的国家则是通过判例法兼有成文法发展起来的。在当代信息化时代和数字经济时代,侵权责任法的内容更加丰富,其中涉及特殊侵权最突出的是在产品责任中召回,成为重要的责任方式,在环境责任中生态修复成为重要的内容,在汽车交通事故责任中无人驾驶汽车交通事故成为新的问题,在医疗责任中形成患者的知情同意权和医师的说明义务为核心的法体系以及患者对个人信息的控制权法理。另外在高度危险作业的特殊侵权中,核事故损害赔偿及核污染生态修复成为核电国家必须面对的重大社会问题;火车事故责任已经发展为包括高速火车事故责任;航空成为普通人的交通运输方式也使得航空事故责任成为重要的高度危险作业责任类型。

中国作为工业化和市场经济后起的国家,其独特的历史和改革开放的背景决定了中国《民法典》将侵权责任作为独立的一编并对特殊侵权行为类型作出较为详尽的规定,在世界上是独树一帜的,也彰显了中国《民法典》的特色和先进性。但是我们也必须看到,因是编纂《民法典》,侵权责任编以侵权责任法为基础,能不修改的就不修改,拿不准的留待以后解决。因此我国《民法典》中的特殊侵权规定,还存在不尽如人意之处,主要表现为"责任主体的特殊规定"仍按侵权责任法,监护人责任、用人单位责任和个人劳务关系中的侵权责任未能作为独立的特殊侵权责任类型加以专章规定,保留了"物件损害责任"的不规范表述以及从高层建物中抛物、坠物加害人不明由可能加害人补偿的不当规定。

上述历史,决定了本书以探讨我国的特殊侵权责任法法理为主旨,以阐述《民法典》关于特殊侵权责任的规定为基础,同时对《民法典》编纂尚未进一步完善的问题进行研究,借鉴国外侵权责任理论研究的经验,力求并实事求是地构建符合中国国情的特殊侵权责任理论体系。这一体系既具中国特色,也具世界的共同性。

首先,本书探讨的主要问题是:特殊侵权法的特殊性,以特殊性的最新演变为重点;突发事件中的特殊侵权损害赔偿与救助、补偿的关系;使用人责任,以新型案件的实证分析为中心;国家赔偿基础关系的私法性质;产品责任,并探讨召回的责任性质;道路交通事故责任,重点阐释其法理并探讨无人驾驶汽车交通事故的法问题;医疗侵权责任,以医患关系和医疗单位责任为中心;环境污染和生态破坏责任理论探析,以环境权理论的最新发展与生态文明建设的关系为中心;高度危险作业责任,并探讨制定核事故损害赔偿、生态修复法问题。

其次,本书研究的创新之处在于:一是在体系上全面阐述民法典关于特殊侵权责任的规定,并分为特殊侵权责任概论、基于与加害人特殊关系的民事责任、基于支配管理的物或者动物的侵权责任、基于复数加害人的共同侵权责任四部分。此体系力求严密、完整,并能反映特殊侵权的法理。二是在内容上,以党的十八届四中全会关于全面推进依法治国若干重大问题的决定和党的十九大精神、二十大精神为指导,围绕《民法典》就特殊侵权责任法展开研究。主要创新之处有:探讨了特殊侵权责任法的特殊性,深刻阐述特殊侵权赔偿、补偿、救助的关系,对基于与他人特殊关系责任提出并论证监护人责任、使用人责任、国家赔偿责任为独立特殊侵权责任类型,以及阐明医疗单位承担医疗责任是由社会主义公有制决定的中国特色医疗制度以及患者信息控制权法理、侵犯精神障碍者住院决定权责任;基于支配管理的物或者动物责任,围绕环境侵权对环境权法理、污染者负担、疫学因果关系发展进行探讨，特别重点比较研究阐释生态破坏责任立法的中国特色；研究了产品召回尤其是违反环保召回的责任法理；探讨了完善机动车事故责任机制，规范无人驾驶汽车交通事故责任的法问题；提出并论证了制定核事故损害赔偿、生态修复法问题；对抛掷物损害救济进行新的分析；对共同侵权提出增加团伙侵权责任建议。

最后，本书主要运用民法解释的方法探究特殊侵权责任，以民法典相关条文为主线，结合司法解释阐释从民法通则到侵权责任法再到民法典特殊侵权规范的演变，并对法院判决和行政处置特殊侵权重大事故实践进行实证研究，借助比较法探讨特殊侵权责任的原理与新课题，以期有益于形成中国自主的特殊侵权责任法理论体系。

目 录

第二部分　基于与加害人特殊关系的民事责任

第一部分

特殊侵权责任概论

第一章

特殊侵权责任的特殊性

第一节　特殊侵权责任与一般侵权责任

特殊侵权责任是指法律特别规定适用于特定情况的侵权责任类型。特殊侵权责任是与一般侵权责任相对而言的。一般侵权责任是加害人因过错侵害他人权利并造成损害依法承担的责任。确切地说，加害人是指有相应行为能力的人，并且是指一个人，即一个自然人或者一个法人。因为两个加害人共同侵权，法的关系复杂化，又需法律作出特别规定。因此，侵权责任法体系的逻辑起点是一个人造成他人损害，由此区分一般侵权和特殊侵权。但这并不是唯一的标准，另一个标准则是必须构成一个不同于一般过错责任的类型，即类型化标准。比如，违反安全关照义务并不构成不同于过错责任的类型，不是特殊侵权。法律的这种区分是对客观事实的正确反映。自人类进入阶级社会之后，通常的侵权都是一个人造成他人损害，至今并无实质性改变。

一般侵权责任的构成要件，在法国是加害人的过错行为、损害后果以及因果关系；在德国是加害行为的违法性、行为人过错、损害后果和因果关系。两国理论的区别是法国学者认为违法就是过错，或者过错吸收了违法,将两者并列为两个要件是不合逻辑的;德国学者的理论是违法是客观的,过错是主观的,是完全不同的两个要件。两种理论难论孰是孰非。我国继受的是德国四要件说,民国时期通过日本法继受德国法,中华人民共和国成立后通过苏联法继受德国法。我国《民法典》第1165条规定:"行为人因过错侵害他人民事权益造成损害的,应当承担侵权责任。"此条即是过错责任的一般规定。

特殊侵权责任,在罗马法上最典型的是监护人责任和动物侵权责任,为过错责任之例外的无过错责任,不以监护人或者动物所有人、使用人过错为责任要件。法国法亦然。德国法、日本法的监护人责任和动物侵权责任则采过错原则,以未尽监护或者管理义务为要件。实务上,审判结果却惊人的相似,即严格要求尽到相应义务就接近无过错责任。这也表明是否为特殊责任,并不在于适用的是无过错责任,而在于是否为法律的特别规定。但我国的特殊侵权责任基本适用的是无过错责任。

在我国,《民法典》规定的特殊侵权责任,包括侵权责任编规定的产品责任、机动车交通事故责任、医疗损害责任、环境污染和生态破坏责任、高度危险责任、饲养动物损害责任、建筑物和物件损害责任、监护人责任、用人单位责任和个人间劳务关系责任、共同侵权责任;另有国家赔偿法规定的国家赔偿责任,共11种。

特殊侵权责任特殊性主要表现在归责原则的特殊性和责任要件的特殊性。

第二节　特殊侵权责任归责原则的特殊性

在资本主义国家,工业社会产生的环境污染、产品责任为资本主义18、19世纪新生的侵权责任种类,经历了过错推定、无过错责任、过错无过错交错存在的不同阶段。过错推定、无过错责任适用的前提是难以认定加害人过错，其目的是保护受害人，维护社会公平正义。"二战"之后，各国逐渐建立了环保部门和针对产品的质检部门，制定了生产排污标准和产品质量标准，使认定加害人过错逐渐成为可能，20世纪80年代末进入过错无过错两种责任交错时代。这是当代特殊侵权责任归责原则的特殊性。

特殊侵权责任法以无过错责任为原则，以过错无过错责任交错存在的特殊性，在《民法典》侵权责任编得到充分体现。

在产品责任中，《民法典》第1202条首先规定，"因产品存在缺陷造成他人损害的，生产者应当承担侵权责任"。生产者对缺陷的存在不管有无过错，不管是谁造成的，除正当理由外均应承担责任。但销售者与生产者应被侵权人请求先承担责任后的相互间追偿均以被追偿一方有过错为条件（《民法典》第1203条），运输者、仓储者承担责任，也是以有过错为要件的（《民法典》第1204条）。《民法典》第1207条规定："明知产品存在缺陷仍然生产、销售，或者没有依据前条规定采取有效补救措施，造成他人死亡或者健康严重损害的，被侵权人有权请求相应的惩罚性赔偿。"此条显然是过错责任。从而可以推论出，生产者明知产品存在缺陷而生产或者销售，即使未造成他人死亡或者健康损害的，虽不承担惩罚性赔偿，但对于造成的其他损害，也应承担实际损害的过错赔偿责任。

对医疗损害责任，《民法典》第1218条规定："患者在诊疗活动中受到损害，医疗机构或者其医务人员有过错的，由医疗机构承担赔偿责任。"因医疗侵权责任一般是由医务人员的过错所致，从医疗机构应对本组织使用的人的职务行为损害分析，医疗机构对此承担的是无过错责任，而医疗机构过错所致损害较少发生，医疗机构对自身行为致人损害承担的是过错责任。当然，如果不管是医疗机构的过错还是医务人员的过错，而将医疗过错当作医疗机构一方的过错，也可以认为医疗机构承担的都是过错责任，但这是一种只简单分析医患双方关系而不再进一步区分医疗机构内部关系而得出的结论。

对环境污染和生态破坏责任,《民法典》第 1229 条规定:"因污染环境、破坏生态造成他人损害的,侵权人应当承担侵权责任。"这是无过错责任,即环境污染、破坏生态责任以无过错为原则。但实践中,环境污染、破坏生态的后果多是违法所致,有的甚至构成犯罪,因此污染者过错明显,承担的是过错责任。

关于过错责任在特殊侵权责任中优先适用,笔者在另一本专著中有专章论证①,不在此一一分析,在能够认定过错的条件下,优先适用过错责任是现时特殊侵权责任认定的定则。

第三节　特殊侵权责任构成要件的特殊性

一、侵权行为的特殊性

与一般侵权责任比较,不同类型的特殊侵权行为有如下不同的特征:

共同侵权行为的特征是,侵权人是两个或者两个以上的人。因此,共同侵权责任法律关系呈现复杂性,一是无法律特别规定,一般情况下应对受害人承担连带责任(只有我国民法典承袭侵权责任法规定的共同污染环境造成损害分别承担责任);二是共同侵权人内部应分担责任。

某些特殊侵权行为,是基于他人行为承担的侵权责任,也就是责任人与侵权人往往不是一个人,而是基于责任人与侵权人的特殊关系,由

---

① 参见刘士国主编国家社科重大项目(跨学科类)《重金属环境污染损害赔偿法律机制研究》(第一册)、《重金属环境污染法治与人身损害赔偿》(刘士国著,中国法制出版社 2020 年版。)第七章"论过错责任在特殊侵权领域的优先适用"。

责任人而非侵权人承担责任。属于此类的有监护人责任、使用人责任。而一般侵权行为,责任人与侵权人是同一个人的,是基于自己行为承担的责任。

某些特殊侵权责任,是基于责任人支配管理的物或者动物致人损害承担的责任。如工作物责任、饲养动物损害责任。而一般侵权行为,是加害人直接侵害受害人,他可能使用工具,但那不是基于物的责任而是基于自己行为的责任。

二、损害后果的特殊性

特殊侵权行为的损害后果总体而言较一般侵权行为严重。因一般侵权行为为"私害",即个人对个人的损害,而且加害人是一个人,而特殊侵权行为多为工业社会产生的"公害",即不仅是对个人的损害,而且具有社会公共性,需要全社会来应对。比如,道路交通事故,以机械为动力的汽车事故造成的死亡人数远比马车时代发生的死亡事故多得多,我国每年少则近 6 万人(2015 年 5.8022 万人),多则超过 10 万人(2002 年 10.9 万人)。环境污染损害,具有一定的累积性和潜伏性,损害一旦发生,后果严重。比如吉林化工厂储油罐爆炸,造成松花江水污染①,国家已使用 73 亿元治污费;毒奶粉事件,造成全国约 22 万名儿童受损害;②工业生产造成的华北地下水污染,涉及河北、北京、天津、河南、山东广大区域③;大气污染,以最严重的 2012 年为例,雾霾天越来越多,从北京到上海甚至海口;工业生产堆放的废渣,排放的废水、

---

① 参见新华社《国务院对吉林石化爆炸及松花江污染事故作处理》,载中国政府门户网站,www.gov.cn, 2006 年 11 月 24 日。2005 年 11 月 13 日,中国石油天然气股份有限公司吉林石化分公司双苯厂硝苯精馏塔发生爆炸,造成 8 人死亡,60 人受伤,直接经济损失 6 908 万元,并引发松花江水污染事件。除对责任人行政处分外,环保部门罚款 100万元。因企业无力承担松花江水污染清理责任,国家投入 73 亿元根治松花江水污染。

② 参见《三聚氰胺:三鹿奶粉事件回顾》,载亲亲宝贝网,2013 年 8 月 14 日。2008年 9 月,三鹿集团生产的婴幼儿奶粉,被发现导致多名食用三鹿奶粉的婴儿出现肾结石症状。

③ 《环保部:华北局地地下水污染较严重,重金属超标》,参见中国新闻网,访问日期:2013 年 4 月 26 日。

废气,在全国已造成数百个癌症村。特殊侵权,涉及的社会关系复杂,消费者保护、环境问题已形成潜在的加害者群体与受害者群体,社会关系的调整不只是加害者个人与受害者个人,也是不同利益群体的关系。

损害的多样性是特殊侵权损害的另一个特殊性。一般侵权行为的损害,无非就是人身损害或者财产损失,在处理时相对比较容易认定。特殊侵权行为损害,不仅人身损害或财产损失难以认定,而且呈现损害的多样性。人身损害难以认定,如重金属污染致人中毒,由于到发病有较长的潜伏期(有的潜伏期长达30年),确认中毒非常困难,确认损害后果更加困难。重金属污染土地,确认损害也极其困难。以上均需严格的鉴定评估。损害的多样性不仅涉及一般意义上的人身、财产损害,而且涉及危险的预防。广义上,存在造成他人损害的危险也是一种损害,对此,危险制造者必须承担消除危险的相应责任。最典型的是产品责任中的召回,如汽车公司发现汽车存在缺陷而召回已经售出的汽车、制药厂发现某种药品存在缺陷而主动召回投放市场和销售给消费者的药品、食品制造者召回不合格食品等。召回作为法律责任,也可由行政部门甚至法院责令召回。再如,环境工程项目处于准备建设或者开始建设阶段,有可能损害当地居民环境利益时,当地居民有权请求撤销规划或者停建。就实际发生的损害而言,特殊侵权存在纯粹经济损害、纯粹环境损害,甚至后代人环境利益损害问题。特殊侵权存在大规模侵权问题,而一般侵权基本不发生大规模侵权损害。

损害是否可保险也不同,特殊侵权损害加害人可保险,而一般侵权损害加害人不能保险。这是因为特殊侵权主要是基于生产的风险,保险是生产经营者的互助,是风险转移机制,而适用无过错责任使责任保险符合社会正义。一般侵权是过错侵权,保险违背社会正义。

三、因果关系的特殊性

特殊侵权行为较之一般侵权行为,因果关系较为复杂。一般侵权行为的因果关系,涉及直接因果关系、间接因果关系;主要因果关系、次要因果关系;相当因果关系等。特殊侵权行为也涉及这些因果关系,但情形往往也不一样。如同是直接因果关系,一般侵权行为的要件以加害接触为条件,而交通事故虽一般也以接触为条件,但因躲避而受到的损害,也会被认定为有因果关系。除此之外,特殊侵权责任的因果关系还会涉及盖然性因果关系、疫学因果关系、比例或者份额因果关系。其中疫学因果关系在环境侵权中又有越来越重要的剂量—反应因果关系。其他因果关系在以往理论研究中已经阐述,比例因果关系、剂量—反应因果关系在我国是新问题。

我国《民法典》第 1231 条规定:"两个以上侵权人污染环境、破坏生态的,承担责任的大小,根据污染物的种类,浓度、排放量,破坏生态的方式、范围、程度,以及行为对损害后果所起的作用等因素确定。"由于我国共同污染环境、破坏生态情况复杂,既有历史原因,又有现实原因,因此侵权人依此规定不承担连带责任。一是历史原因,如有的企业已不存在,但堆放的废弃物依然存在,为污染损害的原因,让现存其他企业负连带责任就不公平。二是现实原因,一些小企业可能违法排放严重,而大企业造成的污染损害可能并不严重,小企业对大企业承担连带责任,可能承担不起或者因大企业污染严重而不公平;大企业为严重污染的小企业连带负责也不公平。我国企业间不存在同一起点上的协同自律自治关系,《民法典》承袭侵权责任法作出分担责任而非连带责任的规定。依此规定,就要依污染物种类、浓度、排放量,破坏生态的方式、范围、程度以及作用等确认某一企业污染或者破坏与总损害之间的比例关系,即污染、破坏与损害的比例因果关系,并依此确认责任的大小。

剂量—反应因果关系,是依环境医学剂量—反应理论,在民法上应予确认的新型疫学因果关系类型。所谓剂量—反应理论,即从统计学的视角,认为暴露于某种情形下(如接触重金属镉),是否会造成某种反应(如出现肾功能损伤)在某一人群中发生率的上升(如由 10% 的基础发生率上升为 15% 的发生率），若发生率显著上升，则可判定最终效应（上升的部分）是由暴露于某种情形所致。这从民法上，即可确认上升的比率与某种情形有因果关系，加害人应对此部分损害负赔偿责任。

第四节　特殊侵权责任方式特殊性和救济方式综合性

《民法典》第 179 条规定："承担民事责任的方式主要有：（一）停止侵害；（二）排除妨碍；（三）消除危险；（四）返还财产；（五）恢复原状；（六）修理、重作、更换；（七）继续履行；（八）赔偿损失；（九）支付违约金；（十）消除影响、恢复名誉；（十一）赔礼道歉。"这十一种方式中，消除影响、恢复名誉，赔礼道歉两种是非财产责任方式，适用于过错侵权特别是过错所致名誉权损害，在特殊侵权责任领域一般来说是没有必要适用的，返还财产也基本适用于过错侵权。赔偿损失无论一般侵权还是特殊侵权，都是最通常适用的责任方式。恢复原状总体上在一般侵权和特殊侵权案件中都适用。停止侵害、排除妨碍，消除危险主要适用于特殊侵权领域。而第 179 条的（六）（七）（九）项只适用于违约责任。除此之外，《民法典》第 1234 条规定了生态环境损害的修复责任方式。

适用于特殊侵权的责任方式，往往在特殊侵权责任领域中又演变为更加具体的责任方式。比如，产品召回就是消除危险的具体方式；持续性环境污染行为，停止污染行为就是停止侵害、排除妨碍的责任方式；修复在我国环境污染判决中存在责令污染者修复植被的责任方式、净化被污染的土地或者水域的责任方式。赔偿损失在生态环境案件中对难以修复的环境自然资源损害。比如，动植物品种损害采用代替修复的责任方式,即用其他动植物品种替代已灭失或者减少的动植物品种;赔偿损失在交通事故、医疗事故、某些高度危险作业,由于兼顾保护受害人和促进社会生产和公益事业发展而采用限定赔偿原则,并有定额化、定型化的趋势,以应对多人损害及大规模侵权。

关于大规模侵权是否是特殊侵权的一个类型,答案应该是否定的。大规模侵权表现在几种特殊侵权责任中,如产品责任中发生的"毒奶粉事件""齐二药事件";①环境污染中的"吉林化工厂油罐爆炸污染松花江案""渤海油污案";②使用人责任中的上海"11·15"特大火灾事故;③交通事故中的"温甬动车事故案"④等。这些都是大规模侵权案件。大规模侵权是否仅发生在特殊侵权类型中,不会发生在一般侵权行为中,理论上应该是否定的。如投毒可能致多人死亡,在民法上构成大规模侵权,但往往会被刑事案吸收,演变为公共安全事件,由国家对被害人实施救助。

特殊侵权责任救济方式的综合性主要表现为,损害赔偿、责任保险、社会保险、国家与社会救助、行政补偿等多种救济方式。此点在大规模侵权中表现尤为明显,本书将予专章研究(详见第二章)。

---

① 参见练情情:《齐二药事件唯一幸存者不治身亡案件仍未判决》,载《广州日报》2008 年 1 月 24 日。2006 年 4 月,广州市中山三院对 64 名患者注射了齐齐哈尔第二制药厂生产的"亮菌甲素注射液",导致 13 人死亡。5 月 27 日,经国务院联合专家调查组赴中山三院调查,认定是一起注射齐二药生产的"亮菌甲素注射液"所含二甘醇中毒导致死亡的事件。

② 2011 年 6 月陆续发生并最终确认,由中国海洋石油集团有限公司和美国康菲石油公司合作开发的渤海湾蓬莱 19-3 号油田发生漏油事件,造成海洋及海产养殖严重损失。事后,事故责任方出巨资设立 10 亿元基金用于赔偿和污染修复。

③ 参见张国祥:《大规模侵权人身损害定额化赔偿》,复旦大学硕士论文。2010年 11 月 15 日,上海静安区胶州路 728 号胶州教师公寓,因进行外墙整体节能保温改造违章施工。非法雇用的无证电焊工电焊引发火灾,引燃楼梯外尼龙防护网和脚手架上的毛竹片,约 14 时 14 分火势迅速蔓延,包围并烧毁整栋大楼。事故致 58 人死亡,71人受伤。

④ 2011 年 7 月 23 日 20 时 30 分 05 秒,由北京开往福州的 D31 列车行至浙江省温州市瓯江特大桥上,与杭州开往福州的 D3115 次列车发生同向动车列车追尾事故,后车 D301 次四节车厢从桥上坠下,造成 40 人死亡,172 人受伤,中断行车 32 小时 35 分,直接经济损失 19 371.65 万元。

第五节 特殊侵权责任与保险的密切联系性

一、特殊侵权责任与侵权责任保险相互依存

责任保险产生于工业社会,是投保人与保险人签订合同,约定在投保人对第三人依法应承担赔偿责任时,由保险人在保险限额内向第三人承担保险赔偿的保险种类。责任保险最早出现的是劳动雇佣关系产生的雇主责任保险,相关的雇主责任最后发展为劳动保护保险。这种责任不属于侵权责任保险。属于侵权责任保险的是现代工业社会的交通事故责任险,包括汽车事故、航空事故、船舶航行事故等不同种类的保险;产品责任险;医疗责任险;重金属等毒物环境污染责任保险和核事故责任保险等。显然,这些以侵权责任为投保标的的责任险是责任保险的重要险种。现今我国法律对责任保险的概念作了规定,但对侵权责任保险的概念没有统一的规定。我国《保险法》第 50 条第 2 款规定:"责任保险是指以被保险人对第三者依法应负的赔偿责任为保险标的的保险。"侵权法研究有必要提出侵权责任保险的定义:侵权责任保险是指以被保险人依法应负的侵权责任为标的的保险。

侵权责任保险不适用于一般侵权责任,因一般侵权行为是一个人单独的过错侵权行为,这种侵权行为不具有被保险的道德上的正当性,因为很难认可故意伤害他人、盗窃、抢劫、抢夺等可以与保险公司签订保险合同。不仅如此,在允许参与保险的法律关系中,战争、暴乱、恐怖袭击等都是保险的除外责任。对这样的损害,只能通过国家或者社会的救助予以救济。一般侵权行为中的过失行为责任也难以投保,因为过失不仅是不应该发生的,也是不确定的,不存在投保的正当性和可能性。

侵权责任保险有以下法律特征：

第一，侵权责任保险是风险社会的产物。所谓风险社会，是指工业化社会的风险成为社会的基本问题。这是侵权责任保险产生的社会基础。现代侵权风险往往来自加害人以外的原因，将加害人作为唯一的赔偿来源已丧失合理性基础①，福岛核事故已证明了这一点。当然有些侵权损害则是来自人的过失。以汽车交通事故而论，汽车的出现极大地促进了社会客货运输，但也产生了比马车更大的事故风险，为不使某一汽车运营者因发生交通事故难以承担赔偿责任和不因事故责任导致运营者陷入经济的窘境，交通事故责任保险应运而生，每辆汽车由车主向保险公司交付一定数额的保险金，一旦发生事故致第三人损害，保险公司在保险赔偿限额内赔偿，不足赔偿部分再由加害人赔偿。这就减轻或者免除了汽车所有人或者管理人的责任负担。其他如产品责任、医疗事故责任、重金属环境污染责任等的保险，无不是风险社会的产物。

第二，侵权责任保险中的责任，产生与否是不一定的。正因为产生与否不一定，而且每个相同的投保人都有发生这种风险的可能，而客观上总是极少数投保人发生风险事故而多数人不发生风险事故，才使保险成为可能，才可以实现发生风险事故的损失转移于全体投保人承担的风险转移机制。比如，在一个有效保险期限内，投保的核电厂只有一家发生了核事故而其他核电厂没有发生核事故，甚至都没有发生核事故，交付的保险金成为以后保险金的积累。又比如，某种药品上市有极小发生药害事故的可能，就具备设立药品保险的可能。一种总体不安全的药品是不允许上市的，也绝不会产生保险关系。

第三，侵权责任保险中的侵权是指特殊侵权行为，也就是说只有特殊侵权才可能成为侵权责任保险，一般侵权行为责任不会成为侵权责任保险的标的。特殊侵权行为是指法律有特别规定的侵权行为类型，一旦法律将某种侵权行为作了特殊规定，那它就从一般侵权行为变为

① 参见叶延玺：《责任保险对侵权法的影响研究》，浙江大学出版社 2018 年版，第13 页。

特殊侵权行为了,就有可能设立侵权责任保险。如我国《民法典》依据司法解释经验规定了定作人责任。这种责任最初是在2003年最高人民法院《关于审理人身损害赔偿案件适用法律若干问题》第10条规定的,即"定作人对定作、指示或者选任有过错的,应承担相应责任"。这就成为一种特殊侵权,就有设立责任保险的可能。所谓只有特殊侵权行为责任才可能成立侵权责任保险,是强调只有社会风险的特殊侵权行为损害才有必要设立侵权责任险。有些社会风险大的类型,法律规定必须强制保险,如交通事故强制保险、核事故责任强制保险。更多的则属于自愿保险,如医疗责任保险、产品责任保险。一般而言,如果不属于风险特殊侵权类型不会设立侵权责任保险,如监护人责任、用人单位责任、个人间劳务关系责任,但也不排除设立责任保险的可能。

第四,侵权责任保险涉及的是无过错责任和过失责任。无过错责任是指依照法律规定,不管责任人一方有无过错,只要造成他人损害就应承担赔偿责任的侵权类型。比如,就基本情况而言,环境污染和生态破坏责任、产品责任等无过错责任。过失责任不包括故意,仅仅是因责任人一方的过失构成的侵权责任,如交通事故责任、医疗侵权责任。

二、侵权责任保险的功能

第一,分散侵权人的责任,促进相关事业的发展。如果没有侵权责任保险,从事道路运输业、制造业、医疗及其他可能造成环境污染、生态破坏的生产经营者,一旦造成较为严重的损害,承担责任就有可能导致侵权人陷入困境甚至破产。有了相关侵权责任保险,就可以将同类活动的组织或者个人联合起来应对风险,每个组织或者个人向保险公司交付一定数额的保险费,当某个组织或者个人发生风险损害时,在保险限额内由保险公司支付赔偿,就减轻甚至免除了侵权人的赔偿负担,实际是将风险损失转移于所有投保人,使投保人通过保险互助保障相关事业的发展。

第二,有利救济受害人的损失。在赔偿限额内的保险赔偿可以避免因个别独立承担责任的侵权人造成受害人损失得不到救济,保险赔偿可在损害发生后定损支付,及时救济受害人。侵权责任保险实际是形成了潜在的可能侵权群体和潜在的可能受害者群体之间的关系,某种程度上实现了损害救济的社会化,使受害人的损害救济更有保障。

第三,有利预防损害风险的发生。依保险原理,保险公司收取保险费,必须能保证保险公司的运营需求。因此,保险公司会积极采取必要措施要求投保人尽量避免损害的发生,向投保人提供保障安全的建议,有利改善投保人事业的经营活动,减少风险事故的发生。

三、侵权责任保险与特殊侵权责任的平衡与协调

侵权责任保险必须坚持保险公司收支平衡原则,因此就存在特殊侵权责任人保险限额责任与对受害人人身损害的伤残和精神损害的赔偿水平以及惩罚性赔偿的范围、赔偿水平与保险赔偿之间平衡的问题。从美国的经验看,如果收取的保险费不变而各种赔偿水平普遍升高,就可能导致公司业务难以为继;如果提高保险费,结果就会导致投保人难以承担高额保险费,结果反而不利于对受害人利益的保护。20 世纪 70年代,由于美国提高了对疫苗接种救济水平,结果导致保险费上升,反而使疫苗制造公司因承担的保险费负担过重,有的公司拒绝参加责任保险并停止出售疫苗,致使社会疫苗供应不足,发生疫苗接种迟滞。对此,美国不得不对相关制度进行改革,1986 年制定了《联邦疫苗被害法》,受害人可以选择侵权行为诉讼,也可以选择请求政府支付补偿,补偿基金来源于疫苗的定额物品税,对受害人由联邦政府决定支付补偿。[①]新西兰 1973 年制定了《事故补偿法》,实行交通事故、医疗事故等意外伤害完全补偿制度,不管是何种原因引起的损害,都禁止获得侵权赔偿的民事诉讼。[②]新西兰这种制度,也意味着增加各种税收,并不符

---

① 参见[日]石原治:《不法行为改革》,劲草书房 1996 年版,第 83 页以下。
② 参见[日]加藤雅信:《损害赔偿制度的将来构想》,载山田卓生编:《新·现代损害赔偿法讲座总论》,日本评论社 1997 年版,第 313—314 页。

合发展中国家的实际,其长期的实施效果也有待观察。

进入21世纪我国提高了重大事故的死亡赔偿标准,又将原来的城乡二元标准统一为省级区域内城市一个标准,赔偿水平有上升的趋势,是社会的重大进步。但同时涉及保险赔偿,如果提升保险赔付标准势必要增加保险费征收标准。这是一个有待观察,必须要认真对待,始终坚持平衡与相互协调的问题。

第六节 科技在特殊侵权纠纷解决机制中的突出作用

科学技术在特殊侵权纠纷解决机制中的作用更为突出,也是特殊侵权的重要特征。一般侵权有时也需要借助科技手段,如构成犯罪的侵权案件,借助指纹、DNA技术及时破案抓捕犯罪嫌疑人,从而通过刑事附带民事诉讼或者刑、民分别诉讼追究侵权人的民事责任。但科技在特殊侵权中的运用,作用更为突出,使用的科技手段往往也更为精深。

产品缺陷引起的损害赔偿,往往依专家鉴定为判决依据。比如案例:

2004年1月27日1时15分左右,姜某家客厅电视机处起火,姜某之妻张某在灭火过程中晕倒,送往医院抢救无效死亡。死亡原因为窒息死亡。火灾事故发生后,消防部门对火灾现场进行勘验调查,发现在现场所有燃烧物留下的烟雾痕迹中,以电视机上方的顶棚最严重。这处痕迹各种挥发物堆积最厚,表明燃烧时间相对早、持续时间长。在许多被毁损的物品中,起火的来源大都为电视机方向。由于电视机已经烧毁,对里面的电器不能进行短路情况的鉴定,但消防人员对电视机附近的所有电路设施以及室内所有的电源线开关、插座等电路设施进行详细勘验,发现唯一在连接电视机的那根电源线上有短路的痕迹。经鉴定,结果为"提取送检样品的熔痕为二次短路熔痕"。这表明电源线是被火灾现场中引起的明火燃烧的,可以排除电源线为起火源的可能。在排除其他电器和电路设施引发火灾的可能后,唯一不能排除的就是电视机起火。火痕鉴定专家最后的鉴定结论为"火灾具体原因不明,起火部位为电视机"。北京市公安局消防局最后出示的火灾原因认定:由于客厅西北角电视机处烧毁严重,具体起火原因无法认定。被烧毁的电视机为创维公司生产,该公司在诉讼中未能提供证据证明该产品不存在质量缺陷。北京市丰台区人民法院认定本次火灾事故因电视机起火所致,原告使用该产品所造成的损失,创维公司作为产品生产者应予赔偿。[1]此案说明电视机缺陷引起的火灾与纵火不同。需要火痕专家鉴定,损害原因的认定具有极高的技术性。

交通事故引起的损害,也要以交通管理部门出具的事故原因认定结论为依据,特别是在无人驾驶汽车交通事故情况下,要对相关数据软件以及其他构件、路况导航等进行技术鉴定,才能确定事故是由何种原因引起。至于交通事故引起的人生损害,往往也要依靠医学鉴定。

环境污染和生态破坏需要专家对财产损害作出评估,对人身损害作出鉴定。特别是重金属等毒物,涉及具体的毒物病理学以及暴露于污染源的剂量—反应关系基础上的原因力认定,有的甚至还是世界性难题,比如关于铅污染造成儿童智力下降对将来损害的认定。我国有关部门对环保人员的培训,有一门课程就叫做环境法医。比如中国环境科学学会编著的内部培训使用的《环境法医及损害鉴定评估培训教材》,其内容主要包括环境污染鉴定评估的基本内涵和重点;环境污染及损害评价指标体系研究;环境污染损害鉴定评估方法,包括因果关系判定方法、调查技术方法、经济评估方法等。

医疗损害特别是医疗事故损害,鉴定成为纠纷解决的事实依据。

---

[1]　参见北京市丰台区人民法院民事判决书(2005)丰民初字第 06499 号;王文杰:《建筑火灾事故民事赔偿法律实务》,法律出版社 2013 年版,第 330 页以下。

现代医疗涉及的器官移植、变性手术、癌症的治疗手术以及医疗事故引起的后遗症等，必须由高水平专家鉴定。药害事故引起的纠纷、美容手术引起的纠纷，往往也需要由专家进行鉴定。

原来的一般侵权行为和涉及刑事犯罪产生了法医学，但法医学主要与刑事犯罪关系密切，因此又称作刑事法医学。法医学主要研究的是暴力型犯罪涉及的医学鉴定问题，有时也与侵权责任相关联。主要与犯罪相关的法医学研究，以死因、创伤、指纹、足纹、精神异常为重点。与行政法相关，法医学主要研究的问题包括精神病理学、生命保险医学、灾害医学、社会保障与法医学。法医学在民法上的研究问题，涉及亲子鉴定、精神鉴定等。①由于工业社会新生的侵权行为种类不断发展，逐渐产生了赔偿科学这门专属民事法医学的学问。作为法律人只学习法医学是不够的，为了增强处理民事赔偿能力和满足民事审判实践的需要，发达国家创立了赔偿科学这门学问。日本于1982年成立了日本赔偿医学研究会，1984年改称日本赔偿医学会，1997年更名为日本赔偿科学会。日本大学的医学部将赔偿医学作为独立的一门课程，日本医科大学的大野曜吉教授率先以"赔偿医学"的名称在早稻田大学法学部开设过讲座。1988年在早稻田大学由日本赔偿科学会的创立者渡边富雄教授开设了赔偿医学的讲座，接着学会的理事大野曜吉教授担当这门课程主讲。赔偿科学成为包括律师、法官、检察官等法律工作者必须学习的一门科学。韩国于1989年2月创立了韩国赔偿医学会，之后至少每年举办一次会议，会议主要研究的问题包括：赔偿科学与基础医学相关的赔偿医学医疗文书、既往病症问题、对伤害的原因力判断、诊断和检查等医学的评价与赔偿业务、身体鉴定的重要性、余命认定的理论与实践、身体损伤与既往病症；属于临床医学的问题有：交通事故损伤的治疗与医疗过误、关于赔偿的神经精神科领域的问题、脑部损伤及脊椎损伤患者的障害判断与重新鉴定、后遗症评价、复合部位

---

① 参见日本赔偿科学会编：《赔偿科学——医学与法学的融合》，民事法研究会2013年版，第3页。

痛症症候群的损害赔偿、病患者的监护等。①前述我国出现的环境法医也可以看作是我国赔偿医学产生的先兆。这些事实足以说明科技在特殊侵权纠纷解决机制中的突出作用。

第七节 特殊侵权责任种类的类型化

特殊侵权责任法在我国侵权责任法中占有重要地位。从我国《民法典》侵权责任编体系分析，该编第一章一般规定、第二章损害赔偿。第三章责任主体的特殊规定比较特殊，早在侵权责任法草案中曾为最后一章，为兜底规定，即凡不便作专章规定又应适当规定的合为本章，因其既有特殊侵权类型规定，又有一般过错侵权规定，移入总体性规定与特殊侵权各章之间，以使体系更为合理些，《民法典》继受了这种体系安排。此章涉及的网络侵权、安全保障义务违反、学校管理责任为一般过错侵权责任规定，涉及的监护人责任为独立的特殊侵权类型，涉及的用人单位责任、个人劳务关系侵权责任为使用人责任，而对使用人责任未作类型的总体规定，不够完善。本章涉及两种特殊侵权类型。侵权责任编第四章产品责任、第五章机动车交通事故责任、第六章医疗损害责任、第七章环境污染和生态破坏责任、第八章高度危险责任、第九章饲养动物损害责任、第十章建筑物和物件损害责任等均为特殊侵权责任类型的专章规定。《民法典》总则中关于法人对其法定代表人和其他工作人员执行职务致人损害承担的责任，实质为使用人责任。《民法典》规定的特殊侵权责任共九种。国家侵权责任，《民法典》鉴于有国家赔偿法的专门规定而未涉及，但在原《民法通则》中是作为特殊侵权独立类型规定的。相对单独侵权而言，共同侵权也是特殊侵权。包括后

---

① 参见日本赔偿科学会编：《赔偿科学——医学与法学的融合》，民事法研究会2013年版，第17页以下。

两类,实际则为十一种特殊侵权。

从比较法观察,日本学者对特殊侵权责任的分类,有其可借鉴的科学性。如有学者分为基于与加害人的特别关系而承担的责任,包括监护人责任和使用人责任;基于对物的支配管理的责任,即工作物责任;多数人为同一侵权行为的责任,即共同侵权责任;《民法典》之外的特别法规定的事故责任。①有学者将一般侵权行为称为基于自己行为责任,将特殊侵权称为基于他人行为的责任,包括监护人责任、使用人责任、基于代表人行为的法人责任和基于公务员侵权行为的公共团体责任(国家赔偿责任);基于物的危险发生的责任,包括工作物责任、动物保有者责任、营造物责任(公营造物国家赔偿责任)、汽车运输供用者责任和制造物责任;共同侵权责任。②

对特殊侵权责任作更上层的类型化,将进一步揭示其责任原理或者本质,但相对一般侵权责任不是绝对的。如我国医疗责任,就基本情况而言是医疗机构对医务人员因过失致患者损害的责任,即基于与加害人特别关系的责任或者基于他人行为的责任,但也包括医疗机构过失的自己责任。因此有些特殊侵权在归责原理或者本质上的进一步类型化是就主要方面或者本质方面而言的。

基于以上分析,我国的特殊侵权责任,似可进一步分为以下类型:

一是基于与加害人特殊关系的责任。包括监护人责任、使用人(用人单位责任、个人用工责任)责任、国家赔偿责任、医疗事故责任。二是基于支配管理物或者动物的责任。包括工作物责任、高度危险责任、机动车交通事故责任、产品责任、环境污染和生态破坏责任。三是基于复数侵权人的共同侵权责任。四是特别法规定的其他特殊侵权责任。特别法有些特别规定可归于基本法规定的类型。如《产品质量法》《消费者权益保护法》关于产品责任规定,均为产品责任类型。所谓其他,指基本法类型以外的,如航空事故责任、船舶事故责

---

① 参见[日]潮见佳男:《不法行为法》,信山社1999年版,目录第12页以下。
② 参见[日]窪田充见:《不法行为法》,有斐阁2007年版,目录第1页以下。

任有别于机动车事故责任,但《民法典》统归于高度危险责任;再如,食品损害责任、药害事故责任虽也是产品责任,但有特别规范和研究的必要,也可以视为特别法规定的特殊责任。由此可见,这一类型的分类也不是绝对的。

第二章
特殊侵权事故损失救助、补偿和赔偿

　　特殊侵权中的交通事故、环境污染和生态破坏、产品缺陷、高度危险作业等有时会引发突发事件。因此,特殊侵权与突发事件关系密切。研究特殊侵权责任,必须关注事故损害,处理好特殊侵权损害赔偿与损失救助、补偿的关系。《突发事件应对法》第61条第2款规定:"受突发事件影响地区的人民政府应当根据本地区遭受损失的情况,制定救助、补偿、抚慰、抚恤、安置等善后工作计划并组织实施,妥善解决因处置突发事件引发的矛盾和纠纷。"我国《突发事件应对法》规定的突发事件包括自然灾害、事故灾难、公共卫生事件和社会安全事件。其中自然灾害,如地震、洪涝灾害等非人为原因引起,与侵权行为无关,其涉及的救助、补偿,本章不予探讨。社会安全事件,如恐怖袭击事件等,虽为人为事件,但性质上超出侵权行为范围,虽涉及救助、补偿,但追究犯罪人的刑事责任已足,不涉及民事责任,本章亦不予探讨。公共卫生事件,是指突然发生的,造成或者可能造成社会严重损害、群体性不明疾病、重大食物和职业中毒以及其他严重公众健康的事件。这其中有些是自然原因,有些是人为原因引起。本章只研究涉及特殊侵权重大公共卫生事件(如"三聚氰胺"毒奶粉事件)、重大食物和职业中毒以及其他人为引起的严重影响公众健康的事件。事故灾害当然是人为原因引起的,因此是本章的研究重点。本章将探讨人为原因引起的公共卫生事件和事故灾害,总称为事故损害,探讨其损失救助、补偿、赔偿关系。这是法学研究的重要课题之一。

第一节　突发事故损害的救济方式

一、突发事故损害的概念、特征

突发事故与突发事件不完全相同。突发事件,依据《突发事件应对法》第3条第1款的规定是指"突然发生,造成或者可能造成严重社会危害,需要采取应急处置措施应对的自然灾害、事故灾难、公共卫生事件和社会安全事件"。突发事故损害是指因特殊侵权行为引起的事故灾难和公共卫生事件损害。其法律特征是:

1. 突发性

即突然发生,人们事先难以预料。人为原因的事故,如甬温线动车相撞、上海10号线地铁追尾事故、"11·15"特大火灾事故,均瞬间发生。一些公共卫生事件,虽加害行为持续一定时间,但损害后果的发生是突发的、大量出现或者迅速蔓延的。如三鹿奶粉事件等。

2. 造成或者可能造成严重社会损害

许多突发事故,往往造成严重人身、财产损害。少数特殊突发事件,存在可能造成严重社会损害的危险性,即这种突发事件虽已造成一定损害,但开始损害并不大,但存在进一步造成社会损害的严重性。损害,即包括人身损害,也包括财产损害。一般的突发事件,是造成严重的人身损害并直接、间接造成财产损害。如空难及严重交通事故;也有少数突发事件,仅造成财产损害或者主要是财产损害,如海南谣传香蕉致癌事件致蕉农香蕉价格暴跌销售不畅等。

3. 急需采取应急措施

应急措施,通常事先无准备,如火灾事故、列车相撞事故、空难等。

不管事先有无准备和准备情况如何,事件发生后均需采取应急措施以抢救生命、保护财产、应对困难、善后处理。

二、突发事故的损失

突发事故的损失,是指突发事故直接造成的财产损失和人身损害引起的财产损失。这是一个结果性概念。

直接的财产损失如上海"11·15"特大火灾事故造成的室内财物损失、房屋损失。人身损害引起的财产损失是指人身死亡、伤残、医疗等需要社会救助、国家赔偿、加害人赔偿的财产损失。直接造成的财产损失,在突发事件中往往为评估价值,而不同于一般损害财产可以具体认定,因为突发事件造成的损失严重,许多情况下无法甚至无需确切认定。突发事故造成的损失,需要确切认定。如上海"11·15"特大火灾事故,需对房屋及室内物品毁损加以认定,而这种认定主要采用评估的办法并附之以举证证明。此类人为加害事故因涉及加害人承担赔偿责任,需对财产损失作出比较科学的准确认定。

人身损害包括人身和财产两部分。人身损害引起的财产损失,包括造成死亡的赔偿金、医疗费、伤残赔偿金、丧葬费、被扶养人的生活补助费、精神损害赔偿金等法律规定的项目。这类损失除医疗费为具体损失外,其他依法定标准认定。人身损害引起的财产损失,有的是直接财产损失,如医疗费、扶养来源丧失等;有的不是财产损失,而是只能用财产救济的非财产损失,如死亡、残疾、精神损害等,只能对近亲属或者本人予以金钱赔偿,其赔偿额依据法律的具体规定。

表 2-1　突发事故类别

突发事故类别	具体事件	有无救助及救助方	有无补偿及补偿方	是否有加害人及赔偿
事故灾害	上海"11·15"特大火灾事故	社会捐助及政府救助	无	有
	甬温线动车相撞	无	无	有
	"9·27"上海地铁10号线追尾事故	无	无	有

（续表）

突发事故类别	具体事件	有无救助及救助方	有无补偿及补偿方	是否有加害人及赔偿
公共卫生事件	三鹿奶粉事件	国家临时救助并支付20亿元查找服用儿童费用	无	有
	"齐二药"事件	无	无	有

第二节　突发事故损失的救助

一、救助的概念

救助，是指国家和其他社会组织、其他自然人对需要给予经济帮助的人给予帮助，使其获得一定物质支援或者精神解脱。广义的救助不限于突发事件，对因其他原因限于贫困的也需给予一定的帮助，而且不限于物质救助，也包括精神帮助，如儿童救助、残疾救助、疾病救助、心理辅导等。本书所指救助，是指突发事故发生后善后处理工作中的财产损失救助，不涉及突发事件发生后对受害人的精神帮助，即不涉及心理辅导和情感宣泄。

突发事故损失的财产救助，包括国家及各级政府的救助和国内外社会组织、自然人个人的捐献。

二、社会救助的理论根据

社会救助的理论根据，主要是基于受害人的生存权、社会连带关系、人的尊严要求及人与人之间的关爱。

1. 生存权

生存权，是公民从国家那里获得生存保障的权利。人作为社会的一员，其生存依靠各种社会共同体。古代社会，主要依靠血缘共同体。

近代社会,作为无产者的工人,在年老丧失劳动能力时,需要社会提供保障,国家也有义务为公民的生存提供最低生活保障。生存权是近代社会产生的一项权利,是公民对国家享有的权利。近代工业社会首先产生的是资本家对工人的劳动契约关系,在此基础上产生了为保证退休后生活有保障的劳动保险制度。劳动保险,是在工人运动推动下资本主义国家介入劳资关系推行的筹资于劳资双方的生活互助性质的社会保障的初级形态。随着资本主义社会的发展,特别是"二战"之后资本主义经济的迅速发展,使资本主义国家财力增强,在资本主义与社会主义共存时代,资本主义国家采取进一步的福利政策,在劳动保险之外实施面对失业、贫困、弱势群体的福利政策,社会救助不断完善,形成以保障公民最低生活水平为目标的由国家承担费用的新的社会保障制度,社会救济法不断完善,由此产生了公民的生存权。①许多国家宪法都规定了这样的权利②,以至于形成《世界人权宣言》中的一项基本人格权。③

在资本主义国家的社会救助中,包括对突发事故受害者损失的救助。就法律而言,有各种与突发事故相关的社会救助法。以日本为例,有公害被害者救济法、预防接种事故被害者救济法、医药品副作用被害者救济法等。④

2. 社会连带

社会连带的理念,不仅是社会保险法的理论基础,也是社会救助法的根据之一,即基于社会成员的连带关系,对社会保险采用公平负担原

---

① 参见[日]堀胜详:《社会保障法总论》(第二版),东京大学出版会 2004 年版,第95 页以下。

② 如《法国宪法》前文规定:"国家对一切人,特别是对孩子、母亲、老年的劳动者,对其健康的保护、物质性安全、休息及余暇提供保障。因年龄、肉体的或精神的状态、经济的状态而不能参加劳动的人,有从公共体获得维持其生存的物质帮助的权利。""国家宣言,因灾害产生的负担一切法国人是连带的和平等的。"

③ 《世界人权宣言》(1948 年 12 月 10 日联合国大会通过)第 25 条:"一切人,对衣食住、医疗及必要的社会性设施等,有保持自己及家族健康及福祉十分充分的生活水准的权利,并且在因失业、疾病、心身障碍、配偶死亡、老龄及因其他不可抗力致生活不能自理时,有受到保障的权利。"

④ 参见[日]堀胜详:《社会保障法总论》(第二版),东京大学出版会 2004 年版,第110 页。

则筹集保险金用于其成员生活上的相互救济,并且国家之所以用纳税人的钱实行社会救助,也是基于公民间的连带关系。我国亦有学者认为,依据社会连带思想,社会中的人们相互作用和依赖,一个人出现困难,也是他人的困难,他人有义务帮助困难的人,这既有利他动机,也有利己动机,在自己遇到困难时也会得到他人帮助。只有每个人都保持最低生活水准,社会才能稳定。①社会连带的理念解释的是公民与公民间的关系,而生存权则反映的是公民与国家的关系,两种理念共同构成国家救助的根据。②

3. 爱心

爱心,是人类的共同价值观念。发生突发事件,不仅地域上相邻的人献出爱心,甚至所有人都相互救助。如我国上海"11·15"特大火灾事故,上海市民尤其静安区市民纷纷捐献、上海慈善机构出巨资帮扶。爱心或者慈善之心,是慈善事业的基础,是发生突发事故受害人获得捐赠帮扶的原因。③

4. 社会主义,是我国最基本的社会救助法理

如果说生存权、社会连带、爱心是不同社会在突发事故发生等情况下实行救助的共同理念,社会主义则是我国区别于资本主义国家的根本理念。我国虽处于社会主义初级阶段,但在国际救助中表现出的国际主义友爱是世所公认的,而且在国内突发事故的救助是高效的也是有目共睹的。社会主义就是以共同富裕为目标、在发生突发事故时,一方有难、八方支援。社会主义有集中力量办大事的制度优势。不断完善的社会保障制度是突发事故救助的根本保障。

三、社会救助的原理

社会救助,从国外的相关法律观察,坚持无差别的平等原理、最低

---

① 参见林嘉:《社会保障法的理念、实践与创新》,中国人民大学出版社2002年版,第142页。

②③ 参见[日]堀胜详:《社会保障法总论》(第二版),东京大学出版会2004年版,第99页以下。

生活保障的原理及救助的补充原理。①平等，即对全体国民无差别地平等对待；最低生活保障，即以维持最低生活标准为限度；补充，即作为损害赔偿、保险赔付的补充。我国现行法律虽对此未作具体规定，但从实际操作看也是贯彻这三项原理。当然，对贫困的受害人在实施住房重建等救助时予以特别照顾，则属于贫困救助的特别问题，与平等原理是不矛盾的。作为一般性救助，则是无差别的。如上海"11·15"特大火灾案，政府对死亡家属无差别地支付10万元救助金。国家或者政府救助的补充性是表明救助在救济体系中的地位，突发事故发生后，有的受害人可以得到加害人的赔偿或者保险赔付，有的可能无人赔偿甚至没有参加保险得不到其他救济，即使有加害人赔偿，在我国现阶段对死亡、残疾人身损害实行限额赔偿、保险赔偿以保险赔偿额为限，国家或者政府的救助是必要的、补充性的。帮助受救助者自力也应是救助的原理之一。

四、我国的法律规定

我国《宪法》第45条规定："中华人民共和国公民在年老、疾病或者丧失劳动能力的情况下，有从国家和社会获得物质帮助的权利。"十届全国人大二次会议通过的《宪法修正案》规定，"国家建立和健全同经济发展水平相适应的社会保障制度""国家尊重和保障人权"。这是公民在突发事故发生后享有救济权和国家及社会承担救助义务的宪法依据。对于人为灾害事故、公共卫生事件，凡可归责于具体加害人的，首先由加害人赔偿，政府救助和其他组织、公民捐献救助为辅助的救助措施。

五、事故灾难善后处理中政府救助与社会各界捐献救助

对一般责任事故，仅由加害人赔偿救济。只有对重大事故灾难，政府才有救助的必要，社会各界也会予以捐助。最典型的事件是上海"11·15"特大火灾事故（以下相关数据出自静安区门户网公布的相关

① 参见［日］川村匡由：《社会保障论》（第5版），ミネルヴァ书房2005年版，第240—242页。

处理方案）。

　　2010 年 11 月 15 日，上海市静安区胶州路 728 号大楼改造工程，因违法分包和施工引发特别重大火灾，事故造成 58 人死亡，71 人受伤。事后，静安区事故善后工作处置工作领导小组制定了相关救助方案。依该方案规定，除每位遇难人员按最高标准向家属支付死亡赔偿金 567 760 元、丧葬费每位 21 396 元、精神抚慰金每位 50 000 元，约合计人民币 65 万元外，政府综合帮扶金每位 10 万元，抚恤金每位 1 万元，社会捐助帮扶每位 20 万元，合计 31 万元。对伤残人员除责任单位依法赔偿外，政府综合帮扶金对伤残 1—5 级人员，每位 3 万元；6—10 级人员，每位 2 万元；对受伤住院治愈者每位按 1.2 万元发放。社会救助方式的爱心帮扶，伤残 1—5 级人员，每位 7 万元；6—10 级人员，每位 4 万元；受伤治愈者每位 2 万元。对无家庭收入者，每月由社保资金发放每人 2 000 元临时补助；符合其他低保条件的，每人每月发放 1 000 元临时补助。

“11·15”特大火灾事故的善后工作处理，上海市静安区政府的帮扶金支付是完全必要的。虽有责任单位依法赔偿，但我国的赔偿仍然是与国家经济发展水平相适应的，赔偿额虽比以往明显提高，但仍未达到按生命余岁依社会平均收入减去平均生活费的死亡全额赔偿标准，对伤残者也未达到依劳动能力丧失赔偿的标准，上海为中国经济发达地区，政府应有必要的救助。事故发生后，静安区政府协调慈善机构捐助和公民自愿捐助，对死伤予以救助充分体现了社会各界在社会救助中的作用。

第三节　突发事故损失的补偿

一、补偿的概念

补偿，又称“补助”“补贴”，是指国家或者政府对经济采取的鼓励调控措施或者对其合法行为致人损害予以填补的措施。补偿与赔偿不同,赔偿是侵权的责任方式,补偿是对合法行为的损害填补。补偿与救助也不同,救助,是国家或者政府及社会对损失的补充性救济,是社会保障措施,而补偿不是社会保障性质,而是国家或者政府对其合法行为所致损害的行政救济。

二、突发事故补偿的类型

补偿,在突发事故中有以下两种类型:

1. 无偿疫苗接种损失的补偿

国家对某些传染性疾病,实行无偿疫苗接种,如对骨髓灰质炎的接种。适龄儿童必须依法接种。疫苗接种存在损害风险。如果疫苗接种事故是不可归因于患者自身或者他人的原因而造成的,便可能构成政府或者企业补偿的条件。

关于疫苗接种,国务院于 2005 年制定了《疫苗流通、预防接种管理条例》。依据该条例规定,对国家实施的无偿疫苗接种,如骨髓灰质炎疫苗接种,非因疫苗质量原因、医疗差错、偶合事件等引起的风险损害,属于国家无偿接种的,由相关政府在接种资金款项中向受种者支付补偿款,属有偿自愿接种的,由疫苗生产厂家支付补偿。补偿标准参照医疗事故分级赔偿标准。对因本身特征引起的受种者生理功能障碍反应、疫苗质量不合格引起的损害,违反法律、法规和接种程序引起的损害,由于接种者某种潜伏病接种偶发病的、个体或者群体心理反应,接种者或者监护人对接种禁忌患病未作说明引起的接种损害,不适用补偿规定,由接种者承担后果或者由加害人赔偿。

补偿的最大特点是双方当事人均无过错,而且是合法行为,其损害是事先预料到的可能发生的极少异常现象。因社会意义重大,政府作为实施者对异常损害予以合理补偿。生产者基于其受益对风险损害予以合理补偿。

2. 对突发事故引起的生产损失的补偿

以补偿方式鼓励生产,是国家经济调控职能之一。比如,以工业反补农业、对生猪生产的补贴等。突发事故引致生产、运输遭受损失时政府采取补偿措施即基于国家或者政府对经济的调控职能。

见于正式报道的补偿事件是"海南香蕉事件"。2007 年 3 月 13 日，广州《信息时报》一篇题为《广州香蕉染"蕉癌"濒临灭绝》的文章，称广州香蕉大面积感染"巴拿马病毒"，几年后将灭绝。3 月 21 日，《广州时报》另则消息称"香蕉等十二种水果有毒残余，有致癌物残余，成了毒水果"。这些文章被多家网站转载，致香蕉产地海南的销量大减，价格由田头收购价 2.6 元/公斤降至 3 月 20 日后不同地区 1 元/公斤、0.6 元/公斤、0.2 元/公斤，特别是许多运输商不再过海运输。

"巴拿马病毒"经专家解释，是真菌感染香蕉树根部，致树叶枯黄，最后致整株死亡。其患病香蕉树通常在结果前死亡，即使结果，果实也很小，不可能成为商品果。经海南省政府举行新闻发布会、《焦点访谈》专访专家报道和农业部派员赴海南调研报道，加之海南省政府决定，2007 年自 4 月 6 日至 4 月 15 日，对运输香蕉的过海车辆，按每车 300 元标准实行紧急补贴，开启全省冷库收购并冷藏香蕉使价格从 4 月 5 日起以每天 5 分速度恢复，4 月 8 日地头收购恢复到每斤 0.6 元。

此案，海南省政府决定对过海运输香蕉车辆每车补贴 300 元，即为政府应对突发事件采用的补偿运输车辆损失，鼓励将海南香蕉运往内地的行政救济措施。①

第四节 突发事故损失的赔偿

一、突发事故损失赔偿与相关概念的区别

突发事故损失的赔偿，与救助、补偿不同。救助是国家与社会对自

---

① 参见江川编著：《突发事件应急管理案例与启示》，人民出版社 2010 年版，第 188 页以下。

然灾害、公共安全事件基本的社会保障措施,也是对侵权行为引起的灾害事故的补充性救济措施。补偿则是基于《民法典》征收征用规定以等价有偿为依据的民事义务或者是国家采取的经济调控措施。赔偿则是指侵权行为人对突发事故受害人的民事责任。因突发事故是侵权行为引起的,依侵权责任法规定,应当承担民事责任。

突发事故与大规模侵权也不完全相同,从事实看是部分交叉关系。有的突发事故不是侵权引起的,或者虽是侵权引起但规模不大不是大规模侵权。有的大规模侵权,可能不具突发性而是渐进发生的,如中海油渤海湾漏油事故,系持续多日未采取有力措施所致,不是突发事故。但大部分大规模侵权是突发事故,如高速运输工具造成多人死伤、矿害事故、上海"11·15"特大火灾事故等均为突发事故。因侵权行为造成的突发事故损失,基于侵权行为人的过错或者符合承担无过错责任条件,基于其受益或者制造危险而承担责任。突发事故的损失赔偿,属于特殊侵权类型的,侵权责任人多承担无过错责任,即基于其生产经营获取利润以及制造的危险对其损害负责,不必以过错为要件,如矿害事故、环境污染、产品责任、空难、铁路事故、汽车事故、原子能事故等。但不以过错为要件,不等于无须查明事故原因,因事故造成者的过错与承担责任的团体有别,事故责任制造者承担的是行政或者刑事责任,其所在团体承担的是无过错赔偿责任。不属特殊侵权类型的一般侵权责任,以行为人有过错为要件。

二、突发事故损失赔偿的复杂性

突发事故的损害赔偿,多具有损失严重、损失具体认定难、死伤多人的特点。以下以上海"11·15"特大火灾事故为例分为死亡赔偿、伤残赔偿、房屋赔偿与室内焚烧财产赔偿。

1. 死亡赔偿

依据原《侵权责任法》第 17 条的规定:"因同一侵权行为造成多人死亡的,可以以相同数额确定死亡赔偿金。"依据本法第 16 条的规定,造成死亡的,应当赔偿丧葬费和死亡赔偿金。我国《侵权责任法》没有对死者家属精神损害赔偿的规定,最高人民法院在侵权责任法实施后作出了将死亡精神损害赔偿归入到死亡赔偿金中计算的解释,而此前的司法解释规定死亡精神损害赔偿最高额为 50 000 元人民币。"11·15"特大火灾发生后,善后工作处置工作小组作出的死亡赔偿方案为死亡赔偿金按照上海市上一年度城镇居民人均可支配收入(28 838 元)按最高标准计算,每位遇难人员向其家属赔偿 576 760 元。伤葬费按照上海市上一年度职工月工资以六个月计算,每位遇难人员为 21 396 元。精神损害抚慰金每位遇难人员为人民币 50 000 元。以上赔偿合计约合人民币 65 万元,由事故责任单位一次性支付。

　　上海"11·15"特大火灾事故,遇难人员既有上海农村户籍人口,也有探亲访友的外地人;有老人,也有儿童;许多人生前工作及薪金收入不同。赔偿方案按法定标准从高计算,统一赔偿标准,体现了赔偿的定额化、平等化现代损害赔偿的发展趋势,尽管存在年轻人与老年人死亡赔偿划一的不合理性,但依照最高统一赔偿,与法与理不悖,是正确的。我国法律虽规定同一侵权行为死亡可以以相同数额确定死亡赔偿金,其立法意图是赔偿的定额化和统一赔偿标准。

　　2. 伤残赔偿

　　我国原《侵权责任法》第 16 条规定,"侵害他人造成人身损害的,应当赔偿医疗费、护理费、交通费等为治疗和康复支出的合理费用,以及因误工减少的收入。造成残疾的,还应当赔偿残疾生活辅助具费和残疾赔偿金⋯⋯"依此规定,"11·15"特大火灾事故的善后工作处置工作领导小组发布的救助方案规定:在医院发生的医疗救治费以及受伤人员误工费、护理费、交通费、住宿费等费用,由事故责任单位承担;伤残赔偿金,根据伤残鉴定等级或者劳动能力丧失程度,给予一次性残疾赔偿金、精神损害抚慰金、残疾辅助具费。残疾赔偿金,根据受害人丧失劳动能力程度或者伤残等级乘以赔偿系数(一级为 100%、二级为90%⋯⋯依此类推),依据上海市上一年度城镇居民人均可支配收入

(28 838 元)或者农村居民人均纯收入(12 324 元)标准,自定残之日起赔偿 20 年,六十周岁以上的,年龄每增加一岁减少一年;七十五周岁以上的赔偿 5 年。精神损害抚慰金以 50 000 元×赔偿系数计算。

残疾赔偿金与精神损害抚慰金依法按统一标准赔偿,其他以实际合理费用金额赔偿。这一赔偿方案也是合情合理与法不悖的。方案中允许受害人以劳动能力丧失程度鉴定作为赔偿依据,其劳动能力似不应限于体力劳动能力,以照顾到特殊能力人员的特殊情况。此点尚有待观察。

3. 房屋损失赔偿

"11·15"特大火灾事故所涉胶州路 728 号大楼,火灾后经专家鉴定,大楼主体结构安全,可修复使用。考虑到大楼死伤多人,许多人不愿意修复后回迁,责任公司在征求受灾居民意见基础上,依据《侵权责任法》的有关规定,确定了房屋损失赔偿方案。其赔偿遵循市场价格,全额赔偿原则,赔偿方式分别为房屋修复赔偿、货币赔偿、实物赔偿三种方式,由房屋权利人选择其中一种方式。这三种赔偿方式的确定,符合效率原则和充分尊重受灾房屋权利人意愿原则。方案没有采用拆除重建的方式,是完全正确的。

房屋修复赔偿方式,是对希望保留原房屋产权的权利人,由责任公司聘请具有专业资质的单位对原房屋进行全面修复,责任公司承担全部修复费用。考虑到本次火灾对原房屋及权利人造成的损失较大,修复后另给予原房价值 30%的赔偿额。这一规定客观上起到了鼓励权利人回迁的作用,也是对回迁发生火灾惨案楼房的一种"评价损"赔偿。评价损是指修复后房屋并无实际损失,但人们的主观评价低于客观价值,对其差价的赔偿。我国无此概念,但实际上此方案的制定考虑了这一因素。

货币赔偿方式,是将房屋权利人的房屋产权转归责任公司所有,责任公司依据灾前市场价格并考虑到重新购置同类房型的合理损失进行全额赔偿。胶州路 728 号住宅房屋市场灾前价格(2010 年左右)评估为每平方米 30 145 元(按建筑面积计),考虑到周边重新购置房屋的合理需求和可行性,以每平方米 51 000 元为货币赔偿均价,每户货币赔偿总价＝每户原房屋市场评估价×(货币赔偿均价÷胶州路 728 号住宅房屋市场评估均价)。

实物赔偿方式,是将房屋权利人的房屋转归责任公司所有,责任公司以期房赔偿。责任公司收购附近一小区商品住宅期房房源,并以增加建筑面积平衡与原房屋朝向、房型、通风的差异,以货币补偿楼层降低的损失。

4. 家庭物品财产损失赔偿

"11·15"特大火灾事故与非火灾事故不同,其受害家庭财产损失严重,其财产原有状况难以认定。事故责任单位在征求受灾居民意见基础上,制定由受灾居民申报、资产评估机构评估、协商赔偿的方案。上海市资产评估协会推荐了 6 家评估公司,居民可在其中选择,也可选择其他有资质的评估公司。财产申报和评估范围包括:(1)室内装修,包括地面、墙面、顶棚、厨房设施、固定设施等;(2)家具、家电及洁具,包括可移动家具、空调、录音录像设备、电视机、热水器、洗碗机、油烟机、灶具、卫生洁具等;(3)衣服及其他生活用品,包括衣服、寝具等细软物品等;(4)机动车类,包括机动车、摩托车、助动车;(5)其他类,包括灾民认为需要申报的金银首饰、无记名有价证券、现金、古董、名家字画、红木家具等。评估和赔偿具体步骤为:申报、现场勘查、评定估算、征求灾民意见、拟定评估报告、协商赔偿。协商不成,适用司法程序解决。其中现场勘查由公证机关、公安干警、社区代表、受灾居民、责任公司代表、资产评估机构人员参加,对保存完好的物品,受灾居民在办理手续后领回,对疑似物品和受损贵重物品勘查无法确定的聘请专业人员鉴定,勘查结束后参加人员在记录上签字,公证机关全程公证。

"11·15"特大火灾事故评估,采用申报、勘查、评估办法,与国外按职业收入分类评估不同,是更为详尽的依据损失现场勘查和常用物品申报特别物品专家鉴定的办法,切合此次火灾家庭财产损失的实际,也为以后同类事件财产评估创造了经验。其不按职业收入评估，表明我国居民总体上收入与职业不能等同。但职业在财产评估中也有意义，如大学教师，尤其留学回国人员，外文书与中文书较多，可能是家庭中价值最大的财产，由专家根据本人提供的情况评估。

第五节 突发事故救助、补偿、赔偿存在问题及对策建议

一、存在问题

从以往处置突发事故损失救助、补偿、赔偿的情况分析，存在的问题主要是：

1. 社会捐献救助及赔偿金使用情况未能及时向社会公布

以三鹿奶粉事件为例，事情发生三年之后，中国乳制品工业协会才在其网站上公布基金运作情况，即 2011 年 6 月 8 日公布，由 22 家乳制品检出超标三聚氰胺的企业，共出资赔偿金 11.1 亿元，其中 9.1 亿元用于支付患儿治疗期间费用和一次性赔偿金，2 亿元设立患儿医疗赔偿基金。全国近 29.4 万名患儿的赔偿标准，分别为死亡赔偿 20 万元（死亡 11 人），重症赔偿 3 万元，普通症状赔偿 2 000 元。截至 2010 年底，有 271 869 名患者家属领取了一次性赔偿金。按规定，2013 年 2 月底，患儿家长可在当地随时领取赔偿金，逾期仍不领取的剩余赔偿金将用于医疗赔偿基金。2 亿元医疗赔偿金委托中国人寿保险公司代管，事发三年中，媒体采访相关组织基金运作情况时，均被告之为"机密""不适宜公布"。

上海"11·15"特大火灾事故捐款及发放情况时至 2011 年 9 月 19 日，在某受害人向法院起诉要求公布相关信息情况后，上海市慈善基金

会静安区分会才在上海市政府新闻办公室网站发布,共收到捐款5 469.92万元,已发放2 834.7万元,剩余2 635.22万元(截至2011年9月5日),并公布了支出情况表。①

知情权是公民的一项基本政治权利,也是基本的民事权利,特别是对于捐献者和受害人,涉及资金使用与受害人切身利益,有关组织及时向社会公布收支情况是对公民应尽的法律义务。但是,由于现行法律只原则上规定应及时公布,欠缺公民知情权和相关组织告之义务的明确规定,致使资金运作透明度低,不必要地增加了受害人的猜疑和不信任,是对公民知情权的侵犯。

2. 保险在社会救助中所占比例过小,有的强制保险义务人不依法投保

在旅游事故中,如湖北汽车坠河案,死亡16人,伤19人,系亲友组织旅游,因车速过快失控于拐弯处冲出护栏翻滚坠入河中。还有"驴友案",如云南"驴友"共同旅游造成洪水致死案等,当事人没有保险意识,一旦发生事故,不能利用保险转移损失。在发达国家,很多人对组团旅游、出租房屋、家庭财产均予投保,甚至有关部门要求必须投保(如出租房屋承租人必须买火灾保险),一旦发生事故,保险公司即可予保险赔偿。我国尚缺乏对"驴友"组团必须保险的规定,甚至于有的公交公司为降低运营成本,不向保险公司投保。上海842路汽车燃烧事件后发现公交公司未予强制保险,考虑到公共交通本为政府补贴的公益行业,以及该事件被定性为人为公共安全事件,政府承担了死者抚恤金、伤者治疗费与残疾救助的一切费用。对此,有关部门应加强管理,对违反不投保强制保险的单位负责人追究责任并责令单位履行投保义务,对组团旅游等作出强制保险的规定。

3. 大规模侵权救助基本欠缺法律的具体规定

我国尚无"大规模侵权损害赔偿基金法"。大规模侵权,通过基金

---

① 数据参见《上海公布"11·15"火灾捐款发放情况》,载《人民日报》,2011年9月20日第4版。

救助是国际通用的方式,许多国家制定了相关基金法律。我国发生的三鹿奶粉事件,拟设 2 亿元受害儿童救助基金。对此,现采用由人寿保险公司托管方式。大规模侵权救助基金,应属财团法人,其运作应有其章程,其设立应履行登记手续。基金如何设立、如何使用、如何用于投资增值又不影响受害人救助、基金的管理机构等,均需有明确规定。

4. 不同事故赔偿额相差大

《民法典》生效后,此前制定的相关损害赔偿的法律未作修改,使特别法的规定落后于《民法典》,特别法规定的赔偿数额过低,造成适用法律的困惑。虽从法理上可以后法优先解释,但《民法典》对损害赔偿也仅是一般规定,某些特别法应依此规定具体的赔偿数额。特别法与一般法不一致现象早在原《侵权责任法》生效后就存在,《民法典》生效后依然存在这种现象,如航空事故死亡赔 40 万元(另有个人保险除外),火车事故死亡赔偿 20 万元。因《铁路法》规定赔偿 20 万元,致使甬温线动车相撞事故赔偿先后出现 20 万元、50 万元,在时任总理温家宝赴现场前才依原《侵权责任法》定为每位死者赔偿 92 万元。因不同法律规定数额不同,造成的死亡赔偿数额差别很大,有悖于司法统一和公平公正。比如,矿害事故、三聚氰胺事件,对死者赔偿 20 万元,航空事故赔偿 40 万元,动车事故赔偿 92 万元,虽同一事故依法赔偿数额相同,但不同事故的赔偿额相差很大,不无研究之必要。

二、对 策 建 议

针对以上存在的问题,提出建议如下:

第一,制定突发事件政府补偿条例。目前,我国有国务院制定的《突发事件救助条例》,但对补偿只有政府组织征收征用应予补偿的规定,对补偿的具体规定欠缺。对此,建议国务院制定包括突发事故的"突发事件征收征用补偿条例"以与《突发事件救助条例》相配套,对突发事件征收征用的对象、补偿、征用返还作出明确规定。

第二,制定大规模侵权损害赔偿基金法。此法应由国务院制定,规定适用损害赔偿基金的条件、设立程序、管理组织、基金的财团法人地位及此类法人的设立与终止条件。

第三,进一步完善保险法制。强制保险的法律,应增加规定投保义务单位的责任及不投保的监督与管理部门,增加行政责任追究的规定。建议公安部门对组团旅游等作出强制保险规定。

第四,及时依据《民法典》修改铁路法、航空法、道路交通安全法、医疗事故处理办法以及其他劳动保护相关事故损害赔偿的法律规定,形成我国相对统一一致的损害赔偿制度。

第二部分

基于与加害人特殊关系的民事责任

第三章

监 护 人 责 任

第一节　监护人责任的概念和法理基础

一、监护人责任的概念

监护人责任是监护人依法对被监护人致人损害承担的民事责任。

依照《民法典》第27条规定,未成年的父母是未成年人的监护人。未成年人的父母死亡或者没有监护能力的,依次由下列人员担任监护人:祖父母、外祖父母;兄、姐;其他愿意担任监护人的个人,但须经未成年人住所地的居民委员会、村民委员会同意或者民政部门同意。依照《民法典》第28条规定,担任无完全民事行为能力成年人监护人的依次为:配偶;父母;成年子女;其他近亲属;其他愿意担任监护人的个人并经被监护人住所地的居民委员会、村民委员会或者民政部门同意。

1986年《民法通则》第133条规定,无民事行为能力人、限制民事行为能力人致人损害,由监护人承担民事责任,但尽了监护责任的应当减轻。被监护人有财产的从其财产中支付赔偿费用,不足部分由监护人赔偿。对这一规定,笔者曾写过一篇短文,针对当时存在的无过错责任和过错责任观点,阐述其贯彻的是相对无过错责任,即监护人承担责任不以有无过错为要件,但已尽监护责任的可减轻责任。[①]《民法通则》这条规定,2009 年通过的《侵权责任法》第 32 条仅将"民事责任"改为"侵权责任"。《民法典》第 1188 条则一字未改地继受了原《侵权责任法》第 32 条。

二、监护人责任的法理

监护人对被监护人致人损害承担赔偿责任,是由监护人与被监护人的特殊关系决定的。进一步分析是由其家庭职能决定的。监护权的法权基础是亲权和配偶权。

在现代社会,虽然家庭的生产职能逐渐衰退,城市中的一般家庭已无生产职能,但人口生产职能依然是家庭的基本职能。亲权是基于血缘关系中长辈对晚辈的身份权,是监护权的源权利。基于亲权,父母对子女享有监护权,不仅应养育子女,在社会关系中也负有保证未成年子女不致他人损害的义务。比如,未成年子女致他人损害,因未成年子女一般无财产,如其父母不承担责任,受害人损失得不到赔偿,对受害人则极不公平。不管未成年子女有无识别能力,只要造成他人损失,通常表明监护人未尽到监护职责,监护人承担的是未尽监护之责的责任。因特殊情况下监护人尽到了监护职责也发生了子女致人损害的情形,我国法律规定监护人能证明其已尽到监护职责的,可以减轻责任。之所以不能免除责任,是因考量受害人与监护人,还是由监护人适当承担责任较为公平,毕竟子女传承着父母的基因、血脉,在未成年前致人损害由监护人承担责任是最佳选择,也有利于发挥侵权法的预防功能。

第二节　监护人责任几个争议问题探析

对监护人责任规定,须讨论的问题是:如何认识被监护人的责任能

---

① 参见拙文《论监护人责任》,载《法学研究》1992 年第 4 期。

力问题；如何认识被监护人有财产的从其财产中支付赔偿费用的问题；学校、师徒、精神病院管理与监护人责任问题。

一、如何认识被监护人的责任能力

我国民法中至今没有自然人责任能力的规定，理论上用行为能力规定解释责任能力，但行为能力是对为法律行为资格的规定，本不涉及侵权行为。但因侵权识别能力与法律行为的识别能力都是基于一定年龄和智力水平，有共性，理论上以行为能力解释责任能力也没有什么不妥，从《民法通则》到《侵权责任法》，再到《民法典》都没有作出责任能力的规定。但是，解决侵权纠纷面对的是具体问题，既不能以为法律无责任能力规定就都不考虑未成年人的责任能力，也不能简单依年龄划线，必须具体问题具体分析。比如，八周岁以下的两个小学生打架造成损害，法院必须划分两人的过错程度比例，依此比例判定各自监护人承担的责任。所以法律不规定不等于实际生活中不存在责任能力。由于监护人责任是典型的特殊侵权责任类型，过错、无过错责任交错存在，法律虽作了无过错责任规定，但凡能认定监护人、被监护人过错的，予以认定才能发挥侵权法制裁、预防侵权行为的功能。

比较法观察，1900 年《德国民法典》第 828 条规定，不满七周岁加害他人无需承担责任。年满七周岁不满十八周岁，根据其实施加害行为时是否具有认知能力判断是否有责任能力。但是到了 2002 年 7 月 19 日颁布了《修改损失赔偿条文第二法》，规定在交通事故中已满七周岁但不满十周岁的，在汽车、铁路和悬浮轨道交通造成他人损害的，原则上不承担责任。[①]相较于德国参照行为能力规定责任能力，《日本民法典》第 712 条笼统规定，未成年人（日本成年年龄为满 20 岁）加害他人时，不具备足以认识其行为责任的知识和能力，不承担赔偿责任。德日两国所不同者，德国是按照无行为能力和限制行为能力两种类型来

---

① 参见［德］马克西米利安·福克斯：《侵权行为法（第五版）》，齐晓琨译，法律出版社 2004 年版，第 87—88 页。

认定未成年人有无责任能力,日本仅仅规定按照未成年人行为时的状况认定有无责任能力。德日民法都规定,监护人未尽到监护责任的,则要承担赔偿责任。这就在理论上存在一个问题,即被监护人被认定为有责任能力,由于被监护人通常的赔付能力非常有限甚至没有,监护人是否需要承担赔偿责任? 但是这一理论上的问题通过司法实践,法院对监护人尽到监护职责或者对被监护人有责任能力的认定非常严格,在日本至今尚未发生一起监护人尽到监护职责的案件,所以客观上只要被监护人致人损害就被认定为监护人未尽到监护职责,显然是把保护受害人利益放在了首位。这样的监护人过错责任的规定,与无过错责任在结果上并无区别。

我国学者曾提出在《民法典》中规定侵权责任能力的建议。梁慧星教授主编的《中国民法典建议稿及理由》一书中指出,"无民事行为能力人对自己造成的损害不承担民事责任。限制民事行为能力人对其能够辨别的行为造成的损害承担民事责任"。"因过错使自己暂时丧失辨别能力的人造成损害的,应当承担民事责任。"这一建议是为了弥补《民法通则》没有责任能力规定的漏洞,也是借鉴了其他国家的相关规定。①这个具体条文是由张新宝教授拟定的。在制定《侵权责任法》的专家讨论过程中,我们也曾提出规定责任能力的条文,但另有意见认为按照最高人民法院关于实施《民法通则》的意见,参照《民法通则》行为能力的规定事实上也没有什么不妥,所以侵权责任法没有规定。编纂《民法典》时,由于立法机关的态度是能不规定的就不规定、能不修改的就不修改,所以也没有增加责任能力的规定。

通过以上分析,我们大致得出这样的结论,自然人的责任能力与案件解决密切相关,是一个不能回避的问题。要认定责任能力,就未成年人而言不再区分无行为能力和限制行为能力,仅笼统认定未成年人侵害他人时没有充分的辨识能力作为认定其责任能力的基础。同时规定

---

① 参见梁慧星:《中国民法典草案建议稿附理由侵权行为编·继承编》,法律出版社 2004 年版,第 7—8 页。

被监护人有责任能力,监护人负连带赔偿责任,被监护人无责任能力,由监护人赔偿。希望最高人民法院能就《民法典》侵权责任编监护人责任作出如上司法解释。

二、如何认识从被监护人财产中支付赔偿费用

对从《民法通则》到《侵权责任法》、再到《民法典》,关于被监护人有财产的从其财产中支付赔偿费用的规定,一直有人认为这是依财产状况作为责任依据,不合理。这种观点实际是没有从有财产的被监护人与监护人的特殊关系出发分析问题,是不正确的。有财产的被监护人主要是丧失父母继承有一定财产,或者患精神病前有一定财产,或者有一定收入的人甚至未成年主播、文体工作的高收入者,因是本人实施侵权行为造成他人损害,本人又有相应赔偿能力,从其财产中支付赔偿费用是再合情合理不过的事情。而担任监护人的人一般是代替父母的其他亲属、父母生前朋友,甚至是村委会、居委会,这些人或者组织承担了本该由国家承担的对失去父母或者患精神病的人的救助义务,被监护人有财产的由监护人支付赔偿费用反倒是不合情理的。即使父母为监护人,子女因天资聪明出版儿歌文集或者从事文艺表演主播、体育显有业绩者,因有财产,致人损害从其财产中支付赔偿也是应当的,因为毕竟是其本人实施了侵权行为造成他人损害,纵使无责任能力致人损害也是公平的。

此项规定体现的具体法理:(1)公平责任法理。公平责任是不以行为人有无过错而依社会公平观念承担的责任,在我国,公平责任是社会主义公平核心价值观的体现,因此,这一规定不管被监护人损害时有无责任能力,只要有财产就对其行为所致损害支付赔偿费用。这种公平责任的构成要件包括:被监护人致他人损害、侵权行为与他人损害有因果关系、被监护人自己有财产。[1]公平具体体现为:一是对监护人公平,

---

[1] 参见王利明:《侵权责任法研究(下卷)》(第二版),中国人民大学出版社 2018 年版,第 55 页。

因监护人可能是不享有亲权的人,只是由于特殊原因被监护人无父母或者父母不能承担监护责任,监护人代其父母实施监护,被监护人有财产,如继承已故父母的财产,从其财产中支出是公平的;二是对被侵权人公平,有财产的侵权人承担赔偿责任,对被侵权人更能保障其请求权的实现,不仅更为直接,尚可避免监护人财产不济的风险。(2)教育法理。被监护人有财产责任自负,更有利于对被监护人的教育。(3)监护人与被监护人财产相关法理。一般情况都是父母有养育子女的义务,钱袋相通,子女责任支付减少了其个人财产,以后有财产需求,仍由父母提供。(4)效率法理。被侵权人一般程度的损害,从被监护人财产中支付,效率高。比如某中学生伤害其他同学,对于费用不高的医疗费,由该同学直接支付是最有效率的,可免去追究监护人责任的麻烦。

三、委 托 监 护

我国原《民法通则》和《侵权责任法》,没有规定委托监护,但最高人民法院关于贯彻实施《民法通则》的意见第 22 条作了解释,该条规定,"监护人可以将监护职责部分或者全部委托给他人。因被监护人的侵权行为需要承担民事责任的,应当由监护人承担。但另有约定的除外;被委托人确有过错的,负连带责任"。委托监护在我国城市化进程中显得尤为重要,因为有的未成年子女的父母进城务工,孩子交给祖父母、外祖父母,或者其他亲属照管已成为我国农村的基本情况,《民法典》有必要在总结司法解释经验的基础上对委托监护作出规定。最高人民法院关于贯彻实施《民法通则》意见的委托监护规定,确认被监护人侵权行为的民事责任,应当由监护人承担是完全正确的,因为外出务工的未成年人父母是法定监护人,不因外出务工而失去监护人身份。从经济状况分析,外出务工的未成年人父母有经济收入,而照管孙子女或者外孙子女的祖父母、外祖父母除了经营土地之外,基本没有其他经济来源。未成年人因侵权行为造成他人损害,由作为监护人的父母承担赔偿责任,否则将对保护受害人利益不利,也不符合社会主义公正的核心价值观。不过接受委托的监护人对未成年人的侵权行为的发生有过错，应承担相应责任。但这一司法解释"另有约定除外"的规定不无疑义，令人担心的是监护人可能依另有约定规避承担责任，受害人之损害可能无法弥补。①这种担心是有道理的，所以《民法典》编纂没有规定另有约定除外。《民法典》第1189条规定："无民事行为能力人、限制民事行为能力人造成他人损害，监护人将监护职责委托给他人的，监护人应当承担侵权责任；受托人有过错的，承担相应的责任。"如父母出国将孩子委托叔父母监护，对被监护人致人损害叔父母有过错承担相应责任，父母仍是第一责任人。

四、学校管理、师徒关系、精神病院管理与监护人责任

学校（包括幼儿园）对未成年学生承担的是管理过错责任。如学校证明已尽管理职责，对未成年学生致他人损害不承担责任。师生关系也不是古代私塾形同父母的关系，因此监护人对上学中的被监护人仍应承担监护责任。国外有临时监护制度，但实质也是管理过错责任，之外的致人损害应由监护人承担责任。如日本，"在学校事故场合下，有可能既认可教师的'特定生活监护型'，又认可父母的'人身监护型'监督义务的违反"。②对此，我国《民法典》第1199、1200、1201条分别规定了无民事行为能力人、限制民事行为能力人以及这两种人在幼儿园、学校、其他教育机构受到人身损害，或者受到校外人员损害，幼儿园、学校、其他教育机构的管理过错责任。这其中也包括对无完全行为能力人致人损害的管理过错责任。管理一方无过错的，监护人仍应承担监护人责任。

委托监护，依委托合同成立。现行法律并没有规定委托监护合同是采用书面形式还是口头形式，但从具体情况分析，委托监护主要是发

---

① 参见王林清、杨心忠：《侵权纠纷裁判标准与规范》，北京大学出版社2014年版，第51页。

② 引自［日］吉村良一：《日本侵权行为法》，张挺译、文元春校，中国人民大学出版社2013年版，第144页。

生在近亲属之间的一种关系,少有采用书面合同形式,以口头协议为基本情况,甚至是一种自然形成的事实委托关系。因此,发生监护责任的相关纠纷,应从当事人之间的关系判断是否是委托监护,无论是书面形式、口头形式或者是自然形成的一种事实上的可推定的委托监护,都是具有法律效力的。但委托有关单位担任监护人的,应采用书面形式。

师徒关系在中华人民共和国成立前形同父母子女关系,师傅对徒弟因侵权行为致他人损害承担责任。中华人民共和国成立后的法律对此没有明确规定,但涉及企业内部的师徒关系,适用用人单位责任或者个人间劳务关系的规定,加之依据我国《劳动法》规定,年满16周岁有劳动能力,方可参与劳动关系,而且已经参加劳动就符合《民法典》所规定的以自己的劳动收入为主要生活来源的人视为完全民事行为能力人的规定,不可能涉及监护关系。因此,涉及监护关系的师徒关系,范围比较狭窄,是指艺人间的未成年人因学艺拜师形成的师徒关系,比如小品艺人招收徒弟、相声演员招收徒弟等所形成的与未成年人之间的师徒关系。这种关系究竟应比照委托监护还是学校管理责任调整值得研究。笔者认为,依类型化原理应比照委托监护条文加以适用,因师徒关系比师生关系更为密切,类同亲属关系,视为委托监护更为妥当。当事人有协议的依其协议规定。比如有的师傅允诺对徒弟的一切负全责,包括生活费甚至造成他人损害的责任。这种情况应遵其允诺处理未成年人侵权行为造成他人损害的责任。

精神病院虽也应承担管理过错责任,但因其是专门医院,又有专业技术手段防止患者致人损害,因此精神病人住院期间致人损害,精神病院应承担责任,这是由精神病院应承担的高度安全关照义务决定的。

第四章

使 用 人 责 任

第一节 使用人责任的概念、法理及我国的立法

使用人责任,是使用人为自己的业务而使用被用人,对被用人执行其业务活动造成第三人损害承担的责任。[①]

使用人责任虽在罗马法即已存在,但作为独立的侵权责任类型,产生于资本主义雇佣劳动。资本主义国家对使用人责任有无过失责任和过失责任两种立法例,但其原理均源自使用他人实现自己的利益,应对由此造成的他人损害负责。无过失责任无免责事由,过失责任则以已尽选任监督责任为免责事由。

法国民法采无过失责任。《法国民法典》第1384条第1款规定:"任何人不仅因自己的行为造成的损害负赔偿责任,而且对应由其负责之人的行为或者由其照管之物造成的损害负赔偿责任。"此款为侵权责任一般条款,其中"对应由其负责之人的行为"就包括使用人责任。此条为原第2款,现第5款2规定:"主人与雇主,对其家庭佣人与受雇人

---

① 参见拙著《侵权责任法重大疑难问题研究》,中国法制出版社2009年版,第170页。

在履行他们受雇的职责中造成的损害,负赔偿责任。"此款是使用人责任的完整规定,包括企业雇佣和家庭雇佣,但未出现"使用人责任"一词。在法国,只有未经雇主允许雇员进行了职务外活动致人损害,雇主才不承担责任。①《法国民法典》之所以规定雇主承担无过错责任,是基于其利益说,认为雇主使用他人是为了实现自己的利益,受利益者应对受雇人执行职务致他人损害承担责任。

德国采过失责任主义。《德国民法典》第831条第1款规定,"为某事务而使用他人的人,对他人在执行事务中不法地加给第三人的损害,负有赔偿义务。使用人在挑选被用人时,并且以使用须置办机械或者器具,或者须指挥事务的执行为限,使用人在置办或者指挥尽了在交易中必要的注意义务,或者即使尽此注意义务损害也会发生的,赔偿义务即不发生"。此款明确使用了"使用人""被用人"的概念。德国之所以规定雇主承担过失责任,是基于其危险说,认为雇用他人执行职务会造成致他人损害的危险,制造危险者应对危险发生的损害承担责任。德国法学认为,该规定包含了对社会分工出现责任问题的一个解决方案。使用人责任不仅仅在于他利用了因分工带来的好处,更是基于推定他违反了注意和监管义务,这种义务被视为一种交往中的义务,第831条是对违反交往安全义务的推定,所表达的是使用人对自己的过错所应承担的责任。②

《日本民法典》对使用人责任臻于完善。《日本民法典》第715条(使用人等的责任)第1款规定:"为某事业而使用他人的人,对于被使用人在其事业的执行中对第三人造成的损害,负赔偿责任。但使用人对于被用人的选任及其事业执行的监督已尽到相当注意,或者即便尽到相当注意,损害仍不免要发生时,不在此限。"法理上,日本综合法国的利益说和德国的危险说,形成"利益 + 危险说",对使用人责任予以说明。这也是现今多数国家的通说。日本较早的判例中有采用报偿责任

---

① 第3.4款为1922年法律所增,第4款为1970年法律所增。参见罗结珍译:《法国民法典》(下册),法律出版社2005年版,第1096页以下。

② 参见[德]马克西米利安·福克斯:《侵权行为法》,齐晓琨译,法律出版社2006年版,第171页。

和危险责任的不同情况。采报偿责任原理的判例基于获益者应承担责任的原理,认为使用者使用被用者是获取利益的关系。采用危险责任原理的判例,认为人的活动具有危险性,因此作为被用者的支配管理者的使用者应负责任。这种危险责任是从对物的支配的危险性发展而来的,即将对人的支配比照对物的支配,认为都是具有危险性的支配。后来综合运用报偿责任和危险责任形成复合型的责任类型。①

　　使用人责任在我国 1986 年通过的《民法通则》第 43 条中首次作了规定,采无过失责任主义。该条规定:"企业法人对他的法定代表人和其他工作人员的经营活动,承担民事责任。"此条包括两种责任:一是企业法人对其法定代表人的经营活动承担民事责任,因企业法定代表人的经营活动就是法人活动,法人承担的责任不是使用人和被用人关系基础上的使用人责任;二是企业法人对其他工作人员的责任,企业法人是使用人,其他工作人员是被用人,是典型的使用人责任。随着商品经济特别是市场经济的发展,出现了雇佣劳动,尤其是 1993 年《宪法》确定了市场经济改革目标之后,劳动力作为生产要素由市场配置,劳动力商品化及劳动合同制被确定,雇佣关系也被广泛承认,雇佣人责任的司法解释应运而生。2003 年发布的《最高人民法院关于审理人身损害赔偿案件适用法律若干问题的解释》对《民法通则》第 43 条规定结合发展变化的新情况作了详尽的解释。其第 8 条规定:"法人或者其他组织的法定代表人、负责人以及工作人员,在执行职务中致人损害的,依照民法通则第一百二十一条的规定,由该法人或者其他组织承担民事责任。上述人员实施与职务无关的行为致人损害的,应当由行为人承担赔偿责任。"本条第 2 款规定,"属于《国家赔偿法》赔偿事由的,依照《国家赔偿法》的规定处理"。此条规定涉及的是国家赔偿,是对《民法通则》国家赔偿责任优先适用国家赔偿法的解释,其中涉及的国家机关法人及其他国家组织的"工作人员"执行职务致人损害的责任,运用的也是使用人责任的法理。本解释第 9 条第 1 款规定:"雇员在从事雇佣活动中

---

　　①　参见[日]藤冈康宏:《民法讲义 V 不法行为法》,信山社 2013 年版,第 318 页。

致人损害的,雇主应当承担赔偿责任;雇员因故意或者重大过失致人损害的,应当与雇主承担连带责任。雇主承担连带责任的,可以向雇员追偿。"本款是使用人责任的基本规定。此司法解释的第10条应予特别关注。本条规定:"承揽人在完成工作过程中对第三人造成损害或者造成自身损害的,定作人不承担赔偿责任。但定作人对定作、指示或者选任有过失的,应当承担相应的赔偿责任。"定作人责任,是独立的侵权责任类型,而且极易与使用人责任混同,应予特别研究。继该司法解释之后,2009年通过的《侵权责任法》对使用人责任作出更进一步规定。我国《侵权责任法》虽未明确规定使用人责任,但用两个条文分别规定了用人单位的责任和接受他人劳务的责任,基本完善了使用人责任。本法第34条第1款规定:"用人单位的工作人员因执行工作任务造成他人损害的,由用人单位承担侵权责任。"用人单位较之企业法人,范围更为广泛,也包括事业单位法人及各种非法人团体,但不包括个人。为进一步规范个人作为使用人的责任,本法第35条规定:"个人之间形成劳务关系,提供劳务一方因劳务造成他人损害的,由接受劳务一方承担侵权责任。提供劳务一方因劳务自己受到损害的,根据双方各自的过错承担相应的责任。"《民法典》第1191条在原《侵权责任法》第34条第1款后增加规定"用人单位承担侵权责任后,可以向有故意或者重大过失的工作人员追偿"。第2款劳务派遣责任未变。《民法典》第1192条第1款继受《侵权责任法》第35条,增加第2款"提供劳务期间,因第三人的行为造成提供劳务一方损害的,提供劳务一方有权请求第三人承担侵权责任,也有权请求接受劳务一方给予补偿。接受劳务一方补偿后,可以向第三人追偿"。

第二节　用人单位责任

一、用人单位责任的概念

用人单位责任是用人单位对其工作人员在工作中造成他人损害承

担的侵权责任。我国《民法典》第1191条第1款规定："用人单位的工作人员因执行工作任务造成他人损害的，由用人单位承担侵权责任。用人单位承担侵权责任后，可以向有故意或者重大过失的工作人员追偿。"

用人单位责任包括法人和非法人组织对其工作人员执行职务致人损害承担的责任。因法人单位责任是基本情况，明确用人单位责任原理不能不从法人说起。

法人责任包括法人对其法定代表人经营行为的责任和对其他工作人员执行职务行为的责任。前者，依据法定代表人为法人的执行机关，其行为为法人行为，法人对其承担的责任为法人自己的责任，现今几乎无争议。而对后者，因对法人本质认识的不同而有不同解释。依法人拟制说，认为造成损害的是法人工作人员，法人承担的是代位责任。依法人实在说，仍认为是自己责任，因为法人有意思能力，应对工作人员的选任监督不当承担责任。依后一通说，法人对其他工作人员，是使用人与被用人的关系，不同于法定代表人为法人自体的一部分，是使用人责任的基本形态。我国《民法典》源自《侵权责任法》规定的用人单位责任，既包括法人对其工作人员的使用人责任，也包括非法人组织对其工作人员的使用人责任。

二、用人单位责任的要件

第一，用人单位与被用人存在使用关系。依据我国现行法律，用人单位与其职工存在劳动合同关系或者工作聘用合同关系。如最高人民法院的个案司法解释，认定外单位装卸工刘某，在工作中被徐州西站职工唐某违章作业砸伤致残，徐州西站作为唐某的所在单位，对其职工在履行职务中致人损害，应承担赔偿责任。[1]用人单位作为使用

---

[1]　参见《最高人民法院民事审判庭关于刘伯达诉徐州西站人身损害赔偿一案如何适用法律问题的电话答复》，载最高人民法院、最高人民检察院：《司法解释与指导案例（民事卷）》（第三版），中国法制出版社2014年版，第659页。

人对被用人的工作有指挥监督的权利。但使用人责任的认定并不必然以劳动或者聘任关系为条件,对用人单位临时聘用的人也可成立使用关系。

第二,被用人的行为是执行职务,或者具执行职务的外形,或者与执行职务有内在联系性。对交易行为,以外形理论认定是否为用人单位责任,对事实的侵权行为,以与执行用人单位职务的密切联系性认定是否为用人单位责任。前者如百货公司营业员借销售公司商品之机销售自己的假冒商品并发生产品责任损害,即具公司使用关系之外形。此为交易的侵权行为。后者如单位司机在执行出车任务中为私用而使用单位所有汽车发生交通事故,即与执行职务有内在联系性。再如导游不顾客观存在的危险,坚持带游客冒险游玩,致游客身处险境,并实际导致损害结果发生,违反相应的安全保障义务,其所属的旅游服务机构应当承担相应的民事责任。①此亦属事实的侵权行为。

第三,被用人实施了侵权行为并造成他人损害。使用人责任是基于被用人行为承担的责任,被用人行为是相对独立的。尽管被用人多是在过错执行职务情况下致人损害,但使用人责任并不以被用人过错为要件。同时,使用人责任也不以使用人选任监督被用人的过错为要件。

关于使用人承担责任后对被用人是否享有追偿权,我国《侵权责任法》没有规定,主要考虑被用人作为工作人员的经济赔偿能力十分有限,一般情况下这种追偿对使用人来说意义不大,如有必要也可依劳动法或者当事人之间约定追偿。编纂《民法典》时,很多意见建议规定使用人的追偿权,但应限于故意或者重大过失,这有利于促使被用人谨慎工作,适当追偿对使用人也是公平的。②笔者认为,这一规定对于有一

---

① 《吴文景、张恺逸、吴彩娟诉厦门市康健旅行社有限公司、福建省永春牛姆林旅游发展服务有限公司人身损害赔偿纠纷案》,载最高人民法院、最高人民检察院:《司法解释与指导案例(民事卷)》(第三版),中国法制出版社 2014 年版,第 662 页。

② 参加黄薇主编:《中华人民共和国民法典侵权责任编释义》,法律出版社 2020 年版,第 84 页。

定资质的技术人员更有意义，因为一般而言这部分人收入较高，对一般损害有偿付能力，当然首先是由使用人承担责任，以实现充分保护受害人的目的，然后由使用人向被用人适当追偿，以示对被用人惩戒、对使用人公平。

第三节　劳务派遣单位和劳务用工单位的责任

劳务派遣是劳务派遣机构与员工签订劳务派遣合同并将员工派遣到用工单位工作。如果该员工在用工单位执行职务致人损害，就产生劳务派遣单位和用工单位的责任承担问题。《民法典》第1191条第2款规定："劳务派遣期间被派遣的工作人员因执行工作任务造成他人损害的，由接受劳务派遣的用工单位承担侵权责任；劳务派遣单位有过错的，承担相应的责任。"此款规定的是一种特殊的用工单位责任。

劳务派遣是我国实行社会主义市场经济以后社会分工的产物。在市场经济条件下，有了专门从事劳务派遣的组织，该组织就可以根据市场用工的需要招聘或者培训用工人员，用工单位和劳务派遣单位与员工签订劳务派遣合同。这种合同是三方当事人的合同。这种社会分工可以免去用工单位招聘、培训员工的工作，而且劳务派遣是专业化经营，有利解决从事技术工作的农民工进城就业和城镇待业人员再就业。这种专业化分工提高了劳动效率。因用工单位与被派遣员工形成了具体用工关系，对员工的工作进行具体的管理监督，因此员工在执行工作中致人损害，责任由用工单位承担。但是如果劳务派遣单位派遣有过错，应承担相应的责任。如派遣单位派遣了不具有专业资质的人员，而该人员在工作中因不具有专业资质造成他人损害，劳务派遣单位应承担相应责任。原《侵权责任法》第34条第2款对此规定的是"承担相应的补充责任",编纂《民法典》考虑到补充责任在派遣单位有过错的情况下并不合理。所谓补充责任是指在用工单位不能完全承担责任的情况下予以补充承担责任,如果用工单位能够承担全部责任,就排除了派遣单位的补充责任,这对用工单位不公平。因此,《民法典》修改为"劳务派遣单位有过错的,承担相应的责任"。①

第四节　个人劳务关系责任

我国原《侵权责任法》针对社会形成的家庭雇用保姆、小时工,个人雇用司机、雇用家庭教师这些社会关系越来越多,需要法律对发生的纠纷,特别是对提供劳务的一方在提供劳务中造成他人损害,接受劳务的一方是否需要承担责任作出规定。由于这种关系不同于用人单位与被用人的劳动关系有劳动保护保障,劳动者自己受到损害,后果由谁承担也需要规定。还有因第三人的原因致提供劳务方损害如何救济也需要法律作出规定。因此,《侵权责任法》对个人间的劳务关系损害如何承担责任作出了规定。编纂《民法典》,在继受这种规定的同时也有所修订,即将第三人所致被用人损害,使用人与第三人的单方连带责任修改为补偿责任。《民法典》第1192条分两款规定:"个人之间形成劳务关系,提供劳务一方因劳务造成他人损害的,由接受劳务一方承担侵权责任。接受劳务一方承担侵权责任后,可以向有故意或者重大过失的提供劳务一方追偿。提供劳务一方因劳务受到损害的,根据双方各自的过错承担相应的责任。""提供劳务期间,因第三人的行为造成提供劳务一方损害的,提供劳务一方有权请求第三人承担侵权责任,也有权请求接受劳务一方补偿。接受劳务一方补偿后,可以向第三人追偿。"

---

① 参见黄薇主编:《中华人民共和国民法典侵权责任编释义》,法律出版社2020年版,第86页。

　　个人间形成的劳务关系,是指接受劳务一方是自然人个人或者是家庭,如果是个体工商户、合伙组织使用他人发生致人损害,属于用人单位责任,不适用个人形成的劳务关系责任的规定。因此,这种个人间的劳务关系,在用人单位与被用人劳动关系中,用人单位必须为被用人投保劳动保险,而个人间的劳务关系,使用人无须为被用人提供保险。在用人单位与被用人的劳动关系之间,用人单位有权按照规章制度的规定对被用人违反劳动纪律的行为进行处分,而个人间形成的劳务关系使用人没有这种处分权。用人单位与被用人形成的劳动关系,其报酬要遵循政府关于最低工资控制标准的规定,实行按劳分配、同工同酬,在此基础上报酬可以由当事人协商确定,而个人间形成的劳务关系报酬完全由双方当事人协商确定。

　　个人间形成的劳务关系,被用人在工作中造成他人损害,为了保护受害人,法律规定责任由使用人承担,但是如果被用人故意或者重大过失造成他人损害,使用人承担责任后可以向被用人追偿。如果是被用人在工作中自己受到损害,使用人与被用人根据过错程度承担相应的责任。如果使用人没有过错,后果由被用人承担。为了保护被用人的利益,《民法典》明确规定在第三人行为造成损害时,被用人可以向第三人或者接受劳务一方请求救济,第三人承担的是侵权责任,接受劳务一方承担的是补偿责任。接受劳务一方补偿后,可以向第三人追偿。

第五节　定作人责任

一、定作人责任的历史发展

　　承揽合同关系存在使用人责任中的使用关系。我国原《民法通则》无定作人侵权责任的规定,但 2003 年《最高人民法院关于审理人身损害赔偿案件适用法律若干问题的解释》第 10 条规定,承揽关系中的承揽人在履行承揽合同中致第三人损害,定作人不负责任,但定作人对定作、指示或者选任有过错的,应承担相应责任。2009 年通过的《侵权责任法》对此没有规定,原因是认为依据合同法承揽合同规定,可以调整承揽人因独自工作致第三人损害的关系,而因定作人定作、指示、选任不当致第三人损害,依过错责任一般规定亦可调整。

《侵权责任法》通过后,实践中不时出现因定作人定作、指示或者选任承揽人不当致第三人损害的案件,特别是 2010 年 11 月 15 日,发生了上海市"11·15"特大火灾事故,其中使用没有资质的承揽人承包工程,是造成此次火灾事故的关键原因,引起了社会的广泛重视。依据人民法院对相关责任人刑事判决认定的事实,此案静安区建设和交通委员会主任高伟忠接受上海佳艺建筑装饰工程公司原法定代表人、经理黄佩信的请求,违规决定静安区建设总公司承包静安胶州路教师公寓节能改造工程,然后该工程又整体转包给不具备相应资质的佳艺公司,又由静安建交委副主任姚亚明等人违规招投标等方式具体落实。然后黄佩信与佳艺公司副经理马一榜决定将工程拆分后再行分包,其中脚手架搭设项目由无资质的被告人支上邦、沈建丰经劳伟星同意,非法借用上海迪姆物业管理公司的资质承接,脚手架项目中的电焊作业又交给不具备资质的沈建新承包。沈建新又委托马东启帮助招用无有效特种作业操作证的吴国略和王永亮等人从事电焊作业。正是无操作证的电焊工不当操作引燃易燃物发生火灾。此事故,除去安全管理、行贿受贿等多种原因外,存在一连串的选聘被用人不当并且多为选择承揽人不当所致。这次火灾共造成 58 人死亡、71 人受伤,直接财产损失 1.58 亿元。这次事件昭示定作人定作、选任、指示承揽人不当所致第三人损害,有时是非常严重的,法律有必要对这种侵权责任作出明确规定。

《民法典》规定了定作人的侵权责任。①我国《民法典》第 1193 条规

---

① 参见黄薇主编:《中华人民共和国民法典侵权责任编释义》,法律出版社 2020 年版,第 90 页。

定:"承揽人在完成工作过程中造成第三人损害或者自己损害的,定作人不承担侵权责任。但是,定作人对定作、指示或者选任有过错的,应当承担相应的责任。"

定作人责任,在《日本民法典》第 716 条规定为独立的侵权行为类型。英美判例法有雇用人对独立契约者致人损害不负责任规则,因出租车司机、画家、建筑师等自主从业者最能预防损害,并将之吸收内化于其营业成本。雇用人仅对因自己过失致独立契约者致人损害承担责任,如将工作交付不能胜任之人或者指示有过失。[1]也有国家和地区由合同法和侵权法一般条款所调整。合同法着重承揽人以自己的技术和技能独立完成工作,因此要独立承担工作风险,包括对造成他人损害承担责任。依《日本民法典》,定作人责任与承揽合同竞合,但作为侵权法规范,着重规范因定作人选任、指示、监督承揽人不当造成第三人损失的民事责任,性质上同《日本民法典》第 709 条过错责任的一般条款是相同的,并且在承揽人也有过失的情况,定作人与承揽人构成共同侵权行为。[2]我国台湾地区"民法"第 189 条规定类同《日本民法典》第 716条,理论上被认为即使民法不作特别规定,以台湾"民法"第 184 条一般规定也可导致相同的结果,因此被认为是没有"特殊性"的侵权行为。[3]我国大陆地区司法解释,虽未明确定作人责任为侵权责任,但客观上相当于规定为侵权责任类型。

定作人责任虽存在定作人对承揽人的使用关系,但对被用人工作不享有完全的指挥权,而使用人责任的使用人对被用人工作享有指挥监督权,被用人的工作也不具有承揽人工作的独立性。承担的责任也不同,定作人仅对定作、指示、选任过错承担相应的过错责任,使用人责任是无过错责任,只要被用人因执行职务致他人损害,就应承担民事责任。

---

① 参见王泽鉴:《侵权行为》,北京大学出版社 2009 年版,第 455—456 页。

② 参见[日]盐崎勤、羽成守、小贺野晶一编著:《实务不法行为法讲义》(第二版),民事法研究会 2014 年版,第 32 页。

③ 参见王泽鉴:《侵权行为》,北京大学出版社 2009 年版,第 453 页。

从比较法观察,承揽人与雇用使用关系中的被用人的区别,要看委托的事项是否具有不可委托的义务性和具有职业的技术的特点,即不可委托的事项,不能构成承揽关系,承揽人承揽的事务或者工作有职业性技术性的特点。①

二、定作人责任的要件

依据我国《民法典》第 1193 条的规定,定作人的侵权责任需符合以下要件:

第一,存在承揽合同关系,即定作人将一定工作交由承揽人承揽,双方签订书面或者口头承揽合同。如无承揽合同存在,定作人的身份便不存在,因此就不可能构成定作人的侵权责任。此承揽合同,并不以合法有效为要件。如上海"11·15"特大火灾事故,静安区建设交通委员会负责人违规决定由静安区建设总公司承包静安胶州路教师公寓节能改造项目,然后承包公司整体转包给不具资质的佳艺公司,佳艺公司又将工程拆分后分包给无资质人员,这一系列承揽合同或者违规承包或者承包人无资质,都是无效的理由,但这不影响事实上承包关系的存在。

第二,承揽人在完成工作中造成他人损害或者自己损害。承揽人在完成工作中造成他人损害是通常情况。如上海"11·15"特大火灾事故,静安区建设总公司承揽工程后转包佳艺公司,佳艺公司又分包给无资质人员,无资质人员又招用无资质的人充当电焊工,电焊中火星降落引起大火。这一系列的承包与分包都是承揽人完成工作的组成部分,在这一工作中最终造成了他人损害,因此静安区建设总公司作为总承揽单位应该对此次重大事故承担一切民事责任。承揽人在工作中造成自己损害是特殊情况。

第三,定作人对定作、指示或者选任有过错。如果定作人对承揽人

① 参见[美]小詹姆斯·A.亨德森等:《美国侵权法实体与程序(第七版)》,王竹等译,北京大学出版社 2014 年版,第 137、140 页。

定作、指示或者选任没有过错，按照《民法典》第1193条的规定，对承揽人在完成工作中造成第三人损害，定作人不承担侵权责任。如《最高人民法院公报》1989年第1号发布的"张连起、张国莉诉张学珍损害赔偿纠纷案"。本案天津市塘沽区生产服务管理局建筑工程公司第七工队将承包的天津碱厂除钙塔厂房拆除工程，转包给被告个体工商户业主张学珍。1986年11月10日，被告张学珍指派徐广秋组织指挥施工，并亲自带领雇用的临时工张国胜拆除混凝土大梁。拆除第一至第四根大梁，起吊后梁身出现裂缝，起吊第五根时梁身中间折裂（塌腰），均未引起徐广秋重视。拆除第六根大梁时，梁身从中折断，站在大梁上的徐广秋和张国胜（张连起之子）滑落坠地，张国胜受伤，医院检查诊断为左下踝关节内侧血肿，压痛，活动障碍，未见骨折。11月21日，张国胜住进港口医院治疗无效死亡。经天津市法医鉴定，结论是张国胜系左内踝外伤，局部组织感染坏死致浓毒败血症，感染性休克，多脏器衰竭死，医院治疗与死亡因素无关。原告向塘沽区人民法院起诉，要求被告赔偿全部经济损失。被告以张国胜在招工表签字，同意表中写明的"工伤概不负责"抗辩。塘沽区人民法院审理认为，被告张学珍带领工人违章作业，招工表中列举的"工伤概不负责"违反《宪法》劳动保护的规定和《劳动法》，为无效民事行为。法院依《民法通则》第106条第2款过错责任规定，判决被告张学珍承担民事责任。此案天津市塘沽区生产管理局建筑工程公司第七工队将承包的拆除天津碱厂除钙塔厂房转包给被告张学珍依法并无选任不当，可视为定作人，承揽人张学珍在工作中因过错致他人损害，应由张学珍对自己的过错行为承担民事责任。

定作人选任、指示或者定作有过错，应对其过错承担相应的责任，如上海"11·15"特大火灾事故，定作人违规选择承揽人，存在选任过错，承揽人无力承担责任，因此责任全部由定作人静安建筑总公司承担。

第四，损害与定作人过错有因果关系。只有损害是由于定作人的过错所致，定作人才承担民事责任。如上海"11·15"特大火灾事故，定作人负责人受人请托违规决定承揽人,承揽人再行转包无资质的佳艺公司,这一系列违法行为构成事故隐患并最终发生火灾事故,有相当的因果关系。如果定作人指示、选任、定作虽有过错,但这种过错与承揽人致他人损害或者致自己损害没有因果关系,则不承担损害的民事责任。

第六节　使用人责任与相关制度的交错

一、使用人责任与表见代理

表见代理是代理人基于与被代理人的特殊关系,以代理人的名义为民事行为,足使第三人信其有代理权并与之进行了民事行为,基于第三人选择由被代理人承担代理后果的制度。其特殊关系包括代理人享有代理权而越权代理、代理人在代理权终止后仍以代理人身份进行活动、代理人从未取得代理权而以他人代理人身份进行活动。在委托代理、法人或其他社会团体指定代理情况下的表见代理,符合使用人责任的构成条件,两者产生竞合。

表见代理类型的使用人责任,是典型的交易行为,具使用关系的外形。但因表见代理赋予第三人选择权,第三人既可主张代理的法律后果,也可主张民事行为无效,较使用人责任更具合理性和灵活性,应优先适用于使用人责任。因此,此种竞合虽体现使用人责任之法理但排除使用人责任之适用。

二、使用人责任与运行供用者的责任

运行供用者的责任,即为自己利益使用他人作为司机驾驶自己提供的汽车,因发生交通事故致人损害而承担的责任。汽车供用者与司机存在使用关系。但因交通事故源自汽车固有的危险性和被用人的过失，与单纯的使用关系不同，为独立的汽车交通事故责任所涵摄，有使用人责任法理适用余地而排除使用人责任类型之适用。交通事故实行强制保险和自愿保险，使用人责任不涉及强制保险，也难以自愿保险。

三、使用人责任与国家赔偿责任

我国原《民法通则》第121条规定："国家机关或者国家机关工作人员在执行职务中，侵犯公民、法人的合法权益造成损害的，应当承担民事责任。"依此规定，国家赔偿责任为特殊侵权责任的独立类型。依司法解释，符合《国家赔偿法》规定的国家机关及其工作人员执行职务致人损害，即行政机关、司法机关及其工作人员致人损害，适用《国家赔偿法》，其他国家机关及其工作人员违法执行职务致人损害的，原适用《民法通则》第121条，现如何适用法律需司法解释作出规定。

国家对公务员违法执行职务的赔偿责任，为使用人责任，但适用《国家赔偿法》的情形，与使用人责任有明显不同，主要表现为：

1.公务员执行职务是行使国家公权力，使用人责任类型中的被用人执行职务非为国家公权力，而为私权利；

2.《国家赔偿法》实行限额赔偿，而使用人责任贯彻全部赔偿原则。

第七节　公司使用他人侵权
对被用人死亡的民事责任

一、案情及不同意见

上海市第一中级人民法院第一民事法庭受理一上诉案，颇为疑难。2013年6月7日下午，在该院召开案情研讨会，笔者有幸被邀请参加，有机会发表一己之见。以下是在发言稿基础上结合法院终审判决修改而成,以与读者共同探讨,促进侵权法的进一步完善。

案例:B公司因其广告牌被另一企业破坏,该公司企划部总监蒋某联系刘某拆除广告牌,因价格问题未谈拢。之后,B公司董事长以付酬200元请刘某再找一人将另一企业的广告牌划花。刘某找到无业同乡黄某一同实施。在划花第二块广告牌过程中,黄某因梯子晃动(地面不平)从人字梯上不慎坠落受伤,五天后因抢救无效死亡。黄某妻子、子女诉讼到法院请求判决B公司承担雇主责任,刘某承担违反安全保障义务的责任。一审法院判决认为原告不能证明B公司雇用黄某、刘某,且黄某知晓行为的违法性,法律无共同违法行为人负有安全保障义务的规定,不能证明刘某有侵害黄某的行为,故驳回原告诉讼请求。原告上诉。

二审审理中,有两种意见,一种意见认为即使存在雇用关系,因黄某行为违法,风险自负,B公司只应承担违法的行政责任。另一种意见认为,B公司与黄某成立了雇用关系,雇主对发起组织违法行为的后果应当有所预见,应承担主要责任,黄某明知行为违法而实施,可减轻雇主的责任。

在征求学者意见中,有三种意见:一是B企业与刘某、黄某协议因违法而无效,应按无效合同中的双方当事人对损害后果按过错分担责任处理。二是刘某、黄某承揽了B公司的工作,应自担风险,B公司不负责。况黄某行为违法,B公司只应承担违法的行政责任,承担对黄某死亡的赔偿责任就怂恿了违法行为。三是共同侵权行为中,B公司为组织者,应对黄某的死亡承担责任,黄某自身有过错可减轻B公司责任。

二审判决采纳了学者的第二种意见,定性为承揽合同。二审法院认为,B公司与黄某、刘某之间更符合承揽的法律关系特征。承揽是承揽人按照定作人的要求完成工作,交付工作成果,定作人给付报酬的行为。本案中刘某、黄某自备工具,完成B公司要求划花广告牌的定作工作,并领取 B 公司每人 100 元的工作报酬。因此,二审法院认定 B 公司与刘某、黄某成立承揽关系,B 公司系定作人,刘某、黄某系共同承揽人。本案中,承揽人是在从事侵犯他人财产权的违法活动中招致生命权侵害,定作人因对其违法定作、指示中的过错承担相应的赔偿责任,承揽行为的违法或者无效并不影响救济因定作人过错造成承揽人的人身损害,故定作人承担赔偿责任并不以承揽行为的合法性为要件。黄某作为成年人,明知与刘某从事的是划花广告牌的违法行为,未表示拒绝并积极参与亦应承担从事违法行为的风险。综合本案各项因素及承揽工作的独立性,本院依法酌定 B 公司承担 45% 的赔偿责任。①

二、本案为共同侵权行为

此案不是雇用,而是共同侵权行为。雇用在目的上是合法的。本案 B 公司请刘某与黄某一起实施报复侵权行为,B 公司对黄某帮助其实施该侵权行为付酬。黄某的直接目的是获取实施报复行为的报酬,但对行为的违法性应是充分理解的。雇人实施侵权行为,虽也是让他人为自己有偿做事,但不是法律所保护的雇用关系。雇用是雇人从事营业事务,其从事的事务是合法的。本案死者从事的不是合法的活动。雇用是劳动关系,依劳动法规定雇主应对雇员负劳动保护的责任,即使是一时性的雇用,雇主也应负一定责任。本案因违法不构成雇用,显然不能用雇用原理解决纠纷。

本案讨论的问题,是共同侵权行为的组织者对帮助实施侵权行为者死亡,是否对死者家属赔偿的问题。这在国外叫团伙②,组织实施划花他人广告牌,是一时形成的团伙。组织者不仅对该团伙造成他人损害应承担主要责任,也应对团伙成员实施共同侵权行为造成的自身损

---

① 参见上海市第一中级人民法院民事判决书(2013)沪一中民一(民)终字第 858 号。

② 《荷兰民法典》第 6 条:如果一个团伙成员不法造成损害,如果没有其集合行为则可以避免造成损害的危险之发生,如果该集合行为可以归责于这一团伙,则这些成员承担连带责任。

害适当承担责任。黄某是团伙中的从犯,对实施侵权行为有明显过错,其贪图组织者给付的报酬,目的违法,意图过错。制裁暴力团伙,主要制裁组织者,其他同伙也是组织者的受害人,因有过错,可适当减轻组织者的责任。现行台湾"民法"共同侵权行为中有"造意与帮助"的类型规定①,"造意"即制造侵害他人的意图,"帮助"即帮助造意人实施侵权行为。本案中,B公司董事长即"造意者",因其与执行职务有内在联系,其行为归属于B公司的行为,即B公司为造意人,刘某与黄某为帮助人。我国大陆法律虽无造意与帮助的类型规定,但法理上应予承认。

本案的实际组织者是B公司董事长。董事长是该公司法定代表人,其行为为公司行为,故公司为侵权行为的组织者和造意者。公司应对死者家属承担一定责任。判定公司董事长指示他人侵权是否为执行职务行为,关键是判定这一行为与其职务是否有内在联系性。事情起因是另一公司破坏了B公司的广告牌,B公司董事长找人实施报复,显与其公司业务和董事长职务有内在联系性,因此,董事长的行为是B公司的行为,B公司是共同侵权的组织者和造意者。

运用类型化原理对本案与雇用进行分析,可以得出本案不属雇用的结论。同一类型是特征不完全相同但本质特征相同或者主要意义相同的事物。雇用的特征是:(1)劳动关系(本质);(2)一方请另一方为自己从事某种行为;(3)付酬;(4)行为合法;(5)非暴力。本案的特征是:(1)共同侵权(本质);(2)一方请另一方为自己从事某种行为;(3)付酬;(4)行为违法;(5)暴力。本案与雇用(2)(3)特征相同,(1)(4)(5)特征不同,特别是本质特征不同,因此,不是同一类型,本案不是雇用。

哲学强调从本质上看问题。从本质上看,指示他人划花竞争公司的广告牌,是实施共同侵权行为,不是雇用而是指示被用人违法侵权。雇用合同是法律行为,而法律行为必须是内容不违反法律和社会公共道德。本案B公司与刘某、黄某间的协议既违反法律也违背社会公共道德。在本案雇用只是一种假象。

---

① 台湾"民法"第185条第2款:造意人及帮助人,视为共同行为人。

团伙实施侵权行为的责任,早在 2002 年梁慧星先生等发表的《中国民法典·侵权行为编学者建议稿》规定(第 1553 条):"部分团伙成员实施加害行为造成他人损害的,由全体团伙成员承担连带责任;但其他团体成员能够证明该加害行为与团伙活动无关的,则其他团伙成员不承担责任。"当时是针对邪教、流氓、盗窃、抢劫、诈骗等团伙犯罪附之以民事责任保护受害人加以规定的。①团伙即共同侵权的一种,侵权行为人负连带责任,但我们没有讨论团伙成员受损害怎么办。从比较法、法理、法政策上考量,应判决 B 公司承担一定责任。

本案应适用使用人责任法理。B 公司与黄某是使用人与被用人的关系。使用人责任,包括雇用,又超出雇用,通常是合法使用,也包括违法使用。本案实际是使用人使用他人实施侵权行为,被用人在实施侵权行为中不慎死亡,使用人应承担相应民事责任。我国《侵权责任法》第 6 条规定:"行为人因过错侵害他人民事权益,应当承担侵权责任。"此条的"他人"本意指侵权行为的受害人,不包括侵权人。但在共同侵权行为中,组织者、指挥者对成员可能受到的损害,可以扩大解释包括同伙自身损害,应承担相应责任。使用人使用被用人,无论合法与否,都是为实现使用人利益,使用人对被用人的损害应承担一定责任,否则 B 企业仍存在,黄某死亡,B 企业对黄某家属不赔偿,有失公平。有意见认为,B 企业只应负行政责任,但因 B 企业的报复行为,不具严重社会危害性,侵害的是另一个企业的利益,不能将民事违法当作行政违法处理,不能将民事关系混同于行政关系。追究 B 企业行政责任,欠缺行政责任的依据。假若追究 B 企业行政责任,对另一加害企业的破坏广告牌行为同样也要追究行政责任,其显见法律关系之判断错误,适用法律之不当。法律不调整团伙内部关系,不等于不调整死者家属与 B 企业的求偿关系。否则,就意味着国家放任不管,这违背法院对民事案件不得拒绝审判的原则。因此,此条可作为本案的判决依据。

---

① 参见梁慧星主编:《中国民法典草案建设稿附理由·侵权行为编》,法律出版社 2004 年版,第 18 页。

黄某死亡,其直接原因是自己之不慎,间接原因则是 B 企业指使刘某与黄某实施共同侵权行为,B 企业与刘某、黄某均有过错。仅就黄某死亡而言,是由 B 企业、刘某、黄某的共同过错所致。确定责任的具体依据是共同过错原理。B 企业的组织行为并不必然导致黄某死亡,仅存在被用人实行行为中可能受到损害的风险,不是黄某死亡的主要原因,因此对黄某死亡不负主要责任而应负小于黄某的责任。刘某受 B 企业指使找黄某实施侵权行为,对黄某死亡也有过错,但原因力远小于 B 企业,应负更次要责任。依此原因力分析,黄某应自担 60% 的损害后果,刘某应承担 10% 的赔偿责任,B 企业应承担 30% 的赔偿责任为宜。

本案应适用《侵权责任法》,但该法没有明确规定使用人责任,原因与理论研究不足相关。但《侵权责任法》第 34 条规定了用人单位的责任,"用人单位的工作人员因执行工作任务造成他人损害的,由用人单位承担侵权责任。"该条第 2 款是劳务派遣的规定。第 35 条规定了个人之间劳务关系的责任:"个人之间形成劳务关系,提供劳务的一方因劳务造成他人损害的,由接受劳务的一方承担侵权责任。提供劳务一方因劳务受到损害的,根据双方各自的过错承担相应的责任。"本案虽不是个人间的劳务关系,但可比照适用被用人自身受到损害规定判决。从比较法上观察,日本的使用人责任本意也是限于合法,即"事业的合法性"。对暴力团伙,原来的判决否认首领(组长)对成员承担使用人责任,而肯定负共同侵权责任(最判平成 12 年 12 月 19 日。初审那霸法院肯定使用人责任,上诉审福冈高院那霸分院否定使用人责任,肯定共同侵权责任)。后来的判例肯定使用人责任(东京地判平成 14 年 9 月 11 日否定使用人责任,上诉审大阪高判平成 15 年 10 月 30 日肯定使用人责任)。①现在,日本对使用人责任的解释(《日本民法典》第 715 条)不限于从事的事业合法,包括暴力团伙的使用关系②,但判例仅涉及造成第三人损害,未涉及被用人自身损害。我们讨论的案件,从比较法上

---

①② 参见[日]窪田充见:《不法行为法》,有斐阁 2007 年版,第 187 页。

观察,可扩大解释用人单位的责任,即执行任务也不限于合法,同时比照个人间劳务关系的规定(类型化方法,本质相同),对被用人受到的损害,由使用人、被用人根据各自过错承担相应责任。

暴力团伙为团伙的一种,就是黑社会。本案虽不是暴力团伙,但是一时性的团伙共同侵权行为。暴力团伙是反社会的,本案划花广告牌的行为,也带有反社会性质,即不是通过诉讼解决企业侵权损害,而是违法实施报复,是法律禁止的、社会所不允许的。因此,应定性为团伙共同侵权行为,适用《侵权责任法》第6条,比照《侵权责任法》第35、36条,依照过错侵权、共同侵权、使用人责任法理判决。

关于本案比照的另一案例,案情是指使他人到建筑工地实施偷窃建材行为,偷窃者偷窃未成反而受伤,法院判指使者承担一定赔偿责任。该案就违法而言与本案相同,共同偷窃也是共同侵权行为,但偷窃不是暴力行为,与本案不同。李某明知朱某的行为不法而不表示反对,反而一同前往偷窃,法院判决李某承担一定责任是正确的,因李某的行为助长了朱某偷窃的决心,况且朱某是为李某利益实施偷窃,李某无利益可言。法院认为李某无过错是不对的,李某有过错,只不过其过错不是损害的直接原因而是间接原因。此案判决的目的,是为正确处理李某与朱某的关系,从而维护社会稳定。本案也是为了处理死者家属与B企业的关系,从而维护社会稳定。本案中刘某是执行B企业授意,对黄某无安全关照义务,但作为共同侵权人,有过错,不过其过错对黄某死亡作用甚微,鉴于原告请求承担违反安全保障义务责任不成立,可判决承担10%的轻微责任。

三、本案的法政策分析

法政策学①,在我国还无人提起。但我国人民法院倡导能动司法,重视判决的社会效果,就是法政策。法官面对新型案件,不仅仅考虑本

---

① 依据日本学者平井宜雄的见解,法政策学是从政策上对法的理论框架和法制度体系提出新构想的学问。参见[日]平井宜雄:《法政策学》,有斐阁1995年版,第5页。

案应如何处理,更主要的是考虑如何创设一项新的法规则,以指导人们的行为,判断或者预测行为的后果。特别是上述案件中是法院从未遇到过的,对其正确判决,上报最高人民法院,有可能被最高人民法院审判委员会通过确认为指导性案例,产生全国性影响,其确立的法规则在全国有事实上的约束力。因此,法官心须从法政策的高度思考本案。就本案判决的社会效果,可作如下假设判断:

一是,判决 B 企业对黄某的死亡不承担责任。此判决的根据是指示黄某划花他人广告牌是违法行为,黄某实施这一行为也是违法行为,他们之间的协议是违法的、不受法律保护的。法律应保护团伙侵权行为受害人的利益,法律不可能对团伙成员间的关系进行调整,团伙侵权或者犯罪,为黑社会性质,其成员间关系由黑社会规则调整,法律也不承认这种规则,不可能适用这些规则。依此可判决不赔偿,驳回家属的诉讼请求。但这样的判决放纵了 B 企业的违法行为,有可能助长有的企业也实施同样的违法行为。如此判决,等于向社会宣布,凡使用他人进行侵权行为,对被用人实施侵权受到的自身损害不负任何责任,降低了违法使用他人的成本,没有充分发挥侵权责任制裁侵权行为的功能。如此判决,也没有保护死者家属利益,疏离家属对国家的信任感,没有摆平家属与 B 企业的关系,没有调整共同侵权行为人相互之间的关系,等于让相关当事人自行解决,有可能导致新的损害事件发生,背离法院不得拒绝民事审判的原则,违背法院作为公权力审判机关的职责,其社会效果是不好的。

二是,判决 B 企业承担相应责任。理由如前。既摆平了 B 企业与死者家属的关系,保护了死者家属的利益,又制裁了 B 企业,发挥了侵权法预防和制裁侵权行为的功能,会收到良好的社会效果。这样判决,就等于向社会宣布,使用他人侵权,不仅应对被侵权人与被用人承担连带责任,而且对被用人因侵权行为造成的自身损害也应承担与其过错相应的赔偿责任,加大了使用人使用他人共同侵权的成本,依据法经济学的成本理论,有利于抑制使用他人共同侵权的发生。从社会学角度分析,黄某为了100元钱去干违法的事情,其有完全行为能力,对行为的违法性有明确认识,仅就其过错而言不可原谅。但违法甚至犯罪是社会问题,黄某的行为有可同情之处,一般而言,这是处于就业困难、经济困难的人所为的行为,社会负有一定责任,对黄某的行为在谴责之余也要予以同情,对其家属失去一个劳力的损失也应予以赔偿。这是人性化的判决,会得到社会公众普遍的认同,也是人民法院司法公正的表现。

判决B企业对黄某死亡承担一定责任,也是与债的原理一致的。侵权行为是债的原因之一,共同侵权关系既包括侵权一方与受害方的赔偿关系,也包括侵权人内部风险损失依过错分担的关系,虽不是典型的多数人之债,但可归为准多数人之债而适用多数人之债之原理。

从法经济学的效率原理分析,对共同侵权组织者或者造意者不科以承担被用人或者帮助者自身损害的责任,由被用人或者帮助者自负风险,对被用人与帮助者有惩戒作用,对组织者或者造意者无惩戒作用;而对共同侵权组织者或者造意者科以承担被用人或者帮助者自身损害的一定责任,对共同侵权人均有惩戒作用。哪一种判决更好,是不言自明的。法经济学强调预防成本理论,即谁对损害的预防成本最低,谁应承担主要责任。本案中黄某在行为中最易预防自身损害的发生,自应承担主要责任。B公司和刘某对黄某之不慎的预防成本较高,自应承担次要责任。从可预见性分析,黄某在现场对发生的损害具更强的预见性,B公司及刘某的预见性次之,其责任之轻重大体确定。当事人均属应预见而因疏忽大意未能预见。

对刘某判决承担10%的责任,与其过错相当,与其他案件比较也可见其合理性。实践中,有法院判决,劝酒者对醉酒者的死亡也要承担一定责任,刘某找黄某并与黄某一起实施侵权行为,其过错不亚于劝酒者,虽对黄某无安全保障义务,却对黄某死亡有一定过错,适当承担责任是合理的。如此判决,也可对像刘某这样的侵权参与者予以警戒。

至于主张按无效合同处理,虽有一定道理,B公司与刘某、黄某之间达成协议,因内容违法而无效。但合同无效所涉当事人损失,是指合同当事人因签订、履行无效合同的损失,可依双方过错分担责任,其实质是签订、履行合同,而不是以共同侵犯他人为目的。本案是以共同侵犯他人为目的,超越无效合同而构成共同侵权行为。

本案终审判决认定是承揽合同,并且确认B公司有指示过错,应承担45%的次要责任,死者作为完全行为能力人,明知承揽的事项违法而承揽,应负主要责任。另一承揽人刘某对黄某无安全保障义务,故不承担责任。就死者家属得到损失45%的赔偿而言,大体是公平的。本判决认定就是不以承揽任务的合法性为条件,判决的主要法律依据是司法解释关于承揽人责任的规定。但本案关于承揽性质的认定,似有不妥。事务的性质认定,关键取决于事务的本质特征。本案的本质特征是共同实施侵权行为,更符合共同侵权的类型,而且具有使用关系的特征,应用使用人责任法理,广义上包括造成被用人损害解决此案。但在法律无使用人责任一般条款规定的情况下,法院认定为承揽已有创新。承揽人承揽他人工作任务,具有专业的合法性和特别的技能,限于合法事务,违法事务为内容不能成立承揽合同。过错侵权行为为法律所禁止,不能由他人承揽实施。

四、余论:本案的启示

本案的启示有三:

一是建议我国最高人民法院司法解释规定"使用人责任"概念。使用人责任是使用人为自己的事务而使用被用人并对被用人在执行事务中造成他人损害承担民事责任。从比较法上观察,晚近判例已不限"事务"合法,违法亦可成立。另使用人责任是侵权责任的独立类型,范围比雇用关系广泛,可以包括造意与帮助这种共同侵权类型。我国《侵权责任法》在以往雇用人责任司法解释基础上进一步在第四章特殊责任主体中规定使用单位责任和个人间劳动关系的责任,虽有进步,但仍未超越劳动关系范围,难以规范其他使用人责任,致使本案适用法律困难。编纂《民法典》时，未能将使用人责任作为特殊侵权责任的独立类型单列一章，规定是不够完善的。

二是建议我国最高人民法院司法解释规定团伙侵权行为责任。我国《民法典》和原《侵权责任法》没有团伙侵权的规定，但有两人以上共同侵权承担连带责任的规定。将团伙作为共同侵权的类型加以确认可以弥补法律的不足。团伙与其他共同侵权的区别是有组织者和团伙成员，适用使用人责任的法理。在我国也存在各种暴力团伙，法院在审理暴力团伙刑事案件时，有时也附带民事赔偿诉讼，团伙侵权责任的确定有利于规范暴力成员间对受害人的民事责任。通过本案，又可进一步明确团伙组织者对团伙成员死亡对其家属适当的赔偿责任。在我国不可能将暴力团伙合法化，但处理暴力团伙侵权责任是客观事实（关于规定团伙共同侵权的建议，详见第十二章第四节）。

三是建议我国最高人民法院司法解释规定造意与帮助的共同侵权类型。造意与帮助不同于其他共同侵权类型，它的最大特点是造意人制造侵害他人的意图，然后使用他人帮助其实现损害他人的意图。司法解释增加这一规定，才能使共同侵权责任的类型趋于完善，使本案的情况有法可依。

第五章

国　家　赔　偿

第一节　国家赔偿的本质为特殊侵权责任

国家赔偿是国家机关及其工作人员执行职务侵犯民事主体合法权益而承担的赔偿责任。

我国原《民法通则》第 121 条规定："国家机关或者国家机关工作人员在执行职务中,侵犯公民、法人的合法权益造成损害的,应当承担民事责任。"这是依据《宪法》规定,在民法中首次规定国家赔偿责任。由于国家赔偿涉及实体与程序、私法与公法,为综合性的法律领域,情况比较复杂,需特别法进一步细化,我国制定了《国家赔偿法》并几经修改。1994年 5 月 12 日,第八届全国人大常委会第七次会议通过《中华人民共和国国家赔偿法》,于 1995 年 1 月 1 日起实施。2010 年 4 月 29 日历时五年修改、四次审议的《国家赔偿法修正案》,于第十一届全国人大常委会第十四次会议通过。由于 2012 年 3 月 14 日《刑事诉讼法》的修改,第十一届全国人大常委会第二十九次会议通过第二次《国家赔偿法修正案》。

在《侵权责任法》起草中,因立法机关之前已责成专门组织修改《国家赔偿法》,全国人大法工委民法室在草案中没有涉及国家赔偿。这符合立法的效率原则。由于当时是完善《民法通则》为核心的民法体系,全国人大虽然没有明确《国家赔偿法》是民法还是行政法,《民法通则》第121条的存在依然无可争议地表明国家赔偿责任属于民事特殊侵权责任。

中国共产党第十八届四中全会,通过全面推进依法治国若干重大问题决定,提出"编纂《民法典》"、建立"严密法律体系"的任务。编纂《民法典》本着能不规定就不规定的编纂思路,没有在侵权责任编规定国家赔偿责任。《民法典》生效的同时,废除了《民法通则》,其第121条不复存在。那么,国家赔偿责任还是不是民事特殊侵权责任,对此,笔者认为是肯定的。理由如下:

(一) 国家赔偿的性质是民事责任

国家机关及其工作人员执行职务,不得损害自然人、法人和非法人组织的合法权益,否则就是侵权行为,由此法律事实引发国家与受害人的侵权行为所生之债,国家是债务人、受害人是债权人。国家有义务赔偿受害人损失,受害人享有损害赔偿的请求权。国家赔偿法治,就是否认国家无责论,使国家机关及其工作人员执行职务受到不侵犯自然人、法人和非法人组织合法权益的严格限制。这是现代民主制度的要求。在我国,也是国家机关及其工作人员为人民服务的工作宗旨所决定的。既然是民事责任,就应在《侵权责任法》中占有一席之地,而且是特殊侵权法的独立类型,属于国家基于与自己设立的机关、使用的工作人员的特殊关系承担的民事责任。

(二)《民法典》与《国家赔偿法》是一般法与特别法的关系

我们对《民法典》的认识已经从基本法提升为整个法律体系的基础性法律的地位。关于《民法典》是法律体系的基础性法律,是习近平总书记关于《民法典》讲话中明确提出的创新性观点。《民法典》是包括宪法之外的其他任何法律的基础性法律,更是《国家赔偿法》的基础性法律。《民法典》关于民法调整对象的规定,强调民法调整平等主体间社会关系。《国家赔偿法》调整的社会关系,具有公私综合性,但其中涉及的国家赔偿责任,是国家作为责任人与受害民事主体平等的社会关系。

这一点是毋庸置疑的。因此,《民法典》是《国家赔偿法》的基础性法律。《民法典》与《国家赔偿法》也是一般法与特别法的关系。《国家赔偿法》第 1 条只强调依据《宪法》制定本法是不全面的,将来修订时,应增加规定根据《民法典》制定本法,只有这样才符合习近平总书记关于《民法典》的基础性法律地位的论述。现在的立法不足源自不同部门起草法律表现出的片面性和认识的局限性,是不够科学的。

(三)《民法典》平等关系涉及的国家赔偿的范围大于国家赔偿法的适用范围

民法上的国家赔偿,包括一切国家机关及其工作人员,而国家赔偿法仅涉及行政赔偿和刑事赔偿,也就是说《国家赔偿法》仅适用行政和检察、法院机关及其工作人员执行职务造成他人合法权益损害,除此之外的人大权力机关与军事机关及其工作人员执行职务造成他人合法权益损害,只能适用民事基本法的规定。这也充分证明编纂《民法典》应在侵权责任编规定国家赔偿责任,没有规定实为法律漏洞。

(四)国家赔偿制度处于不断完善阶段,赔偿标准随着国家经济发展不断提高

我国自 1995 年 1 月 1 日实施国家赔偿,至今已修改两次。现在,上海自贸区已实行负面清单制度,凡负面清单未规定的,自然人、法人在自贸区就可为,即"法不禁止即可为"。十八大已将市场的作用由以往的"基础性作用"提升为"主导性作用",国家这只手受到更多限制,政府"法无授权不可为"。上海自贸区经验已在全国推广。发生了政府违反"法无授权不可为"的事情,造成自然人、法人、非法人组织损害,就应适用国家赔偿。此点,应通过司法解释规定。司法解释应着眼于 2020 年后我国已实现小康社会并向 2050 建成年中等发达国家迈进,包括国家赔偿的更高损害赔偿标准也必然要作出规定。这是实施《民法典》面对的问题之一。

(五)司法解释明确国家赔偿为民事责任

明确宣告国家赔偿为国家与受害人平等的社会关系,有利于提高公权力机关及其工作人员正确理解国家赔偿关系,有利于《国家赔偿法》的贯彻实施。

第二节　我国国家赔偿法治的发展

我国 1954 年《宪法》就规定了国家赔偿,第 97 条规定:"由于国家机关工作人员侵犯公民权利而受到损失的人,有取得赔偿的权利。"在此前后,我国人民法院和司法行政机关虽也开展过冤假错案复查经济救济工作,但由于 1957 年后的历史原因,国家赔偿未能得到很好贯彻。1982 年修改《宪法》,重新规定了国家赔偿。其第 41 条第 3 款规定:"由于国家机关和国家机关工作人员侵犯公民权利而受到损失的人,有依照法律规定取得赔偿的权利。"如前所述,1986 年通过的《民法通则》首次在民法规定了国家的赔偿责任。1994 年制定《国家赔偿法》,1995 年 1 月 1 日实施,标志国家赔偿制度基本完善,后经两次修改,有关部门制定了相关的实施规定,这一制度已经完善。

2012 年 12 月 14 日,最高人民法院办公厅印发《国家赔偿十大典型案例》,①以指导案例指导法院审理国家赔偿案件,对提高各级法院办案水平,贯彻实施国家赔偿法起到很好的推动作用。

第三节　国家赔偿责任的原理
与《国家赔偿法》的性质

一、国家赔偿责任的原理

国家赔偿责任的原理,有社会公共负担、平等思想、使用人责任法

---

① 2012 年 12 月 14 日法办〔法办〕481 号。

理和社会福利与社会保险理念。

社会公共负担思想，是资本主义国家确立国家赔偿制度的基本思想或者理论。前资本主义时期，国家免责。资本主义强调法律面前人人平等，由此产生了公共负担思想。这一理论认为，公民通过契约建立国家，以纳税公平负担国家的费用，通过国家维护自身利益。但国家职能通过国家机关及其工作人员执行职务实现。国家决定也可能发生错误致人损害，国家机关及其工作人员执行职务，也难免发生错误致人损害，这种损害如果由特定的被害人承担，不公平。公民设立国家，也应平等负担国家、国家机关及其工作人员执行职务致人损害的损失，由国家代表国民赔付受害人。公平负担最早规定于《人权宣言》第13条："个人公共负担平等。"这种思想在民法上，形成国家赔偿为使用人责任法理，认为国家作出错误决定，也是由一些人作出的，国家因此决定致人损害，实际是对作出决定的这些人的行为的负责。更主要的是，国家通过国家机关及其工作人员执行职务实现国家职能，包含有致人损害的风险，国家应代表全体公民用所有纳税人的钱赔偿受害人损失。

"二战"之后，一些国家实施福利国家政策，强调社会保险救济机制，进一步促进国家赔偿制度建设。这些国家将国家赔偿视同国家福利和社会保险予以推进。

二、《国家赔偿法》的性质

由于《国家赔偿法》以单行法的形式出现，发生了该法性质的不同认识。有宪法学者认为，该法是宪法性法律，行政法学者认为是公法性法律。这些认识都具片面性，特别是认为只要国家作为当事人一方的法律关系，就不是私法关系而是公法关系，国家赔偿以国家为当事人一方，因此是公法关系。这一推论的大前提就是错误的。公私法的划分，不以主体为依据，而以法律关系的性质为依据。国家是特殊的民事主体。在物权法上，国家是国家所有权的主体。在侵权法上，国家因国家机关及其工作人员侵犯公民、法人、其他社会组织合法权益，便不再是公法上的不平等关系,而是民法上作为使用人对被用人致人损害承担赔偿责任的平等社会关系,即国家与受害人是平等主体的民事赔偿关系。比如改判的"呼格吉勒图无罪案":1996 年 4 月 9 日,内蒙古自治区呼和浩特市毛纺厂 18 岁职工呼格吉勒图报案,毛纺厂女厕所发现女尸。公安局确认呼格吉勒图为凶手。案发 61 天后,法院判决呼格吉勒图死刑,立即执行。9 年后的 2005 年,内蒙古系列强奸杀人案凶手赵志红落网,在其所交代的数起杀人案中包括"4·9"毛纺厂女厕女尸案。2014 年 12 月 15 日,内蒙古自治区高级人民法院公布呼格吉勒图案再审结果,以证据不足宣判呼格吉勒图无罪。①此案,对无罪者判处死刑并立即执行,为典型的国家侵权责任,国家与受害人是平等的因侵犯公民生命权的社会关系,呼格吉勒图父母向国家提出的赔偿请求,也是平等赔偿的社会关系。对这些基础关系认为是公法关系是没有道理的。至于《国家赔偿法》中的程序规范,则是公法规范。因此,《国家赔偿法》是公私综合法,是民法、行政法、宪法、诉讼法的特别法。

第四节　国家赔偿的归责原则

归责原则是归责的根据。依据原《民法通则》第 121 条的规定,国家对国家机关及其工作人员执行职务造成公民、法人合法权益损害的赔偿责任,并不以国家过错为要件。因此,国家赔偿责任贯彻的是无过错责任原则。

国家赔偿责任是否以国家机关及其工作人过错为要件,不是归责原则问题,而是被用人有无过错问题。原《民法通则》第 121 条的规定,总体上并未强调国家机关及其工作人员违法或者有过错,只要是执行

---

① 参见徐隽:《"疑罪从无"不再停留纸面》,载《人民日报》,2014 年 12 月 17 日第 17 版。

职务侵犯公民、法人合法权益,国家就应承担责任。之后制定的《国家赔偿法》强调"违法行使职权"。该法原第 2 条第 1 款规定:"国家机关和国家机关工作人员违法行使职权侵犯公民、法人和其他组织的合法权益造成损害的,受害人有依照本法取得赔偿的权利。""违法行使职权"有时难以认定。如一审法院对某罪犯嫌疑人作了有罪判决,二审改判无罪,没有证据证明一审有违法行使职权的情况,只是对疑难问题认识不准确,才作了有罪判决,但其执行职务是合法的。当然,国家赔偿的基本情况是国家机关及其工作人员违法执行职务所致,但《国家赔偿法》原条文绝对以此为条件,表述不甚妥当。2010 年修改,取消了"违法行使职权"的限制,恢复为与《民法通则》一致的表述。修改后的《国家赔偿法》第 2 条第 1 款规定:"国家机关和国家工作人员行使职权,有本法规定侵犯公民、法人和其他组织合法权益的情形,造成损害的,受害人有依照本法取得国家赔偿的权利。"

对上述修改,有著作解释为归责原则的多元化,解释为违法原则加结果原则。①这显然是不正确的。现代民法不存在什么违法原则和结果原则,只有过错责任、无过错责任、公平责任三项原则。之所以出现不正确解释,与我国制定《国家赔偿法》没有明确该法贯彻的是使用人责任法理相关。使用人责任在我国实行无过失责任主义。

《国家赔偿法》规定的国家对被用人承担责任的情形多以违法执行职务为条件,不以此为条件的是极特殊情况。

该法第 3 条规定的行政侵权侵犯人身权的情形有:违法拘留或者违法采取限制公民人身自由的行政强制措施的;非法拘禁或者以其他方法非法剥夺公民人身自由的;以殴打、虐待等行为或者唆使、放纵他人以殴打、虐待等行为造成公民身体伤害或者死亡的;违法使用武器、警械造成公民身体伤害或者死亡的;造成公民身体伤害或者死亡的其他违法行为。第 4 条规定的行政侵权造成受害人财产损害的情形有:

① 参见法律出版社法规中心编:《中华人民共和国国家赔偿法注释本》,法律出版社 2014 年版,第 2 页。

违法实施罚款、吊销许可证和执照、责令停产停业、没收财物等行政处罚的;违法对财产采取查封、扣押、冻结等行政强制措施的;违法征收、征用财产的;造成财产损害的其他违法行为。可见,行政赔偿均以国家机关及其工作人员违法行使职权为条件。

刑事赔偿存在个别不以国家机关及其工作人员违法行使职权为条件。依据《国家赔偿法》第17条的规定,国家对行使侦察、检察、审判职权的国家机关及其工作人员以及看守所、监狱管理机关及其工作人员承担使用人责任的情形包括:违法拘留公民或者拘留超法定时限而决定撤销案件、不起诉或者判决无罪终止追究刑事责任的;对公民逮捕后决定撤销案件、不起诉或者判决无罪终止追究刑事责任的;再审改判无罪原判刑罚已经执行的;刑讯逼供或者以殴打、虐待等行为或者唆使、放纵他人以殴打、虐待等行为造成公民身体伤害或者死亡的;违法使用武器、警械造成公民身体伤害或者死亡的。依照该法第18条规定,国家对上述机关及其工作人员造成财产损害承担使用人责任的情形有:违法对财产采取查封、扣押、冻结、追缴等措施的;再审改判无罪,原判罚金、没收财产已执行的。

第五节　国家赔偿责任的构成要件和免责事由

一、国家赔偿的责任要件

依据国家赔偿法的相关规定,国家承担赔偿责任有以下构成要件:

第一,必须是国家机关及其工作人员致人损害。这是由国家赔偿责任性质上是使用人责任所决定的。国家是使用人,国家机关及其工作人员是被使用人。国家通过国家机关及其工作人员实现国家对社会的治理功能,承担由此造成的他人合法权益损害的民事责任。

第二，必须是国家机关及其工作人员执行职务致人损害。如纯属国家机关及其工作人员执行职务外的行为致人损害，国家不承担赔偿责任。如国家机关进行民事活动或者进行行为性质属于其他类型特殊侵权行为致人损害，可能构成公营造物责任、交通事故责任等责任类型，由国家机关独立承担其他民事责任，不属国家赔偿责任。对此，国外有不同规定，如日本公营造物责任适用国家赔偿（《日本国家赔偿法》第2条），甚至国家机关及其工作人员执行职务中致发的交通事故，也由国家赔偿。我国国家赔偿，仅限直接执行职务，不包括与执行职务相关的交通、公营造物等责任。国家机关工作人员的个人行为致人损害，由其个人承担侵权责任，与国家赔偿无关。

第三，必须造成自然人、法人或者非法人组织合法权益损害。如仅有国家机关及其工作人员执行职务侵权行为，如作出没收决定未执行，发现不当撤销，没有造成财产损害，也不构成国家赔偿责任。合法权益损害是赔偿的前提条件。

第四，合法权益损害与国家机关及其工作人员执行职务有因果关系，即执行职务是侵害自然人、法人或者非法人组织的合法权益的原因，合法权益损害是结果。非由国家机关及其工作人员执行职务造成的损害，国家不承担赔偿责任。

二、国家不承担赔偿责任的正当理由

依据《民法典》规定，因受害人自己的原因造成损害的，国家不承担赔偿责任。《国家赔偿法》具体规定了行政赔偿、刑事赔偿，国家不承担赔偿责任的正当理由。

依据《国家赔偿法》第5条规定，行政赔偿国家不承担赔偿责任的理由有：行政机关工作人员与行使职权无关的个人行为；因受害人自己的行为致使损害发生的；法律规定的其他情形。

依照《国家赔偿法》第19条的规定，刑事赔偿国家不承担赔偿责任的正当理由有：因公民自己故意作虚假供述，或者伪造其他有罪证据被羁押或者被判决刑罚的;虽被羁押但不追究刑事责任的;国家机关工作人员与行使职权无关的个人行为;因公民自伤、自残等故意行为致使损害发生的;法律规定的其他情形。

值得讨论的是,因羁押场所管理不善,其他在押人员殴打同押人员致其受到伤害,国家应否承担赔偿责任? 对此,法律没有直接规定,但从解释上可以认为是国家机关及其工作人员执行职务所致,国家应赔偿受害人损失。如云南"躲猫猫案":嵩明县人民法院审理查明,晋宁县看守所管教民警李东明不认真执行公安部有关规定,以致 9 号监室内形成牢头狱霸势力,而未能得到及时发现、制止和打击,2009 年 1 月 29日至 2 月 8 日,犯罪嫌疑人李荞明因涉嫌盗窃林木被关押于该室,张厚华、张涛(另案处理)等人对其多次体罚、虐待和殴打,致其受伤后经抢救无效死亡。事后,看守所宣称玩躲猫猫撞墙而死,经尸检为人为伤害。法院判决李东明犯玩忽职守罪,处有期徒刑一年零六个月。同案管教苏纪录犯虐待被监管人罪,判处有期徒刑一年。受害人家属向同监室三名加害人依其经济状况协议每人赔偿 2 万元,共计 6 万元。①晋阳市公安局赔偿死者家属 35 万元。②对此是否共同侵权,如何赔偿,《国家赔偿法》并无具体规定。对此,建议司法解释予以明确规定。

第六节　国家赔偿责任的赔偿义务人、
赔偿标准

国家赔偿责任的责任人是国家,但国家不可能直接参与诉讼和直接赔偿。因此,《国家赔偿法》规定致人损害的国家机关或者工作人员

---

① 参见熊波:《云南躲猫猫案死者家属放弃索赔 12 万元》,载《生活新报》,2009 年8 月 14 日。《云南躲猫猫案一审宣判　两名警察获刑》,载新华网,2009 年 8 月 14 日。

② 参见《躲猫猫事件死者家属获公安局赔偿 35 万》,载《新文化报》,2009 年 3月 5 日。

所在的国家机关为赔偿义务人,受害人只能请求赔偿义务人赔偿,提起诉讼,以该赔偿义务人为被告。赔偿费用出自国库,列入各级财政预算。赔偿费用预算与支付管理依国务院制定的办法执行。

国家赔偿实行统一标准,限定赔偿。统一标准即除生活费扶养费按当地标准执行外,其他统一为国家一个标准,体现了国家赔偿的效率原则。限定赔偿,兼顾保护受害人与维护国家公务活动两方面,并且随着国家经济发展不断提高,因此是相对定额化赔偿。依照修改后的《国家赔偿法》的规定,侵犯公民人身自由,每日赔偿金按国家上年度职工日平均工资计算。造成身体伤害的,应当支付医疗费、护理费、赔偿因误工减少的损失。误工减少的损失按国家上年度职工日平均工资计算,但最高不超过上年度国家平均日工资的 5 倍。部分或者全部丧失劳动能力的,应支付医疗费、护理费、残疾生活辅助具费、康复费等费用,以及残疾赔偿金。残疾赔偿金按伤残等级确定,最高不超过上年度国家职工年平均工资的 20 倍。对全部丧失劳动能力的,支付由其扶养的无劳动能力人的生活费。造成死亡的,支付死亡赔偿金、丧葬费,总额不超过上年度国家职工年平均工资的 20 倍。对死者生前扶养的无劳动能力人,支付生活费。生活费参照当地最低生活保障标准,对未成年人支付到 18 周岁,对其他无劳动能力人,支付至死亡。对受害人造成精神损害的,应消除影响、恢复名誉、赔礼道歉。损害严重的,应支付相应抚慰金。

对于财产损失,依照《国家赔偿法》第 36 条的规定,能够返还原物的返还原物,不能返还原物的支付相应赔偿金。对停产停业损失赔偿必要的经常性支出费用。返还执行的罚款、罚金、追缴或者没收的金钱,解冻存款或者汇款的,应当支付银行同期存款利息。对财产权造成的其他损害,只赔偿直接损失。

第六章
医疗侵权责任

第一节　医疗侵权责任的概念、
立法发展及归责原则

　　医疗侵权责任是医疗机构及其医务人员在诊疗过程中，因过错造成患者损害，由医疗机构依法承担的赔偿责任。我国《民法典》第1218条规定："患者在诊疗活动中受到损害，医疗机构或者其工作人员有过错的，由医疗机构承担赔偿责任。"依此规定，侵权人是医疗机构或者其医务人员，必须发生在诊疗活动中，必须是因过错造成患者损害，责任人是医疗机构。医疗机构，应作广义解释，既包括医院，也包括个人诊所以及参与医疗活动的医疗管理部门。凡与诊疗活动无关的活动造成患者损害，均不属医疗责任，不适用医疗责任规定。必须因过错所致损害。过错，一般应作狭义解释，指过失。故意一般则构成犯罪，超出医疗范围，但有的过度检查造成患者财产损害，往往是故意所为。

　　《民法典》医疗侵权责任规定来自原《侵权责任法》，而《侵权责任法》又是《民法通则》侵权责任规定的细化，但《民法通则》制定于改革开放之初（1984—1986年），当时立法遵循"宜粗不宜细"之原则，对每一特殊侵权类型仅作一条原则规定,其中并无医疗侵权责任规定。但《民法通则》关于民事责任的总体性规定——第 106 条第 1、2 款的规定——却可作为医疗侵权责任的依据。该条第 1 款规定:"公民、法人违反合同或者不履行其他义务的,应当承担民事责任。"第 2 款规定:"公民、法人由于过错侵害他人财产、人身的,应当承担民事责任。"

《民法通则》未规定医疗侵权责任,是因医疗侵权责任是现代社会新生的侵权责任,在我国计划经济时期这类纠纷不突出,与医疗水平低有关。2002 年 12 月第九届全国人大常委会第三十一次会议审议《中华人民共和国民法(草案)》,其第八编侵权责任也无医疗侵权责任规定。由于医疗侵权责任在我国一直客观存在并且越来越突出,法院长期适用最高人民法院的内部关于民事审判工作的意见(先后制定修改四次),1987 年国务院通过《医疗事故处理办法》,2002 年 4 月 4 日国务院又公布了《医疗事故处理条例》,医疗责任法律规定不断完善。但《医疗事故处理办法》第 49 条第 2 款规定:"不属于医疗事故的,医疗机构不承担赔偿责任。"这一规定显然不符合《民法通则》第 106 条关于侵害民事权益应承担民事责任的规定,因为不构成医疗事故的损害,医疗机构也应承担责任。显然,由卫生部负责起草并提交国务院通过的《医疗事故处理条例》有部门保护之嫌,其条文应限定解释为:不属于医疗事故的,医疗机构不承担医疗事故的赔偿责任。为解决《医疗事故处理条例》与《民法通则》的矛盾,2003 年最高人民法院发布了《关于参照〈医疗事故处理条例〉审理医疗纠纷民事案件的通知》,该通知规定:"条例实施后发生的医疗事故引起的医疗赔偿纠纷,诉到法院的,参照条例的有关规定办理;因医疗事故以外的原因引起的其他医疗赔偿纠纷,适用民法通则的规定。"

《侵权责任法》作为独立的民事基本法,是中国民事立法的创举,其立法背景完全有条件在总结法治实践的基础上加以规定。医疗侵权责任,已成为当代侵权责任法的最重要类型之一,应该在《侵权责任法》中占有一席之地。用专章规定医疗侵权责任,不仅有利于法律的统一适用,消除以往法规范的矛盾冲突,也有利于进一步规定患者的知情同意权和医方的说明义务、患者隐私权保护及对医疗信息的控制权等基本规范。医疗侵权的规定,较好地总结了以往立法经验,并借鉴国外先进理念,是《侵权责任法》中最有新意的一章。

医疗侵权责任的归责原则,究竟是过错责任原则还是无过错责任原则,应从不同角度分析。如果把医疗机构及其医务人员当作一方,从医患关系角度看,当然以医方的过错为责任要件。但我国的医疗纠纷关系,其基本形态是双层法律关系,一是医院(医务人员行为归于医院)与患者的关系,二是医院与医务人员的关系。因医院作为法人对其医务人员医疗致人损害承担的是无过错责任,而归责原则的本意是将责任归于责任人的规则或者理由,针对医院不以其过错为要件,承担的不是过错责任。如果将医院及其医务人员看作一方,可以不很确切地说是过错责任。之所以不确切,是因为不是一方负责,而仅仅是医院负责。所以以过错为医疗责任要件,与归责原则不是一回事。

在我国,医疗责任基本情况是医院基于医务人员过错承担的责任,即基于他人行为承担的责任。基于医院本身过错承担的责任不多,是过错无过错交错存在的领域。

我国医疗侵权责任,与德国、日本不同。德、日两国分为组织性医疗和个人性医疗。对组织性医疗,医院承担责任,对个人性医疗,为医师个人责任。因此,国情不同,责任情况不同,不能以医疗过错通例解释我国的情况。

第二节　我国侵权责任特色之一：
医疗机构的赔偿责任

中华人民共和国是建立在旧中国积贫积弱、百废待兴基础之上的,医疗事业的发展经历了艰难的历程。随着我国公有制经济的建立和发展,国家对国家工作人员、工人、军人、大学与中专学生实行免费医疗,农村医疗发展相对落后。因此,医疗损害虽逐渐增多,但发展缓慢,只是对严重的医疗损害,即造成死亡或者残疾的医疗事故,医疗单位才给予一定经济补偿。至1987年6月29日,国务院才发布《医疗事故处理办法》,从发布之日实施。这一《办法》首次明确以法规形式规定,对确定为医疗事故的,根据事故等级、情节和病员情况,给予一次性经济补偿,补偿标准由省、自治区、直辖市人民政府规定(第18条)。这一《办法》规定实行一次性补偿,也表明当时是采用行政方式救济受害人,而非医疗单位承担的民事责任。这也反映出当时国家对医疗事故损害的认识,也是1986年出台的《民法通则》没有将医疗侵权作为一种特殊侵权规定的原因。为适应新形势的需要,国务院在原办法基础上制定了《医疗事故处理条例》,2002年4月4日由国务院常务会议通过,自2002年9月1日起实行。这一条例有重大进步,特别是第五章"医疗事故赔偿"将原办法的"只补不赔"改革为赔偿,具体规定了医疗费、误工费、住院伙食补助费、护理费、残疾生活补助费、残疾用具费、丧葬费、被抚养人的生活费、交通费、住宿费、精神损害抚慰金(含死亡)的赔偿计算标准。这也是以往司法实践经验的总结。本条例明确将医疗事故赔偿定性为民事责任,并规定纠纷发生后,医患双方可协商解决,不愿协商或者协商不成的,当事人可以向卫生行政部门提出调解申请,也可以直接向人民法院提起民事诉讼(第46条);明确规定不属医疗事故的,医疗单位不承担赔偿责任(第50条);规定赔偿费用一次性结算,由承担医疗事故责任的医疗机构支付(第52条)。2009年通过的《侵权责任法》,将医疗侵权责任作为专章加以规定是立法的又一次重大进步。由于这一章制定得好,编纂《民法典》基本予以继受,只有个别条文作了适当的文字修改。其修改就包括将《侵权责任法》第54条中"医疗机构及其医务人员"中的"及其"修改为"或者",使表述更为准确。这一修改后的条文即《民法典》第1218条。

《医疗事故处理条例》在侵权责任法通过后就应及时修改,但因问题复杂一直未作修改。《民法典》通过后,《医疗事故处理条例》与《民法典》规定不冲突的条文依然有效。冲突的条文,依据后法优先的解释规则,执行《民法典》的规定。《民法典》第1218条的规定,既包括医疗事故也包括虽未达到医疗事故的程度,但患者在诊疗过程中因医疗机构或者其医务人员的过错造成的不应有的损害,医疗机构也要承担赔偿责任,其范围宽于《医疗事故处理条例》的规定。因医疗事故需鉴定评级,事故处理条例仍有存在的必要,但应依据《民法典》的规定尽早作出相应修改。

我国医疗损害救济发展有三个里程碑:一是1987年国务院发布的《医疗事故处理办法》,规定对医疗事故损害给予救济;二是2002年国务院通过的《医疗事故处理条例》,规定医疗机构对医疗事故损害承担赔偿民事责任;三是2009年全国人大常委会通过的《侵权责任法》,规定对医疗损害全面赔偿制度,2020年《民法典》对此予以进一步完善。

我国医疗侵权责任的特点是由医疗机构承担民事责任,而医疗机构虽从全部公有医疗机构发展为公有医疗机构为主,允许少量私立医院和个人诊所存在,但总体上公有制为主,医疗机构承担民事责任制度没有改变。这是中国特色社会主义医疗侵权责任的突出特点。

资本主义社会的医疗侵权责任最大特点是专家责任为主。资本主义专家责任的类型,主要是医疗专家责任,其次是律师专家责任,再次是其他专家责任,如会计师责任。这是由资本主义的私有制决定的,资本主义的医疗体制主要也是私立医院和私有医药、医疗器械公司为主体。

专家,顾名思义就是具有专门知识的职业人员。专门知识是长期专业化学习、训练获得的,尤其是医生,必须经长期的学习训练,因此现代大学的医学专业学制一般都比其他专业长,医学本科至少是五年,不仅五年中要实习,毕业后还要经过一定时间的工作历练,才能取得医师资格,然后才能对患者进行独立诊疗。医患关系建立在信任基础上。对医师如何信任,患者通常是不了解医疗机构及其医务人员技术水平和能力的,不仅判断专家的能力困难,也没有评价其工作处理是否适当的能力,因此必须实行"资格认定制度"。①患者依靠国家对医务人员经考核认定其医师资格及其相应职称(如大学附属医院的专家门诊是副教授、教授职称获得者)。对医院,国家也认定不同的等级。以上是资本主义社会通常的情况,所不同的是资本主义医疗以私有制为基本制度,"国立"大学附属医院虽具有一定规模,但不是医院的基本形态。在资本主义国家无论私立医院或者国立医院,其诊疗都严格区分为组织性医疗和专家个体性医疗,以专家独立诊疗为基本情况。由于资本主义国家医生是高薪阶层,因此对其个体性医疗有较强的承担民事责任的能力,加之医疗责任保险的保障,形成了医师专家责任制度。

国外或者我国台湾地区的医疗专家责任不符合我国大陆的国情,因为医师是自由职业者和高薪收入者,是私有制的责任形态,虽然责任保险值得我们学习,但我国医疗体制的公有制以及医师不属于资本主义国家可自由择业的高收入者,不具备规定医疗专家责任的社会条件。这也是后来的《侵权责任法》没有规定医疗专家责任的原因。

在我国,医疗机构是指依法设立的从事诊疗、治疗活动的卫生机构,依据《医疗机构管理条例》及其《实施细则》的规定,包括各类医院、康复医院、妇幼保健院;乡镇、街道、社区卫生院;疗养院、专科疾病防治所、卫生保健所;综合、专科、中医门诊部;内科、牙科、中医诊所;急救中心(站)、临床检验中心;学校(幼儿园)医务室;药店、眼镜店等其他基层诊疗机构。个人开办的诊所也是医疗机构。在互联网医院从事远程医疗的医师,必须挂靠某医院从业。因此在我国不存在医师专家责任。

_____

① 参见[日]镰田薰:《专门家责任的基本构造》,载[日]山田卓生、加藤雅信编:《新·现代损害赔偿法讲座3制造物责任、专家责任》,日本评论社1997年版,第295页以下。

第三节　医方的说明义务与
患者的知情同意权

医疗行为在古代与神、法不分,巫师行医被认为是执行神的意旨,巫师裁判被认为是神判。这种神学的观念在某些宗教信仰地区存在至今。但世界大部地区医学早已脱离神学成为独立的学问。不过在理论与实践,医疗"职业权说"长期占主导地位。"职业权说"的核心内容是认为医生行医只要主观上或者目的是为病人治病,不管发生什么后果都不承担责任。"患者同意说"产生于19世纪后期,形成于20世纪前半期,原因是化学药品的使用和外科手术广泛应用,其说明和取得患者同意被认为是必要的,动摇了"职业权说"并交替产生"患者同意说"。尤其施行外科手术,会造成患者身体损伤,早期判例认定未经患者或者监护人同意构成伤害罪。较早的判例发生在德国1894年。

1893年6月13日,某七岁姑娘左下肢足首骨患结核性浓溃处于必须手术状态,其父信奉自然疗法不同意手术。被告医师强调他的印象是20日或者21日其父表示不同意手术但在说服下同意手术了。6月22日,其父到医院向护士明确表示不同意手术,但被告医师说他想不起来护士是否报告给他。6月23日实施患者足骨切除手术,在手术准备完了正打麻药时,其父来到医院向护士提出带姑娘出院的要求,护士即刻到手术室向被告医师报告。由于患者处于麻醉状态,被告医师一边说"已经晚了,我之后跟她父亲说",一边开始手术。因此次切除术未能止住疾病而失败,6月28日在被告不在时由该院其他医生对患者作了左下肢切断手术。因这次切断未再度出现不好的症状。其后,患者恢复健康,发育正常。之后,被告人被以伤害罪起诉。原审法院以手术恢复了姑娘健康,治疗是妥当、合理和必要的,不属虐待治疗,姑娘没有受到刑法上的健康毁损与虐待,被告违反患者父亲的意思手术不是重要的法问题而宣告被告无罪。检察官提起上诉。上诉审法院认为,原审以事实状况作出判断是必要的,但必须以医学上的准则认定正当性。本案被告构成伤害罪。上诉法院采纳检察官的意见,撤销原判,发回重审。此案,上诉法院被认为是确立了"患者意思是最高的法"或者"患者意思至上"的意思说规则。①

绝对以患者意思为依据,有时是不可能的。随着外科手术发展特别是癌症手术的治疗,有时手术中发现需切除的面积比预想的大或者部位有所不同,又或者发现新肿瘤,再征求麻醉中患者的意见是不可能的,或者遇到因交通事故送医的意识丧失又无近亲属在场时,必须进行紧急救治。在 20 世纪后半期,德国逐渐形成以"推定的患者意思"为救治依据,实际是以有利患者或者伤者生命健康利益作依据。②

监护人或者近亲属是代行患者的自己决定权,代行必须以"推定的本人意思"为正当性的判断标准。③凡不具正当性的,其意思表示无效。这是美国、日本等发达国家在 20 世纪后期形成的规则。

我国《民法典》第 1219 条(原《侵权责任法》第 55 条,《民法典》仅有两处文字修改,无实质变化)分两款规定:"医务人员在诊疗活动中应当向患者说明病情和医疗措施。需要实施手术、特殊检查、特殊治疗的,医务人员应当及时向患者具体说明医疗风险、替代医疗方案等情况,并取得其书面同意;不能或者不宜向患者说明的,应当向患者的近亲属说明,并取得其书面同意。""医务人员未尽到前款义务,造成患者损害的,医疗机构应当承担赔偿责任。"此条是总结以往法律、法规(除《侵权责任法》还有《执业医师法》第 26 条、《医疗事故处理条例》第 11 条)和实践经验,对患者的知情同意权与医务人员的说明义务作出的较为全面的规定。

---

① 参见[日]小林公夫:《治疗行为的正当化原理》,日本评论社 2007 年版,第 38 页以下。
② 同上,第 391—392 页。
③ 参见[日]加藤良夫编著:《实务医事法讲座》,日本民事法研究会 2007 年版,第 28 页。

医师的说明义务包括两类:一是为患者作出有效的同意而应尽的说明义务,二是关于疗养方法的指导作出的说明义务。①其中为患者作出有效的同意决定进行的说明义务是主要方面,因此总称为"医师的说明义务与患者知情同意的法理"。这个法理,是包括医疗侵权责任在内的医事法的核心。患者知情同意权是主要方面,医务人员的说明义务是为患者知情以便作出决定服务的。因此,说明到什么程度才能算尽到了说明义务,取决于患者的理解力,即以具体患者作为是否尽到说明义务的标准。但也不尽然,要根据具体情况选择不同标准。关于是否尽到说明义务的标准,比较法上可供选择的学说有:(1)合理医师说,即在医师之间按照一般的惯行作为标准,以其他医师通常也会作的说明作为尽到说明义务的标准。(2)合理患者说,即按照通常一般的患者应知道的信息作为具体医疗行为是否尽到说明义务的标准。(3)具体患者说,即根据具体患者情况应该明白知道的信息作为是否尽到说明义务的标准。(4)二重基准说,即以具体患者作为前提根据一般医师应作出的合理说明作为是否尽到说明义务的标准。这四种学说在国外,结合具体的事例都有可适用性。②

我国《民法典》第1220条(原《侵权责任法》第56条)例外规定,"因抢救生命垂危的患者等紧急情况,不能取得患者或者其近亲属意见的,经医疗机构负责人或者授权的负责人批准,可以立即实施相应的医疗措施"。原《侵权责任法》第56条,源自1994年国务院发布的《医疗机构管理条例》第33条,"李丽云案"的发生进一步促成了侵权责任法的这一条文的诞生。《医疗机构管理条例》第33条规定:"医疗机构施行手术、特殊检查或者特殊治疗时,必须征得患者同意,并应当取得其家属或者关系人同意并签字;无法取得患者意见时,应当取得家属或者关系人同意并签字;无法取得患者同意又无家属或者关系人在场,或者遇到其他特殊情况时,经治医师应当提出医疗处置方案,在取得医疗机构

---

① 参见[日]高桥让编著:《医疗诉讼的实务》,商事法务2013年版,第288页。
② 同上,第290页。

负责人或者被授权负责人员的批准后实施。"2007年11月21日下午2点左右,怀孕九个月的李某云因患肺炎入住北京市朝阳医院。院方对李某云准备实行剖腹产手术,但是其未领结婚登记证而同居的丈夫肖志军在手术同意书上签字拒绝手术。因情况紧急,医院请示北京市卫生局可否实施手术抢救,得到的答复是依现行法律规定手术须经本人或者家属签字,未经签字不得手术,致胎死腹中,李某云不治身亡。李某云父母认为首都医科大学附属北京朝阳医院对李某云的死负有责任,遂向北京朝阳区人民法院提起诉讼。朝阳区人民法院经审理认为,被告朝阳医院的医疗行为与李某云的死亡没有因果关系,依据司法鉴定中心的结论,李某云最终死亡与其病情危重、复杂、疑难、进展迅速、临床处置难度较大等综合因素相关,当事人双方在决策上存在较大差异,患方依从性等因素也对临床诊疗过程和最终结果产生一定影响。法院判决驳回李某云家属的诉讼请求。原告不服向北京市第二中级人民法院上诉,二审法院认为患者在诊疗过程中应信任医院诊疗行为并对医院的诊疗行为予以配合。李某云病情发展迅速,临床抢救时间不能耽搁,在李某云病情危重的情况下,患方对于治疗仍采取不配合的消极行为,影响了医院对李某云的治疗。二审判决驳回上诉,维持原判。①这一案件当时在社会上引起较大反响,但是就法律而言,《医疗机构管理条例》的规定比较模糊,没有考虑到患者家属不签字或者签字不当是否可以直接实施手术治疗的问题,因为通常情况下患者家属是不会不签字同意的。当然,这条法规又规定发生其他特殊情况时可以由经治医师提出方案,取得医疗机构负责人或者被授权负责人员批准后实施。但问题是朝阳医院向北京市医疗管理部门请示得到的答复又是不可以手术。所以这一案件一个基本事实是如果医院及时实施了手术便不会发生胎死腹中和李某云死亡的后果。从情理上说救人要紧,这是从未遇到过的情况。医院未强制实施手术,致不该发生的后果发生。

---

① 参见《"丈夫签字拒绝手术致孕妇死亡"案件终审宣判》,www.gov.cn,2010年4月28日。

所以这一案件朝阳医院从人道主义出发同意向原告支付 10 万元人民币，一、二审法院均对此予以认可。就当时的情况而言，法院这样处理也是妥当的。所以这一案件的发生促使正在制定中的《侵权责任法》在医疗机构管理条例基础上作出了相关规定。这一规定无疑是正确的，但对应予批准而未及时批准造成损害的，医疗机构是否承担赔偿责任未作明确规定，学理解释应当是肯定的。对患者虽经说明而未能作出正确选择有可能造成自身死亡或者代行权人的意思表示不符合推定的患者意思有可能造成患者严重损害的，医务人员可否进行决断性治疗，我国法律因经验不足未作规定。①

我国的现行规定，仍停留在"患者意思至上"的阶段。在《侵权责任法》制定和《民法典》编纂过程中，我力主法律明确规定医务人员的决断性救治权，因本人或者近亲属滥用决定权或者代位决定权的情况下，对生命垂危的患者医务人员应有决断性救治的权利。立法机关认为情况比较复杂，有些情况属于患者病重，因家庭负担重，患者或者近亲属不愿意继续治疗，还有些情况可能是患者清醒时立有遗嘱或者对近亲属明确表示，为免除治疗上的痛苦不必抢救，如果规定医务人员决断性救治的权利，违反意思自治的原则，对患者及其家属不一定有益。②这样的意见是不正确的，不能令人赞同。因为生前预嘱是另一项法律制度。有生前预嘱的要遵嘱处理，如果是属于家庭负担较重患者或者近亲属不愿意继续治疗，我们的医疗机构应该对此先行救治，至于医疗费用如何负担可以通过社会救济的办法解决，不能见死不救。当然，如果是属于临终患者，患者或者其家属有权对保守治疗还是积极手术治疗等作出选择，当然要尊重当事人的意见。我们针对的是滥用权利的情况，依据《民法典》禁止权利滥用的规定，滥用权利其权利本身就应当否定，这并不是违反意思自治原则，而是不允许滥用意思自治。这种情况下，也

---

① 参见全国人大常委会法制工作委员会民法室编：《中华人民共和国侵权责任法条文说明、立法理由及相关规定》，北京大学出版社 2010 年版，第 231 页。

② 参见黄薇主编：《中华人民共和国民法典侵权责任编释义》，法律出版社 2020 年版，第 154 页。

要采取紧急救治措施。这样才符合社会主义的本质,符合情理,符合社会主义的道德观。实际上《侵权责任法》的保守规定在刚一实施就被突破了。该法 2010 年 7 月 1 日开始实施,当年 12 月 3 日发生了广州暨南大学附属医院"剖腹产案"。该案孕妇经 B 超检查,胎儿头部过大不能顺产,必须剖腹产。但孕妇坚持不作剖腹产。因情况紧急,经征求产房外产妇丈夫同意,医生强行作了剖腹产手术,虽胎儿因缺氧窒息生存几小时死亡,但保住了孕妇生命。此事,经媒体披露在社会上引起广泛讨论,卫生部发言人及时发表谈话,认为主治医师的行为合法,生命权高于一切。①孕妇事后也向主治医师表示感谢。此事件充分说明特殊情况下医务人员应享有采取紧急治疗措施的权利。

第四节　患者信息控制权法理

对于患者的信息遭受侵害,我国最早是按侵害名誉权对待。我国《性病防治管理办法》规定:"性病防治机构和从事性病诊断治疗业的个体医师在诊治性病患者时,必须采取保护性医疗措施,严格为患者保守秘密。"我国《传染病防治法实施办法》规定:"医务人员未经县级以上政府卫生行政部门批准,不得将就医的淋病、梅毒、麻风病、艾滋病病人和艾滋病病原体携带者及其家属的姓名、住址和个人病史公开。"这些规定,明确了医师和医疗单位对患者患有性病、艾滋病的保密义务。由于实践中发生医疗单位通报病情、传播病情、误诊艾滋病等引发的医疗纠纷涉及名誉权侵害②,最高人民法院《关于审理名誉权案件若干问题的

---

① 参见叶洲:《卫生部回应广州医生强行剖宫产事件称医生做法合法》,载《京华时报》2010 年 12 月 11 日。

② 参见梁书文:《解读〈关于审理名誉权案件若干问题的解释〉》,李国光主编:《解读〈最高人民法院司法解释〉民事卷(1997—2002)》,人民法院出版社 2003 年版,第 29 页。

解释》法释[1998]26 号第八问题中解释规定："医疗卫生单位的工作人员擅自公开患者患有淋病、梅毒、麻风病、艾滋病等病情，致使患者名誉受到损害的，应当认定侵害患者名誉权。""医疗卫生单位向患者或者其家属通报病情，不应认定侵害患者名誉权。"

　　患者的诊疗信息，不仅涉及名誉权，更重要的是患者对自己的诊疗信息享有支配、控制权，未经患者允许，任何擅自传播、公开患者诊疗信息的行为都是侵权行为，不管是否侵害名誉权，均应承担民事责任。如诊疗信息所涉及的家庭住址、电话号码、姓名等被擅自传播，就不构成侵害名誉权，但可能因此遭到他人滋扰，传播者亦应承担传播责任。

　　诊疗信息，包括患者的姓名、性别、年龄、电话号码、职业、医疗保险的种类、病历、生活状况、现在的症状、诊疗结果、检查结果、投药史、治疗史、现在的治疗内容、家庭关系、家庭病史等内容。①在日本，曾发生过数起医师有偿传播患者医疗信息引发的案件②，引发医师与患者对医疗信息究竟享有何种权利的讨论。判例和学说认为，医疗信息因记载于诊断书等文书之上，应为医方所有，但患者享有知情权，可了解、复印相关信息并对医疗信息记载的事项有控制、支配权，不经允许，包括医院、医师在内的任何人均不得擅自使用和传播。③

　　在国际上，影响最大的国际性法律文献是 OECD8 原则。OECD是国际经济合作与发展组织的缩写。1980 年，该机构理事会通过了保护隐私权和个人信息的 8 原则，依次为：(1)收集限制原则。个人资料的收集应受限制，所有个人资料，必须依合法、公正的手段和适当的场合，让资料主体知道并取得其同意。(2)资料内容保护的原则。个人资料，必须按其利用目的，并且是在利用目的必要的范围内予以正确、完

---

　　①　参见[日]加藤良夫编著：《实务医事法讲义》，民事法研究会 2006 年版，第 39 页。

　　②　如 1999 年 11 月 30 日《朝日新闻》报道，琦玉县的执业者将涉及 1 都 7 县 280 人的病人名单进行贩卖。名单中的个人情报有姓名、年龄、住所、电话号码、精神分裂症、皮炎等具体病例。参见[日]增成直美：《诊疗情报的法的保护研究》，成文堂 2004 年版，第 1 页。

　　③　同上，第 2 页以下。

全和最新技术的保护。(3)目的明确化原则。个人资料的收集目的,必须是在不迟于收集时的时点明确化,其后资料的利用,限于当该目的达到或者与当该目的无矛盾,并且在目的变更时也限于达成明确化的其他目的。(4)限制利用的原则。个人资料不应供作明确化目的以外的目的公开利用及其他使用,下列情况除外:资料主体同意或者法律有规定时。(5)安全保护原则。个人资料,有丢失或者破坏、使用、修正、公开等危险时,必须采用合理的安全保护措施。(6)公开原则。有关个人资料的开发、运用及其政策,必须采取一般性公开的对策。必须以方便利用的手段明确与个人资料的存在、性质及其主要利用目的和资料管理者的识别与其通常的住所。(7)个人参加原则。个人有如下权利:向资料管理者或者其他相关者确认有无与自己相关的资料。关于自己资料:①在合理的期限内;②必要的不过分的费用;③用合理的方法;④以自己容易明白的形式使自己知道。上述要求被拒绝时,要求给予其理由并提出异议。对自己资料提出异议及其异议被确认时,要求对其资料撤销、修正、完整化、补正。(8)责任原则。资料管理者,对上述诸原则的实施负有采取措施的责任。OECD 理事会劝告,其原则适用于公、私法两方面,要求加盟国在国内法考虑这些原则。在促进个人资料国际流通时,应限制向隐私权保护不充分的国家流通资料。①我国应遵守此 8 原则并不断完善相关立法。

我国《医疗事故处理条例》规定了医疗机构书写并保管病历资料的义务以及患者对医疗资料的复印、复制权利。该条例第 8 条规定:"医疗机构应当按照国务院卫生行政部门规定的要求,书写并妥善保管病历资料。""因抢救急危患者,未能书写病历的,有关医务人员应当在抢救结束后 6 小时内据实补记,并加以注明。"此项义务,是医疗机构对国家承担的行政法上的义务,也是对患者承担的私法义务。该《条例》第 10 条第 1 款规定:"患者有权复印或者复制其门诊病历、住院志、体温

---

① 参见[日]加藤良夫编著:《实务医事法讲义》,民事法研究会 2006 年版,第 65—66 页。

单、医嘱单、化验单（检验报告）、医学影像检查资料、特殊检查同意书、手术用麻醉记录单、病理资料、护理记录以及国务院卫生行政部门规定的其他病历资料。"该条第 2 款规定了医疗机构应提供复印、复制服务并加盖证明印记的义务和须患者在场复印、复制的要求。第 3 款规定医疗机构可收取复印、复制的工本费。

我国《侵权责任法》在总结以往法规适用经验基础上，对病历资料填写、保管、查阅、复印及信息侵权责任作出进一步规定并被《民法典》所继受。《民法典》第 1225 条（原《侵权责任法》第 61 条）分 2 款规定："医疗机构及其医务人员应当按照规定填写并妥善保管住院志、医嘱单、检验报告、手术及麻醉记录、病理资料、护理记录、医疗费用等病历资料。""患者要求查阅、复制前款规定的病历资料的，医疗机构应当提供。"《民法典》第 1226 条（原《侵权责任法》第 62 条，《民法典》增加"个人信息"并删除承担民事责任"造成个人损害"的条件）规定："医疗机构及其医务人员应当对患者的隐私和个人信息保密。泄漏患者隐私和个人信息，或者未经患者同意公开其病历资料的，应当承担侵权责任。"该法将以往法规中的"医疗文书"改称"病历资料"，用语更为精确，并且明确患者查阅、复印病历资料的权利和医方未经患者允许泄漏其隐私和个人信息的民事责任。

患者复印医疗信息文书的权利，说明医疗信息文书原件归医疗机构所有，患者享有知情权，但我国《侵权责任法》和《民法典》并未涉及患者对医疗信息的支配、控制权。《民法典》之后通过的我国《个人信息保护法》第 44 条明确规定个人对其信息享有"决定权"，这一权利的实质就是控制权或者控制权的同义语。至此，包括患者信息控制权的我国个人信息控制权法理在立法上得以确立。

患者对医疗信息的决定权或者控制权，不仅涉及患者与医疗机构的关系，也涉及患者与其他可能使用其信息者的关系。如"李某某诉郝冬白等以其真实姓名发表采访其隐私内容的文章侵犯名誉权案"：李某某患"易性癖"在一家医院作了变性手术，后被原单位解除用工合同，又去外地打工。1999年5月,《兰州晨报》记者郝冬白得知此事欲采访李某某并获其同意。1999年6月9日,郝冬白所写《走过男人路的女人——我省第一例变性人采访记》一文在《兰州晨报》刊登。该文使用了李某的真实姓名并配发郝冬白与李某某的照片。该文又在《现代妇女》发表。此文在李某某所在工地引起轰动,李某某因承受不了各种舆论压力,再次失业离开工地。1999年9月16日,李某某向兰州市中级人民法院提起诉讼,称自己仅同意郝冬白采访并以化名发表,但文章使用真名并刊登照片,使个人隐私暴露,无法工作生活,请求承担赔偿损失等民事责任。法院审理认为,被告在没有将写成的文章交由原告认可的情况下,公开发表在《兰州晨报》《现代妇女》上,给原告工作、生活造成不便,构成侵害名誉权。被告不能证明以李某某真实姓名发表文章并刊发照片经原告同意。经调解,达成协议,郝冬白赔偿原告4 000元,《兰州晨报》赔偿6 000元,《现代妇女》赔偿5 000元。法院确认协议合法,于1999年11月17日制发了调解书。此案说明,患者对医疗信息的决定权在立法明确规定前已经得到法院认可。此案的解决,虽着眼于名誉权损害,但符合患者对医疗信息的控制权法理,名誉权损害非其根本,根本在患者实际上享有对医疗信息的决定权或者控制权。

第五节　药品、消毒产品、医疗器械致人损害的责任

在原侵权责任法制定时,立法了解到因药品、消毒药剂、医疗器械缺陷、不合格血液致患者损害,受害人在行使权利时比较困难。这是因为药品、消毒药剂、医疗器械是产品,受害人可以《产品质量法》《消费者权益保护法》相关规定请求产品的制造者、销售者甚至保管者、运输者

承担法律责任,因这一损害又是发生在医院诊疗之后,也可以依据《医疗事故处理条例》等法律、法规向医院行使权利,但是这种情况相关单位却互相推诿。对不合格血液所致患者损害,最大的争议是血液是不是产品,是不是可以适用《产品质量法》,血站是否应当承担责任。这些问题的存在致有些受害人得不到及时的救济。侵权责任立法考虑到这种情况,认为缺乏法律明确规定,患者在这方面寻求司法保护的效果很不理想,因此《侵权责任法》第59条规定,发生这种损害,患者既可以向生产者或者血液提供机构请求赔偿,也可以向医疗机构请求赔偿。医疗机构先行赔偿后,则有权向负有责任的生产者或者血液提供机构追偿。[①]

编纂《民法典》,在继受《侵权责任法》的这条规定的同时,也作了必要的修改。修改后形成的《民法典》第1223条规定:"药品、消毒产品、医疗器械的缺陷,或者输入不合格的血液造成患者损害的,患者可以向药品上市许可持有人、生产者、血液提供机构请求赔偿,也可以向医疗机构请求赔偿。患者向医疗机构请求赔偿的,医疗机构赔偿后,有权向负有责任的药品上市许可持有人、生产者、血液提供机构追偿。"根据《药品管理法》《消毒管理办法》《医疗器械监督管理条例》相关条文的规定,本条规定的药品,是指用于预防、治疗、诊断人的疾病,调解人的生理机能的物质,包括中药、化学药和生物制品;消毒产品,是指包括消毒剂、消毒器械(含生物指示物、化学指示物、灭菌物品包装物)、卫生用品和一次性使用医疗用品;医疗器械,是指直接或者间接用于人体的仪器、设备、器具、体外诊断试剂及校准物、材料以及其他类似或者相关的物品。

修改的内容如下:

一是将原《侵权责任法》第59条中的"消毒药剂"修改为"消毒产品",以包含药剂之外的其他用于消毒的产品。[②]

二是责任人增加了药品上市许可持有人。药品上市许可人制度,

---

① 参见全国人大常委会法制工作委员会民法室编:《中华人民共和国侵权责任法条文说明、立法理由及相关规定》,北京大学出版社2010年版,第237页。

② 参见邹海林、朱广新主编:《民法典评注侵权责任编2》,中国法制出版社2020年版,第567页。

是 2009 年通过《侵权责任法》后，我国实行的又一次制度改革。2015 年全国人大常委会授权国务院开展在部分地区开展药品上市许可持有人制度试点，2016 年国务院办公厅印发《药品上市许可持有人制度试点方案的通知》，规定国家对药品管理实行药品上市许可持有人制度，药品上市许可持有人对药品的研制、生产经营使用全过程药品的安全性、有效性和质量可控性负责，对药品的非临床研究、临床实验、生产经营上市后研究、不良反应监测及报告与处理等承担责任。我国《药品管理法》规定，药品上市持有人、药品生产企业、药品经营企业或者医疗机构违反该法规定，给用药者造成损害的承担赔偿责任，受害人可以向许可持有人、药品生产企业请求赔偿，也可以向药品经营企业、医疗机构请求赔偿。赔偿实行首负责任制，应受害人请求先行赔付，然后可以依法向其他责任人追偿。《民法典》增加药品上市持有人为责任人，是建立在改革和相关法律法规基础之上的。

笔者认为《民法典》的这条规定，不是产品责任的规定，而仅仅是与产品责任相关的医疗侵权责任的规定。因为这种责任的关键点是医疗机构，也就是说药品、消毒产品、医疗器械、血液致患者损害都是发生在医疗领域，也就是以患者和医疗机构关系为基础。又因为药品、消毒产品、医疗器械、血液涉及产品责任的生产者、经营者，所以要与产品责任综合进行规定。至于药品上市许可持有人，我认为并非是直接的医疗机构，而是经营者，因为上市许可持有人并没有直接与患者发生关系。血液并非劳动的产物，不是产品，但经提取、保存和运输便具有劳动价值。我国实行无偿献血制度，患者使用血液支付的便是提取、保存、运输血液的价值对价，因此经提取、保存、运输的血液便具有了产品的属性。

第六节　不承担医疗侵权责任的正当理由

医疗机构不承担责任的正当理由，除《民法典》第 1174 条规定的因受害人故意造成的损害和第1175条规定的损害是因第三人造成的外，《民法典》第1224条又特别规定了以下三项不承担责任的正当理由。

一、患者、近亲属不配合医疗机构符合诊疗规范的诊疗

这一不承担责任的正当理由有这样几点含义：一是医疗机构进行的是符合诊疗规范的诊疗。符合诊疗规范，即按照诊疗法律、法规的规定和当时的诊疗标准进行诊疗，正当履行检查、诊断、实施恰当的治疗，并正确履行告知义务；二是患者或者其近亲属不配合。如该签字的不签字、不遵照医嘱服药、违反医师告诫的禁烟禁酒事项导致损害后果发生。符合上述两个条件发生的损害，医疗机构不承担责任。如李某英案，医院诊断后确定实施剖腹产手术，患者丈夫先是不签字，经医务人员多次劝解，丈夫签字仍表示不同意手术，由此导致的胎死腹中、李某英死亡的后果，医院不承担责任。如果医疗机构或者医务人员所进行的诊疗不符合诊疗规范，则表明存在过错，按照本条最后一款的规定，医疗机构应当承担相应的赔偿责任。

二、医务人员抢救已尽到合理的诊疗义务

救死扶伤是我国医疗制度的传统，在遇到生命垂危的患者的情况下，医务人员必须进行抢救，尽到合理的诊疗义务。诊疗包括诊断和治疗。如果不进行及时的抢救，应承担相应的责任。如已尽到合理的诊疗义务，即使发生了患者死亡的后果，医疗机构也无需承担责任。

三、限于当时的医疗水平难以诊疗

医疗技术的发展不可能包治百病，因为从生到死是自然规律，医疗技术的发展不可能不受这一自然规律的支配。有些疾病可以治疗，有些疾病限于当时的医疗水平不可以治疗，还会产生一些新的疾

病,医疗技术不可能超前发展。总体上说医疗技术只能使人的寿命得以延长,使人在有限的生命历程中生命质量相对提高。医疗也具有一定的风险性,有些疾病治疗可能变得更好,但也可能变得不好。患者追求更好的结果也要承担医疗技术实施的风险,因此医疗机构及其医务人员实施了当时的医疗水准的诊疗措施,就不应对患者损害承担责任。

当时的医疗水平,是指以医师对患者诊疗之时为时点,结合医疗条件、依据医学的认知选择符合患者状况的相应的治疗方法。如果是新疗法,必须以这种医疗方法获得医师所在医疗机构的承认作为医疗水平的标准。① 可见,当时的医疗水平没有一个全国统一的标准,因为医疗技术在不断发展,各地各医院的医疗水平不同,医疗水平必须考虑所在地区的医疗条件、医疗机构的性质、等级以及患者疾病的种类和患者的体质等多种因素综合衡量。只有对那些相当普及程度的治疗方法才有可能适用全国统一的标准,而通常情况下是不存在全国统一标准的,还要考虑到医疗技术的发展,有些新技术新诊疗方法可以率先在某一医院实施,而在更多的医院只能是适用当时的普通的医疗水平。当时的医疗水平应当是具体的医疗机构当时所能达到的医疗水平。医疗水平的认定要参考专家鉴定,法院判决主要以专家鉴定为依据。

第七节　医疗机构及其医务人员 合法权益保护

严重干扰和妨碍医疗机构及其医务人员工作,甚至伤害医务人员事件时有发生,成为社会关注的重要问题。这个问题产生的原因是复

①　参见〔日〕稻垣乔:《医师责任诉讼的构造》,有斐阁2002年版,第15页以下。

杂的,总体上是医患关系紧张,具体原因主要有以下几点:

一是大中城市特别是大城市医院人满为患。随着人们生活水平的提高,医疗需求也不断提高,城市特别是大城市由于医疗资源比较集中,因此许多外地人到大城市就医,使许多医院应接不暇,医务人员不可能有充足的时间与患者沟通。这就很难建立起医务人员与患者之间的信任关系。

二是人们对医疗期望值过高。医疗不可能根治百病,特别是有些疑难杂症是难以治愈的,但是一些人认为既然自己花了钱到医院治病,医院就应当把病治好。那么一旦没有治好,就认为医务人员没有很好地治疗,有的甚至实施对医务人员的伤害行为。

三是医保制度水平还不是很高。所以有些人得了大病,虽然医保可以解决大部分费用,但是患者及其家属往往也花费不菲,一旦没有治好,人没了,钱也没了,患者家属感情上难以接受,因此就把火发泄到医务人员身上。

四是由于医生没有充足的时间与患者沟通,没有尽到充分的说明、告知义务,未能使患者及其家属正确认识可能的医疗后果,导致医患关系紧张。

五是有的医院存在不必要的过度检查。不必要的过度检查是指超出疾病诊疗的基本需求的检查。产生的原因很复杂,主要是重要的医疗仪器我国自己无力生产而是靠进口,价格相对较高,必须通过医疗收回投入,导致过多检查使用;有些医务人员规避可能发生的诉讼或者获得发生诉讼时有利的证据,为准确诊疗实施了不必要的过度检查。依医疗行业规则,实施"靶向治疗"是最经济的。所谓"靶向治疗"就是医生根据患者的病症作出基本判断,针对基本判断实施检查以确定或者排除是否患有某种疾病。这样做虽然是经济的,但确实也存在诊断不准确的风险,因此有的医生为了规避可能发生的风险实施了过度检查;医院的市场化改革导致一些医院以追求经济利益为目标,"以药养医""以检养医",违背事业单位的宗旨,致患者及其家属花费了不应有的费用。这可能是导致医患关系紧张的最主要的原因。针对不必要过度检查，原《侵权责任法》第 63 条作了禁止性规定，《民法典》第 1227 条予以延续，但这一问题的根本解决有赖于医疗体制改革的深化。

六是职业医闹挑拨是非、推波助澜。由于有的医疗机构谁闹就对谁及时赔偿，客观上助推了职业医闹的产生。所谓职业医闹，就是有些无业人员专以帮助他人医闹为职业，获得赔偿后从中提成。这是一种违法行为，严重的甚至会构成犯罪，对此必须予以严厉打击。

问题的根本解决要靠医疗制度改革。改革的方向应实行分级诊疗，不断提高医保水平。这是解决医患关系紧张的根本方法。但是由于医疗技术不断发展，一些新技术的运用和新药品的使用也存在风险，并且新药开发成本较高往往价格也很高，不可能满足医疗需求。对于这种新药品、新技术的适用不可能是社会普及性的，患者及其家属必须付出较高的费用。对这样的问题更应该强调医务人员履行说明、告知义务，使患者及其家属根据自己的经济条件作出正确的决定。

医疗机构及其医务人员的合法权益保护也是对公益的保护，因为只有医疗机构及其医务人员合法权益得到充分的保护，才能为患者提供有力的医疗条件。医疗机构及其医务人员的合法权益保护，涉及民法、行政法、刑法问题。伤医事件伤害了医务人员的生命、健康，侵犯了生命权和健康权，构成对医务人员人格尊严的损害，行为人应承担民事赔偿责任，严重者应承担行政责任和刑事责任。因此这是一个综合性的法律问题，不单纯是一个行政法上的问题，所以我国原《侵权责任法》和现今的《民法典》，都对医疗机构及其医务人员的合法权益保护作出规定是完全必要的。《刑法》已经对伤医事件作出了追究刑事责任的规定。伤医也是违警行为，公安机关应追究行为人的行政责任。

第八节 《精神卫生法》实施后
民事诉讼的几个问题

一、案例引发的问题

徐某,男,23 岁赴澳大利亚留学,因染毒瘾,学业无成,11 年后被遣送回国。后因患精神疾病十年前被其父送入上海青春精神病院住院至今。住院期间其父去世,唯一的哥哥是其监护人。其母在徐某幼儿时与其父离婚。徐某曾要求变更其母为监护人,因其母年事已高,且与徐父离婚改嫁后一直未与徐某相认,有关部门未予许可。现徐某在精神病院有一定劳动能力,又担任病友理发员,且与另一女患者恋爱。经有关部门鉴定,徐某为限制行为能力人。因徐某有一定劳动能力,国家又承担住院患者一定费用,故不需交付住院费,徐某还略有收入。徐某多次要求出院,担任其监护人的哥哥不同意。在《精神卫生法》①于 2013 年 5 月 1 日生效后,2013年 5 月 6 日,徐某用手机委托某律师向上海闵行区人民法院提起诉讼,状告上海青春精神病院和担任其监护人的哥哥不让其出院,侵犯其人身自由,并告其哥哥将父亲原有房产更名为自己所有,侵犯其应有的房产权。7 月 29 日始,徐某每天致法院一封信。12 月20 日法院立案。②此案虽最终因对原告出院不能安置而驳回原告

---

① 《精神卫生法》于 2012 年 10 月 26 日通过,2013 年 5 月 1 日施行,包括总则、心理健康促进和精神障碍预防、精神障碍的诊断和治疗、精神障碍的康复、保障措施、法律责任、附则七章 85 条。

② 此案已有相关报道。参见《男在精神病院内结女友 逃跑失败后起诉院方》,大申网,http//news.online.sh.cn;应琛:《精神卫生法第一案 证明自己正常有多难》,载《新民周刊》,2014 年 3 月 21 日。

请求,但暴露的问题值得研究。

闵行区人民法院于 2014 年 2 月 28 日下午召开法官与学者研讨会,结合本案提出研讨问题如下:

1. 精神病患者残疾证上由残疾人联合会记明的监护人是否有效? 残疾人联合会是否有权指定监护人?

2. 精神病患者要求出院,监护人不同意,两者谁有决定权?

3. 精神病患者有无诉讼行为能力? 对其提起的诉讼法院应否受理?

4. 监护人不同意出院,若患者出院由谁承担监护责任?

因笔者被闵行区人民法院邀请参加研讨会并发表个人意见,以下在发言基础上,结合争议进一步讨论,期能有助于《精神卫生法》的正确解释与适用。

二、精神障碍者与精神病人的区别

《精神卫生法》与原《民法通则》,分别使用了"精神障碍者"和"精神病人"不同的概念,《民法典》不再使用"精神病人"而改用"无民事行为能力和限制民事行为的成年人"。对前两种表述,立法并没有作出具体的解释。因习惯上仍存在"精神病人"称谓,区分两者是学理解释的任务,而学理解释必须以医学认定为基础,并应考虑立法目的。法官的司法解释还须考虑具体案情。就学理分析,精神障碍者一词的使用,是现在各国的通例,充分体现立法对患者情感的关照,更加文明,更符合医学的精神障碍分类。而《民法通则》制定时,身体障碍者(所谓残疾人)利益保护还没有来得及给予关注,使用的是当时普遍使用的"精神病人"的用语。两法立法背景和立法目的的不同,决定"精神障碍患者"比"精神病人"含义广泛,后者的含义相对狭窄。《精神卫生法》的制定背景,是社会经济发展到一定程度,有条件保护少数弱势群体的利益,其立法目的主要就是"维护精神障碍患者的合法权益"。精神障碍是精神疾病,包括惯常性的和一时性的人的认知、情感和思维活动的异常或者紊乱。在医学上,分为精神分裂症、偏执性精神障碍、分裂情感障碍、双向情感障碍、癫痫所致精神障碍、精神发育迟滞六种类型。《民法通则》的立法背景,是改革开放初期,经济相对落后,立法目的是保护一般民事主体的民事权益,使用的"精神病人"一词,是指不具有参与全部或者部分民事活动能力的严重精神障碍者,包括精神分裂、严重精神迟滞,一般不包括轻微精神迟滞、癫痫、情感障碍,是指惯常性不包括一时性的。这些人才需要监护,是无行为能力人或者限制行为能力人。其他精神障碍者只需要帮助而不需监护,是有行为能力人。《民法典》所称无民事行为能力和限制民事行为能力的成年人,范围同于"精神病人"而不同于"精神障碍者"。

三、精神障碍者住院的自己决定权与知情权

《精神卫生法》自 2013 年 5 月 1 日实施后,在审判实务中出现在精神病院住院患者委托律师到法院状告被告人强制住院,自己不需住院案件(上海闵行区人民法院)。该案引发的问题是,谁有权决定患者是否住院,法院能否立案并对是否住院作出判决。问题的核心是精神障碍患者有无自己决定权,如有,其决定权的限度如何? 对此《精神卫生法》作了具体规定,该法第 30 条规定:"精神障碍的住院治疗实行自愿原则。诊断结论、病情评估表明,就诊者为严重精神障碍患者并有下列情形之一的,应当对其实施住院治疗:(一)已经发生伤害自身的行为,或者有伤害自身危险的;(二)已经发生危害他人安全的行为,或者有危害他人安全的危险的。"依此规定,精神障碍者有是否住院的决定权,但有自伤或者他伤行为或者危险的,本人不同意也应住院治疗,为自己决定权之例外。当然,如患者不能表达意愿,只好由监护人行使代为决定权。前述案件,如不具本条规定的特别情形之一,是否住院由患者自己决定。这类诉讼应告之原告到医疗行政部门解决。对不服行政管理决定的法院可受理并依法判决。

在《精神卫生法》通过前后,一些法院受理了一些利害关系人申请

宣告某人无行为能力的案件,多与财产利益相关。宣告无行为能力,一般需做医学鉴定。医学鉴定是否应经本人同意,也是应当注意的问题。我国《精神卫生法》第27条规定:"精神障碍的诊断应当以精神状况为依据。除法律另有规定外,不得违背本人意志进行确定其是否患有精神障碍的医学检查。"医学鉴定往往涉及医学检查,有时也可通过交谈、了解病情的方式进行。法律规定检查不得违反本人意志,是对人身自由的保护。同理,此条规定也适用于是否有精神障碍的医学鉴定,即除法律有特别规定外,必须尊重本人意愿。法律特别规定,即《精神卫生法》第28条规定的"患者发生伤害自身、危害他人安全的行为,或者有伤害自身、危害他人安全的"情形。依此规定,利害关系人申请宣告无行为能力需对被申请人做医学鉴定而被申请人不同意的,法院应驳回申请人请求。

精神障碍患者住院治疗决定权是国际法原则。1966年联合国通过的《关于市民的及政治的权利国际规约》第7条中规定,"任何人不经其自愿同意不接受医学或者科学实验"。其第9条规定,"一切人均有身体自由及安全的权利"。1991年联合国通过的《关于精神病患者保护或者改善心理健康的原则》第9项规定,"一切患者,均享有在最小限制环境下、并且照顾到患者保健的必要性与他人安全保护的必要性,或者接受最小侵袭治疗的权利"。我国《精神卫生法》的相关规定,充分体现了国际规约中的最小侵袭原则和对精神障碍患者人权的尊重。

在美国,精神障碍者接受或者拒绝治疗的纠纷,由法院判决。日本分为强制入院与自愿入院两种。强制入院限于患者有自伤、他伤行为或者有此危险情况。其他患者实行自愿原则,但保护人认为有入院保护医疗必要而患者不同意的,也可送院治疗,但不得超过72小时。①

精神障碍患者除法定例外情况享有住院自己决定权,监护人不同意,出现伤害他人情况谁负责?前述案件,哥哥是唯一监护人,其不同

① 参见[日]加藤良夫编著:《实务医事法讲义》,民事法研究会2007年版,第314页以下。

意弟弟出院,弟弟出院后谁作监护人? 谁来照顾出院患者? 这些问题暴露出法治的未尽完善之处。我国台湾地区的经验,值得大陆学习。台湾地区1990年制定"精神卫生法",规定了从监护人中选择保护人以及社区为精神障碍者提供康复帮助。前述案件,必须在患者出院有生活保障的前提下才能作出出院判决。也曾发生过精神病院认为可以出院而其家属不接纳致长期滞留医院的事例。这些问题,核心是完善社会保障机制。对于有一定劳动能力的限制行为能力人,政府应创办特殊企业供其就业,并安排精神科医生、心理医生帮其改善健康状况,预防因病情恶化危害社会。有帮扶能力并有扶助义务的监护人,必须承担监护人责任,对不尽监护责任的监护人,依法追究相应的法律责任。社会应创造一种保障精神障碍者人权,维护其人格尊严,又能有效减少其因病造成社会危害的机制。

患者的决定权以知情权为基础。有些不宜告知患者本人的,应向家属告知,为知情权之例外。然而对精神障碍患者,其精神病症往往本人不能感知,不承认自己患病。精神病多涉及本人行为能力之降低,告知本人会引起情感痛苦,多为不宜告知本人之情形。在此情况下,其治疗允许假说其他病症,允许在食物中混入治疗药物,但必须在医生指导下进行。不过,涉及入院治疗,无自伤、他伤行为或者危险的,必须告知本人并取得其同意。

四、精神障碍者的诉讼行为能力

民事诉讼中,有时会遇到精神障碍者取得的残疾人联合会在相关证件上确定的监护人是否有法律效力的问题? 答案应该是肯定的,但有相反证据证明确定的监护人与事实不符或者确定不当者除外。残疾人联合会确认的精神残疾人或者智力残疾人,是经一年以上治疗未痊愈,并丧失了全部或者部分活动能力的人,条件严格,是惯常性障碍,其确定的监护人当然有法律效力。确定一般应是对监护人的认定,如对法定监护人的认定,特殊情况也可指定。《民法典》有残联申请法院指定监护人的规定,从残联组织性质、职责分析,比居民委员会、村民委员会或者所在单位更专业更有权威性。

精神障碍患者起诉监护人侵权,法院是否要审查其诉讼能力?无诉讼能力是否必须依法院无民事行为能力宣告为前置程序?答案应是要审查,似不存在以无行为能力宣告为前置条件的问题。诉讼能力是诉讼前提,立案要初步审查,审判要详细审查。法律规定无行为能力或者限制行为能力宣告、依治疗效果可撤销或者变更宣告。《精神卫生法》制定中曾有主张对精神病患者作无行为能力或者限制行为能力宣告的建议。有人针对曾经发生过的"被精神病"①,提出应当确切规定精神障碍患者有向法院申请确认自己有行为能力的建议。②《精神卫生法》因规定精神障碍者住院自愿原则,认真贯彻这一原则就可避免"被精神病",无须法律作出精神障碍者有权向法院申请认定自己有行为能力的规定。宣告无行为能力或者限制行为能力,也必须由利害关系人向法院提出,否则任何人任何组织都不能宣告。这一制度是针对有产者丧失行为能力规定的,有无行为能力以事实为据,宣告是为禁治产服务的。我国近年利害关系人申请宣告无行为能力案件增多,主要是为宣告后将丧失意思能力的危重患者在银行中的存款取出,以便为其治疗,或者为保护被宣告人资产被他人骗取。但不经利害关系人申请宣告,任何组织和个人均无权宣告。

法院针对精神病人提起的诉讼,详细审查有无诉讼能力是不可能的。法院应审查其残疾证,应向所在的残联组织或者所在工作单位或者居民委员会、村民委员会确认其行为能力状况。一般而言,如能确认为限制行为能力人,应认定其有诉讼行为能力。诉讼能力取决于行为

① 参见信春鹰主编:《中华人民共和国精神卫生法释义》,法律出版社 2012 年版,第 285 页。披露五"被精神病"者联名致信法工委在《精神卫生法》等法律中作防止被精神病的规定。他们是:徐武,因状告单位被送职工医院"精神治疗";民警高作喜因工作原因被强行扎针昏迷送精神病院;彭宝泉,因拍摄群众上访照片被警察送精神病院;陈国明,被妻子下迷药送精神病院,然后其妻将其开金店中的 500 万元财产转移;周铭德因去北京上访被截访者打昏带回上海送精神病院。

② 同上,第 384 页。

人对诉讼有无正确的认识与判断,并不一定以有完全行为能力为条件。前述案件,徐某已被鉴定为限制行为能力人,且能委托律师并向法院写信,足证其对诉讼有理解能力,对诉讼的意义有清楚的判断力,应认定其有相应的诉讼能力。

精神障碍者起诉监护人侵权,法定代理人是否需明确? 精神障碍者有监护人,说明他(或者她)已经是民法规定的无完全行为能力人,并且必须有两个或者两个以上的监护人,其中一个监护人被精神障碍者告侵权,必须由其他监护人作法定代理人。这比较容易确定。如就一个监护人,又成了被告,怎么办? 法院可指定代理人,这种情况下不会存在法定代理人。非监护人除了工会,都不会是法定代理人。

第三部分

基于支配管理的物或者
动物致人损害的责任

第七章

产 品 责 任

第一节　产品责任在我国的发展

一、产品和产品责任的概念与特征

(一) 产品的概念和种类

我国《产品质量法》第 2 条第 2 款规定：“本法所称产品是指经过加工、制作，用于销售的产品。”依此规定，产品有两个条件：一是经过加工制作，未加工制作的自然产物不是本法所称的产品。加工制作是指工业对原材料的加工和制作，依据《产品质量法》第 2 条第 3 款的规定，建设工程不适用本法规定，但使用的建筑材料、购配件和设备，适用本法产品的规定，即为本法所称的产品。二是用于销售。销售是指加工、制作的目的是投入市场进行交易。如果目的不是为了销售，就不是产品责任中的产品。

正确理解《民法典》侵权责任编产品责任的产品，应与《产品质量法》保持一致，即以经加工、制作并用于销售作为衡量标准。同时还应区分《产品质量法》与相关法律的规定，凡是有其他相关法律调整产品责任关系规定的,适用其他相关法律的规定,不再作为产品质量法所规定的产品对待。从语义分析,《产品质量法》所规定的加工、制作并用于销售的产品,包括的内容过宽,应作限缩解释。在我国除《产品质量法》外,还有《食品安全法》《农产品质量安全法》《种子法》等法律。食品显然也是经加工、制作用于销售的产品,农产品许多也是经加工、制作并用于销售的产品,种子经挑选、包装也是经过加工、制作并用于销售的产品。但这些产品适用的都是相关的法律,不适用《产品质量法》《民法典》侵权责任编产品责任规范。因此《产品质量法》所指的产品,应排除上述产品。从产品责任产生的原因分析,适应工业化社会产品的科技含量高,人们用肉眼难以发现其缺陷,因此交易由买者注意演变为卖者注意,才产生了现代意义的产品责任类型。农产品(包括种子)、食品,一般来说不存在用肉眼不能发现的致人身、财产损害的不安全性,纵使有这种不安全性的缺陷存在,也可以通过一般过错侵权责任调整,无需也不应该适用产品责任的相关规定。当然从比较法上观察,各国规定的产品范围是不完全相同的,欧盟现行法律规定农产品也是适用产品责任的产品[《欧共体产品责任指令》(85/374 号)第 2 条规定:"本指令所称'产品',是指一切动产,包括添附于其他动产或者不动产的动产,但初级农产品及捕获物除外。所谓'初级农产品',是指土地、畜牧场及渔场所生产的产品,但已经初级加工者除外。所谓'产品'包括电力。"《欧洲共同体 1999 年产品责任指令》(99/34 号)第 1 条:"85/374 号指令修正如下:(1)第 2 条以下列条文取代之:'第 2 条本指令所称产品,是指一切动产,包括添附于其他动产或者不动产的动产。产品包括电力。'"]。我国由于有《农产品质量安全法》的专门规定,就不宜作为产品责任的产品对待。大豆是农产品,做成豆腐出卖,也是经加工、制作用于销售的,甚至大豆作为种子经挑选、包装出卖,也是经加工、制作并用于销售的,但消费者对豆腐、大豆种子凭肉眼(豆腐还可通过嗅觉)判断其质量,况且这些物品不可能存在产品责任所强调的人身、财产损害的不安全。豆腐也可能混入有毒物质,种子不合格也可能造成农业生产损失,但这些损失都可以通过适用《民法典》过错责任的规定解决,无纳入产品责任的需要和可能。农产品致人损害,最大的问题是重金属等有毒物质含量超标,因此可能造成消费者人身损害,但这是环境污染责任问题,而不是产品责任问题。手工业产品也是传统的产品,不是现代工业社会的产品,也不适用产品质量法。血液不是劳动的成果,血液经采集和包装可能受到污染,会造成患者人身损害,但这是医疗责任问题,不是产品责任问题。电力在我国也不是《产品质量法》中的产品,因为我国有《电力法》,该法第 60 条规定,因电力运行事故给用户或者第三人造成损害,电力企业依法承担赔偿责任。因此,电力事故造成损害,适用电力法而不适用《产品质量法》和民法典侵权责任编产品责任规定。

汽车事故,特别是无人驾驶汽车事故致人损害,涉及产品责任与交通事故责任叠加。这是指由于汽车存在缺陷造成的交通事故损害。

无人驾驶事故责任,涉及整车生产商、自动驾驶系统供应商、高清地图服务提供商、车联网服务提供者,有辅助驾驶员或者安全员的,涉及辅助驾驶员或者安全员。其中除驾驶员或者安全员的责任外,均是以产品责任为基础的交通事故责任。

(二) 产品责任的概念与特征

产品责任,即产品的经营者对因产品缺陷造成消费者及他人损害承担的赔偿责任。产品责任有如下法律特征:

第一,产品责任是经营者对消费者或者其他受害人承担的责任。所谓经营者,包括产品的制造者、销售者、运输者、仓储者。他们对产品存在的缺陷造成受害人损失应承担责任,消费者和其他受害人可以选择制造者、销售者的任何一方请求赔偿。制造者承担的是无过错责任,但对造成缺陷的运输者、仓储者、销售者享有追偿权。销售者承担责任后,如缺陷不是自己造成的,可以向缺陷制造者追偿。所谓受害人则包括消费者和其他受害人。消费者,即产品的购买者。其他受害人,指购买者之外的因产品缺陷受到损害的人。

第二,引起受害人损害的原因是产品存在缺陷。缺陷是指产品存在的危及人身、财产安全的不合理危险。理论上,缺陷分为制造缺陷、设计缺陷、装配缺陷、指示缺陷和开发缺陷。开发缺陷是指产品开发当时科学技术不能发现的缺陷,依据我国《产品质量法》的规定,为鼓励生产而免责。因其他缺陷造成损害,经营者必须承担赔偿责任。

第三,缺陷必须造成他人损害。如果仅有缺陷,没有造成损害,应采取预防性的召回或者警示措施。如造成损害,则应承担赔偿责任。

二、我国产品责任的发展

产品责任,是近现代工业社会商品经济和市场经济的产物。其条件包括:一是工业社会,其产品的科技含量增加,许多产品人们用肉眼很难发现其缺陷,买卖的买者注意义务在英国等工业国家逐渐演变为卖者注意义务,形成现代的产品责任法治。二是商品经济特别是市场经济体制,企业作为法人利益独立、责任独立。因此,在我国改革开放前,是严格的计划经济体制,企业没有独立的利益,也没有违法经营甚至制售假冒伪劣产品的利益驱动,产品匮乏,人民的需求许多方面得不到满足。改革开放后,先是实行有计划的商品经济,后实行社会主义市场经济。在前一阶段产生《民法通则》产品责任的原则规定,在后一阶段出现《消费者保护法》《产品质量法》等法律法规关于产品责任的具体规定,《侵权责任法》用专章作了相对完善的基本规定。

1986 年通过的《民法通则》第 122 条规定:"因产品质量不合格造成他人财产、人身损害的,产品制造者、销售者应当依法承担民事责任。运输者、仓储者对此负有责任的,产品制造者,销售者有权要求赔偿损失。"1992 年邓小平同志发表南方谈话,明确了社会主义也可以实行市场经济,催生了市场经济所需要的《产品质量法》和《消费者权益保护法》的诞生。1993 年 2 月 22 日,全国人大常委会通过《产品质量法》,将《民法通则》"质量不合格"改为"缺陷",并将缺陷解释为"产品存在的危及人身、他人财产安全的不合理危险"和"有国家标准、行业标准的,是指不符合该标准"。本法在 2000 年、2009 年和 2018 年先后三次作了修正。1993 年 10 月 31 日全国人大常委会通过《消费者权益保护法》,主要规定消费者的知情权、平等交易权、依法求偿权,规定可以请求损失一倍的惩罚性赔偿。本法经 2009 年和 2013 年两次修正。2013 年修改主要是将惩罚性赔偿提高到损失的三倍。进一步完善了消费者权益保护制度,强化经营者义务、增加规范网络购物、规定消费者公益诉讼制度。2009 年通过《侵权责任法》,将《民法通则》关于责任人的规定细化为制造者、销售者、运输者与仓储者的单独条文规定,并且增加了投入市场后发现缺陷的警示、召回和惩罚性赔偿的新规定。我国《民法典》继受了《侵权责任法》的规定。

我国的《产品责任法》的特点是:(1)《民法典》和原《侵权责任法》关于产品责任的规定,是从类型化考虑确立了产品责任在《侵权责任法》体系中的特殊侵权类型的地位;(2)由于在《侵权责任法》之前有了《产品质量法》《消费者权益保护法》,因此原《侵权责任法》和《民法典》关于产品责任的规定,主要是对产品责任的补充性规定,不是对产品责任的完整性法律规定,所以必须将《产品质量法》《消费者权益保护法》等法律与《民法典》的规定完整地结合在一起进行学习和研究;(3)我国的《产品质量法》《消费者权益保护法》是从行政管理的角度和产品责任、消费者保护的角度进行规定的,以行政管理为基础,不是专门意义上的《产品责任法》。这一点是与国外的产品责任法或者制造物责任法所不同的。

三、产品责任的归责原则

关于我国产品责任的归责原则,总体上有以下几种观点:(1)是过错归责原则,认为产品的生产者、销售者只对自己的过错行为承担责任。这种观点特别是在《民法通则》刚通过时,一些学者认为通则规定产品质量不合格造成他人损害的责任,质量不合格就是生产者或者销售者的过错所致。(2)无过错责任。认为生产者、销售者因产品缺陷造成他人损害,不管这种缺陷的产生当事人是否有过错都应承担赔偿责任,不以过错为要件。在《产品质量法》将通则"质量不合格"修改为"缺陷"后,许多人持这种观点。(3)过错推定责任。认为是介于无过错责任和过错责任之间的一种中间责任,因产品缺陷致人损害应推定当事人对缺陷的产生有过错。(4)二元责任。认为有些情况是适用无过错责任,有些情况是适用过错责任。立法机关关于产品责任一般条款的规定采用了无过错责任原则。①

我个人历来主张我国产品责任分别适用无过错责任和过错责任,认为是两种责任交错存在的领域,具体说应区别三种情况:(1)就产品责任的一般条款而言,《产品质量法》第43条、《民法典》第1202条,适用的都是无过错责任,因为根据一般条款的规定,是产品存在瑕疵致人损害承担的赔偿责任并不以过错为要件。这也包括受害人可以向产品的制造者请求赔偿,也可以向产品的销售者请求赔偿,而被请求者不管缺陷是否是自己造成的都有义务先行赔偿。这种应受害人请求先行赔偿,是一种无过错责任。就此,我们也可以认为无过错责任是产品责任的兜底条款或者基本的归责原则,无法律适用过错责任的特别规定,并且生产者或者销售者并无难以认定的过错,就可适用无过错责任,以体现对受害人的优先保护。(2)如法律对承担产品责任有明确的以过错为要件的规定,贯彻的则是过错责任。如《民法典》第1204条规定,运输者、仓储者等第三人的过错致产品存在缺陷造成他人损害的,产品的生产者、销售者赔偿后可向第三人追偿,显然第三人承担的是过错责任。再如《产品质量法》第46条所规定的违反国家标准、行业标准产生的缺陷致人损害,显然这种违反标准的行为是一种过错行为,所承担的是过错责任。(3)生产者、销售者没有违反国家标准和行业标准,但是产品缺陷是因其过错行为所致,这种过错是可以认定的,有时又是很明显的,当然应优先适用过错责任,如生产、销售假冒产品致人损害。

---

① 参见全国人大常委会法制工作委员会民法室编:《中华人民共和国侵权责任法条文说明、立法理由及相关规定》,北京大学出版社2010年版,第172—173页;黄薇主编:《中华人民共和国民法典侵权责任编释义》,法律出版社2020年版,第118—119页。

第二节 产品责任的一般构成要件

产品责任的一般构成要件,是指承担无过错产品责任的构成要件,而承担过错责任的构成要件,则应在一般构成要件的基础上增加过错的要件。产品责任的一般构成要件有以下三点:

一、产品存在缺陷

我国《产品质量法》第 46 条规定:"本法所称缺陷,是指产品存在危及人身、他人财产安全的不合理的危险;产品有保障人体健康和人身、财产安全的国家标准、行业标准的,是指不符合该标准。"依此规定,产品缺陷可以简称为产品存在的危及人身、他人财产安全的不合理的危险。

缺陷,与我国法律使用的"质量不合格""瑕疵"不完全相同。质量不合格是指,产品质量不符合法定或者约定或者正常的使用标准,包括瑕疵但又不限于瑕疵,概念比缺陷广泛。比如,汽车喷漆不合格、家具刷漆不合格,并无危及人身、他人财产安全的不合理危险的存在,虽属质量不合格,但不是产品的缺陷。瑕疵是指产品的缺点,范围也大于缺陷。民法上以绝小瑕疵拒绝给付为权力滥用,为民法所禁止。瑕疵是合同法规范的用语,我国《民法典》合同编多次使用"瑕疵"一词,《产品质量法》也有条文使用瑕疵一词,语义均不同于缺陷。

我国法律没有对产品缺陷的分类作出明确的规定,但从比较法上观察,美国、德国、日本等工业发达国家产品责任相关法律规定的缺陷有三种:(1)设计缺陷,即设计对产品的安全性考虑不周,存在不合理的危险。如转椅旋转处缺少安全保护装置。(2)制造装配缺陷,即制造、装配不合理存在危险性。如制造有锐角、装配不牢易脱落存在的风险。

(3)指示和警告上的缺陷,如产品使用说明欠缺重要的注意事项。这三种应承担责任的缺陷为世界通例,我国也是以存在这三种缺陷之一作为承担产品责任的首要条件。

值得探讨的问题是,我国《产品质量法》第46条规定的不符合有保障人身、财产安全的国家标准、行业标准的为缺陷。国家标准或者行业标准,是否能绝对保证不存在不合理风险,答案应是否定的。所谓保障人身、财产安全的国家标准、行业标准是就当时人们的认识水平而言的。国家标准和行业标准是在总结实践经验的基础上做出的,通常情况下不会存在可能造成人身、财产损害的风险,但是人们的认识不断进步,国家标准和行业标准也会发生变化,标准不断提高。这种变化和提高就表明原来采用的标准存在一定的不合理风险。但这应认为是开发上的风险,根据《产品质量法》的规定属于不承担责任的正当理由。当然,从实例的情况还没有发现符合国家标准和行业标准造成他人损害法院判决承担责任的案例,但这不能绝对地排除有适用公平责任给予受害人一定救济的可能性。

二、发生人身、财产损害

产品缺陷所致人身损害,是指因产品缺陷引起的人的死亡和健康损害,如淋浴器漏电致洗澡人死亡。财产损害,是指因产品缺陷引起的财产损害,如因冰箱电器线路故障引起火灾致当事人房屋内其他财产烧毁。有的产品缺陷,也可能既引起人身损害又造成财产损害。产品致人身、财产损害,往往需要经有关部门或者专家鉴定。依照产品责任的规定,受害人(发生死亡的情况下死者近亲属)可依法选择向产品的制造者或者销售者请求赔偿。

产品缺陷所致财产损害是否包括缺陷产品自身的损害,《民法典》编纂中有不同意见。有一种意见认为缺陷产品自身的损害,为产品合同责任问题,不应包括在产品侵权责任中,应适用不同的法律规范行使请求权和作出判决。这种意见虽有一定道理,但没有被立法所采纳。

立法采纳了产品侵权责任包含缺陷产品自身损害的意见。笔者个人赞成立法的选择，认为如果单纯是缺陷产品自身的损害是一个适用《合同法》追究违约责任的问题，但当产品缺陷引起人身、其他财产损害时，问题的主要方面是产品侵权责任，当然也就吸纳了缺陷产品自身的损害赔偿，依据效率原则仅仅依靠产品侵权责任规范行使请求权和作出判决即可。那种主张区分两种责任分别依据不同的民法规范行使请求权和作出判决的主张，不仅违背效率原则，也违背因同一原因引起的损害，事物的主要方面决定事物本质的哲学原理。

只有当缺陷产品引起人身、财产损害时，才能够成立产品侵权责任。否则，尽管产品有缺陷，但不存在因缺陷引起的人身、其他财产损害，则不能构成产品侵权责任。

三、产品缺陷与人身、财产损害有因果关系

产品存在缺陷并非必然引起人身、财产损害。产品缺陷与人的使用等行为结合在一起才有可能发生人身、财产损害的后果，因此产品缺陷与人身、财产损害的因果关系不是必然的因果关系，也非偶然的因果关系，而是一种相当因果关系，即产品缺陷依社会一般观念足以认定是造成损害的原因，而损害是产品缺陷导致的后果。产品缺陷虽然借助人的行为等因素发生损害后果，但损害的根本原因是产品缺陷，是一种直接因果关系，而非间接因果关系。

关于产品责任诉讼，当事人都负有举证责任。原告应证明产品存在缺陷并导致损害后果的发生以及缺陷与损害存在因果关系。被告可以证明产品不存在缺陷或者损害不是产品缺陷造成的。由于有些产品的科技含量较高，原告只要证明存在一定程度的缺陷和因果关系即可，具体的认定应参考有关部门的认定或者专家鉴定，由法院综合各种因素作出判决。有必要指出，被告证明存在不承担责任的正当理由，并非是对不存在因果关系的证明，因此不适用举证责任倒置，更不适用因果关系推定，因果关系认定是一个科学问题，因此认定本身必须靠科学鉴定。

第三节 不承担产品责任的正当理由

产品虽因缺陷致人身、财产损害,但依《产品质量法》第 41 条规定,生产者能证明有下列情形之一的,不承担赔偿责任。

一、未将产品投入流通的

产品责任的实质是市场经济条件下的消费者保护问题,因此未投入市场流通即未进入市场,因此也就不存在消费者,纵使有人擅自使用了未投入流通的产品,后果自负,不承担损害赔偿责任。当然如果是产品投入市场前,尤其是在生产中造成了工人的损害,则属于劳动保护问题,工人可获得劳保赔偿。投入流通包括在市场销售、出租、抵押、质押、典当等。

二、产品投入流通时引起损害的缺陷尚不存在的

因产品在使用中会出现毁损、使用不当或者修理不当等,也可能产生缺陷,这种缺陷所致损害不能归责于生产者。出现毁损,消费者应停止不安全使用,及时修理。消费者应正确使用产品,修理应保障产品的正常使用,不存在缺陷。消费者应对不当使用和自行修理产生的缺陷自行负责,如果是经第三人修理产生的缺陷,则应由修理人承担责任。凡生产者能证明产品投入流通时引起损害的缺陷不存在,则不承担赔偿责任。

三、产品投入流通时科学技术尚不能发现缺陷存在的

为鼓励产品开发,促进生产发展,我国产品质量法规定对开发缺陷,即产品流通时的科学技术水平尚不能发现缺陷存在的,生产者不承

担责任。一旦发现产品存在缺陷,应及时召回产品,否则导致的损害不免除生产者的责任。科学技术水平尚不能发现缺陷存在是就整个社会而言的,不是以生产者的水平为依据。

如果消费者直接向销售者请求赔偿。销售者不能认定生产者不存在上述不承担责任正当理由的,则应与生产者及时沟通,请求生产者证明存在不承担责任的正当理由,否则造成的不应有责任损失,则应由销售者承担不利后果或者向消费者请求返还赔偿费用。

第四节 产品召回研究

我国《民法典》继受《侵权责任法》规定了产品召回的补救措施,特别法中规定了一些不同产品的召回措施。然而,召回作为新生的法律问题,尚处于发展未成熟阶段,对其性质究属义务,抑或是责任,有截然不同的主张。愚见以为,召回既是义务,也是民事责任。

一、召回的产生和发展

(一) 产品召回的概念和特征

产品召回,是产品的生产者、销售者或者进口者对已投入市场或者已售出的产品因发现存在危害消费者人身、财产安全或者危害社会公共利益的缺陷,依法将产品收回并免费修理或者退货的制度。

产品召回制度的法律特征是:

第一,产品召回是产品已经投入市场或者售出之后采取的避免发生损害的补救措施。产品应当符合法律规定的质量标准或者符合商销性的一般安全标准,才能投入市场。但有时由于技术原因或者疏忽,在投入市场前没能发现产品存在的缺陷,甚至虽已发现或者明知而违法投入市场,经营者只有依法召回,才能避免发生损害或者扩大发生损害。

第二,召回的原因是产品存在缺陷。这种缺陷应是设计上的缺陷或者制造上的缺陷,又或者是开发上的缺陷。开发缺陷是开发当时限于科学技术条件所不能发现的缺陷,依我国《产品质量法》为免责事由,但当经营者投入市场后已经发现了缺陷,并认识到有可能发生危害时,有义务召回产品予以消除缺陷,修理、更换或者退货。对于指示上的缺陷,则通过警示的措施予以补救,不需召回。

第三,召回的目的是为了避免损失,包括避免发生损失和避免扩大损失。一般而言,是避免造成消费者的损失,当然也包括造成公共安全的损失或者公共环境损害。如发现汽车存在安全隐患,不召回不仅可能造成作为消费者的车主的损害,也可能发生交通事故造成他人损害,如尾气排放不符合法律要求则可能造成环境污染损害。

第四,召回必须按照法律规定的程序进行,包括制定召回计划、发布召回公告、依法从市场撤回产品或者收回已售出产品、召回统计与报告等。

第五,召回依是否主动分为自行召回与责令或者强制召回。自行召回又称主动召回,是指生产等经营者发现产品存在缺陷而向社会发布召回通告主动召回产品。指令召回是指行政管理部门发现产品存在缺陷而责令生产等经营者召回产品,是一种行政责任,生产等经营者必须服从。因此,违反指令召回可发展为强制召回。

(二)召回在国外的产生和发展

产品召回最早产生于美国。20 世纪 60 年代,美国汽车制造商对缺陷汽车在消费者压力下实施召回。为促使制造商对缺陷汽车统一召回,1966 年美国公布了《国家交通及机动车安全法》,规定汽车制造商有义务公布汽车召回的信息并通报用户和交通管理部门。从实践情况看,大部分情况是由厂家主动召回,少数情况是由法院强制召回。召回产品由汽车扩展为其他产品,主要是食品、药品、化妆品。

日本 1969 年开始实施汽车召回制度。1994 年修改《公路交通运输法》增加汽车召回规定。欧洲各发达国家,以及加拿大、澳大利亚也相继实施包括汽车在内的产品召回制度。总体而言,通常情况是自主召回,只有在行政管理部门发现产品存在缺陷,或者生产等经营者不主动召回时,才强制召回。

(三) 我国的产品召回制度

产品召回,在我国的立法规定,最早出现于 2002 年的地方法规《上海市消费者保护条例》中。2004 年国家质量监督检验检疫总局、国家发展和改革委员会、商务部、海关总署共同制定公布了《缺陷汽车产品召回管理规定》,经 2012 年国务院常务会议修订通过为《缺陷汽车产品召回条例》。国家质检总局 2007 年通过了《食品召回管理规定》《儿童玩具召回管理规定》。同年,国家食品药品监督管理局制定公布了《药品召回管理办法》。2009 年通过的《侵权责任法》第 46 条规定了召回等补救措施,《民法典》进一步加以完善,增加"停止销售"及第 2 款承担召回增加的被侵权人费用规定及其他文字修改。此即《民法典》第 1206 条规定:"产品投入流通后发现存在缺陷的,生产者、销售者应当及时采取停止销售、警示、召回等补救措施;未及时采取补救措施或者补救措施不力造成损害扩大的,对扩大的损害应当承担侵权责任。""依据前款规定采取召回措施的,生产者、销售者应当负担被侵权人因此支出的必要费用。"立法虽有规定,但对召回究竟是义务还是责任,国内外理论认识不一,影响现有法律规定的实施,有待深入研究。

召回在我国的典型事例,一是三鹿奶粉召回,二是汽车召回,三是冰箱召回。2008 年 9 月 11 日,石家庄三鹿奶粉集团股份有限公司发布召回声明,对发现的三聚氰胺超标的 2008 年 8 月 6 日前出厂的部分批次婴幼儿奶粉召回,总量约 700 吨。2009 年 4 月 3 日,一汽大众汽车有限公司向国家质检总局报告,决定从 2009 年 4 月 4 日起,召回部分在 2008 年 8 月 12 日至 2009 年 1 月 6 日生产的新宝来轿车 17 059 辆。三星(中国)投资有限公司,对生产的韩国三星牌冰箱,因除霜系统存在缺陷可能导致短路损坏冰箱，自 2009 年 11 月 10 日起，召回 6 个型号的三星冰箱，大陆地区涉及数量 32 000 台。[①]

二、召回的法律性质探讨

在制定《侵权责任法》的过程中，对召回是义务还是责任存在不同认识。认为是义务的，依据是召回是售后义务，由生产经营者实施，法院不能强制召回。认为是责任的，依据是召回是违反向消费者提供合格产品的义务的后果，是防患于未然的预防性责任，也有强制性，是必为行为，符合责任的本质。笔者也是责任说的积极倡导者，并曾就食品召回发表过既是行政责任，也是对广大消费者的民事责任的观点。[②]

义务说、责任说均有一定道理，但只强调一方面否认另一方面就不完全正确了。确切地说，应区分是否是开发缺陷，对开发缺陷，召回是义务，对非开发缺陷，召回是责任。召回责任主要通过行政部门统一实施。以下分别探究。

（一）因开发缺陷的召回和非因开发缺陷的召回

1. 对开发缺陷，召回是售后义务

在消费者社会，由于产品的科技含量高，一些产品的开发缺陷是难以避免的，如绝对不允许开发缺陷的存在，是不可能的，也会制约社会经济的发展。只有发展生产，才能满足人民日益增长的物质文化需求，为此，我国法律将其规定为免责事由，即因开发缺陷造成消费者损害，经营者不负责任。与经营者这一特权相对应的，是经营者在售后应跟踪调查产品在使用中的情况，及时发现产品存在的缺陷，一经发现及时向社会公布，需修理、重作、更换或者退货的，应及时召回。这是对广大

---

① 参见齐健荣、陈怡编：《中华人民共和国侵权责任法案例解读本》，法律出版社 2010 年版，第 48 页。

② 参见拙著《侵权责任法重大疑难问题研究》，中国法制出版社 2009 年版，第 318 页。持责任说的还有杨立新教授等。参见其与陈璐论文《论药品召回义务的性质及其在药品责任体系中的地位》，载《法学》2007 年第 3 期。力主义务说的是王利明教授，参见其论文《关于完善我国缺陷产品召回制度的若干问题》，载《法学家》2008 年第 2 期。

消费者的义务。如不主动召回,义务则转化为责任。美国《侵权责任法重述:产品责任》是针对开发缺陷规定的,我国原《侵权责任法》和《民法典》规定的召回主要是针对开发缺陷的,而且美国的重述直接确认为义务而非责任,我国侵权法的召回就开发缺陷也应作此解释。

先看美国《侵权责任法重述:产品责任》的规定和评注。美国该重述第一章为"商业产品销售者基于产品销售时的缺陷之责任",第二章为"商业产品销售者非基于产品销售时的缺陷之责任",而产品召回(又译为"追回")系规定于第二章。从体系分析,其召回产品的缺陷不是产品销售时法律上已存在的,而是销售后发现的开发缺陷。其责任是指未履行召回义务造成他人损害而应承担的赔偿责任。《侵权责任法重述:产品责任》中规定商业产品销售者或者分销者因售后未能追回产品导致伤害的责任规定:"凡从事产品销售或者分销商业经营活动,在下列情形下,应对销售者未能在出售或者分销后追回该产品从而导致的人身或者财产损害承担责任:(a)(1)依据成文法或者行政法规所颁发的政府命令,具体要求销售者或者分销者追回该产品;或者(2)在没有(a)(1)追回要求的情况下,销售者或者分销者主动决定追回该产品;并且(b)销售者或者分销者未能在追回产品的过程中合理谨慎地行事。"对此规定中的"追回",评注解释为"追回产品的义务"。①

再看我国《民法典》第1206条(原《侵权责任法》第46条)规定,针对的是"产品投入流通后发现存在缺陷的"情况,主要是指开发缺陷,面对发现开发缺陷应当采取召回补救措施,当然是新产生的义务而不是责任,因此前者作为责任基础的义务尚不存在。当然,投入流通后发现的缺陷不同于流通后存在的缺陷,前者可能包括流通前就已存在缺陷而因疏忽没有发现,发现后的召回便有义务与责任的双重属性。后者即美国重述的情况,排除流通前存在缺陷,发现后召回仅是义务。

---

① 参见美国法律研究院通过并颁布,肖永平、龚乐凡、汪雪飞译,肖永平审校:《侵权法重述第三版:产品责任》,法律出版社2006年版,第286页。

2. 对非开发缺陷,召回是责任

更多情况是,产品缺陷不是开发缺陷,而是产品生产销售包括运输保管可以避免的,这些缺陷的存在,证明经营者违反了保证产品质量合格的义务,召回则是违反这一义务的后果,是责任,而非义务。

属于这种非开发缺陷,除少量是经营者因疏忽在投入市场前未发现而投入市场后发现外,多数情况是投入市场前明知,甚至为假冒伪劣产品,已经违反了民事义务,召回是对广大消费者的责任,尤其是在国家行政部门责令召回情况下,具有法律强制性,责任特征已十分明显。

(二) 召回责任的实施

召回责任主要靠行政部门实施。我国法律中针对不同产品规定的责令召回,是行政命令,经营者必须服从。行政机关同国家司法机关一样,都是国家机关的一部分。责令召回体现了国家的行政强制力,表明其具有义务和责任的双重属性。由于召回具有行为属性,被责令者拒不召回,难以强制实施,行政法律往往规定实施罚款、追究企业负责人法律责任,甚至责令企业停业等严厉措施保证实施。这类同于民事责任中的赔礼道歉因难以强制,法院判决附之以不赔礼道歉则多支付精神损害赔偿额办法保证实施。所以,不直接具有强制执行性不是否认召回民事责任性质的理由。

由于召回涉及的是许多消费者的利益,不便由法院强制实施,我国法院在处理个案时或者判决返还原物,或者驳回原告判决召回请求并建议向行政机关提请召回。如案例"刘某与上海某汽车销售有限公司产品销售者责任纠纷案":

> 刘某以7.5万元的价格购买某汽车经销商上海汽车销售有限公司小型客车一辆,行驶里程至5万公里,大梁出现裂缝,经焊接维修。当行驶至52 200公里时,大梁原焊接处再次出现裂缝。刘某以汽车存在缺陷与上海汽车销售有限公司交涉未果诉至法院。法院要求被告证明汽车不存在缺陷,被告未能证明。法院遂判决

刘某归还上海某汽车销售有限公司小型客车,上海某汽车销售有限公司返还刘某购车款7.2万元。①

再如案例"陈某诉厂商要求召回缺陷汽车被驳回案":

2002年9月13日,陈某与上海中兴公司签订购车合同,购买由英国捷豹公司生产的美洲豹X-TYPE型轿车一辆,价格人民币71万元。开办在上海的世贸公司,为捷豹公司在中国华东地区的独家代理商。2004年原配钥匙打不开车门,经世贸公司与捷豹公司联系,被告之车型总电子模版(CEM)系统存在设计缺陷,需更换。2005年4月28日,陈某以美洲豹牌车辆存在设计缺陷应予召回为由起诉到法院,并提出赔偿自己的损失10万元。法院认为,对被害者的赔偿应以恢复至未受损害前的水平为限,故判决捷豹汽车公司赔偿陈某实际损失人民币1.6万元。对陈某要求三被告召回产品并披露召回信息,法院判决认为陈某可向国家相关职能部门反映,不属法院判决事项,不予支持。②

三、江淮汽车造假案法律问题对策研究

案情简介:汽车尾气是形成雾霾的主要原因之一,国家从2014年开始实行第四阶段机动车污染物排放标准,原国三标准车辆,不准销售和上牌。但4月初,中央电视台记者在深圳市蛇口区一个卡车销售市场,发现原江淮汽车国三标准卡车,冒充国四标准卡车,从出厂合格证到上牌,一条龙造假,生产者、出售者、购买者、上牌管理部门均明知。生产者为减少生产成本,购买者可节省数万费用,其他中间环节均有利益可图,受损失的是环境。

国三标准重型卡车数量虽少,污染却不小,其尾气中的氮氧化物排放量约占汽车排放总量的60%,颗粒物排放量近总量的90%。达国四

---

① 参见沈志先主编:《侵权案例审判精要》,法律出版社2013年版,第342页。
② 参见李显东主编:《中华人民共和国侵权责任法条文释义与典型案例详解》,法律出版社2010年版,第262—263页。

标准后,氮氧化物排放量将比国三标准减少30%,颗粒物将减排80%。国四标准,在技术上主要是增加一个尿素罐,净化汽车尾气。①

此事经中央电视台《焦点访谈》栏目5月17日播出后,江淮汽车厂并未及时召回假冒国四标准卡车,而现行法律虽有召回规定,但无汽车环保召回规定,折射出法律制度的不完善,有记者建议修改《大气污染防治法》,增加规定汽车环保召回。②

汽车尾气的主要有害物为一氧化碳(CO)、碳氢化合物(HC),氮氧化物(NO_x)、重金属铅(Pb)。这些有害物质可致人患呼吸道疾病或者铅超标危害身体。除此,还有出自重金属催化转化器中的铂、铑、钯等重金属污染。汽车尾气颗粒物中含有强致癌物苯并(a)花。汽车尾气有害气体汇集受阳光紫外线照射,会产生光化学烟雾。1952年12月,伦敦发生光化学烟雾事件,4天死亡人数较常年同期约多4 000人,45岁以上死亡人数为平时三倍,事件发生一周内,因支气管炎、冠心病、肺结核、心脏衰弱死亡为前一周同类死亡的9.3倍、2.4倍、5.5倍、2.8倍。

江淮汽车造假案说明,仅有行政召回的法律规定是不能解决产品不合格损害公共环境问题的,必须将召回明确规定为法律责任,并且赋予法院在当地行政机关不作为的情况下,应其他社会组织的请求可依法判决召回,才能有望解决造假损害环境案的问题。

江淮汽车厂造假,侵犯的不是购买者的利益,而是环境公共利益。受害人为社会公众。对公共环境利益损害,每个公民和社会组织从理论上讲均有权向人民法院提起诉讼。环境权是公民和法人享有良好环境的权利,不仅是个人性权利,也是具有公共性的权利,权利的公共性是公民和法人提起环境公益诉讼的基础,也是包括汽车制造商直至购车人一条龙造假者应承担环境污染责任的基础,以及汽车制造厂召回汽车民事责任的基础。召回,即是对社会公众承担的民事责任,也是对

---

① 详见《焦点访谈:江淮汽车造假"国三"变"国四"》,载人民网,2014年5月17日。
② 参见南辰:《"国四造假门"凸显环保召回立法紧迫性》,载《新华每日电讯》,2014年6月16日第6版。

国家行政机关承担的行政责任。但是,我国现行《环境保护法》仅规定县级以上民政部门批准设立的社会组织才有权向法院提起环境公益诉讼,虽较以前有重大进步,但远未完善,也是江淮汽车造假案不能及时召回得不到及时追究法律责任的一个原因。

此事件的另一特点是,明知产品不符合法定国四标准而以国三冒充国四的假冒行为仍购买汽车的消费者不是受害人,而是共同造假人。对经营者明知缺陷而销售,我国原《侵权责任法》第47条规定:"明知产品存在缺陷仍然生产、销售,造成他人死亡或者健康严重损害的,被侵权人有权请求相应的惩罚性赔偿。"(《民法典》第1207条增加"或者没有依据前条规定采取有效补救措施",前条措施指警示、召回)本事件没有造成他人死亡或者健康严重损害,不适用原《侵权责任法》第47条。由于对造成环境损害或者有可能造成环境损害无民事责任规定,也无具体有效的行政责任规定(有低额罚款规定但无济于事),本事件基本无法可依。本事件说明,司法解释或者法律有必要对假冒损害环境的行为作出提起民事公益诉讼、赔偿费用归环保部门用于环境治理以及行政高额罚款、进行民事惩罚性赔偿的规定。

第五节　惩罚性赔偿研究

一、惩罚性赔偿的历史发展

惩罚性赔偿是加害人给付受害人高于其实际损害的赔偿。惩罚性赔偿在中国法和外国法中普遍存在。

近代惩罚性赔偿发端于英国,发展于美国,渗透于大陆法系国家。英国实行陪审团制度,法院对陪审团针对恶意行为作出的超越实际损害的判决不予干涉,是惩罚性赔偿产生的原因之一。其次,早期英国普通法对诸如精神痛苦与情绪受挫等无法用金钱计算的损害,不允许请求赔偿,惩罚性赔偿可补其不足。[①]

在美国,许多州法院对恶意侵权实行惩罚性赔偿,一些州法院对重大过失也适用惩罚性赔偿。由于过于强调惩罚性,曾出现对规避汽车事故保险赔偿的保险公司所提起的恶意诉讼判决赔偿1.45亿美元惩罚性赔偿的案件,受到学者批评。至于惩罚性赔偿金的限度,有数倍不等的主张。有学者认为,以不超过实际损失的两位数倍数为正当。[②]较新动态表明,美国一些州立法规定"分割裁决",即为剥夺原告所获高额惩罚赔偿金的"横财",以实现惩罚赔偿的公共政策目的,将该种裁决的一部分交给州。这种立法叫"分割赔偿"或者"州提取"。佛罗里达州提取35%,阿拉斯加州、堪萨斯州、密苏里州、犹他州提取50%,俄勒冈州提取60%,佐治亚州、爱荷华州提取75%。[③]

近代大陆法系国家,为维护国家罚款的财产来源,则贯彻民刑责任严格区分原则,禁止民事赔偿超出实际损害,但后来受美国产品责任法影响,对产品责任规定了惩罚性赔偿。我国即属大陆法系中较为积极适用惩罚性赔偿的国家。

我国的惩罚性赔偿,最早规定于1993年10月31日全国人大常委会通过、1994年1月1日施行的《消费者权益保护法》。该法第49条规定:"经营者提供商品或者服务有欺诈行为的,应当按照消费者的要求增加赔偿其所受的损失,增加赔偿的金额为消费者购买商品的价款或者接受服务的费用的一倍。"此规定的本意是想借鉴美国消费者权益保护法的规定,通过利益机制鼓励小额损害的消费者积极行使权利,维护市场经济的正常秩序。《消费者权益保护法(草案)》原本规定同美国一

---

① 参见陈聪富等:《美国惩罚性赔偿金判决之承认及执行》,台湾学林文化事业有限公司2004年版,第8—9页。

② 参见〔美〕小詹姆斯·A.亨德森等:《美国侵权法实体与程序》,王竹等译,北京大学出版社2014年版,第593页以下。

③ 参见〔美〕戴维·G.欧文:《产品责任法》,董春华译,中国政法大学出版社2012年版,第373页。

样的实际损失三倍的惩罚性赔偿,由于有坚持不能超过实际损失的反对意见,起草者改为可以增加一倍始获通过。这是不同意见折衷的结果。法律施行的实践证明,增加一倍的力度是不足的。因此,2013年10月25日通过的修正案修改为三倍的惩罚性赔偿,并且规定增加赔偿的金额不足五百元的,赔偿五百元。对造成人身伤亡的,受害人有权要求所受损失两倍以下的惩罚性赔偿。①针对食品,我国规定了更高倍数的惩罚性赔偿。《食品安全法》经全国人大常委会2009年2月28日通过,同年6月1日施行。该法第96条第2款规定:"生产不符合食品安全标准的食品或者销售明知是不符合食品安全标准的食品,消费者除要求赔偿损失外,还可向生产者或者销售者要求支付价款十倍的赔偿金。"

我国《消费者保护法》制定于实行社会主义市场经济之初,惩罚性赔偿实际针对的是小额商品消费,并未考虑房屋等不动产买卖。特别是之后不久制定的《产品质量法》,明定本法所称产品不包括房屋等建筑物。但随着房地产的快速发展,房价猛涨,为谋取市场利益的不当一房二卖、隐瞒房屋抵押等现象开始出现,由此引发的诉讼案件不断增多。为维护市场秩序,保护房屋买卖消费者的合法权益,最高人民法院作出《关于审理商品房买卖合同纠纷案件适用法律若干问题的司法解释》。该解释的第8条规定:"具有下列情形之一,导致商品房买卖合同目的不能实现的,无法取得房屋的买受人可以请求解除合同、返还已付购房款和利息、赔偿损失,并可以请求出卖人承担不超过已付购房款一倍的赔偿责任:(一)商品房买卖合同订立后,出卖人未告知买受人又将该房屋抵押给第三人;(二)商品房买卖合同订立后,出卖人又将该房屋

---

① 修改后的《消费者权益保护法》第55条分两款规定:"经营者提供商品或者服务有欺诈行为的,应当按照消费者的要求增加赔偿其受到的损失,增加赔偿的金额为消费者购买商品的价款或者接受服务的费用的三倍;增加赔偿的金额不足五百元的,为五百元。法律另有规定的,依照其规定。""经营者明知商品或者服务存在缺陷,仍然向消费者提供,造成消费者或者其他受害人死亡或者健康严重损害的,受害人有权要求经营者依照本法第四十九条、第五十一条等法律规定赔偿损失,并有权要求所受损失二倍以下的惩罚性赔偿。"

出卖给第三人。"第9条规定:"出卖人订立商品房买卖合同时,具有下列情形之一,导致合同无效或者被撤销、解除的,买受人可以请求返还已付购房款及利息和赔偿损失,并可以请求出卖人承担不超过已付购房款一倍的赔偿责任:(一)故意隐瞒没有取得商品房预售许可证的事实或者提供虚假商品房预售许可证明;(二)故意隐瞒所售房屋已经抵押的事实;(三)故意隐瞒所售房屋已经出卖给第三人或者为拆迁补偿安置房屋的事实。"

我国惩罚性赔偿与美国惩罚性赔偿比较,有如下特点:

第一,我国惩罚性赔偿限于买卖消费,包括《产品质量法》规定的产品和房屋。而美国的惩罚性赔偿不限于产品,包括法院认为的一切应予惩罚的恶意侵权行为。

第二,我国的惩罚性赔偿数额不存在高额赔偿。我国立法明确规定了实际损失赔偿之外的惩罚性赔偿的倍数,食品为实际损失的十倍,其他为三倍,房屋为买受人已支付房价款的一倍。因此,不会出现高额惩罚性赔偿的"横财",也无须采用一部分归政府的所谓"分割赔偿"的对策。

二、惩罚性赔偿的功能

(一)填补实际损失赔偿之外损失的功能

惩罚性赔偿对实际损失之外损失的赔偿,是基于行使权利付出的误时及花费,不在实际损失之内。由于法律规定的赔偿范围十分严格,受害人行使权利的费用与误时成本不在赔偿之列,受害人考虑维权成本,对小额损害就可能作出放弃维权决定。如买一袋过了保质期,但包装保质期限为虚假的面包花 10 元,如返回商店退还不仅用时 1 小时,还要花出租车费 50 元,或者花公交车费 8 元,但需用时 2 小时,消费者就不会去退货。而依我国《消费者保护法》的规定,消费者维权不仅可要求退回花去的 10 元,还可得到 500 元的惩罚性赔偿,这 500 元就可填补 50 元出租车费并用时 1 小时或者公交车费 8 元并用时 2 小时的损失。法律的规定,意在用利益机制促使权利人行使权利,法经济学的成本理论在这里充分显现出来。

(二) 预防或者阻止经营者违法的功能

在美国,强调有效阻止理论。所谓有效阻止,即惩罚性赔偿金额原则上达到经营者非法所得金额,此金额支付给发现经营者恶意违法的原告。[①]此理论虽有一定道理,但单纯强调惩罚性赔偿的作用有片面性,也是造成巨额惩罚性赔偿金获得者发"横财"的另一种不正当现象的原因所在。我国《侵权责任法》强调法的预防功能,同时将《侵权责任法》规范与行政法等法律协调配合,发挥对产品违法经营者行政罚款甚至追究责任人刑事责任的作用。因此,我国现行法规定的惩罚性赔偿幅度是比较适度的。

惩罚性赔偿的预防作用包括,一是使经营者通过承担惩罚性赔偿金受到教育,以利不再重犯;二是通过追究经营者惩罚性赔偿责任警示教育其他经营者守法经营。

(三) 惩罚功能

惩罚不仅是刑法和行政法的功能,也是民法的功能。刑法的惩罚以人身刑为主,基本是以限制人身自由、劳动改造的有期徒刑为主,罪大恶极者处以无期徒刑和死刑。行政法财产责任与人身责任并举,财产责任即是罚款,人身责任包括取消法人资格(吊销营业执照)、停业整顿等。相对公法的惩罚,民法惩罚表现为追究超出实际损失的财产责任。

之所以追究超出个案损失的财产责任,是因我国法律针对明知产品存在缺陷而销售的行为,因不易被发现,在消费者发现时已经通过销售获得非法利润,如仅限个案实际损失赔偿,不足以制止其违法销售,纵使在销售之初即被发现,不实行惩罚赔偿也不足以制止其继续销售行为。惩罚性赔偿针对的是经营者的恶意行为和个案的实际损失赔偿

---

① 参见陈聪富等:《美国惩罚性赔偿金判决之承认与执行》,台湾学林文化事业有限公司 2004 年版,第 18 页。

不足以警示教育经营者,惩罚性赔偿能有效消除其行为的主观恶意性,使其不再重犯。

明知产品存在缺陷而销售,或者将商品房一物二卖,又或者不告知已设抵押等情况,是经营者利用其经济优势地位对消费者人格的极不尊重行为,只有实行惩罚性赔偿,才能矫正被经营者扭曲的事实上人格的不平等而维护当事人平等的社会地位。

(四) 有利法律实施的功能

因执法资源有限,制度上不可能有足够的执法力量监督每一个经营者的每一个经营行为。商品交易为私法行为,也不允许国家公权力机关首先进行干预,只有在私人请求时国家公权力才可介入。因此,私法的执行,依赖于私人积极行使权利。每一个消费者为权利而斗争,维护的不仅是自己的权利,也有利于法律的贯彻实施,使明知产品存在缺陷而销售的经营者承担责任,可以减少经营者侵犯其他消费者的现象的发生,维护市场的正常秩序。

西方有"私人警察"理论,认为国家不可能有足够的警察力量维护社会秩序,惩罚性赔偿金相当于消费者充当"私人警察"的报酬,鼓励消费者维护社会与经济秩序。这一理论有一定道理,特别是西方一些国家允许私人侦探存在,这一理论有存在的社会基础。在我国,只能借鉴其合理成分,因国家不允许私人侦探存在,也就很难将消费者维权视为私人警察行为。

第八章
机动车交通事故责任

第一节 我国机动车交通事故责任的 概念和现状

一、机动车交通事故责任的概念

机动车交通事故责任,即以机械为动力的汽车在公共道路上造成他人损害依法承担的赔偿责任。

所谓机动车,是广义的,即以机械为动力,而非以人力、畜力为动力。在我国,法律虽未规定汽车的种类,但应以交强险规定的必须投保交强险的车辆为限。根据保监会 2006 年发布的《机动车交通事故责任强制保险基础费率表》规定,机动车应包括家庭自用汽车、非营业客车、营业客车、非营业货车、营业货车、特种车、摩托车、拖拉机。其中,特种车一:油罐车、汽罐车、液罐车、冷藏车;特种车二:用于牵引、清障、清扫、清洁、起重、装卸、升降、搅拌、挖掘、推土等各种专用机动车;特种车三:装有固定专用仪器设备从事专业工作的监测、消防、医疗、电视转播等各种机动车;特种车四:集装箱拖车。

这些机动车必须是在公共道路上行驶发生事故损害,才适用道路交通事故责任的法律规定。公共道路,包括公路、单位内部可供交往者使用的道路,也包括公共道路途中的停车场、加油站。其中公路,根据我国《公路法》第2条规定,包括公路桥梁、公路隧道和公路渡口。公共道路,不包括单位内部禁止外人驾车驶入的道路和个人封闭住宅内部的"私道",当然也不包括在非道路上发生的行车事故。道路交通事故不包括铁路。铁路交通事故、航空事故,属高度危险作业责任。

我国《民法典》第1208条(原《侵权责任法》第48条,《民法典》将"依据道路交通安全法"修改为"依据道路交通安全法律和本法"),仅规定"发生交通事故造成损害"应"承担赔偿责任",没有对"交通"作进一步规定。"交通"即指机动车在公共道路上"行驶"。依据我国《机动车交通事故责任强制保险条例》第2条规定,"在中华人民共和国境内道路上行驶的机动车的所有人或者管理人,应当依照《中华人民共和国道路交通安全法》的规定投保机动车交通事故责任强制保险"。其中的"行驶"是认定交通事故责任的条件之一。行驶不能简单理解为以一定速度运行,除运行外也包括在道路上停车中车辆装置发生的事故(如车门开启关闭发生致人损害事故)、货物在行驶中落下货物发生的事故。

道路交通事故损害,包括财产损害和人身损害。其损害不仅包括碰撞事故,也包括发生危险躲避造成的损害。

造成"他人"损害,根据国务院2006年颁布的《交强险条例》第3条的规定,包括"本车人员",即包括驾驶肇事机动车的人以及同乘者,所有因机动车交通事故受到损害的人都适用交强险赔偿及依过错承担交强险赔偿不足部分的责任。

二、机动车交通事故责任的现状

1900年在德国产生第一辆汽车,汽车作为客货运输和个人交通工具在世界迅速发展,逐渐取代马车进入汽车时代。汽车在给人们带来极大交通方便和促进经济飞速发展的同时,道路交通事故在二战之后损害严重,成为名副其实的公害。据世界卫生组织统计,全世界每年交通事故造成的死亡人数为 125 万人,每天平均死亡 3 000 多人,每年造成的损失大约 5 000 亿美元。我国法院每年受理的侵权案件,交通事故约占 1/2。①据国家统计局的统计数字,我国近 20 年交通事故死亡人数如下:2001 年 10.6 万;2002 年 10.9 万;2003 年 14.4 万;2005 年 9.873 8万;2006 年 8.945 5 万;2007 年 8.164 9 万;2008 年 7.348 4 万;2009 年6.775 9 万;2010 年 6.522 5 万;2011 年 6.238 7 万;2012 年 5.999 7 万;2013 年 5.853 9 万;2014 年 5.852 3 万;2015 年 5.802 2 万;2016 年6.309 4 万;2017 年 6.377 2 万;2018 年 6.319 4 万;2019 年 6.276 3 万;2020 年 6.170 3 万。统计数字表明,高峰为 2005 年,约死亡 10 万人,此前逐年上升,此后逐年下降,近年又有所增加。我国的车辆拥有量逐年递增。这说明 2006 年之后,交通状况有所改善,但死亡人数与人口比率仍高于发达国家。受伤人数远高于死亡人数。

第二节　我国机动车交通事故赔偿的综合救济体系

一、我国现行道路交通事故的法律体系

我国全国人大常委会于 2003 年 10 月 28 日通过《道路交通安全法》,2007 年 12 月 29 日又通过了该法的修正案。《侵权责任法》是在《道路交通安全法(修正案)》基础上制定的,因此除第 48 条规定"机动车发生交通事故造成损害的,依照道路交通安全法的有关规定承担责任"外,便是对租借他人汽车、买卖交付汽车未办理登记手续、买卖转让

---

① 参见全国人大常委会法制工作委员会民法室编:《中华人民共和国侵权责任法条文说明、立法理由及相关规定》,北京大学出版社 2010 年版,第 201 页。

拼装或者报废车辆、盗抢机动车发生交通事故造成损害的责任以及肇事后逃逸的责任追究作了补充性规定。之后,我国《道路交通安全法》又经 2011 年 4 月 22 日、2021 年 4 月 29 日修订。2012 年 11 月 27 日最高人民法院通过《关于审理道路交通事故损害赔偿案件适用法律若干问题的解释》,计 29 条,对责任主体、赔偿范围、责任承担、诉讼程序、适用范围作了进一步的解释规定。《民法典》在《侵权责任法》道路交通事故责任规定的基础上对相关条款作了必要的文字修改,并吸收司法解释的经验增加规定了挂靠车辆引起交通事故的责任和未经允许驾驶他人机动车引起交通事故的责任。至此,我国道路交通事故损害赔偿法律达到空前完善水平。

二、我国道路交通事故的综合救济体系

我国道路交通事故采用强制保险、自愿保险、加害人赔偿的综合救济体系。

我国《道路交通安全法》第 76 条分两款规定:"机动车发生交通事故造成人员伤亡、财产损失的,由保险公司在机动车第三者责任强制保险责任限额范围内予以赔偿;不足的部分,按照下列规定承担赔偿责任:(一)机动车之间发生交通事故的,由有过错的一方承担赔偿责任;双方都有过错的,按照各自过错的比例承担责任。(二)机动车与非机动车驾驶人、行人之间发生交通事故,非机动车驾驶人、行人没有过错的,由机动车一方承担责任;有证据证明非机动车驾驶人、行人有过错的,根据过错程度适当减轻机动车一方的责任;机动车一方没有过错的,承担不超过百分之十的赔偿责任。""交通事故的损失是由非机动车驾驶人、行人故意碰撞机动车造成的,机动车一方不承担赔偿责任。"我国《民法典》第 1213 条规定:"机动车发生交通事故造成损害,属于该机动车一方责任的,先由承保机动车强制保险的保险人在强制保险责任限额范围内予以赔偿;不足部分,由承保机动车商业保险的保险人按照保险合同的约定予以赔偿;仍然不足或者没有投保机动车商业保险的,

由侵权人赔偿。"依照上述法律规定,道路交通事故损害赔偿的顺序是:交强险赔偿、商业自愿投保三者险赔偿、侵权人赔偿。

交强险是国家统一实行的机动车强制保险制度,即凡机动车必须按照国家统一规定标准购买保险,发生交通事故造成损害的,由保险公司在保险赔偿限额内支付赔偿。自 2020 年 9 月 19 日起,根据保监会制定的《关于实施车险综合改革的指导意见》机动车保险限额规定:(1)机动车在道路交通事故中有责任的赔偿限额:死亡伤残赔偿限额为180 000 元人民币;医疗费用赔偿限额为 18 000 元人民币;财产损失赔偿限额 2 000 元人民币。(2)机动车在交通事故中无责任的赔偿限额:死亡伤残赔偿限额 18 000 元人民币;医疗费用赔偿限额 1 800 元人民币;财产损失赔偿限额 100 元人民币。以上死伤赔偿、医疗费赔偿、财产损失赔偿限额各自独立,相互不发生关联,即不能将三个限额相加,作为单项或者其中两项损害赔偿的限额。这一规定标准除医疗费限额过低外基本适合我国经济发展水平,当然还会根据社会经济发展适度提高标准。就前述规定(1)而言,赔偿限额是以投保的机动车有责任为前提的,且是针对第三人的(涉及司机本人与劳保赔偿有关,另当别论)。如两辆出租车相撞造成一名乘客死亡,如只有一辆车应负全责,则保险赔偿限额为 180 000 元人民币,如两辆均有责任,则赔偿限额可能是 360 000 元人民币,因为有责任的两辆车均购买了强制保险,保险公司必须支付保险对价。当然更多情况是机动车造成行人、非机动车损害,只涉及有责任的机动车限额保险赔偿。

我国的机动车保险赔偿是综合救济体系中最基本的部分,在限额范围内充分体现了风险分散机制,即将某一机动车肇事应承担的责任通过交强险转移于所有投保人,总体上是潜在的交通事故加害人对潜在的交通事故受害人承担的责任,由道德上的个体性正义转变为潜在加害人共同体性正义,也体现了损害赔偿的效率性,使限额内的赔偿可以得到保险公司的及时赔付。对超出限额的部分,责任人有自愿投保的商业第三者责任险的,由承保商业三者险的保险公司依据保险合同赔偿。这是综合救济体系的第二道保障。没有投保自愿三者险或者自愿三者险赔偿后仍有不足的,侵权人应依法赔偿。这是综合救济赔偿体系中除交强险外另一基本的保障。对机动车驾驶人发生交通事故后逃逸的,依照《道路交通安全法》的规定,国家设立道路交通事故社会救助基金,从该基金支付受害人的抢救、丧葬费用,然后向责任人追偿。这是综合救济体系中的第四道保障。

关于《道路交通安全法》规定机动车一方没有过错的也要承担不超过10%的赔偿责任,源于机动车危险性的法理,是世界公认的,其他国家也有相同规定,我国也是借鉴了国外的立法经验。

三、道路交通事故死亡的相对定额化统一化赔偿

对交通事故造成死亡的,依照2003年12月26日最高人民法院发布(2004年5月1日施行)、2020年12月23日修改后颁布(2021年1月1日施行)的《最高人民法院关于审理人身损害赔偿案件适用法律若干问题的解释》(法释[2020]17号),又经2022年4月12日通过并从2022年5月1日施行的修正后的该司法解释第15条规定,"死亡赔偿金按照受诉法院所在地上一年度城镇居民人均可支配收入标准,按二十年计算。但六十周岁以上的,年龄每增加一岁减少一年;七十五周岁以上的,按五年计算"。这一规定,不考虑其他如职业、性别、生前收入等个体性因素,六十周岁以内也不考虑年龄因素,而且采用赔偿受诉法院所在地二十年城镇居民人均可支配收入标准,不是绝对的定额化统一化,而是相对的定额化统一化。

在2004年5月1日实施的《人身损害赔偿司法解释》,对死亡是按照受诉法院所在地的城镇居民人均可支配收入或者农村居民人均纯收入标准赔偿。各地在执行这一规定中,由于以户籍认定城乡居民,故出现城乡两元的判决。特别是对长期在城镇生活或者工作,而户籍在农村、在同一事故中死亡的农村户籍受害人,相较城市居民赔偿额低,引起社会普遍质疑。最高人民法院、立法部门在之后分别对上述两个问

题作出新的解释或者规定。最高人民法院于 2006 年《最高人民法院公报》第 9 期发布指导性案例《季宜珍等诉财保海安支公司、穆广进、徐俊交通事故损害赔偿纠纷案》，在其裁判摘要中解释城乡居民时，强调不能简单按户籍标准，对于常年生活在城镇，收入相对稳定，消费水平与一城镇居民相同，已融入城镇生活的居民，发生死亡事故，按城镇标准计算赔偿。①2009 年全国人大常委会通过的《侵权责任法》第 17 条规定："因同一侵权行为造成多人死亡的，可以以相同数额确定死亡赔偿金。"依此规定，在同一事故中分别有城镇居民和农村居民，应按统一的城镇居民标准赔偿相同数额的死亡赔偿金。

2021 年 1 月 1 日实行的《人身损害赔偿司法解释》，对死亡赔偿按受诉法院所在地上一年度城镇居民人均可支配收入或者农村居民人均纯收入标准没有修改。随着我国居民城镇化比例进一步提高和城乡经济差别的缩小，实现无差别的损害赔偿定额化统一化是大势所趋。因此，从 2022 年 5 月 1 日实行的《人身损害司法解释》，适应这一发展趋势，修改为统一按受诉法院所在地的城镇居民人均可支配收入计算死亡赔偿金，不再实行城乡二元的标准。这是我国人身损害赔偿制度的重大进步。

第三节　几种特殊交通事故责任
规定的法理解析

一、租赁、借用机动车发生交通事故的责任

租赁、借用机动车发生交通事故，各国规定不尽相同。我国《民法

---

① 参见最高人民法院、最高人民检察院：《司法解释与指导案例（民事卷）》（第三版），中国法制出版社 2014 年版，第 719 页。

典》第 1209 条（修改原《侵权责任法》第 49 条），依据我国实践经验规定："因租赁、借用等情形机动车所有人、管理人与使用人不是同一人时，发生交通事故造成损害，属于该机动车一方责任的，由机动车使用人承担赔偿责任；机动车所有人、管理人对损害的发生有过错的，承担相应的赔偿责任。"此规定有以下三点含义：

第一，租赁、借用等情形发生交通事故的，首先由保险公司在交强险限额范围内赔偿。这是由交强险的目的和保险范围决定的。交强险的目的就是用保险机制将发生事故致人损害的责任转移于所有投保人，保险公司理赔是以投保车辆为标准的，而非以谁来具体使用为依据，当然适用租赁、借用等情形。租赁是机动车所有人将机动车作为生产资料行使所有权营利的一种形态，在当代社会不仅生产领域存在机动车租赁，用于旅游等生活目的的机动车租赁市场有越来越大的发展需求。借用也是所有人行使所有权的一种形式。租赁、借用等一时转移机动车使用权的情形，不影响交强险的效力，即交强险就机动车设定人的赔偿范围，包括租赁、出租等情形发生的事故致人损害。

第二，交强险限额赔偿的不足部分，由承租人、借用人赔偿。租赁是合同关系，依其合同原理，承租人在承租期间因对承租物的不当使用造成的损害，应承担过错责任。承租人违章使用机动车造成他人损害，对交强险优先赔偿的不足部分，理应承担过错赔偿责任。借用人使用机动车造成他人损害，对交强险优先赔偿后的不足部分，也应承担过错赔偿责任。

第三，机动车所有人、管理人对损害有过错的，对交强险限额赔偿的不足部分，承担相应的赔偿责任。机动车所有人、管理人在出租、出借机动车时，必须审查承租人或者借用人有无合格的驾驶执照，必须保证机动车安全可靠。如果出租或者出借给没有合格驾照的人，或者提供的机动车有缺陷，即为有过错，应对其过错承担相应的责任。如使用人和所有人、管理人对造成损害都有过错，则构成共同侵权，依过错程度分担责任并应对受害人承担连带责任。

二、买卖并交付但未办理转移登记发生事故的责任

《民法典》第1210条(修改原《侵权责任法》第50条)规定:"当事人之间已经以买卖或者其他方式转让并交付机动车但未办理登记,发生交通事故造成损害,属于该机动车一方责任的,由受让人承担赔偿责任。"此规定有两个要点:

第一,交付未登记发生交通事故机动车一方有责任的,首先由保险公司在交强险限额内赔偿。因交付所有权不发生对抗第三人的效力,为债权性所有权,在买卖关系中主权利转移,从权利一并转移。所有权是主权利,未登记只是不发生对抗第三人的效力,并不意味着所有权没有转移,债权性所有权也是主权利,也引起从权利转移的后果。交强险设立的发生交通事故造成损害责任人可以请求保险公司履行理赔的权利是从权利,此权利从交付时起转移。因此,属于机动车一方责任的,保险公司应在交强险限额内理赔。

第二,不足部分,由受让人承担赔偿责任。因受让人在交付后已是机动车的实际所有人,控制和使用并获取利益,对属于该机动车一方的责任应予以支付赔偿。出让人只是登记簿上待改变的名义所有人,随交付已将实际所有权转移受让人,失去对机动车的实际控制和支配,也就失去承担交通事故责任的基础。

对于连环买卖转让交付多次而发生交通事故责任的,应在交强险赔偿后由最后的受让人承担不足部分的赔偿责任。

三、挂靠车辆交通事故责任

机动车挂靠,即机动车购买人将机动车挂靠在某单位从事经营活动。这是市场经济发展中出现的问题,原《侵权责任法》对此没有规定,《道路交通安全法》也没有规定。但由于实践中时常发生挂靠车辆交通事故引起的责任纠纷,某些省级人民法院有过不尽相同的审判指导意见。统一的司法解释,最早是最高人民法院就湖北省高级人民法院的

请示,在《最高人民法院关于实际车主肇事后其挂靠单位应否承担责任的复函》(2001年11月8日[2001]民一他字第23号)中认为,被挂靠单位从挂靠车辆的运营中取得了利益,应承担适当的民事责任。2012年9月17日,最高人民法院审判委员会通过的《最高人民法院关于审理道路交通事故损害赔偿案件适用法律若干问题的解释》(法释[2012]19号),第3条第1款规定:"以挂靠形式从事道路运输经营活动的机动车发生交通事故造成损害,属于该机动车一方责任,当事人请求由挂靠人和被挂靠人承担连带责任的,人民法院应予支持。"《民法典》第1211条在总结司法解释经验的基础上规定:"以挂靠形式从事道路运输经营活动的机动车,发生交通事故造成损害,属于该机动车一方责任的,由挂靠人和被挂靠人承担连带责任。"

如何理解这一规定,笔者认为应把握以下几点:

第一,本条所指挂靠包括货运挂靠,也包括客运挂靠。依据"法无规定即可为"的法治原则,挂靠因能满足没有营运资格的机动车所有人的营运需求,总体有利经济发展,而为社会所允许。后来,为严格管理客运企业,消除挂靠产生的客运安全隐患,国家实行禁止客运挂靠的政策。2011年11月26日发布的《国务院关于坚持科学发展安全发展促进安全生产持续稳定好转的意见》(国发[2011]40号)第(17)项中规定:"加大交通运输安全综合治理力度,加强道路长途客运安全管理……禁止客运车辆挂靠运营……"这是首次明确规定长途客运禁止挂靠运营。2020年9月1日起施行的《道路旅客运输及客运站管理规定》(中华人民共和国交通运输部令2020年第17号)第5条规定:"国家实行道路客运企业质量信誉考核制度,鼓励道路客运经营者实行规模化、集约化、公司化经营,禁止挂靠经营。"本规定所指"道路客运企业"是指有专门旅客运输线路的客运企业,应不包括出租车。至此,我国已完全禁止道路旅客运输客运挂靠。货运挂靠并非有禁止的政策和法律、法规规定,因此是合法行为。但不管挂靠是否合法,挂靠车辆发生的交通事故损害赔偿,均应适用本条规定。

第二,挂靠交通事故责任,既包括财产损害赔偿责任,也包括人身损害赔偿责任。其中人身损害既包括交通事故造成挂靠车辆外的人身损害,也包括挂靠车辆被雇用的司机人身损害以及出租车乘客的人身损害。如果是违法客运,也包括相关乘客的损害。

第三,挂靠承担连带责任的法理为"外形理论"。在《民法典》规定的表见代理中,涉及明示、默示他人以自己名义进行活动的人为表见被代理人,在第三人主张代理后果时,应对表见代理人的行为承担责任。但机动车挂靠不是表见代理,因为发生交通事故不可能是以被代理人名义为法律行为,而是独立的表见类型。挂靠关系中挂靠人和被挂靠人形成特殊的挂靠关系,被挂靠单位作为依法成立的法人或者非法人组织,必须维护其组织信誉,承担维护社会安全的社会责任。因此在建立挂靠关系时,应当选择合适的挂靠人,并对挂靠人的行为向第三人承担连带责任,以维护第三人利益。

第四,挂靠可以是收取挂靠费用的,也可以是不收取挂靠费用的。连带责任的承担与是否收取挂靠费无关。挂靠费用,实际收取的是挂靠人分享被挂靠人的经营权的对价,为一般情况。不收取挂靠费用的,为特殊情况。这种情况下,表明被挂靠人与挂靠人的感情基础更为深厚,是被挂靠人无偿允许挂靠人分享其经营权的关系,因此应对外对挂靠车辆的交通事故损害承担连带责任。

第五,挂靠人与被挂靠人在挂靠合同中约定,发生交通事故造成他人损害的由挂靠人承担,仅具合同效力,不能对抗受害人的赔偿请求。如当事人在合同中明确约定,被挂靠人对挂靠车辆发生交通事故造成的损害不承担责任,则属违反法律规定的无效条款。

四、未经允许驾驶他人机动车发生交通事故的责任

原《侵权责任法》仅规定了盗窃、抢劫或者抢夺机动车驾驶中发生交通事故的责任,没有规定非盗窃、抢劫或者抢夺而未经他人允许驾驶他人机动车发生交通事故的责任,但实践中后一种情况也时有发生。

2012 年《最高人民法院关于审理道路交通事故损害赔偿案件适用法律若干问题的解释》第 2 条规定，未经允许驾驶他人机动车发生交通事故造成损害，当事人依照《侵权责任法》第 49 条请求机动车驾驶人承担赔偿责任的，人民法院应当支持。原《侵权责任法》第 49 条，是关于租赁、借用等发生交通事故的责任。《民法典》编纂依据司法解释经验，用专条加以规定，即《民法典》第 1212 条："未经允许驾驶他人机动车，发生交通事故造成损害，属于该机动车一方责任的，由机动车使用人承担赔偿责任；机动车所有人、管理人对损害的发生有过错的，承担相应的赔偿责任，但是本章另有规定的除外。"本章另有规定，是指《民法典》第 1215 条第 1 款关于盗窃、抢劫、抢夺机动车发生交通事故的责任。

在原《侵权责任法》制定之际，上海曾发生汽车维修工擅自驾驶修理厂修理车辆发生交通事故致人损害案。此案中，维修工张某擅自开出修理车辆将骑摩托车的张伟某撞致重伤，两人均无驾驶执照。交管部门认定张某负主要责任，张伟某负次要责任。此案的争议焦点是，修理厂是否应负雇主责任。笔者曾发表了张某行为超出修理职务，与执行职务无内在关联性，修理厂不负雇主责任，应负管理过失的相应责任的意见。一、二审法院均认定张伟某承担 30% 责任，张某承担 70% 的责任应赔偿对方损失 185 662.57 元。区别是一审否认雇主责任，认定修理厂负张某应承担责任中的 30% 的补充责任，二审认定张某行为与执行修理职务有内在联系性，修理厂与张某应负连带责任。张某先行支付 30 000 元后无力再支付并被判刑 2 年 6 个月，终审判决修理厂再支付 8 066.57 元。[①]上海市人民检察院提起抗诉，采纳笔者意见支持一审判决。上海市高级人民法院裁定维持二审判决。

再度审视此案，如发生在《侵权责任法》实施后，一审判决是正确的。此案不仅不构成侵权责任法规定的用人单位责任，从交通事故责任规定分析，依 2012 年《最高人民法院关于交通事故适用法律司法解

---

① 参见拙著《侵权责任法重大疑难问题研究》，中国法制出版社 2009 年版，第 169 页以下。

释》第2条规定,应归于因租赁、借用等情形类型,张某为机动车擅自使用人,对其交通事故应独立承担责任,修理厂应负相应的监管补充责任。如发生在《民法典》实施后,则应适用《民法典》第1212条,由使用人承担未经允许使用机动车发生交通事故的责任,修理厂承担因管理过失的相应责任。

五、买卖转让拼装、报废机动车发生交通事故的责任

《民法典》第1214条(仅将原《侵权责任法》第51条"等方式"修改为"或者其他方式")规定:"以买卖或者其他方式转让拼装或者已达到报废标准的机动车,发生交通事故造成损害的,由转让人和受让人承担连带责任。"此条规定转让人和受让人承担连带责任的理由是:

买卖拼装或者报废机动车是严重的违法行为。我国实行强制报废制度,《报废汽车回收管理办法》和《摩托车回收管理办法》规定,我国实行汽车、摩托车回收特种行业管理,机动车达到使用年限或者行驶里程,必须报废回收处理,而且实行年检。机动车买卖必须登记,而登记必须提供原有机动车登记证书。这些要求证明,买卖报废机动车不可能正常通过登记关,只能未经登记擅自买卖,不仅出卖人明知已达报废年限或者行驶里程,买受人也对未经登记原因心知肚明,而且会是贪占价格便宜使然。因此,转让人和买受人明知行为为违法买卖,而且明知报废汽车禁止上路行驶,也明知上路行驶容易发生交通事故。基于买受人与转让人的共同过错,必须对买卖转让的报废机动车发生交通事故致人损害承担连带责任。

拼装车是指用报废机动车的发动机、方向盘、变速器、前后桥、车架及其他零部件组装的机动车,其组装是违法行为。买卖拼装车,转让人和受让人存在类似买卖报废机动车的过错,理应依法对造成的交通事故损害向受害人承担连带责任。

六、盗抢机动车发生交通事故的责任

盗抢机动车为犯罪行为。盗抢者在实施犯罪过程中,极易引发交

通事故。抢劫是用暴力手段,抢夺是乘人不备,盗窃是秘密手段。我国《民法典》第1215条(修改完善原《侵权责任法》第52条,变为两款,增加盗窃人、抢劫人、抢夺人与使用人不是同一人规定,将"保险公司"改为"保险人")规定:"盗窃、抢劫或者抢夺的机动车发生交通事故造成损害的,由盗窃人、抢劫人或者抢夺人承担赔偿责任。盗窃人、抢劫人或者抢夺人与机动车使用人不是同一人,发生交通事故造成损害,属于该机动车一方责任的,由盗窃人、抢劫人或者抢夺人与机动车使用人承担连带责任。""保险公司在机动车强制保险责任限额范围内垫付抢救费用的,有权向交通事故责任人追偿。"

法律之所以这样规定,是因盗抢犯罪行为排除于保险责任范围以外。这是由道德规则决定的。对盗抢人除追究刑事责任外,还应追究民事赔偿责任。当然,盗抢情况下,机动车所有人或者使用人也可能有保管、防范上的过错,但在现代汽车时代,随处可见的汽车为盗抢行为提供了便利,所有人或者使用人纵有过错,但其过错不是造成交通事故损害的直接原因,因此不应负赔偿责任。承保交强险的保险公司虽不承保盗抢后发生的交通事故,但我国《机动车交道事故强制保险条例》第22条规定对此损害垫付抢救费用。这实际也是一种保障措施。本条规定,保险公司垫付之后,可以向事故责任人追偿。

七、交通事故后逃逸对受害人的救济

交通事故发生后,如果可能造成超出交强险限额的严重损害,则可能发生肇事者逃逸的情况。《民法典》第1216条(承袭原《侵权责任法》第53条,增加抢救费超保险责任限额规定及其他文字修改)规定:"机动车驾驶人发生交通事故后逃逸,该机动车参加强制保险的,由保险公司在机动车强制保险责任限额范围内予以赔偿;机动车不明、该机动车未参加强制保险或者抢救费用超过机动车强制保险责任限额,需要支付被侵权人人身伤亡的抢救、丧葬等费用的,由道路交通事故社会救助基金垫付。道路交通事故社会救助基金垫付后,其管理机构有权向交通事故责任人追偿。"此规定基本含义如下：

第一，投保交强险的，由保险公司在交强险责任限额范围内赔偿。因逃逸涉及的交通事故损害在交强险的保险赔付范围之内，逃逸不影响保险赔付。

第二，机动车不明或者未参加交强险，或者抢救费用超出保险赔偿责任限额，需支付抢救、丧葬等费用的，由道路交通事故社会救助基金垫付。依《道路交通安全法》第17条规定，我国实行道路交通事故社会救助基金制度，费用来自交强险一定比例提取的资金、地方政府依经营交强险保险公司缴纳营业税给予的补助、对未按规定缴纳交强险当事人的罚款、救助基金孳息、基金管理机构向责任人追偿的资金、社会捐款、其他资金。对交通事故需要抢救的伤员，医院不得拒绝救治，救治费用由交强险限额内支付，超出部分，包括丧葬费由交通事故社会救助基金垫付。

第三，垫付救治、丧葬等费用的救助基金管理机构，可以向责任人追偿。责任人无力偿还或者找不到责任人的，只能由该救助基金承担。

第四节　无偿搭乘损害赔偿

我国《民法典》第1217条规定："非营运机动车发生交通事故造成无偿搭乘人损害，属于该机动车一方责任的，应当减轻其赔偿责任，但是机动车使用人有故意或者重大过失的除外。"此条是《民法典》的新规定，是基于我国改革开放后特别是进入21世纪后个人拥有机动车数量的激增，无偿搭乘的现象普遍存在，也因此发生了一些交通事故，如何处理无偿搭乘者的损害赔偿成为司法实践中的重要问题。许多案件的处理遵循的一个基本规则是适当减轻机动车使用人的责任，某些省级人民法院也对此作了减轻责任的解释规定。但又不完全统一，在一些地方高级人民法院对无偿搭乘出台的关于民事案件审理的指导意见中,有的提出酌情减轻赔偿,有的提出以损害情形酌情处理,有的提出由交通工具提供者给予适当补偿,有的提出以过错引起的全部赔偿。《民法典》第1217条的规定,是对我国的司法实践经验的总结作出的统一规定。由于对无偿搭乘减轻赔偿责任的规定及无偿搭乘法律关系的认识分歧,有必要对此条解析探讨,明确其法律关系、责任原理、责任构成要件、除外责任和减轻比例等,以利法律规定的正确适用。以下试对此进行探讨。

一、无偿搭乘损害赔偿法理解析

(一) 公平原理

机动车使用人允许他人无偿搭乘,是为了满足搭乘者的需求而不获取任何报酬的友好帮助行为。当发生交通事故造成搭乘者损害时,搭乘者对友好帮助的对待请求,也应体现出友好对待,不能像有偿乘车那样按照等价原则损失多少请求赔偿多少,理应适度减少赔偿额的请求。这是一种道德义务的回报,将其规定为法律规则,不仅有利于促使人们遵守道德规范,建立友好的道德关系,也体现了法律的公平对待原理。

(二) 信赖原理

信赖原理,不仅适用于驾驶人对道路上行驶的其他机动车和行人遵守交通规则的信赖,也适用于无偿搭乘。无偿搭乘同样也是建立在无偿搭乘者对机动车使用人驾驶技术、遵守交通规则信赖的基础上。如机动车使用人违反交通规则致发生交通事故并造成搭乘者损害,则违背了相互间的关系和信赖原理,理应承担相应的损害赔偿责任。如驾驶人驾驶中接听电话致车辆偏离方向撞到护路树并造成无偿搭乘者损害,驾驶人就违背了搭乘者相信其不会违反交通规则接听电话的信赖。

(三) 政策导向原理

法律规定无偿搭乘者只能获得相应赔偿而非全部赔偿,有利于提

醒人们慎重选择无偿搭乘,也有利于促使允许他人无偿搭乘的驾驶人
对他人尽到安全保障义务。如搭乘者意欲搭乘时,也应考虑驾驶人是
否是新手、是否曾有严重违反交通规则的行为甚至引发严重交通事故
等,切勿随意搭乘。驾驶人在他人提出无偿搭乘时,也应考虑对自己的
安全驾驶技术是否自信、是否有能力做这样的好事。如当车辆已有轻
微故障前往修理可能影响搭乘者安全时,应告知其不便搭乘的情由拒
绝搭乘。

二、无偿搭乘关系的法律性质

关于无偿搭乘的法律性质,我国学者在理论上有三种学说。

一是合同说,认为无偿搭乘者,与机动车驾驶人之间形成了运输合
同关系,是基于双方协议形成的口头、无偿、单务运输合同,应适用合同
法运输合同的相关规定,造成无偿搭乘者损害,运送者应承担违约责
任。这种学说,认识到双方是基于协议形成的一种合同关系是完全正
确的,因为无偿搭乘关系的形成通常都是基于双方当事人的协议,但合
同只是这种关系形成的基础,并不意味着这种关系在本质上就是运输
合同,因为按照这种主张运输者要承担违约责任,既不主张也不能解释
为什么要减轻责任的理由,显然是不妥当的。

二是无因管理说,认为机动车驾驶人允许他人无偿搭乘,是没有法
律上的和合同上的原因而管理他人事务,造成无偿搭乘者损害,依无因
管理法律规定,应承担损害赔偿责任。这种认识显然是错误的,因为这
种观点否认了双方协议的基础,不符合实际。无因管理的适用有一个
前提,就是管理者遇到了特殊情况不能管理自己的事物,一般情况下是
不在现场,因此不知道也不可能知道他的事物被他人管理,假如自己在
现场,他人则必须在自己同意的情况下管理自己的事物,必须是有因管
理。无偿搭乘,搭乘者就是自己,他不可能不在现场,更不可能不知道
自己是在搭乘他人的机动车。无因管理还有一个情形,就是在本人返
回时,管理者应移交管理事务,无偿搭乘不可能存在这种情形。无因管

理和无偿搭乘的相同之处,仅在于没有法律规定的必须要实施管理或者允许他人搭乘的义务,但这个特点不是本质方面甚至也不是主要方面,因此两者不属于同一类型的事物。无偿搭乘既是一种合同关系,也是一种法定之债,无论依《民法典》运输合同,还是依《民法典》安全保障义务的规定,运输者都负有安全保障义务,是有约定和法定原因的行为,况且无因管理说也是既不主张也不能解释为什么要减轻责任。

三是好意施惠说,认为机动车驾驶人允许他人无偿搭乘是施惠于他人。这种学说比较好地解释了机动车驾驶人单方面给予他人好处,并且是一种高尚的道德行为,又称"情谊说",较前两种学说更为合理。但这种学说一般针对的是主动施惠他人的行为,而无偿搭乘多为搭乘人主动提出搭乘请求,机动车一方被动同意。施惠行为或者情谊行为狭义仅指法律外行为,并不产生法律后果,如宗教团体的布施活动等。施惠行为与允许他人搭乘的相同点,无非都是给予他人某种利益而不求任何回报。但施惠不会造成他人损害,而允许他人搭乘可能造成他人损害,后者才具有法律意义,也是两者的本质区别所在。施惠行为说同样不能解释为什么造成无偿搭乘者的损害应减轻责任。因以施惠行为对待,当造成损害时就类似于加害给付,而加害给付是不能减轻责任的,所以这种学说也不可取。

其实无偿搭乘理论上形象地称为"好意同乘",即好意让他人同乘之意。学理上认为,既然是好意允许他人搭乘,发生事故造成搭乘人损害自应减轻其损害赔偿责任,其原理已如前述。我国《民法典》将其规定在侵权责任编第五章机动车交通事故责任的最后一条,表明立法采用的是侵权法说,在侵权法上已经将其类型化为一个交通事故责任独立的类型。从调整政策分析,我国立法对"好意同乘"采用仅调整发生交通事故造成无偿搭乘人损害的赔偿关系,以及应有的安全保障义务与权利的关系,因此就无需也不可能再用什么合同、无因管理、好意施惠加以本质性解释并予以调整。这实际就是"好意同乘说"。也有学者认为,无偿搭乘发生合同责任与侵权责任的竞合,当事人享有请求选择权。这种认识也不符合实际,因为在法律上《民法典》将其规定在侵权责任编,就是不允许选择,仅适用侵权责任,况且交通事故侵权责任又有责任保险的保障,对搭乘者获得赔偿是最为有利的。

三、无偿搭乘损害赔偿的责任构成要件

第一,无偿搭乘的机动车必须是非营运的机动车。所谓非营运,既不是以客运为目的的机动车。因为以客运为目的的机动车,是不允许无偿搭乘的。当然这也不排除有的以客运为目的的机动车驾驶人员擅自允许他人无偿搭乘,但这是极其特殊的情况,从我国以往发生的情况看,涉及的都是非以营运为目的的机动车。同时以营运为目的的机动车,发生了无偿搭乘的情况,并在营运中搭乘者受到损害,可类推比照《民法典》第 1217 条处理。所谓机动车,是以机械为动力的车辆,通常是汽车,但从字面解释也应包括轮船。其汽车也应作广义解释,不仅包括小轿车,也应包括非营运的客车,还有类似汽车的消防车、流动餐车等,摩托车也是机动车,亦应包括其中。

第二,无偿搭乘必须经机动车一方允许。无偿搭乘者和机动车一方存在搭乘的合意,一般情况下是搭乘者提出要约,机动车一方承诺,特殊情况是机动车一方主动提出要约,经搭乘者承诺。如在偏远地区,某步行者向路经的机动车招手请求搭车,这个车辆可能是货车也可能是小轿车,停车并同意招手者搭乘,也可能是机动车一方主动停车让行人搭乘。如未经机动车一方允许强行搭乘,发生事故造成损害,机动车一方则不承担任何责任,故意为之者除外。

第三,搭乘必须是无偿的。实践中也有有偿搭乘的情况,发生损害,则不适用《民法典》第 1217 条。有偿搭乘,法律也是允许的,但当事人必须权利义务一致,发生事故造成搭乘人损害,属于机动车一方责任的,机动车一方在其责任范围内应承担全部赔偿责任。

第四,发生了属于机动车一方责任的交通事故,即适用《民法典》第1217 条,必须是发生了交通事故并且责任在搭载搭乘者机动车一方,

包括应承担全部责任和承担部分责任的情况。如果是承担部分责任或者搭载搭乘车一方无责任的情况,造成事故的另一方责任人不能以无偿搭乘为由主张减轻责任。对于应承担部分责任的情况,搭载搭乘者机动车一方应在自己责任限度内以无偿搭乘为由相应减轻其赔偿责任。

第五,造成搭乘者损害。其损害通常情况下是人身损害,特殊情况下也可能涉及财产损害。人身损害一般为健康损害,极端情况下可能造成生命丧失。其赔偿范围依照《民法典》第1179条的规定,包括医疗费、护理费、交通费、营养费、住院伙食补助费等为治疗和康复支出的合理费用,以及因误工减少的收入。造成残疾的,还应当赔偿辅助器具费和残疾赔偿金。造成死亡的,还应当赔偿丧葬费和死亡赔偿金。以上费用均应相应减轻赔偿。

第六,机动车一方的责任与搭乘者损害之间有因果关系。机动车一方的责任是原因,搭乘者的损害是结果,两者存在相当因果关系。如果完全是由搭乘者自己的行为所致损害,机动车一方则不承担责任。如果搭乘者对受到的损害也有一定责任,则与机动车一方构成过失相抵,先依过失相抵规则分担责任,然后再在机动车一方的责任部分以无偿搭乘规定相应减轻责任。

四、减轻责任的除外情形和减轻比例

(一)减轻责任的除外情形

《民法典》第1217条规定,"机动车使用人有故意或者重大过失",为不减轻其赔偿责任的除外情形。这是因为故意和重大过失致发生交通事故并造成无偿搭乘者的损害,违背了双方当事人之间的信赖关系。其中故意造成搭乘者损害,已构故意伤害罪或者故意杀人罪,不仅不能免除其民事责任,还将被依法追究刑事责任。重大过失,虽无损害搭乘者的意图,但其行为同样违背了当事人间的信赖关系,也违背了作为机动车使用人对搭乘者的安全保障义务,不可原谅,故不减轻其民事责任。如机动车使用人因吸食毒品或者酒驾致发生交通事故并造成无偿搭乘者损害,意味着对无偿搭乘者生命安全的极端轻视,当然不应减轻其民事责任。

(二) 减轻责任的比例确定

因减轻针对的是机动车使用人一般过失,是再进一步区分一般过失和轻微过失还是不再加以区分,是值得进一步研究的问题。笔者认为,以不再进一步区分为当。其理由在于,轻微过失造成的损害通常不会很严重,如急刹车不当造成搭乘人轻微损害,这些损害在医保范围内或者交强险赔偿范围内均可解决并及时得到足额救济。我国《民法典》第1213条规定:"机动车发生交通事故造成损害,属于机动车一方责任的,先由承保机动车强制保险的保险人在强制保险责任限额范围内予以赔偿;不足部分,由承保机动车商业保险的保险人按照保险合同的约定予以赔偿;仍然不足或者没有投保机动车商业保险的,由侵权人赔偿。"无偿搭乘受到损害,当然适用这一条。依此规定,只有那些严重的损害才适用《民法典》第1217条,故没有必要再区分一般过失和轻微过失。因损害必定是由机动车使用人过失所致,所以对保险赔偿的不足部分,主要应以机动车使用人承担责任为主,减轻的幅度不宜过高,以以往审判实践中的经验,以20%为宜。建议最高人民法院就此作出司法解释,以定型化统一标准为原则,以便司法裁判案件的统一。

第五节　"撞伤不如撞死"之评析与对策探讨

一、故意二次碾压致死不会减轻赔偿责任

确实发生过交通肇事后又实施二次压死重伤者事件的报道,加害人的行为动机是为了避免重伤赔偿高于死亡赔偿的后果。事实上,依

据我国现行法律,故意二次压死受伤者以求减轻赔偿责任是根本不存在的。这是对法律的误解。

依据我国现行法律的规定,交通事故致人死亡,死亡赔偿金按城镇居民人均可支配收入赔偿二十年。依据伤残赔偿的标准,交通事故伤残分十级,只有一级伤残的残疾赔偿金与死亡赔偿相同。

上述规定,只是在责任完全在加害一方,被害人无责任的情况下是如此。实践中,有不少情况是双方当事人均有过错,要按过错程度分担责任。在责任未确定的情况下,选择二次加害,是非理智的,因二次加害是死亡的直接原因,受害人对此无过错,责任将由加害人全部承担。此不存在"撞伤不如撞死"理由之一。

"撞伤不如撞死",误解之二是怕多赔抢救费用。事实上,凡交通事故送医院能抢救的,无非发生抢救无效死亡和及时抢救保住生命两种后果,这两种情况都是由加害人赔偿抢救费用与死亡赔偿金或伤残赔偿金。发生严重交通事故,最严重的生命垂危的受害人在送医院途中会因流血过多等死去,加害人实施救助,尽人道主义之责,未能扩大损害后果,也就没有增加自己的责任。而经抢救致残者,未必造成一级残废。实施二次故意加害,将许多本不会造成一级残废的受害人致死,导致赔偿死亡赔偿金的严重后果。

更为重要的问题是,实施二次加害行为致死,为故意杀人罪,加害人难逃承担刑事责任。就民事责任而言,二次加害不难认定,二次加害的痕迹,两次损害的情况是完全不一样的,在法医学认定上是不困难的。加害人抱侥幸心理,以为二次加害不为人知晓,是对刑事侦查和法医学无知,是自以为聪明而已。此亦实施二次加害者所不解也。

更为关键的法律问题是,实施二次加害致人死亡,其行为本身为违反交通规则的过错行为吗?其赔偿还是交通事故赔偿吗?否!这是在理论上被误解的重要问题,也是在学理解释上未能正确解释的一个问题。

我国《民法典》和《道路交通安全法》对汽车事故规定为一个独立的

类型,实行限额赔偿。我国最高人民法院《关于审理人身损害赔偿案件适用法律若干问题的解释》(法释[2022]14号)第15条规定:"死亡赔偿金按照受诉法院所在地上一年度城镇居民人均可支配收入标准按二十年计算。但六十周岁以上的,年龄每增加一岁减少一年;七十五周岁以上的,按五年计算。"在《侵权责任法》通过之前,"死亡赔偿金"为特别法之规定,我国原《民法通则》并未规定死亡赔偿金。《侵权责任法》仅仅规定同一事故死亡可以赔偿相同数额,《民法典》第1180条规定亦同,2022年5月1日起施行的人身损害赔偿司法解释统一规定按受诉法院所在地上一年度城镇居民人均可支配收入标准赔偿,均不涉及已经发生的汽车二次故意压死人的情况。我国原《侵权责任法》虽在第16条规定了"死亡赔偿金",但这一规定与之前的法释[2003]20号最高人民法院关于人身损害赔偿适用法律司法解释的规定(第29条死亡赔偿金)含义不同,之前最高人民法院解释中的"死亡赔偿金"不是对《侵权责任法》死亡赔偿金的解释,而是对以往特别法中死亡赔偿金的解释,包括《产品质量法》《消费者权益保护法》《医疗事故处理办法》《交通事故安全法》所涉及死亡赔偿金的解释,特别是针对道路交通事故的解释。撞人后二次加害故意压死,不是交通事故,而是故意杀人,不受最高人民法院司法解释的限制。以往的"死亡赔偿金"均限特别侵权,最高人民法院仅是对以往死亡赔偿金的解释,无权对特别侵权之外的死亡赔偿金作出规定。

我国以往法律之所以对产品责任、医疗事故、交通事故死亡实行限额赔偿,是因为兼顾了保护企业生产、发展医疗事业和保护受害人两方面。从保护受害人观察,应不作限额,造成死亡采用依据平均社会寿命计算生命余岁乘以社会年平均工薪收入并减去生命余岁的个人消费额,采用全部赔偿原则。但我国的经济发展水平还没有达到这样的程度,还必须保护生产和医疗事业发展,限额赔偿,赔20年这样的规定对二次故意压死人不适用。故意压死人不是交通事故,仅第一次损害压伤人是交通事故。第一次损害被第二次损害所吸收,性质发生质的变化,由交通事故变为故意杀人,因此,不能按交通事故"撞伤不如撞死",而应按一般侵权致死,按《民法典》死亡赔偿金规定赔偿,其赔偿依法肯定高于交通事故赔偿。

现今,尚未见故意撞死人按交通事故定性赔偿的案件。笔者相信,各级人民法院会正确处理二次故意撞死人案,不仅会追究刑事责任,只要加害人有经济赔偿能力,一定会追究高于交通事故致人死亡赔偿数额的死亡赔偿金,甚至使其倾家荡产,而对及时救助的加害人,会考虑其事后的表现,减轻其罪责甚至经济赔偿金额。建议最高人民法院依法理明确规定汽车事故实施二次侵害故意致死人命,为一般侵权行为,赔偿应高于交通事故死亡赔偿金数额,并应承担故意杀人的刑事责任。

二、道路交通事故医疗费应实行超死亡赔偿金强制保险赔偿

未经二次故意碾压所致人身损害,的确存在"撞伤不如撞死"现象,即医疗费赔偿过高所致。曾有报道雅安市双流法院2009年处理的一起致人残疾案,医疗费、误工费、护理费、伤残赔偿金、残疾用具费、赡养老人费等共计判决赔偿175万元;[①]重庆市第一中级人民法院对一位因车祸高位截瘫受害人判决赔偿总额188万元。[②]如果仅是死亡、绝不会赔偿这么多。这是现行赔偿规定多一项医疗费所致。于是,有的卡车司机说,来不及不要踩油门急刹车,急刹车撞伤不如压死。因此,必须对现行法律进行改革,实行交通事故引发的医疗费超死亡赔偿金强制保险全额赔偿。

从损害后果看,人身损害莫过于死亡。但是,造成严重人身损害,发生医疗费等费用的赔偿,又因现行法规定的一级伤残与死亡均为一级损害后果,死亡赔偿金与残疾赔偿金数额相同,加上治疗费、护理费,就出现致残赔偿高于致死赔偿。从赔偿原则看,死亡实行限额赔偿,医

---

①② 参见:http//bbs.beiww.viewthread.phptid=28348,2011年6月4日。

疗费实行全额赔偿,这也是有的伤残赔偿高于死亡赔偿的原因。法经济学的效率理论告诉我们,解决"撞伤不如撞死"的危机,必须实行"撞死不如撞伤"的法律设计,而要达到这一效果,不可能将死亡赔偿金提高很多,因为这样会对社会生产、公益事业发展不利,使许多人不开车是不行的。必须采用的办法就是帕累托改进(美国学者帕累托提出的一方负担的改进不增加另一方负担的理论),即做到不让责任人赔偿高于死亡的数额,而又要保证受害人医疗费的赔偿,在保证受害人获得的赔偿数额不降低又使加害人赔偿的数额不高于死亡,并且又不提高死亡赔偿金标准,只能从保险、社会救济想办法。此点,日本的经验值得我国借鉴。

日本自 1955 年实行《自动车损害赔偿保障法》,并从 1956 年 2 月 1 日起实行自动车损害赔偿责任强制保险,其保险赔偿额从 1956 年至 1993 年先后 11 次递增,死亡保险赔偿额从 30 万日元增至 3 000 万日元(约合人民币 200 万元),赔偿由"最低保障"演变为"基本保障",近年因经济低迷未作调整。日本的自动车损害强制保险分为死亡、伤害、后遗障害三类,其死亡赔偿额现在是 3 000 万日元,如果是伤害后经抢救无效死亡,增加赔偿 120 万日元。伤害而无后遗症者,赔偿 120 万日元。对后遗障害分 14 个等级,第一级以下赔偿额依次为 3 000、2 590、2 219、1 889、1 754、1 574、1 296、1 051、819、616、461、331、224、139、75 万日元。以上不含医疗费。[①]

医疗费赔偿,依自赔法与保险公司利益无关,约占自动车强制保险金的 30%,用以维持自动车事故所致人身伤害医疗费的全部支付。医疗保险费率由政府根据上一年度自动车损害医疗费支付数额算定实施。在日本,自动车所致人身损害的治疗费用,完全由保险公司支付,将某一司机致人损害的医疗费用转移于所有自动车保有人。死亡依余

---

① 参见[日]宫川博史:《运行供用者责任》;[日]伊藤文夫《自动车事故与医疗费》,分别载[日]山田卓生等编:《新·现代损害赔偿法讲座(5 交通事故)》,日本评论社 1997 年版,第 1 页以下、第 119—120 页。

命年岁乘以上一年度平均工薪收入减去个人余命年岁消费额计算,超出保险赔偿3 000万日元的部分,由加害方赔偿。[①]因此,在日本是"撞死不如撞伤"。

依据《中国保监会关于调整交强险责任限额的公告》(2008版),被保险机动车在道路交通事故中有责任的赔偿额为:死亡伤残赔偿限额110 000元人民币;医疗费用赔偿限额10 000元人民币;财产损失赔偿限额2 000元人民币。这一规定表明,我国现在的交强险赔偿,尚处于"最低保障"阶段,尤其医疗费用赔偿仅为10 000元人民币,与造成严重损害花去几十万元医疗费相比,属于杯水车薪。这也是出现"撞伤不如撞死"的根本原因。

法律应规定:交通事故有责任的赔偿标准为:医疗费用赔偿限额为10 000元人民币,但超出死亡赔偿额的医疗费,由保险公司赔偿。医疗费,包括护理费、残疾用具费。与此相关,应相应提高交强险保险费,提高的标准由保监会组织算定。这样修改,既照顾了我国现阶段交强险实行"最低保障"的实际,又消除了"撞伤不如撞死"法律上的原因,使公民确信撞伤赔偿不会超过死亡赔偿。这样的法律规定可实现公平正义的法律价值,又符合法经济学的效率原理。

三、增强违章驾驶惩戒力度抑制恶性交通事故

现行法律、法规,对违章驾驶的惩戒有所规定,在一定程度上起到了抑制恶性交通事故发生的作用。

我国《机动车交通事故责任强制保险条例》第22条规定:"有下列情形之一的,保险公司在机动车交通事故责任强制保险责任限额范围内垫付抢救费用,并有权向致害人追偿:(一)驾驶人未取得驾驶资格或者醉酒的;(二)被保险机动车被盗抢期间肇事的;(三)被保险人故意制

---

① 参见[日]宫川博史:《运行供用者责任》;[日]伊藤文夫《自动车事故与医疗费》,分别载[日]山田卓生等编:《新·现代损害赔偿法讲座(5 交通事故)》,日本评论社1997年版,第1页以下、第119—120页。

造交通事故的。""有前款所列情形之一,发生交通事故的,造成受害人的财产损失,保险公司不承担赔偿责任。"此条规定的三种情形,涉及醉酒、故意制造交通事故。关于酒驾,全国多次展开整治活动,各地公安机关严禁酒驾,不仅酒驾入刑、行政罚款,而且记分直至没收驾驶执照,效果明显。关于故意制造交通事故,二次碾压即属之,以此规定保险公司将追偿已垫付的抢救费用。

我国《机动车交通事故责任强制保险费率浮动暂行办法》(2007 年6 月 27 日)第 3 条规定,交强险费率浮动因素及比率是:上一年度未发生有责任交通事故,-10%;上两个年度未发生有责任道路交通事故,-20%;上三个及以上年度未发生有责任道路交通事故,-30%;上一个年度发生一次有责任不涉及死亡的道路交通事故,0%;上一年度发生两次及两次以上有责任道路交通事故,10%;上一个年度发生有责任道路交通死亡事故,30%。

上述浮动费率的规定,体现了法律对违章驾驶,特别是造成死亡事故的惩戒,也体现了公平正义价值观,因为有较大危险性的人应交付更多的保险费。

但是,总体而言,我国现行法律关于预防和惩戒违章驾驶、抑制恶性交通事故发生的力度尚有待加强。

实行超死亡赔偿金医疗费强制保险赔偿后,应提高肇事车辆的保险费,即增加规定造成超死亡赔偿金医疗损害的,增加保险费率,费率增幅由保监会组织算定。

我国应实行司机驾驶限速、限时、定时休息制度。我国与欧洲相比高出近一倍的交通事故死亡人数。近年虽有所下降,但形势依然严峻。主要差在管理制度。在欧洲,欧盟实行汽车限速、限时驾驶、实行司机定时休息。在欧盟,汽车司机旁安放检测仪表,警察上车检查,用仪表将行车记录打印出来,违者重罚。欧盟规定,行车 2 小时司机必须在下一加油站休息 20 分钟。这样的管理是降低事故的有效措施。我国也有限时限休和处罚规定,但力度明显不足。我国《道路安全法实施细则》第62条第(七)项规定,禁止"连续驾驶机动车超过4小时未停车休息或者停车休息时间少于20分钟",违反此规定依公安部《违法行为代码表》代码1226规定,仅记2分,罚款20—200元,而依《道路交通安全法》第23条规定违法在12个月内满12分也仅是参加学习和考试。我国规定超4小时驾驶休息20分钟,4小时太长,不要说驾驶是高度集中精力的工作,就是其他的一般工作也不能达4小时才休息。因此,应修改为超2小时休息20分钟,并且应加大罚款力度。

第六节　无人驾驶汽车交通事故责任研究

一、无人驾驶汽车的概念和分级

无人驾驶汽车,又叫"自动驾驶汽车""智能汽车""智能网联汽车"。有学者指出,"智能汽车""智能网联汽车"称呼过于宽泛,有的智能和网联功能的装置不能操控汽车,如荣威安装的斑马系统。"无人驾驶汽车""自动驾驶汽车"称呼又过于绝对,因有的包含人工操作和自动驾驶两部分。贴切的名称应当是具备自动驾驶功能的汽车。[1]笔者完全赞同学者的逻辑分析,主张将无人驾驶汽车定义为具备自动驾驶功能的汽车,通过定义界定无人驾驶汽车的概念。也有学者将无人驾驶汽车定义为自动驾驶发展最高级别,不包括辅助驾驶和程控驾驶结合的其他级别的情况。[2]这在逻辑上也是十分严密的。我国地方立法也有采用"智能网联汽车"的称谓,现在起草中的全国性专门法规使用了"自动驾驶汽车"的概念,至于将来全国性立法应采用什么称谓,确实是一个

---

[1]　参见潘喆、陆丽鹏:《自动驾驶汽车致人损害责任的认定分析与出路》,载《上海法学研究》集刊2022年第5卷(2022世界人工智能大会法治论坛论文集)。

[2]　参见杨梦露:《无人驾驶事故责任研究》,台湾九州出版社2021年版。

值得讨论的问题。但即使是有些立法用了"智能网联汽车"或者"自动驾驶汽车"的概念,也应与自动驾驶密切联系在一起,即具有智能网联功能的自动驾驶汽车。本书研究考虑到不仅完全自动驾驶汽车交通事故需要研究,其他不同级别的自动驾驶与人工驾驶结合的汽车发生的交通事故也需要研究,而且回答的问题都是在自动驾驶情况的责任归属问题,故采用通常的泛指各种自动驾驶的"无人驾驶汽车"的概念。

我国市场监管总局标准委员会参考美国汽车工程协会的分级标准,制定了从 2022 年 3 月 1 日起实施的《汽车驾驶自动化分级国家标准》,将汽车自动化驾驶分为 0—5 级。其中 0 级为全人工驾驶;1 级为部分驾驶辅助;2 级为组合驾驶辅助;3 级为有条件自动驾驶,即在其设计运行条件自动执行全部动态驾驶任务;4 级为高度自动驾驶,某些驾驶自动化系统的车辆无人工驾驶功能;5 级为完全自动驾驶,系统在任何可行驶条件下持续地执行全部动态驾驶任务,自动执行最小风险策略,在车辆可行驶环境没有设计运行范围的限制。

二、无人驾驶交通事故

1925 年 8 月,美国制成一辆无线遥控汽车,是通过无线电遥控的方式实现车辆方向盘、离合器、制动器等部件的远程操控。这辆车被认为是人类历史上第一辆有证可查的无人驾驶汽车。但无人驾驶汽车的真正起步发展是进入网络信息时代。

据央视网 2018 年 4 月 19 日报道:早在 2016 年 1 月 20 日,京港粤高速河北邯郸段发生的汽车追尾事故引起的诉讼,事实认定有新进展。该事故中一辆白色特斯拉轿车在左侧第一车道行驶,撞上正在前方作业的道路清扫车,致特斯拉轿车司机重伤,经抢救无效死亡。交警认定死者负主要责任。死者父亲虽然得到保险公司赔偿,但想起儿子数次提到"自动驾驶功能",为弄清死亡原因,2016 年 7 月将特斯拉在中国的销售公司告上北京市朝阳区人民法院。经将汽车检测数据传往美国,美国特斯拉公司最终确认车祸发生时,车辆处于自动驾驶状态。案件的最终结果还没有揭晓,但自动驾驶状态发生车祸致人死亡已经确定。特斯拉公司将承担何种责任尚待法院最终判决。这是全球首次无人驾驶汽车致死人命案件。

2016年5月7日,一辆无人驾驶汽车行驶在美国佛罗里达州某高速公路上,驾驶员打开自动驾驶模式,在高速行驶状态下看电影,该汽车与一辆大卡车突然相撞,该无人驾驶车的驾驶员当场死亡。无人驾驶汽车的商家认为,汽车的自动驾驶处于开启中,在烈日光条件下,自动驾驶系统未能注意到拖挂车的白色车身,因此未能启动刹车系统,驾驶员也未按要求手不离方向盘。案件的最终结果尚不得知。

无人驾驶汽车的最大优点就是提高通行能力和降低交通事故的发生率。预计再用不到30年的时间达到成熟期,社会通行能力将提高3—5倍,驾驶事故率降低70%。①但尽管有的汽车公司如日本丰田汽车公司确定了零事故的开发目标,实际也不可能绝对达到不发生交通事故的程度。2018年3月18日晚,一辆优步自动驾驶汽车在美国亚利桑那州某公共道路上,与一行人相撞并致其死亡。2021年8月26日下午,一辆在东京奥运会和残奥会作为运动员村内摆渡车使用的L4级自动驾驶电动车,将一名日本籍有视觉障碍的残奥会柔道运动员撞伤,至其头部及身体多处受伤,需两周时间才能痊愈,影响其在残奥会的表现。该车是日本丰田汽车公司的得意之作。事故发生后,丰田汽车董事长致歉,并宣布停运奥运村内的20辆该款小巴,认为碰撞原因是操纵杆位置在左侧,出现部分盲区所致,残奥会上有许多行动不便人士,无人驾驶技术还不成熟,无法应对这样的特殊环境。②

以上案件涉及自动驾驶及时起到防止事故发生的应有的作用,不能按照以往的交通事故法律规定追究司机或者司机使用人的责任,主要涉及相关自动驾驶部件瑕疵致人损害的产品责任,以及产品瑕疵自

---

① 参见杨博文:《自动驾驶伦理困境:我们能接受 AI 错到什么程度?》,载《南方都市报》2022 年 8 月 4 日。

② 参见罗天:《无人驾驶汽车撞伤残奥会日本运动员　该车系丰田得意之作》,载《成都商报》2021 年 8 月 29 日。

己过失共同造成损害结果如何追究责任的问题。由于自动驾驶涉及的自动装置包括搭载传感器、全球定位系统自动驾驶级别,以及自动驾驶与人工驾驶结合的不同级别的人工控制与自动驾驶的交替,其损害原因的认定具有更为复杂的技术性,包括但不限于这一系列的复杂问题,用原有的交通事故处理规则不能解决,因此有进一步特别立法的必要。这些也都是无人驾驶汽车提出的侵权责任的新课题。

三、无人驾驶汽车交通事故法律规制的争论问题

无人驾驶汽车既然难以完全避免交通事故的发生,那么如何救济受害人,追究责任人的责任就成为立法面对的课题。围绕这一课题有各种不同的意见。

(一) 关于应否赋予无人驾驶汽车法律人格的争论

1. 肯定说。这种学说认为,虽然不能赋予无人驾驶汽车自然人那样的权利能力和行为能力,但是可以借鉴法人制度,赋予无人驾驶汽车法人资格,有的甚至主张赋予无人驾驶汽车一人公司资格,然后为其设立一定的资金,每辆无人驾驶汽车的营利收入加上设定时的基金构成该法人的财产,一旦发生交通事故认定为无人驾驶汽车的原因所致,可以从该法人的财产中支付赔偿费用。这样既可以解决受害人损害救济问题,也有利于明确投资人的有限责任。

2. 否定说。此说认为,由于自动驾驶汽车不具有自己的“生命”,也不具有自己的财产,为其设立的责任基金只能来源于人的资产的分割与特定化。资产特定化的实质效果是让本应承担责任的人逃避责任,使制造商可以只生产自动驾驶汽车获取利益而不承担责任,从正义的要求看并非可欲的。[①]

3. 折衷说。这种学说认为无人驾驶汽车有部分自主性,法律应承认无人驾驶汽车一定程度人格,主张赋予电子人的身份。有的比照奴隶社会的奴隶,认为无人驾驶汽车虽然不具有权利能力,但是具备一定

---

① 参见冯珏:《自动驾驶汽车致损的民事侵权责任》,戴《中国法学》2018 年第 6 期。

的自主性,不过无人驾驶汽车不能对自己的行为引发的法律后果承担法律责任。这种观点承认无人驾驶汽车具有有限的法律人格,可以解决由法律确认一定的自主性的问题,但并不能解决责任由谁承担的问题。

笔者对无人驾驶汽车是否赋予人格持否定态度。比照法人制度将原本不是法人的事物赋予其法人资格,都是服务于一定目的实现的。在国外有"动物法人"。这种将动物赋予法人资格,是为了解决流浪猫、流浪狗等无人饲养的问题,设计的初衷是将这些动物规定为动物法人,从而可以认可原饲养人或者管理人负有饲养的义务,如遗弃这些动物,动物保护组织、动物爱好者就可向动物的原饲养人或者管理人请求支付饲养的费用。像这样一种制度设计,虽理论上有些牵强,但就解决实际问题而言却目的明确,能够自圆其说,是可以的。但说到无人驾驶汽车情况就不同了,因无人驾驶汽车还不如猫、狗之类的动物有一定的意思,无人驾驶汽车说到底是利用网络智能技术进行计算,因此无人驾驶汽车是没有意思的。它的计算技术水平决定于人类,其计算能力高于人类,但这种智能工具"知其然,不知其所以然",对此也不存在向动物一样的饲养费用问题。所以就无人驾驶汽车通过赋予其人格来解决责任承担问题,只能是弊大于利。因开始为其设立的基金不可能数额很大,因为根据发展规划,在不久的将来生产的汽车具备自动驾驶功能的将达到70%,也就是说将来行驶的汽车无人驾驶的数量不断增加,最终会超过有人驾驶汽车,对如此庞大数量的无人驾驶汽车不可能设立很高的责任基金。根据现在所估计的无人驾驶汽车将使交通事故发生率减少70%,这样的话对无人驾驶汽车设置责任基金大部分是没用的。这笔基金的搁置是一种巨大的浪费。而对于少量的会发生交通事故的无人驾驶汽车,如果其中有一些在使用的初始阶段就发生了重大的交通事故,为其设定的赔偿基金通常情况下是不够用的,那么这种情况下怎么办就成为问题。这是从效率分析是不可行的。从公平正义的角度,赋予无人驾驶汽车人格并为其设立个人基金的主张,会诱发生产者降低提高无人驾驶安全性的努力,因为只要为无人驾驶汽车设定少量的基金就可以不再承担任何责任,生产者就会降低不断改进无人驾驶汽车安全性的积极性,很可能出现像有的学者分析的那样,生产者逃避法律责任,不符合社会公平正义的原则。发生驾驶汽车交通事故,原因无非是无人驾驶汽车构件存在缺陷,如果通过责任基金使产生缺陷的生产者不对其缺陷负责,这样的后果是十分危险的,最后有可能是更多缺陷的无人驾驶汽车投入市场使用,不仅不能降低交通事故的发生率,反而有可能造成交通秩序的混乱,葬送无人驾驶汽车发展的美好前景。折衷说承认无人驾驶汽车一定程度的自主性,实际上这种自主性也是人设计出来的,并非本身产生的自主性,说到底是一个设计水平的问题。还有既然认为它是电子奴隶,不具有权利能力,而人格的实质就是有权利能力,不认可有权利能力实际上也就否认了人格的存在。

(二) 产品责任＋高度危险责任的观点评析

有学者对无人驾驶汽车事故责任进行深入研究,认为无人驾驶汽车精密的人造物属性和自动决策系统导致的风险不可预测性,为产品责任和高度危险责任的运用预留了制度空间。不可归责于外界因素的情形,因质量导致的交通事故通过产品责任解决,隐藏在深度学习自动化决策背后的不可预测风险可以通过高度危险责任予以解决。产品责任在特定情况下可适用惩罚性赔偿,风险责任适用限定赔偿,可更好平衡技术创新与损害填补之间的矛盾。同时主张建立产品责任险和无人驾驶汽车事故责任强制保险的"双保险"制度。[①]

这种产品责任＋高度危险说,其中就产品质量问题,也就是产品存在缺陷适用产品责任追究缺陷制造者的责任是正确可行的。但是对不可预测的风险适用高度危险责任,在我国法律上不是没有障碍。我国原《民法通则》起草中曾经将高度危险责任、道路交通事故责任作为两种特殊侵权责任,最后将道路交通事故责任作为高速运输工具归入到高度危险责任中,但后来制定《侵权责任法》又将道路交通事故规定为

---

① 参见张建文、贾章范:《无人驾驶汽车致人损害的责任分析与规则应对》,载《重庆邮电大学学报(社会科学版)》2018 年第 4 期。

独立的特殊侵权类型,并且在此之前我国制定了《道路交通安全法》。因此,从体系上主张对无人驾驶汽车不可预测的风险适用高度危险责任,在法律上难以超越道路交通事故责任类型。无人驾驶汽车较之有人驾驶汽车总体上必须是更为安全的,不能反而视作高度危险的汽车。从无人驾驶汽车的技术要求分析,无人驾驶汽车虽然不能绝对保证不存在造成事故的危险,但是网联智能汽车必须对各种可能发生的情况有所预测,尽可能采取技术措施消除这种风险的存在。因此,所谓不可预测的风险通常是不允许存在的,无人驾驶汽车的自动化决策就是比有人驾驶能够更好地避免可能发生的各种风险。真正属于不可预测的风险,应作为不承担责任的正当理由对待。如什么时间发生地震是不可预测的,那么在突发地震的情况下发生了损害事故,依民法不可抗力不承担民事责任的法理,当事人对此不承担责任。所以适用高度危险责任的主张难以成为现实。适用高度危险责任限定赔偿的规则,也不能很好地平衡技术创新与损害填补之间的矛盾,因无人驾驶汽车预计可以将发生事故的风险降低70%,在这种情况下,无人驾驶汽车的制造者以及其他相关责任人承担的责任已经大为减轻,意味着其获取的利润空间有较大的增长,不存在发生事故时再进一步限定赔偿的理由。过于限定赔偿对受害人也明显不公平,因为不能仅让无人驾驶汽车的生产者和经营者获益而让受害人承担更为不利的后果。主张建立产品责任险和无人驾驶汽车事故责任险"双保险"制度是完全正确和可行的。

(三)产品责任+道路交通事故责任观点的评析

有学者主张根据无人驾驶汽车分级标准,L1—L3层级的自动驾驶,系统未及时告知驾驶人,汽车生产者和驾驶人构成共同侵权而承担连带责任。系统及时告知驾驶人,驾驶人为唯一的责任主体。L4—L5层级无人驾驶汽车发生交通事故致人损害,汽车生产者因完全掌控机动车运行支配,彻底取代人类驾驶,成为唯一的责任主体。①有学者质

---

① 参见张龙:《自动驾驶型道路交通事故责任主体认定研究》,载《苏州大学学报》(哲学社会科学版)2018年第5期。

疑说,自动驾驶汽车的分级标准是一个不断变化的过程,是不稳定的。因此,以分级作为责任划分的标准,背离了法律的安定性,而且技术的多样性与法律的统一冲突,套用自动化分级进行归责未免出现削足适履的情况。技术分级无法在法律上做到周延,以泊车技术为例,低级别的无人驾驶汽车配备的泊车系统程度也较高,因此以低级别的无人驾驶汽车对应的责任规则处理就有失公平。①L1—L3级人工辅助驾驶,不能排除因智能网联设备发生损害的可能,也有遇到紧急情况是否能及时地将无人驾驶转换为人工驾驶的情况不能排除。在系统缺陷的情况下,将驾驶人作为共同侵权人,是适用产品责任还是交通事故责任就存在问题,这不同性质的责任不能成为连带责任。系统不能及时告知驾驶人,就说明系统存在缺陷,将驾驶人作为共同侵权人也不符合因果关系的原理。人工辅助驾驶发生交通事故造成损害,由驾驶人承担连带责任或者单独责任,是建立在只要有人工辅助驾驶,驾驶员就对危险发生有过失基础上,而实际上并非完全如此,存在驾驶员的单独原因或者智能网联汽车缺陷的单独原因致交通事故发生造成损害的情况。L5级无人驾驶,也存在可以人工远程驾驶的可能,即由无人驾驶汽车的装置向远程人工驾驶及时传递发生危险情况的信息,由远程控制人员及时作出处置。如果远程控制人员因过失未能作出及时正确的处置,致交通事故损害发生,绝对地认为是人工汽车智能网联构件的缺陷所致,也是不恰当的。

四、国外和我国最新立法动态

在国外,德国2021年2月通过《"道路交通法"和"强制保险法"修正案——自动驾驶法》,7月生效。依据该法,德国将允许自动驾驶(L4级)在公共道路指定区域行驶,成为世界第一个允许无人驾驶车辆参与日常交通并应用在全国范围的国家。根据该规定,自动驾驶汽车的所

---

① 参见潘喆、陆丽鹏:《自动驾驶汽车致人损害责任的认定分歧与出路》,载《上海法学研究》,2022年第五卷。

有人必须购买一份责任险。日本新修订的《道路交通法》于 2020 年 4 月生效。新法规定配备自动驾驶装置的汽车使用人应将操作状态记录装置记录的数据加以保存，在不满足自动驾驶装置的使用条件时，驾驶人应使用自动驾驶装置驾驶。英国从 2022 年始，具有自动车道保持系统（ALKS）技术的汽车成为第一批符合《英国自动与电动汽车法案》（AKV 法案）相关要求的自动驾驶汽车，并且计划在 2025 年通过自动驾驶法规及配套细则。①

在国内，深圳市 2022 年 7 月 5 日通过、8 月 1 日实施的《深圳经济特区智能网联汽车管理条例》第 53 条规定，有驾驶人的智能网联汽车发生交通事故造成损害，属于该智能网联汽车一方责任的，由驾驶人一方承担完全自动驾驶责任。在无驾驶人期间，发生交通事故造成损害的，属于该智能网联汽车一方责任的，由车辆所有人、管理人承担赔偿责任。本条例第 54 条又规定，智能网联汽车存在缺陷，智能网联汽车发生交通事故造成损害的，驾驶人或者所有人、管理人承担赔偿责任后，可以依法向生产者、销售者请求赔偿。2022 年 9 月 5 日，上海市人民政府办公厅印发《上海市加快智能网联汽车创新发展实施方案》，预计到 2025 年本市初步建成国内领先的网联汽车创新发展体系，具备驾驶辅助功能的 L2 级和有条件自动驾驶功能的 L3 级汽车在新车生产比例超过 70%，具备自动驾驶功能 L4 级及以上汽车在限定区域和特定场景实现商业应用。

以上国内外无人驾驶汽车发展最新动态表明，发展无人驾驶汽车产业、完善包括无人驾驶汽车交通事故民事责任的相关法律、法规体系，是世界发展趋势，也是主要国家间的核心竞争领域之一。在这方面，中国和英、美、日、德等发达国家大体处于同等水平，其现行立法主要是规制实验测试阶段的无人驾驶，规范商用阶段的无人驾驶立法尚处于起步阶段。因此，我国应尽快积累、及时总结地方立法的经验并借

---

① 参见《各国自动驾驶政策现状和挑战》，载智库科技网，访问时间 2022 年 9 月 9 日。

鉴国外经验,将商用阶段的全国性无人驾驶立法纳入立法规划、提到工作日程。

五、无人驾驶汽车交通事故责任立法应解决的主要问题

综上分析,似乎可以进一步得出如下结论:

第一,无人驾驶汽车在公共道路上所致损害的民事责任,首先应归结为交通事故责任。即使是因智能网联部件缺陷所致损害,也应首先归结为交通事故责任,由汽车驾驶人或者所有人、使用人首先承担交通事故损害赔偿责任,然后再向相关缺陷部件制造者或者销售者追偿。这样才更有利于受害人及时得到救济,并且在体系上,交通事故责任可避免分别归入产品责任和交通事故责任造成的混乱。确认这一问题后,也可以明确我国应制定的相关法律为《无人驾驶汽车道路交通事故损害赔偿法》,或者通过修改现行的《道路交通安全法》增加无人驾驶汽车事故损害赔偿的内容。从目前我国的情况分析,单独立法的方案为最佳选择。

第二,无人驾驶汽车概念,不应严格局限于 L5 级完全无人驾驶的范围。这是因为,在可预期的较长的时期内(规划至 2035 年),生产的无人驾驶汽车,主要是 L1—L4 级汽车,如果仅限于 L5 级明显不符合今后相当长时期的无人驾驶基本情况。

第三,先行承担责任的驾驶人或者汽车生产者、销售者可向汽车缺陷部件制造者或者销售者追偿。属于无人驾驶汽车一方的责任,又不可归责于驾驶人的无人驾驶交通事故责任,显然最终将归责于产品责任,在先行承担责任的驾驶人或者所有人、使用人追偿请求下,相关缺陷产品的制造者或者销售者最终应当承担赔偿责任。之所以由无人驾驶汽车的驾驶人或者制造者、销售者先承担责任,是因在产品缺陷引起损害的情况下,只有制造者才清楚地知道汽车具体缺陷构件谁是具体的生产者或者销售者,才有可能进一步向其追究责任。如果要求受害人向缺陷部件的制造者或者销售者行使请求权,受害人一般情况下是

不知道的,因此深圳地方立法规定无人驾驶汽车因产品缺陷发生的交通事故,受害人可以向驾驶人、无人驾驶汽车生产者、销售者行使请求权。当然如果知道不属于驾驶人责任的,受害人应向无人驾驶汽车的生产者或者销售者请求赔偿。

第四,应设立无人驾驶汽车交通事故保险制度,在该交强险赔偿范围内由保险公司先予赔偿。同时建立无人驾驶汽车智能网联相关产品的产品责任强制保险制度,以确保承担道路交强险赔偿的保险公司以及驾驶人或者所有人、使用人在承担责任限额的范围内向产品责任险公司追偿。深圳等地方无人驾驶汽车交通事故责任相关立法,虽能为全国性立法积累经验,但地方性立法必定存在不同程度的局限性。如深圳市立法难以解决无人驾驶汽车的强制保险问题,因保险公司难以在某个市级地域开展保险业务。还有商用无人驾驶汽车的行驶区域也不可能局限在一个市级狭小的范围内。这样的问题必须通过全国性立法才能解决。

第五,应完善无人驾驶汽车运行监督机制和事故原因鉴定机制。这是因为无人驾驶汽车所使用的智能网联技术科技含量更高,无人驾驶汽车投入运营。必须对其进行经常性的质量、性能检查、监督,以避免发生更多不安全事故。事故一旦发生必须由智能网联汽车的技术专家或者专家组织进行鉴定,为责任的解决提供技术支持。

第六,借鉴国外立法经验设立"黑匣子"。无人驾驶汽车的驾驶人或者所有人、使用人必须确保黑匣子如实记载汽车运行情况,一旦发生事故,有关部门要根据黑匣子记载的数据,对事故原因作出分析判断。无故损害黑匣子客观记载运行数据的,要承担不利的责任后果。

第九章
环境污染和生态破坏责任

第一节　无过错归责原则与污染、破坏者负担法理

依据我国《环境保护法》第 2 条规定，环境是"影响人类生存和发展的各种天然的和经过人工改造的自然因素的总体，包括大气、水、海洋、土地、矿藏、森林、草原、野生生物、自然遗迹、人文遗迹、自然保护区、风景名胜区、城市和乡村等"。环境污染，是人为原因致使环境发生化学、物理、生物等特征的不良变化，从而影响人类健康和生产生活，影响生物生存和发展的现象。生态破坏，是指因环境污染造成的生物多样性损害和生态景观破坏及生态功能损害。

我国《民法典》第 1229 条(承袭原《侵权责任法》第 65 条并增加"生态破坏""他人"，将"污染者"修改为"侵权人")规定："因污染环境、破坏生态造成他人损害的，侵权人应当承担侵权责任。"此条明确规定了环境污染、生态破坏的无过错责任原则。这条规定，是对以往立法和司法经验的总结。我国原《民法通则》第 124 条规定："违反国家保护环境防止污染的规定，污染环境造成他人损害的，应当依法承担侵权责任。"依

此规定,文字解释是过错责任。但这一规定在司法实践中已得到纠正。特别是后来制定的《环境保护法》第41条第1款作了明确修正,规定"造成环境污染损害的,有责任排除危害,并对直接受到损害的单位或者个人赔偿损失"。《大气污染防治法》第62条,《水污染防治法》第85条,《海洋环境保护法》第90、92条,《放射性污染防治法》第95条均是无过错责任原则的规定。环境污染、生态破坏适用无过错责任,也是各国及相关国际公约的通例。

在制定《侵权责任法》过程中,也有反对环境污染适用无过错责任的意见,认为无过错责任加重了企业的负担,对发展生产不利,法律规定了排污标准,只要达标排放就不应承担责任。如果达标排放也造成他人损害,说明法律规定的标准低,就应该修改法律规定的排污标准。[①]《侵权责任法》制定后,也有对无过错责任作出排除过错责任适用的机械解释。这些观点都是不正确的,也是以往法律没有明确环境污染、生态破坏责任应贯彻污染、破坏者负担原则,理论研究也未阐明这一法理所致。在法律制定后,应通过法律的解释赋予新意,使法律条文更能适应社会实际。

对我国《民法典》第1229条中规定的损害如何解释,是理论研究的新课题。就条文本意而言,是指环境污染、生态破坏造成的实际损害,因为《侵权责任法》制定前和制定中,我国环境侵权考虑的只是事后救济,以赔偿为基本责任方式,特殊情况是责令责任人恢复原状或者支付恢复原状的费用。事后救济当然是必要的。但从法经济学分析,事后救济不符合效率原则[②],只有事前救济,即采取必要的预防措施才是有效率的。面对现代环境污染的多样化和广泛性以及一些污染的潜伏期和科学认知的不确定性,有时采取必要的预防是必要的,污染者也应承担支出的必要预防费用,如公害病的认定费用,应由污染者承担。发生

---

① 参见全国人大常委会法制工作委员会民法室编:《中华人民共和国侵权责任法条文说明、立法理由及相关规定》,北京大学出版社2010年版,第267页。

② 参见[日]大塚直:《环境法》,有斐阁2013年版,第49页以下。

铅或者铬、镉污染,甚至严重的毒气污染,对污染区人员作身体检查是必要的,可能有百分之几或者十几或者百分之二三十的人超标或者中毒,多数人不超标,即没有损害,但检查认定是必须的,污染者必须承担此费用。面对大气污染、水污染采取的预防措施,其费用也应由污染、破坏者负担才符合社会公平正义。因此,现代的环境污染、生态破坏责任论,并非只以已经发生实际损害为基础,而包括为预防产生的各种费用。以此检视《民法典》第1229条规定的"损害",应扩大解释为包括应对环境污染、生态破坏的各种费用。

所谓原因者负担原则,即由引起环境、生态损害的人承担损害赔偿、恢复原状或者修复及预防环境污染、生态破坏的责任。与公共负担相比,又称原因者优先负担原则,即环境、生态问题往往也涉及公共救济,引起污染和破坏的人应首先承担责任。针对战后经济发展产生的环境公害,发达国家政府多投入资金实行财政援助政策。这不符合公平正义,实际是让全体纳税人为污染者埋单,也不利于污染者采取积极的预防污染措施。为解决这些不合理性,产生了污染者负担原则。这一原则源于1972年经济合作与发展组织(OECD)通过的《关于环境政策的国际经济理事会劝告》,该劝告规定了为保持环境的自净能力状态而预防污染的费用,应由污染者承担的原则。这一原则的目的有两点,一是因环境污染产生的外部负经济在原因者财产或者服务体系中的内部化,实现稀少环境资源有效的配置;二是禁止政府支付因国际贸易、投资产生的防止污染的费用。这一原则影响了发达国家国内的环境政策。如日本1973年通过《公害健康被害补偿法》,1997年改称《关于公害健康补偿等的法律》,规定将污染者承担预防费用原则扩大适用于环境恢复费用和被害救济费用。[①]

污染、破坏者负担是环境法的原则,也是环境侵权的原理与原则。因此,无论污染、破坏者有无过错,均应承担污染责任。至于法律规定的排污标准,并非是不造成环境污染的标准。一般而言,法定排污标准

---

① 参见[日]除本理史:《环境被害的责任与费用负担》,有斐阁2007年版,第3—4页。

是社会能够容忍的标准,在标准内排放不至于造成应承担责任的损害。但排放物的累积、多人排放的汇集,则可能造成应承担责任的损害。如一条河流上多家企业达标排放也可能造成水质的污染损害,如仅一家或者极少企业达标排放则不会造成严重损害。大城市汽车尾气排放即使符合标准,也有可能造成城市严重的空气污染。一个地域企业生产和汽车运行,在适宜气候条件下则可能造成雾霾。企业生产、汽车运行等活动必定产生一定程度的污染,甚至形成公害,希图法律规定不会产生承担责任的损害是不切实际和不可能的。法律对排污标准的规定,综合考虑到社会生产和环境承载力,如再发生严重损害,只能以原因者承担责任来补救,如排污者为超标排放,则应承担过错责任。环境污染适用无过错责任,并不排除过错责任的适用,凡能认定过错的,应优先适用过错责任。

我国虽不是 OECD 成员国,但污染者负担的法理符合社会公平正义,理所当然应适用于我国。我国《环境保护法》贯彻了谁污染谁治理的原则,规定污染者应缴纳超标排污费和承担治理环境损害的费用,但还不够,还应明确包括谁造成损害谁承担责任。我国原《侵权责任法》第 65 条规定,"因污染环境造成损害的,污染者应当承担侵权责任",《民法典》第 1229 条在此基础上进一步完善,虽立法时并未明确是污染者负担原则,现在应是污染者负担原则的解释,同时也是无过错责任的规定,并应将污染者负担原则结合《民法典》新规定改称"污染、破坏者负担",这是承担无过错责任的原理。类似事件在我国也已发生过,如昆明、杭州储油设施建设因有造成环境污染事故的可能而中止实施计划。

第二节　我国《民法典》对环境污染和生态破坏责任的发展

我国《民法典》关于环境污染和生态破坏责任的规定有重大发展,

特别是关于生态破坏责任的规定在世界民法史上都是首次加以明确规定,具有鲜明的中国特色。我国《民法典》又规定了故意造成环境污染和生态破坏后果严重的,承担惩罚性赔偿责任,规定了环境修复责任类型。

一、增加规定破坏生态责任是中国《民法典》的重大创新

环境污染和生态破坏既有联系又有区别。联系主要表现在有些环境污染同时也造成了生态破坏。如重金属环境污染造成土地重金属含量严重超标,污染的同时也造成土地不能耕种的生态损害。但另有许多情况,生态破坏是独立于环境污染的问题。如采石场造成半面石山消失致景观破坏,盗伐森林降低了对碳排放的吸附损害森林的生态功能,违法捕猎鸟类对生物多样性的破坏等。在环境污染同时造成生态破坏的类型中,承担生态修复责任往往也成为独立的问题。如由于水污染致某条河流中的特种鱼类绝迹,侵权人在承担停止损害、清理污染河流的同时,也要承担放养其他鱼类的替代修复责任。因此,有必要在原《侵权责任法》规定环境污染损害的基础上,增加规定生态破坏责任。我国《民法典》编纂不只修改了原《侵权责任法》的相关条文,增加与环境污染并列的生态破坏责任,而且将原侵权责任法"环境污染责任"一章修改为"环境污染和生态破坏责任"。

我国《民法典》关于生态破坏责任的规定,是其他国家《民法典》中所没有的,甚至也是其他国家特别法规定中所没有的。如《法国民法典》修订中,增加了"纯粹环境损害",这种损害是指没有具体的法人或者自然人作为所有人的环境损害。判例法国家的美国,针对没有具体法人或者自然人为所有人的环境损害,称作"公地悲剧",依据其信托传统形成"公共信托理论",即解释为公众将公众所有的环境资源信托给国家,由国家追究污染者的责任。国外虽然在具体司法中也强调对生态的保护,但没有像我国《民法典》这样将环境污染和生态破坏并行加以规定,没有强调生态破坏责任的独立性。

我国《民法典》的这一进步,是贯彻习近平生态文明思想取得的重大立法成果。习近平总书记强调"山水林田湖草沙"是一个有机整体,强调"铁腕治污"。我国在实践中公私法互动,建立河湖长制,由各级党政一把手担任河湖长,将生态文明建设作为党和政府工作的"五位一体"的重要任务之一。十八大以来我国生态文明建设和生态环境保护取得显著历史性成就。党的十八大首次提出将生态文明作为五位一体中重要部分,十八届三中、四中全会先后提出对造成环境污染、生态破坏责任者严格实行赔偿制度,用严格的法律制度保护生态环境。十九大提出加快生态文明法治,建设美丽中国。2015 年 12 月,中央实行《生态环境损害赔偿制度试点方案》,2017 年 12 月,中央正式发布《生态环境损害赔偿制度改革方案》。依据这一改革方案,生态环境损害是指因污染环境、破坏生态造成大气、地表水、地下水、土壤、森林等环境要素和植物、动物、微生物等生物要素的不利改变,以及这些要素的生态系统功能退化。我们党对生态文明建设目标越来越明确。十八大以来,全国重点城市 PM2.5 平均浓度下降了 56%,重污染天数减少了87%,全国优良水体比例提高了三个百分点达到 84.9%,接近发达国家水平。我国土壤环境质量发生了基础性变化,建成涵盖 8 万个点位的国家土壤环境监测网络,淘汰落后和化解过剩产能钢铁达到了 3 亿吨,淘汰老旧和高排放机动车车辆超过 3 000 万辆。我国森林面积增长了7.1%,达到 2.27 亿平方千米,成为全球增绿的主力军。[①]立法上,编纂《民法典》增加规定破坏生态责任也是我国取得的生态文明建设的重大成就。

二、增加污染环境、破坏生态后果严重的惩罚性赔偿

改革开放之后,我国社会主义市场经济取得举世瞩目的成绩。在社会生产发展过程当中,造成的环境污染和生态破坏也是十分严重的,

---

① 参见《我国生态文明建设和生态环境保护取得历史性成就》,载光明网,2022 年9 月 16 日。

有些也可以说是触目惊心。比如,华北平原地下水污染,竟有污染破坏者向地下打洞将含有重金属的污水排入地下,使有毒物质在地下水源中闪状扩散,严重破坏了生态环境;有的企业将废水交给没有资质的人拉到别处擅自倾倒,使当地环境严重破坏;还有的企业为了节省成本,不开启除硫等设备,擅自将有毒气体向空中排放。腾格里沙漠周边有的企业将废水直接排入或者倾倒于沙漠中,致生态环境遭受严重损害。出现这些触目惊心的状况,原因是多方面的,但当时的违法成本低是重要原因之一。因此,编纂《民法典》增加规定了惩罚性赔偿的条文。《民法典》第1232条规定:"侵权人违反法律规定故意污染环境、破坏生态造成严重后果的,被侵权人有权请求相应的惩罚性赔偿。"

比较法观察,大陆法系的法国、德国、日本等国都没有规定惩罚性赔偿制度。这些国家坚持认为全面赔偿原则足以弥补受害人的损失,惩罚属于刑事问题,受害人不能获得超出其实际损失的利益。但是近年这些国家法院均有执行美国法院惩罚性赔偿判决的动向,一些学者也开始研究惩罚性赔偿在本国适用的可能性。惩罚性赔偿最早源于英国的判例法,在美国得到进一步发展,特别是在故意污染环境的案件中惩罚性赔偿得到充分体现。

我国《民法典》规定故意污染环境、破坏生态的惩罚性赔偿,其重要意义在于:

第一,惩罚故意侵权人。《侵权责任法》的功能不仅限于赔偿受害人损失,也具有惩罚侵权行为人和预防侵权行为发生的功能。环境污染和生态破坏责任的本意是对工业化社会生产经营风险规定的一种适用无过错责任的特殊侵权类型,而故意污染环境、破坏生态,超出了生产经营者的风险范围,是法律绝不允许的恶性侵权行为,通过适用惩罚性赔偿才能有力制裁侵权人,是铁腕治污所必须的。

第二,有利救济受害人和维护环境公益。对受害人来说,由于加害人故意实施污染环境、破坏生态的行为,受害人要确定自己所遭受的损害,往往需要进行鉴定,提起民事诉讼需要聘请律师,其遭受的损害不仅仅是环境和生态损失。因此，如果仅仅赔偿环境和生态的损失，往往远不能补偿受害人的全部经济损害。因此，惩罚性赔偿有利于救济受害人，即使受害人获得的赔偿大于损失，也是对受害人的诉讼行为的一种鼓励。国外有一种"私人警察"的理论也不无道理，因为受害人积极提起诉讼，有利于及时发现故意污染环境、破坏生态的行为人，有利于维护生态环境法治，弥补国家警察力量的不足。

第三，有利于警示他人。惩罚性赔偿可使人们明确知晓故意实施污染环境和破坏生态的法律后果，预防同类侵权行为的发生。人民法院对故意污染环境和破坏生态行为正确适用惩罚性赔偿的判决，必然收到良好的社会效果，教育和警示更多的人遵守环境法治，其结果必然减少故意污染环境和破坏生态行为的发生。

三、规定生态环境修复责任

生态环境修复责任是与恢复原状的传统民事责任方式不完全相同的。《民法典》编纂过程中，总则草案曾在民事责任的恢复原状后规定修复环境，但因人们的认识不同，有的学者认为修复环境就是恢复原状，所以总则通过时没有规定修复环境。但实际上修复环境的标准与恢复原状的标准不同，恢复原状是恢复到原来状态，修复环境并非是一定要恢复到原来状态，有的也是不可能恢复到原来状态的。如采石场将半面山挖掉不可能恢复原状，仅仅是进行相应的修复，使其看起来美观，并且具有一定的生态功能，比如向裸露部分喷洒搅拌草籽的黏着物，使裸露部分能够绿化。还有像重金属土地污染，修复并非一定要恢复到原来的重金属含量水平，而是恢复到法律所规定的重金属安全的最低值（基线）以上即恢复了土地的生态功能。在编纂《民法典》分则时，对规定生态环境修复的必要性取得了基本共识，因此，《民法典》第1234 条作了规定。该条规定："违反国家规定造成生态环境损害，生态环境能够修复的，国家规定的机关或者法律规定的组织有权请求侵权人在合理期限内承担修复责任。侵权人在期限内未修复的，国家规定的机关或者法律规定的组织可以自行或者委托他人进行修复,所需费用由侵权人承担。"这是我国《民法典》的一项重大创新性规定。依照本条承担修复责任的构成要件如下:

(一)侵权人违反国家规定

关于"违反国家规定"有不同的理解。一种意见认为,对本条违反国家规定的解释需尽可能宽泛,尽量将发生生态环境损害都解释为违反国家规定。[①]这种意见近乎无过错责任。另一种意见是将本条理解为是对公益生态环境的损害,这种损害都是违反国家有关规定造成的,因此是一种不同于私人权益的损害。[②]这种解释,类似法国的纯粹环境损害和美国的"公地悲剧",并且认为是过错责任。这里涉及的问题就是生态环境损害是否可以包括侵权人违反国家规定所致和没有违反国家规定所致的不同情况。笔者个人认为,应区别这两种情况。比如采矿造成土地塌陷、采石将半面山采掉,这些是属于合法行为造成的,生态环境破坏也是难免的损害,根据污染损害者负担原则,应由采矿人负责修复,但是问题又比较复杂,由于是日积月累合法行为造成的,生态环境的损害由污染破坏者负担外,国家也应承担补充责任。而实践中对这些损害,一般都是由国家出资承担修复责任。如果违反法律造成的生态环境损害,当然应由侵权人修复或者承担修复费用,除非侵权人不能承担责任外,没有国家承担补充责任的理由。因此,本条规定的是过错责任。可能还有第三种情况,就是由于污染环境造成了生态损害,污染者应承担损害赔偿责任,这种赔偿责任包括了修复费用,而污染者通常是不具有修复专业能力和专业资质的。

(二)造成生态环境损害

造成生态环境损害,是违反国家生态保护规定的后果。如果虽然

---

① 参见邹海林、朱广新主编:《民法典评注侵权责任编 2》,中国法制出版社 2020 年版,第 632 页。

② 参见黄薇主编:《中华人民共和国民法典侵权责任编释义》,法律出版社 2020 年版,第 201 页。张新宝:《中华人民共和国民法典侵权责任编理解与适用》,中国法制出版社 2020 年版,第 270—271 页。

是故意违反国家相关规定,但是没有造成生态环境损害,就无需承担修复的民事责任。如违反了国家不得向河流排放未经处理达标的污水,因排放量甚小,有毒物质含量甚低,没有造成达到需要修复程度的损害,就不需要承担修复的民事责任,但应依法承担行政罚款等责任。生态环境损害是多方面的,总体而言是指因污染环境造成大气、地表水、地下水、森林等环境要素和植物、动物、微生物等生物要素的不利改变,以及造成这些要素的生态系统功能退化。

(三) 生态环境能够修复

修复必须以修复的可能为前提。如果侵权人违反了国家规定,造成生态环境损害,但不能修复,就不能承担修复责任,只能承担损害赔偿责任或者承担行政罚款的责任。如德州市玻璃厂违反国家规定排放有害烟尘污染大气就是不可能修复的,所以只能承担损害赔偿责任,然后将这笔款项用作改善大气生态环境的相关事业[详见本节四之(二)]。在平原地区向地下打洞偷排污水污染地下水,由于地下水在地下闪状扩散,修复是十分困难的,理论上即使能修复但所需成本甚巨,实际上是几乎不可能对这种生态破坏修复的,只能追究侵权人行政罚款责任甚至是刑事责任。所以生态环境必须是能够修复,侵权人才能承担修复责任。

依照《民法典》第 1234 条规定,承担修复责任的方式如下:

(一) 侵权人在合理期限内自行修复

包括侵权人在合理期限内主动进行修复,以及应国家规定的机关或者法律规定的组织请求,侵权人在合理期限内进行修复。依据《民事诉讼法》第 55 条第 2 款的规定,人民检察院在履行职责中发现破坏损害生态环境等社会公共利益的行为,在没有法律规定的其他机关和组织提起诉讼的情况下,可以向人民法院提起诉讼。如有其他符合法律规定的机关或者组织向人民法院提起诉讼,人民检察院可以支持起诉。依据《环境保护法》第 58 条的规定,有权向人民法院提起诉讼请求侵权人修复环境的组织,包括依法在设区的市级以上人民政府民政部门登记的组织、专门从事环境保护公益活动连续五年以上且无违法记录的组织。

(二) 侵权人支付修复费用

如果侵权人在合理期限内没有修复，国家规定的机关或者法律规定的组织可以自行或者委托他人进行修复，由侵权人支付修复费用。

四、生态环境损害赔偿范围

生态环境损害赔偿的范围原《侵权责任法》没有规定，是党的十八大之后不断加强生态文明建设的过程中确立的。首先在中共中央办公厅、国务院办公厅 2015 年发布的《生态环境损害赔偿制度改革试点方案》中加以规定，并在 2017 年正式公布的《生态环境损害赔偿制度改革方案》中，明确规定生态环境损害赔偿范围包括清除污染费用、生态环境修复费用、生态环境修复期间服务功能的丧失损失、生态环境功能永久性损害造成的损失，以及生态环境损害赔偿调查、鉴定评估等费用。2014 年 10 月 24 日，当时的环境保护部颁布了《生态环境损害鉴定评估推荐办法(第二版)》，对环境修复和生态修复作出了规定。其"4 术语和定义""4.5 生态环境损害规定"中指出，环境修复是指由于污染环境或者破坏生态行为直接或者间接导致生态环境的化学或者生物特性的可观察或者可测量的不利改变，以及提供生态服务系统能力的破坏和损伤。其"4.10 环境修复"中规定，生态修复是指生态环境损害发生后，为防止污染物扩散、迁移，降低环境中污染物浓度和环境污染导致的人身健康风险或者生态风险可接受风险水平而开展的必要的合理的行动或者措施。其"4.11 生态修复"中规定，生态修复是指生态环境损害发生后，将生态环境的物理、化学或者生物特性及其提供的生态系统服务恢复至基线状态，同时补偿期间损害而采取的各项必要的合理的措施的费用。另外，农业部发 2014 年《农业环境污染事故司法鉴定经济损失估算实施规范》，也对农业环境修复作出了相关修复方法选择和修复费用计算办法具体规定。《最高人民法院关于审理环境民事公益诉讼适用法律若干问题的解释》,也对生态环境修复费用包括的具体内容作出了原则规定。《民法典》编纂正是在上述改革实践基础上的相关法律、规范性文件、司法解释规定的基础上,对生态环境损害的赔偿范围作出了明确规定。《民法典》第 1235 条规定:"违反国家规定造成生态环境损害的,国家规定的机关或者法律规定的组织有权请求侵权人赔偿下列损失和费用:(一)生态环境受到损害至修复完成期间服务功能丧失导致的损失;(二)生态环境功能永久性损害造成的损失;(三)生态环境损害调查、鉴定评估等费用;(四)清除污染、修复生态环境费用;(五)防止损害的发生和扩大所支出的合理费用。"以下分别予以阐释:

(一)生态环境受到损害至修复完成期间服务功能丧失导致的损失

生态环境服务功能,是指生态系统提供给人类的效益或者对生态环境的效益。其功能包括物质提供功能、生态控制功能、生命维持功能、文化欣赏功能等。这种功能的计算期间是从生态环境受损害至修复到基线水平需要的时间,其基线水平即技术法律规范所规定的符合生态环境服务功能所需达到的最低标准。生态服务功能损失要由专业机构鉴定评估。如关于湖泊与河流生态环境损害,其鉴定评估的指标体系包括:湖泊或者河流生物要素,包括大型植物、浮游植物、浮游动物、底栖动物、游泳动物、细菌遭受的损害;生物生产力,包括浮游植物初级生产力、叶绿素遭受的损害;水体功能,包括饮用水源、渔业经济、农业经济、景观遭受的损害。再如森林生态环境损害:包括植物与植被的组成、分布、面积、覆盖率、生物量等指标计算的损害;野生动物和土壤生物,包括鸟类、大型兽类、龋齿动物、昆虫、土壤动物、土壤微生物遭受的损害;林业经济,包括成材林、苗木林、非木材类经济林、药用植物遭受的损害;森林功能,包括涵养水源、水土保持、净化环境、栖息地、景观等受到的损害。[①]

---

① 参见中国环境科学学会编:《环境法医及损害鉴定培训教材》,2016 年(内部印),第 93—94 页。

(二) 生态环境功能永久性损害的损失

生态环境功能永久性丧失,是指没有修复可能的生态环境功能损失。对此,侵权人也要赔偿向公众或者其他生态系统提供生态服务的损失。依据《生态环境损害赔偿制度改革方案》,这种损失的赔偿资金应作为政府非税收入,上缴同级国库,纳入预算管理,赔偿权利人及其指定的部门或者机构根据磋商或者判决,结合本区域生态环境损害情况开展替代修复。如最高人民法院 2017 年发布的环境公益诉讼典型案例 3:中华环保联合会诉山东德州晶华集团振华有限公司大气污染民事公益诉讼案。本案被告振华公司是生产玻璃及其深加工的企业,为减少生产成本,不使用除尘设施,两个烟囱向空中排放烟尘,污染大气影响周边居民。德州市中级人民法院审理判决,振华公司赔偿所致生态环境损失 2 198.36 万元,交由德州市政府专款用于改善大气环境。本判决考虑到被告是故意污染环境、破坏生态,且过错程度严重,因此根据其产量计算出因违法排放节省的成本,乘以 4 计算出损失额。这是采用了虚拟计算法,在法定系数 1—5 间选择了较高系数。①

(三) 生态环境损害调查、鉴定评估等费用

因生态环境损害的调查、鉴定评估专业性很强,必须由依法成立的专业组织进行,而且工作量大,所需费用较高,为间接损失,应由侵权人赔偿。

(四) 清除污染、修复生态环境费用

清除污染,修复生态环境需要一定时间,而且在许多情况下所需时间较长。因此清除污染,修复生态的费用,往往需要鉴定机构鉴定确认然后由侵权人承担确定的费用。清除污染的费用,包括清污方案的制定、实施费用。修复生态环境费用,包括修复方案的制定、实施费用,如果生态环境修复费用难以确定或者确定的具体数额明显过高的,人民法院可以结合具体情况考虑污染环境、破坏生态的范围和程度,生态环境的稀缺性,修复的难度,防治污染设备的运行成本,被告因违法行为

---

① 参见中国法院网,访问日期:2017 年 3 月 8 日。

获得的利益和过错程度,参考环保监督管理部门的意见和专家意见合理确定。

(五) 防止损害的发生和扩大所支出的合理费用

环境突发事故造成的生态环境损害,受害人或者国家有关部门应采取积极的措施防止损害的进一步扩大,由此所支出的费用由侵权人承担。

第三节　损害的扩大解释与预防原则

对我国《民法典》第 1229 条规定的"损害"如何理解,是一个解释学上的问题。有一种意见认为,本条规定的"造成他人损害",似不尽周全,应当包括有造成损害的现时危险和已造成损害两种情形。实际上,立法难以作如此详尽的规定。本条规定的"损害",不仅包括已造成的损害,也包括有可能造成的损害。

未然防止原则或者预防原则,是环境法也是环境污染、生态破坏责任的另一重要原则。1976 年联邦德国的环境政策就强调"事前关照原则"。1992 年《里昂宣言》第 15 项原则规定,"有发生其后的严重的或者不可逆的损害时,没有充分的科学确定性,只要防止环境恶化的费用过大就不能作为延期实施政策的理由"。依这一规定,在对环境威胁作出评价时,没有必要以原因和结果之间的因果联系的科学证据为必要;预防原则适用的条件以其后发生严重的或者不可逆的损害的可能性为必要;预防原则的效果,是不能以科学的不确定性作为延期政策的理由。①

《民法典》第 179 条规定的承担民事责任方式中,就包括停止侵害;排除妨碍;消除危险;恢复原状;赔偿损失。这几种方式对环境、生态侵

---

① 参见[日]大塚直:《环境法》,有斐阁 2013 年版,第 34 页以下。

权都可以适用。因此,从体系上解释,我国《民法典》第 1229 条规定的
"损害",既包括已经发生的损害,也包括将要发生的损害,还包括有可
能发生的损害。

损害,不仅包括自然人人身、财产损害和法人财产损害,也包括属
于国家专有的自然资源损害。国有自然资源损害,有时没有具体的自
然人或者法人作为占有或者经营主体,受到损害由谁来行使权利则不
无问题。后一种情况可称为纯自然损害,即没有具体受害的自然人或
者法人的自然资源损害。如吉林化工厂储油罐发生爆炸致松花江水发
生严重污染,就是没有具体受害的自然人或者法人的纯自然损害。目
前依我国《民法典》中"生态环境损害"规定包括了此种损害。此种损害
应通过公益诉讼追究污染者责任。损害不仅包括狭义的财产和人身损
害,也包括光污染、景观权、生物多样化等特殊损害。

第四节　环境权理论与环境污染责任的完善

环境权是自然人享有的在良好环境下生存的权利,法人也享有在
良好环境下经营的权利。环境权在我国现行法律中尚无明确规定,但
相关规定在宪法和原《民法通则》及《侵权责任法》中是存在的。我国
《宪法》第 26 条第 1 款规定,"国家保护和改善生活环境和生态环境,防
治污染和其他公害"。《环境保护法》第 41 条及其他环境特别法中关于
环境污染责任的规定,均在一定意义上规定了民事主体部分环境权,但
环境权应在法律中明确加以规定。

"二战"之后,世界主要资本主义国家工业飞速发展,环境侵权诉讼
案件激争。这一时期对受害人的保护,限于对个人财产所有权和人身
权的保护。1960 年,联邦德国一位医生向欧洲人权委员会控告向北海
倾倒放射性废物违反《欧洲人权条约》关于保障清洁、卫生的环境规定,

引起欧洲是否将环境权追加为人权清单的讨论,召开了欧洲人权会议和欧洲环境部长会议。美国在 20 世纪 60 年代末掀起关于环境权的辩论,密执安大学萨克斯教授提出著名的"公共财产论"和"公共信托理论"。公共财产理论认为,空气、阳光、水等环境要素,不是"自由财产",一切环境资源应是全体国民的"共同财产"。公共信托论认为,环境共同财产由全体国民委托国家管理。在此基础上,又有人提出环境权理论,即每个人都有在良好环境下生活的权利。1970 年 1 月,美国通过《国家环境政策法》,其第 101 条 C 项规定:"联邦议会认为,所有的人都应该享有健康性的环境。"据此,许多州修改宪法,明确规定了环境权。

进入 20 世纪 90 年代,美国法学反思传统的个人主义的排他性所有权理论,出现生态学的或者共同体主义或者环境主义的所有权论,即各种"绿色所有权"论。"绿色所有权"认为私的所有权模式是有界线的,强调所有的公共性和社会性责任。

日本在 20 世纪 50 年代就发生了"四大公害案件"。1967 年,日本律师协会发表了"公害侵犯人权"的《人权白皮书》。之后,环境权在学界被认可。1969 年 6 月,日本通过《日本环境宣言》,规定"一切国民均享有保持健康、提高福利,以及在舒适环境下生存的权利"。

1972 年,联合国大会通过《人类环境宣言》,规定每个人都享有"促进健康的环境权",并将环境权规定为"人类共同享有的福利",将环境权规定为基本人权。

纵观"二战"之后环境权理论的产生和发展,环境权最早是限于受害人的个人权利(50、60 年代),法院在处理环境损害案件时,是从保护个人财产所有权或者人身权并进而发展为人格权来裁定案件的,并且多考量企业与环境损害的利益,容忍一定程度的环境损害的存在。20 世纪 60 年代末之后,环境权超越个人被害,否定了利益衡量论,否定了忍受限度论,而是从国民甚至人类整体的、共同的或者公共的利益来定义环境权,从维护共同体的自然环境义务构筑法律制度。

我国 1982 年修改《宪法》,将环境保护规定为基本国策。党的十六大提出科学发展观,十八大提出生态文明建设与经济、政治、文化、社会建设五位一体,提出优化国土空间开发格局、全面促进资源节约、加大自然生态系统和环境保护力度、加强生态文明制度建设的任务。

半个世纪以来,环境权在不断地演变,内容越来越丰富。在我国的司法实践中,环境权也已受广泛的认可。概括起来,环境权包含以下内容:

第一,环境权既是公法上的权利,也是私法上的权利。作为宪法上的公民基本政治权利的环境权,公民有权提出完善环境法治的建议,有权监督政府的环境保护工作,有权参与环保组织和民间环保活动,有权提起公益诉讼。

作为民法和环境保护法上的环境权,公民有权向污染者请求停止损害、赔偿损失,享有在良好环境下生存的权利。

第二,环境权既是个人性权利,也是公共性权利。个人性权利的环境权是指公民个人作为国家公民或者个人人身、财产权主体享有的独立环境权。

公共性环境权是指大气、水、自然景观、野生动物及其他自然资源为公众共有,当这些纯自然资源受到环境污染损害时,有提起公益诉讼的权利。公共性环境权也意味着生产经营者对大气、水等自然资源,承担不超出环境自净能力的污染排放物的义务以及对有害物作无害化处理的义务、有偿使用不可再生自然资源的义务及对保护环境作出牺牲的人进行生态补偿的义务。

第三,环境权既是当代人的权利,也是后代人的权利。虽然现在的民法理论强调权利能力始于出生,但并不否认对未出生者利益的保护,而且我国民法理论采权利能力溯及说。环境资源不仅为当代人所有,也为后代人所有。必须为子孙后代留下青山绿水,留下必要的不可再生资源。这在民法理论上说明并不困难。

我国法律虽无环境权的明确规定,但立法及司法实践却遵循环境权法理且有许多创新。如我国最近一次对《环境保护法》进行修改,修正案在全国人大常委会讨论三次。一般的法律修正案权力机关讨论不会超过三次，而本修正案三审后向全民征求意见，充分保障了公民公法上环境权的行使。在私法环境侵权诉讼和环境侵权责任确认方面，有许多创举。比如，公益诉讼既有检察院提起的公益诉讼，也有环保民间组织中华环保联合会提起的公益诉讼和公民个人提起的公益诉讼。又如，"贵阳市人民检察院诉熊某某等三人排除妨碍、恢复原状案""中华环保联合会、贵阳公众环境教育中心诉贵阳市 A 造纸厂水污染责任案""贵阳公众环境教育中心环保志愿者蔡某某诉龙某某水污染责任案"，这些诉讼均获胜诉。① 在环境民事责任中，分别确认了停止排放污染物、恢复污染环境，确认了不同的损害赔偿计算方法，如"中华环保联合会、贵阳公众环境教育中心诉贵阳 A 造纸厂水污染责任案"，判决"停止向南明河排放污水，消除对南明河产生的危害"；"贵阳市人民检察院诉熊某某等三人排除妨碍、恢复原状案"，判决被告"拆除在贵阳市阿哈水库乌龟山上修建的房屋及附属设施，并恢复乌龟山上的植被"。在"贵阳公众环境教育中心环保志愿者蔡某某诉龙某某水污染责任案"中，法官总结归纳了直接损失计算法、危险消除计算法、因环境违法所得利益计算法，针对本案因欠缺水污染损害的国家评估体系，无法计算直接损失，由于有机物分解、水域流动、天气等各种因素，难以适用危险消除计算方法，法院以被告排放有毒废液而节省的 30 万元作为赔偿费用。②

关于建设项目可能造成周围居民污染损害的，居民有权要求停止建设。我国环保部环发 2006(28) 号《建设项目环境影响评价公众参与暂行管理办法》第 9 条规定，建设项目应征求所在地单位和居民的意见。有些地区，因事先未能广泛征求居民意见，引发了一些群体性事件，最后在居民的强烈要求下而停止建设。实际上，项目已侵犯了公民的环境权，停止建设实际是有关单位承担的停止侵害的民事责任，如

①② 参见赵军主编：《贵阳法院生态保护审判案例精选》，人民法院出版社 2013 年版，第 3 页以下，第一部分环境公益诉讼案例。

2007 年厦门市已开工 PX 化工项目,因居民担心汞污染反对而停建①;2009 年 12 月,广州番禺垃圾焚烧项目因居民反对而停建②;江苏启东市南通大型达标水排海工程因市民反对,启东市政府发布公告称"如果广大市民不同意,将停止在启东实投",最后在启东停建;③四川什邡钼铜项目已开工,遭市民反对而停建。④

　　修改中的《环境保护法》,应对环境权作出明确规定,并应规定我国公民和社会组织有权提起公益诉讼。我国宪法将来也应增加规定环境权。环境特别法应进一步明确规定环境污染致财产和人身损害的具体评估计算办法。

第五节　环境污染责任疫学因果关系的发展

　　环境污染因果关系的认定,需要运用自然科学,比如物理学、化学、医学、统计学、数学,往往比较复杂。疫学因果关系即是社会科学与自然科学的交叉理论,其社会科学的属性表现为它是一种法政策,是解决环境污染损害赔偿社会关系比较公平的规则,而自然科学是这种规则运用的科学方法或者手段。

　　疫学因果关系,即用病理学原理确认因环境污染所致人身疾病损害的因果原因力,并依此原因力有无、原因力大小作为污染者责任要件。疫学因果关系也可以用于环境污染所致动物损害,如涉及牲畜损害,则应用兽医学原理。一般所说疫学,是指与人相关的病理学。

---

① 参见《厦门市政府发表公告称 PX 化工项目已停工》,载台海网,2007 年 6 月 1 日。

② 参见《广州番禺垃圾焚烧项目因居民反对停建》,载《广州日报》,2009 年 12 月 21 日。

③ 参见启东政府网公告,访问日期:2012 年 7 月 28 日。

④ 参见《什邡钼铜项目通过环保部审批　市民反对建设》,载四川新闻网,2012 年 7 月 3 日。

疫学因果关系,日本在 20 世纪 50、60 年代即用于解决公害诉讼,如水俣疾诉讼、痛痛病诉讼、东京大气污染诉讼。我国在解决化学毒物侵权司法实践中,往往请医学专家鉴定,实际适用的即是疫学因果关系原理。

疫学因果关系,较早的理论强调某种污染源存在前后的比较及污染物排放量的增减对居民疾患的影响和病理学的科学解释。比如,某化工厂排放烟尘引起居民提起呼吸道疾病诉讼,必须证明在化工厂营业前无此异常,而化工厂营业后开始出现呼吸道疾病增加现象,且化工厂生产量增加排放烟尘增多患呼吸道患者增多、病情加重,生产量减少污染减轻则病患者减少、病情减轻,在病理上可以说明烟尘及有毒物致呼吸道疾病,则因果关系即可确定。但 20 世纪末本世纪初,疫学因果关系理论愈加丰富,解决的问题更具社会性。在美国,以重金属为主的毒物侵权、欧洲各国化学物质侵权、日本尚未完结的水俣病救济及汽车主干道两侧大气污染损害,促使疫学因果关系的认定必要时采用动物实验与人的疾病比较和统计学为手段的剂量—反应关系原理。我国重金属污染损害所致癌症村数量增多,大面积雾霾致人呼吸道甚至患癌的社会重大问题,迫切需要利用疫学因果关系原理破解,以保护污染受害人,实施污染者负担原则,以遏制社会难以承受的污染,实现社会公平正义。

运用疫学因果关系研究环境污染致癌症村居民损害,常用的方法是选取一个时点,对这一时点后作跟踪研究,与该时点前患癌人数比率和因癌死亡比率进行比照以判断某种污染与损害的因果关系。这一研究结论比与其他地区患病率比照更具说服力。国外称"横断性研究方法"。①比如,某化工厂堆放的有毒铬渣周围假设有居民数百人,在未暴露于此污染环境前的 10 年中,每百人中有 5 人患癌,在暴露于此环境下的 10 年中,有 20 人患癌,则此污染源与居民患癌的关与度为多患癌

① 参见[日]松井利仁:《因果关系的科学性推论》,载[日]淡路刚久、寺西俊一、吉村良一、大久保规子编:《公害环境诉讼的新展开》,日本评论社 2012 年版,第 123 页以下。

人数 15×(20−5)÷20＝75%。[①]显然，疫学因果关系是按比例承担责任，往往不是承担全部责任。依据医保优先偿付原则，对某一癌症患者医保之外的医疗费用，作为污染者的该化工厂应赔 75%。这样，对即使无此污染也会有 5 人患癌，这 5 人会是 20 个患癌者中的哪 5 人，是无法再加以区别的，也不能增加污染者的负担，只能按原因关与度的比例对 20 人进行赔偿。可见，依疫学因果关系承担责任只是一个相对公平的规则。

关于城市大气污染人身损害的研究，应采用不同区域人员患病比率与其他人群患病比率比照的研究方法。比如，我国对某大城市交警、司机平均寿命或者患肺癌比率与普通人群进行比较，得出与汽车尾气污染之间的因果关系。再如，对城市主干道两侧百米内居民和常勤工作者患肺癌和呼吸道疾病的统计与其他人群比较，认定与大气污染的因果关系。

上述两种污染损害，是我国面对的重大课题。目前，癌症村患者的救治，限于医保范围。实际上大气污染也限医保范围。受害人超出医保范围的污染损害，应由污染者依疫学因果关系确定的比例赔偿。比如，某一化工厂附近现一村庄患癌人数是化工厂生产前三倍，则应赔偿受害人三分之二的损失。

第六节　污染者的反证责任

我国《民法典》第 1230 条规定："因污染环境、破坏生态发生纠纷，行为人应当就法律规定的不承担责任或者减轻责任的情形及其行为与

---

① 参见［日］津田敏秀：《关于环境污染对人体影响诉讼的举证责任与自然科学》，载［日］淡路刚久、寺西俊一、吉村良一、大久保规子编：《公害环境诉讼的新展开》，日本评论社 2012 年版，第 232 页以下。

损害者之间不存在因果关系承担举证责任。"有人理解为举证责任倒置,这不够准确。确切地说,是污染者的反证责任。这是因为:

一、举证责任倒置是将原告举证改由被告承担

举证责任倒置是环境污染早期的情况,即"二战"前的情况。如当时某一化工厂向某湖中排放废水,养鱼人的鱼大量死亡,养鱼人只证明湖中污水来自该化工厂(门前规则)和鱼大量死亡即可,因果关系则倒置于化工厂,若化工厂不能证明无因果关系,即认定有因果关系。而本条不是因果关系倒置规定,而仅仅是反证存在不承担或者少承担责任的法定事由(正当理由)和无因果关系的规定。

二、《民法典》第1230条规定没有免除受害人的举证责任

发生诉讼,原告必须就因果关系承担一定的举证责任。比如,至少可以证明污染与损害存在一定盖然性。如证明化工厂堆放的铬渣致河中养的鱼死亡,养鱼人收集流入河中含铬废水装入容器中然后观察放进去的鱼的反应,发现鱼死了,而放入未污染水中的鱼则正常。实践中,有的原告就用这种方式举证。原告也可请专家鉴定。法院也会委托鉴定组织鉴定。如果被告认可这些证据,承认存在因果关系,就可以不负举证责任。只有在被告不认可原告证据,不承认因果关系,或者主张存在不承担责任或者减轻责任正当理由时,才负举证责任。

三、《民法典》第1230条是污染者反证责任的规定

反证即与受害人请求主张及其根据完全相反的证明。倒置是某一要件的换位和证明问题方向的倒置。反证成立则确认其主张而无须推定,反证不成立则可由法院作出确认或者推定,而倒置的后果不能举证或者举证不成立就是推定。

以下,仅举适用反证规则(原《侵权责任法》第66条,《民法典》仅增加"破坏生态"和将"污染者"修改为"行为人")的几个实例进一步说明。

案例一：曾某某诉 A 钢铁公司、B 矿产公司、C 制药公司水污染责任纠纷案。

　　原告曾某某 2010 年 10 月，于贵州省修文县龙场填沙溪村四组，承租了朱某某位于修文县修文河边养殖场养鸭。至 2011 年 1 月 20 日，购进鸭苗四批共 8 600 只，白天河里放养，晚上鸭棚喂养休息。喂养饲料购于贵阳新希望农业科技有限公司的恒标牌 251 鸭料。饲养中，鸭子基本上未出栏就大量死亡。经修文县兽医检疫部门流行病学调查确认鸭子属非疫病性死亡。原告认为是三被告排放的污水污染修文河致鸭子死亡，遂向清镇市人民法院环境保护法庭（贵阳市环保案件一审管辖法庭）提起诉讼，并提交一份鸭死于重金属氰化物中毒鉴定报告。

　　法院认为，根据《侵权责任法》第 66 条规定，不能绝对免除原告在因果关系上的基本举证义务，但本案原告未能尽到此义务。相反，被告 A、B 强调生产废水循环利用未向外排放，经法院两次勘察属实。被告 C 虽向修文河排放废水，但 C 提供工厂废水中不含氰化物的证据，法院予以确认。法院查明，被告工厂至原告养殖场区间河段也有其他养鸭厂，并未发生类似事件。故此，法院判决驳回原告诉讼请求。原告不服上诉，二审终审判决维持原判。①

　　此案，法院对原《侵权责任法》第 66 条的适用是正确的。法院没有简单适用倒置举证和因果关系推定。法院认为原告应举证证明基本因果关系，然后按《侵权责任法》第 66 条由被告证明不承担责任或者减轻责任的理由，或者证明无因果关系。这实际就是分担举证责任或者部分举证责任倒置，即被告承担反证责任。法院也没有简单作因果关系推定，而是办案人员亲自到现场确认，考查三被告至原告区间是否发生类似事件作为判决无因果关系的主要依据。

　　案例二：东营市环保局诉吴海涛、东营海丰运输有限公司、淄博周

　　① 参见赵军编：《贵阳法院生态保护审判案例精选》，人民法院出版社 2013 年版，第 55 页。

村华益溶剂化工厂环境污染责任纠纷案。

　　法院审理查明:被告吴某涛于2011年7月29日20时55分,驾驶一辆重型半挂牵引车,行驶到垦利街道办事处境内胜采集输运队南侧20米处停车,将所载散发刺鼻化工气味的黏稠黑色液体倾倒至现场,原告执法人员当场拦截,并依法立案处理。

　　经垦利县国土资源局勘测,被污染土地面积44 003.2平方米,水域面积30 802.2平方米。经采样检测分析,污染物为挥发性有机物(VOCs)、半挥发性有机物(VOCs),重金属六氯苯、砷、汞、锰等,对该场地及周边人群、生态环境构成严重威胁,对地表水和地下水造成严重污染,对该土地日后利用造成严重影响。

　　经环境保护部环境规划院环境风险损害鉴定评估中心检测,被告槽罐车残留液体有污染物45项,污染场地地表水有31项污染物与槽罐车残留液体污染物一致。该中心对地表水污染损失估算:前期处理费用为57.096 5万元,地表水体整治费用约为655.88万元,损失评估费用为30万元,总计损失742.976 5万元。

　　原告向法院提交了污染行为、损害后果、因果关系的全部证据。被告只是不相信损害评估数额,请求法院公正判决。法院认定,被告吴海涛是行为实施人,其行为与损害存在直接、必然因果关系;被告东营海丰运输有限公司系被告吴海涛驾驶车辆的挂靠单位,对吴某有监督管理之责;被告淄博市周村华益溶剂化工厂,对废液未做处理,雇用吴某倾倒。三被告应依法共同承担侵权责任。法院于2012年12月10日,依据原《侵权责任法》第4、6、8、10、15(六)、19、65、66条之规定,判决三被告向原告连带承担环境污染损失费742.560 7万元,用于被污染场地的修复治理。案件受理费、诉讼保全费由三被告共同负担。①

　　此案,原告充分证明了污染行为、损害后果和因果关系,被告未能证明存在不承担责任、减轻责任、不存在因果关系,充分说明《侵权责任

────────────

　　① 参见(2012)东环保民初字第1号判决书。

法》第66条的规定是污染者反证的举证责任,而不是因果关系举证责任倒置和因果关系推定。

第七节　共同环境污染责任的分担

《民法典》第1231条(承袭原《侵权责任法》第67条并作修改)规定:"两个以上侵权人污染环境、破坏生态的,承担责任的大小,根据污染物的种类、浓度、排放量,破坏生态的方式、范围、程度,以及行为对损害后果所起的作用等因素确定。"本条是共同污染环境分担责任的规定。

《民法典》第1168条规定:"两人以上共同实施侵权行为,造成他人损害的,应当承担连带责任。"共同侵权,分为有意思联络的共同侵权与无意思联络的共同侵权。有意思联络,即共同侵权人有共同侵害他人的过错,包括故意和过失,行为人应负连带责任。无意思联络,即当事人无共同的故意和过失,只是客观上各自的侵权行为造成同一损害后果。共同环境污染、生态破坏损害,即属后者。有一种观点认为,有意思联络的共同环境污染只适用承担连带责任规定。[①]就适用连带责任,这一观点是对的。但就有意思联络的共同环境污染、生态破坏而言,是不能成立的,因为真的有人在污染环境、破坏生态方面有意思联络的话,那么他们就不过是以污染、破坏为共同侵权的手段,污染、破坏只是表面现象,实质上不是共同环境污染、生态破坏而是一般的共同侵权,当然不适用《民法典》第1231条。

《侵权责任法》之所以规定共同污染环境、破坏生态对损害分担责任,是由我国的具体历史背景决定的。从比较法观察,适用连带责任是

---

①　参见全国人大常委会法制工作委员会民法室编:《中华人民共和国侵权责任法条文说明、立法理由及相关规定》,北京大学出版社2010年版,第281页。

通例。比如《德国水利法》第 22 条分两款规定，"向水体（包括河流、湖泊、沿海和地下水）投放或者导入物质，或者变更水体原有的物理、化学或者生物性质，致损害他人者，就其所生损害负赔偿责任。如果是多人使水域产生影响，他们作为整体负债人而承担责任"。"因制造、加工、贮藏、堆积、运送或者毁弃物品，从其设备向水体投放物质，致损害于他人者，设备营运人就所生损害负赔偿责任。如果损失由暴力引起，则没有赔偿义务。"《日本民法典》规定了共同侵权人的连带责任，但在《大气污染防治法》作了对应负责任很小的事业者法院应予考虑的缓和规定。《日本民法典》第 719 条规定："由于多人共同的不法行为而对他人造成损害，各人对于该损害负连带赔偿责任。无法确定共同行为人中某一人是否实施了该损害时亦同。"《日本大气污染防治法》第 25 条第 2 款规定："对于由两个以上的事业者向大气中排放有害健康的物质而引起的该损害赔偿责任，适用民法第 719 条第 1 款的规定（共同不法行为）的情形下，当认为事业者对于该损害的造成应负责任明显很小时，法院在决定该事业者的损害赔偿金额时可以对这一情况加以考虑。"德、日等发达国家之所以规定连带责任，是因在这些国家较发达，市民的自治自律较强。即使同一地域条件下的事业者，它们也会就可能产生的环境损害作出约定，相互监督。法律连带责任的规定，既有利于保护受害者，也有利于促使事业者自治自律。二战之后形成的当代环境问题，在发达国家是在较好法治环境下发展的。然而，即便是在发达国家，有些特殊问题对共同污染者是否采连带责任也明显不同。如美国 1980 年制定的《概括性环境对策、补偿、责任法》，对土地污染规定，潜在的责任担当者应负连带责任。其潜在的责任担当者，包括污染设施现在的所有者及管理者、污染设施过去的所有者或者管理者、有害物质的处理与处分者、有害物质的运输以及融资者和亲公司。① 而日本 2002 年制定 2009 年修改的《土地污染对策法》，因顾及土地污染关予度极小污染者

---

① 参见[日]黑坂则子：《美国的土壤污染对策法的现状与课题》，载人类环境问题研究会编辑：《土壤污染与法政策》，有斐阁 2009 年版，第 75—76 页。

承担较大责任的不公平性而没有课以连带责任,而采用污染原因者可认定时由污染者负担包括共同侵权分担责任、污染原因者不能认定时由土地所有者负责的对策。①我国的环境问题,产生的历史背景比较复杂。一是改革开放前形成的污染源。那时中国大陆地区工业发展水平相对落后,几乎没有环境法治,一些化工厂、矿山堆放的有害废弃残渣、尾矿致环境污染、周围居民健康损害,这些损害在改革开放后显现,至今犹存。二是改革开放后以经济建设为中心,环境法治虽发展很快,但仍落后于经济发展,企业违法排放较为严重,企业污染与企业规模并非对应,有些小企业违法排放更为严重。三是我国企业间几乎不存在防止环境污染的相互约束机制,欠缺相同地域间企业的自治自律。因此,在如此背景下规定共同环境污染承担连带责任,将会产生企业承担责任的不公平,不利于制裁严重违法排放的污染者。我国立法权衡利弊,作出了共同环境污染、生态破坏分担责任的规定。

如何分担责任,依《民法典》第 1231 条规定,可根据污染物的种类、浓度、排放量,破坏生态的方式、范围、程度以及原因力等因素确定。这在现代环境污染、生态破坏防治治理体制下是完全可以办到的。因为环保部门有日常监测数据,排污者必须向环保部门申报排放量,对非法排放可作科学的鉴定评估,区分共同侵权人责任的大小并不困难。

第八节　第三人过错所致损害责任的承担

《民法典》第 1233 条(承袭原《侵权责任法》第 68 条并作修改)规定:"因第三人的过错污染环境、破坏生态的,被侵权人可以向侵权人请求赔偿,也可以向第三人请求赔偿。侵权人赔偿后,有权向第三人追偿。"这是对因第三人过错所致环境污染、生态破坏责任承担的规定。

---

① 参见[日]大塚直:《环境法》,有斐阁 2013 年版,第 201—202 页。

立法作此规定,优先考虑的是保护受污染者的利益。因为污染者的赔偿能力一般情况下比第三人强①,但也有第三人的赔偿能力比污染、破坏者强或者虽未必强于污染、破坏者但有相应的赔偿能力,受污染、破坏者可酌情选择责任者。因损害是由独立第三人所致,侵权人承担责任后有权向第三人追偿。如一辆载有化学液体的车被另一辆违章驾驶的车所撞致翻车泄漏污染,责任百分之百在违章一方,则适用该条由受污染者选择行使请求权。但如载有化学液体的车辆一方也有责任,则属一般共同侵权,侵权人承担连带责任,不适用本条规定。可见,本条是非共同侵权单方连带责任之规定。

本条与环境特别法相关规定的关系,需依民法解释原理解释适用。这主要涉及以下两个法律规定:

一是涉及《水污染防治法》。《水污染防治法》第85条第4款规定:"水污染损害是由第三人造成的,排污方承担责任后,有权向第三方追偿。"此款仅仅是排污者向第三人追偿的规定,而非受污染者请求选择权的规定。此款规定的追偿权与《民法典》第1233条的追偿权一致,只是依此款受污染者无请求选择权。依据后法优先原则,《民法典》第1233条的规定适用于水污染,即水污染损害受害人原只能向污染者请求承担民事责任,现既可向污染者也可向造成损害的第三人请求承担民事责任,其责任方式包括清除污染、赔偿损失等。

二是涉及《海洋环境保护法》。《海洋环境保护法》第90条第1款规定:"造成海洋环境污染损害的责任者,应当排除危害,并赔偿损失。完全由于第三者故意或者过失,造成海洋环境污染损害的,由第三者排除危害,并承担赔偿责任。"依此款规定,第三人造成海洋环境污染应独立承担责任,不存在受污染者的请求选择权。这是与其后出台的《侵权责任法》和《民法典》完全不同的规定。依国际规则优先于国内法适用,国内法不能改变国际规则的法解释原则,海洋保护法的此款规定优先

---

① 参见全国人大常委会法制工作委员会民法室编:《中华人民共和国侵权责任法条文说明、立法理由及相关规定》,北京大学出版社2010年版,第284页。

适用于后法。这是因为《海洋环境保护法》第90条第1款,来自两个国际公约。这两个公约,一是《国际油污损害民事责任公约》第3条第2款。该款规定:"船舶所有人如能证实损害系属于以下情况,即对之不负责任:(1)由于战争行为、敌对行为、内战或者武装暴动,或者特殊的、不可避免的和不可抗拒的自然现象所引起的损害;(2)完全由于第三者有意造成损害的行为或者怠慢所引起的损害;(3)完全是由于设立灯塔或者其他辅助设备的政府或者其他主管当局在执行其职责时,疏忽或者其他过失行为所造成的损害。"二是《关于危险废弃物越境转移及其处置所造成损害的责任和赔偿问题议定书》第4条第5款规定:"如果本条第1款和第2款中所述之人证明损害由以下原因之一所致,则该人便不应对之负任何赔偿责任:(1)武装冲突、敌对行为、内战或者叛乱行为;(2)罕见、不可避免、不可预见和无法抵御的自然现象;(3)完全系因遵守损害发生所在国的国家公共当局的强制性措施;或者(4)完全由于第三者的蓄意不当行为,包括遭受损害者的不当行为。"在国际关系和外国法,第三人原因引起和不可抗力、战争及暴力事件等均为免责事由,海洋环境污染多具国际因素,必须适用共同国际规则。我国《民法典》第1233条规定体现了立法对受害者的优先保护,立法本意并未考虑涉外因素较多的海洋环境污染。从字面理解,文字规定含义过宽,应作不包括海洋环境污染的限定解释。

第十章
高度危险责任

第一节　高度危险责任的概念和历史发展

高度危险责任，又称高度危险作业责任。依据我国《民法典》规定，高度危险作业是指使用民用核设施、高速轨道运输工具和从事高压、高空、地下采掘活动，以及占有、使用易燃、易爆、剧毒和放射性危险物的行为。从事这些作业造成他人损害承担的责任，即高度危险责任。

高度危险责任是危险责任的一部分，即具有高度危险责任的那一部分。因为具有高度危险性，法律对从事的人要求更为严格，一旦造成损害一般也非常严重，在承担责任上法律的要求也更为严格。

首先要区分危险责任与高度危险责任。危险责任是德国法学上的概念。在德国，针对近现代工业社会和科学技术发展产生的环境污染、医疗责任、产品责任、汽车交通事故以及火车事故、航空事故、原子力核事故等，为解释责任人承担无过错责任的原因，从制造危险者应承担责任的原理加以说明，形成无过错责任的危险责任原因论。用这一学说，也可解释动物致害责任，在德国是与无过错责任一致的，但并不能与我国的无过错责任相提并论，因为在德国使用人责任为违反选任监督谨慎注意义务的过错推定责任、监护人责任为违反监护义务的过错推定责任。而在我国,这两种责任是无过错责任。两国责任体系不尽相同,危险责任不能完全取代我国的无过错责任。这是要注意的一个问题。要注意的另一个问题就是要区分高度危险责任与危险责任的不同,这是正确适用高度危险责任法律规定的前提。[①]两者的区别在于危险的"高度"性。危险责任不是一个侵权责任类型,而是包含多种危险责任类型的法理,高度危险责任是法律规定的特殊侵权责任的一个类型。

最早规定高度危险责任的是普鲁士 1938 年通过的《普鲁士铁路企业法》。该法规定:"铁路公司所运输的人及物,或者因转运之事故对他人人身和财物造成损害,应当承担赔偿责任。容易致人损害的企业的企业主即使没有任何过失,也不得以无过失为由请求免除赔偿。"之后,这一规定扩大适用于铁路公司等易致人损害的企业。此前的《法国民法典》和《德国民法典》都没有高度危险作业责任的规定。法国最高法院是通过对《法国民法典》第 1384 条第 1 款的扩大解释逐渐形成高度危险责任类型。《法国民法典》第 1384 条第 1 款规定:"任何人不仅对因自己的行为造成的损害负赔偿责任,而且应对其应负责之人的行为或者由其照管之物造成的损害负赔偿责任。"法国最高法院将此款扩大适用于 1896 年的拖船爆炸案和 1925 年的卡车交通事故案。法国通过判例和法律修正将"管理下的物件"广泛适用于火车、汽车、电气、瓦斯、臭气等高度危险作业领域。德国继普鲁士《铁路法》之后,1940 年制定《铁路及电车对物品损害赔偿法》、1959 年制定《原子能法》、1966 年制定《航空法》分别规定了各种高度危险责任。新修订的《荷兰民法典》债法总则第 175 条第(1)项规定:"在其营业或者经营活动中使用或者保有某种已知对人身或者财产具有特别严重危险性的危险物质者,对危险之实现(造成的损害)承担责任。从事经营活动的人,也包括在其履行义务的过程中使用或者保有此等危险物质的法人。特别严重危险性是指,在任何情况下,依据《环境有害物质法》第 34 条第 3 款(《法规与法

---

① 参见王利明:《高度危险责任一般条款的适用》,载《中国法学》2011 年第 1 期。

令汇编》,《荷兰官报》1985 年第 639 号)规定的标准和方法认定的具有爆炸、氧化、可燃、高度可燃或者特别易燃、有毒或者巨毒性质的物质。"

我国原《民法通则》第 123 条规定:"从事高空、高压、易燃、易爆、剧毒、放射性、高速运输工具等对周围环境有高度危险的作业造成他人损害的,应当承担民事责任;如果能够证明损害是由受害人故意造成的,不承担民事责任。"《民法通则》草案原本另有交通事故的规定,后取消,归入本条高速运输工具中。故依《民法通则》,交通事故属高度危险作业。《民法通则》之后,我国分别制定了《铁路法》《民用航空法》《电力法》《道路交通事故安全法》《放射性污染防治法》等法律,对各种高度危险作业分别作出进一步规定。《侵权责任法》对道路交通事故作为独立类型用专章规定,高度危险责任不再包括道路交通事故责任,《民法典》承袭了原《侵权责任法》高度危险责任的规定。

第二节 我国高度危险责任的一般条款

我国《民法典》承袭侵权责任法以民事基本法形式,用专章规定高度危险责任,在规定各种高度危险责任之前用一般条款形式作出高度概括性规定,确实是中国民事立法的创举和对世界法律文化的一个贡献①,有普遍的价值。《民法典》第 1236 条承袭侵权责任法(第 9 条)规定:"从事高度危险作业造成他人损害的,应当承担侵权责任。"对本条应从以下几个方面理解:

第一,本条适用的是无过错责任原则。因有高度危险,行为人负有高度的注意义务,发生损害后受害人证明加害人过错十分困难,有时甚至会发生让人们意想不到的事故,行为人既然制造了高度危险并从作业中获得较其他作业更丰厚的报偿,应对除严格免责事由外的损害承

---

① 参见王利明:《高度危险责任一般条款的适用》,载《中国法学》2011 年第 1 期。

担无过错责任。这在各国都是一致的。如日本福岛核事故,系因人们意想不到的特大海啸所致,依法仍应承担民事责任。

第二,本条涉及的高度危险作业,并非限于《民法典》规定的几种情况,也包括《民法典》未规定以及以后出现的新情况,只要属高度危险作业类型,即适用本条。因此,本条是开放式条款,不是限制性条款。如关于危险活动,就不限于本法规定的情况,本法也不可能作出全面规定。比如,燃放礼花、爆竹就是危险活动,造成他人损害应承担高度危险作业责任。本法虽有"易燃"的规定,但不可能对易燃物或者易燃危险活动作出详尽规定。再如,买一把菜刀拿回家,必须注意不要碰到行人造成伤害,也适用高度危险作业的法理,但"作业"一般是指工业活动。

第三,本条虽未规定免责事由,但决不等于不存在免责事由。一是,从与《民法典》规定条文间的关系分析,《民法典》第1174条规定"受害人故意"是免责事由。依照体系解释,《民法典》第1174条为侵权责任编的一般规定,"受害人故意"当然是高度危险作业的免责事由。从因果关系分析,完全因受害人故意所致,即不存在承担责任的因果关系要件。二是,从一般条款与各种高度危险作业的分别规定分析,不同的高度危险作业有不同的免责事由,如完全是由乘客疾病发生的损害,航空公司不承担责任。战争引起的民用核设施发生损害,经营者不承担责任。

第四,本条规定的民事责任,既包括损害赔偿,也包括消除危险、恢复原状等责任方式。

第三节　现行法关于民用核设施
事故责任的规定

民用核设施事故责任,是"二战"后随着美国、苏联、英国、法国、德国、日本等发达国家民用核电事业的发展产生的一种高度危险责任。

我国从20世纪80年代开始建造秦山核电站和大亚湾核电站,民用核设施事故责任成为立法面对的新问题。国家先后制定了《放射性污染防治法》《民用核设施安全管理条例》《核电厂核事故应急管理条例》等相关法律、法规,加入了国际《核安全公约》。原《侵权责任法》鉴于民用核设施虽相对比较安全,但一旦发生核事故损害可能极其严重的特点,将其作为一种高度危险责任加以规定,《民法典》第1237条承袭原《侵权责任法》(第70条)规定并作了进一步修改。

《民法典》第1237条规定:"民用核设施或者运入运出核设施的材料发生核事故造成他人损害的,民用核设施的营运单位应当承担侵权责任;但是,能够证明损害是因战争、武装冲突、暴乱等情形或者受害人故意造成的,不承担责任。"相对于原《侵权责任法》第70条,本条增加了"或者运入运出核设施的材料",将"营运者"修改为"营运单位",增加了"武装冲突、暴乱","," 但"修改为";但是,"。正确理解此条须把握以下几点:

(一)民用核设施、核材料的范围

根据我国《放射性污染防治法》第62条第1款和《民用核设施安全监督管理条例》第2条、第24条第1款的规定,民用核设施包括核动力厂(核电厂、核热电厂、核供汽供热厂等);核动力厂以外的其他反应堆(研究堆、实验堆、临界装置等);核燃料生产、加工、贮存和后处理设施;放射性废物的处理处置设施;其他需要严格监督管理的核设施。其中放射性废物是指核设施运行、退役产生的含有放射性核素或者被放射性核素污染,浓度或者比活度大于国家确定的清洁解控水平及其不再使用的废弃物。核材料包括:铀-235材料及其制品;铀-233材料及其制品;钚-239材料及其制品;法律、行政法规规定的其他需要管制的核材料。

(二)核事故及其分类

依据我国《民用核设施安全监督管理条例》第24条第5款规定,核事故是指:"核设施内的核燃料、放射性产物、废料或者运入运出核设施材料所发生的放射性、毒害性、爆炸性或者其他危害性事故,或者一系列事故。"

根据国际原子能机构1990年制定的国际核事故分级标准,核事故分为七级：七级为大量核污染物泄漏到工厂以外，造成巨大健康和环境影响，至今发生两起，即 1986 年苏联切尔诺贝利核事故、2011 年日本福岛第一核电站核泄漏事故。六级为一部分核污染物泄漏到工厂外，需立即采取措施挽救各种损失，至今发生一起，即 1957 年苏联"克什特姆核事故"。五级为有限的核污染物泄漏到工厂外，需采取一定措施挽救损失，至今发生四起，即美国三厘岛核事故，另发生在加拿大、英国、巴西各一起。四级为非常有限但明显高于正常标准的核物质散发到工厂外，或者反应堆严重受损或者工厂内部人员遭受严重辐射。2011 年日本福岛核事故最初定为四级。三级是较小的内部事故而外部可能有核物质扩散，或者严重的内部核污染至少影响 1 个工作人员，如 1989 年西班牙 Vandellos 核事件，仅因发生大火造成控制失灵，最终反应堆被成功控制并失灵。二级对外部无影响，但内部可能有核物质扩散。一级对外部无影响，仅为内部操作违反安全准则，可能出现涉及安全运行的微小问题。我国 2010 年 10 月 23 日大亚湾核电站检修时发现辅助冷却系统管道裂纹并及时更换被评估为一级核事件。以上一、二、三级又称为"事件"，非公害，对外界无损害。只有四、五、六、七级才构成严重损害，《民法典》所指的"核事故"，即为此四个级别的事故。三级即便对 1 个工作人员有影响，可通过劳保解决，其余一、二级无损害，此三级无适用《民法典》规定的可能。

（三）责任主体

本条规定，民用核设施的营运单位是事故的责任承担者。民用核设施的营运单位，以往称"营业单位"或者"营业者"。综合《放射性污染防治法》(2003 年)、《国务院关于核事故损害赔偿责任问题的批复》(2007 年)的有关规定，民用核设施的经营者为依法取得法人资格，营运核电站，或者从事核电站核材料的供应、处理、运输并拥有其他核设施的单位。民用核设施的设计人、建筑人因过错导致核事故的，首先由核设施的经营者承担责任，然后可向设计人或者建筑人追偿。因此，原《侵权责任法》将责任人称为"经营者"。在《侵权责任法》实施后，全国人大常委会于 2017 年 9 月 1 日通过《中华人民共和国核安全法》，规定从 2018 年 1 月 1 日实施。该法使用核设施"营运单位"称谓。该法第 93 条规定,核设施营运单位是在中华人民共和国境内申请或者持有核设施安全许可证,可以经营和运行核设施的单位。第 5 条规定,核设施营运单位对核安全负全面责任。第 90 条第 1 款规定,核事故造成他人人身伤亡、财产损失或者环境损害的,核设施营运单位承担赔偿责任,但能够证明损害是因战争、武装冲突、暴乱等情形造成的除外;第 2 款规定,为核设施营运单位提供设备、工程服务的单位,如有承担责任约定,可依约定承担,但在承担赔偿责任后,可依约定向核设施营运单位追偿。因此,《民法典》不仅将侵权责任法使用的"经营者"改成"营运单位",而且对不承担责任的正当理由战争之后增加了武装冲突、暴乱等。

(四) 归责原则和不承担责任的正当理由

核事故责任为无过错责任,其不承担责任的正当理由除受害人故意外,为战争、武装冲突和暴乱等情形。这些情形造成的损害,实施国家救助,非营运单位原因所致,营运单位不承担民事责任。

(五) 责任方式

核事故不仅会造成人的健康损害,也会对生态造成严重破坏,因此,责任方式包括赔偿损失和生态修复。为保护民用核事业的发展,国务院关于民用核事故损害赔偿的批复规定实行总额限定赔偿,即赔偿总额不超过 3 亿元人民币。超过赔偿总额的,国家提供最高限额为 8 亿元人民币的财政补偿。

第四节　核事故损害赔偿、生态修复法探讨

一、制定核事故损害赔偿、生态修复法的必要性

(一) 核事故损害发生的难以预测性和严重性

关于核事故,我国虽未发生,但事发未料之中,不仅日本因特大海

啸引发的福岛核事故是未料事件，就是特大地震断裂带上的任何坚固的设施都是可摧毁的，由此引起的核事故也绝非不可能。因此，我国应未雨绸缪，借鉴国外经验制定《核事故损害赔偿、生态修复法》。

以日本为例，首先看看核事故的难以预料性。2011年3月11日14时46分，在日本东北地方太平洋沿岸海域发生了里氏9.0级强烈地震并引发海啸，15时27分浪高13米的海啸到达福岛第一原子能发电所，15时41分一号发电机停止运行。由于电源丧失，原子炉停止工作。另外，福岛第二发电所受到了9米的海浪袭击，设施内的原子炉停止冷却，至严重事故发生。福岛第一及第二原子能发电所设计所预想的防波高度为5.1米。这是根据本地有记录以来最高浪高还要高的标准设计的，以避免遭受更大的损害。但是这次地震引发的海啸海浪高度远远超出预料。①福岛核电站是按设想地震不超过里氏7.9级建造的，但实际上发生的是里氏9.0级地震。另外，日本国会事故调查也表明，事故炉欠缺充分的耐震设计。②再从日本核事故损害赔偿法问题看，日本虽有核事故损害赔偿法，但面对福岛核事故引发的问题，许多方面欠缺法律规定，主要表现为规定原子能设施经营者负无限责任，仅仅规定国家可实施援助，没有像其他国家那样作出最高限额赔偿的规定，国家援助不具严格意义的可执行性，援助到什么程度是一个容易引起争议的问题。这次损害包括避难的精神损害、财产损害，对土地建筑物的损害，渔业的损害，谣传损害、清除污染的费用等，赔偿数额巨大。根据日本原子能损害赔偿纠纷审查会制定的赔偿范围指南，截至2013年8月个人提起的精神损害赔偿约42万件，对于自发避难地区造成的精神损害提起的赔偿在指南发布后达130万件，个人和法人提起的营业损失赔偿约19万件。另外还有受灾居民的住房、土地、家具等的赔偿和清除污染的费用，长期不能返回故里的精神损害赔偿。预计最终

① 参见[日]中岛映至、大原利真、植松光夫、恩田裕一编：《原发事故环境污染——福岛第一原发事故的地球科学的侧面》，东京大学出版会2014年版，第2页。
② 参见[日]齐腾浩编：《原发的安全与行政·司法·学界的责任》，法律文化社2013年版，第58—59页。

赔偿额将达到 10 兆日元。而与此相对的《原子能损害赔偿法》规定的保险以及依据政府补偿合同的赔偿措施仅为 1 200 亿日元,远远不足以赔偿。①

(二) 现有立法欠缺具体规定

我国《核安全法》对核事故损害赔偿并没有进一步的具体规定,现有的国务院关于核事故损害赔偿的批复的原则规定,一旦发生核事故,是远远不够用的。国家生态环境部关于第十三届全国人大一次会议第 308 号议案的答复意见披露,第十三届全国人大一次会议第 308 号议案为《关于加快制定核损害赔偿法的议案》。答复认为,核损害赔偿不仅是核安全体系"事前预防、事中监管、事后救济"中不可或缺的兜底性环节,更是核能开发利用活动的重要保障。世界主要核能大国,例如美国、法国、德国、日本都有关于核损害赔偿的具体细化的法律制度,有的有专门的核损害赔偿法,有的是在核领域综合性法律中对核损害赔偿作出具体细化的规定。我国《核安全法》相关规定较为原则,我国是核电发展大国,应尽快完善关于核损害赔偿的具体细化的法律制度。答复表示,将认真做好核损害赔偿法律制度的调研和论证等工作,尽快完善我国核损害赔偿法律制度。这表明进一步完善核损害赔偿法律,是我国发展将面对的重要课题。②日本是核损害赔偿法较早和较为先进的国家,有专门立法,但在福岛核事故面前暴露了很多不足。这也说明在我国尽早完善核事故损害赔偿、生态环境污染修复法律的必要性和迫切性。

(三) 核事故发生容易造成严重的生态破坏

核事故发生后,不仅会对人身造成损害,也会对财产造成损害。在财产损害中,也包括核污染场地、容器以及核工厂外的相当范围的土地核污染。依照我国《民法典》环境污染和生态破坏责任的规定,因核事故造成的周边土地的污染和水资源的污染属于生态破坏,核设施经营

---

① 参见[日]能见善久:《核事故的赔偿问题》,江雪莲译,载《科技与法律》2014 年第 2 期。

② 参见环境保护部环建函[2018]第 18 号,载政府信息公开网,2018 年 9 月 26 日,访问时间:2022 年 9 月 22 日。

单位应承担修复费用或者直接予以修复。核污染修复专业性强,具有
与其他环境污染不同的特点,修复技术具有复杂性,主要表现为放射性
物质的污染。仅以土地核污染修复为例,其修复方法包括:铲除浮土,
即将表土铲除处理,从而杜绝放射性元素进一步扩散和进入食物链。
缺点是劳动强度大,工作人员易遭受核辐射;深翻稀释,即使用深犁的
办法将污染的表土翻至土壤深层,从而稀释表层土污染水平。缺点是
底部的放射性元素会沉积并扩散;客土覆盖,即从别处运来新土覆盖,
也存在底部放射性元素沉积扩散的缺点;可剥离性膜法,即通过飞机或
者陆地的喷洒机械将研制的成膜液快速喷洒在污染土地上。这些覆盖
在土地上的成膜去除材料会吸附粘连放射性沉积粒子,然后将凝固成
膜回收清除;玻璃化技术,这是整治放射性土壤的热处理技术,是运用
玻璃云技术的焦耳加热法把容易清除的受污染土壤污染物清除,然后
将玻璃体物质回收处理;森林修复法,即利用森林植物吸收放射性物
质,一般利用生长期短的柳树或者是混交林对土壤进行修复;微生物处
理技术,采用生物技术对污染土地进行修复。最严重的污染区还要设
置隔离带隔离,对其他污染区要警示人们不要进入或者不要长时间进
入。这些责任由谁具体承担、如何修复以及修复的费用由谁承担,需要
法律作出规定。依照我国《民法典》环境污染和生态破坏责任的规定,
修复责任是独立于损害赔偿的责任。因此,我国制定的法律不应单纯
是核事故损害的赔偿法,也应该包括生态修复责任,因此应称作核事故
损害赔偿、生态修复法。

**(四) 核事故损害的责任主体与免责事由的特殊性需法律作出明
确规定**

与其他环境污染、生态破坏相比,核事故损害的责任主体、不承担
责任的正当理由有其特殊性。就责任主体而言,世界各国的核事故损
害赔偿法的共同特征都是核事业者对第三人损害承担排他性的集中责
任(责任集中原则)以及无过错责任[1],而其他环境损害、生态破坏责任

① 参见[日]卯辰升:《现代原子力法的展开与法理论》,日本评论社 2012 年版,第
36 页。

主体存在事业的经营者、有害物质的运输者、缺陷产品生产者等多种主体。根据 1960 年《巴黎公约》规定,任何非营运人对核事故造成的损害一律不承担责任。依据 1963 年关于《核损害民事责任的维也纳公约》规定,除本公约另有规定外,任何非营运人对核损害一律不承担责任。这是因为核泄漏、核辐射等损害,核材料的储存者、运输者和设施的供应者造成损害,如果法律规定由这些人承担责任的话,这些人就不会积极参与核材料的储存、运输或者供应核设施,核能产业就难以发展。因此,国际公约和各个国家基本都是规定责任由核运营人承担,国家承担相应的责任。就不承担责任的正当理由而言,其他环境污染和生态破坏,不可抗力、第三人过错、受害者自身的原因都属于不承担责任的正当理由,但是核事故损害不承担责任的正当理由仅限于战争、武装冲突、暴动、受害人故意,不包括自然灾害。所以必须制定特别法,对责任主体和免责事由作出进一步规定。

(五)核事故往往具有国际性,完善国内相关法律是国内法治与国际法治相协调的需要

核事故损害,往往并不限于一国之内,具有国际性,即使地域辽阔的国家,也不排除这种可能。苏联切尔诺贝利核事故导致的核污染波及欧洲国家。日本福岛核事故,政府决定向太平洋海域排放污水,遭到中俄韩等邻近国家的激烈反对。早在 20 世纪 60 年代初,国际组织就制定了相关的公约对核损害的预防、国际合作及损害的赔偿做出规定。这些文件包括:1960 年《关于核能领域的第三方责任公约》(1960 年《巴黎公约》)、《关于 1960 年〈巴黎公约〉的补充公约》(1963 年《布鲁塞尔补充公约》)、《关于核损害民事责任的维也纳公约》(1963 年《维也纳公约》)、2003 年 10 月 4 日《关于核损害民事责任的维也纳公约》修订了1963 年《维也纳公约》、2004 年 2 月 12 日《关于核能领域的第三方责任公约》(1960 年《巴黎公约》修订版补充公约和 1963 年《布鲁塞尔普通公约》的修订版)。这些规定从总体上确认了无过错原则、唯一责任或者责任集中责任、责任限制、强制性责任保险或者财务保证制度、管辖制度、国家介入制度,各国国内立法均遵守或者借鉴这些国际条约。我国相关立法也受到这些国际条约的影响,包括 2003 年 6 月 28 日颁布的《中华人民共和国放射性污染防治法》规定了核损害的原则条款、1986 年 3 月 29 日国务院发布的《关于处理第三方核责任问题的批复》,2007 年 6 月 30 日发布了新的《国务院关于核事故损害赔偿责任问题的批复》以及制定的《中华人民共和国核安全法》对核事故损害赔偿作出了进一步的规定。如前所述,这些规定还比较原则,欠缺具体的可操作性,有必要借鉴国际最新条约和国外经验制定核事故损害赔偿、生态修复法。

二、核事故损害赔偿、生态修复法制定的问题

(一)核设施经营单位的限定赔偿与国家限额补充责任的关系

制定核事故损害赔偿、生态修复法,必须兼顾救济受害人、修复生态和促进核能事业发展。因此核设施经营单位不宜承担无限责任,而应承担限额责任。我国 2007 年 6 月 30 日,发布《国务院关于核事故损害赔偿责任问题的批复》,对核事故损害赔偿作出了限额的规定,其限额为营运人 3 亿元人民币,对超出这一最高限额的由国家提供最高限额为 8 亿元人民币的财政补助。但是这种限额是否过低还需要进一步研究,尤其是 2007 年当时的经济状况与进入 21 世纪 20 年代我国的经济状况显著不同,就现今的情况而言这一限额明显过低,况且我国经济还将进一步发展,但限额规定的原则本身是正确的。

我国是核电大国,核电不仅是清洁能源,也为国家创造了巨额的税收。因此,发生核事故,经营单位限额不足以赔偿受害人损失和承担生态修复责任时,国家应承担其余的限额责任。这也是充分保护受害人利益的需要。我们是社会主义国家,必须通过国家补充赔偿对受害人实施充分的救济。

综观其他发达国家,针对核事业经营者限额赔偿和国家补充责任也有不同规定,理论认识也并非不存在争议,也有些独特的经验值得我国借鉴。美国 1954 年就制定了原子能法,称《普莱斯—安德森法》(简

称 PA 法）。1957 年修改 PA 法,确立了核损害赔偿法体系。同其他国家一样,PA 法确立了为保护核事故被害者救济的损害赔偿措施和产生核事故的事业者限额责任以保护核产业发展。其限额为 5.6 亿美元,包括从参保保险公司获得的最大保险赔付额 6 000 万美元,如超过这个限额由国家限额补偿。国家补偿额限 5 亿美元。1957 年修改 PA 法导入了核事业者间的相互扶助制度,即第一次赔偿措施不足以全部赔偿可以用其他核事业者相互支援制度共同捐款用于赔偿受害人。如果发生了非常严重的核事故损害,所有的赔偿均由政府承担,由美国能源部负责商定赔偿协议。如果超出 9.3 亿美元,则由国会颁布法律为公众提供赔偿。1988 年美国再次修改 PA 法,将被批准从事核能发电的经营者责任限额提高到 72 亿美元,大约是原来的十倍。日本核事业者之间的相互扶助规定大型核发电炉最高可捐献 6 300 万美元。①依日本《原子能赔偿法》规定,福岛核事业经营单位——东京电力集中承担责任,其赔偿支出的一部分包括每一个核电事务所事前购买的保额为 1 200 亿日元损害赔偿的保险及与政府缔结的补偿契约。除此之外,由国家援助。②之所以规定国家援助,是因日本国民普遍认为实行国家补充赔偿是对核事业经营者保护。在发生了福岛核事故之后,面对非常高额的赔偿,如何修改日本的国家援助规定成为讨论的话题,有学者主张还是应由引起事故的核事业经营者负担。③以上可以看出,是否由国家补充赔偿以及补偿到何种程度,实际上是法政策的利益考量,各国可以以各自的国情调和各种利益后决定,但美国的核事业者相互辅助制度很有借鉴意义。

（二）核事故责任保险

1999 年,中国人民保险公司承保了大亚湾核电站的核责任保险,

中国核事故责任保险业务起步。1999 年 9 月,我国成立了核保险共同体。2013 年 7 月,我国第一家获批成立的全国性核保险专业中介机构——国核保险经纪有限公司在北京成立。之后中广核保险中介有限公司也于深圳批准设立。据银保监会有关部门负责人披露,我国核保险共同体 2019 年开办的核保险业务,已经覆盖了国内所有的 47 台核电机组,保障的财产总价值达 8 000 亿人民币,人员覆盖 2 万多名一线工作人员,为全球 27 个国家和地区的 400 台核电机组及各类核燃料循环设施提供了再保险。2020 年 10 月 30 日,我国银保监会、财政部、生态环境部联合发布了《核保险巨灾责任准备金管理办法》,规定核保险巨灾准备金按核保险承包盈利的 75% 计提。核保险巨灾准备金永久保留,形成长期保障能力,发生一次保险事故造成的核保险行业自留责任预估赔偿超过 3 亿元人民币或者等值外币,且核保险行业自留责任年度已报告赔付率超过 150%,可以使用核保险巨灾责任准备金。巨灾责任准备金进一步为核事故巨额损害赔偿提供了保障。[①]

我国至今还欠缺核事故责任强制保险的规定。只有法律实施强制保险,才能统一核事故责任险的保险金。保险赔偿限额也有利于保险公司有效支付核事故保险赔偿。强制保险也是其他核电大国的共同规定。另外我国现有的涉及核事故保险的法律规定,散见于不同的法律文献中,需要在核事故责任损害赔偿、生态修复法中高层设计,作出原则性的统一规定。

(三) 核事故损害的风险评估和纯经济损失的赔偿

核事故一旦发生,有关部门就要组织评估核事故风险损失(简称"风评损失")。核事故发生不仅是对第三人人身伤害,也包括对周边的居民、企业因避难遭受的损失、周边观光设施因观光客减少遭受的损

---

① 参见《中国银保监会有关部门负责人就〈核保险巨灾责任准备金管理办法〉答记者问》,载中华人民共和国中央人民政府网,2020 年 10 月 31 日发布,访问日期:2022 年 9 月 25 日。

失、设施周边的海产物及其他制品由于难以销售的损失,根据风险损害评估保险公司支付限额的保险赔偿,核设施运营者承担赔偿责任。①这些损失当中,有一些就属于纯经济损失。

我国有学者对纯经济损失研究的观点是,认为纯经济损失是被害人直接遭受的经济上的不利益或者金钱上的损失,并不是因被害人的人身或者有形财产遭受损害而间接引起的,或者说并不是被害人所享有的人身权和物权遭到侵犯而间接引起的。②这和国外学者的通常观点基本一致。国外有学者认为,纯经济损失是一种在原告人身和财产事先未受到侵害情形下发生的损害,它只是使受害者的钱包受损,此外别无他物受损。③总之非接触人身或者财产而受到损害,是纯经济损失的基本特点。比如,两车相撞发生交通事故,阻碍交通,致其他受阻人员延长了行程时间甚至赶不上预定的航班。这样的纯经济损失在各国都不予赔偿。如果油轮在海岸发生泄漏事故污染了海岸水域,使岸上旅馆因游客减少减少了收入,这种纯经济损失严重的话,各国司法实践中依据公平原则予以合理赔偿。纯经济损失的另一个特点,就是原则上只有法律规定予以赔偿的,法院才判决赔偿,法律没有规定而适用公平责任酌情赔偿是特例。那么核事故引起的纯经济损失赔偿就需要法律作出明确的规定。日本福岛核事故发生后,依据日本律师联合会的指导意见,可以向东京电力请求损害赔偿的范围包括:避难的赔偿;污染地域生活的赔偿(即由于生活领域的便利性遭受破坏引起的损害赔偿);健康损害的赔偿;死亡(包括自杀)的赔偿;企业的损害赔偿;农业、林业、食品加工、运输业者损害赔偿;观光业、服务业损害赔偿。具体可请求赔偿的项目达 129 项。④其中有些就属于纯经济损失,比如避难费

---

① 参见[日]卯辰生:《现代原子力立法的展开与法理论》,日本评论社 2012 年版,第 111 页。

② 参见李昊:《纯经济上损失赔偿制度研究》,北京大学出版社 2004 年版,第 7 页。

③ 参见[意]毛罗·布萨尼、[美]弗农·瓦伦丁·帕尔默主编:《欧洲法中的纯粹经济损失》,张小义、钟洪明译,林嘉审校,法律出版社 2005 年版,第 5 页。

④ 参见[日]日本律师联合会编:《原发事故·损害赔偿手册》,日本加除出版 2011年版,第 11 页以下。

用损失、服务业顾客减少遭受的损失、因限制农产品及树木上市流通，不在禁止出售地域内的地域的产品需做检测并提供检测合格证明后才能上市的检测费；政府因居民避难减少的固定资产税、居民税及支付的居民放射线测定人件费等。这些费用的损失属纯经济损失，需要法律对纯经济损失既作出原则性的规定，又尽可能作出列举性的规定。这也是我国核事故损害赔偿、生态修复法应规定的重要内容。

（四）核辐射与癌症的比例性因果关系

核辐射与癌症总体上说肯定有因果关系，但问题是暴露于低剂量的核辐射与癌症之间的因果关系是科学研究尚不十分明确的问题。日本福岛核事故发生后，在我国黑龙江等地已经检测到低剂量的核辐射，引起人们的担忧。为此，2011年4月1日，中央人民政府网发布了《人民日报》记者采访当时卫生部核事故医学应急中心主任、中国疾控中心辐射防护和安全医学所所长苏旭的报道。苏旭表示，监测到的放射性碘131是极其微量的，是人工放射性核素，可能来自日本福岛核电站事故释放的放射性核素。按照计算，这些监测到的微量放射性贡献，仅仅相当于天然本底辐射剂量的十万分之一，甚至不会改变本底辐射水平，不会影响我国公众的健康。苏旭认为当辐射剂量低于100毫西弗时，导致癌症的风险没有明显增加。[①]但日本福岛核电站污染区已有因患癌提起的诉讼。苏联切尔诺贝利核事故因核辐射患癌人数不断增多，至今仍时有新的报道。美国三厘岛核事故，已有逾2 000人提起核辐射患癌的诉讼，原告举证证明辐射量与癌症之间的因果关系十分困难，这要靠专家证明，而专家也有不同的意见，因此，最终原被告双方和解赔偿。我国也有核电站附近居民怀疑受到核辐射的威胁，经监测，没有发现核电站附近微量辐射地域患病人数高于其他地区。但核辐射与疾病之间的关系，也是我国民众关心的问题，更是核电站周边居民怀疑的问题。因此，有必要在理论上进行研究，法律也应作出原则性规定。

---

① 参见王君平：《对话卫生部苏旭：少量辐射不会危及健康无需防护》，载中华人民共和国中央人民政府网，2011年4月1日发布，访问时间：2022年9月27日。

核事故污染引起的疾病不限于癌症,但不管是何种疾病与暴露的核污染因果关系认定是一个十分复杂的问题,必须由专业人员通过流行病学调研得出因果关系的比例,根据确定的比例由核污染者赔偿。这在法学上被称为"比例性因果关系",而应用的认定方法被称为"疫学因果关系"。调研包括污染区以往某种或者某些疾病的患病率与污染后患病率的比较,以及污染区与非污染区其他环境类同的地域患病率的比较,从而得出污染区核污染与某种或者某些疾病的比例。这涉及原被告的举证责任,面对核污染各国的发展趋势是减轻原告的举证责任,至于举证责任如何分配有赖于法律作出明确的规定。

(五) 核事故损害赔偿、生态修复法的基本框架

综上所述,我国应制定的核事故损害赔偿、生态修复法基本框架包括:

(1) 立法目的:为预防核事故发生、保护有可能受到核事故污染损害的当事人利益,促进核能事业发展,依据《宪法》和《民法典》制定本法;

(2) 调整对象:调整因核事故发生引起的损害赔偿、生态修复关系;

(3) 基本原则:①核事故经营单位的有限责任原则;②国家有限补偿原则;③事故经营单位相互支援;

(4) 损害赔偿:损害赔偿的范围、损害赔偿的风险评估;

(5) 生态修复:生态损害评估、修复方法的选择、修复费用的承担;

(6) 法院管辖、因果关系认定、举证责任;

(7) 时效。

第五节　民用航空器致害责任

一、民用航空器致害责任的概念和历史发展

航空器是指利用空气反作用在大气中获得支承力的任何机器,不

包括空气、燃气对地面反作用的火箭。民用航空器是用于民间而非用于军事、警事、海关等国家武装力量的航空器。民用航空器具体包括飞机、热气球、飞艇、滑翔机等。民用航空器的适用领域包括从事客货运输和从事工业、农业、林业、渔业和建筑业飞行作业,以及抢险救灾、海洋监测、气象探测、医疗卫生、科学实验、文化教育等方面的飞行作业。

民用航空器致害责任,即民用航空器运行中致人损害,经营者应承担的民事责任。我国《民法典》第1238条(原《侵权责任法》第71条,《民法典》仅将",但"修改为";但是,")规定:"民用航空器造成他人损害的,民用航空器的经营者应当承担侵权责任;但是,能够证明损害是因受害人故意造成的,不承担责任。"

我国改革开放之后,民用航空获得飞速发展,乘飞机出行成为人们通常的选择。飞行器较其他运输工具,是相对安全的,但因其为高空、高速运输,一旦发生事故,也是相当严重的。1986年制定的《民法通则》规定的高度危险作业责任,就包括民用航空器致人损害责任。1995年,国家制定《民用航空法》,具体规定了致人损害的民事责任。原《侵权责任法》第71条是在前两法规定基础上的原则性规定。

二、民用航空器造成他人损害的范围

依据《民用航空法》的规定,在民用航空器上或者上下民用航空器以及空难事件中造成的应赔偿的损害,包括人身损害和财产损害。其中财产损害包括行李的毁损、丢失以及航空运输中的其他货物的毁损、丢失。行李包括托运行李和随身携带的物品。行李或者货物的毁损、丢失是因其自然属性、质量或者缺陷,或者承运人及受雇人以外的人包装货物包装不良的,或者战争、武装冲突,政府有关部门实施的出入境或者过关行为造成的,民用航空器的经营者不承担责任。航空运输期间,不包括机场外的陆路、海上、内河运输,但此种运输是为履行航空运输合同而装载、交付或者转运的,并且能够证明是在航空运输期间发生的损失除外。

三、责任主体

责任主体即民用航空器的经营者。经营者主要包括：从事旅客运输、货物运输的使用人，一般为航空器产权登记的所有人，也包括承包人、融资租赁人以及其他享有使用权的人。经营者负有高度的安全关照义务，应采取有效措施保证飞行安全，防止对旅客、货物以及地面居民、农作物和其他财产以及环境造成损害。

四、归责原则与免责事由

民用航空是高度危险作业，适用无过错归责原则。这是相关国际公约和各国民用航空法律共同遵循的原则。依据《民法典》的规定，受害人故意为免责事由。依据民用航空法的规定，战争、骚乱、武装冲突所致损害为免责事由。

五、赔偿限额

根据 2006 年我国民用航空总局发布的《国内航空运输承运人赔偿责任限额规定》，对每位旅客人身损害限额赔偿人民币 40 万元；对每位旅客随身携带的物品限额赔偿人民币 3 000 元；对旅客托运的行李和对运输的货物限额赔偿为每千克人民币 100 元。另依据我国《航空法》的规定，公共航空运输企业、民用航空器的经营人应当投保地面第三人责任险。此规定是强制保险，可补充地面第三人损害得到进一步的赔偿。旅客或者货物托运人另行购买商业保险的，保险公司另行承担保险赔偿。

航空运输责任限额规定，特别是关于人身损害 40 万元的规定显然过低。早在 2010 年伊春空难中，每位遇难者的赔偿高达 96 万元，远远超出法定的 40 万元标准。相比其他人身损害赔偿如交通事故、医疗事故、产品责任、火灾事故的人身损害赔偿，40 万元的限额规定也明显过低。因此，有必要对 2006 年的《国内航空运输承运人赔偿责任限额规定》进行修改,提高赔偿标准规定。

第六节　高度危险物致害责任

一、高度危险物致害责任的概念和立法发展

高度危险物,即易燃、易爆、剧毒、放射性等危险物。危险物的种类较多,我国制定有《危险货物分类和品名编号》《危险货物品名表》《常用危险化学品分类及标志》。高度危险物致害责任,即法律规定的危险品致人损害,占有人或者使用人承担的民事责任。1986 年《民法通则》第123 条高度危险作业责任即包括高度危险物责任。2003 年我国通过并实施《放射性污染防治法》,规定了放射性物质致人损害的责任。我国公安、消防、环境等法律法规对易燃、易爆、剧毒物的保管、运输也有具体法律规定。《侵权责任法》考虑到高度危险物与民用航空器不同的特点,对此种危险责任分别作出规定。《民法典》第 1239 条承袭侵权责任法第 72 条(增加列举“强腐蚀性、高致病性”;将“,但”修改为“;但是,”)为高度危险物责任的一般条款。《民法典》第 1239 条规定:“占有或者使用易燃、易爆、剧毒、放射性、强腐蚀性、高致病性等高度危险物造成他人损害的,占有人或者使用人应当承担侵权责任;但是,能够证明损害是因受害人故意或者不可抗力造成的,不承担责任。被侵权人对损害的发生有重大过失的,可以减轻占有人或者使用人的责任。”《民法典》承袭原《侵权责任法》其他相关条文,第 1240 条规定了高度危险活动的损害责任,第 1241 条规定了遗失、抛弃高度危险物损害责任,第 1242 条规定了非法占有高度危险物的损害责任,第 1243 条规定了高度危险作业区域管理人责任,第 1244 条规定高度危险责任的赔偿限额。

二、高度危险物致害责任的责任主体和免责事由

（一）责任主体

依据《民法典》第1239条规定，高度危险物致害责任的责任主体是占有人或者使用人。因占有或者使用高度危险物，是危险物的实际控制人。只有占有或者使用的人，才能控制高度危险物发生损害，法律对不同的危险物的保管和使用，规定有严格的规范，占有或者使用人负有高度的注意义务，而且对他人的安全负有高度的安全关照义务，违反这一义务应承担法律责任。

（二）高度危险物致害的免责事由除受害人故意外，还有不可抗力和未经许可而进入高度危险物存放区域而受害

因高度危险物的危险性不同于核物质和航空器运行的危险性，对不可抗力的认定也不同。核物质的极高效益和极高危险性，决定除战争等事件外，像福岛核电站遭遇特大海啸不可抗力事件不是免责事由。航空器除战争外，遇雷电等发生空难，不认为是不可抗力。对高度危险物，占有或者使用人只要尽到防护责任，如遇不可抗力应免责。比如，运输车辆遇隧道塌方致危险物外泄致人损害为不可抗力可免责。占有人、使用人对受害人故意和不可抗力负举证责任。除此之外，被侵权人对损害的发生有重大过失的，可以减轻占有人或者使用人的责任。此为过失相抵规则之适用。

依据《民法典》第1243条的规定，未经许可进入高度危险活动区域或者高度危险物存放区域受到损害的，管理人已经采取足够安全措施并尽到充分警示义务的，可以减轻或者不承担责任。此为管理人承担举证义务的过错推定责任和减免责任的事由规定。所谓充分警示义务，是指达到了法律、法规等相关规定或者行业规则的警示要求，使受害人即使有一般过失也能注意到和理解[1]，从而避免损害的发生。在

---

① 参见张新宝：《中华人民共和国民法典侵权责任编理解与适用》，中国法制出版社2020年版，第313页。

诉讼中,管理人应就是否采取了足够安全措施并尽到充分警示义务负举证责任,如不能举证证明则推定管理人有过错。至于何种情况下减轻责任、何种情况下不承担责任,只能根据具体案件的情况确定。笔者认为,通常情况下,只要管理人能够证明采取了足够的安全措施和履行了充分的警示义务,就不应当承担责任。只有在极特殊情况下,管理人采取足够的安全措施和做到充分的警示遭到了不可归责于任何人的破坏,导致受害人进入危险区域,依据公平责任,才可减轻管理人的责任,比如遇到龙卷风使采取的足够安全措施或者充分的警示标志受到破坏,且在难以及时发现并采取补救措施的情况下,导致受害人损害。

(三) 高度危险责任的限额赔偿

《民法典》第 1244 条规定:"承担高度危险责任,法律规定赔偿限额的,依照其规定,但是行为人有故意或者重大过失的除外。"此条规定的含义有以下几点:

第一,高度危险责任的限额赔偿,依法律有明确规定为依据。也就是说不是对所有的高度危险责任都实行限额赔偿,而仅仅是对部分高度危险责任依照法律的明确规定实施限额赔偿,法律没有规定的,仍然贯彻全部赔偿原则。我国有限额赔偿规定的法律、法规,包括国务院《关于核事故损害赔偿责任问题的批复》《铁路交通事故应急救援和调查处理条例》《国内航空运输承运人赔偿责任限额规定》《港口间海上旅客运输赔偿责任限额规定》等。

第二,如果行为人有故意或者重大过失的,不受限额赔偿的限制。也就是说作为责任人的行为人,在法律有限额赔偿规定的情况,因自己对损害的发生存在故意或者重大过失,就不适用限额赔偿的规定而承担全部赔偿责任。比如,铁路或者航空运输或者港口间海上旅客运输,违反台风预警并禁止运行决定发生的事故,显属存在重大过失,应对受害人承担全部赔偿责任。

第三,法律的限额赔偿规定,是平衡受害人保护和促进行业发展的利益衡量,由于某些规定长期没有修订,与事故发生时的社会发展的状况存在不相适应的问题。因此,实践中发生的一些重大高度危险行业事故,其赔偿额远高于法律的限额,并且附加社会救助,受害人得到的总救济额接近按当时社会发展状况的全部赔偿标准。如"7.23"甬温线动车事故、伊春空难赔偿额都在 90 万元以上。另外,当事人购买商业保险的,还可以取得商业保险赔偿。

建议修改相关限额的法律规定,除核事故应提高限额赔偿规定外,一切交通事故均应实行全额赔偿。这是根据已经发生的高速运输工具事故责任的赔偿实践所证明应予修改的。

三、高度危险活动致人损害的责任

高度危险活动指《民法典》第 1240 条规定的从事高空、高压、地下挖掘活动、使用高速轨道运输工具的活动。经营者对此危险活动致人损害承担的责任,即为高度危险活动致人损害的责任。

(一) 高度危险活动的分类

1. 高空作业

又称高处作业。根据我国《高处作业标准》规定,坠落高度基准面 2 米及以上为高处作业,包括常见的建筑施工及建筑物表面清洁工作等。高空作业致人损害,是指造成作业人以外的第三人损害,作业人损害则属劳动保护赔偿问题。

2. 高压作业

高压一般指电力行业,当然也包括高压容器作业。根据《最高人民法院关于审理触电人身损害赔偿案件若干问题的解释》(法释[2001]3号)规定,高压为 1 千伏以上电压。

3. 地下挖掘

地下挖掘是完全在地面以下进行挖掘的活动。地下挖掘包括:地下采矿、地下隧道挖掘、建筑物地下施工以及挖掘设置地下管道等活动,这些活动具有一定危险性,不仅可能造成施工者损害,也可能造成第三人损害,如引起地面塌陷造成地面人员人身、财产损失。当然,第三人不限于地面上的人员,也可能包括在地下通行的人等。对施工人员损害,适用劳动保护赔偿,对第三人损害,则应由施工单位等经营者赔偿,为高度危险作业责任。经营者能证明是受害人故意或者由不可抗力造成的,不承担责任。被害人如有过失,为减轻责任理由。

4.高速轨道运输工具

高速轨道运输工具,即沿轨道高速运行的车辆,包括铁路、地铁、轻轨、磁悬浮列车。高速轨道列车体积大、速度快、惯性大,不易速停,因此,具有较大的危险性。本条在《铁路法》的基础上,将其定性为高度危险作业,造成他人损害,铁路公司、地铁公司等经营者承担民事责任,并以被害人故意、不可抗力为免责事由,以被害人过失为减责事由,是与以往铁路法规定一致的。依据《铁路法》第58条规定,"因铁路行车事故及其他铁路运营事故造成人员伤亡的,铁路运输企业应当承担赔偿责任;如果人身伤亡是因不可抗力或者受害人自身原因造成的,铁路运输企业不承担赔偿责任"。《民法典》承袭《侵权责任法》将铁路扩大规定为轨道交通,对免责事由除不可抗力外,将受害人原因分为故意免责事由和过失减责事由。

(二)遗失或者抛弃高度危险物的责任

一是,遗失或者抛弃高度危险物,虽为高度危险责任,适用的不是无过错责任,而是过错责任。因遗失是过失行为,抛弃是故意行为。不仅遗失、抛弃是过错行为,所有人对管理人遗失、抛弃存有共同过错或者选任管理人不当,承担的连带责任也是过错责任。

二是,遗失高度危险物,违反了高度谨慎的注意义务。对危险物,法律有生产、储存、运输、处置严格规定的,当事人必须严格遵守。即使对个别危险物无法律具体规定,也应遵循对他人安全关照的义务法理。遗失就是保管不善所致,违反了法律具体规定或者对他人安全关照的义务,应承担违反法律规定或者违反安全关照义务的民事责任。

据媒体披露,2014年5月10日,南京市发生一建筑工人将用于工业探伤仪器中的黄豆粒大小的放射性物质铱-192丢失,经有关部门全力查找,在专家锁定的 2 平方米草地上找到,幸未造成人员伤亡。据估计,我国类似放射源总数 8 万枚以上,一些放射源没有得到有效控制,平均每年发生事故 30 余起,丢失引起约占 8 成。2005 年哈尔滨市百余人遭铱-192 辐射,死亡 1 人。①

三是,抛弃高度危险物是严重的过错、违法甚至是犯罪行为。实践中,抛弃生产产生的含有危险物质的废液、废渣行为时有发生,造成严重的环境污染甚至人员伤害,行为人必须承担消除危险、赔偿损失的民事责任。构成犯罪的,要依法追究刑事责任。

四是,高度危险物交由他人管理的责任。高度危险物的储存必须遵守法律的严格要求。依照我国相关法律法规的规定,高度危险物必须储存在专用仓库、专用场地或者专用储存室,储存方式、方法必须依照国家规定。其出入库必须核查登记。剧毒化学品必须单独存放,双人收发双人保管。危险物储存必须进行定期安全检查。没有储存条件的所有人,必须将高度危险物交由有条件有资格储存的特定仓储单位保管。因管理人原因造成他人损害的,由管理人承担责任。所有人有过错的,承担连带责任。

四、非法占有高度危险物的责任

依照《民法典》第 1242 条的规定,非法占有高度危险物致人损害,非法占有人应当承担侵权责任。从逻辑上讲,合法占有人因高度危险物致人损害要承担责任,非法占有人当然也要对占有的高度危险物致人损害承担责任。非法占有人主要是针对盗窃、抢劫、抢夺高度危险物规定的,当然也包括非法买卖占有高度危险物情况。占有高度危险物,必须遵守法律的严格要求,而非法占有人由于不具备占有的资格,更易致他人损害。非法占有人除承担非法占有的法律责任外,还应赔偿高度危险物所致他人损害。

---

① 参见郑晋鸣:《南京丢失的放射性物质铱-192 被寻回》,载《光明日报》2014 年 5 月 13 日。

由于非法占有人与所有人、管理人对高度危险物未尽高度注意义务相关,加之非法占有人的赔偿能力有限,《民法典》第 1242 条规定,所有人、管理人不能证明已尽防止他人非法占有的高度注意义务的,与非法占有人承担连带责任。此为过错推定责任,而且是单方连带责任,即首先由非法占有人承担责任,非法占有人不能承担或者不能完全承担时,所有人、管理人才连带承担责任。

第十一章
工 作 物 责 任

第一节　工作物责任的概念和法理解析

一、工作物责任的概念和立法发展

工作物是在土地上的人工建造物及其上的搁置物、悬挂物。工作物责任即工作物的所有人、管理人或者使用人因对工作物的设置、管理有瑕疵并致人损害依法承担的民事责任。我国原《侵权责任法》第十一章所谓"物件损害责任"，即工作物责任的专章规定。编纂《民法典》，认为《侵权责任法》的物件损害责任，不能包括建筑物，所以《民法典》侵权责任编第十章改称"建筑物和物件损害责任"。但除了建筑物，本章条文涉及的物并非在汉语上都以"件"相称，如第1257条规定的"林木折断""果实坠落"，应称作"一棵树""一根树枝""一颗果实"或者"一个果实"，不能以件相称。笔者认为《民法典》的修改不彻底、不到位，应统称"工作物责任"。

我国原《侵权责任法》关于工作物责任，较之《民法通则》原规定有重大发展变化。原《民法通则》第126条规定："建筑物或者其他设施以及建筑物上的搁置物、悬挂物发生倒塌、脱落、坠落造成他人损害的,它的所有人或者管理人应当承担侵权责任,但能够证明自己没有过错的除外。"原《侵权责任法》将脱落、坠落与倒塌作了分别规定(第 85、86 条)。并且区分建筑物与构筑物。对林木致人损害用专条规定(第 90 条)、对堆放物倒塌用专条规定(第 88 条),并将地面上下施工责任(第 91 条)纳入本章。又规定了在公共道路堆放、倾倒、遗撒物品致人损害责任(第 89 条)、规定了从建筑物抛掷、坠落物品下落不明的补偿责任(第 87 条)。《民法典》承袭原《侵权责任法》的规定,个别条款有所修改。

《侵权责任法》第十一章名之曰"物件损害责任",系因此章包括了几种不同的因物致人损害责任,但"物件"是个口语化的不规范用语,立法之所以使用,是"考虑到长期以来,物件这一用法已经被我国的民法理论和实践所接受"。[1]这一见解并不符合实际。立法讨论时,不仅本人持反对意见,孙宪忠教授也强调"物件"没有反映出其法理。公布后,梁慧星教授也认为用"物件"不妥。用"物件"一词,实际上是对工作物责任之法理认识不足所致。《民法典》应将这一章定名为"工作物责任"。

二、工作物责任的原理

工作物,是人工在土地上建造的。"与土地的连接性"和"施以人工作业"是工作物责任的两个关键点。[2]工作物包括建筑物、构筑物、其他设施。建筑物,包括房屋(楼房)、工厂车间、仓库、动物厩舍、纪念馆、博物馆、展览馆、塔楼等用于居住、生产、存放物品或者作为纪念标志、游览场所的建筑;构筑物,包括道路、桥梁、涵洞、隧道、城墙、围墙、堤坝等。其他设施,如电线杆、脚手架等。悬挂物、搁置物包括与建筑物、构筑物、其他设施结为一体的吊灯、吊扇以及虽未结为一体但能满足人们

---

① 参见全国人大常委会法制工作委员会民法室编:《中华人民共和国侵权责任法条文说明、立法理由及相关规定》,北京大学出版社 2010 年版,第 343 页。

② 参见[日]吉村良一:《日本侵权行为法》,张挺译,文元春校,中国人民大学出版社 2013 年版,第 165 页。

某种生活或者生产需求的放置阳台的花盆、悬挂于农舍的生产工具等物品。我国原《民法通则》第126条规定的工作物责任原本限于无生物,后发生千阳县护路树折断致人损害赔偿案,扩大为有生物。

> 案情:1988年7月15日下午6时许,原告王某之夫马某骑自行车回家途中,行至千阳县电力局门前公路遇大风吹断树木,马某躲避不及,被断树砸中头部,当即昏迷,被同行人送往医院,经抢救无效死亡。临床诊断为:马某因重度脑挫伤并呼吸衰竭、颅底骨折,门诊抢救无效死亡。经查,该路段路旁树木属千阳县公路管理段管辖,路旁树木受黄斑星天牛危害,有虫株率达79%,经逐级请示,陕西省公路局批准下发了采伐文件,但该公路段没有及时采取措施,致发生伤亡事故。千阳县人民法院认为,千阳县公路管理段没有对护路树尽到管理及保护责任,应依照《民法通则》第126条工作物责任的规定承担责任。经逐级请示,最高人民法院批复,同意按《民法通则》第126条判决,千阳县人民法院遂判决被告承担赔偿责任。案经二审,驳回被告上诉,维持原判。[①]

工作物责任的原理是物的功能发挥过程中致人损害,其功能就是满足人的需求,即发挥物的使用价值。故将功能发挥或者使用价值之释放名之曰"工作"。所有人、管理人或者使用人制造了物致人损害的危险性,且享有物的使用价值,应承担保障他人安全的义务。工作物致人损害,所有人、管理人或者使用人应承担民事责任。

三、工作物责任是过错推定责任

依照《民法典》规定,所有人、管理人或者使用人,建设单位与施工单位,堆放人,施工人等(以下简称"所有人等")不能证明自己没有过错的,即应对他人因工作物所致损害负责。法律之所以规定过错推定,是因工作物责任的实质是工作物的设置、管理存在致人损害的瑕疵,这些瑕疵

---

① 参见《王烈凤诉千阳县公路管理段人身损害赔偿案》,载《最高人民法院公报》1990年第2期。

往往受害人难以确切举证证明,只有所有人等清楚。因此,损害发生后,责任人如不承担责任,必须证明工作物的设置、管理不存在瑕疵。否则,事实自证,责任人必须承担责任。如房屋倒塌致人损害、阳台花盆坠落致人损害,其建设单位与施工单位,所有人、管理人或者使用人比较清楚其原因,让被害人证明其设置、管理过错几乎是不可能的。因此,如所有人等不能证明自己无过错,则事实自证其有过错,应承担过错推定责任。

能证明自己无过错,包括证明完全是由不可抗力原因所致。不可抗力,应是其免责事由,但工作物瑕疵仅是因为与自然力竞合不足以免除或者减轻责任。在极异常的自然力下发生的事故,即便没有瑕疵也会发生同样损害的场合,才可以认可不可抗力的免责。[①]

四、对其他责任人的追偿权

如果工作物瑕疵是其他人所致,发生脱落、坠落,所有人、管理人或者使用人在承担责任后,可以向其他人追偿;发生倒塌,建设单位、施工单位可以向其他人追偿。如承揽人安装的外墙石板因瑕疵坠落致人损害,所有人、管理人或者使用人承担责任后,可以向承揽人追偿。因为受害人不清楚是第三人的原因所致,也不便与第三人取得联系,只有所有人、管理人或者使用人,建设单位、施工单位清楚是否第三人原因所致并且与第三人存在以往的关系,因此,受害人要求其承担责任其必须首先承担,然后再向第三人追偿。

第二节　几种具体的工作物责任

一、工作物脱落、坠落致人损害责任

工作物脱落、坠落致人损害责任,指《民法典》第 1253 条(原《侵权

[①] 参见［日］几代通、德本伸一:《侵权行为法》,有斐阁 1993 年版,第 186 页。

责任法》第85条）规定的建筑物、构筑物或者其他设施上的搁置物、悬挂物致人损害的责任。该条规定："建筑物、构筑物或者其他设施及其搁置物、悬挂物发生脱落、坠落造成他人损害,所有人、管理人或者使用人不能证明自己没有过错的,应当承担侵权责任。所有人、管理人或者使用人赔偿后,有其他责任人的,有权向其他责任人追偿。"

本条规定的所有人,是指对建筑物、构筑物及其搁置物、悬挂物享有所有权的人。建筑物依照民法典物权编及房屋登记法,为登记簿上记载的所有人。构筑物,虽依物权编为不动产,但通常并不需登记,但所有人并不难确定。搁置物、悬挂物为附着于不动产的物或者为动产。如吊灯为附着于不动产的悬挂物,花盆为阳台上的搁置物。对动产,一般以实际占有人为所有人。管理人是指对建筑物、构筑物及其他设施与其上的搁置物、悬挂物负有管理、维护义务的人。对属于国有资产的,由实际管理人承担责任。如为国有事业单位,不动产的管理人分别为国家机关、医院、学校等。使用人是指因租赁、借用上述工作物并负有对他人安全关照义务的人。

违法建筑,当事人虽不享有登记的建筑物所有权,但对构成建筑物的财产仍然是所有人,故对其物的脱落、坠落致人损害应负过错推定之民事责任。

二、工作物倒塌致人损害的责任

工作物倒塌致人损害的责任,指《民法典》第1252条（原《侵权责任法》第86条,《民法典》修改较大,增加"塌陷""但是建设单位与施工单位能够证明不存在质量缺陷的除外",将其他责任人修改为"所有人、管理人、使用人或者第三人"）规定的建筑物、构筑物及其他设施倒塌致人损害的民事责任。该条分两款规定："建筑物、构筑物或者其他设施倒塌、塌陷造成他人损害的,由建设单位与施工单位承担连带责任。但是建设单位与施工单位能够证明不存在质量缺陷的除外。建设单位、施工单位赔偿后,有其他责任人的,有权向其他责任人追偿。""因所有人、管理人、使用人或者第三人的原因,建筑物、构筑物或者其他设施倒塌、塌陷造成他人损害的,由所有人、管理人、使用人或者第三人承担侵权责任。"

本条之所以就工作物倒塌、塌陷单独规定,客观上是因为质量不合格的违法建设施工,致楼房倒塌、桥梁坍塌等"豆腐渣工程"往往造成他人严重的人身、财产损失。为预防此类事件的发生并有效救济受害人,特作专条规定。

本条规定有以下特点:

一是建设单位与施工单位承担连带责任。受害人可选择建设单位、施工单位请求赔偿,也可同时请求建设单位和施工单位共同承担责任。承担连带责任的一方,有权向责任的另一方追偿。有其他责任人的,可以向其他责任人追偿。这里的其他责任人,是指对建筑质量负有责任的勘察单位、设计单位、监理单位以及其他对不合格施工单位发放合格施工证和对不合格工程发放合格证文件的单位。

二是规定的两款中的应负责任的第三人不同。第一款是就建筑质量负有责任作出的规定,第三人已如上述,此第三人是在建设单位和施工单位承担责任后追偿的对象;而第二款是就过期(经加固维修,重新由有关部门界定使用期才可继续使用)违法使用或者毁损建筑物安全(擅自改变建筑结构、拆除承重墙等)致建筑物致人损害承担责任的规定,责任人包括所有人、管理人、使用人或者第三人,建设单位与施工单位对此不负责任。

三是《民法典》增加规定"但是建设单位与施工单位能够证明不存在质量缺陷的除外"这一免责事由。建筑物倒塌、塌陷致人损害,通常情况是因建设单位、施工单位完成的建设工程质量存在缺陷造成的,因此类同产品责任(我国《产品质量法》规定的产品不包括建筑工程),存在缺陷是承担责任的关键条件,适用的是无过错责任原则。但是如果建设单位和施工单位能够证明建设工程不存在质量缺陷,则构成不承担责任的正当理由。这也表明建筑物发生倒塌、塌陷致人损害,是由其他原因甚至是其他人的原因造成的。如是其他人的原因，其他人应承担相应的民事责任。

三、堆放物倒塌致人损害的责任

堆放物是堆放在土地上的物品。如建筑所需堆放的建筑用砖瓦、木料、钢材、水泥板、沙石等。堆放物发挥着集中存放备用的功能，因此是工作物，堆放人负有关照他人安全，保证堆放物不因堆放瑕疵、管理不当致人损害的义务。我国原《民法通则》第126条未列举堆放物，但《最高人民法院关于贯彻执行〈中华人民共和国民法通则〉若干问题的意见（试行）》第155条规定："因堆放物品倒塌造成他人损害的，如果当事人均无过错，应当根据公平原则酌情处理。"进一步作逻辑解释，言外之意则是如果当事人有过错，应承担相应责任。《最高人民法院关于审理人身损害赔偿案件适用法律若干问题的解释》第16条将"堆放物品滚落、滑落、或者堆放物品倒塌致人损害"规定为"所有人或者管理人承担责任，但能够证明自己没有过错的除外"的情形之一。此为过错推定责任的解释。原《侵权责任法》总结以往实践经验，其第88条规定了堆放物致害责任。《民法典》第1255条在原《侵权责任法》第88条基础上，将"堆放物倒塌"修改为"堆放物倒塌、滚落或者脱落"。该条规定："堆放物倒塌、滚落或者滑落造成他人损害，堆放人不能证明自己没有过错的，应当承担侵权责任。"此条规定的堆放人承担的责任，显为过错推定责任。

关于堆放人的理解，不应简单地解释为是堆放人员。如果具体的堆放人员的堆放行为属于执行职务行为，则应由使用人承担责任。因此，这种情况下的堆放人为堆放人员的使用人。如果堆放人员不具有被用人的身份，则为自己的独立行为，堆放人员即为应承担责任的堆放人。

四、林木折断致人损害的责任

工作物责任，原来限于无生物，后来发展为有生物的林木。我国司法解释确认护路树因管理不当致人损害的责任。《最高人民法院关于审理人身损害赔偿案件适用法律若干问题的解释》第16条之（三）款，将"林木倾倒、折断或者果实坠落致人损害"规定为所有人或者管理人承担过错推定责任的情形之一。《民法典》第1257条（承袭原《侵权责任法》第90条，增加"倾倒或者果实坠落"）规定："因林木折断、倾倒或者果实坠落造成他人损害，林木的所有人或者管理人不能证明自己没有过错的，应当承担侵权责任。"

立法中，对林木是否应作限制，有不同意见。本人主张应予限制。现法律条文文字解释未作限制，但过错推定责任可以将非工作物意义的林木排除在承担责任之外。因所有人或者管理人只有对护路树、游览区的树木才有保证不因物的质量瑕疵、管理瑕疵不致他人损害的义务，也只有这些树木才发挥护路、遮阴、供人鉴赏的功能。因此，必须依工作物责任的原理对此规定作限缩解释才能正确适用。

第三节　准工作物责任

一、准工作物及其责任的界定

准工作物与工作物虽有不同，但从类型化原理分析，与工作物责任有实质的一致性并有多种共同特征，故被视同工作物。此类物致人损害的责任，适用工作物责任法理，对违反物的管理义务或者造成物的管理瑕疵的人追究民事责任。《民法典》关于妨碍通行物的规定和地面施工责任的规定，即属准工作物责任。至于从建筑物抛掷物品，不是工作物设置管理瑕疵问题，不适用工作物责任原理，抛掷物致人损害如何补偿，也不是工作物责任问题。

二、妨碍交通物造成他人损害的责任

妨碍交通物致人损害责任，是指在公共道路上堆放、倾倒、遗撒妨碍通行的物品致人损害承担的民事责任。我国原《侵权责任法》第89条规定："在公共道路上堆放、倾倒、遗撒妨碍通行的物品造成他人损害的，有关单位或者个人应当承担侵权责任。"《民法典》第1256条在原《侵权责任法》第89条基础上修改规定："在公共道路堆放、倾倒、遗撒妨碍通行的物品造成他人损害，行为人承担侵权责任。公共道路管理人不能证明已经尽到清理、防护、警示等义务的，应当承担相应的责任。"

依据《公路法》和《道路交通安全法》的规定，不允许在公路上摆摊设点、堆放物品、倾倒垃圾、设置障碍，机动车不得遗撒、飘散运载物。在公共道路上堆放建筑用泥沙、砖瓦、石料，晾晒粮食，排放气体，倾倒液体均属违法行为。《民法典》第1256条只是列举规定了堆放、倾倒、遗撒，实际并不限于这些情况。凡违法置于公共道路上的妨碍交通物致人损害，均适用本条规定。因违法置于公共道路上，与合法置于土地有所不同。但就存在设置管理瑕疵而言，过错更为明显、更具危险性，因此本质特征与工作物责任相同，多数特征与工作物责任相同，因此，是工作物责任的特别类型。此为过错责任，无须推定责任人之过错。此点也与一般工作物责任不同。

本条规定中的道路，指供公共通行的道路，不包括禁止他人通行的自用道路或者"私道"。公共道路不仅包括机动车道路，也包括非机动车道路和人行道。凡是在这些道路上堆放、倾倒、遗撒妨碍通行的物品造成他人损害，都要依法承担赔偿。

公共道路管理人负有对道路进行管理、维护的责任，因此必须及时检查道路通行状况，发现和清理妨碍物甚至采取必要的防护和警示措施。因此，《民法典》增加了道路管理者不能证明自己无过错的，应当承担相应责任的规定。此为过错推定责任和补充责任。所谓补充责任，是在堆放、倾倒、遗撒妨碍通行物品的人不能承担或者不能完全承担责任的情况下,由道路管理人承担相应责任。

三、公共场所或者道路上施工责任与窨井损害责任

在公共场所、道路施工以及设置的窨井等地下设施,必须保证公众的安全。因此,必须设置明显的标志和采取必要的安全措施,确保行人和车辆通行的安全,否则,造成他人损害,必须承担赔偿责任。因此,此类责任也是施工中的设施因存在安全警示设置瑕疵及其他必要安全措施瑕疵以及窨井等瑕疵致人损害的责任,主要方面也是工作物责任。

《民法典》第1258条(对原《侵权责任法》第91条第1款的"造成他人损害"置于前半句后、"没有"改为"施工人不能证明已经""挖坑"改为"挖掘")分两款规定:"在公共场所或者道路上挖掘、修缮安装地下设施等造成他人损害,施工人不能证明已经设置明显标志和采取安全措施的,应当承担侵权责任。""窨井等地下设施造成他人损害,管理人不能证明尽到管理职责的,应当承担侵权责任。"两款均为过错推定责任,施工人或者管理人不能证明已尽管理职责,推定其有过错而承担责任。

本条规定的"公共场所或者道路",其道路已如前述,除禁止他人通行的内部专用道路或者私道外均为公共道路。"公共场所"是指属于不特定的人聚集、通行的场所,如广场、操场、影剧院、商场、公园以及其他供公众休闲场所等。在公共场所或者道路这些地方挖掘、修缮安装地下设施就必须采取措施,保障公众的安全。这些措施就包括设置明显标志、阻挡他人进入的隔栏和必要的人员指挥。如果没有设置这些明显标志和采取安全措施造成他人损害,应承担赔偿责任。公共场所是否包括水域航道,是个在理论上有不同认识的问题。笔者个人认为,从这一条文的历史发展分析,原《民法通则》第125条和《侵权责任法》第91条第1款都是规定"挖坑,修缮安装地下设施"的地面施工责任,因"挖坑""地下"均与地面相关,非指水面与水下,其本意是强调公共场所和道路的地面施工。《民法典》虽改"挖坑"为"挖掘",并未改变地面上

行为之意,按其立法本意是强调公共场所地面施工应采取必要的安全措施。水域航道虽不属于地面,允许不同的船只航行,具有一定的公共性,但这种公共性仅限于船只,不具有公众可以自由进入的特点,因此即使发生了在航道上施工没有采取安全措施造成他人损害的情况,应按照一般过错责任处理,也可类型化比照本条处理,但严格意义上并不属于本条所规定的具有地面公共场所或者道路施工的性质。公共场所虽然不应狭义地理解为广场、医院、操场等公众聚集活动的场所,凡是供不特定的人出入活动的场所均应归入公共场所之内。①但航道等水面施工发生的事故,应适用航道管理相关的法律规定,没有相关规定按一般侵权责任处理。

窨井是为对上下水道、地下管线工程进行检查、维修或者疏通设置的井状构筑。其他地下设施包括水井、地窖、下水道、地下管线以及其他坑道等。实践中窨井等地下设施致人损害时有发生,窨井和其他地下设施的管理人应当依法承担管理职责不当责任。依照《城市道路管理条例》第 23 条规定:"设在城市道路上的各种管线的检查井、箱盖或者城市道路附属设施,应当符合城市道路养护规范。因缺损影响交通和安全时,有关产权单位应当及时补缺或者修复。"在社会生活中,由于管理人管理不当对有缺损的井盖不及时更换,甚至对被盗走井盖的窨井不采取安置新的井盖的措施,致行人发生损害也时有发生。这些情况下,管理人显然没有尽到法律规定的职责,对受害人的损害应当承担责任。《民法典》第 1258 条第 2 款承袭原《侵权责任法》第 91 条第 2 款的规定。依该款规定,管理人不能证明尽到管理职责的,就应承担过错推定的侵权责任。

适用《民法典》第 1258 条,应注意在个案中受害人是否有相应的过错,如果受害人也有相应的过错,则适用过失相抵规则按原因力分担责任。

---

① 参见周海林、朱广新主编:《民法典评注侵权责任编 2》,中国法制出版社 2020 年版,第 876 页。

第四节 抛物致人损害加害人
不明案例实证与建议

一、抛掷物品致人损害加害人不明责任的历史背景

我国实行住房制度改革,特别是 1993 年修改《宪法》确定发展社会主义市场经济后,城市化进程加快,房地产成为我国经济的支柱产业之一,许多城市人的住房得到了明显改善。但是随着高层建筑的增多,加之极少数人安全观念差,生活习惯落后,高楼抛物伤人甚至致人死亡事件时有发生,成为社会普遍关注的热点问题。由于早期没有法律的明确规定,法院的判决大相径庭,最典型的是重庆的"烟灰缸案"和济南的"菜板案"。

重庆"烟灰缸案":2000 年 5 月 10 日晚 11 时许,郝某在重庆市渝中区学田湾正街 59 号居民楼大门外公路上,突然被空中掉下的一个玻璃烟灰缸砸中郝某左侧头部致其当场晕倒,经他人送医救治,被鉴定为智能障碍伤残,共花去医疗费等共计 9 万元。公安机关经侦查排除故意伤害可能性,认定不在侦查范围。郝某将出事地点的两栋居民楼的产权人 22 户告上法庭,请求共同赔偿自己的损失。重庆市一中院经审理认为,难以确定烟灰缸所有人,根据过错推定原则,推定除事发当晚无人居住的两户外其余房屋主人均为可能加害人,判决由 20 户被告分担赔偿责任,每户赔偿 8 101.5 元。但是这个案件判决之后至今只有两个住户因为家庭主人是公务员,按判决交付了款项,另有一个司机先交了 1 000 元,后看其他人不交也不再交付了。所以这个案件实际是两户半交款,判决效果不佳。

济南"菜板案":2001 年 6 月某日,济南市某老太在自家居民楼下

门外楼道口,被一块突然掉下来的菜板砸中头部当场昏迷,送医院抢救无效死亡。公安机关以不符合刑事立案标准为由,决定不予立案。死者家属将该楼二层以上15家住户告上法庭,要求赔偿医药费、丧葬费等损失共计156 740.40元。一审法院认为无法确定菜板所有人,加害人不明,驳回起诉。原告上诉,二审维持原判。经申诉,再审仍驳回上诉,维持一审裁定。

两个案件的发生引起社会很大反响,学界开始讨论这一问题,出现各种不同的主张,有的支持"烟灰缸案"判决,有的支持"菜板案"判决。2007年全国人大通过《物权法》后,全国人大常委会开始制定《侵权责任法》,这一问题也成为立法焦点之一。当时学界基本有两种相反的观点,一种主张是共同危险行为,应由可能加害人分担责任,并对受害人承担连带责任。反对的意见认为,共同危险行为是不存在的,因为无论"烟灰缸案"还是"菜板案"事实上都是单独加害行为,不存在共同的危险行为,所以让相邻人赔偿违反侵权法原理。原来侵权法草案规定的是由可能加害人赔偿,由于共同侵权行为的理由站不住,又考虑到对此不能不规定,所以就将"赔偿"改称"补偿",认为由可能的加害人补偿比由受害人承担后果更为公平,也有利预防此类损害的发生。但《侵权责任法》的实施,却进一步验证这一条文存在很大的问题,难以执行。

二、锦阳商厦案

2011年8月15日,26岁的陈某骑电瓶车至成都市锦阳商厦时,被一只陶瓷马克杯砸中头部。经医院治疗留下创伤性癫痫严重后遗症。陈某出院后在律师帮助下,经三年查找该商厦商家作为被告提起诉讼。法院最终确认路两侧锦阳商厦两栋楼124户商家存在从建筑物中抛掷物品的可能性。2014年6月28日判决124户被告对陈某损失平均承担,每户商家补偿原告1 250元,共计152 520元。

因涉及一些被告事发后已迁出该商厦地址不详,法院对这些

被告进行公告送达,故判决至 2014 年 10 月 24 日生效。10 月 29
日法院将部分被告交付的补偿款首批 20 910 元交付陈某。

此案,原告寻找被告难,用时三年经调查物业、工商管理部门,因商
户变动也未能全部确认;法院确认被告难。判决书 47 页,其中有 20 页
为被告人内容;法院送达难,判决后分三组人员送达,并有公告送达;执
行难,第一批主动交付仅 2 万余元,其余交付及对不交付者强制执行更
难。被告态度不一,除少数被告应诉外,大部分被告拒绝应诉。一些被
告认为自己所在位置与损害发生地相背,不可能造成损害,但法院认为
人是流动的,不排除损害可能。另有被告认为,补偿可以,但法院将其
作为被告并判决补偿,难以接受。有人质疑可能是顾客所为,由商家补
偿不合理,法院认为《侵权责任法》规定的就是建筑物使用人补偿,即使
有顾客损害的可能,也应由商家分担。

三、评析与建议

本案判决的法律依据,是原《侵权责任法》第 87 条。该条规定:"从
建筑物中抛掷物品或者从建筑物上坠落的物品造成他人损害,难以确
定具体侵权人的,除能够证明自己不是侵权人的外,由可能加害的建筑
物使用人给予补偿。"

《侵权责任法》最后采折衷的意见,考虑到赔偿可能加害人难以接
受和救济受害人,解决无法可依问题,将"赔偿"改为"补偿",此即《侵权
责任法》第 87 条之由来。但补偿是国家或者政府对合法行为造成他人
损失的救济方式,如对征收征用的补偿。抛物、坠物都是违法行为,且
为民事行为,对可能加害人规定补偿责任,违背法理,显属不当。如让
可能加害人救济受害人,属社会救助。然而社会救助是自愿的、非强制
的,也不便规定在侵权法中,况且可能加害人中更可能有一位真正的加
害人。

违背法理之不当规定,不可能有很好的适用效果。本案之情况,充
分证明了这一点。这样的法律规定,并没有消除可能加害人的不情愿,

许多被告人不出庭应诉,不积极执行判决,受害人也很难得到妥当的救济。特别是本案证明,其诉讼费时费力,诉讼成本极高,不符合法经济学的效率规则。《侵权责任法》可能加害人补偿条文的实施,有一个问题是立法当时没有想到的,那就是因为有了《侵权责任法》这条规定,发生高空抛物、坠物致人损害,公安机关均以有本条规定为由,告知当事人向人民法院提起民事诉讼而普遍不予侦查,即使造成严重伤害甚至死亡也不予积极立案侦查。另外物业管理部门也普遍疏于对此问题的管理。因《侵权责任法》第87条的实施效果不佳,这个问题成为司法解释和编纂《民法典》面对的焦点问题之一。

2019年10月21日,最高人民法院发布了《依法妥善审理高空抛物、坠物案件的意见》(法发[2019]25号)。该《意见》对妥善解决高空抛物、坠物案件、促进《民法典》编纂对《侵权责任法》的相关规定作出必要修改意义重大。一是意见规定,受害人对行政机关履职过程中违法行使职权或者不作为提起行政诉讼的,人民法院应当依法及时受理。这一规定实际是肯定了受害人对公安机关在发生高空抛物、坠物后不积极侦查,有权向人民法院提起诉讼,客观上也等同于规定公安机关不积极侦查将承担法律责任。这对促使公安机关对高空抛物、坠物案件及时进行侦查起到了积极的推动作用。这是《民法典》规定公安机关应对高空抛物、坠物案件进行侦查的司法解释基础。二是规定了物业服务企业的责任。对物业服务企业不履行或者不完全履行物业服务合同约定或者法律、法规规定和相关行业规范确定的维护养护管理和维护义务,造成建筑物及其搁置物、悬挂物发生脱落、坠落致他人受到损害,人民法院依法判决其承担侵权责任。其中管理和维护就包括对居民的抛物行为的监督和管理。这也是《民法典》规定物业管理单位没有尽到管理职责应承担相应责任的司法解释基础。三是意见规定推动完善社会救助工作,要充分运用诉讼费缓减免和司法救助制度,对经济确有困难的高空抛物、坠物受害人给予救济,支持各级政府有关部门探索高空抛物事故社会救助基金或者进行试点工作,对受害人损害进行合理分担,缓减免诉讼费,给予必要的司法救助。特别是支持政府设立相关的救助基金,是推动高空抛物造成严重损害加害人不明最终实施社会基金救助的具有方向性的有力举措。四是规定了严重的高空抛物坠物行为要承担刑事责任。民、刑责任共同发力,是根治高空抛物、坠物的有力举措。五是区分抛物和坠物适用不同的民法条文,明确规定建筑物及其搁置物、悬挂物发生脱落、坠落,造成他人损害的,适用物的脱落坠落条款,而建筑物中抛掷物品造成他人损害应尽量查明直接侵权人,追究其民事责任。实际上原《侵权责任法》和《民法典》将抛物和坠物规定在一个条文是不妥当的,抛物和坠物适用不同的法律规则也是一个重要的法律问题。

《民法典》侵权责任编草案三审稿对原《侵权责任法》第 87 条作了重要修改,规定物业服务企业等建筑管理人应当采取必要的安全保障措施,没有采取必要的安全保障措施发生损害的,应当依法承担相应的责任;二是规定发生高空抛物或者坠物造成他人损害的,公安等机关应当依法及时调查,查清责任人。虽然没有规定公安机关不积极调查应承担相应的责任。但依照法理,该调查的不积极调查属违法执行职务,依照《国家赔偿法》,受害人有权请求公安机关承担相应的责任。而在《民法典》生效后,最高人民法院法发[2019]25 号的司法解释除个别文字需要修改外,基本规定与《民法典》不冲突依然有效。这就意味着受害人可以起诉公安局,公安局应承担不积极侦查的法律责任。《民法典》的新规定有重大进步,但并没有从根本上解决问题,因为社会救助法中没有对这一问题给予救助的规定,彻底删除可能加害人补偿的规定会使法律出现空白,所以条文中仍然保留了"由可能加害的建筑物使用人给予补偿"这一违背法理的规定。《民法典》实施后,进一步证明《民法典》的改进是完全正确的,更加促进了物业管理单位认真进行安全管理和公安机关对发生高空抛物的及时侦查。事实上,用各种侦查手段,许许多多的案件都能够找到具体的加害人。但是对这一问题最终必须回归到国家或者社会救助的原点设计救济规则。

建议对《民法典》第 1254 条的实施,慎用"由可能加害的建筑物使用人给予补偿的规定"。另在社会救助法中,规定国家对受到不法侵害难以认定加害人得不到赔偿的受害人,损失严重者给予救助。对受害人的医疗损害,采用医保救济方式。

第十二章
饲养动物致人损害的民事责任

第一节 饲养动物致人损害责任的概念和历史

一、饲养动物致人损害的概念及其解析

饲养的动物致人损害责任,即人工喂养的动物致人损害由饲养人或者管理人承担的赔偿责任。此种责任的要点如下:

(一) 必须是饲养的动物造成他人损害

饲养,即喂养。饲养的动物是人们为了生产和生活的需求而喂养的动物。从饲养的文义解释,动物的生存离不开喂养,因此,微生物无须喂养,而是培植,有的微生物可能造成他人损害,培植者承担高度危险责任而不是动物致害责任。由此可见,饲养的动物不包括微生物,它必须是宏观上看得见的和有饮食消化功能的动物。除此,它又必须有造成他人达到追究民事责任程度损害的可能性。养蜜蜂,蜜蜂不需喂养,也不可能造成他人达到追究民事责任程度的损害,蜜蜂可以是人养的动物,但不是饲养的动物。饲养的动物也将野生动物排除在外。人们应自行防范野生动物造成损害,对野生动物损害,受害人承担损害后

果,无人对此承担责任。但因国家或者地方重点保护动物造成农作物或者其他损失的,由当地政府给予行政补偿。饲养也不包括为保护野生动物食物不足的投食行为,以及动物爱好者或者志愿者对流浪猫的喂食行为。饲养的动物种类繁多,包括牛、马、驴、骡等大型牲畜,以及猪、羊、狗、鸡、猫等家畜、家禽、宠物等,也包括动物园饲养的动物以及其他被饲养的动物。

(二)损害包括他人的人身损害和财产损害

动物致害责任,是饲养人或者管理人基于动物危险性对他人承担的责任,因此不包括对自己造成的损害,也不包括第三人利用动物作为工具造成的他人损害。他人损害,通常情况是人身损害,也包括动物造成的财产损失。前者指受害人的人身伤亡,后者指他人财产的减损。

(三)责任人为动物的饲养人或者管理人

一般情况下为动物的饲养人,特殊情况为动物的管理人。如借用他人牲畜耕地,即为管理人。管理人必须是独立法律关系的当事人。如公园饲养员因过失致动物致人损害,他只是劳务关系上的饲养人或者管理人,而不是损害赔偿关系的当事人,公园是饲养人或者管理人。

(四)责任方式基本是损害赔偿

动物致人损害的民事责任,一般而言就是损害赔偿,只有在财产损害中,极特殊情况下可能是恢复原状等方式。

二、动物损害责任的历史演变

动物损害责任因农业社会和工业社会而不同。在农业社会,畜力是基本的生产力资料,决定动物损害主要是牲畜致人损害。现代工业社会,机械力取代畜力,人口的城市化主要为陪伴人们生活的宠物致人损害。我国1986年出台的《民法通则》规定的动物致人损害责任,主要针对的是农村作为生产资料的牲畜致人损害的责任,而2009年出台的《侵权责任法》规定的动物侵权主要针对的是宠物狗致人损害的赔偿责任。动物侵权也由原来的农村为主转变为城市为主。饲养宠物时代的情况比较复杂,有饲养禁止饲养的烈性犬及遗弃宠物问题,动物园动物伤人的现代城市问题。因此,农业社会的动物侵权主要是牲畜伤人及吃了别人庄稼问题,现代社会动物侵权主要是狗伤人及遗弃、饲养烈性犬问题。此点,从立法机关制定《侵权责任法》时的调研结论及相关数据可以得到佐证。立法机关的立法理由认为,"随着社会的进步、经济发展和人们生活水平的提高,狗在城市中看家护院功能正逐渐消失,而更多地成为人们消遣娱乐、追求生活质量的一种标志,以至于有了从'动物'到'宠物'的衍变,特别是狗,让许多城市人宠之如子"。[1]仅2007年,北京市被犬咬伤、抓伤达8.3万余人次,其中被自家宠物犬致伤占60%—70%;亲朋好友串门被伤害约占20%;因出门遛犬不束链伤害他人约占10%—20%。上海市2007年被犬咬伤患者高达13万人次。2008年,宁波市有12万人次被狗、猫抓伤、咬伤。2009年,根据我国人用狂犬病疫苗使用量估计(不含港澳台)每年被动物伤害的人数超过4 000万人。[2]我国原《侵权责任法》既有动物侵权的一般规定(第78条),也有违反管理规定致人损害的过错责任规定(第79条)、禁止饲养的烈性犬致人损害的过错责任规定(第80条)、动物园动物致人损害责任规定(第81条)和遗弃、逃逸动物致人损害责任规定(第82条)。《民法典》承袭了侵权责任法动物侵权责任的规定。

第二节　动物损害责任的一般条款和无过错原则

《民法典》第1245条承袭原《侵权责任法》第78条(仅将",但"改为

---

① 引自全国人大常委会法制工作委员会民法室编:《中华人民共和国侵权责任法条文说明、立法理由及相关规定》,北京大学出版社2010年版,第319页。

② 参见同上,第314页。

"；但是"），是动物损害责任的一般条款。该条规定："饲养的动物造成他人损害的，动物饲养人或者管理人应当承担侵权责任；但是，能够证明是因被侵权人故意或者重大过失造成的，可以不承担或者减轻责任。"此条规定了动物损害责任的无过错责任原则及减免责任事由与举证责任。

动物致害之所以贯彻无过错责任，是因动物的饲养人或者管理人是为了自己的生产、生活需要而饲养、管理动物，而且也只有饲养人或者管理人才能控制动物的危险性，因此，必须对其适用无过错责任，才有利预防和救济受害人。如果适用过错责任，受害人举证证明加害人过错有时会非常困难。比如一只鸡将路边休息的人啄伤，源自鸡啄人的习性，但受害人往往难以证明这只鸡有啄人的习性，从而证明饲养人有不当饲养或者不当管理的过错。适用过错责任有时对受害人不公平。

动物损害适用无过错责任并非绝对的，法律规定受害人故意或者有重大过失为不承担责任或者减轻责任的正当理由，但饲养人或者管理人必须对此负举证责任。具体说，受害人故意是免责事由。此点，比原《民法通则》的规定更为严格。《民法通则》第 127 条规定的是"由于受害人的过错造成损害的，动物的饲养人或者管理人不承担民事责任"。之所以有此不同，是社会情况变化使然。对 20 世纪 80 年代的畜力生产资料，因受害人挑逗引起动物致害，受害人应自己承担损害后果。而"宠物时代"，受害人除故意外由于喜爱动物挑逗只要饲养人或者管理人依法采取拴狗链等防范措施不至于造成损害，故受害人故意外的过失往往与饲养人或者管理人的过失构成损害的共同原因，过失相抵，故受害人的重大过失为减责事由，只有在受害人的重大过失构成损害的全部原因力时，才免除饲养人或者管理人的责任。至于受害人的非重大过失，鉴于"宠物时代"饲养人或者管理人依法管理动物就不会造成损害，故不适用过失相抵减轻责任。受害人故意并非受害人故意让动物伤害自己，而是指故意引发了足以使动物伤害自己的行为，故为饲养人、管理人不承担责任的正当理由。实践中，只能依据个案认定，并且由饲养人或者管理人负举证责任。因饲养人或者管理人必须依法对动物进行管理，他就必须证明是否因受害人故意或者重大过失造成的损害,否则,就不能减免责任。如案例:监护人站在台阶上将小孩抱起伸出小孩的小手与动物园铁栏里的黑猩猩握手被咬伤,动物园证明猩猩馆设计建设不存在缺陷,如不将小孩抱起小孩根本够不到黑猩猩发生损害,动物园出售的门票及动物园多处悬挂的警示语中均写明"请勿投食防止发生意外""管好孩子注意安全",已尽安全保障义务。法院认定动物园举证成立,判决不承担责任。此案,即为受害人一方的重大过失所致损害。①又如案例:父母带一儿童去动物园至猴子展区,该儿童钻进防护栏给铁质笼舍里的猴子喂食被咬伤中指,致右手中指安装假肢,诉至法院请求判决动物园赔偿医疗费、假肢费、伤残赔偿金、精神损害抚慰金等费用。动物园辩称,已尽义务,设有防护栏并有多处警示牌。法院现场查明,公园虽有防护栏,但金属防护栏栏杆间距15厘米左右,偏瘦小儿童可以通过栏杆间隙钻入。法院认定,监护人监护不周,存在重大过失,是发生伤害的主要原因;公园安全设施存在瑕疵,事发时无工作人员在场,事后又未采取紧急救助措施,未尽到管理职责,应负次要责任。故酌定监护人承担60%的责任,公园承担40%的责任。②此即受害人一方有重大过失,过失相抵,减轻动物饲养人责任。

第三节　动物致人损害的过错责任

一、违反动物安全措施管理规定致人损害的责任

(一) 违反安全措施的过错责任

《民法典》第1246条(修改原《侵权责任法》第79条)规定:"违反管

---

①　参见齐健荣、陈怡编:《中华人民共和国侵权责任法案例解读本》,法律出版社2010年版,第78页。

②　参见陈立斌主编:《2013年上海市第一中级人民法院案例精选》,人民法院出版社2014年版,第254—255页。

理规定,未对动物采取安全措施造成他人损害的,动物饲养人或者管理人应当承担侵权责任;但是,能够证明损害是因被侵权人故意造成的,可以减轻责任。"原《侵权责任法》第79条没有但书规定,在编纂《民法典》时,有意见提出,动物饲养人或者管理人虽违反了管理规定未对动物采取安全措施,但是如果受害人的行为也是造成损害的原因,如主动挑逗、触摸动物等,就应当减免动物饲养人或者管理人的责任,否则,就有可能引发更多的由于受害人原因引起的动物致人损害。立法机关经研究认为,动物饲养人、管理人违反管理规定就免除动物饲养人或者管理人的责任显然是不合适的,可以适当减轻其责任。故在原《侵权责任法》第79条基础上,增加了但书的规定。①这种损害中的饲养人、管理人违反管理规定不采取相应的安全措施和受害人挑逗、抚摸等不当行为,均为损害发生的原因,应过失相抵。因此,笔者赞成这一修改。本条是关于违反对动物采取安全措施管理规定致人损害,相对一般条款由饲养人或者管理人承担过错责任的特别规定。

《民法典》侵权责任编关于动物损害责任的规定,充分反映了特殊侵权以无过错责任为原则,以过错责任为例外,过错责任与无过错责任交错存在的特点。本条及以下禁止饲养的烈性犬致人损害责任(第1247条),遗弃、逃逸动物致人损害责任的规定(第1249条),均为过错责任的规定。而第三人过错致动物损害他人,受害人可选择第三人或者饲养人、管理人承担责任(第1250条)的条文规定,就包含过错、无过错两种责任。

(二) 养犬人的安全保障义务

我国的许多大城市均有养犬管理条例的规定。综合分析,其管理规定包括接受行政管理的义务和保障他人安全的义务。接受行政管理义务,如办理养犬批准手续,登记、办证、年检、缴费、犬只死亡或者失踪注销等。违反此类义务承担行政责任,无须承担民事责任。承担民事

---

① 参见黄薇主编:《中华人民共和国民法典侵权责任编释义》,法律出版社2020年版,第233页。

责任涉及的是违反保障他人安全的义务并致他人损害。此类义务主要包括：

1. 不得携犬进入公共场所。公共场所包括市场、商店、商业街区等商业场所；饭店、酒店等饮食场所；公园、游乐场、游泳池、体育馆、影剧院等休闲娱乐健身场所以及学校、医院、候车室等公共场所。

2. 不得携犬乘坐小型出租车以外的公共交通工具。携犬乘坐小型公共汽车，应征得驾驶员同意，并为犬戴嘴套或者将犬装入犬笼、犬袋中。

3. 携犬乘坐小区住宅电梯，须为犬戴嘴套或者装入犬袋、犬笼。携犬出户，应束犬链。

4. 除独门独户独院外，禁养烈性犬、大型犬。对烈性犬、大型犬实行拴养或者圈养，因登记、年检、诊疗、免疫出户，须戴嘴套或者装入犬笼、犬袋，束链。

5. 定期为犬注射狂犬病疫苗。

6. 其他法律、法规、规章规定的保障他人安全的义务。

（三）违反安全保障义务的法律责任

动物的饲养人或者管理人违反对他人安全保障义务致他人损害应承担民事责任，法律已作明确规定，但有无免责事由，法律没有规定，解释观点不同，颇值得研究。依立法机关解释，原《侵权责任法》第79条"这一条并未规定免责事由，即使被侵权人对损害的发生有过失，动物饲养人或者管理人也不能减轻或者不承担责任"。[1]有学者认为，从公平原则考虑，受害人对自己原因导致的损害要自行承受。[2]编纂《民法典》时，立法机关接受了可以减责的意见，仍然不规定免责。笔者以为，以上观点考虑的情况不尽相同，关键是应把握本条的实质是规定了饲养人、管理人对他人的安全保障义务违反的责任，针对的是由这一义务违反造成的损害，针对的是未戴嘴套等违反管理规定造成损害的责任，

---

① 引自全国人大常委会法制工作委员会民法室编：《中华人民共和国侵权责任法条文说明、立法理由及相关规定》，北京大学出版社2010年版，第324页。

② 参见王利明、周友军、高圣平：《中国侵权责任法教程》，人民法院出版社2010年版，第719页。

在这种情况下出现的受害人挑逗、喂食等过失也不属故意行为,故不存在免责事由。当然,如果受害人将嘴套摘下喂食,就属重大过失,当然是减责事由了,这就是极端事例,不太容易发生。

（四）应进一步完善犬的管理法治,制定狂犬病防治法

目前我国各大城市虽然有犬的管理规定,但是效果欠佳。人们经常可以看到许多狗都不戴口罩,时常可发现流浪狗。因此,必须加强执法力度。

狗致人损害,最严重的是狂犬病。早在2009年9月23日,原卫生部和公安部、农业部、国家食品药品监督管理局联合发布《中国狂犬病防治现状》,披露根据我国狂犬病防治疫苗使用量(不含港澳台)估算,每年动物伤人数超4 000万人,21世纪初每年死亡人数在2 400人以上,仅次于印度,居世界第二。而至今我国还没有狂犬病防治法,只有我国的《传染病防治法》将狂犬病规定为乙类传染病。另外,中国疾病防控制中心2016年1月20日发布了《狂犬病预防控制技术指南(2016版》,但这只是如何治疗狂犬病的规定。日本是狂犬病预防的先进国家,50年没有发生狂犬病,原因之一就是有专门的《狂犬病预防法》,该法主要对养犬作出严格规定,饲养人必须履行养犬的登记和交付注射费用的义务,每年必须注射一次狂犬病疫苗,将交费和注册证明套在狗脖子上。兽医师是都道府县的职员,由其任命狂犬病预防员,该预防员有权对没有交费和注射证明的狗拘捕和扣留,对不知饲养者的狗有处分权。狂犬病发生时,对狂犬病的狗等实施隔离,都道府县知事必须将狂犬病发生的事实进行公示,在规定的区域和时间内,所有的狗必须戴口罩。对于狗或者其他的尸体,预防员必须进行解剖确认是否患有狂犬病。对于患有狂犬病的狗及时处死,对其他的狗进行临时的预防注射。兽医师等违反职责,处以30万日元以下罚款。对不进行登记、不交预防注射费、不给狗戴交注射费和注射证明的饲养者,处以20万日元以下的罚款。这些经验值得我国借鉴。①

① 参见[日]青木人志:《日本的动物法》,东京大学出版会2011年版,第106—107页。

二、禁止饲养的动物损害责任

《民法典》第 1247 条（原《侵权责任法》第 80 条）规定："禁止饲养的烈性犬等危险动物造成他人损害的，动物饲养人或者管理人应当承担侵权责任。"此条为违反饲养规定的过错责任规定。

有观点认为，本条是无过错责任。笔者认为法律、法规禁止饲养而违法饲养，违法本身就是过错，而且是造成他人损害的最根本原因。法律、法规之所以禁止饲养，就是因为烈性犬等动物具有攻击他人的高度危险性，一般人饲养危险性很大，因此禁止饲养。违法饲养造成他人损害，不但应承担过错责任，而且原则上没有免责事由，因为造成他人损害源自违法饲养的高度危险性，通常不存在受害人的故意或者重大过失。

依据一些大城市养犬管理规定，禁止饲养的烈性犬包括：所有的獒类犬、各种猎犬以及其他烈性犬类。除烈性犬之外，其他攻击性强的动物，也禁止一般人饲养。如蛇、蟒、蜥蜴、鳄鱼等。对此法律虽无统一规定，人们凭常识不难认定。实践中有人违法饲养蛇、蟒、蜥蜴、鳄鱼、食人鱼等这些危险动物，待长到一定程度不便饲养时便放生。这是一个严重的社会问题，应从源头上查处携带此类危险动物并加强日常管理，一经发现有人违法饲养便追究其法律责任。法律也有进一步完善的空间，应明确规定对违法饲养者给予高额罚款和行政机关对这些动物的处置权，也应开展外来物种的捕杀工作，防止对人民群众造成损害和破坏生态。

禁止饲养的动物具有地域性。地域性首先是地方性立法适用的区域和禁止饲养的区域。如獒类犬在大城市禁养，在藏区牧区就不是禁养动物，致人损害依一般规定追究责任。在大城市城区禁止饲养烈性犬，而在农村是否禁养取决于是否有政府的另行规定。另外，禁养针对的是一般民众和社会组织，其他如军犬、警犬、表演用动物有关组织可依法饲养。导盲犬是经驯养的无攻击性动物，不在禁止之列。

三、遗弃逃逸动物致人损害的责任

《民法典》第 1249 条(原《侵权责任法》第 82 条,《民法典》仅将"动物原……"改为"原动物……")规定:"遗弃、逃逸的动物在遗弃、逃逸期间造成他人损害的,由原动物饲养人或者管理人承担侵权责任。"此条即遗弃、逃逸动物致人损害的责任。

遗弃动物,即抛弃动物,一般是指饲养人将动物抛弃于住宅区以外使动物无家可归。逃逸动物是指逃离主人流浪在外的动物。遗弃、逃逸动物最大的特点是无家可归,处于流浪状态。因此,一时性的逃离不是此条规定的逃逸动物。

遗弃动物是违法行为。因动物有致人损害的危险性,动物被遗弃由于无人饲养和管理,更易造成他人损害,违背对他人的安全关照义务。遗弃动物也不符合爱护动物的社会公共道德。动物逃逸证明饲养人或者管理人没有尽到安全管理义务,也违反了对他人的安全关照义务。因此,遗弃、逃逸动物致人损害,饲养人或者管理人承担的是违反对他人安全关照义务的责任。

此种责任,必须由受害人举证证明加害人是谁才能成立。如被流浪狗咬伤,受害人知道狗主人是谁,或者请求公安机关从狗的耳朵、项圈标记确认饲养人。这对动物社会管理提出新课题。如不能确定动物饲养人或者管理人,后果只能由受害人承担,损害严重者可寻求国家救助。

对流浪狗、流浪猫等动物,往往有动物爱好者、志愿保护者给予投食喂养。但只要没有收留该动物,就不是法律规定应当承担动物致害责任的饲养人或者管理人。为解决流浪动物喂养的经费来源,国外(法国)有学者主张借用法人理论,将动物定性为动物法人,动物遗弃者对动物有养育义务,此义务不因遗弃而丧失,动物保护组织有权依法向遗弃者追讨动物养育费。[①]这一理论对完善动物保护法,预防遗弃动物及

---

① 法国 Marguenaud 教授的动物拟人化主张。参见[日]青木人志:《法与动物》,明石书店 2004 年版,第 233 页以下。

致人损害有积极意义,值得关注。

四、动物园动物致人损害的责任

《民法典》第 1248 条(原《侵权责任法》第 81 条,《民法典》仅将",但"修改为";但是,")规定:"动物园的动物造成他人损害的,动物园应当承担侵权责任;但是,能够证明尽到管理职责的,不承担责任。"此条是动物园动物致人损害,动物园承担过错推定责任的规定。

依据我国建设部《城市动物园管理规定》,动物园包括综合性动物园、水族馆、专类性动物园、野生动物园、城市公园的动物展区、珍稀濒危动物饲养繁殖研究场所(如大熊猫繁殖基地)。此类场所发生的动物园饲养的动物致人损害,均应适用本条规定。动物园之外的国家保护野生动物致人财产损害的,由有关政府部门给了经济补偿,如野生大象毁坏农作物、农舍,老虎捕食家畜,由当地政府依法给予补偿。

动物园为自然人游乐观赏场所,作为经营者对游客负有安全保障义务。其安全保障义务包括设施达到保障游客安全的要求、对游客给予明确的安全警示、配备必要的安全提示与引导人员。发生动物致人损害,如果动物园主张不承担责任,必须举证证明已尽到管理职责,如举证不成立,即推定动物园有过错,由动物园承担民事赔偿责任。

第四节　因第三人原因引起的动物损害责任

《民法典》第 1250 条(原《侵权责任法》第 83 条)规定:"因第三人的过错致使动物造成他人损害的,被侵权人可以向动物饲养人或者管理人请求赔偿,也可以向第三人请求赔偿。动物饲养人或者管理人赔偿后,有权向第三人追偿。"此条规定有以下三点含义:

一是第三人过错是导致动物致人损害的原因。第三人过错,包括故意和过失。故意，如牧区第三人故意驱赶他人的马群冲撞牧羊人的羊群致羊受伤；过失，如第三人燃放鞭炮致马受惊踢伤他人。因第三人过错是造成他人损害的原因，第三人应承担过错赔偿责任。

二是被侵权人享有向动物饲养人或者管理人请求赔偿的选择权。这样规定是为了充分保护无辜的受害人。因此被侵权人可以请求第三人赔偿，或请求动物的饲养人或者管理人赔偿，也可以同时请求第三人和动物的饲养人或者管理人共同赔偿。

三是动物的饲养人或者管理人承担责任后，可以向第三人追偿。因动物侵权源自动物的危险性，因此动物的所有人或者管理人不能因第三人的过错而免责。但是如果动物的所有人或者管理人先行承担了责任，可以向有过错的第三人追偿。

正确适用本条，要注意有些情况下当事人可能都存在过错，如果是因第三人和动物的饲养人或者管理人共同过错所致他人损害，应适用共同侵权责任的规定。如果第三人、动物的饲养人或者管理人、受害人对损害的发生均有过错，则首先适用过失相抵规则减轻第三人、动物的饲养人或者管理人的共同责任，然后再适用本条依受害人请求由第三人、动物的饲养人或者管理人承担责任。比如甲乙丙三人系熟人，甲热衷于买彩票，迷信八哥，想让乙养的八哥试试抓彩票的灵性，以便将来为自己选彩票，丙将乙的哥笼打开，放出八哥扒甲自制的"彩票"，八哥飞出后，便将甲的一只眼睛戳伤。此案甲乙丙均有过错，首先适用过失相抵确定甲应承担的部分以减轻乙、丙的责任，然后由乙和丙共同对甲承担责任。

第四部分

基于复数加害人的共同侵权责任

第十三章
共同侵权责任

第一节　广义与狭义共同侵权行为

笔者认为应把共同侵权行为分为广义共同侵权行为和狭义共同侵权行为。广义共同侵权行为是指包括共同实施侵权行为、共同危险行为和教唆与帮助三种行为。狭义共同侵权行为仅指共同实施的侵权行为。

我国原《侵权责任法》第8条关于共同侵权责任的规定，是与原《民法通则》第130条的规定基本一致的，只不过在将二人以上"共同侵权行为"改为"共同实施侵权行为"。2003年，《最高人民法院关于审理人身损害赔偿案件适用法律若干问题的解释》第3条第2款规定："二人以上共同故意或者共同过失致人损害，或者虽无共同故意、共同过失，但其侵害行为直接结合发生同一损害后果的，构成共同侵权，应当依照民法通则第一百三十条规定承担连带责任。"此解释已明确共同侵权包括无共同过错责任。《侵权责任法》是在《民法通则》和司法解释的基础上制定的，其关于共同侵权责任的规定当然涉及适用无过错责任的特殊侵权。但有学者认为从《侵权责任法》到《民法典》都强调"共同实施",应理解为积极行为,这就排除了侵权人消极不作为构成共同侵权,实际意思是说既然规定"共同实施侵权行为",共同实施一定有意思联络,也就是有共同过错,因此我国原《侵权责任法》和《民法典》选择了主观说或者意思说。①另有学者主张,我国《侵权责任法》关于共同侵权的规定即第8条是有意思联络的,而无意思联络数人侵权规定是第11条和第12条,因此,第8条共同侵权是采用了主观过错说。②

在《民法典》通过后,最高人民法院对人身损害赔偿适用法律若干问题的解释先后进行了两次修订,在第一次修订时就删除了原第3条第2款的规定。这是否能证明《民法典》关于共同侵权选择了有意思联络的主观说,笔者认为仍有讨论的余地。如果将《民法典》第1168条共同实施侵权行为和第1169条教唆、帮助他人的共同侵权,以及第1170条两人以上实施危及他人人身、财产安全的行为(共同危险行为)并列起来理解,主张《民法典》第1168条采用的是意思联络说或者主观说,当然是正确的。但问题是在理论研究上能否就三种共同侵权进行高度概括,既对包括共同实施、教唆与帮助、共同危险类型的总体性共同侵权进行研究,答案当然是肯定的。包括这三种类型的共同侵权,就不是都以有意思联络为条件。因此,笔者的结论是如果不将《民法典》第1168条理解为共同侵权行为的总体性规定,而仅仅是将其理解为三种类型之一,也就是一种狭义的共同侵权的话,主张采用的是意思联络说或者主观说,当然是正确的。但就包括三种类型在内的共同侵权而言,就不能都以意思联络说或者主观说来解释。因此原司法解释将《民法通则》共同侵权的规定理解为是包括所有共同侵权的总体性规定作出的不以意思联络为条件的客观说的解释,也是完全正确的。原《民法通则》关于共同侵权责任仅有第130条一条总体性的规定,没有教唆与帮助和共同危险行为的规定,因此,最高人民法院就原《民法通则》共同侵

---

① 参见张新宝:《中华人民共和国民法典侵权责任编理解与适用》,中国法制出版社 2020 年版,第 27 页。

② 参见王利明:《侵权责任法研究(上卷)》,中国人民大学出版社 2018 年版,第529 页。

权作出的司法解释是完全正确的。而有些学者对狭义共同侵权的解释，限于意思联络说或者主观说也是正确的。但作为理论有必要从总体上就包括三种类型的共同侵权进行研究，这三种共同侵权不仅包括共同过错侵权，也包括教唆与帮助和共同危险行为。

从比较法上观察，《德国民法典》第 830 条规定："数人因共同之侵权行为，加以损害者，各自就其损害负责。数个关系人中，不能确定孰为加害人者，亦同。造意人及帮助人，视为共同侵权行为人。"此条规定的各自就其损害负责，意为每个人都有责任对造成的损害负全责，即承担连带责任。德国学者认为此条规定的数人共同侵权行为，就是指因故意或者过失构成共同行为关系的关系人。因此关系者相互不排斥负并存性责任，这样的重叠性责任就为被害人提供了充分的保障，但是另一方面也要坚持防止得利的原则，被害人只能得到一份赔偿，不能得到一份以上的赔偿。责任人负连带责任后，在其内部又要分担责任。而教唆和帮助是行为人扩张的概念，承认教唆者和帮助者也应该负相应的责任及连带责任。择一的行为人视为共同行为人，因为实际上行为人中只有一人的行为造成了损害后果，但是谁造成损害后果不能认定，所以就将所有的行为者视为共同行为人①。

《日本民法典》第 719 条规定："（一）数人因共同不法行为对他人施加损害时，各自连带负损害赔偿责任。不能知晓共同行为人中的何人施加损害时，亦同。（二）教唆或者帮助行为人的人视为共同行为人，适用前款规定。"日本学者将这条规定分为三种类型：狭义的共同不法行为，加害者不明的共同不法行为，教唆、帮助。②有学者相对狭义的共同不法行为，将加害者不明的共同不法行为和教唆与帮助称为广义的不法行为。③更有学者明确将共同不法行为定义为是《日本民法典》第 719

---

① 参见［德］Erwin Deutsch、Hans-Jürgen Ahrens：《德国不法行为法》，［日］浦川道太郎译，日本评论社 2008 年版，第 96 页以下。

② 参见［日］前田阳一：《债权各论 2：不法行为法》（第二版），弘文堂 2013 年版，第 124 页。

③ 参见［日］几代通：《不法行为法》，有斐阁 1993 年版，第 230 页。

条规定的共同行为、共同危险、教唆与帮助承担连带责任的三种规则。①

　　德、日民法典，均将共同侵权行为分三种情况规定在一个条文，而我国民法，先是在《民法通则》中用一个条文规定共同侵权责任，没有区分三种情况，后在《侵权责任法》和《民法典》中分三个条文加以规定，其共同危险行为和教唆与帮助各为一条，将《民法通则》共同侵权责任的条文其中的"共同侵权行为"修改为"共同实施侵权行为"。共同实施侵权行为这一条，究竟规定的是广义的共同侵权行为还是狭义的共同侵权行为，立法并未作出明确的说明。从逻辑关系分析，修改的这一条理解为是狭义的共同侵权行为似更能表明共同侵权的三种情况。做这样的解释，就意味着三个条文的规定构成广义的侵权行为。这样的学理解释，笔者认为是完全符合社会实际的、全面的和准确的。因此，对《民法典》关于共同侵权的三条规定，应当解释为分别规定了三种共同侵权行为，共同实施侵权行为是狭义的共同侵权行为，包括三种不同情况的共同侵权行为是广义的共同侵权行为。理论上不仅要分别研究三种不同的共同侵权行为，也要从总体上对广义共同侵权行为进行概括性研究。

第二节　共同侵权责任的特征

一、复数侵权人的存在

　　共同侵权责任的首要特征就是复数侵权人的存在，这是与一般侵权责任主体的区别。一般侵权责任侵权主体是单一的，而共同侵权责任侵权主体为二人及二人以上，是复数的。在共同实施侵权行为，共同就必须是复数的侵权人共同实施。在共同危险，虽然不能确定加害人

---

① 参见［日］窪田充见：《不法行为法》，有斐阁2007年版，第420页。

是谁,但一定是实施共同危险行为中的人,因此由共同危险行为人承担连带责任。在教唆与帮助,教唆者、帮助者可能是一个人,也可能是两个甚至两个以上的人,但都是在教唆、帮助情况下被教唆者、被帮助者实施了侵权行为,所以教唆者、帮助者为一人的情况下,与被教唆者、被帮助者构成共同侵权,至少也是两个人的复数。

二、行为的关联性

从侵权行为进行判断,是否构成共同侵权行为取决于复数侵权人的行为有无共同关联性。共同关联性,是指行为与损害结果间共同关联。共同侵权行为可以是发生在同一时间的,也可以是发生在连续时间内的,无论是何种情况都必须与损害结果相关联。如能证明不相关联,则行为人不是共同侵权人。发生在同一时间的侵权行为,如二人一起在同一时间将受害人打伤。共同危险行为发生在连续时间的,如教唆、帮助在先,被教唆者、被帮助者实施的侵权行为在后。

比较法上,有主观共同说和客观共同说。主观共同说以意思共同为必要,客观共同说以加害行为与损害结果具有客观的一体性为已足。客观的共同说比主观的共同说涉及的共同不法行为范围广。[1]有学者将关联共同性依据关联程度分为如下三个类型可为我们所借鉴:(1)强的关联共同。这是指有意思联络的共同侵权,也称意思的共同不法行为。(2)弱的关联共同。这是指虽无意思联络,但行为相关联。因没有意思联络,仅是行为关联,又称关联性不法行为。(3)竞合的不法行为,又称独立型,即虽行为各自独立,但竞合引起损害后果,在法律效果上只承担与相关度相应的责任,排除连带责任。[2]这种分类显然是客观共同说的划分,其类型(3)仅从加害行为与损害后果的客观一体性定义为共同侵权行为,但法院审判仅将其作为与一般侵权行为竞合适用一般条款不负连带责任处理,结果与主观共同说并无二致。这种情况的典

---

[1] 参见[日]藤冈康宏:《民法讲义 V 不法行为法》,信山社 2013 年版,第 366 页。

[2] 参见[日]窪田充见:《不法行为法》,有斐阁 2007 年版,第 426 页。

型事例是交通事故与医疗责任的竞合。类型(1)(2)分别具有主观强、弱不同的关联性,从而发生连带责任的效果。

三、行为人对受害人承担连带责任

行为人承担连带责任,是共同侵权法的效果,目的是保护受害人得到充分的救济。受害人可以请求共同侵权人中的任何一人承担全部赔偿责任,这就更有可能避免某些加害人不能承担相应责任的风险。承担超出自己应分担的赔偿责任的共同侵权人可以向其他共同侵权人追偿。

第三节　共同侵权责任是特殊侵权责任

共同侵权责任,是特殊侵权责任类型。我国民法理论至今未见共同侵权责任是特殊侵权责任的论述。从立法体系上,原《民法通则》民事责任章第三节"侵权的民事责任"将共同侵权规定于正当防卫(第128条)、紧急避险(第129条)之后,与有过失之前(第131条),显系作为独立类别加以规定,即第130条"二人以上共同侵权造成他人损害的,应当承担连带责任"。这难以断定立法是否当作特殊侵权加以规定。原《侵权责任法》第二章"责任构成和责任方式"第8—14条是共同侵权责任的规定。该章是侵权责任法总体性问题的规定,更未表明立法将共同侵权责任当作特殊侵权类型。我国《民法典》侵权责任编基本承袭了侵权责任法共同侵权的规定。《民法典》第1168条至第1172条共五条是关于共同侵权责任的规定,由于《民法典》在合同编使用了债权的概念并对连带责任作出了完整的规定,因此《民法典》在侵权责任编不再保留原《侵权责任法》关于承担连带责任的这两条规定。但是《民法典》将共同侵权规定在侵权责任编第一章一般规定中,从体系上也不能表明共同侵权属于一般侵权还是特殊侵权。

从比较法上观察，《德国民法典》《日本民法典》都是按一般侵权、共同侵权、无过错侵权体系加以规定。但是，在学理上有复数赔偿义务者①特殊侵权②的不同解释。这两种理论体系，实际都是认为共同侵权是相对于单独侵权的特殊侵权。日本民法理论认为共同侵权是特殊侵权没有争议，所不同的是有的著作将共同侵权作为特殊侵权的首要类型③，有的著作将共同侵权作为特殊侵权的最后一个类型④。

笔者主张我国《民法典》规定的共同侵权，也是特殊侵权。其理由如下：

一、共同侵权法律关系的特殊性

共同侵权法律关系，不仅包括加害人与受害人的关系，也包括加害人之间对受害人承担连带责任的关系。连带责任的目的是为保护受害人权利的实现，这就使加害人内部承担连带责任的人可以向其他共同侵权人行使追偿权。

二、共同侵权责任是特殊侵权责任

共同侵权类型的标准不是相对于过错侵权，而是相对于单一侵权以复数侵权为标准的特殊类型。

关于共同侵权，在不同时期出现不同学说，反映了共同侵权由严到宽的发展过程。

---

① 参见［日］窪田充见：《不法行为法》，有斐阁2007年版，第1页以下。该著作将不法行为分为基于自己行为的责任（基本型）、基于他人不法行为的责任、基于多方的危险实现的责任，而复数赔偿义务者被视为独立的与侵权人为一人的类型相对应的类型。

② 参见［日］井上英治：《现代不法行为论》，中央大学出版部2007年版，第5页。该著将共同侵权体系上列为特殊不法行为。此为日本侵权法著作通例。王泽鉴先生则将共同侵权当作特殊侵权的首要类型。参见王泽鉴：《侵权行为法》，北京大学出版社2009年版，第350页以下。

③ 参见王泽鉴：《侵权行为法》，北京大学出版社2009年版，第2页。

④ 参见［日］藤冈康宏：《民法讲义Ⅴ不法行为法》，信山社2013年版，第10页。

1. 意思联络说

该说认为,加害人间的意思联络是构成共同侵权的必要条件。只有加害人间就损害受害人在主观上达成一致或者相互默契,并实施了损害行为造成损害后果,才构成共同侵权。

2. 共同过错说

该说认为不仅共同故意可以构成共同侵权,共同过失或者有人故意有人过失均可构成共同侵权。

3. 关联共同说

相对以上两说,该说认为不应以意思联络或者共同过错作为构成共同侵权条件,只要加害人的行为在客观上构成损害的共同原因,即为共同侵权行为。

以上三说,从各国立法及司法实务看,当今以关联共同说为通说,但不是绝对的,有例外。如我国《民法典》第1231条规定:"两个以上侵权人污染环境、破坏生态的,承担责任的大小,根据污染物的种类、浓度、排放量,破坏生态的方式、范围、程度,以及行为对损害后果所起的作用等因素确定。"这就排除了共同侵权承担连带责任,实质是不作为共同侵权责任对待。由此看来,法律关于共同侵权的规定实质是政策选择问题。我国立法为充分保护受害人选择了关联共同说,又有例外规定。

第四节　共同侵权责任的类型

一、共同实施侵权行为

共同实施侵权行为,又称狭义的共同侵权行为,是指我国《民法典》第1168条规定的两人以上共同实施侵权行为,造成他人损害,承担连带责任的类型。相对于广义共同侵权行为,即各种类型的共同侵权行为所共同具备的侵权人两人以上、发生了损害后果以及共同侵权与损害后果之间的因果关系外,还必须具有如下特征:共同实施侵权行为,是依照共同的意思过错造成他人损害,因此又称主观性共同关系的共同侵权行为。如甲乙两人共谋打伤丙、共谋盗窃他人财产。显然,共同的意思过错通常情况下是故意的,构成共谋,但也不排除有些情况是主观过失。因此意思联络或者共谋并不是构成狭义共同侵权行为的必要条件,尽管意思联络的认定通常情况下是必要的。如两车相撞将一行人撞伤,责任认定两车司机均有过失而承担的共同侵权的连带责任,两司机仅具过失的意思联络性。教唆与帮助,与被教唆、被帮助者主观上有时并不一致。如教唆杀人而被教唆者只想伤人致伤人后果发生,帮助隐藏部分赃物。共同危险行为,损害后果的发生具有一定偶然性,实施共同危险行为的行为人,并无造成受害人何种损害的共同意思。如瓜地的主人追赶两名偷瓜人,两名偷瓜人抓起地上的沙石扬向追赶者致追赶者一只眼睛被石子击伤,经治视力明显下降。两名偷瓜人并无明确的伤害瓜地主人眼睛的共同意思。

二、教唆、帮助他人实施侵权行为

教唆,即用言语引导、说服、刺激、利诱、怂恿他人实施侵权行为。与刑法不同,教唆他人承担民事责任,以被教唆人实施侵权行为并造成损害为条件,而《刑法》教唆中,即使被教唆人未实施犯罪也可构成未遂犯。

帮助,是指为实施侵权行为的人提供工具、资金或者指示目标等创造实施侵害条件的行为。呐喊助阵、提供精神支持的行为,也可构成帮助。帮助他人承担侵权责任,也是以被帮助者实施侵权行为并造成损害为条件。

教唆与帮助,行为人主观上是故意的,构成过错侵权。因与被教唆、被帮助者实施侵权行为并造成损害相联系,故构成复数加害人的特殊侵权行为责任。

教唆与帮助在立法上有"视为"共同侵权行为和直接规定构成共同

侵权行为两种立法。

一是德国"视为"式立法。《德国民法典》第830条第2款规定："教唆人和帮助人视为共同行为人。"《日本民法典》第719条第2款规定："教唆行为人者及帮助行为人者看作共同行为人,适用前款规定。""视为"式立法,显系将教唆与帮助,作为侵权行为之外因素看待,因其对侵权损害也起一定作用,故将侵权行为实施者之外的因素当作共同侵权看待,教唆者、帮助者与侵权行为者对被害人承担连带责任。

二是瑞士直接规定为共同侵权模式。瑞士《债务法》第50条规定："如果数人共同造成损害,则不管是教唆者,主要侵权行为人或者辅助侵权行为人,均应当对受害人承担连带责任和单独责任。法院有权自由裁决责任人是否以及在多大程度上分担责任。教唆者的责任限于其获得的利益和由于其帮助造成的损失的范围。"此种立法,是将教唆与帮助,作为侵权行为的组成部分,而不是作为侵权行为的外因看待,在认识上更切合教唆、帮助共同侵权行为的实际。

我国属于直接规定为共同侵权模式。我国原《民法通则》仅规定二人以上共同侵权应当承担连带责任。《最高人民法院关于贯彻执行〈中华人民共和国民法通则〉若干问题的意见》(以下简称《意见》)第148条规定："教唆、帮助他人实施侵权行为的人,为共同侵权人,应当承担连带民事责任。教唆、帮助无民事行为能力人实施侵权行为的人,为侵权人,应当承担民事责任。教唆、帮助限制民事行为能力人实施侵权行为的人,为共同侵权人,应当承担主要民事责任。"我国原《侵权责任法》第9条的规定,未明确教唆、帮助是否是共同侵权,但从径行规定承担连带责任分析,当为共同侵权行为。该条分两款规定："教唆、帮助他人实施侵权行为的,应当与行为人承担连带责任。""教唆、帮助无民事行为能力人、限制民事行为能力人实施侵权行为的,应当承担侵权责任;该无民事行为能力人、限制民事行为能力人的监护人未尽到监护责任的,应当承担相应的责任。"

依照我国法律的相关规定分析,教唆、帮助完全民事行为能力人,侵权人应对受害人承担连带责任。侵权人内部，可依过错程度分担责任。

　　教唆、帮助限制行为能力人或无行为能力人，依《侵权责任法》规定，应由教唆、帮助者承担民事责任，监护人只承担未尽监护义务的相应责任。也就是说，教唆或者帮助人与监护人不是连带责任关系。原《侵权责任法》第9条的规定，较最高人民法院《意见》第148条的规定文字上有所不同，实质是一致的。《意见》规定，教唆、帮助无行为能力人，教唆、帮助者承担民事责任，实际是否认构成共同侵权。因为这实际上是将无行为能力人作为侵权工具，不构成共同侵权。但司法解释忽视了监护人未尽监护义务的问题。《侵权责任法》规定监护人未尽监护义务承担相应责任，弥补了司法解释的不足。依《侵权责任法》规定，教唆、帮助限制行为能力人实施侵权行为的，也是由教唆者或者帮助者承担侵权责任，监护人承担违反监护义务的相应责任。这实际也是否认其构成共同侵权。而最高人民法院《意见》的规定，明确是共同侵权，并规定教唆者或者帮助者承担主要民事责任。限制行为能力人意识能力差别较大，不加区分一律由教唆者、帮助者负主要责任显系不妥。但《侵权责任法》否认此种情况构成共同侵权，与理论与实际是否相符也不无研究的必要。我国《民法典》承袭了《侵权责任法》的规定。

　　问题的解决寄望于今后《民法典》的修订。我国现行法没有责任能力规定是一大缺陷。行为能力分为完全行为能力和限制行为能力两类，限制行为能力包括无行为能力并且不再规定无行为能力年龄或条件，这是世界修订民法的一个趋势。[1]我国民法似应作此修订。如此，法律上参照行为能力认定责任能力并以个案事实为据也是一种正确的选择。涉及教唆、帮助无行为能力人、限制行为能力人的规定也必然作相应修改。

---

　　①　参见渠涛编译：《最新日本民法》，法律出版社2006年版，第4、8页。其第4条规定20岁为成年。第20条规定限制行为能力人包括未成年人、成年被监护人、被保佐人以及家庭法院裁定的被辅助人。

三、共同危险行为

共同危险行为,是指二人以上共同实施危及他人人身、财产的行为,其中一人或者数人造成他人损害,但不能确定谁为加害人,由共同危险行为人承担连带责任的共同侵权责任类型。

《最高人民法院关于审理人身损害赔偿案件适用法律若干问题的解释》第4条规定:"二人以上共同实施危及他人人身安全的行为并造成损害后果,不能确定实际侵害行为人的,应当依照民法通则第一百三十条规定承担连带责任。共同危险行为人能够证明损害后果不是由其行为造成的,不承担赔偿责任。"这是具体的共同危险行为责任的司法解释规定。《侵权责任法》沿用了司法解释,只是文字表述略有不同,内容没有区别。《民法典》第1170条(承袭原《侵权责任法》第10条)规定:"二人以上实施危及他人人身、财产安全的行为,其中一人或者数人的行为造成他人损害,能够确定具体侵权人的,由侵权人承担责任;不能确定具体侵权人的,行为人承担连带责任。"须指出的是,能够确定具体侵权人,就转化为由该人承担责任,而非共同侵权行为责任。因此,共同侵权行为责任仅指不能确定具体加害人的情况。

共同危险行为责任的构成要件是:

一是,二人以上共同实施危及他人人身、财产安全的行为。共同实施侵权行为是共同危险行为的实质性要件。所谓共同,即在同一时间针对同一目标实施加害行为。行为人可能有主观共同联络,也可能没有共同联络。

二是,造成他人损害,即造成他人人身或者财产损害。这是由民事赔偿责任以损害的存在为构成要件决定的。没有损害,虽有共同危及他人人身、财产安全的行为,也不构成共同危险行为责任。

三是,不能确定具体侵权人,即受害人的损害是由共同危险行为中的一人或者数人所致,但不是所有侵权人都击中了目标。因为不能确定谁是实际加害人,为保护受害人,就只能由共同侵权行为人承担连带责任。如共同侵权行为人能证明损害不是自己造成的,不承担民事责任。如甲乙丙三人同时向乙投石子,一石子击中乙头部受伤,花去医疗费1 000元,不能确定谁为加害人,则甲乙丙就此损害承担连带赔偿责任。若甲乙丙中有一人年龄小或者为女性,能证明自己投不了那么远的距离,不可能伤害乙,就可以不承担责任。

与共同危险行为责任相似的情况,是指二人以上分别实施侵权行为造成同一损害承担民事责任的情况。包括连带责任和按份责任两种情况:二人以上分别实施侵权行为造成同一损害,每个人的侵权行为都足以造成全部损害后果,由行为人承担连带责任(《民法典》第1171条)。二人以上分别实施侵权行为造成同一损害,能够确定责任大小的,各自承担相应的责任;难以确定责任大小的,平均承担责任(《民法典》第1172条)。

以上两种情况,因不具备共同实施侵权行为的条件,不是共同危险行为。但因分别实施的侵权行为造成了同一损害后果,与共同危险行为有相似性。对其后果,如每一加害行为都足以全部造成,因损害赔偿以实际损失为限,受害人不能获得多于实际损失的赔偿,只能由加害人承担连带责任并在其加害人内部平分责任。如每一加害人的行为都不足以造成全部损害,能够确定责任大小的便各自承担相应责任,不能确定责任大小的,平均承担民事责任。后一种情况虽是共同侵权,但加害人并不承担连带责任。此规定主要考虑共同环境侵权,与环境责任中共同侵权按份承担责任的规定一致,值得关注(参见环境污染和生态破坏责任一章)。

第五节　建议司法解释规定团伙侵权责任

团伙是三人以上形成的并实施侵权甚至犯罪行为的组织。在我国已出现黑社会暴力团伙,他们既从事违法犯罪活动,也从事合法经营活动。其合法经营往往以暴力欺行霸市、行贿官员、垄断市场甚至强买强卖为后盾。因黑社会实施的暴力侵权、犯罪时有发生,也发生实施生产销售假冒伪劣产品的团伙组织。如地沟油生产销售团伙、知识产权盗版生产销售团伙、传销团伙、假药生产销售团伙、人体器官非法摘取买卖团伙等。这些往往构成犯罪的团伙,在公安机关打击抓捕后,除追究刑事责任外,也往往涉及民事赔偿责任。也有不构成犯罪只应追究民事责任的情况。

团伙共同侵权,与其他共同侵权不一样,有组织、有分工,严重的组织严密,成员形成家庭式关系,称兄道弟,甚至辈分不同,规矩严厉,危害甚重。

日本有暴力团伙对策法,规定成员间的连带民事责任和团伙头目对成员的使用人责任。①《荷兰民法典》规定了团伙连带责任。②我国也有学者在《民法典》(建议稿)中拟定了团伙侵权责任的条款,但未涉及组织者对其成员的使用人责任。③我国原《侵权责任法》和实施中的《民法典》没有对此作出规定。

根据我国实际情况和国外经验,建议最高人民法院对《民法典》共同侵权责任进一步作司法解释,增加团伙侵权行为责任的规定:团伙成员实施侵权行为造成他人损害的,全体团伙成员承担连带责任。但其他成员能够证明不属于团伙行为的除外。团伙组织者为团伙利益指使他人实施侵权行为并造成损害的,由组织者承担用人责任。

---

① 参见［日］盐崎勤、羽成守、小贺野晶一:《实务不法行为法讲义》,民事法研究会2013年版,第518页以下。

② 《荷兰民法典》第6:166条:"如果一个团伙成员不法造成损害,如果设有其集合行为则可以避免造成损害的危险之发生,如果该集合行为可以归责于这一团伙,则这些成员承担连带责任。"

③ 参见梁慧星主编:《中国民法典草案建议稿附理由:侵权行为编》,法律出版社2013年版,第28页。"第一千六百一十七条［团伙成员的侵权行为］:部分团伙成员实施加害行为造成他人损害的,由全体团伙成员承担连带责任;但其他团伙成员证明该加害行为与团伙活动无关的,其他团伙成员不承担责任。"

参 考 文 献

1. 邹海林、朱广新主编:《民法典评注:侵权责任编》,中国法制出版社2020年版。

2. 王利明:《侵权责任法研究(第二版)》,中国人民大学出版社2018年版。

3. 张新宝:《中华人民共和国民法典侵权责任编理解与适用》,中国法制出版社2020年版。

4. 梁慧星:《中国民法典草案建议稿附理由:侵权行为编》,法律出版社2013年版。

5. 王利明、周友军、高圣平:《中国侵权责任法教程》,人民法院出版社2010年版。

6. 黄薇主编:《中华人民共和国民法典侵权责任编释义》,法律出版社2020年版。

7. 渠涛编译:《新日本民法典》,法律出版社2006年版。

8. 全国人大常委会法制工作委员会民法室编:《中华人民共和国侵权责任法条文说明、立法理由及相关规定》,北京大学出版社2010年版。

9. 李显东主编:《中华人民共和国侵权责任法条文释义与典型案例详解》,法律出版社2010年版。

10. 王泽鉴:《侵权行为》,北京大学出版社 2009 年版。

11. 美国法律研究院:《美国侵权法重述第三版:产品责任》,肖永平、龚乐凡、汪雪飞译,肖永平审校,法律出版社 2006 年版。

12. 沈志先主编:《2012 年上海法院案例精选》,上海人民出版社 2012 年版。

13. 陈立斌主编:《2013 年上海市第一中级人民法院案例精选》,人民法院出版社 2014 年版。

14. 全国人大常委会法制工作委员会民法室编:《侵权责任法立法背景与观点全集》,法律出版社 2010 年版。

15. 王立主编:《环保法庭案例选编》,法律出版社 2012 年版。

16. 杨梦露:《无人驾驶事故责任研究》,台湾九州出版社 2021 年版。

17. 李昊:《纯经济上损失赔偿制度研究》,北京大学出版社 2004 年版。

18. 王文杰:《建筑火灾事故民事赔偿法律实务》,法律出版社 2013 年版。

19. 叶延玺:《责任保险对侵权法的影响研究》,浙江大学出版社 2018 年版。

20. 程啸:《侵权责任法(第二版)》,法律出版社 2015 年版。

21. 赵军编:《贵阳法院生态保护审判案例精选》,人民法院出版社 2013 年版。

22. 〔意〕毛罗·布萨尼、〔美〕弗农·瓦伦丁·帕尔默主编:《欧洲法中的纯粹经济损失》,张小义、钟洪明译,林嘉审校,法律出版社 2005 年版。

23. 〔日〕窪田充见:《不法行为法》,有斐阁 2007 年版。

24. 〔日〕井上英治:《现代不法行为论》,中央大学出版部 2007 年版。

25. 〔日〕盐崎勤、羽成守、小贺野晶一编:《实务不法行为法讲义》,

民事法研究会 2014 年版。

26.〔日〕增成直美:《诊疗情报法的保护研究》,成文堂 2004 年版。

27.〔美〕小詹姆斯·A.亨德森、理查德·N.皮尔森、道格拉斯·A.凯萨、约翰·A.西里希艾诺:《美国侵权法实体与程序(第七版)》,王竹、丁海俊、董春华、周玉辉译,王竹审校,北京大学出版社 2014 年版。

28.〔日〕吉村良一:《环境法的现代课题》,有斐阁 2011 年版。

29.〔日〕和田仁孝、井上清成编:《医疗事故损害赔偿实务》,三协法规出版 2013 年版。

30.〔日〕藤冈康宏:《民法讲义 V 不法行为法》,信山社 2013 年版。

31.〔日〕前田阳一:《债法各论·不法行为法》(第二版),弘文堂 2010 年版。

32.〔日〕前田达明、原田刚:《共同不法行为法论》,弘文堂 2012 年版。

33.〔日〕山田卓生编辑代表、加藤雅信编:《新·现代损害赔偿法讲座 3 制造物责任·专门家责任》,日本评论社 1997 年版。

34.〔日〕高桥让编:《医疗诉讼的实务》,商事法务 2013 年版。

35.〔日〕几代通:《不法行为法》,德本伸一补订,有斐阁 1993 年版。

36.〔日〕齐藤浩编:《原发的安全与行政·司法·学界的责任》,法律文化社 2013 年版。

37.〔日〕卯辰升:《现代原子力法的展开与法理论》(第 2 版),法律评论社 2012 年版。

38.〔日〕日本律师联合会编:《原发事故损害赔偿手册》,日本加除出版 2011 年版。

39.〔日〕中岛映至、大原利真、植松光夫、恩田裕一编:《原发事故环境污染——福岛第一原发事故的地球科学的侧面》,东京大学出版会 2014 年版。

40.〔日〕青木人志:《日本的动物法》,东京大学出版会 2011 年版。

41.〔德〕Erwin Deutsch、Hans-Jürgen Ahrens:《德国不法行为

法》,[日]浦川道太郎译,日本评论社 2008 年版。

42.[美]文森特·R.约翰逊:《美国侵权法》,赵秀文等译,中国人民大学出版社 2004 年版。

43.[日]日本赔偿科学会编:《赔偿科学——医学与法学的融合》,民事法研究会 2013 年版。

图书在版编目(CIP)数据

特殊侵权责任研究/刘士国著.—上海:上海人
民出版社,2023
ISBN 978-7-208-18233-2

Ⅰ.①特… Ⅱ.①刘… Ⅲ.①侵权行为-民事责任-
研究-中国 Ⅳ.①D923.74

中国国家版本馆 CIP 数据核字(2023)第 074994 号

责任编辑 冯　静
封面设计 一本好书

特殊侵权责任研究
刘士国　著

出　　版　上海人民出版社
　　　　　(201101　上海市闵行区号景路 159 弄 C 座)
发　　行　上海人民出版社发行中心
印　　刷　上海商务联西印刷有限公司
开　　本　635×965　1/16
印　　张　18.75
插　　页　2
字　　数　242,000
版　　次　2023 年 5 月第 1 版
印　　次　2023 年 5 月第 1 次印刷
ISBN 978-7-208-18233-2/D·4113
定　　价　85.00 元